W0228514

Thomas P. Hughes
Die Erfindung Amerikas

Thomas P. Hughes

Die Erfindung
Amerikas

Der technologische Aufstieg
der USA seit 1870

Aus dem Englischen von
Hans Jürgen Baron von Koskull

Verlag C.H.Beck München

Der Übersetzung liegt folgende Ausgabe zugrunde:
Thomas P. Hughes, American Genesis. A Century of Invention and
technological enthusiasm. 1870–1970
Published by arrangement with Viking Penguin, a division
of Penguin Books USA Inc.
© Thomas P. Hughes, 1989

Mit 144 Abbildungen und 3 Diagrammen und Tabellen

CIP-Titelaufnahme der Deutschen Bibliothek

Hughes, Thomas P.: Die Erfindung Amerikas : der technologische
Aufstieg in den USA seit 1870 ; [mit Tabellen] / Thomas P. Hughes.
Aus dem Engl. von Hans Jürgen Baron von Koskull. – München :
Beck, 1991

Einheitssacht.: American genesis <dt.>
ISBN 3-406-34923-4

ISBN 3406 34923 4

Für die deutsche Ausgabe:
© C.H. Beck'sche Verlagsbuchhandlung (Oscar Beck), München 1991
Satz: Fotosatz Otto Gutfreund, Darmstadt
Druck und Bindung: May & Co, Darmstadt
Gedruckt auf alterungsbeständigem (säurefreiem) Papier,
gemäß der ANSI-Norm für Bibliotheken
Printed in Germany

Für meinen Vater,
Hunter Russell Hughes,
der an das Amerika
von Edison und Ford glaubte

Inhalt

Inhalt

Achtes Kapitel
Das Projekt zur Erschließung des Tennesseetals und das Manhattan Projekt
Seite 355

Neuntes Kapitel
Gegenkultur und neue Impulse
Seite 444

Anhang

Einführung
Der technologische Wasserfall

Dieses Buch erzählt von einer Epoche, in der die Vereinigten Staaten von der Begeisterung für alles Technische ergriffen wurden und die jetzt schon fast Geschichte ist. Der Literaturkritiker und Historiker Perry Miller zeichnet ein faszinierendes Bild der Amerikaner, die voller Begeisterung alle technischen Neuerungen begrüßten. Sie «stürzten sich in den technologischen Strudel und jubelten freudig mitten im Wasser. Während sie in den Stromschnellen hinuntergerissen wurden, riefen sie einander zu, hier erfülle sich ihr Schicksal...»[1] Um 1900 hatten sie das verheißene Land der technologischen Welt erreicht, der Welt als Artefakt. Dabei hatten sie Charakterzüge angenommen, die heute als typisch amerikanisch gelten. Sie waren zu einer Nation von Maschinen- und Systembauern geworden, die geleitet wurden von dem Bestreben, die materiellen Gegebenheiten dieser Welt systematisch zu ordnen und damit zu beherrschen.

Doch die meisten Amerikaner betrachten sich immer noch in erster Linie als ein demokratisches Volk, für das die Doktrin des freien Unternehmertums einen entscheidenden Wert besitzt. Sie feiern ihre Gründungsväter und behaupten, das Geschäft Amerikas sei das Geschäft. Sie feiern auch den technischen Fortschritt, halten ihn jedoch für das Ergebnis des freien Unternehmertums und der demokratischen Politik. Sie sind ganz allgemein der Überzeugung, daß es für einen Amerikaner in erster Linie darauf ankommt, Geld zu verdienen und gute Geschäfte zu machen. Nur selten sehen sich die Amerikaner als in erster Linie schöpferische Menschen, deren bedeutendste und charakterbildende Leistung über fast drei Jahrhunderte die Verwandlung einer Wildnis in eine Kulturlandschaft gewesen ist. Das liegt vor allem daran, daß sie in der geschriebenen Geschichte ihres Landes nicht als solche dargestellt werden.

Aufmerksame ausländische Beobachter sind nicht geneigt, die amerikanischen Gründungsväter, Pioniere und erfolgreichen Geschäftsleute übermäßig zu bewundern. Fremde Völker haben die Vereinigten Staaten als das Land von Thomas Edison, Henry Ford, der Tennessee Valley Authority und des Manhattan Project angesehen. Ausländer haben Amerika zum zweiten Mal entdeckt – nicht als eine naturverbundene, sondern als eine von der Technologie geprägte Nation. Sie sind nach Philadelphia gekommen, um die Independence Hall zu sehen, jene aber, die begreifen wollten, wo die Fundamente der Macht der Vereinigten Staaten zu suchen sind, haben Pittsburgh aufgesucht, als dort noch die bedeutendste Stahlindustrie der Welt zu finden war, sie sind nach Detroit gegangen, zu einer Zeit, als dort die meisten Automobile hergestellt wurden, haben sich für die Tennessee Valley Authority interessiert, als mit

großem technischem Aufwand aus einem von Armut gekennzeichneten Flußtal ein blühendes Gebiet entstand, und haben sich von New York City beeindrucken lassen, weil seine Wolkenkratzer die technologische Leistungsfähigkeit der Nation symbolisierten. Das Manhattan Project, in dessen Rahmen
die Atombombe hergestellt wurde, bestärkte in der ganzen Welt den Glauben,
daß Amerika ein technologischer Gigant sei. Bis zu den Raumfähren-Kata-
strophen und einer Reihe verheimlichter Raketenfehlstarts symbolisierte die
National Aeronautics and Space Administration die technologische Kreativität Amerikas.

   Die Amerikaner bewunderten zu Recht die Gründungsväter, die eine au-
ßerordentliche Gestaltungskraft bewiesen, als sie die Unabhängigkeitserklä-
rung entwarfen und die Verfassung schufen, aber Amerikaner haben einen
vergleichbaren, wenn nicht noch größeren Erfindungsgeist bei der Gestaltung
der materiellen Grundlagen und des technologischen Systems ihrer Nation
bewiesen. Vielleicht darf man den Mythos korrigieren, die Amerikaner seien
im wesentlichen ein politisches und vom Gewinnstreben geprägtes Volk,
wenn man auf ihre Begeisterung für alles Technologische und ihre Leistungen
auf diesem Gebiet hinweist, die sie im Laufe ihrer Geschichte gezeigt haben.
Am deutlichsten ist das jedoch in den hundert Jahren von etwa 1870 bis 1970
zu erkennen. Diese Begeisterung erreichte in den Jahrzehnten um die Mitte
dieses Jahrhunderts ihren Höhepunkt und ließ dann nach, besonders nach
dem Zweiten Weltkrieg. Dieses Buch ist, obwohl es sich eingehend mit technischen Erfindungen, Entwicklungen und der Errichtung technologischer Systeme beschäftigt, keine Geschichte der Technologie, denn dabei handelt es
sich um ein spezielles Gebiet außerhalb des Hauptstroms der historischen
Entwicklung Amerikas. Es beschäftigt sich vielmehr mit diesem Hauptstrom
der amerikanischen Geschichte und der Erforschung der amerikanischen Nation auf dem Felde der für sie besonders typischen Aktivitäten. Historiker, die
nach hundert Jahren auf den Verlauf der amerikanischen Geschichte zurück-
blicken, werden vielleicht zu dem Schluß kommen, daß das Jahrhundert der
Begeisterung für die Technologie das charakteristischste und von den eindrucksvollsten Leistungen gekennzeichnete Jahrhundert im Leben dieser Nation gewesen ist, ein Zeitalter, das sich mit der Renaissance in Italien, der
Regierungszeit Ludwigs XIV. in Frankreich oder der viktorianischen Epoche
in der britischen Geschichte vergleichen läßt. In den hundert Jahren nach
1870 haben die Amerikaner die moderne technologische Nation hervorgebracht; das war die Erschaffung Amerikas.[2]

   In populärwissenschaftlichen Berichten über die Geschichte der Technologie stehen die Erfindungen am Ausgang des 19. Jahrhunderts – wie die Glühlampe, das Radio, das Flugzeug und das vom Benzinmotor angetriebene Automobil – im Mittelpunkt, aber diese Erfindungen erfolgten im Rahmen technologischer Systeme. Solche Systeme bestehen aus sehr viel mehr als der
sogenannten Hardware, Geräten, Maschinen und Verfahren und den Trans-

port-, Kommunikations- und Informationsnetzen, die sie miteinander verbinden. Sie bestehen auch aus Menschen und Organisationen. Ein System zur Stromversorgung etwa besteht aus Generatoren, Motoren, Hochspannungsleitungen, Elektrizitätswerken, Fabrikationsunternehmen und Banken. Zu diesem System kann sogar eine Aufsichtsbehörde gehören. Das Zeitalter des technologischen Enthusiasmus war gekennzeichnet durch Erfindungen, Entwicklungen und die Organisation großer technologischer Systeme auf dem Gebiet der Produktion, der Kommunikation und der militärischen Rüstung.

Die Entwicklung umfassender Systeme für die Erzeugung und Verwendung von Automobilen und für die Erzeugung und Nutzung elektrischen Stroms, die Herstellung von Telefon- und Telegrafen-Leitungsnetzen und die Organisation komplexer Systeme für die Kriegführung sind Ausdruck des schöpferischen Strebens von Erfindern, Ingenieuren, technischen Wissenschaftlern, Managern und Unternehmern, die von der Verhaltensweise und der Mentalität von Systementwicklern beseelt waren. Die überaus fruchtbaren Erfinder am Ende des 19. Jahrhunderts, wie Edison, haben uns überzeugt, wir seien Zeugen einer zweiten Erschaffung der Welt. Die Organisatoren von Systemen, wie Ford, haben uns in dem Glauben bestärkt, wir könnten diese zweite Schöpfung in eine vernunftgemäße Ordnung bringen und uns damit nutzbar machen. Erst nach dem Zweiten Weltkrieg haben einige Philosophen und Publizisten, in denen wir heute die Vertreter einer Gegenkultur sehen, Zweifel an der Vernunft und Beherrschbarkeit einer Nation angemeldet, die sich in gewaltigen militärischen Produktions- und Kommunikationssystemen organisiert hat. Ihre Zweifel verstärkten sich, als die technologische Überlegenheit der Nation zu schwinden begann.

Wenn die Nation daher im wesentlichen eine technologische gewesen ist, gekennzeichnet durch einen kreativen Geist, der sich im Entstehen einer von Menschen gemachten Welt manifestiert und deren äußeres Bild von Geräten, großen Maschinen und Systemen bestimmt wird, müssen die Amerikaner die Tiefe der technologischen Gesellschaft ausloten und die Strömungen erkennen, die in tieferen Schichten verlaufen als jene, die man gewöhnlich mit dem politischen und wirtschaftlichen Leben in Verbindung bringt. Viele der Kräfte, welche die Amerikaner verstehen und beherrschen müssen, um ihr Schicksal zu gestalten, soweit das möglich ist, sind heute nicht in erster Linie von den natürlichen oder politischen Gegebenheiten bestimmt, sondern technologischer Natur. Wir bewundern Charles Darwin für die Erforschung und Entdeckung von Strukturen in der natürlichen Welt; wir haben aber noch nicht deutlich genug erkannt, wie wichtig es ist, die Strukturen in der vom Menschen gemachten, technologischen Welt zu erkennen.[3] Der Sinn, das Verständnis für diese Dinge aufzubringen, liegt nicht nur darin, die eindrucksvoll geordneten, systematisierten und kontrollierten Gegebenheiten zu begreifen, sondern der staatsbürgerlichen Verantwortung gerecht zu werden, die uns bei der Gestaltung dieser Kräfte auferlegt worden ist, die ihrerseits unser Leben bis in die intimsten Bereiche tief und dauerhaft beeinflussen.

Eine Geschichte, die sich in erster Linie mit den technologischen Aspekten eines Zeitalters der Begeisterung für die Technologie beschäftigt, sollte diese Gegebenheiten mit der gleichen Objektivität behandeln wie die Geschichte eines Zeitalters der scheinbaren Blüte von Politik und Wirtschaft. Daß die volkstümliche Geschichtsdarstellung und die technischen Museen im allgemeinen dazu neigen, technologische Leistungen unkritisch und wertfrei darzustellen, führt dazu, daß Leser und Betrachter nichts über die wirklichen Folgen technologischer Veränderungen erfahren. Sobald sich die Darstellungen der Geschichte der Technologie ebenso kritisch mit diesen Errungenschaften auseinandersetzen werden wie die besten historischen Darstellungen über die politische Entwicklung, werden die Amerikaner erkennen, daß sich nicht nur ihre beachtlichen Leistungen, sondern auch viele ihrer tiefsitzenden und ständig neuen Probleme aus der Mechanisierung und Systematisierung des Lebens ergeben, die im Namen der Ordnung und Beherrschung dieser Kräfte vorgenommen werden, und zwar auf Kosten des Organischen und Spontanen.

Diese geschichtliche Darstellung behauptet also, daß Erfinder, technische Wissenschaftler, Ingenieure und Systembauer die Schöpfer des modernen Amerika seien. Die Werte der Ordnung, des Systems und der Kontrolle, die in den Maschinen, Geräten, Prozessen und Systemen zum Ausdruck kommen, sind die Werte der modernen technologischen Kultur geworden. Diese Werte sind enthalten in den Artefakten oder in der Hardware. Moderne Erfinder, Ingenieure, Betriebswirtschaftler und Systembauer, die ihre große Zeit im Jahrhundert des technologischen Enthusiasmus erlebten, sahen ihre Aufgabe in der Produktion von Gütern und Dienstleistungen sowie in Kriegsvorbereitungen und Kriegführung. Doch ihr Einfluß endete nicht mit diesen Tätigkeiten. Ihre zahlreichen und begeisterten Anhänger aus vielen Schichten der Gesellschaft glaubten, ihre Methoden und Werte seien auch auf anderen gesellschaftlichen Gebieten anwendbar und nützlich wie etwa in der Politik, im Geschäftsleben, in der Architektur und in der Kunst.

Doch diese Geschichte empfiehlt nicht den technologischen Determinismus. Die Schöpfer der modernen Technologie und der modernen Welt haben sich zu seit langem gültigen menschlichen Werten und Bestrebungen bekannt. Obwohl die Erfinder, Ingenieure, Wirtschaftswissenschaftler und Systembauer Ordnung, Kontrolle und Systeme geschaffen haben, reagierten sie dabei auf ein fundamentales menschliches Verlangen nach einer Welt, in der diese Gegebenheiten vorherrschen. Sie wurden zu Werkzeugen all jener einschließlich ihrer selbst, die sich in einer anscheinend chaotischen und sinnlosen Welt verunsichert fühlten und nach einer ausgleichenden Ordnung suchten. In diesem Sinne war und ist die Technologie gesellschaftlich begründet. Wie der Historiker und Sozialkritiker Lewis Mumford schon vor Jahrzehnten so überzeugend behauptet hat, ist die Technologie an der Erschaffung von Werten ebensosehr aktiv beteiligt, wie sie selbst von bestimmten Wertvorstellungen geprägt wird.[4] Sie ist wertabhängig.

Trotz des Strebens der Praktiker und begeisterten Anhänger der Technologie nach Ordnung, System und Kontrolle ist die Geschichte der Technologie ebenso wie die Geschichte der Politik komplex und widersprüchlich. Auch die Väter von Verfassungen haben versucht, zeitlose, allumfassende Systeme zu schaffen, innerhalb derer die darin wirkenden Kräfte einander kontrollieren und so einen harmonischen Ausgleich ermöglichen. Weder sie noch die Erfinder von Maschinen, Geräten und Verfahren haben die beste Lösung gefunden, die jeden zufriedenstellt und keine Veränderungen mehr erforderlich macht. Im Gegensatz zu der verbreiteten Vorstellung entstehen technologische Konzepte nicht als Folge einer gründlichen Suche nach der «einzig besten Lösung» für ein Problem. Dieses Buch stellt die Technologie nicht so dar, wie sie noch heute den Ingenieuren in ihrer Ausbildung nahegebracht wird – als die absolut beste Möglichkeit, Probleme zu lösen. Es zeigt vielmehr, wie die Praktiker der Technologie vor unlösbare Probleme gestellt werden, wie sie Fehler machen und Kontroversen und Fehlschläge verursachen. Es zeigt, wie diese Praktiker bei der Lösung alter Probleme neue Probleme schaffen. Es ist die Absicht dieses Buches, die Geschichte der modernen Technologie und Gesellschaft in ihrer ganzen lebendigen und schwer überschaubaren Komplexität darzustellen.

Ebenso wie heute bedeutete die Technologie auch im Zeitalter des technologischen Enthusiasmus für verschiedene Menschen etwas jeweils anderes. Trotz aller Bemühungen der Verfasser von Lehrbüchern läßt sich der Begriff der Technologie nicht leichter definieren als der Begriff der Politik. Nur selten verlangen wir nach einer Definition der Politik. Die Frage nach *der* Definition der Technologie wäre Ausdruck der gleichen Ahnungslosigkeit gegenüber einer komplexen Realität. Für viele Leute besteht die Technologie aus Waren und Dienstleistungen, die den Wohlhabenden zur Verfügung stehen und nach denen sich die Armen sehnen. Erfinder und Ingenieure wiederum sehen in der Technologie die Schaffung der Produktionsmittel für diese Waren und Dienstleistungen. Große Systembauer wie Ford, die über mehr Macht und Einfluß verfügen, interessieren sich fast ausschließlich für die Organisation der materiellen Welt durch die Errichtung großer Produktionssysteme. Wieder andere stellen bei der Analyse der modernen Technologie fest, daß rationale Methodik, Leistungsfähigkeit, Ordnung, Kontrolle und Systematik das Wesentliche an ihr sind. Wenn ich die unendliche Vielfalt der Aspekte bedenke, unter denen die Technologie sich uns zeigt, dann kann ich bestenfalls nur auf eine allgemeine Definition zurückgreifen, die einen großen Teil der Aktivitäten berücksichtigt, von denen in diesem Buch die Rede ist. Technologie ist das *Bemühen*, die Welt so zu organisieren, daß es möglich wird, Probleme zu lösen, damit Waren und Dienstleistungen erfunden, entwickelt, erzeugt und gebraucht werden können.[5] Der Leser kann sich jedoch statt dessen einer Definition bedienen, wie sie traditionsgemäß vom Historiker verwendet wird, und einen Gegenstand nennen, um ihn an Beispielen seiner Wahl zu definieren.

Dieses Buch beschäftigt sich weniger mit Ideen als mit Menschen, besonders mit amerikanischen Erfindern, Ingenieuren, Systembauern, Architekten, Künstlern und Gesellschaftskritikern. Die Organisationen und Bewegungen einer modernen Kultur, der institutionelle Rahmen und die symbolischen Strukturen, innerhalb derer Erfinder, Systembauer und andere tätig geworden sind, werden jedoch nicht vernachlässigt. Zu den Organisationen, die wir berücksichtigen, gehören die Werkstatt des Erfinders, das industrielle Forschungslaboratorium, das Geschäftsunternehmen, die Regierungsbehörden und der Komplex der Rüstungsindustrie. Zu den Bewegungen, die wir hier betrachten müssen, gehören der internationale Stil in der Architektur; die Futuristen, die Konstruktivisten, die Dadaisten und die Puristen in der Kunst; das wissenschaftliche Management und die Grundsätze der Progressisten in Produktion und Politik sowie die Anhänger des Naturschutzgedankens und die Befürworter der Gegenkultur unter den Gesellschaftskritikern. Wenn von der modernen Kultur die Rede ist, dann bezieht sich das immer auf die Geräte, Maschinen, Verfahren, Werte, Organisationen, Symbole und Formen, welche die Ordnung, das System und die Beherrschung der modernen Technologie zum Ausdruck bringen, und auf das Denken und Verhalten, die ihnen zugrunde liegen und in ihnen zum Ausdruck kommen.[6]

Das Buch ist analog zum Wachstum der großen technologischen Systeme gegliedert, von denen es handelt. Die ersten Kapitel zeigen die Erfindung von Systemen; der Mittelteil beschäftigt sich mit der Ausbreitung großer Systeme, und die letzten Kapitel berichten von der Entstehung einer technologischen Kultur, von riesigen Regierungssystemen und der Reaktion der Gegenkultur auf solche Systeme. Die beachtlichen Leistungen unabhängiger Erfinder und der industriellen Forschung haben an der Gestaltung des Zeitalters des technologischen Enthusiasmus einen wesentlichen Anteil gehabt. Der Philosoph Alfred North Whitehead glaubte, daß die Entdeckung einer Methode für Erfindungen die bedeutendste Erfindung dieses Zeitalters gewesen sei.[7] Männer und Frauen waren wie nie zuvor davon überzeugt, daß sie die Fähigkeit hätten, die Welt nach ihren eigenen Vorstellungen zu schaffen. Unabhängige Erfinder erlebten ihre große Zeit in dem Goldenen Zeitalter nach dem amerikanischen Bürgerkrieg, und ihnen ist die Entstehung eines gewaltigen produktiven Unternehmens zu verdanken, das schließlich von riesigen Firmen beherrscht wurde. Die Historiker Charles und Mary Beard haben dies das Zeitalter «der zweiten amerikanischen Revolution» genannt und meinten damit die gewaltigen technologischen, wirtschaftlichen, politischen und gesellschaftlichen Veränderungen.[8] Mumford sah es als den Beginn der modernen oder neotechnischen Ära in der Geschichte der Technolo-

gie und Gesellschaft.[9] Die Erfindungen der Unabhängigen schufen die Basis
für das Entstehen der Industriegiganten, besonders der neu entstehenden
Elektroindustrie. Edison, der Hexenmeister von Menlo Park, wurde zum
Helden dieser Ära, aber es gab auch andere unabhängige Erfinder wie Elmer
Sperry, die erstaunlich kreativ und beruflich erfolgreich waren. Der Geist der
Erfinder florierte auch weiterhin, während ihr Land erfolgreich mit den großen europäischen Mächten um die industrielle Überlegenheit kämpfte. Als
der Erste Weltkrieg näherrückte, beschäftigten sich die Erfinder zunehmend
mit Erfindungen für die militärische Rüstung. Das militärische Establishment
finanzierte ihre Arbeit und verwendete ihre Erfindungen bei der Entwicklung
neuer Waffen, Strategien und Taktiken.

Zu Beginn des Ersten Weltkriegs hatten die amerikanischen Erfinder dazu
beigetragen, daß die Vereinigten Staaten zu den erfindungsreichsten aller
Nationen geworden waren. Nur Deutschland, das sich Ende des 19. Jahrhunderts zum Deutschen Reich zusammengeschlossen hatte, schien auf diesem
Gebiet ein ernsthafter Konkurrent zu sein. Angeregt durch die technischen
Leistungen der Deutschen richteten führende amerikanische Unternehmen
wie General Electric, Du Pont, General Motors und Bell Telephone industrielle Forschungslaboratorien ein. Viele Betriebswissenschaftler kritisierten
die nach ihrer Meinung unzuverlässigen Methoden der selbständigen Erfinder und behaupteten, es sei ihre Aufgabe, auf technischem Gebiet schöpferisch tätig zu sein. Doch in den Laboratorien der Industrie entstanden zum
größten Teil nur Verbesserungen an schon vorhandenen Maschinen und technischen Einrichtungen, zu aufsehenerregenden Neuerungen kam es jedoch
kaum. Während des Ersten Weltkriegs begannen die Wissenschaftler, besonders Physiker mit einer akademischen Ausbildung, mit den unabhängigen
Erfindern in Konkurrenz zu treten und trugen wesentlich zur Verbesserung
der Militärtechnik bei. Die kriegführenden Nationen, die auf ihre eigenen
Erfinder und Wissenschaftler angewiesen waren, entwickelten das U-Boot,
das Flugzeug, den Panzerwagen und das Giftgas weiter und verhielten sich
dabei ähnlich wie die großen Unternehmen in Friedenszeiten, die mit ihren
Neuerungen neue Marktanteile zu erringen suchten. Die Technologie war
nicht nur fähig, das Leben zu erhalten, sondern es auch zu zerstören.

Die Erfindungen und Entdeckungen der Erfinder und der Betriebswissenschaftler wurden Teil eines umfangreichen Produktionssystems, das sich in
den Jahren zwischen den Kriegen in eindrucksvoller Weise erweiterte. Diese
Systeme waren das Werk von Systembauern, deren Kreativität an Umfang
und Wirksamkeit diejenige der Erfinder noch übertraf. Das Entwerfen einer
Maschine oder eines elektrischen Leitungssystems, die ordnungsgemäß, kontrollierbar und voraussehbar funktionierten, bereitete dem Erfinder Edison
große Freude; das Entwerfen eines technologischen Systems, bestehend aus
Maschinen, chemischen und metallurgischen Verfahren, aus Bergwerken, Fabriken, Eisenbahnverbindungen und Verkaufsorganisationen, das rationell

und wirksam funktionierte, war für den Systembauer Ford ein ebensolches Vergnügen. Die Leistungen der Systematiker lassen uns verstehen, warum ihre Zeitgenossen nicht nur glaubten, daß sie eine neue Welt schaffen könnten, sondern auch, daß sie wüßten, wie diese Welt zu ordnen und zu beherrschen sei. Frederick W. Taylor, der Vater der wissenschaftlichen Betriebsführung, wurde in der ganzen industriellen Welt berühmt oder berüchtigt für die von ihm entworfenen Methoden, wirtschaftliche Vorgänge zu ordnen und zu beherrschen.

Die amerikanische Technologie, besonders ihre Produktionssysteme, faszinierten europäische Industrielle, Bürokraten, Sozialwissenschaftler und Sozialkritiker. Für sie symbolisierten der Fordismus und der Taylorismus die moderne amerikanische Leistungsgesellschaft. Fordismus und Taylorismus breiteten sich in ganz Europa ebenso aus wie die japanischen Techniken der Betriebsführung nach dem Zweiten Weltkrieg in den Vereinigten Staaten. Lenin und andere sowjetische Führer zeigten eine noch größere Begeisterung für den Fordismus und Taylorismus als die Amerikaner. Als die Sowjetunion daranging, einen Fünfjahresplan zu verwirklichen, der sich auf ein gewaltiges regionales technologisches System stützte, dessen Hilfsquellen die hydroelektrische Stromerzeugung und die reichen sibirischen Bodenschätze waren, wendete sie sich an amerikanische Ingenieure und Industrieunternehmen, um sich von ihnen beraten und mit der notwendigen technischen Ausrüstung versorgen zu lassen. Die Sowjets bauten ganze industrielle Systeme nach dem Vorbild der Stahlwerke in Gary, Indiana, und der hydroelektrischen Anlagen am Mississippi. Im Deutschland der Weimarer Zeit nach dem Ersten Weltkrieg glaubten viele, daß Taylor und Ford nicht nur die Lösungen von Produktionsproblemen, sondern auch die richtigen Methoden zur Beilegung von Arbeitskonflikten und sozialen Unruhen gefunden hätten. Sie bezeichneten die Ideen von Ford als weißen Sozialismus und glaubten, damit ein Mittel gegen den Marxismus gefunden zu haben. Viele Europäer, besonders die Deutschen in der Weimarer Republik, waren überzeugt, Demokratie, amerikanische Technologie und eine neue moderne europäische Kultur könnten das vom Krieg verwüstete Europa wieder aufbauen und zum Entstehen einer blühenden Gesellschaft beitragen. In der Sowjetunion sagte Lenin voraus, die sowjetische Politik, die Methoden der preußischen Eisenbahnverwaltung, die amerikanische Technologie und die Organisationsformen der zu Trusts zusammengeschlossenen Großunternehmen würden den Aufbau der neuen sozialistischen Gesellschaft ermöglichen.[10]

Die moderne Technologie entstand in Amerika. Sogar die Deutschen, die sie selbst auf einen hohen Entwicklungsstand gebracht hatten, erkannten an, daß der erste Anstoß von den Vereinigten Staaten ausgegangen war. In den Jahren zwischen den Kriegen sah die industrielle Welt in den Vereinigten Staaten die am weitesten fortgeschrittene technologische Nation, und das Zeitalter des technologischen Enthusiasmus erreichte seinen Höhepunkt.

Doch der Begriff der technologischen Kultur wurde in Europa definiert. Die Europäer hielten den Amerikanern den Spiegel vor, in dem sie sich als das Rohmaterial der Moderne sehen konnten, aus dem die Europäer eine moderne Kultur schaffen wollten. Europäische Ingenieure, Industrielle, Künstler und Architekten kamen nach Amerika, um seine «Installationen und seine Brücken»[11] zu bewundern, machten aber dann, wie schon gesagt, statt dessen die zweite Entdeckung Amerikas – die Entdeckung der großen Produktionssysteme.

Seit der Jahrhundertwende suchten fortschrittliche europäische Architekten und Industrie-Designer nach Möglichkeiten, amerikanische Methoden der Massenproduktion und die Grundsätze künstlerisch wertvoller Gestaltung miteinander zu vereinen. Dabei entwarfen sie Formen und Symbole für eine moderne technologische Kultur. In den 1920er Jahren führten Walter Gropius und die mit ihm im Bauhaus in Weimar und später in Dessau arbeitenden Architekten und Künstler diese Bewegung auf einen Höhepunkt, da sie wesentlich zur Entstehung eines modernen oder internationalen Stils in Architektur und Design beitrugen. In Konstruktionsmethoden und formalem Design drückte dieser Stil die Grundsätze der modernen amerikanischen Technologie aus. Die akute Wohnungsknappheit nach dem Ersten Weltkrieg veranlaßte Gropius und andere avantgardistische Architekten, die auf Ford und die betriebswissenschaftlichen Methoden von Taylor zurückgehenden Methoden der Massenproduktion anzuwenden. Eine Beschreibung der Konstruktion großer Wohnsiedlungen in Dessau und Berlin macht das deutlich. In Frankreich setzte sich Le Corbusier leidenschaftlich und überzeugend für die Errungenschaften des technologischen Zeitalters ein. In seiner Zeitschrift *L'Esprit nouveau*, die in den 1920er Jahren erschien, suchte er in Aufsätzen und Abbildungen die Moderne in Kunst, Architektur, Innenarchitektur und Industriedesign zu definieren. Er glaubte, die amerikanischen Ingenieure hätten das Wesen des modernen Design entdeckt, als sie ihre Brücken, Ozeandampfer, Getreidesilos und Automobile mit mathematischer Genauigkeit und mit rationellen Produktionsmethoden und nach rationellen Entwürfen herstellten. Die Architekten, die die Techniken der Ingenieure übernahmen und sich bei dieser Arbeit vom ästhetischen Empfinden des Künstlers leiten ließen, schufen nach seiner Überzeugung den modernen Stil. Le Corbusier lag noch mehr an Ordnung und Systematik als den Ingenieuren selbst.

Auch die Maler bemühten sich ganz bewußt um einen modernen Stil. Die italienischen Futuristen um die Jahrhundertwende sahen in der modernen Technik eine Möglichkeit, die traditionelle Kultur in Italien zu zerstören. In ihrem gesellschaftlichen und künstlerischen Radikalismus empfanden sie Italien als rückständig und bedrückend. Sie glaubten, die Zukunft der Italiener würde nicht durch Renaissance-Museen, sondern durch moderne Automobile bestimmt. Die Futuristen begeisterten sich für die dramatischen und dynamischen Erzeugnisse der modernen Technologie – «Abenteuerliche Dampfer, die

am Horizont entlanggleiten... Tiefbrüstige Lokomotiven, deren Räder nach
den Schienen greifen... Der geschmeidige Flug der Aeroplane...»[12] Nach
der russischen Revolution von 1917 erblickten die sowjetischen Künstler der
konstruktivistischen Bewegung, von denen einige graduierte Ingenieure waren, in der Kunst ebenfalls ein Mittel, die Kultur radikal zu verwandeln und
damit die neue sowjetische Gesellschaft Wirklichkeit werden zu lassen. Wladimir Tatlin erfand den Begriff der «Maschinenkunst», und El Lissitzky er-
dachte neue Stilelemente, aus denen eine moderne Kunst und Architektur
geschaffen werden könnte, die den Charakter des neuen Menschen in dem
modernen Gesellschaftssystem beeinflussen werde. Im Nachkriegsdeutsch-
land faszinierten die Artefakte und die Ordnung der technologischen Welt die
Künstler der Schule der Neuen Sachlichkeit. Zu ihrem visuellen Vokabular
gehörten die Worte «Ordnung», «Klarheit» und «Harmonie». Das waren für
sie die Grundbegriffe der technologischen Rationalität und die Leitprinzipien
einer vom Menschen gemachten Welt.

1915 kamen Marcel Duchamp und Francis Picabia nach New York und
ermutigten einige amerikanische Künstler, ihre Themen im technologischen
Amerika und nicht in Europa zu suchen, um hier die Formen und Symbole
der Moderne zu finden. Die amerikanischen Puristen Charles Sheeler und
Charles Demuth und der aus Rußland stammende Amerikaner Louis Lozowick malten technologische Landschaften und Objekte und ließen sich dabei
von der Entwicklung moderner Produktionssysteme inspirieren. Typisches
Beispiel für diese Arbeiten waren Sheelers Gemälde und Fotografien der
River Rouge Fabrik der Firma Ford.

Bis in die 1930er Jahre, als Gropius, Ludwig Mies van der Rohe und andere
avantgardistische Architekten aus dem nationalsozialistischen Deutschland in
die Vereinigten Staaten auswanderten und den Internationalen Stil mitbrachten, verwendeten die führenden amerikanischen Architekten keine von einer
technologischen oder Maschinen-Ästhetik geprägte Fachsprache. Es erscheint
jedoch paradox, daß die moderne Malerei und Architektur zuerst in Europa
entstanden und Wurzeln faßten, obwohl die moderne Technologie ihren Ursprung in Amerika hatte.

Die große Depression und die durch die moderne Technologie während des
Zweiten Weltkriegs ermöglichte Gewalt und Zerstörung dämpften den technologischen Enthusiasmus, aber technologische Systeme erlebten in den Vereinigten Staaten eine neue Entwicklungsstufe, als die Regierung begann, sich
mit ihrer Förderung zu beschäftigen. Franklin Delano Roosevelt schuf die
Tennessee Valley Authority, ein von der Regierung finanziertes, entworfe-
nes, errichtetes und betriebenes Projekt, das die Ressourcen eines weiten
Flußtals systematisch nutzte. Wieder lieferten die Vereinigten Staaten der
Welt ein Modell der modernen Technologie. Während des Zweiten Weltkriegs
verwendeten die Vereinigten Staaten eine beispiellose Menge von Ressourcen
für die Verwirklichung des Manhattan Projekts, eines technologischen Sy-

stems von unerhörtem Ausmaß. Als Präsident Dwight Eisenhower später seine Nation vor den Gefahren des gewaltigen Anwachsens des militärisch-industriellen Komplexes warnte, erwähnte er ausdrücklich das Anwachsen des großen Systems der Rüstungsproduktion, das im Rahmen des Manhattan Projekts entwickelt worden war. Die strategische Verteidigungsinitiative, der sogenannte Krieg der Sterne, ist eines der jüngsten Beispiele für ein komplexes militärisch-industrielles (und akademisches) System.

Der Abwurf der Bomben auf Hiroshima und Nagasaki zeigte in besorgniserregender Weise vielen, welche Bedrohung von einer unkontrollierten, destruktiven technologischen Kreativität und dem großen Umfang technologischer Projekte und Systeme ausging, an denen die Regierung beteiligt war. Die in der Folgezeit zum großen Teil gescheiterten Bemühungen um eine Kontrolle der nuklearen Rüstung verstärkten diese Befürchtungen. Die Verfasserin des Buches *Der stumme Frühling*, Rachel Carson, und andere, die sich im gleichen Sinn mit diesem Thema beschäftigten, sorgten dafür, daß sich in der Öffentlichkeit die Aufmerksamkeit dafür verstärkte, daß die Umwelt für eine Technologie der Massenproduktion einen hohen Preis werde zahlen müssen. Die Verwüstung Vietnams durch die militärische Technologie löste heftige Reaktionen aus, die in eine Gegenkultur mündeten. Radikale Geister in Amerika und im Ausland griffen in den 1960er Jahren die moderne Technologie und den mit ihr verbundenen Apparat der Ordnung, Systematik und Kontrolle an. Die Gegenkultur rief dazu auf, das Mechanische durch das Organische zu ersetzen. Sie forderte eine begrenzte und auf das Schöne ausgerichtete Technologie und den Verzicht auf zentralisierte Systeme, Spontaneität anstelle der Ordnung und Mitgefühl anstelle von Leistungsfähigkeit. Paul Goodman, Herbert Marcuse und andere intellektuelle Führer der Gegenkultur richteten ihre Angriffe gezielt auf die technologische Rationalität und Systematik. Mumford, der sich vor Entstehen der Gegenkultur kritisch zu technologischen und gesellschaftspolitischen Fragen geäußert hatte, schrieb jetzt ebenfalls über die negativen Auswirkungen der Megamaschinen. Auch Jacques Ellul kritisierte die technologischen Systeme, die, wie er und Mumford fürchteten, den künftigen Verlauf der Geschichte bestimmen könnten.

Mit der Zeit haben sich die Bitterkeit und die Zukunftsperspektiven der Gegenkultur gemildert. Der technologische Enthusiasmus ist zwar gegenüber den 1920er Jahren wesentlich zurückgegangen, bestimmt aber immer noch das Denken der Ingenieure und Manager, der Schöpfer von Systemen und anderer, die ein berufliches Interesse am Fortbestehen der technologischen Systeme haben. Die durch diesen Enthusiasmus in großer Zahl entstandenen Systeme haben jedoch eine eigene Dynamik, ja fast ein eigenes Leben entwickelt. Beteiligt daran sind Personen, die sich auch heute noch für die Technologie begeistern und ihr Einkommen aus solchen Systemen beziehen, die großen Unternehmen und Regierungsbehörden, und die Politiker, die denen verpflichtet sind, die an der Erhaltung der Systeme ein persönliches Interesse haben. Die große Zahl von Personen, die überzeugt sind, daß Rüstungsgüter und ihre Herstellung unerläßlich sind für die Verteidigung und das Überleben der Nation, verstärkt die Dynamik der militärisch-industriellen Systeme. Das Zeitalter des technologischen Enthusiasmus liegt hinter uns, aber es hat uns eine historische Bürde hinterlassen. Diejenigen, die die Geschichte und diese Bürde kennen, werden sich vielleicht von ihr befreien oder eine Nutzanwendung für sie finden können.[13]

Erstes Kapitel

«Eine gigantische Woge menschlichen Erfindungsgeistes»

Keine andere Nation hat eine solche erfinderische Kraft bewiesen und so brillante Erfinder hervorgebracht wie die Vereinigten Staaten in den auf das Jahr 1870 folgenden fünfzig Jahren. Perikleische Dramatiker, die Künstler der Renaissance, britische Ingenieure zur Zeit der industriellen Revolution, Berliner Physiker am Ende des 19. Jahrhunderts und Weimarer Architekten in den 1920er Jahren, sie alle wecken Erinnerungen an ähnlich bemerkenswerte kreative Epochen. Zu solchen Zeiten schrieben Sophokles und Euripides Dramen wie *Oedipus* und *Medea*; Architekten und Ingenieure wie Francesco di Giorgio Martini, Leonardo da Vinci und Michelangelo hinterließen Skizzenbücher, Brücken, Kanäle, Befestigungsanlagen und weltliche und kirchliche Gebäude von unvergleichlicher Schönheit als Zeugen ihrer Genialität; George Stephenson und Isambard Kingdom Brunel legten die Schienenwege und bauten die Brücken, die das Gesicht Großbritanniens veränderten; Hermann von Helmholtz und Max Planck bewiesen das hohe Begriffsvermögen und die Genialität des Denkens, die es ihnen ermöglichten, uns die Bereiche der modernen Physik zu eröffnen; und wenige avantgardistische Architekten wie Walter Gropius, Le Corbusier und Ludwig Mies van der Rohe waren die Väter der internationalen Schule der modernen Architektur. Bisher haben wir jedoch noch nicht die große Bedeutung einer vergleichbaren Ära in der amerikanischen Geschichte erkannt, in der unabhängige Erfinder wie Thomas Alva Edison und Orville und Wilbur Wright die elektrische Beleuchtung, das Flugzeug, die drahtlose Telegrafie und eine Vielzahl von Neuerungen erfanden, die die moderne Welt gestaltet haben.

1896 veröffentlichte die Zeitschrift *Scientific American* einen Artikel über die gewaltige Zunahme der Patente, die seit dem Bürgerkrieg in den Vereinigten Staaten registriert wurden. Mit überschwenglicher Begeisterung wurde hier behauptet, dies sei «eine Epoche der Erfindungen und des Fortschrittes, wie sie in der Weltgeschichte einzigartig dasteht. (...) Es war eine gigantische Woge menschlichen Erfindungsgeistes und menschlicher Begabungen, so gewaltig in ihrer Größe, so komplex in ihrer Vielfalt, so tiefgründig in ihren Gedanken, so fruchtbar in ihrem Reichtum, so wohltätig in ihren Ergebnissen, daß unser Vorstellungsvermögen überfordert wird, wenn es das alles in seiner ganzen Fülle begreifen will.»[1] Die Zahl der jährlich erteilten Patente wuchs von 1866 bis 1896 um mehr als das Doppelte, und die Zahl der von einzelnen Personen angemeldeten Patente stieg auf mehr als das 1,75fache. Der Historiker Daniel Boorstin hat festgestellt, «alle Hilfsquellen, die zur

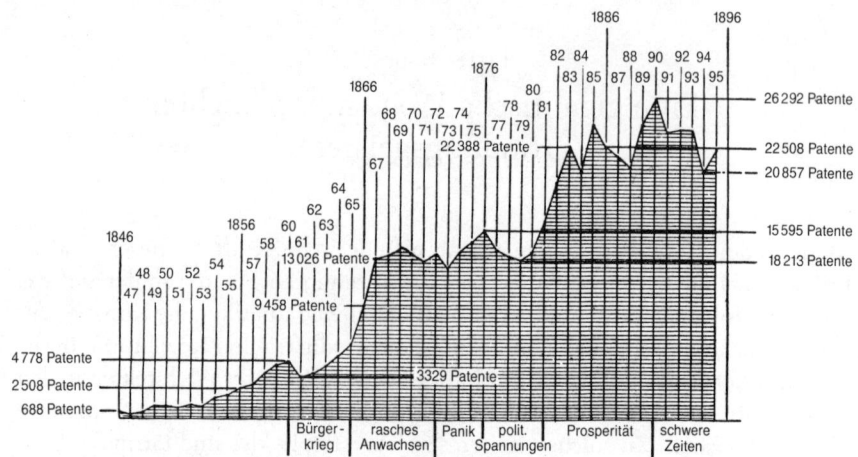

Zahl der in den Vereinigten Staaten erteilten Patente.

Verlegung von Eisenbahnschienen über den ganzen Kontinent benötigt wurden, um ein amerikanisches Produktionssystem in seinen verschiedenen Versionen zu entwickeln, würden jetzt von den amerikanischen Erfindern in ihren Systemen genutzt».[2] Es gab nicht nur Zehntausende einfacher Amerikaner, die Erfindungen machten, sondern in den Jahrzehnten von etwa 1870 bis 1920 haben die Vereinigten Staaten zusätzlich eine Reihe besonders begabter und erfolgreicher Erfinder hervorgebracht.

Bevor um die Jahrhundertwende die industriellen Forschungsanlagen entstanden und lange bevor sich die großen von der Regierung finanzierten nationalen Laboratorien im Zweiten Weltkrieg mit der militärischen Verwendung der Kernkraft beschäftigten, konzentrierte sich das Bemühen um technische Erfindungen in den Werkstätten der unabhängigen Erfinder. Die Rolle und die Arbeitsmethoden großer Laboratorien sind heute einigermaßen deutlich, weil viel darüber veröffentlicht worden ist und es diese Laboratorien immer noch gibt, aber die Rolle der einzelnen Erfinder ist romantisiert, als belanglos abgetan oder sogar vergessen worden. Wenn wir jedoch den Aufstieg der Nation zu ihrer industriellen und technologischen Bedeutung begreifen wollen, dann müssen wir Komplex, Charakter und Aktivitäten der unabhängigen Erfinder ergründen. Anstatt die Zahl der schon vorhandenen Kurzbiographien zu vergrößern, in denen diese Persönlichkeiten als Nationalhelden dargestellt werden, müssen wir entdecken und begreifen, welche Charaktereigenschaften diese Erfinder ausgezeichnet haben.

Die Ära der unabhängigen Erfinder begann um die Zeit, als Alexander Graham Bell das Telefon erfand und Edison 1876 sein Menlo Park Laboratorium bezog. Als es im Ersten Weltkrieg der von Edison geleiteten Gruppe von

Erfindern, die für die amerikanische Kriegsflotte arbeitete, nicht gelang, die ihr
gestellte Aufgabe zu lösen, während eine Gruppe von Physikern bestimmte
militärische Probleme bewältigen konnte, ging das Goldene Zeitalter der unabhängigen Erfinder zu Ende. Nach dem Ersten Weltkrieg übernahmen die für
die Industrie arbeitenden Wissenschaftler anstelle der unabhängigen Erfinder
die Aufgaben auf dem Gebiet der «Forschung und Entwicklung». Das war die
neue Bezeichnung für die Tätigkeit des Erfinders. Während der dazwischenlie-
genden Jahrzehnte, in denen die Unabhängigen noch mit großem Erfolg
arbeiteten, wurden in den Vereinigten Staaten nicht nur die meisten Erfindungen gemacht, sondern Amerika wurde zur führenden Industrienation der Welt
und überholte dabei das Vereinigte Königreich, dessen politische Führung sich
schon seit langem geweigert hatte, die Bedeutung der Industrie und Technologie
in der früheren britischen Kolonie anzuerkennen. Von 1895 bis 1900 überholte
die amerikanische Kohleförderung die britische – 1915 war die Förderung der
Bergwerke der jungen Nation doppelt so hoch wie in Großbritannien. In den
Jahren 1885 bis 1890 überholten die Vereinigten Staaten Großbritannien auch in
der Roheisen- und Stahlproduktion. Zwischen 1900 und 1913 übernahmen die
Amerikaner auch bei der Produktion schwerer Chemikalien die Führung von
den Briten. Bald standen die Vereinigten Staaten auf allen Gebieten der Schwerindustrie in vorderster Linie und übertrafen bei der Stromerzeugung für
elektrisches Licht und elektrische Energie ihre Konkurrenten mit einer Industrie an der vordersten Front der Hochtechnologie.[3] Es waren in der Tat
epochemachende Jahrzehnte, zu deren technologischen und industriellen Leistungen die unabhängigen Erfinder wesentlich beigetragen hatten.

Die Liste der bedeutenden Erfindungen, die wir den unabhängigen amerikanischen Erfindern in ihrer Blütezeit verdanken, ist lang. Zu diesen Erfindungen gehören Bells Telefon, Edisons Glühlampe, sein Phonograph und das
von ihm entwickelte kinematographische System sowie die Beiträge von William Stanley, Nikola Tesla und Elihu Thomson zur Entwicklung des Systems
der elektrischen Stromleitungen. Die Brüder Wright bauten das erste Flugzeug mit einem Verbrennungsmotor, und Reginald Fessenden, Lee de Forest
und Edwin Armstrong leisteten Pionierarbeit bei der Entwicklung der drahtlosen Telegraphie und des Sprechfunks oder Radios. Elmer Sperry und Hiram
Stevens Maxim waren auf den verschiedensten Gebieten erfinderisch tätig, so
auch auf dem Gebiet der elektrischen Beleuchtung. Sperry aber ist besonders
durch seinen Kreiselkompaß und die von ihm entwickelten automatischen
Kontrollgeräte für die Flotte und Maxim durch das von ihm gebaute Maschinengewehr bekannt geworden. Diese Liste zeigt, welche wichtige Rolle die
unabhängigen amerikanischen Erfinder bei der Entwicklung der Elektroindustrie und der Anwendung von Erfindungen im militärischen Bereich während
des Wettrüstens vor dem Ersten Weltkrieg gespielt haben. Das waren bedeutende Beiträge zur Zeit der rapiden Industrialisierung, die manchmal auch als
«Zweite industrielle Revolution» bezeichnet wird.

Bei unserer Untersuchung der Natur und der Methodik des Erfindens und des Arbeitsstils der unabhängigen Erfinder werden wir uns mit den Aktivitäten einiger Persönlichkeiten beschäftigen, die in den fünf Jahrzehnten nach 1870 auf diesem Gebiet erfolgreich gewesen sind. In chronologischer Reihenfolge sind es Hiram Stevens Maxim (1840–1916), Alexander Graham Bell (1847–1922), Thomas A. Edison (1947–1931), Elihu Thomson (1853–1937), Nikola Tesla (1857–1943), William Stanley (1858–1916), Elmer Sperry (1860–1930), Reginald Fessenden (1866–1932), Wilbur Wright (1867–1912) und Orville Wright (1871–1948), Lee de Forest (1873–1961) und Edwin H. Armstrong (1890–1954). Sie haben zum Teil die gleichen Erfahrungen gemacht und zeigen ähnliche Charaktereigenschaften. Maxim, Edison, Tesla, Sperry und de Forest sind auf dem Lande aufgewachsen; weder Maxim noch Edison, Thomson, Stanley, Sperry, Fessenden oder die Brüder Wright haben an einem College oder einer Universität akademische Grade erworben. Alle unabhängigen Erfinder haben schon in früher Jugend ein auffallendes Interesse an mechanischen und elektrischen Geräten gezeigt. Eine der ersten Arbeitsstellen von Maxim war die Werkstatt eines Herstellers von wissenschaftlichen Instrumenten in Boston. Edison begann als Telegraphist. Thomson war Chemielehrer an der Central High School in Philadelphia, arbeitete aber nach wenigen Jahren nur noch als Erfinder. Der junge Stanley arbeitete als Assistent für die Erfinder Maxim und Edward Weston. Tesla fand nach Beendigung seines Universitätsstudiums eine Anstellung als Ingenieur beim Verlegen telegraphischer und elektrischer Leitungen. Sperry begann als Erfinder elektrischer Beleuchtungskörper. Fessenden arbeitete als Ingenieur und Erfinder bei Edison und George Westinghouse; später wurde er Professor für Elektrotechnik an der Western University von Pennsylvania in Pittsburgh. Die Brüder Wright betrieben eine Fahrradwerkstatt in Dayton, Ohio. Nachdem de Forest an der Universität Yale den Doktorgrad erworben hatte, wurde er technischer Assistent in der Telephonfabrik Western Electric in Chicago. Armstrong begann als Asistent in der elektronischen Abteilung der Columbia Universität. Bell war Professor für Rhetorik an der Universität Boston, als er das Telephon erfand und weiterentwickelte. Sie alle begannen an größeren Erfindungen zu arbeiten, bevor sie 30 Jahre alt waren.

Jeder von ihnen hatte bestimmte auffallende Eigentümlichkeiten. Edison ist der Nestor und zugleich der in der Geschichte bekannteste unabhängige Erfinder. Nur Leonardo da Vinci hat einen vergleichbaren erfinderischen Geist bewiesen, aber anders als Edison hat Leonardo nur wenige seiner brillanten Ideen verwirklichen können. Für Edison wurden mehr als eintausend Patente registriert, und zahllose seiner Erfindungen fanden ihre praktische Anwendung, ein Vorgang, den man im allgemeinen als Innovation bezeichnet, im Unterschied zu der vorangegangenen gedanklichen Phase der Erfindung. Andere zeitgenössische unabhängige Erfinder haben so häufig Anekdoten über sich verbreitet, die an Episoden in Edisons Leben erinnern, daß wir annehmen dürfen, sie hätten sich diesen in der ganzen Welt bekannten Kollegen bewußt zum Vorbild genommen. Obwohl Sperry weniger bekannt war als Edison, wäre er heute für einen ehrgeizigen Erfinder ein besseres Vorbild als Edison. Sperry hat sich eingehender mit schwierigen oder komplexen technologischen Problemen beschäftigt als Edison. Wir dürfen ihn als den Vater der Kybernetik oder Rückkopplungstechnik bezeichnen. Während sich Edison im späteren Leben weniger mit Erfindungen als mit der Organisation und dem Management industrieller Verfahren und Forschung beschäftigte, ist Sperry seinem Beruf als Erfinder fast immer treu geblieben. In Erkenntnis dieser Tatsache hat die Amerikanische Akademie der Wissenschaften Sperry noch vor Edison als Mitglied aufgenommen.

Bell war der typische geniale Amateurerfinder. Besessen von der Idee, die menschliche Stimme auf elektrischem Wege zu übertragen, arbeitete er unermüdlich an der Verwirklichung dieses Vorhabens, soweit seine Lehrverpflichtungen ihm die Zeit dafür ließen. Als ihm das gelungen war und er sich damit ein beachtliches Einkommen gesichert hatte, machte er die Tätigkeit des Erfinders nicht zu seinem Beruf, sondern verfolgte seine Interessen überall dort, wo Wissenschaft und Technik ihn dazu anregten. Andere kommerziell auswertbare Erfindungen von ihm sind nicht bekannt.

Tesla entspricht am eindrucksvollsten den Vorstellungen, die sich die Öffentlichkeit von einem genialen Erfinder macht. Er hat nichts getan, diesen Eindruck zu verwischen. Der dunkelhaarige, gut aussehende Mann kleidete sich elegant, lebte allein in vornehmen New Yorker Hotels, verkehrte mit der gesellschaftlichen und finanziellen Elite der Stadt, baute reich ausgestattete Laboratorien und veranstaltete Demonstrationen mit Hochspannungsstrom, bei denen er Phänomene auslöste, die natürlichen Blitzen glichen. Seine bis heute bekannteste Leistung war die Einführung moderner Hochspannungsleitungen. Seine glühenden Anhänger behaupten, er habe schon damals an technische Möglichkeiten gedacht, die zu seiner Zeit noch nicht verstanden wurden und von denen er annahm, sie hätten sich verwirklichen lassen, wenn ihm die notwendigen Geldmittel zur Verfügung gestellt worden wären.

Der Ruhm der Brüder Wright hat sich über die ganze Welt ausgebreitet, nachdem ein immer höherer Prozentsatz der uns zur Verfügung stehenden Mittel für die Aeronautik und die Astronautik ausgegeben werden. Erst in jüngster Zeit haben die Historiker der Naturwissenschaft und Technologie begonnen, sich ernsthaft mit der Geschichte der Wrights zu beschäftigen, und dabei zeigt sich, daß sie nicht nur unermüdliche Bastler gewesen sind, sondern ebenso wie viele andere zeitgenössische unabhängige Erfinder methodisch und mit wissenschaftlicher Akribie an der Lösung technischer Probleme gearbeitet haben.

De Forest und Fessenden waren die bedeutendsten amerikanischen Erfinder auf dem Gebiet der Entwicklung des Radios. Darüber hinaus hat sich de Forest dadurch ausgezeichnet, daß er die Dreielemente-Vakuumröhre erfunden hat, die am Anfang der modernen Elektronik stand. Fessenden war ungewöhnlich stolz darauf, daß er mit streng wissenschaftlichen Methoden an seinen Erfindungen arbeitete. Seine besondere Leistung war die Weiterentwicklung der drahtlosen Telegraphie zum Sprechfunk. Forests berufliche Laufbahn ist insofern sehr aufschlußreich, als sie uns zeigt, daß unabhängige Erfinder und Unternehmer oft auch geschickte Werbefachleute und in der Lage sein müssen, ihre Vorhaben ausreichend zu finanzieren. Bei ihm zeigte sich auch, wie sehr Erfinder darauf angewiesen sind, sich gegenseitig mit neuen Ideen anzuregen. Seine Kritiker, zu denen auch Fessenden gehörte, behaupteten, de Forest sei so abhängig von anderen, daß seine Erfindungen im Grunde nicht seine eigenen seien. Deshalb kannte de Forest Patentanwälte und Gerichte ebensogut wie Werkstätten und Laboratorien. Zu besonders unangenehmen Auseinandersetzungen um Urheberrechte ist es zwischen ihm und Armstrong gekommen. Armstrongs technische und wissenschaftliche Kollegen stellten sich in dem Streit um die Frage, wer die Vakuumröhre für Radioempfangs- und Sendegeräte erfunden habe, auf seine Seite, aber die Gerichte entschieden, daß de Forest nach den geltenden Gesetzen recht hatte. Endlose Prozesse mit de Forest und anderen haben Armstrong augenscheinlich jeden Lebensmut genommen. Nach einer besonders zermürbenden und langen gerichtlichen Auseinandersetzung beging er schließlich Selbstmord.

Thomson war einer der hervorragendsten unabhängigen Erfinder, weil er ebenso wie Sperry in Werkstatt und Laboratorium als Erfinder und in der Geschäftswelt als Unternehmer streng methodisch vorging und damit bis heute als Vorbild gelten kann. Unter anderem beschloß er, Probleme auf dem sich rasch ausweitenden Gebiet der Verwendung elektrischen Stroms für die Beleuchtung und als Energiequelle zu lösen. Das führte dazu, daß er bald zu den erfolgreichsten Fachleuten auf diesem Gebiet und zum Begründer der General Electric Company wurde. Stanley verdient unsere besondere Aufmerksamkeit, weil er den richtigen Instinkt des erfolgreichen unabhängigen Erfinders besaß, sich nach Möglichkeit von der verwirrenden Welt der Werbung und Finanzierung fernzuhalten, um sich in die Einsamkeit der Werkstatt und des Laboratoriums zurückzuziehen, wo er sich ganz auf seine Arbeit konzentrieren konnte. Maxim gehört zu jenen, deren Leben uns als Beispiel für die Charakterisierung selbständiger Erfinder dienen soll, denn er besaß die wertvolle Eigenschaft, sich um die Lösung von Problemen zu bemühen, die im Mittelpunkt der neuen technologischen Entwicklungen standen, so schwierig das auch zunächst scheinen mochte.

Obwohl die selbständigen Erfinder eine bedeutende Rolle in der amerikanischen Geschichte gespielt haben, weiß man nur verhältnismäßig wenig über ihr berufliches Leben. Viele ältere Biographien und Jugendbücher stellen die Selbständigen als Helden dar, die nur in eine Richtung gegangen sind, und vermitteln der Öffentlichkeit daher einen falschen Eindruck von ihrer Kreativität. So ist etwa von Edison das Bild eines Mannes entstanden, der in einer

an Napoleon erinnernden Pose eine Glühlampe betrachtet, die er, wie man
uns erzählt, nach zahlreichen vergeblichen Versuchen, von einem Geistesblitz
erleuchtet, erfunden hat. Die Glühlampe soll nach dieser Darstellung allein
das Ergebnis seiner eigenen Gedankenarbeit gewesen sein, zu dem er gekommen sei, ohne auf die Vorarbeiten anderer zurückgreifen zu müssen. So
sollen auch die Brüder Wright dadurch auf ihre Erfindungen gekommen sein,
daß sie in ihrer Werkstatt in Dayton mit Fahrrädern und in Kittyhawk, North
Carolina, an einem zerbrechlichen Flugzeugmodell herumgebastelt haben.
Daß diese Pioniere der modernen Technologie auf die Erfahrungen und Veröffentlichungen anderer zurückgegriffen und sorgfältige Experimente vorgenommen haben, wird in den populären Darstellungen ihrer bahnbrechenden
Kreativität kaum erwähnt. Ob diese ersten Biographen, auf die der Mythos
des heroischen Erfinders zurückgeht, nun über Edison, die Brüder Wright,
Tesla oder andere selbständige Erfinder schreiben: Sie haben nur selten nach
den Methoden gefragt, die sie bei ihrer Arbeit anwendeten, und ob sie Assistenten beschäftigt und Laboratorien eingerichtet haben. Es wird auch nicht
erwähnt, ob die Probleme, denen sie sich vornehmlich zuwandten, für ihre
Erfolge ebenso entscheidend waren wie die Lösungen dieser Probleme, ob die
Bemühungen um eine ausreichende Finanzierung ungewöhnlich viel Zeit in
Anspruch nahm, ob sie sich durch militärische Aufgaben haben anregen
lassen und ob ihre geheimnisvolle Kreativität mit der Lösung alltäglicher
Probleme vergleichbar war bis auf den Umstand, daß sie gelegentlich von
Geistesblitzen erleuchtet wurden.

Vielleicht trifft Sperry, der professionellste unabhängige Erfinder aus der
Blütezeit seines Berufstandes, am besten den Ton, in dem auch wir seine und
seiner Kollegen Arbeit interpretieren wollen. Im späteren Leben hat Sperry,
der Begründer der praktischen Kybernetik, dem auf den verschiedensten Gebieten insgesamt mehr als 350 Patente erteilt wurden, der Erfinder, von dem
man meint, daß er mehr zur Modernisierung der amerikanischen Flotte beigetragen hat als irgendein anderer, und der als erster selbständiger Erfinder in
die National Academy of Sciences aufgenommen wurde, gesagt:

«So sehr ich auch darüber nachdenke, ich kann mich an keine Zeit erinnern, in der ich im Verlauf meiner Arbeit das Gefühl hatte, das zu tun, was
man im allgemeinen von Erfindern erwartet. Soweit ich sehe, bin ich immer
wieder in Situationen geraten, in denen augenscheinlich meine Hilfe erforderlich war. Gewöhnlich war ich mir durchaus nicht sicher, daß es mir möglich sein werde, zur Verbesserung einer Situation beizutragen, aber die Herausforderung faszinierte mich. So habe ich die Angelegenheit gründlich untersucht und meine Assistenten veranlaßt, mir alles vorzulegen, was darüber
veröffentlicht wurde einschließlich der Literatur über die Patente, mit denen
versucht worden war, die betreffende Situation zu verbessern. Wenn mir
dann die Tatsachen vorlagen, habe ich einfach das Nächstliegende getan. Ich
habe versucht, den schwächsten Punkt zu finden und hier Verbesserungen

anzubringen. Das erforderte oft vielfältige Veränderungen, wobei sich sofort der ganze Umfang des Projekts offenbarte. Fast nie bin ich sofort auf die richtige Lösung gekommen. Ich habe mir eine Verbesserung nach der anderen vorgestellt und muß gestehen, daß ich sie schließlich alle verworfen habe, weil ich keine gefunden hatte, die mir einfach, praktisch und klar erschien. Manchmal dauert es Tage und sogar Monate, bis mir etwas einfällt, das zu der einfachen Lösung führt, nach der ich suche.»[4]

Selbständige Erfinder

Ein Schlüssel zum Verständnis der selbständigen Erfinder liegt in der Erkenntnis, daß sie in ihrer Unabhängigkeit von Organisationen die Möglichkeit hatten, frei zu entscheiden, welche Probleme sie lösen wollten. Doch im Gegensatz zu dem öffentlich verbreiteten Mythos waren es keine heldenhaften, in Armut lebenden Einzelgänger, die in irgendwelchen verfallenen Garagen arbeiteten, wo sie aufs Geratewohl nach den Lösungen ihrer Probleme suchten. Die erfolgreichen selbständigen Erfinder arbeiteten gewöhnlich mit einigen Assistenten zusammen, meist Handwerkern, und zwar in kleinen Laboratorien oder Werkstätten, die sie entworfen hatten und deren Eigentümer sie waren. Wenn die Wissenschaft und wissenschaftliche Methoden versagten, gingen sie empirisch vor, aber sie verwendeten auch fachliche Informationen und Versuchstechniken wie experimentierende Wissenschaftler. Edison erklärte, er könne wissenschaftliche Gesetze anwenden und logischen Methoden folgen, wenn er auf dem Gebiet der Elektrotechnik experimentiere, daß jedoch das Niveau der chemischen Wissenschaft auf seinem Gebiet ihn zwinge, auf unkonventionelle Weise nach Lösungen zu suchen. Wenn es sich um Erfinder handelte, die zugleich Unternehmer waren, denen fortschrittliche Versuchsanlagen zur Verfügung standen und die sich mit komplexen kreativen Arbeiten beschäftigten, dann waren sie daran beteiligt, eine Tradition zu schaffen, die noch heute von den Erfindern, die als Unternehmer an der Route 128 bei Boston oder im Silicon Valley in Kalifornien arbeiten, und ebenso von den mit Erfindungen beschäftigten Wissenschaftlern gepflegt wird, die an den Universitäten noch ein gewisses Maß an Selbständigkeit genießen, obwohl sie finanziell von behördlichen oder privaten Zuschüssen abhängig sind.

Zu den selbständigen Erfindern, die um die Jahrhundertwende wirkten, gehörten sowohl professionelle wie Edison als auch nichtprofessionelle wie die Brüder Wright. Der Unterschied zwischen beiden liegt nicht in der Qualität oder Komplexität ihres Schaffens, sondern in der Art, wie sie ihren Lebensunterhalt bestritten. Die professionellen haben sich fast während ihres ganzen Lebens damit beschäftigt, Erfindungen zu machen und damit das notwendige Geld zu verdienen. Die nichtprofessionellen konzentrierten sich dagegen meist auf eine einzige Erfindung und verdienten ihren Lebensunter-

halt in einem anderen Beruf, der oft mit ihren Interessen als Erfinder nichts
zu tun hatte, bis der kommerzielle Erfolg ihrer bedeutenden Erfindung sie
reich machte. Wie schon gesagt, war Bell der typische nichtprofessionelle
Erfinder, mit seiner Begeisterung für das Telephon und mit dem einzigartigen
Erfolg, den ihm diese Erfindung brachte.[5] Im Gegensatz dazu wurden für
Edison mehr als eintausend Patente auf den verschiedensten technischen Gebieten registriert. Auch die Brüder Wright waren nichtprofessionelle Erfinder
und haben sich als solche allein auf die Entwicklung des Flugzeugs konzen-
triert. Während sie an ihren Erfindungen arbeiteten, verdienten Bell und die
Brüder Wright ihren Lebensunterhalt mit anderer Arbeit. Erst nachdem das
Telephon und das Flugzeug zu kommerziellen Erfolgen geworden waren,
konnten sie vom Ertrag ihrer Patente und von dem Einkommen leben, das
ihnen die Unternehmen zahlten, die diese Patente auswerteten. Dagegen war
Sperry mit seinen mehr als 350 Patenten – von Straßenbahnen bis zum
Autopiloten für Flugzeuge – ein professioneller Erfinder. Seine Patente sicherten ihm ein Einkommen, das ausreichte, sich selbst und seine Familie zu
unterhalten und seine Tätigkeit als Erfinder zu finanzieren.

Um die Leistungen der unabhängigen nichtprofessionellen und professionellen Erfinder angemessen zu würdigen, müssen wir in ihnen mehr als bloße
Erfinder sehen. In ihrer Eigenschaft als Unternehmer sorgten sie dafür, daß
ihre Erfindungen praktisch ausgewertet wurden. Das Wichtigste war für sie
zwar die produktive Arbeit, sie erkannten aber andererseits, daß ihre Geistes-
produkte nicht überleben konnten, wenn nicht auch dafür gesorgt wurde. So
taten sie sich oft mit nicht bei ihnen angestellten Kapitalgebern zusammen,
um Fabrikationsunternehmen zu gründen und ihre patentierten Erfindungen
zu verkaufen. Gleichzeitig gelang es ihnen aber auch, die Routineaufgaben
der kaufmännischen Leitung solcher Unternehmen an andere zu delegieren.
Edisons erste Liebe waren seine Erfindungen und nicht die Finanzierung und
Organisation von Unternehmungen, die notwendig waren, um das elektrische Stromnetz herzustellen, das für die Beleuchtung von Häusern und Stra-
ßen notwendig war. Um das Jahr 1880 gründete er eine ganze Reihe von
Herstellungsfirmen, die sich schließlich zur Edison General Electric zusam-
menschlossen. Sein Zeitgenosse Thomson, der auch als Erfinder auf dem
Gebiet der elektrischen Beleuchtung gearbeitet hatte, beteiligte sich an der
Gründung der Thomson Houston Electric Company für die Herstellung und
Vermarktung seiner Erfindungen, aber auch er erkannte schon nach wenigen
Jahren, daß es praktischer war, das Management und die Finanzierung ande-
ren zu überlassen. 1893 beschlossen die Manager und Geldgeber der beiden
Unternehmen unter der Führung von J. Pierpont Morgan – dem Inbegriff des
finanzstarken Unternehmers –, die Gesellschaften in der General Electric
Company zu vereinen. Die technischen Abteilungen und später die industriellen Forschungslaboratorien dieser Unternehmen mit ihren sehr viel größeren materiellen und personellen Ressourcen übernahmen die Verantwor-

*Reginald Fessenden mit seinem aus Funkern und Experimentatoren
bestehenden Team.*

tung für die Weiterentwicklung der Erfindungen und ermöglichten damit den
Ausbau des elektrischen Stromnetzes zur Versorgung von Wohnungen und
Fabriken mit elektrischer Beleuchtung und Energie. Als andere selbständige
Erfinder wie Sperry feststellen mußten, daß ihre besonderen Talente nicht
mehr gebraucht wurden, zogen sie sich aus den von ihnen gegründeten Un-
ternehmen zurück oder wurden hinausgedrängt.

Der Erfinder der drahtlosen Telegraphie und des Sprechfunks, Fessenden,
bewies in den Jahren 1906 und 1907, wie eng die Arbeit des Erfinders und des
Unternehmers miteinander verbunden sein können. Fessenden leitete die
Versuche einer Funkstation der amerikanischen Flotte in Puerto Rico, und
zugleich versuchte er, ein Gesetz durch den Kongreß zu bringen, welches ihm
und seinem Unternehmen ermöglichen sollte, die Regierung auf Schadenersatz zu verklagen, weil die Flotte ein auf ihn patentiertes Funkgerät herstellte
und benutzte, ohne etwas dafür zu bezahlen. Er entwickelte ein Funksprechgerät, dessen Leistungsfähigkeit ihm bald die uneingeschränkte Anerkennung
der Fachwelt brachte. Im Mai 1906 führte er ein kurzes Gespräch mit Präsident Theodore Roosevelt und trug ihm seine Einwände gegen die Verwendung des von ihm entwickelten Funkgeräts durch die Flotte vor, die sich
geweigert hatte, ihm etwas dafür zu bezahlen. Etwa um die gleiche Zeit
überwachte er transatlantische Sendungen von Funksignalen mit den von ihm
erfundenen Geräten, die er jetzt weiterentwickelte. Dann bereitete er sich

darauf vor, etwas dagegen zu unternehmen, daß Guglielmo Marconi bei einem Vortrag in New York behauptete, sein Unternehmen unterhielte einen regelmäßigen Funkverkehr zwischen Europa und den Vereinigten Staaten über den Atlantik. Fessenden wollte einen seiner Vertreter beauftragen, diesen Vortrag zu besuchen und dort zu erklären, daß Fessendens National Electric Signaling Company einen regelmäßigen Funkverkehr zwischen dem amerikanischen Festland von Brant Rock, Massachusetts, und Großbritannien unterhielte und bereit sei, jede Botschaft zu übermitteln, die der Leiter dieser Veranstaltung zu senden wünsche.[6]

Obwohl sich die selbständigen Erfinder in erster Linie damit beschäftigten, Veränderungen und Neuerungen einzuführen, betrachteten sie das Geld, das sie verdienten, und vielleicht noch mehr die Zahl der Patente, die sie anmelden konnten, als Symbole des Erfolgs. Aus ihren Memoiren und biographischen Notizen geht hervor, daß ihr Ansehen unter den Kollegen mit der Zahl ihrer Patente wuchs. Daß die selbständigen Erfinder zu Lebzeiten und auch heute noch nicht richtig verstanden wurden, liegt vor allem daran, daß wir ihre Motive und Ziele mit denen der Finanzleute und Unternehmer verwechseln. Die Erfinder begeisterten sich in erster Linie für ihre Erfindungen, und für sie war ihre Kreativität das Wichtigste. Ihre unternehmerische Tätigkeit bei der Firmengründung hatte für sie nur den Zweck, ihre Erfindungen einem praktischen Nutzen zuzuführen. Sie mußten Firmen gründen, weil sie feststellten, daß schon bestehende Firmen, die sich bewährter Technologien bedienten, gewöhnlich nicht daran interessiert waren, sich radikalen neuen Technologien zuzuwenden, mit denen ihre Angestellten keine Erfahrung hatten und für deren Herstellung ihre Maschinen und Verfahren nicht geeignet waren. Die selbständigen Erfinder bedauerten zudem, daß andere diese Erfindungen nicht mit der Aufmerksamkeit und Sorgfalt behandelten wie sie selbst.

Technische Werkstätten und Laboratorien

Bezeichnend für die selbständigen Erfinder war es, daß sie sich in von ihnen selbst gewählte Räume zurückzogen, die sie nach ihren Bedürfnissen ausgestattet hatten. In dieser Hinsicht verhielten sie sich wie avantgardistische Künstler, die in ihren Ateliers arbeiten oder den alternativen Lebensstil des historischen Montmartre, von Schwabing oder von Greenwich Village bevorzugen. Erfinder und Künstler sind sich der Tatsache bewußt, daß sie sich mit unorthodoxen Ideen beschäftigen, und daß sie sich in eine eigene Welt zurückziehen, verstärkt bei ihnen das Gefühl, Außenseiter zu sein. Während sie in ihrer Abgeschiedenheit intellektuelle und physische Arbeit leisteten, schufen sie einen neuen Lebensstil und sogar eine neue Welt, die an die Stelle der bestehenden trat. Die Erfinder schufen Maschinen und Verfahren, zwischen denen sie sich heimisch fühlten, und die Künstler schufen reine und geord-

nete Räume, erfüllt von Musik, Gemälden und Skulpturen. In ihrer Kindheit
oder Jugend waren viele Erfinder und Künstler einer Welt begegnet, die sie
enttäuschte. So war ihr Rückzug in die von ihnen gestalteten Räume, die
angefüllt waren mit aus ihrer Phantasie entsprungenen Gegenständen, eine
Reaktion und der Versuch, die Welt zu verändern oder eine neue Welt entstehen zu lassen.

Der Rückzug in abgeschirmte Räume ihrer eigenen Wahl und Vorstellung
erlaubte es Erfindern und Künstlern nicht nur, den sie beunruhigenden Einflüssen ihrer Umgebung auszuweichen, sondern schützte sie auch vor der
Feindseligkeit oder dem Spott derjenigen, deren hergebrachte Auffassungen
und Institutionen sie mit ihren neuen Ideen in Frage stellten. Sperrys Frau
Zula sagte, er sei nie glücklicher gewesen, als wenn er mit seinen enthusiastischen Assistenten zusammenarbeitete. Tesla fühlte sich am wohlsten in seinem Laboratorium in Manhattan, wo er sich intensiv mit den geheimnisvollen elektrischen und magnetischen Kraftfeldern beschäftigen konnte.[7] Der
schlanke und mehr als 1,90 Meter große Tesla personifizierte in seinem ele-
ganten Anzug, seiner Haltung und seinem Denken in dramatischer Weise das
schöpferische Genie. Er hat einmal gesagt:

«Die Vorsehung hat es so eingerichtet, daß der Jugendliche oder der Mann
mit einem erfinderischen Geist nicht mit einer Million Dollar ‹gesegnet› ist.
Der Geist ist schärfer und durchdringender in der Isolierung und ununterbrochenen Einsamkeit. Die Originalität blüht in der Abgeschiedenheit, frei von
äußeren Einflüssen, die auf uns einstürmen und den schöpferischen Geist
lähmen. Bleibe allein – das ist das Geheimnis der Erfindung: Bleibe allein,
dann werden die Ideen geboren.»[8]

Edison war ein weiterer Vertreter der selbständigen Erfinder. Auch er wollte
sich von allen Ablenkungen befreien, um in einer Werkstatt oder einem
Laboratorium zu arbeiten, wo treue Helfer ihm zur Hand gingen, um seine
Ideen zu verwirklichen. 1876 richtete er in Menlo Park, New Jersey, eine
Erfinderwerkstatt ein, eine Kreuzung zwischen Hexenküche und Mönchsklo-
ster. Zu jener Zeit zogen sich die Erfinder in ihre Werkstatt oder das chemische Laboratorium zurück. Edison war der typische Erfinder, der sich mit
seinen Assistenten, Werkzeugen und Apparaten in einen eigenen Raum zurückzog, wo er seine schöpferischen Kräfte wirken lassen konnte. Von 1869,
als er seine Stelle bei Western Union als Telegraphist aufgab, um sich nur
noch seinen Erfindungen und verschiedenen telegraphischen Vorhaben zu
widmen, bis 1876, als er seine berühmte Erfinderfabrik in Menlo Park bezog,
arbeitete Edison in einer Reihe von technischen Werkstätten und ließ sich
dabei von einigen Modellbauern unterstützen. Ebenso wie Bell, der ein paar
Jahre später seinem Beispiel folgte, besuchte er häufig die Modellwerkstatt
von Charles Williams. Dort vervollkommnete er mit Hilfe von George Anders, einem Angestellten von Williams, seine erste patentierte Erfindung, das
Tonaufnahmegerät von 1868.[9] Nachdem ihm im Januar 1869 ein eigener

*Edisons Anlage in Menlo Park. Die Zeichnung vermittelt die Atmosphäre
der Abgeschlossenheit und Kreativität.*

Raum in der Werkstatt von Williams zur Verfügung gestellt worden war, gab
Edison in einer Telegraphenzeitschrift bekannt, daß er künftig ganztägig an
seinen Erfindungen arbeiten werde.[10] Nachdem er 1869 nach New York gezogen war, tat er sich mit dem Elektroingenieur Frank Pope zusammen und
gründete eine Beraterfirma, die in ihren Zeitungsanzeigen bekanntgab, sie
würde sich in erster Linie mit dem Entwurf von Instrumenten und der Herstellung von Versuchsgeräten nach groben Skizzen sowie der Durchführung
von Versuchen beschäftigen.[11] Nachdem eine Reihe von Investoren, die sich
für seine Verbesserungen an Telegraphenapparaten interessierten, ihm ihre
Unterstützung zugesagt hatten, begann er mit der Herstellung einiger seiner
telegraphischen Instrumente und mietete oder kaufte mehrere technische
Werkstätten und Fabrikgebäude in Newark, New Jersey. 1870 mietete er ein
großes Gebäude, kaufte die besten Maschinen und Werkzeuge und gab in der
ersten Woche für die Einrichtung seiner Arbeitsräume mehr als 30 000 Dollar
aus. Edison hatte jedoch kein Interesse daran, die Fabrikationsarbeiten zu
beaufsichtigen. Deshalb stellte er die besten Maschinenschlosser an, die ihm
bei seinen Erfindungen und der Herstellung von Modellen helfen sollten.[12] In
einer anderen technischen Werkstatt in Newark richtete er im obersten Stockwerk einen besonderen Raum für die Erfindungen und Entwicklungen ein,
und 1871 begann er in einem Notizbuch über seine Experimente und Überlegungen zu berichten. «Dies sollen tägliche Aufzeichnungen über schon früher entwickelte Ideen sein, die zum Teil schon erprobt, zum Teil aber nur

skizziert und beschrieben worden sind...»[13] Das Erproben oder Experimentieren bedeutete das Bauen von Modellen. Während der fünf Jahre in Newark, wo er das Personal für diese und seine anderen Werkstätten anstellte, bemühte er sich darum, geschickte Handwerker zu finden, die «leichte Finger» hatten, und das waren in den meisten Fällen Uhrmacher und Maschinenschlosser.[14] Hier stellte er Charles Batchelor an, einen Maschinenschlosser aus England, und John Kruesi, einen Schweizer Uhrmacher und Maschinenschlosser, Leute, die seine Ideen in präzise Zeichnungen und Modelle umsetzten, und zwar nicht nur in Newark, sondern auch schon während der so überaus fruchtbaren Periode in Menlo Park.

Während er eng mit der Western Union Telegraph Company und mit Finanziers in New York zusammenarbeitete, die seine Aktivitäten als Erfinder unterstützten und die von ihm hergestellten patentierten Geräte kauften, fühlte sich Edison dennoch beengt durch die von ihnen gestellten Aufgaben und die administrative Arbeit, die sein Herstellungsbetrieb von ihm verlangte. Sobald er über die ausreichenden finanziellen Mittel verfügte, zog er sich – wenn auch nicht allzuweit – nach Menlo Park an der Eisenbahnstrecke auf halbem Wege zwischen New York City und Philadelphia zurück, wo er im Frühjahr 1876 seine «Erfinderfabrik» einrichtete. Dort konnte er sich von New York und Philadelphia aus mit dem notwendigen Material versorgen und sein Unternehmen finanzieren lassen, war aber nicht mehr den Einflüssen der Finanziers ausgesetzt, die ihn bisher bei seiner Tätigkeit als Erfinder behindert hatten. In einem seiner Notizbücher vermerkte Edison, daß er seine Erfindungen nicht für die «verdammten Kapitalisten» mache. Nach der von Matthew Josephson verfaßten Biographie Edisons wurden sogar «seine übermenschlichen Kräfte» durch die ihm als Betriebsführer und Erfinder aufgebürdeten Verantwortlichkeiten überbeansprucht.[15] Edison sehnte sich nach dem beglückenden Erlebnis, gemeinsam mit wenigen treuen und gleichgesinnten Geistern noch nicht entdeckte intellektuelle Gebiete zu erforschen, bei der Lösung selbstgewählter Probleme die erregende Erfahrung zu machen, etwas bisher nicht Dagewesenes entdeckt zu haben, und mit den besten Fachleuten, Werkzeugen und Maschinen Ideen in sinnreiche Vorrichtungen umzusetzen. In der lauten und unruhigen Atmosphäre von Industriestädten wie Newark oder New York wurde seine und die Arbeitskraft seiner Gehilfen zu sehr abgelenkt.

Bevor Edison mit seinen tüchtigen Fachleuten nach Menlo Park kam, gab es dort nur etwa ein halbes Dutzend ländlicher Gebäude. Edisons Vater Sam leitete den Bau des ersten zweistöckigen, stallähnlichen, rechteckigen Hauses. Ursprünglich gab es darin ein kleines Büro für Edison, eine kleine Bibliothek, einen Raum, in dem die Entwürfe angefertigt wurden, und die technische Werkstatt im Erdgeschoß. Im ersten Stock war ein chemisches Laboratorium untergebracht. Menlo Park war sehr großzügig ausgestattet. Mit Pferdefuhrwerken ließ Edison Instrumente, Chemikalien, Bücher, eine Dampfmaschine und Werkzeugmaschinen heranschaffen. Wahrscheinlich gab es in ganz Amerika nirgends eine vergleichbare Kombination aus technischer Werkstatt und chemischem Laboratorium mit einer so vollständigen Ausrüstung, nicht einmal an den Universitäten. Jahre später hat der Industrielle Henry Ford, ein enger Freund und aufrichtiger Bewunderer des Erfinders Edison, den ganzen Komplex von Menlo Park auf dem Gelände des Fordmuseums in Dearborn, Michigan, wieder aufbauen lassen. Damit hat Ford der größten Erfindung des 19. Jahrhunderts ein angemessenes Denkmal gesetzt – der Methode des Erfindens.

Der ‹Hexenmeister› von Menlo Park.

Im Lauf der Zeit errichtete Edison je nach Bedarf noch weitere Gebäude. Er selbst lebte mit seiner Frau und den Kindern Marion Estelle («Dot») und Thomas jr. («Dash») in einem gemütlichen Farmhaus. Später wurde der zweite Sohn William geboren. Zwei der engsten Mitarbeiter Edisons, Batchelor und Kruesi, lebten mit ihren Familien in zwei der anderen sechs Häuser dieses Dorfes. Die anderen waren in der schlichten, aber bequemen Pension von Mrs. Jordan untergebracht. Im Frühjahr 1876 lebten etwa 20 Mitarbeiter Edisons in diesem Dorf. Im Kreise dieser Menschen und umgeben von den Dingen, die ihn interessierten, fühlte sich Edison in der neugewonnenen Freiheit, in der er ungestört seine Ideen verwirklichen konnte, außerordentlich wohl. Einem Patentanwalt aus seinem Bekanntenkreis schickte er seine neue Adresse und eine Einladung: «Nagelneues Laboratorium . . . in Menlo Park, Western Div., Globus, Planet Erde, Middlesex County, 4 Meilen von Rahway, der hübscheste Ort in New Jersey, an der Penna. Eisenbahnstation auf einer Anhöhe. Werde Ihnen alles zeigen, und wir werden Erdbeeren pflücken.»[16]

Thomas A. Edison (6. von links) mit seinen Mechanikern, Chemikern und Modellschreinern in Menlo Park. Die Orgel im Hintergrund wurde gespielt, um den Mitarbeitern die Zeit zu vertreiben, wenn die Experimente bis tief in die Nacht dauerten.

Bevor er Newark verließ, erklärte er «allen Ernstes», er habe vor, in Menlo Park «alle 10 Tage eine kleinere Erfindung und etwa alle sechs Monate eine größere» zu machen.[17] Da er bisher jedes Jahr durchschnittlich 40 Patente angemeldet hatte, waren das ganz realistische Erwartungen. Nachdem die Zeitungen die Öffentlichkeit auf die Erfinderwerkstatt und die kleinen und großen Erfindungen aufmerksam gemacht hatten, die dort entstanden und von denen viele im täglichen Leben Anwendung fanden, entstand der allgemeine Eindruck, Menlo Park sei eine Art Hexenküche, und Edison wurde als Hexenmeister von Menlo Park bezeichnet. Einige Leute hatten die Vorstellung, daß Edison am Abend, wenn die letzten Strahlen der untergehenden Sonne das Laboratorium in ein geheimnisvolles Licht hüllten, als faustische Gestalt exotische Substanzen zusammenbraue und über gewaltige Kräfte verfüge. Der Maler, der das bekannte Bild des verschneiten Menlo Park schuf, erweckte mit seiner Darstellung den Eindruck, hier sei ein Sankt Nikolaus am Nordpol mit seinen Elfen eifrig damit beschäftigt, für eine ungeduldig wartende Welt neuartige Geräte herzustellen. Heute, da uns die Fülle der technologischen Neuerungen nicht mehr so beeindruckt und wir erkannt haben, daß die Technologie eng mit der Naturwissenschaft verbunden und nicht das Ergebnis geheimnisvoller Eingebungen ist, sehen wir Edison und seine bärtigen Mechaniker in der Abgeschiedenheit von Menlo Park als Vorläufer von J. Robert Oppenheimer und seinen Nuklearwissenschaftlern in ihrer Bergfestung von Los Alamos, New Mexico, bei der Entfesselung der furchterregenden, zerstörerischen Kraft des Atoms. Ebenso wie Edison vor ihm hat auch Oppenheimer es genossen, sich für seine schöpferische Arbeit in eine einsame Zitadelle zurückziehen zu können, an einen Ort, den er schon aus der Zeit kannte, als er eine Privatschule in New Mexico besuchte.

Wenn Edison schöpferisch tätig sein wollte, hatte er das Bedürfnis, sich in die Einsamkeit zurückzuziehen, und zwar nicht nur, als er Menlo Park baute, sondern auch als er später eine sehr viel größere Erfinderfabrik in West Orange, New Jersey, plante und errichtete. Auch hier zeigen seine Pläne, wie wichtig ihm Ruhe und Abgeschlossenheit waren. In der neuen Anlage richtete er sich einen privaten Arbeitsraum ein, von dem er schon lange geträumt hatte und auf den er in Menlo Park hatte verzichten müssen. Er sprach davon als von «einem besonderen oder geheimen» Ort für «besondere Dinge, die ich *sub rasa* (sic) tun will».[18] In diesem privaten Raum führte er seine Experimente und Tests durch. Dazu brauchte er nur ein paar Stühle, einen Arbeitstisch und das für das jeweilige Projekt benötigte Material. Doch außerdem standen ihm ständig im gleichen Gebäude seine Techniker und Werkzeuge zur Verfügung, die er ebenso dringend brauchte.[19]

1881 verließ Edison seine Erfinderfabrik in Menlo Park und zog zuerst nach New York, um sich an der Einrichtung der ersten elektrischen Beleuchtungsanlage an der Pearl Street zu beteiligen und die Leitung bei der Erzeugung und dem Verkauf von Stromleitungen und Beleuchtungskörpern zu übernehmen. Seiner Lieblingsbeschäftigung, dem Experimentieren, ging er im obersten Stockwerk der Fabrik eines Mitarbeiters an der Ecke 17. Straße und Avenue B. nach. Nachdem er mit seinen Erfindungen und deren Verkauf ein beträchtliches Vermögen erworben hatte, beschloß Edison 1886, mindestens 100 000 Dollar in das neue Unternehmen zu investieren. Dann beschloß er, auf einem Grundstück in West Orange am Fuß einer Anhöhe, wo er die Besitzung Glen Mount erworben hatte, für Mina Miller, seine gesellschaftlich angesehene zweite Frau, und für die Familie seiner ersten Frau, die 1884 gestorben war, Wohnhäuser zu bauen. In dieser ländlichen Umgebung konnte er ungestört von der in New York herrschenden Unruhe arbeiten, aber die Stadt war doch noch so nah, daß er auch weiterhin seine finanziellen Angelegenheiten, den Fabrikationsbetrieb und die Verwirklichung neuer technischer Ideen überwachen konnte. Seine ersten Skizzen zeigen, daß er zunächst daran dachte, ein sehr großes und ansehnliches Gebäude im französischen Mansardenstil mit einem geschickt versteckten Schornstein zu errichten. Der Gebäudekomplex umschloß einen Innenhof und vermittelte den Eindruck, daß der Eigentümer ein angesehener Mann war, der Wert darauf legte, nicht gestört zu werden. Doch dann gab Edison diesen Plan auf und beauftragte mehrere Architekten mit dem Entwurf eines Komplexes aus weniger aufwendigen, fabrikähnlichen Gebäuden, die es ermöglichen sollten, auch anderen Zwecken als dem weiteren Ausbau des Stromnetzes zu dienen.

GENERAL VIEW OF MENLO PARK AND EDISON'S LABORATORY.

INTERIOR OF THE LABORATORY.

EDISON'S PERFECTED ELECTRIC LIGHT.

IT has been definitely announced by Thomas A. Edison that the first public exhibition of his perfected electric light will be given on Menlo Park, N. J., on New Year's Eve. By the circulation of erroneous statements concerning the labors of this remarkable electrician and inventor, the public have been several times merely disappointed. Although it had reason to believe months ago that he had mastered the difficulties of his latest undertaking, it was not until within a few weeks that his experiments yielded a satisfactory result. Considering the criticisms that have been published upon his discoveries, and the excitement produced among gas manufacturers and consumers, not only in the United States but abroad, our illustrations of Mr. Edison's laboratory, where his experiments have been conducted, and of the apparatus by which his light is now perfected, will attract general interest.

The laboratory and workshops are situated near the depot at Menlo Park. Here Mr. Edison has toiled incessantly for fifteen months with lamps, burners and generators. Edison's electric light, incredible as it may appear, is produced from a little piece of paper —a tiny strip of paper that a breath would blow away. Through this little strip of paper is passed an electric current, and the result is a bright, beautiful light, like the mellow sunset of an Italian Au-

heat, vitiating no air, and free from all flickering. And this light, the inventor claims, can be produced cheaper than that from the cheapest oil.

Having made up his mind to conduct his experiments on the basis of incandescence rather than on that of the voltaic arc, and while perfecting his machinery, there occurred a discovery that materially changed the system, and gave a rapid stride towards the perfect electric lamp. Sitting one night in his laboratory, reflecting

EDISON'S GENERATING MACHINE.

tumn. He has made this little piece of paper more infusible than platinum, more durable than granite. And this by no complicated process. The paper is merely baked in an oven until all the elements have passed away except its carbon framework. The latter is then placed in a glass globe connected with fine wires leading to the electricity-producing machine, and the air exhausted from the globe. Then the apparatus is ready to give out a light that produces no deleterious gases, no smoke, no offensive odors —a light without flame, without danger, requiring no matches to ignite, giving out but little

MAKING LAMPS FOR ELECTRIC LIGHT.

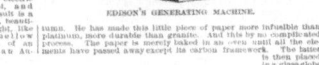

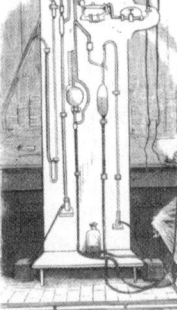

EXHAUSTING AIR FROM GLASS "LAMPS."

NEW JERSEY.—THE WIZARD OF ELECTRICITY.—THOMAS A. EDISON'S SYSTEM OF ELECTRIC ILLUMINATION.

Darstellung der verschiedenen Aspekte bei der Erfindung und Entwicklung von Edisons elektrischem Beleuchtungssystem.

Edison und seine ‹Nachtarbeiter› (insomnia quad) im Laboratorium von West Orange, New Jersey, 1917 (Edison ganz rechts).

Diejenigen, die den amerikanischen Helden Edison damals als schlichten und pragmatischen Erfinder darstellten, der sich allein auf sein erfinderisches Talent verließ, wären überrascht gewesen zu erfahren, welchen Wert er auf eine umfangreiche Bibliothek legte. Der mit dunklem Fichtenholz getäfelte Raum, den eine große Standuhr schmückte, die seine Angestellten ihm geschenkt hatten, hatte Alkoven und Balkons und enthielt zahlreiche technische und wissenschaftliche Zeitschriften, eine große Auswahl an Büchern und zahlreiche Bände mit Patenten. Außerdem war hier eine Sammlung von Mineralien und Erzen untergebracht, die von einem Chemiker als Kurator betreut wurde. Die Bibliothek war zudem mit einem Zylinderschreibtisch für Edison und einem Konferenztisch ausgestattet. In der Mitte des Raumes lagen unter einer großen Topfpflanze Muster neuer Erfindungen und Produkte. Es wird behauptet, Mina Edison habe darauf bestanden, in einen der Alkoven eine Couch zu stellen, damit ihr Mann seinen Mittagsschlaf nicht auf dem Fußboden halten müsse.[20] Das Vorhandensein dieser Couch gab auch dem Mythos von dem Erfinder Nahrung, der anders als der gewöhnliche Sterbliche auf einen normalen Schlaf verzichtet und ununterbrochen damit beschäftigt ist, seine hohen Ziele zu verfolgen.

Wie schon gesagt, hat Edison erklärt, für die Lösung mechanischer und elektrischer Probleme müsse er sich naturwissenschaftlicher Erkenntnisse bedienen, aber in der Chemie folge er seinem natürlichen Instinkt. In West Orange bewies er, daß er wirklich diesem Grundsatz folgte. Er ließ «acht

Wagenladungen mit Experimentiermaterial» kommen, denn er glaubte, «ein Experimentator weiß nie, was er nach fünf Minuten brauchen wird». Er brüstete sich damit, daß er alles habe, «von der Haut eines Elefanten bis zu den Augäpfeln eines Senators der Vereinigten Staaten».[21] Fessenden, der Pionier der drahtlosen Telegraphie, der eine Zeitlang für Edison arbeitete, fand in den Vorratsräumen stets alles, was er brauchte, sogar einen kleinen Imbiß. In einem Gebäude, das ausschließlich der chemischen Forschung diente, arbeiteten mehrere Chemiker, die in Deutschland ihren Doktorgrad erworben hatten. Einer ihrer Arbeitstische war für Edison selbst reserviert.

Wie überall überließ es Edison auch hier vor allem seinen tüchtigen Technikern und Handwerkern, seine Ideen und Skizzen in technische und elektrische Modelle umzusetzen, mit denen er experimentieren und die er dann testen konnte. Diese Männer waren die «Stallburschen» in seinem Mitarbeiterstab, der, wie einer von ihnen sich erinnert, aus «gelehrten Männern, Spinnern, Enthusiasten, einfachen ‹Stallburschen› und völlig Verrückten»[22] bestand. Zu ihnen gehörten seit Menlo Park Batchelor, der Edison bei der Planung und Ausrüstung der neuen Anlagen unterstützte, und William K. L. Dickson, der ihm bei der Entwicklung der Kinematographie half. Neben den Chemikern arbeitete auch der Physiker Arthur E. Kennelly, der später Professor am Massachusetts Institute of Technology und an der Universität Harvard wurde, in West Orange für Edison.

Es wäre jedoch falsch zu glauben, Edison habe in West Orange ein Arbeitsklima geschaffen, das die begabten jungen Wissenschaftler hätte anziehen

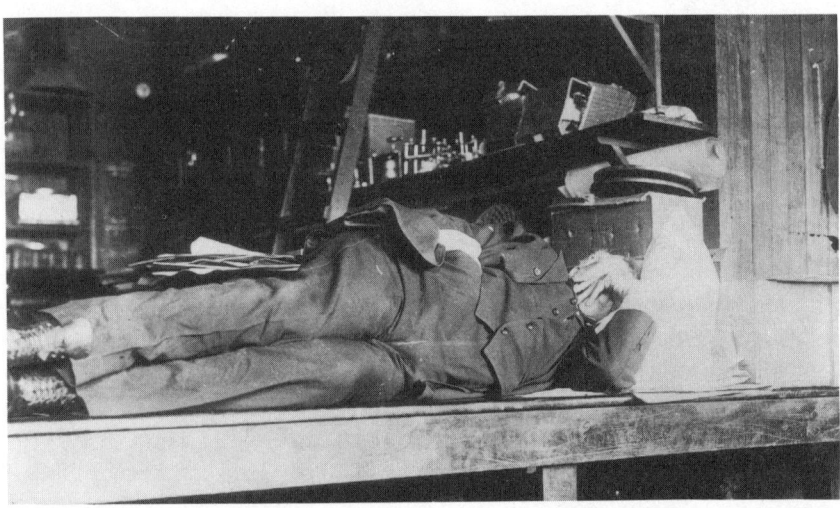

Edison hält ein Nickerchen. Seine Fähigkeit, sich nach langer intensiver Arbeit in einer kurzen Schlafpause am Arbeitsplatz zu erholen, wurde zur Legende.

können, die später – zu Beginn dieses Jahrhunderts – von den großen industriellen Forschungslaboratorien wie etwa bei General Electric angeworben wurden. Willis R. Whitney, der das Forschungslaboratorium von General Electric leitete und in Deutschland den Doktorgrad in der Naturwissenschaft erworben hatte, kam zur Industrie, nachdem er vorher einen akademischen Posten am Massachusetts Institute of Technology innegehabt hatte. Er bemühte sich nach Kräften, im Laboratorium von General Electric eine akademische Atmosphäre zu schaffen. Edison hätte diese Rolle nicht übernehmen können. De Forest, der sich mit der Entwicklung des Radios einen Namen gemacht hatte und 1912 das Laboratorium Edisons besuchte, schilderte ihn während seiner konzentrierten Erfindertätigkeit als einen Mann, der kaum zum Schlafen gekommen sei, sich gerade nach drei Tagen zum erstenmal gewaschen habe und von seinen Mitarbeitern verlange, ebenso wie er selbst auf den regelmäßigen Nachtschlaf zu verzichten. Ohne Gürtel, in einem schmutzigen weißen Hemd, die Krawatte unter dem linken Ohr und mit «fast offenen Hosen» war Edison für den ihn bewundernden de Forest «ein inspirierender, fast rührender Anblick».[23]

Edisons Laboratorium war für die Laboratorien anderer Erfinder ein Vorbild. Der selbständige Erfinder Edward Weston hatte ein Laboratorium, das auffallend dem in Menlo Park glich. Weston war ein außerordentlich produktiver Erfinder. Die Zahl der in seinem Namen registrierten amerikanischen Patente war in den 1890er Jahren kaum geringer als die von Edison, Thomson und Francis H. Richards. Er hat sich besonders mit elektrotechnischen Erfindungen einen Namen gemacht. Dazu gehörten Generatoren, Glühlampen und Meßinstrumente. 1886 baute Weston hinter seinem Wohnhaus in Newark, New Jersey, ein sehr gut ausgestattetes Laboratorium. Ebenso wie das Laboratorium von Edison ermöglichte ihm seine Arbeitsstätte die Durchführung der verschiedenartigsten Experimente und die Patentierung einer großen Zahl von Erfindungen auf allen möglichen technischen Gebieten. Auch Weston verfügte über mit Dampfkraft angetriebene Werkzeugmaschinen, ein chemisches Laboratorium, ein pyhsikalisches Laboratorium mit einer großen Anzahl elektrischer Meßinstrumente und eine Bibliothek mit zehntausend Bänden, zu denen auch seltene Werke zur Geschichte der Naturwissenschaft gehörten. Er beschäftigte regelmäßig fünf Assistenten, oft aber auch mehr. Die Zeitschrift *Scientific American* berichtete in einem anerkennenden Artikel, daß in seinen «Haupträumen, in seinen Büros und kleineren Departements alles enthalten ist, was den Erfinder in die Lage versetzen kann, seine Ideen rasch zu konkretisieren und ihren Wert zu bestimmen, wenn das geschehen ist». Westons Sekretärin erinnerte sich, daß der Erfinder täglich fünfzehn bis zwanzig Stunden und oft die ganze Nacht durch in seinem Laboratorium arbeitete.[24]

Als Teslas Laboratorium an der Fifth Avenue 33–35 South in New York City im März 1895 durch ein Feuer zerstört wurde, schrieb Charles A. Dana

Edward Westons chemisches Laboratorium in Newark, New Jersey.

von der *New York Sun*, dieses Ereignis sei mehr als ein privates Unglück; es sei eine Katastrophe für die ganze Welt. Dana glaubte, die Forschungsarbeit und die Erfindungen Teslas seien für die Menschheit so bedeutsam wie die Aktivitäten von nur einer Handvoll seiner Zeitgenossen, die man vielleicht an den Fingern einer Hand abzählen könne.[25] Edison bot Tesla die Einrichtungen seines Laboratoriums an, damit er die von dem Brand zerstörten Geräte ersetze. Im Frühjahr 1899 richtete Tesla in Colorado Springs ein neues, hervorragend ausgestattetes Laboratorium ein. Über dem großen Laborgebäude, das auf einer weiten Grasfläche vor der am Horizont sich abzeichnenden Silhouette des alles überragenden Pikes Peak gelegen war, erhob sich ein 50 Meter hoher Mast, an dessen Spitze eine Metallkugel mit einem Durchmesser von 30 Zoll angebracht war. Das mit teuren Geräten ausgestattete Labor erlaubte es Tesla, die Möglichkeiten der drahtlosen Übertragung von Botschaften und beachtlicher Mengen von Energie durch die Atmosphäre und durch die Erde zu erforschen. Er sagte voraus, er werde von einem Wasserkraftwerk an den Niagarafällen elektrische Energie an jeden beliebigen Ort der Erde übertragen können. Wie viele andere Wissenschaftler und Erfinder in jenem Jahrzehnt kannte Tesla die 1873 verfaßte Abhandlung von James Clerk Maxwell über die Ausbreitung elektromagnetischer Wellen durch den Raum und wußte von den Demonstrationen dieses Phänomens durch Heinrich Rudolph Hertz in den Jahren 1886 bis 1888. Auch andere hatten schon gezeigt, daß Energie durch elektromagnetische Induktion übertragen werden kann.

Doch die von Tesla durchgeführten Experimente waren einzigartig in ihrem Umfang und ihrer Dramatik. Er behauptete, er könne von seinem Laboratorium aus drahtlose Botschaften nach Paris schicken. Das war etwa ein Jahr bevor Marconi eine transatlantische Funkverbindung herstellte. Tesla hat die Richtigkeit seiner Behauptung nicht durch einen praktischen Versuch bewiesen, aber unvergeßliche visuelle und akustische Effekte demonstriert. In seinem Laboratorium hatte er große Hochfrequenztransformatoren und einen «Sendeverstärker», den er für seine bedeutendste Erfindung hielt. Mit diesem und elektrischem Strom aus dem örtlichen Stromnetz erzeugte er hohe elektrische Ladungen, die sich in mächtigen Wellen wieder entluden. Wenn der Sender eingeschaltet war, erzeugte er Lichtbögen in der Form von Blitzstrahlen über einen Radius von etwa 16 Kilometern. Pferde, die in der Nähe waren, fingen an zu buckeln, weil sie die Stromstöße in ihren Hufeisen spürten. Gelegentlich erzeugten Tesla und seine Assistenten auch künstliche Blitze im Laboratorium. Augenzeugen berichteten, daß die elektrischen Phänomene am Nachthimmel als Geräusche und farbiges Licht wahrzunehmen waren.

Edison hat einmal gesagt, Tesla stünde ständig vor neuen Entdeckungen. Tesla selbst glaubte, daß durch die Experimente in Colorado die Erde in elektrische Schwingungen versetzt worden sei. Er habe das elektrische Potential von etwa 12 Millionen Volt erzeugt – mehr als jeder andere Experimentator –, das, wenn es um den ganzen Erdball herumgeführt würde, genügte, um zweihundert Glühlampen zum Leuchten zu bringen. Im kleineren Maß-

Nikola Tesla.

Tesla erzeugt einen künstlichen Blitz.

stab demonstrierte er die Möglichkeit der drahtlosen Übertragung von elektrischer Energie. Er behauptete auch, Botschaften aus dem Weltall empfangen zu haben, höchstwahrscheinlich von der Venus oder vom Mars. Im übrigen inspirierten ihn die Einsamkeit, die verdünnte Atmosphäre und die herrlichen Berge. Menlo Park verblasse im Vergleich damit.[26]

Tesla war ständig auf der Suche nach Möglichkeiten, seine aufwendigen Laboratorien und Experimente zu finanzieren. Wie die anderen selbständigen Erfinder spürte er instinktiv, wie sehr die Freiheit der Forschung durch Subventionen eingeschränkt wurde. Seine Biographin Margareth Cheney schreibt, Tesla sei ein typischer Einzelgänger gewesen, dem jede Art der Kontrolle unangenehm war und der jede Zusammenarbeit mit Firmen und Institutionen verabscheute. Langsam denkende und schwerfällige Ingenieure als Mitarbeiter ließen ihn vor Ungeduld halb wahnsinnig werden. Wenn er es mit einer Firma oder einer Institution zu tun hatte, überging er nach Möglichkeit die Bürokratie und verhandelte mit dem Direktor oder dem Vorsitzenden des Aufsichtsrats. Wenn er mit mächtigen Finanziers oder Industriellen wie John Jacob Astor, Morgan und Samuel Insull sprechen mußte, fürchtete er stets, von ihnen «überfahren» zu werden.[27]

Der viel weniger anspruchsvolle Sperry vermied nach Möglichkeit auch alle zu engen und störenden Beziehungen zu Geschäftsleuten und Fabrikanten. Schon zu Beginn seiner Laufbahn als Erfinder übernahm Sperry persönlich die Leitung eines 1883 zur Herstellung der von ihm erfundenen und patentierten Bogenlampen und Generatoren gegründeten Unternehmens. Für einen Menschen, der sich für die Betriebsführung interessierte, hätte das eine Herausforderung und die Möglichkeit bedeuten können, wertvolle Erfahrungen zu machen, aber als das Unternehmen in Zahlungsschwierigkeiten geriet, fürchtete der 23jährige Sperry, er werde «unter der Last der Arbeit und der Sorge... zusammenbrechen».[28] Unterstützt von nur zwei oder drei Geschäftspartnern war Sperry gelegentlich so erschöpft und deprimiert, daß «es mir gleichgültig war, ob es weiterging oder nicht...».[29] Die Zahl der jährlich registrierten Patente wurde auffallend geringer. Entmutigt, aber einfallsreich schrieb er: «Glauben Sie auch nur einen Augenblick, daß ich in dem großen Chicago versagen werde, wo man in hundert Richtungen gehen kann – nein, das kommt nicht in Frage.»

1888 fand er einen Ausweg, als er eine Forschungs- und Entwicklungsgesellschaft gründete, wie man das heute nennen würde, und ein Laboratorium einrichtete, um die Möglichkeit zu schaffen, seine und die Patente anderer zu verwerten. Die Begeisterung und der schöpferische Antrieb, den er spürte, zeigen sich in einem Brief an seine Verlobte, Zula Goodman: «Ich habe fast die ganze vergangene Nacht an einer Erfindung gearbeitet und sie heute morgen zustande gebracht. Ich wußte, es würde mir gelingen, wenn ich nur die Zeit und den Mut finden könnte, daran zu arbeiten. (...) Dieses ist die wertvollste, die mir bisher – unter Seiner Führung, meine Liebe – gelungen ist. (...) Sollten wir beide denn nicht in der Lage sein, auch weitere Erfindungen zu machen?»[30] Während des Rests seines Lebens hat Sperry fast nie mehr irgendwelche administrativen Aufgaben übernommen.

Auch Stanley, der amerikanische Erfinder, der die Übertragung elektrischer Energie durch Transformatoren entwickelt hat, distanzierte sich von allen störenden Details. Ein leitender Angestellter der Westinghouse Electric Company erinnert sich, daß Stanley, der einige Jahre als Berater für dieses Unternehmen gearbeitet hatte, die besten Leistungen zeigte, wenn er sich «von der alltäglichen, nie endenden geistigen Arbeit, Disziplin und Geschäftigkeit des Hauptbüros, der Werkstätten oder des Arbeitslaboratoriums in Pittsburgh befreien konnte».[31] Als Westinghouse ihn beauftragte, weiter an der Entwicklung des Transformators zu arbeiten, packten Stanley und seine Frau ihre wenigen Sachen, «schüttelten den Staub des schrecklichen Pittsburgh von uns ab und eilten zu den grünen Hügeln von Berkshire (Massachusetts), um ein Laboratorium zu bauen und mit unserer Arbeit Erfolg zu haben oder unterzugehen».[32] Für ihn war das Laboratorium ebenso wie für andere selb-

ständige Erfinder der Ort, an den man sich zurückziehen, wo man experimentieren und in Ruhe nachdenken konnte. Einige Jahre später, als er unter
Ausnutzung seiner Patente einen Betrieb zur Herstellung elektrischer Geräte
gründete, richtete er ein unabhängiges Forschungslaboratorium ein, das er
leitete und in dem er seine Erfindungen für den Herstellungsbetrieb entwikkelte.

Nachdem Thomson Direktor und leitender Elektroingenieur bei den Unternehmen geworden war, die er 1880 zur Herstellung der von ihm erfundenen
Bogenlampen gegründet hatte, richtete er eine technische Werkstatt und ei-
nen privaten Arbeitsraum ein, den er nicht als Laboratorium, sondern als
Modellwerkstatt bezeichnete. Hier installierten seine Mitarbeiter die Maschinen und Werkzeuge zum Bau der physikalischen Modelle, die er für die
Experimente mit seinen Erfindungen brauchte, die vorgenommen werden
mußten, während sie durch die verschiedenen Entwicklungsstadien gingen.
Daneben richtete er eine Patentbibliothek ein, denn ebenso wie die anderen
Erfinder wollte er wissen, wie andere versucht hatten, die Probleme zu lösen,
an denen er arbeitete. Die Modellwerkstatt war sein persönlicher Bereich,
und hier entstanden seine Erfindungen. Als das Unternehmen in andere
Hände überging, sich ausdehnte und 1883 zur Thomson-Houston Elektric
Company wurde, lehnte er den Vorschlag ab, die Modellwerkstatt zu vergrößern und weitere Erfinder und Techniker anzustellen. Er brauchte nur fünf
oder sechs Maschinenschlosser, die er persönlich beaufsichtigen konnte, und
eine oder zwei Schreibkräfte für die Erledigung der Korrespondenz, besonders
des Schriftwechsels, bei dem es um die Patente ging. Als die Mitinhaber des
Unternehmens 1888 mehrere andere Erfinder anstellten, paßte ihm das
nicht.[33]

Ebenso wie Sperry scheute sich Thomson davor, administrative Aufgaben
zu übernehmen, und beschränkte sich darauf, als Erfinder und Entwickler
neuer Produkte tätig zu sein. Die Angestellten der Firma und etwaige Besucher durften die Modellwerkstatt nicht betreten, und das war nicht nur eine
Maßnahme gegen die Industriespionage. Hier vervollkommnete Thomson
«eine Methode des Erfindens, die seine besonderen Fähigkeiten, Probleme zu
analysieren, Lösungen zu entdecken und zu skizzieren und Modelle zu bauen,
miteinander verband».[34] In den Jahren 1880 bis 1885 meldete Thomson jährlich im Durchschnitt 21 Patente an; von 1885 bis 1890 verdoppelte sich diese
Zahl. Er lehnte es nicht nur ab, sich neben seiner Tätigkeit als Erfinder mit
anderen Aufgaben zu belasten, sondern traf 1890 sogar eine Vereinbarung
mit der Unternehmensleitung, die besagte, daß er sich nicht auf Probleme
beschränken müsse, die ihm von der Verkaufs- und Herstellungsabteilung
vorgelegt wurden, sondern sich auch selbst entscheiden dürfe, auf welchem
Gebiet er zu arbeiten wünschte. Als sich das Unternehmen 1892 mit der
Edison General Electric zur General Electric Company zusammenschloß, zog
sich Thomson noch mehr von der Geschäftsführung und dem Herstellungs-

Der junge Elihu Thomson in seinem Privatlaboratorium.

betrieb zurück und richtete ein neues, weit vom Sitz der Firma entfernt gelegenes Laboratorium bei Boston ein, das von ihm selbst geleitet wurde.[35] Als man ihm einen Direktorposten bei General Electric anbot, lehnte er ab und erklärte, seine Begabung liege im Bereich neuer Ideen und nicht auf dem Gebiet der Betriebsführung.[36]

Modellbauer und Handwerker

Die Erweiterung der Industrieproduktion in den Fabriken und den Ersatz menschlicher Arbeitskraft durch Maschinen beklagten zahlreiche Sozialkritiker, da dies nach ihrer Ansicht das Ende der Ära handwerklicher Arbeit bedeutete. In England begeisterte sich William Morris für die Freude an der Arbeit und rief zur Wiederentdeckung des mittelalterlichen Handwerks auf. In den Vereinigten Staaten schrieb der bilderstürmerische Ökonom und bekannte Intellektuelle Thorstein Veblen im Jahr 1914 über den Instinkt des arbeitenden Menschen: «Unter den instinktiven Neigungen, die direkt zum materiellen Wohlbefinden des Menschen und damit zu seinem biologischen Erfolg beitragen, steht vielleicht das instinktive Verlangen an erster Stelle, das wir hier als den Sinn für den Wert der Arbeitsleistung bezeichnet haben.»[37] Aber im Industriezeitalter wurden die mit Werkzeugen arbeitenden Handwerker abgelöst von Arbeitern, die Maschinen bedienten. Und doch wurden geschickte Handwerker in den Modellwerkstätten, Laboratorien und technischen Werkstätten der selbständigen Erfinder dringend gebraucht. Mit seinem intuitiven Verständnis für die dreidimensionalen Konzepte Edisons leitete Kruesi die technische Werkstatt in Menlo Park. Er setzte eine flüchtige Skizze Edisons in den ersten Phonographen um. Als zuverlässiger Mitarbeiter Edisons bewies auch Batchelor seine handwerkliche Geschicklichkeit.[38] Thomson stellte einen seiner ehemaligen Schüler an der Central High School in Philadelphia, Edwin Wilbur Rice, als Assistenten in der Modellwerkstatt und in den Fabrikationsräumen ein. Rice fertigte Skizzen neuer Erfindungen an und beaufsichtigte die Herstellung der ersten Modelle. Nach Gründung der General Electric Company wurde Rice ihr technischer Direktor; Kruesi wurde Betriebsleiter der Fabrik in Schenectady. Sperry schrieb die Erfolge seines Unternehmens bei der Herstellung von Präzisions-Kreiselsteuergeräten dem Können seiner Techniker zu, von denen viele Schweizer waren. Edison, der stets suchte, die Fähigkeit zu entwickeln, durch Zufall glückliche

Menlo Park: Edisons Team, mit dem er sein elektrisches Beleuchtungssystem geschaffen hat (Edison in der Mitte der dritten Reihe von oben).

Maschinisten und Modellbauer in der Werkstatt von Menlo Park.

und unerwartete Entdeckungen zu machen, betrachtete diese Modellbauer als seine «Handlanger».

Wenn die selbständigen Erfinder keine eigenen Modell- und technischen Werkstätten einrichten konnten, wandten sie sich an größere Modellwerkstätten, die für mehrere Erfinder arbeiteten. 1868 erschien auf der Titelseite der Zeitschrift *Harper's Weekly* ein Holzschnitt, der einen Modellbauer darstellte.[39] Sowohl Edison als auch Bell nahmen im Rahmen ihrer Tätigkeit als Erfinder die Dienste von Charles Williams und seiner technischen Werkstatt an der Court Street 109 in Boston in Anspruch.[40] In Zeitungsanzeigen empfahl sich Williams als Hersteller von Telegraphenapparaten und galvanischen Batterien und als Lieferant von telegraphischem Zubehör aller Art.[41] Auch andere Erfinder, die sich für elektrische Geräte interessierten, kamen in die Werkstatt von Williams, denn die Telegraphie war damals eine Hochtechnologie. Er betrieb sein Geschäft schon seit 20 Jahren und fertigte auf Bestellung in geringen Mengen telegraphische und elektrische Signalanlagen an, wie akustische Meldegeräte für Hotels und Feueralarmsysteme, versorgte aber auch zahlreiche Erfinder mit von ihnen benötigten Vorrichtungen und Geräten. Die Werkstatt von Williams war «eine der größten und am besten ausgestatteten im ganzen Land» und ein Ort, wo «die individuelle Initiative die Regel war. Von großen Ideen besessene Erfinder, die kaum einen Pfennig Geld in der Tasche hatten», fanden hier verwandte Geister und Anregung.[42]

Als Bell in der Werkstatt von Williams arbeitete, gab es im zweiten Stock und auf dem Dachboden des Gebäudes an der Court Street 25 Mitarbeiter.[43] Ein Dutzend oder mehr mit der Hand betriebene Drehbänke, eine Dampfmaschine, einige kleine mit Dampf angetriebene Drehbänke und eine Schmiede erzeugten einen unglaublichen Lärm, es roch nach Schmieröl, es war staubig, die Wände waren von Ruß geschwärzt, und der Boden war mit stählernen Feilspänen bedeckt. So entsprach das Ganze durchaus nicht den konventionellen Vorstellungen von einem Forschungs- und Entwicklungslaboratorium. Für Bell war die Werkstatt von Williams ebenso typisch für Boston wie die Harvard Universität, das Massachusetts Institute of Technology oder die Universität Boston. Als er später berühmt geworden war und in Washington lebte, schrieb er: «Washington ist nicht der Ort, an dem man Erfindungen machen kann. Wenn wir nur in der Nachbarschaft einer Großstadt lebten, könnte ich in einer großen Werkstatt wie bei Williams in Boston meine Geräte herstellen lassen.»[44] Um Bells Misere zu verstehen, müssen wir daran denken, daß das Erfinden nur selten aus einem einzigen entscheidenden Schritt besteht. Gewöhnlich ist es ein Vorgang, in dessen Verlauf eine bestimmte Vorstellung, wahrscheinlich sogar eine bildliche Vorstellung von den verschiedenen Möglichkeiten gewonnen werden muß, die zu einem Ziel oder zu Lösungen eines Problems führen. Es folgen die Darstellung dieser Lösungen in Modellen und schließlich die Versuche mit den Modellen, um festzustellen, wie nahe man dem gesteckten Ziel gekommen ist.

Sperry beschäftigte in New York wenigstens zwei Modellbauer, als er sein Kreiselstabilisierungsgerät und den Kreiselkompaß für die Schiffahrt entwikkelte. Nur wenige Wissenschaftler, unter ihnen der Franzose Jean Bernard Léon Foucault, hatten bisher Arbeiten über gyroskopische Prinzipien veröffentlicht. Von ihnen erfuhr er etwas über die bemerkenswerten Eigenschaften eines kardanisch aufgehängten Rades, das frei um die eigene Achse rotieren konnte, um seine Lage im Raum trotz der Bewegungen der Erde oder irgendeines anderen Körpers bewahren zu können, etwa eines Schiffes, auf dem dieses rotierende Rad, der Kreisel, montiert war. Er wußte, wenn die Rotationsachse des Kreisels parallel zur Rotationsachse der Erde ausgerichtet wurde, dann wäre die Achse des Kreisels ebenso wie die Erdachse von Nord nach Süd ausgerichtet. Manchmal demonstrierte Sperry diese Eigenschaft des Kreisels vor Laien und hielt dabei einen rotierenden Kreisel in der Hand, während er sich selbst auf der Stelle drehte. Die Achse des Kreisels paßte sich dabei jeweils seiner eigenen Rotationsachse an. Ebenso bekannt war die Eigenschaft der «Präzession» des Kreisels. Wenn eine Kraft gegen einen Kreisel in der Absicht wirkte, die Rotationsachse des Kreisels zu verschieben, dann reagierte der Kreisel erstaunlicherweise mit einer Gegenkraft gleicher Stärke. Nun beabsichtigte Sperry, diese Präzessionsreaktion eines massiven, schnell rotierenden Kreiselrades zu benutzen, um die Kraft der Wellen zu absorbieren und ein Schiff auf waagerechtem Kiel zu halten. Weil die Achse des Kreisels auf eine von außen wirkende Kraft mit einer Bewegung im rechten Winkel reagierte, nannte er diese Präzession «die Bewegung der Kraft um die Ecke».

Sperry konnte jedoch keine wissenschaftlichen Abhandlungen zu Rate ziehen, um daraus praktische Informationen über das Verhalten von Kreiseln auf Schiffen zu gewinnen, denn die Naturwissenschaft beschäftigte sich nur mit prinzipiellen Fragen, und nur wenige Erfinder und Ingenieure hatten sich auf das Feld der praktischen Anwendung gewagt – und die Ergebnisse ihrer Bemühungen waren nicht schlüssig. Da er selbst keine Schiffe besaß und keine Schiffsbesatzungen beschäftigte, konnte er es sich nicht leisten, seine Erkenntnisse in der Praxis zu testen. Deshalb wendete sich Sperry an den Modellbauer, der solche Ideen auf einfache Weise in verkleinertem Maßstab testen konnte. Da er wußte, daß jedes Schiff eine ganz bestimmte Schlingergeschwindigkeit hatte – ein modernes Schlachtschiff hat eine Schlingerperiode von etwa 16 Sekunden –, verwendete Sperry ein Pendel mit der gleichen Periode, welches das Schiff darstellte, und einen kleinen elektrisch angetriebenen Kreisel anstelle des Schiffskreisels. Er wendete sich an die Modellbaufirma von Charles E. Dressler & Brother, 143–45 East twenty-third Street in New York, und beauftragte sie, das Modell zu bauen. Das fertige Modell hatte zwei dreibeinige Böcke, zwischen denen ein horizontaler Stab so eingehängt war, daß er sich frei bewegen konnte. An diesem Stab hing ein Stück Gasrohr, das mit einer Schraubzwinge beschwert war. Ein von der Firma Dressler gebauter Kreisel wurde auf das Kreuzstück des Pendels montiert. Mit Stricken und Riemen konnte Sperry den Kreisel rotieren lassen und damit die Reaktionskraft erzeugen. Er stellte das Pendel mit Hilfe der Zwinge auf die gewünschte Pendelperiode ein und konnte dann die reagierende, stabilisierende Kraft des präzedierenden Kreisels messen. Mit diesem Gerät demonstrierte Sperry zum erstenmal das Prinzip der aktiven gyroskopischen Präzession, denn er dämpfte die Schwingung des schweren Pendels in 15 bis 20 Sekunden.[45]

Die Firma Dressler & Brother war dafür bekannt, daß sie Instrumente und Apparate für «Mediziner, Chemiker, Ärzte, Zahnärzte» und «spezielle wissenschaftliche Apparate für Schulen und technische Hochschulen» herstellte. Ihre Werkstatt beschäftigte sich auch mit der «Entwicklung von Erfindungen». Dressler veröffentlichte eine besondere Broschüre über sein kleines elektrisch angetriebenes Gyroskop, das 125 Dollar kostete (Sperry hat dieses Gerät nicht benutzt). In der Broschüre wurde die Vermutung ausgesprochen, daß «die Person, welche die Formel entdeckt, nach der sich die Rotation von Gyroskopen berechnen läßt... ein lang verfolgtes Ziel erreichen könnte; sie könnte ein fundamentales physikalisches Gesetz entdecken, welches das Universum beherrscht, und dafür vielleicht den Alfred-Nobel-Preis im Wert von $40 000,– gewinnen». Das Gyroskop wurde als «ein physiko-chemisches Atommodell in Bewegung oder kinetisches Modell» und als «eine psychologische Maschine» bezeichnet, «die Erregungszustände zeigt».[46] Als Sperry

1909 seinen Gyrostabilisator und seinen Kreiselkompaß entwickelte, mietete er einen Raum in der Modellwerkstatt der Firma Fred K. Pearce Co. an der Rose Street 18–20 im Schatten der Brooklyn Bridge. In einem winzigen, 10 × 15 Fuß großen Raum fertigten Sperry und seine beiden Assistenten Zeichnungen an, nach denen die Techniker von Pearce Modelle bauten.

Solange Sperry als Erfinder arbeitete, hat er sich an der Gründung von Firmen beteiligt, die seine Patente auswerteten, um sich dann zurückzuziehen und die Leitung dieser Unternehmen anderen zu überlassen. Doch 1914 im Alter von 54 Jahren verstieß er gegen diesen seinen Grundsatz und gründete die Sperry Gyroscope Company, eine Firma, die sich damit beschäftigte, technische Geräte zu erfinden, zu entwickeln und herzustellen. Wie nicht anders zu erwarten, sorgte er dafür, daß die Modellwerkstatt und die technische Werkstatt zu einem wichtigen Teil des Unternehmens wurden. Die Firma von Sperry stellte Kreiselkompasse, Feuerleitsysteme für die Marine und andere komplexe Instrumente und Geräte her, für die er die besten Präzisionswerkzeugmaschinen erwarb und die tüchtigsten Techniker einstellte, von denen einige schon bei Pearce gearbeitet hatten. Wie schon oben gesagt, schätzte Sperry besonders die Schweizer Einwanderer unter seinen Handwerkern. Ihrem beachtlichen Können schrieb er den Erfolg seiner Firma gegenüber der amerikanischen Konkurrenz auf dem Gebiet der Kreiseltechnik zu. Wie die bei Sperry arbeitenden Handwerker hatten auch viele Mitarbeiter von Edison ihr handwerkliches Können aus der Alten Welt mitgebracht. In New York lebten verhältnismäßig viele im Ausland geborene und ausgebildete Handwerker, die mit den großen Einwandererwellen Ende des 19. Jahrhunderts in die Vereinigten Staaten gekommen waren.

Theorie und Experiment

Ebenso wie die selbständigen Erfinder im Bereich der Elektrizität und Mechanik auf die Mitarbeit gut ausgebildeter Techniker und Modellbauer angewiesen waren, brauchten sie auch Männer mit einer guten Ausbildung in den Naturwissenschaften, vor allem in der Chemie. Die Erfinder nutzten die Naturwissenschaft in der Form rational gegliederter Informationen und zur Erweiterung ihrer theoretischen Kenntnisse, soweit solche Informationen zur Verfügung standen. Oft war das nicht der Fall.

Wegen seiner schockierenden, spontanen und manchmal spöttischen Bemerkungen gegenüber Zeitungsreportern, die nichts von Technologie und Naturwissenschaften verstanden, hatte man den Eindruck, daß Edison für Naturwissenschaft und Wissenschaftler nichts übrig habe. Doch obwohl er sich manchmal sehr abfällig über die langhaarigen Wissenschaftler äußerte, zählte er viele von ihnen zu seinen Freunden und stellte sie als Mitarbeiter ein. Der junge Francis Upton, der in Princeton seinen Abschluß in der Naturwissenschaft gemacht und im Anschluß seine Studien an der Berliner Univer-

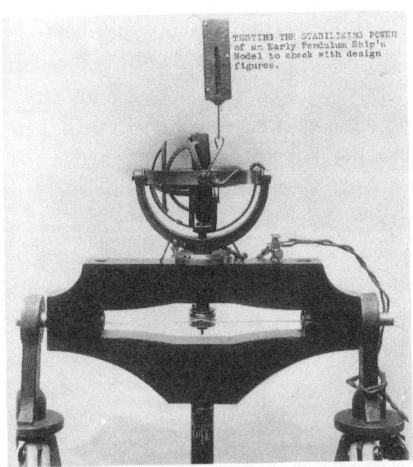

*Modell für die Installation des von
Sperry entwickelten Kreisels und Pen-
dels zur Stabilisierung eines rollenden
Schiffs.*

*Versuche mit dem Modell eines
Schiffskreisels auf einem Ruderboot.*

*Modell eines Sperry-
Schiffskreisels an Bord
der U.S.S. ‹Worden›.*

sität fortgesetzt hatte, um im Herbst 1878 im Mitarbeiterstab von Edison an dessen Arbeiten teilzunehmen, hat viel zur Komplexität und zum Erfolg der Methoden Edisons beigetragen. Edison hat dessen Leistungen durchaus anerkannt. Francis Jehl, ein anderer Assistent Edisons in Menlo Park, erinnerte sich noch Jahre später, daß Upton seinen Chef Edison in die Grundzüge der Naturwissenschaften einführte und ihm theoretische Kenntnisse über elektrische Stromkreise und Systeme vermittelte.[47] Doch Upton selbst behauptete: «Es fällt mir leicht, Fragen zu beantworten, wenn sie mir gestellt werden, aber es bereitet mir große Schwierigkeiten, beantwortbare Fragen zu formulieren.»[48] Weiter sagte er, Edison habe als Direktor des Laboratoriums mit seiner beachtlichen Konzentrationsfähigkeit und Zielstrebigkeit entschieden, welche Probleme gelöst werden müßten.

Sperry suchte sich seine Assistenten sehr sorgfältig unter den Absolventen der führenden technischen Hochschulen aus, die ihre Ausbildung in der Naturwissenschaft und Technologie beendet hatten. Während der Entwicklung des Kreiselstabilisators war einer seiner wichtigsten Mitarbeiter Carl Norden, ein Absolvent des weltberühmten Polytechnischen Instituts in Zürich, wo er die Fächer Maschinenbau und Naturwissenschaften belegt hatte. Thomson hatte selbst Vorlesungen über Elektrotechnik gehalten, ehe er sich als Erfinder selbständig machte. Tesla studierte am Polytechnikum in Graz Maschinenbau und schloß sein Studium an der Universität Prag ab. Auf dem Gebiet der drahtlosen Kommunikation war Fessenden Professor für Elektrotechnik an der Purdue University und der Western University von Pennsylvania (Pittsburgh). De Forest hatte an der Yale University den Doktorgrad in Physik erworben. Armstrong erwarb sein Diplom in Maschinenbau an der Columbia University und wurde, wie schon erwähnt, Professor an der gleichen Lehranstalt. Wir sollten uns jedoch davor hüten, die selbständigen Erfinder nur als Männer zu sehen, die ihre naturwissenschaftlichen Kenntnisse in der Praxis verwirklichten; mit ihren Experimenten waren sie der Theorie oft weit voraus.

Viele glaubten, daß Leute, die auf dem Gebiet der Erfindungen, der Forschung und Entwicklung Hervorragendes leisten, auch gute Mathematiker seien. Doch die meisten selbständigen Erfinder hatten keine gründliche mathematische Ausbildung. Wenn es um mathematische Probleme ging, verließ sich Edison ganz auf Upton. Er hat einmal gesagt, er müsse nichts von Mathematik verstehen, denn dazu könne er so viele Mathematiker einstellen, wie er wolle. Sperry ließ sich von dem begabten Seeoffizier D. W. Taylor eine mathematische Analyse über das Verhalten des Kreisels erstellen. De Forest scheint nie die Theorie der von ihm erfundenen Dreielektrodenröhre begriffen zu haben. Tesla hat glänzende Konzepte über rotierende Magnetfelder entwickelt, aber das waren visuelle Konzepte, die nicht auf abstrakten Berechnungen beruhten. Die Brüder Wright haben bei ihren Experimenten ein hervorragendes Vorstellungsvermögen bewiesen, aber ihre aerodynamischen

Theorien waren mathematisch einfache und leicht zu berechnende Abstraktionen.

Der Biograph von Armstrong, des Erfinders der Frequenzmodulation (FM), behauptet, er habe ein fundamentales Verständnis – im physikalischen Sinne – für seine regenerierenden und superheterodynen Funknetze gehabt, aber eine ausgesprochene Aversion gegen mathematische Abstraktionen gezeigt und sich während seines ganzen Lebens mit Mathematikern gestritten.[49] Als John Carson von der American Telephone and Telegraph Company (AT & T) 1922 in einer wohlbegründeten und mathematisch untermauerten Arbeit Armstrongs neues System der Frequenzmodulation für Radioübertragungen als unwirksam bezeichnete, nahm das Mißtrauen des Erfinders gegenüber mathematischen Argumenten und deren Autoren nur noch zu. Nachdem er die Wirksamkeit der FM nachgewiesen hatte, erklärte er das als einen weiteren Beweis, daß Erfindungen aufgrund von Versuchen und dem Verständnis physikalischer Zusammenhänge gemacht würden. Armstrong «hat es Carson nie erlaubt..., diese ‹Blamage› zu vergessen», und hat keine Gelegenheit versäumt, ihm «unter die Nase zu reiben», daß AT & T im Hinblick auf die Frequenzmodulation eine große Chance vertan habe.[50] Seine Gefühle hat Armstrong in scharfer Form in einem Aufsatz mit dem Titel «Mathematical Theory vs. Physical Concept» zum Ausdruck gebracht.[51]

Für die selbständigen Erfinder waren die Naturwissenschaft und abstrakte Theorien nicht geeignet, sie in die Zukunft zu führen, denn ihre Forschungen gingen über die Grenzen dessen hinaus, was Technologie und Wissenschaft zu bieten hatten. Sie stießen in einen Bereich vor, der jenseits aller Theorien und geordneter Informationen war, mit denen es die Naturwissenschaft zu tun hatte. Die theoretischen Erkenntnisse, die den selbständigen Erfindern zur Verfügung standen, erklärten gewöhnlich den gegenwärtigen Wissensstand, nicht aber die Möglichkeiten, die noch weiter in der Zukunft lagen. Akademische Wissenschaftler taten den Erfindern im allgemeinen nicht den Gefallen, Informationen zu sammeln oder Theorien zu entwickeln, die auf den Arbeitsgebieten der selbständigen Erfinder gebraucht wurden. Erst das Entstehen der industriellen Forschungslaboratorien, in denen Wissenschaftler wirkten, die ein fundamentales oder theoretisches Verständnis für die Technologie suchten, führte dazu, daß sich das änderte. Sie betrieben Grundlagenforschung, um Erklärungen und Theorien für die Geräte, Vorgänge und Maschinen zu finden, welche die Industrieunternehmen entwickelten oder herstellten. Doch häufig waren ihre Theorien nicht ausreichend, um der Komplexität der Technologie gerecht zu werden. Wie Armstrong behauptete, zwangen die Mathematiker die keineswegs geordnete Welt der Erfinder und Techniker oft in eine allzu strenge und enge Form, die eine gründliche und verständliche Erklärung des Funktionierens physikalischer Gegebenheiten ausschloß. Das gleiche galt für die Wissenschaftler.

Wissenschaftler, die die Einzelheiten der neuen Technologie, wie sie von den unabhängigen Erfindern geschaffen wurde, nicht kannten, brachten die Erfinder oft zur Verzweiflung, wenn sie verlangten, sie sollten Theorien anwenden, die, wie die Erfinder wußten, überholt waren. Einige Wissenschaftler haben die empirischen Methoden Edisons in arroganter Weise lächerlich zu machen versucht, während sie selbst mit anachronistischen Theorien argumentierten. Edison war ungeduldig, wenn er es mit eigensinnigen akademischen Wissenschaftlern zu tun hatte, die behaupteten, die Theorie von den elektrischen Schaltkreisen, die bei der Bogenlampe entwickelt worden war, gelte auch für die moderneren Glühlampen. Ähnlich mußte sich auch Robert Maillart, der Pionier des armierten Betonbaus auf dem Gebiet des Brückenbaus, unerbetene und falsche Vorschläge von Theoretikern anhören, die glaubten, daß auf diesem Gebiet die elegante Theorie anwendbar sei, die für die älteren Konstruktionen aus Stein und Eisen entwickelt worden war.[52]

Der Mangel an adäquaten Theorien zwang die Erfinder zum Experiment. Das heißt, sie arbeiteten mit einer empirischen Methode, die jedoch oft zu den richtigen Ergebnissen führte. 1870 beschwerte sich ein Geschäftspartner Edisons darüber, der Erfinder mache zu viele Experimente, von denen manche nutzlos seien. Edison erwiderte: «Kein Experiment ist nutzlos.» Diese unerfahrenen Menschen waren, wie er glaubte, einfach zu ungeduldig und kurzsichtig, um das Wesen des Experimentierens zu begreifen. «Galieo (sic) entdeckte», fügte Edison hinzu, «das Prinzip der genauen ... (Zeitmessungslehre?) an der pendelnden Lampe in Pisa. Es wäre nicht sehr klug zu sagen – warum ist diese verdammte Lampe keine Uhr?»[53] Betrachtet man gewisse Versuchsanordnungen Edisons, dann erkennt man, auf welche Weise er im Verlauf seiner Erfindungs- und Entwicklungsarbeit experimentierte. Bei solchen Experimenten waren seine unentbehrlichen Mitarbeiter Batchelor und Kruesi stets in der Nähe, um den Fortgang der Versuche zu beobachten und Notizen darüber anzufertigen. Jehl erinnert sich an den Fall des Börsentelegraphen. Im Verlauf der Versuche wurden immer wieder Veränderungen und Verbesserungen des Modells vorgenommen:

«Mit besonderem Geschick neutralisiert oder intensiviert er Elektromagneten, indem er starken oder schwachen Strom oder polarisierte Magneten verwendet; und mit aggressiver Gewißheit veranlaßt er negative oder positive Richtströme, seine Arbeit zu leisten. Hier kann man sein natürliches Talent sehen, wenn er den Widerstand des Elektromagneten auf einen bestimmten Wert einstellt, der die Leistungsfähigkeit der Stromleitung berücksichtigt.»[54]

Hier überprüfte Edison die Gültigkeit vernünftiger Konzepte und ihrer Verfeinerungen. Wie ein experimentierender Wissenschaftler verwendete er sowohl quantitative als auch gegenständliche Modelle. Seine Überlegungen erlaubten es ihm, seine Konzepte mit quantitativen Modellen zu prüfen; die

Edison beim Experimentieren.

gegenständlichen Modelle erlaubten es – zumindest ihm –, noch komplexere Prüfungen vorzunehmen. Seine immer wieder neu angestellten Überlegungen und weiteren Versuche und Verbesserungen brachten ihm schließlich 46 Patente für den Börsentelegraphen ein.

Edisons Erfindung und Entwicklung einer Karbonsprechkapsel für das Telephon, die mit der Sprechkapsel von Bell in Konkurrenz treten sollte, ist ein weiteres Beispiel für die Methoden, mit denen er experimentierte und Modelle entwickelte. Um das Jahr 1873 hatte er an die Entwicklung eines Regelwiderstands gedacht, mit dem der Widerstand eines elektrischen Stromkreises variiert werden könnte, und hatte dazu ein Meßinstrument konstruiert, das auf diesem Konzept gründete. Der Regelwiderstand bestand aus 50 oder mehr kreisförmig ausgeschnittenen Stücken eines Seidengewebes, die mit Graphitstaub bepudert waren. Damit konnte jeder Widerstand von 400 bis 6000 Ohm erreicht werden, indem man den Druck auf die übereinandergelegten Schichten Seidenstoff verstärkte oder verringerte, denn mit diesem Druck veränderte sich die Leitfähigkeit dieses Halbleiters. 1877 konstruierte er aus dem Regelwiderstand die Sprechkapsel für seinen Telephonhörer. Durch den Druck der Schallwellen der menschlichen Stimme veränderte sich der Wider-

stand und damit die Stärke des elektrischen Stroms, der durch den Telephonhörer floß. Für die Sprechkapsel brauchte er, wie er feststellte, einen Halbleiter mit einem niedrigeren Widerstand, als ihm die mit Graphit bestäubte
Seide liefern konnte. 1877 experimentierte er mit dem Modell einer solchen
Sprechkapsel und verwendete dabei als Halbleiter einen Graphitknopf zwischen zwei Platinscheiben. Die Schallwellen brachten eine Scheidewand zum
Vibrieren, was mechanisch auf den Knopf übertragen wurde, und dieser
wechselnde Druck veränderte die Leitfähigkeit des Graphitknopfes. Da dieser
Knopf sich im Stromkreis des Telephons befand, spiegelte der Fluß des elek-
trischen Stroms in dem Stromkreis die Modulationen der Schallwellen. Im
Dezember 1877 ließ Edison dieses Modell patentieren. Da jedoch das Volu-
men der Schallwellen nicht ausreichte, experimentierte er auch mit anderen
Halbleitern, darunter mit Oxiden und Sulfiden in der aus dem Regelwiderstand entwickelten Sprechkapsel, bis er mit einem Knopf aus Lampenruß die
besten Ergebnisse erzielte. Im Februar 1878 beantragte er ein Patent für die
Verwendung von Lampenruß in der Sprechkapsel. Bis dahin hatte er bei
seinen Versuchen eine Gummischicht benutzt, um die Vibrationen der Scheidewand in der Sprechkapsel auf den Karbonknopf zu übertragen. Weitere
Versuche mit anderen Modellen zeigten, daß diese Vibrationen nicht übertragen werden mußten, sondern nur die Veränderungen des Drucks auf die
Scheidewand. Deshalb ersetzte er den Gummi durch eine Feder, die nicht so
leicht abgenutzt wurde, und setzte eine stärkere Scheidewand ein. Weitere
Tests zeigten, daß auch die Feder nicht benötigt wurde, sondern eine feste
Substanz. Die Qualität der Tonwiedergabe und die Lautstärke waren die Kri-
terien, nach denen die Verbesserungen im Verlauf dieser Versuchsreihe beurteilt werden konnten.[55]

Wissenschaftler, die mit der Tätigkeit eines Erfinders und der Weiterentwicklung dieser Erfindungen nicht vertraut waren, haben diese empirischen
Methoden oft belächelt, weil sie nicht erkannten, daß man ohne eine Theorie
auf dem entsprechenden Forschungsgebiet gezwungen war, eigene Hypothesen zu entwickeln und auf dieser Grundlage Versuche anzustellen. Thomas
Midgley, der Chemiker und Erfinder, der auf den Gedanken gekommen war,
dem für Verbrennungsmotoren verwendeten Benzin Tetraäthylblei zuzuset-
zen, sagte, dabei müsse man bereit sein, anstelle einer Wildgans einen Fuchs
zu jagen. Thomson, Sperry und Edison wußten ebenso wie andere selbständige Erfinder sehr genau, wie wichtig die Arbeit ihrer Modellbauer, Chemiker
und wissenschaftlichen Mitarbeiter in den Laboratorien für sie war, denn sie
bedeutete eine wesentliche Hilfe beim Experimentieren, der wichtigsten Voraussetzung für die erfolgreiche Arbeit eines Erfinders. Der Erfinder brauchte
Arbeitsräume, in denen er neue Ideen und Modelle der Erfindungen testen
konnte, die seine Vorstellungen zum erstenmal konkret sichtbar machten.
Dieses Arbeitsfeld mußte weniger komplex, besser geordnet und leichter
kontrollierbar sein als die Welt, in der Erfindungen ihre praktische Verwen-

dung finden sollten. Wenn die Erfinder eine erste Vorstellung von einem Gerät, einem Vorgang oder einer Maschine gewonnen hatten, konnten sie sich kaum die ganze Komplexität der Umstände vorstellen, unter denen die fertig entwickelte Erfindung zur Anwendung kommen und überleben würde. Die Entwicklung von Erfindungen im Laboratorium mit Hilfe von Experimenten hatte in den meisten Fällen eine allmähliche Zunahme der Komplexität der Erfindung und des Umfelds zur Folge, in dem sie erprobt werden mußte. Das Experimentieren im Laboratorium wurde so lange fortgesetzt, bis die Erfindung unter Laboratoriumsbedingungen fast ebenso komplex funktionierte wie dort, wo sie später zur Anwendung kommen sollte. Erst wenn das geschehen war, wurde sie auf den Markt gebracht. War die Neuerung einmal eingeführt, konnte der Erfinder sein Geistesprodukt nicht mehr umgestalten und hatte keinen Einfluß mehr darauf. Das ist vielleicht auch der Grund, weshalb sich die meisten Erfinder im Laboratorium und in der Modellwerkstatt durchaus wohlfühlten, es jedoch im allgemeinen vermieden, sich mit geschäftlichen und administrativen Dingen abzugeben.

Zweites Kapitel
Die Wahl der Probleme und ihre Lösung

Das Erfinden kann man als den Vorgang ansehen, in dessen Verlauf neue
Probleme gelöst werden. Berichte über erfolgreiche Erfinder beschäftigen sich
oft in erster Linie mit den Methoden, die sie bei der Problemlösung anwenden. Es ist aber auch sehr aufschlußreich festzustellen, welcher Probleme sie
sich annehmen, das sagt uns vielleicht noch mehr über den Charakter der
selbständigen Erfinder und erklärt ihre Erfolge – oder Mißerfolge – besser als
die Art, wie sie diese Probleme lösen. Ihre Unabhängigkeit, die Tatsache, daß
sie nicht von irgendwelchen Organisationen behindert werden, hat es ihnen
erlaubt, sich Problemen zuzuwenden, die, als sie gelöst wurden, zum Kern
neuer technologischer Systeme geworden sind. Wie wir bei der Betrachtung
der Verfahren, mit denen Erfinder in den industriellen Laboratorien arbeiten,
sehen werden, wurden die in der Industrie arbeitenden Wissenschaftler oft
gezwungen, sich mit Problemlösungen zu beschäftigen, die das Wachstum
bestehender Systeme beschleunigten und diese Systeme verbesserten, in welche die Industrieunternehmen hohe Summen investiert hatten. Die Erfindungen, die zum Entstehen neuer Systeme führen, kann man als *radikal*, die
systemverbessernden Erfindungen als *konservativ* bezeichnen.

Charakteristische Merkmale

Die selbständigen Erfinder haben einen überdurchschnittlichen Anteil an den
radikalen Erfindungen.[1] Das ist vielleicht das Merkmal, durch das sie sich am
deutlichsten von Erfindern und Wissenschaftlern unterscheiden, die in Laboratorien der Industrie oder der Regierung arbeiten, und das am besten ihre
bemerkenswerten Erfolge zu jener Zeit erklärt, die wir das Goldene Zeitalter
der Erfinder nennen. Ihre großen Erfolge stützen auch die Argumente jener,
die heute beklagen, daß diese Organisationen die Kreativität behindern, ob es
sich nun um Universitäten, Regierungen oder Privatunternehmen handelt.
Die selbständigen Erfinder zogen es vor, in neu entstandenen Systemen
Durchbrüche zu erzielen oder sie zu verbessern, anstatt für bestehende, bewährte Technologien Verbesserungsmöglichkeiten zu finden. Elmer Sperry
hat gesagt: «Wenn ich mein ganzes Leben damit zubringe, einen Dynamo zu
verbessern, kann ich wahrscheinlich meinen bescheidenen Beitrag dazu leisten, daß sich die Leistungsfähigkeit dieses Dynamos um sechs oder sieben
Prozent erhöht. Es gibt aber doch zahlreiche praktische Anwendungsmöglichkeiten für die Elektrizität, welche den gegenwärtigen Verbrauch elektrischer
Energie um etwa 400 oder 500 Prozent erhöhen würden; lassen Sie mich

deshalb lieber eines dieser Probleme lösen.»[2] Organisationen haben die radikalen Erfindungen der selbständigen Erfinder im allgemeinen nicht unterstützt, weil sie ebenso wie alle radikalen Ideen die bestehenden Verhältnisse verändern konnten, um an ihre Stelle etwas Neues zu setzen. Radikale Erfindungen entsprachen nicht den Bedürfnissen und lösten auch nicht die Probleme bestehender Organisationen. Radikale Erfindungen erforderten neue Institutionen, die sie nutzten. Solche Erfindungen konnten dazu führen, daß Facharbeiter, Ingenieure und Manager mit ihren Spezialkenntnissen nichts mehr anfangen konnten, bisher gemachte Investitionen keinen Gewinn brachten und es in großen Organisationen ganz allgemein zu Unruhe und Besorgnis kam. Große private oder Regierungsorganisationen haben manchmal die Vorschläge der radikalen Erfinder abgelehnt, weil sie technisch unausgereift und wirtschaftlich riskant seien, aber damit haben sie nur das Wesen des Neuen und Radikalen anerkannt. Ende des 19. Jahrhunderts haben die Unternehmen, die die Städte mit Gaslicht versorgten, die Eisenbahnen bauten und die Telegraphenlinien unterhielten, nicht die Erfindung und Entwicklung der elektrischen Beleuchtung, des Automobils oder des Radios veranlaßt oder gesteuert. Diese Neuerungen waren den selbständigen Erfindern zu verdanken, und sie haben auch die Unternehmen und Einrichtungen ins Leben gerufen, die man brauchte, um ihre Erfindungen praktisch zu nutzen. Wenn man diese Erfindungen als *radikal* bezeichnet, dann bringt man sie in Verbindung mit der traditionellen Definition politischer Ideen, welche den Wert bestehender politischer Institutionen in Frage stellen. Ebenso wie eine große Zahl verwandter radikaler politischer Ideen eine zerstörerische politische Revolution zur Folge haben können, so verursachen auch miteinander in Beziehung stehende radikale Erfindungen oft eine technologische Revolution.

Bezeichnenderweise zogen es die selbständigen Erfinder vor, neue Systeme zu schaffen, anstatt von anderen entwickelte Systeme zu verbessern. Sie erkannten, daß sie nicht die Einrichtungen und das Personal für ihre Zwecke verwenden, die Industrieunternehmen und Regierungsbehörden einsetzen konnten, um die bereits bestehenden Systeme zu verbessern, über die sie verfügten. Die von den Unabhängigen erfundenen Systeme waren manchmal entscheidende Durchbrüche auf dem Weg zur Lösung brennender Probleme, wie es etwa die Beherrschung des von den Brüdern Wright erfundenen Flugzeugs war. Zu anderen Zeiten erfanden die Selbständigen Systeme, die Alternativen zu bestehenden Systemen darstellten, aber sie ließen sich nur dann auf ein solches Risiko ein, wenn die bestehenden Systeme neu, unausgereift und noch nicht von einem großen Unternehmen betrieben wurden, das über reichliche Geldmittel und Hilfsquellen verfügte. Lee de Forest und Reginald Fessenden erfanden zum Beispiel ein drahtloses Telegraphensystem, das mit dem älteren System von Guglielmo Marconi konkurrierte, aber das Unternehmen von Marconi war nicht besonders groß und hatte Schwierigkeiten, sich auf dem amerikanischen Markt zu behaupten, weil es ein britisches

Unternehmen war. Edison, Thomson und Sperry haben ganze Systeme für den Einsatz von Bogenlampen oder Glühlampen erfunden, als diese Industrie noch in ihren Anfängen stand. Der britische Erfinder Joseph Swan, den seine Landsleute als den Erfinder der Glühlampe feiern, beging den Fehler zu versuchen, seine Glühlampe in ein System zu integrieren, dessen Stromerzeugung von anderen für andere Zwecke vorgesehen war. Die Folge war, daß die einzelnen Teile des Systems nicht harmonisch und optimal zusammenwirken konnten. Anders als Edison verfügte Swan nicht über die notwendigen Geldmittel, die es ihm erlaubt hätten, ein ganzes System zu erfinden und zu entwickeln. Der Vertreter einer Firma, die den Verkauf der Glühlampen von Swan übernommen hatte, sagte einem Vertreter Edisons, dessen großer Vorteil läge darin, daß er über ein zusammenhängendes System verfüge.

Bell und die Brüder Wright

Die einzelnen selbständigen Erfinder unterschieden sich voneinander im Hinblick auf die Motive, die sie veranlaßten, sich für die von ihnen zu lösenden Probleme zu entscheiden. Um zu überleben, mußten die meisten von ihnen Probleme wählen, die zu patentfähigen und kommerziell erfolgreichen Erfindungen führten, es gab aber auch einige wie Alexander Graham Bell und Orville und Wilbur Wright, die nicht gezwungen waren, sich solche Beschränkungen aufzuerlegen. Sie hatten Berufe, mit denen sie ihren Lebensunterhalt verdienten, und konnten sich deshalb frei für das entscheiden, was sie wirklich interessierte. Der Fall von Graham Bell und Elisha Gray zeigt, unter wie verschiedenen Voraussetzungen ein vollkommen selbständiger und ein nur nominell selbständiger Erfinder, der auf die Rentabilität seiner Tätigkeit angewiesen und deshalb bereit war, das schon vorhandene System eines Fabrikanten zu verbessern, ihre Probleme auswählen. Bell war Professor für Stimm- und Sprachphysiologie (Logopädie) an der Universität Boston und war nicht wie die Berufserfinder Thomson, Edison und Sperry gezwungen, sich mit Problemen zu beschäftigen, deren Lösung kurzfristig einen finanziellen Gewinn versprach. Bevor sich Bell auf die Erfindung des Telephons konzentrierte, hatte er nach 1872 mehrere Jahre in aller Ruhe an einem Mehrfachtelegraphen gearbeitet, einem Apparat, für den bei den Telegraphengesellschaften ein sofortiger und dringender Bedarf bestand. Dieser Apparat sollte die Anzahl der Leitungsdrähte verringern, die zur Durchgabe einer bestimmten Zahl von Telegrammen erforderlich waren. Damals mußten die Telegraphengesellschaften viel Geld für die kupfernen Leitungsdrähte ausgeben. Weil ein solches System so dringend gebraucht wurde, haben sich mehrere Erfinder Anfang der 1870er Jahre die verschiedensten Versionen eines Mehrfachtelegraphen patentieren lassen. Der selbständige Erfinder Gray, eine Reihe von Erfindungen auf diesem Gebiet gemacht hatte, war einer der bedeutendsten Fachleute auf diesem Gebiet. 1874 erkannten sowohl Bell als auch Gray bei ihrer Arbeit an einem Mehrfachtelegraphen die Möglichkeit, Musik und menschliche Stimmen über eine Drahtleitung auf elektrischem Wege zu übertragen. Doch Gray, der mit seinen Erfindungen etwas verdienen mußte, verfolgte dieses Projekt nicht weiter, sondern konzentrierte sich auf einen funktionsfähigen Mehrfachtelegraphen, der offensichtlich eine große wirtschaftliche Bedeutung hatte. Zum Entsetzen seines Schwiegervaters, der ihn bei seiner Arbeit an dem Mehrfachtelegraphen unterstützte, unterbrach Bell seine Forschungen auf diesem Gebiet und wandte sich der Übertragung der menschlichen Stimme durch das Telephon zu, was viele seiner Freunde für einen Irrweg hielten.[3] Da sich Bell als Logopäde intensiv mit dem Phänomen der Sprache und Stimme beschäftigt hatte und er sich außerdem Sorgen um die Taubheit seiner Frau machte, ist ihm das Telephon wahrscheinlich wichtiger gewesen als der Telegraph. Nach monatelangen Versuchen gelang ihm ein sensationeller Durchbruch mit einer Erfindung, deren praktische Anwendung während der folgenden Jahre kaum jemand für notwendig hielt. Bell, der kein Berufserfinder war, hatte sich von seiner Begeisterung leiten lassen, während der professionelle und praktische Gray auf die Möglichkeit verzichtete, eine Erfindung zu machen, die zu den finanziell einträglichsten in der Geschichte der modernen Technik werden sollte.

Auch die Tatsache, daß sich die Brüder Wright als Teilzeiterfinder einem von ihnen frei gewählten Problem zuwandten, führte zu einer Erfindung, die man als sensationellen Durchbruch bezeichnen kann. Begeisterung und ein unbestimmtes Verlangen nach Ruhm und Erfolg haben sie mehr dazu motiviert, ein Flugzeug zu erfinden, als bewußte wirtschaftliche Erwägungen. 1920 versuchte Orville Wright zu erklären, was ihn und seinen Bruder veranlaßt hatte, sich mit dieser Idee zu beschäftigen.[4] Er behauptete, ihre größte Erfindung habe ihren Ursprung schon in der frühen Kindheit. Er erinnerte sich, daß sie anfingen, sich für das Fliegen zu interessieren, als ihr Vater ihnen einen mit einem Gummiband betriebenen Spielzeughubschrauber schenkte. Später, im Jahr 1896, entzündete sich dieses Interesse von neuem, als der tragische Tod des Segelflugpioniers Otto Lilienthal bekannt wurde. Als die jungen Brüder Wright anfingen, Fahrräder zu bauen, besorgten sie sich Bücher über dieses Thema. Im Frühjahr 1899 brachte sie ein Buch über Ornithologie auf den Gedanken, daß Vögel als Modelle für vom Menschen gebaute Flugapparate dienen könnten, wie es sich Leonardo da Vinci und zahllose andere schon vor vielen Jahrhunderten vorgestellt hatten. Als der Vergleich des Vogelflugs mit dem Gleitflug des Menschen ihre Begeisterung für den Segelflug weckte, schrieben sie an die Smithsonian Institution und baten um eine Liste von Fachbüchern und Artikeln zu diesem Problem. Das Institut, das es als seine Aufgabe betrachtete, der Öffentlichkeit zu dienen und sie zu informieren, schickte ihnen Nachdrucke der Werke von Lilienthal und Samuel Pierpont Langley, Kommentare dazu und eine detaillierte Geschichte und Analyse des Baus von Flugmaschinen, *Progress in Flying Machines* (1894) von Octave Chanute. Damit begann ein langer und fruchtbarer Briefwechsel der Brüder Wright mit Chanute, einem angesehenen Ingenieur, Eisenbahn- und Brückenbauer und begeisterten Anhänger der Kunst des Fliegens.

Die Reaktion der Brüder auf die Fachliteratur ist einer der zahlreichen Hinweise darauf, daß sie nicht die primitiven, empirischen Experimentatoren waren, als die man sie oft in der volkstümlichen Literatur und in Jugendbüchern dargestellt hat, was leider ganz falsche Vorstellungen von ihnen weckte. Nach der Lektüre der verschiedenen Fachbücher und Artikel folgten sie einer von vielen erfahrenen Erfindern angewendeten Methode: Sie analysierten sorgfältig die Geschichte anderer, die versucht hatten, das gleiche Problem zu lösen – Segelflugzeuge oder von irgendeiner Energie angetriebene Flugmaschinen zu bauen –, um eine Erklärung für das Versagen dieser Versuche zu finden. Dabei verhielten sie sich ähnlich wie Sperry, der sehr sorgfältig die Patentliteratur gelesen hatte, und wie de Forest und Fessenden, die versucht hatten, die schwachen Punkte in dem System der drahtlosen Telegraphie von Marconi zu finden. Mit großem Scharfsinn kamen sie zu dem

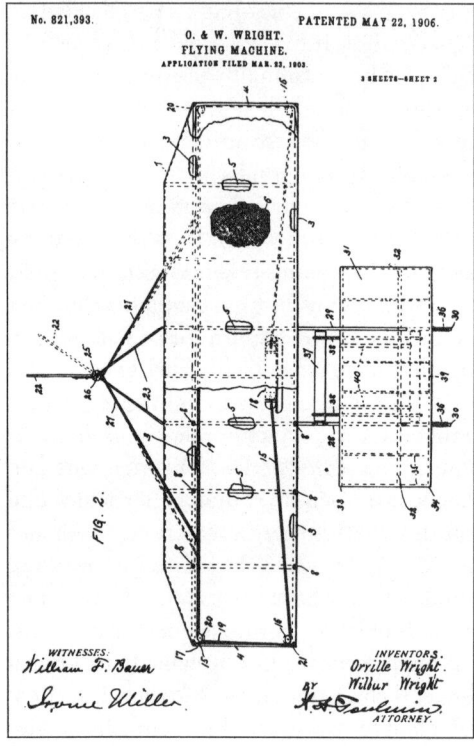

Patentschrift für den von Orville und Wilbur Wright erfundenen Flugapparat.

Die Fahrradwerkstatt der Brüder Wright.

Schluß, daß die Erhaltung des Gleichgewichts beim Fluge das entscheidende ungelöste Problem sei, an dem die Erfinder und Experimentatoren bisher gescheitert waren. Orville Wright berichtet: «Wir gingen sofort daran, eine wirksamere Methode für die Erhaltung des Gleichgewichts zu finden.»[5] Die kühle Selbstsicherheit – oder Naivität – der jungen Fahrradfabrikanten zeigt sich in ihrer Bereitschaft, die Herausforderung anzunehmen, nachdem sie sich mit den Gründen für das Scheitern bekannter Persönlichkeiten vertraut gemacht hatten, das Problem des Fliegens zu lösen. Zu ihnen gehörten Lilienthal, Sir George Cayley, der Erfinder des Verbrennungsmotors, der selbständige Erfinder Hiram Stevens Maxim, der Erfinder der Turbine, Charles Parsons, Bell und der Wissenschaftler und Sekretär der Smithsonian Institution, Langley. Auch Bell ließ sich durch die Probleme, mit denen es der deutsche Erfinder eines Telephons, Johann Philipp Reis, zu tun gehabt hatte, nicht entmutigen, sondern arbeitete zuversichtlich weiter an der Entwicklung eines funktionsfähigen Telephons, weil er glaubte, es werde ihm gelingen, dieses

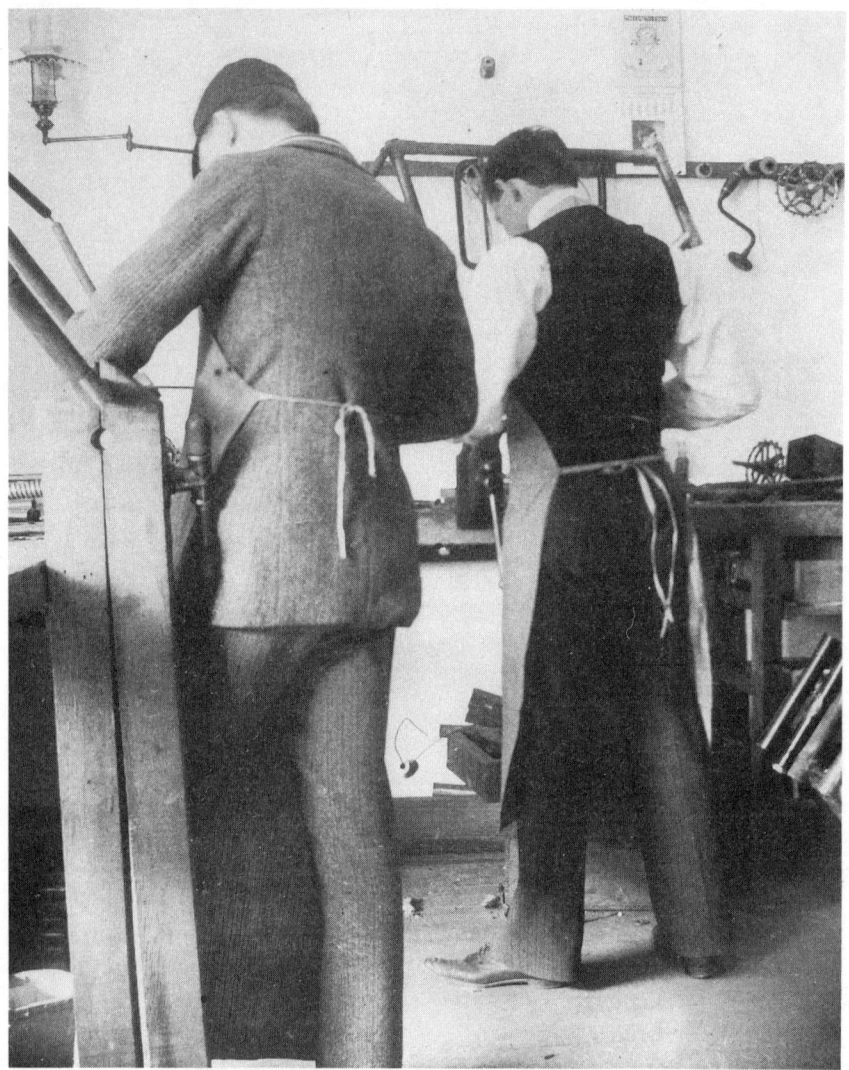

Orville Wright (links) und Wilbur Wright (rechts) in ihrer Fahrradwerkstatt,
Dayton, Ohio, 1897.

Problem in kleinen Schritten und nicht in großen Sprüngen zu lösen. Edison war bekannt dafür, daß er überzeugt war, gerade dort Erfolg haben zu können, wo andere gescheitert waren.

Ihr Freund und Berater Chanute hat später gesagt, die Brüder Wright hätten das Flugzeug verbessert, aber nicht erfunden. Doch ihre Verbesserungen waren bahnbrechende Erfindungen und machten aus einem nicht funk-

Flugversuche in Kitty Hawk, North Carolina.

tionsfähigen System ein in der Praxis brauchbares. Zu ihren entscheidenden Beiträgen zählte er die Verwindung der Tragflächen, die Anbringung des Höhensteuers an der Vorderseite des Flugapparats, die liegende Haltung des Piloten, die Durchführung von Experimenten im Windkanal, die Verwendung von Propellern, Transmissionssystemen und zuverlässigen Motoren. Die drei ersten Verbesserungen trugen zur Aufrechterhaltung des Gleichgewichts des Flugzeugs bei, ein Problem, das die Brüder für besonders wichtig hielten. Aber Chanute erkannte nur die drei letzten Verbesserungen als wesentliche Leistungen der Brüder Wright an. Er sagte, der französische Erbauer von Segelflugzeugen, Paul Renard, habe das Höhensteuer vorn angebracht, er selbst habe vorgeschlagen, den Piloten liegend unterzubringen, und der Ornithologe Louis-Pierre Mouillard habe sich bei den von ihm entworfenen Segelflugzeugen das Verwinden der Tragflächen patentieren lassen. Damit ließ Chanute die Brüder Wright eher wie fleißige Mechaniker aussehen und nicht wie begeisterte Aerodynamiker. Während der letzten fünf oder sechs Jahre vor seinem Tod – er starb 1910 – kühlten sich die Beziehungen zwischen den Brüdern und ihrem Mentor stark ab, weil die Presse die Differenzen zwischen ihnen hinsichtlich des Anteils von Chanute an ihrer Arbeit hochspielte.[6]

Die Wrights suchten zwar mit großer Ausdauer nach einer Lösung, aber selbst als sie ihrem Ziel näherkamen war es nicht der Gedanke an den finanziel-

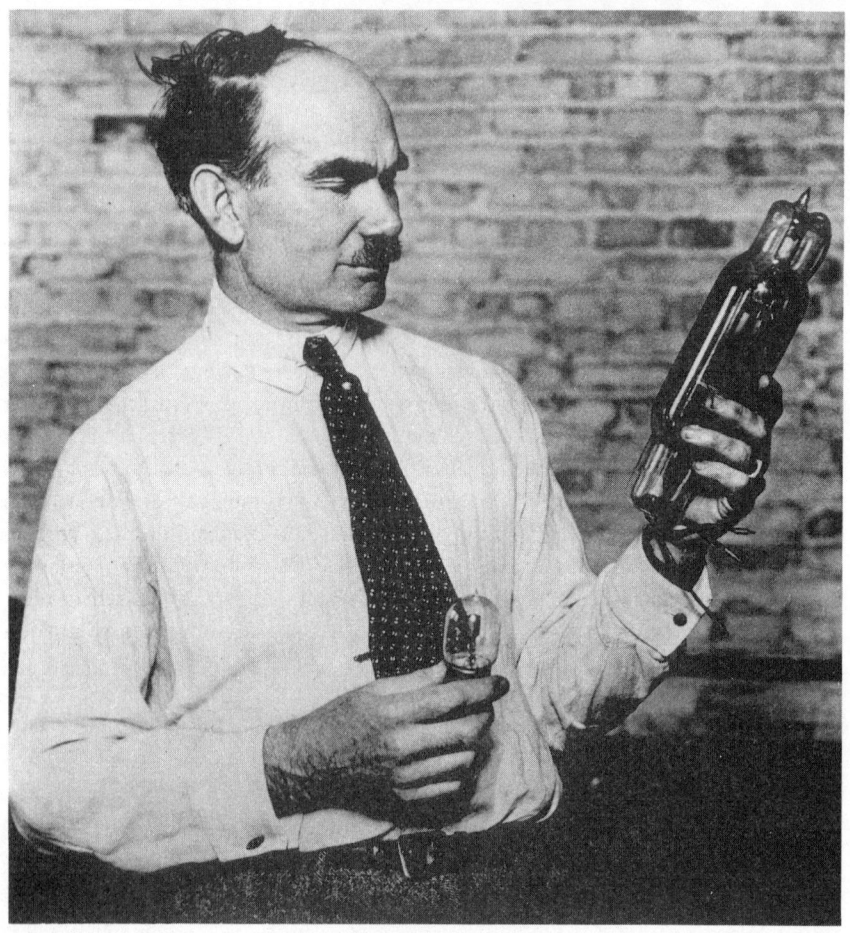

Lee de Forest mit einer früher (kleiner) und später (größer) entwickelten Dreielementen-Vakuumröhre.

len Erfolg, der hinter ihren Bemühungen stand. 1901 sagte Wilbur Wright in einem Gespräch mit Chanute, er und sein Bruder hätten den Eindruck, daß die Zeit, die sie auf ihre aeronautischen Experimente verwandt hatten, «finanziell ein totaler Verlust war».[7] Auch nach ihrem erfolgreichen Motorflug im Dezember 1903 schienen die Brüder geglaubt zu haben, ihre Erfindung werde ihnen nur einen bescheidenen finanziellen Erfolg bringen, wenn sie sich an aeronautischen Wettbewerben beteiligten, wie sie für die Weltausstellung in Saint Louis von 1904 vorgesehen waren.[8] Als Chanute ihnen 1902 riet, ihre Erfindung patentieren zu lassen, sagte er, er habe ihnen diesen Rat nicht gegeben, weil er glaube, sie könnten Geld damit verdienen, sondern nur um unangenehme Streitigkeiten über die Priorität zu vermeiden.[9]

De Forest und Fessenden

De Forest und Fessenden, Pioniere auf dem Gebiet der drahtlosen Kommunikation, entschieden sich für Probleme, die, wenn sie gelöst wurden, zu einer Erfindung führen konnten, die zum Kern eines neuen Systems für die Verbesserung eines bereits bestehenden werden würde. Als de Forest 1899 anfing, als Erfinder zu arbeiten, konzentrierte er sich auf die Verbesserung von drahtlosen Detektoren oder Empfängern. Später erinnerte er sich: «Ich begann mit einer ernsthaften systematischen Suche in *Science Abstracts, Wiedemanns Annalen, Comptes Rendus* und anderen physikalischen Zeitschriften, um Anregungen oder Hinweise zu finden, die mir vielleicht einen Fingerzeig zur Entwicklung eines Geräts geben könnten, das als Detektor für den Empfang drahtloser Signale verwendet werden könnte.»[10] Wahrscheinlich hat er sich auch andere technische Zeitschriften wie etwa *Electrical World & Engineer* angesehen, wo die Zahl der Aufsätze über Detektoren nach 1900 sprunghaft zunahm.[11] Anders als einige andere Erfinder gab de Forest offen zu, daß er nach Möglichkeiten suchte, die Erfindungen anderer zu verbessern. Später zögerte er nicht, sich seine Verbesserungen patentieren zu lassen und den Anspruch der Originalität zu erheben. Fessenden und de Forest gingen mit ihren Systemen für die drahtlose Telegraphie getrennt auf den

Reginald Fessenden.

Markt, nachdem Marconi sein System bereits der Öffentlichkeit vorgestellt hatte. Sie hatten beide das System von Marconi analysiert und festgestellt, wo seine Schwäche lag. Nachdem sie festgestellt hatten, daß der Detektor oder Empfänger der drahtlos übermittelten Wellen die Schwachstelle in diesem System war, ließ sich jeder von ihnen einen neuen Detektor patentieren und verwendete ihn innerhalb eines kompletten Systems der drahtlosen Telegraphie, zu dem Antennen, Sender und andere Teile gehörten.

Das System von Fessenden war das originellere der beiden. Sein Detektor arbeitete nach dem Prinzip der ungedämpften Wellen im Gegensatz zu den von Marconi verwendeten gedämpften.[12] 1906 konnte der von Fessenden entwickelte Detektor die menschliche Stimme und Musik übertragen, was mit der Technologie Marconis nicht möglich gewesen war, dessen drahtloser Telegraph nur telegraphische Signale in der Form eines Codes in Punkten und Strichen übertragen konnte. De Forest andererseits machte «den Eindruck eines Mannes, der sich verzweifelt darum bemühte, auf dem Gebiet einer sich ständig verändernden Technologie Fuß zu fassen, und jetzt mit dem einen und dann wieder mit dem anderen Gerät experimentierte, um dabei zu erfinden, was er an Neuem entdecken konnte, und (um sich eines neutralen Ausdrucks zu bedienen) auszuleihen, was ihm nicht einfiel».[13] 1903 war de Forest bei Fessenden zu Gast, der ihm sein Laboratorium in Fort Monroe, Virginia, zeigte. Hier stellte de Forest fest, daß Fessenden einen verbesserten Wollastondraht-Detektor oder Flüssigkeitsempfänger benutzte. Dr. Frederick Vreeland, Fessendens Assistent, sagte de Forest mehrmals, er habe dieses Gerät erfunden. Später schrieb Vreeland an Thomas H. Given und Hay Walker, Fessendens Geschäftspartnern, daß der Detektor, der wichtigste Bestandteil im System Fessendens, seine Erfindung sei, und bat sie, «seinen Anspruch» zu berücksichtigen.[14] Walker hatte den Eindruck, daß Vreeland «uns offenbar erpressen will». Er warnte Fessenden: »Denken Sie daran, daß es hier nicht auf die Tatsache ankommt, sondern auf den Beweis, den sie uns bringt.»[15]

Nachdem de Forest den Flüssigkeitsempfänger gesehen hatte, schrieb er: «Wir selbst haben (darauf) beschlossen, einen Wollastondraht-Gleichrichter-Detektor oder ein entsprechendes Gerät zu verwenden.»[16] Vielleicht rechnete er damit, daß Vreelands Anspruch benutzt werden könnte, ein gerichtliches Vorgehen Fessendens wegen Patentverletzung zu verhindern. Außerdem berichtet de Forest, er habe festgestellt, daß der Physiker und Elektroingenieur Michael Pupin das Prinzip der Erfindung preisgegeben hatte, bevor sie von Fessenden zum Patent angemeldet worden war. Die Gerichte kamen schließlich zur Überzeugung, daß sich de Forest einer Verletzung des Patentrechts schuldig gemacht hatte. Sein «amerikanisches System des Radios» scheint in seinen Grundkomponenten durch die Mitteilungen oder Patente von Marconi, Oliver Lodge und Fessenden vorweggenommen worden zu sein.[17] De Forest war jedoch nur einer der vielen selbständigen Erfinder, die vorher von anderen entwickelte Systeme verbesserten oder in deren Umkreis Erfindungen gemacht haben, wie die zahlreichen Streitigkeiten und Verletzungen des Patentrechts in jener Zeit beweisen.

Die Erfindungen Teslas

Die Auswahl der Probleme, denen sich Tesla zuwandte, läßt sich schwerer erklären als die Entscheidungen anderer selbständiger Erfinder. Er hat sich während seines ganzen Berufslebens nur mit «reinen» Erfindungen beschäftigt, und zwar im gleichen Sinne wie der Akademiker, dessen Arbeitsfeld die «reine Wissenschaft» ist. Ebenso wie dieser hat sich Tesla nicht um den kommerziellen Erfolg gekümmert, sondern seine Probleme gewöhnlich auf seinen persönlichen Interessengebieten gesucht, und ist dabei seinem lebhaften Vorstellungsvermögen gefolgt. Das läßt sich zum Teil damit erklären, daß er in seinen dreißiger Jahren als Erfinder eines Systems der mehrphasigen elektrischen Kraftübertragung bekannt geworden ist. Eine Zeitlang hat er seine intensive Tätigkeit als Erfinder mit dem beträchtlichen Einkommen aus dem Verkauf seiner Patente für dieses System an die Westinghouse Company finanziert. Später haben sein hohes Ansehen als erfolgreicher Erfinder und die aufsehenerregenden Demonstrationen seiner Entdeckungen und Erfindungen auf dem Gebiet der Hochspannungstechnik Persönlichkeiten wie J. Pierpont Morgan veranlaßt, ihn finanziell zu unterstützen. Der Eindruck, den er auf die Öffentlichkeit und auf Morgan machte, verstärkte sich durch seine elegante Art, sich zu kleiden und seinen aufwendigen Lebensstil. Seine Bewunderer sahen in ihm eine geheimnisumwitterte Persönlichkeit, die augenscheinlich eine besondere Beziehung zu kosmischen schöpferischen Kräften hatte.

Die Idee, die schließlich in der Erfindung des Mehrphasengenerators gipfelte, kam ihm im Jahr 1877 unter Umständen, aus denen man schließen könnte, daß es sich um eine «reine» Erfindung gehandelt hat. So ist er vielleicht auch veranlaßt worden, die Wahl seiner Probleme so zu treffen, wie er es später getan hat. Sein Professor am Polytechnikum in Graz hat sein Denken in eine Richtung beeinflußt, die ihn dazu führte, das Mehrphasensystem zu entwickeln. Außer Tesla sind auch andere Erfinder von Akademikern angeregt worden. Professor William Anthony von der Cornell University hat Sperry auf bestimmte Probleme aufmerksam gemacht. Professor Carl von Linde hat Rudolf Diesel, als dieser Student in München war, angeregt, einen leistungsfähigen Verbrennungsmotor zu entwickeln, und Frank Fanning Jewett, Professor für Chemie am Oberlin College in Ohio, hat den amerikanischen Erfinder eines kommerziell verwertbaren Verfahrens zur Herstellung von Aluminium, Charles M. Hall, angeregt, mit seinen Untersuchungen zu beginnen. Als Jewett seinen Studenten sagte, jeder, der ein kommerziell verwertbares Verfahren zur Herstellung von Aluminium erfinde, werde damit «ein großes Vermögen machen können», flüsterte Hall einem Kommilitonen zu: «Dieser Mann werde ich sein.»[18] Die Professoren kannten aus der gründlichen Lektüre technischer und wissenschaftlicher Zeitschriften und aufgrund ihrer engen Beziehungen zu den bedeutendsten Technikern ihrer Zeit die kritischen Probleme sehr genau, die sich bei der Entwicklung technologischer Systeme ergaben. Teslas Professor wies ihn und die anderen Studenten auf das Problem der an den Bürsten eines Elektromotors entstehenden zerstörerischen Funken hin. Wie sich Tesla erinnerte, sah er die Lösung des Problems damals darin, daß ein Motor ohne Bürsten entwickelt werden müsse. Aber erst fünf Jahre später hatte er den glücklichen Einfall, der ihn in einem einzigen Augenblick auf die Lösung brachte. Und erst vier Jahre danach konnte er die Patente für seine Erfindung einreichen, als der italienische Professor Galileo Ferraris behauptete, als erster diese Lösung gefunden zu haben. Einige Jahre früher hatte Ferraris das elektromagnetische Drehfeld beschrieben, aber nicht patentieren lassen. Das war das Prinzip, das Tesla seinem bürstenlosen Motor und seinem Mehrphasensystem für die Übertragung elektrischer Energie zugrunde gelegt hatte.[19]

Mitte der 1880er Jahre, als die Fachleute längst wußten, daß dafür ein dringender Bedarf bestand, begann Tesla ohne Unterbrechung an der Entwicklung eines Mehrphasensystems zur Übertragung elektrischer Energie zu arbeiten. Die fast gleichzeitige Patentierung eines Mehrphasenmotors und -generators von Tesla, Friedrich August Haselwander in Deutschland, C.S. Bradley in Amerika, Jonas Wenström in Schweden und Michael Dolivo-Dobrowolsky in Deutschland beweist, wie stark sich die Erfinder damals auf ein bestimmtes Gebiet konzentriert hatten.[20] Solche Häufungen hat es in der Geschichte des Erfindens oft gegeben, weil sich die Erfinder, wie wir gesehen haben, darum bemühen, über die Tätigkeit ihrer Kollegen auf dem laufenden zu sein. Tesla hat seine Patente nicht dazu verwendet, ein Unternehmen zu gründen, um dieses System herzustellen. Vielmehr verkaufte er die Patente an die Westinghouse Company, die ein aus besonders begabten Entwurfs- und Entwicklungsingenieuren bestehendes Team beauftragte, mit ihm daran zu arbeiten, seine Ideen in die Praxis umzusetzen. Tesla hat das Unternehmen nur ein Jahr lang beraten, obwohl es noch einige Jahre dauerte, bis das System marktreif war.[21]

Die Patentgebühren, die Westinghouse ihm zahlte, ermöglichten es ihm, als selbständiger Erfinder weiterzuarbeiten. Die Konzepte seiner Erfindungen wurden immer umfangreicher – einige erschienen unrealistisch –, aber anders als Edison und andere professionelle Erfinder betätigte er sich nicht als Unternehmer und gründete keine Firmen. Tesla blieb Erfinder, der sich mit den abstrakten Konzepten der Energieerzeugung und der Umsetzung dieser Konzepte in die Praxis beschäftigte. Die magnetischen Drehfelder bestanden nach seiner Vorstellung aus im Kreis herumwirbelnder Energie. Später dachte er, wie wir gesehen haben, an die Möglichkeit, Energie drahtlos über große Entfernungen weiterzuleiten, und erfand auch Geräte für die drahtlose Kommunikation und Kontrolle. Oft sprach er über sein Konzept von der universalen Energie, die, wie er glaubte, den ganzen Weltraum erfülle und vom Menschen beherrscht werden könne, wenn er es nur wolle. Er sagte, die Menschen würden eines Tages ihre Maschinen «an das Räderwerk der Natur» anschließen, und «ich rechne damit, noch zu erleben, daß ich eine Maschine in die Mitte dieses Raums stellen und durch nichts anderes in Bewegung setzen kann als die Energie des Mediums, das sich um uns bewegt».[22] Der Historiker Arnold Toynbee hat in einer verallgemeinernden Darstellung der Entwicklung der Technologie, so wie er es in seinem vielbändigen Werk *A Study of History* (1951–61) mit vielen historischen Vorgängen getan hat, deren Fortschritt als «Ätherisierung» bezeichnet, ein Ausdruck, der die Arbeitsmethode Teslas als Erfinder zutreffend charakterisiert.

Der in vieler Hinsicht exzentrische Tesla hat sich ebenso wie viele andere selbständige Erfinder von allen bürokratischen Organisationen ferngehalten. Den professionellen Erfindern Edison und Sperry glich er insofern, als er sich mit der Lösung sehr vieler verschiedenartiger Probleme befaßte. Kurze Zeit arbeitete er mit der von Edison gegründeten Gesellschaft in Paris zusammen, dann auch für Edison selbst in New York, als Berater für Westinghouse und mehrere Jahre für eine kleine Firma, die elektrische Geräte herstellte und seinen Namen trug. Aber nachdem es ihm um 1890 gelungen war, finanziell unabhängig zu werden, führte er das Leben eines professionellen Erfinders und arbeitete nur noch in einem eigenen kleinen Forschungslaboratorium. Das verschaffte ihm die Möglichkeit, sich mit einer großen Zahl verschiedenster Probleme zu beschäftigen. Zu den Gebieten, auf denen er als Erfinder tätig war, gehörten die elektrische Beleuchtung, die Stromerzeugung, die drahtlose Kommunikation, automatische Kontrollen, die drahtlose Weiterleitung von Energie, Turbinen, Klimaanlagen und senkrecht startende Flugzeuge. Auf seinen Namen wurden mehr als 100 amerikanische Patente eingetragen.

Edison und Sperry: Die Professionellen

Man könnte Bell und die Brüder Wright als Amateure oder Teilzeiterfinder bezeichnen, wenn das Wort «Amateur» nicht so verstanden wird, daß ihre Erfindungen weniger phantasievoll oder subtil gewesen seien als die der professionellen Erfinder, die sich mit nichts anderem beschäftigt haben. Fessenden und de Forest waren Erfinder von Beruf, die sich dadurch auszeichneten, daß sie ausschließlich auf dem Gebiet der drahtlosen Kommunikation arbeiteten. Tesla läßt sich schwer einordnen. Edison, Sperry und Maxim können jedoch, zumindest für die Jahre, in denen sie sich ausschließlich als Erfinder betätigt und Unternehmen gegründet haben, um ihre Erfindungen in der Praxis zu verwenden, als typische Vertreter des professionellen Erfinders und Unternehmers bezeichnet werden. Die Probleme, um deren Lösung sie sich bemühten, haben sie auf den verschiedensten Gebieten gefunden. Maxim hat unter anderem ein Maschinengewehr, eine Glühlampe, rauchloses Schießpulver und ein mit einer Dampfmaschine angetriebenes Flugzeug erfunden.[23] Zu den mehr als 350 Patenten Sperrys gehörten wesentliche Beiträge zur Technologie der elektrischen Beleuchtung und Stromerzeugung, Maschinen für den Bergbau, elektrische Eisenbahnen, elektrische Automobile, Batterien, die Elektrochemie, Kreisellenkung, -kontrolle und -stabilisierung, ein artilleristisches Feuerleitsystem, Navigationsinstrumente für Flugzeuge und anderes. Auch Edison hat eine beeindruckende Zahl von Erfindungen auf den verschiedensten Gebieten gemacht. Zu den mehr als eintausend Patenten, die auf seinen Namen eingetragen wurden, gehören solche für den Telegraphen, den Phonographen, das Telephon, elektrische Beleuchtungs- und Stromerzeugungssysteme, ein magnetisches Erzscheidegerät, Akkumulatoren, armierte Betonkonstruktionen und Filmkameras. Im Forschungslaboratorium eines Industrieunternehmens, das für ein bestimmtes Produktionsprogramm arbeitet, wäre es kaum möglich gewesen, so viele verschiedene Erfindungen zu machen. Thomson, ein Konkurrent Edisons auf dem Gebiet der Elektrotechnik, hat 696 Erfindungen patentieren lassen. Zu den wichtigsten gehörten Bogenlampen, Glühlampen, elektrische Generatoren, Wechselstromtransformatoren, Elektromotoren, elektrische Schweißgeräte, Elektrometer und Röntgengeräte.

Bei der Auswahl der von ihnen zu lösenden Probleme haben sich Edison und Sperry oft von ihren bisher auf technischen Gebieten gemachten Erfahrungen leiten lassen. Anders als die naiven Erfinder haben sie nicht davon geträumt, jede ihrer Ideen verwirklichen zu können. Sie haben sich für Probleme entschieden, deren Lösung ihnen angesichts ihrer besonderen Kenntnisse und Erfahrungen am wahrscheinlichsten erschien. Edison hatte bei seinen Versuchen als Telegraphist die Eigenschaften elektrischen Stroms kennengelernt. Diese Erfahrungen regten ihn dazu an, sich mit einer ganzen Reihe verwandter Probleme zu beschäftigen. Dabei stieß er auch auf das Gesetz der Energieerhaltung, denn er beobachtete nicht nur die Umwandlung von Elektrizität in Magnetismus und von Magnetismus in Bewegung, sondern stellte auch fest, daß im Zusammenwirken von Bewegung und Magnetismus Elektrizität erzeugt wird. Edisons Behauptung, er habe die Werke von Michael Faraday, dem britischen Entdecker der elektromagnetischen Induktion, gründlich gelesen und verarbeitet, erscheint glaubhaft. Aus der Arbeit von Wissenschaftlern und Erfindern, die Anfang des 19. Jahrhunderts gelebt hatten, wußte er auch, daß Elektrizität Wärme und Licht erzeugen konnte. Die Beziehung zwischen dem Widerstand von Metallen und dem Fluß elektrischer Energie muß ebenfalls sein Interesse geweckt haben. Als Telegraphist und Experimentator erfuhr er vieles über die elektrochemischen Vorgänge in Batterien. Die Versuche mit dem Telephon machten ihn auf die Möglichkeit aufmerksam, Schallwellen in mechanische Bewegung und elektrische Wellen zu verwandeln. So werden auch seine in der Folgezeit gemachten Erfindungen wie die der Duplextelegraphie, des Telephons, des Phonographen, der Glühbirne und der elektrischen Eisenbahn verständlich. Sogar sein Ausflug in das Eisenerz-Scheiden hatte etwas mit Elektrizität und Magnetismus zu tun, und seine Arbeit am Akkumulator war durch seine elektrochemischen Kenntnisse angeregt worden, die er als Telegraphist erworben hatte. In diesem Sinn war er ein Spezialist bei der Anwendung der Elektrotechnik, aber sein umfassendes Wissen über die Wirkungsweise elektrischer Geräte und seine geniale Anwendung praktischer Erfahrungen unterschieden ihn von den meisten Wissenschaftlern, die dazu neigten, sich mehr mit der Theorie als mit der Praxis zu beschäftigen. Aber daß Edison auch auf dem Gebiet des Films tätig war und versucht hat, aus pflanzlichen Substanzen Gummi herzustellen, paßt im Grunde nicht zu dem Bild, das wir uns von ihm als dem Meister der Energietransformationen machen.

Man darf Sperry mit Recht als einen Erfinder bezeichnen, der sich um die Lösung von Rückkoppelungsproblemen bemüht hat. Liest man die Titel seiner mehr als 300 Patentschriften, dann gewinnt man den Eindruck, daß er ein genialer Mensch gewesen ist, in dessen Tätigkeit als Erfinder sich jedoch keine klare Ordnung erkennen läßt. Sieht man sich diese Patentschriften aber genauer an, dann zeigt sich, daß das Gegenteil richtig ist. Die Titel seiner Patente waren weit gefaßt – wie das üblich ist –, aber die genaue Prüfung des Inhalts der Schriften zeigt, daß die wichtigen Erfindungen fast alle auf dem Gebiet der Rückkoppelungssteuerung gemacht worden sind. Seine Patente für elektrische Beleuchtungssysteme bezogen sich auf die automatische Kontrolle der Karbonelektroden der Lichtbogenlampe. Die Patente für elektrische Generatoren hatten etwas mit der Kontrolle ihrer Leistung zu tun. Die Patente für Straßenbahnen wurden für die Kontrolle dieser Fahrzeuge erteilt. Seine zahlreichen und grundlegenden Patente für die Stabilisierung von Schiffen und Flugzeugen konzentrierten sich auf Vorrichtungen zur Rückkoppelungskontrolle, und sein berühmter Kreiselkompaß hatte einen Rückkoppelungsmechanismus. Kurz gesagt, die Arbeitsweise von Sperry war gekennzeichnet durch Fachwissen und eine bemerkenswerte Vielzahl von Anwendungsmöglichkeiten des Prinzips der Rückkoppelungskontrolle. Als Vater der modernen Rückkoppelungskontrolle arbeitete er auf einem Forschungsgebiet, das man heute als Kybernetik, Selbststeuerung oder Automation bezeichnet.

Bezeichnend für Sperrys Arbeitsweise war außerdem sein Bestreben, überall die schwierigen oder entscheidenden technischen Probleme aufzuspüren. Nachdem er als junger Mann bei dem Versuch, mit größeren und erfahreneren Herstellungs- und Handelsunternehmen in Konkurrenz zu treten, schlechte Erfahrungen gemacht hatte, gelangte er zu der Überzeugung, daß er als Erfinder und Entwicklungstechniker die besten Chancen haben werde. So beschloß er, immer den schwierigen technischen Problemen gegenüber den einfacheren den Vorzug zu geben und auf diese Weise rücksichtslos die Konkurrenten aus dem Felde zu schlagen, die das aus Mangel an technischer Begabung und Phantasie vermieden. Die für Sperry typische Erfindung war schließlich ein außerordentlich komplexes Gerät wie etwa der Kreiselkompaß, dessen Funktion automatisch geregelt wurde und dessen Herstellung äußerste Präzision verlangte. Finanzstarke große Herstellungsbetriebe mußten feststellen, daß sie bei der Lösung so schwieriger Probleme nicht mit Sperry konkurrieren konnten.

Bei der Analyse seiner Patente zeigt sich zudem, daß Sperry in für ihn typischer Weise auf industriellen Gebieten tätig wurde, die wie das elektrische Beleuchtungssystem oder die elektrischen Straßenbahnen noch neu waren und sich, gemessen an den hohen Kapitalinvestitionen, rasch entwickelten. Er arbeitete etwa fünf Jahre auf einem Gebiet und wechselte dann zu einem anderen über, wenn die Industrieunternehmen gewachsen waren und eigene Mitarbeiter oder eine besondere Abteilung, die sie mit Erfindern und Ingenieuren besetzten, mit der Lösung der Probleme des expandierenden technologischen Systems beauftragten, das sie erzeugten.[24] Sperry wußte, daß die Probleme, um deren Lösung sich die Erfinder und Ingenieure der Industrieunternehmen bemühten, gewöhnlich etwas mit der Verbesserung bestehender Einrichtungen zu tun hatten. Sie eigneten sich besonders für die Bearbeitung durch gut ausgerüstete Forschungsteams und ließen sich am leichtesten von denen lösen, die die Einzelheiten des jeweiligen technologischen Systems sehr genau kannten, in dem sich diese Probleme ergaben. Dieses Verhalten von Sperry ist bezeichnend für diesen selbständigen Erfinder, der es häufig abgelehnt hat, sich langfristig zu binden und Stellungen bei großen Firmen anzunehmen, an denen er nicht selbst als Miteigentümer beteiligt war. Er spürte instinktiv, daß er, wenn er solche Verpflichtungen übernahm, darauf würde verzichten müssen, die Probleme, die er lösen wollte, frei zu wählen, aber auch auf die Freude, die er empfand, wenn ihm ein Durchbruch gelungen war, der die zunächst gegebene Situation um 95 Prozent verbesserte. Wahrscheinlich hätte er Charles Kettering, einem bedeutenden Erfinder und Unternehmer, der am Anfang des 20. Jahrhunderts gelebt hat, zugestimmt, der, als er hörte, Charles Lindbergh sei allein über den Atlantik geflogen, sagte, mit einem Beratungsausschuß hätte er es sicher nicht tun können. (Paradoxerweise wurde Kettering später Chef der General Motors Research Corporation.) Aber auch Sperry gründete schließlich sein eigenes Industrieunternehmen, die Sperry Gyroscope Company, und beschäftigte dort ein kleines Team aus Erfindern und Ingenieuren. Er hat es aber erst getan, als er fünfzig Jahre alt war und etwa 200 Patente angemeldet hatte. Und selbst nach dieser Firmengründung überließ er seinen Mitarbeitern nur die Routinefragen und behielt sich selbst die Auswahl der Probleme vor. Einige der größeren Erfindungen, die er als älterer Mann gemacht hat, hatten nichts mit Kreiselsteuergeräten zu tun, dem Gebiet, auf dem seine Firma arbeitete.

Um sich mit neuen Problemen bekanntzumachen, beobachteten Sperry und andere Selbständige sehr genau, welche Patente anderen Erfindern erteilt wurden. Als junger Mann hat Sperry stets sehr ungeduldig auf das Erscheinen der neuesten Ausgabe der *Official Gazette* des amerikanischen Patentamts gewartet. Hier fand er Inhaltsangaben der in letzter Zeit erteilten Patente. Aufsätze über Patente gab es auch in den technischen Zeitschriften, die gegen Ende des Jahrhunderts in immer größerer Zahl erschienen. Für $1,00 lieferte der *Scientific American* die Patentschrift eines jeden seit 1867 erteilten Patents. Erfinder konnten außerdem auf den Konferenzen der damals in großer Zahl gegründeten technischen Gesellschaften etwas über die Erfindungen ihrer Kollegen erfahren. Die selbständigen Erfinder konnten, wenn sie sich auf diesem Gebiet auf dem laufenden hielten, feststellen, worauf sich andere konzentrierten und wo die Probleme lagen, die durch neue Erfindungen gelöst werden mußten. Sperry sagte: «Ich habe ständig die von den amerikanischen und englischen Patentämtern patentierten elektrotechnischen Erfindungen studiert... (und) mich anhand der wissenschaftlichen und elektrotechnischen Aufsätze über die Fortschritte, die auf diesem Gebiet gemacht wurden, auf dem laufenden gehalten...»[25] Sperry tat das, um selbst zu diesen «Fortschritten» beizutragen. Auch Edison hat es getan, und wie wir gesehen haben, verfügte er in seinen beiden Laboratorien über umfangreiche Bibliotheken, die auch die neuesten technischen und wissenschaftlichen Zeitschriften enthielten.

Daß Sperry zu Beginn seiner Tätigkeit als Erfinder die Patentschriften seiner Kollegen so gründlich studiert hat, erklärt zum Teil die Tatsache, daß er sich zunächst auf das Bogenlicht konzentrierte. Damals erhöhte sich die Zahl der vom amerikanischen Patentamt erteilten Patente für Bogenlampen in dramatischer Weise – von 1878 bis 1882 von 8 auf 62.[26] Die Arbeiten anderer Erfinder zeigten Sperry, daß sich die Probleme auf diesem Gebiet besonders häuften. Aus der Lektüre der Patentanmeldungen konnte er diese Probleme genau identifizieren und nun versuchen, Lösungen zu finden, die das System verbesserten, ohne die Patentrechte anderer zu verletzen. Auch Professor Anthony unterrichtete den jungen Sperry von der Notwendigkeit einer besseren Regulierung der Bogenlichtsysteme, als Sperry ihn in Ithaca aufsuchte, um sich bei dem Professor nach technischen Problemen zu erkundigen, die noch gelöst werden müßten.

«Ausbuchtungen der Front nach rückwärts» und kritische Probleme

Wenn sich der selbständige Erfinder für ein bestimmtes Problem entschieden hatte, an dem er arbeiten und für das er nach vorläufigen Lösungen suchen wollte, oft aufgrund eines plötzlichen Einfalls, dann sah er sich vor eine ganze Reihe von Entwicklungsproblemen gestellt. Sie ergaben sich im Verlauf der

Umsetzung der ersten zündenden Idee in Modelle und der weiteren Arbeit über zunehmend komplexer werdende Entwicklungsstufen bis zum ausgereiften Modell. In jeder Phase mußten die sich entwickelnden Modelle, wie wir gesehen haben, in Experimenten überprüft werden, um festzustellen, ob sie unter zunehmend komplexer werdenden äußeren Umständen funktionsfähig blieben. Schließlich prüfte der Erfinder seine Erfindung unter den Bedingungen, die bei der praktischen Anwendung der Neuerung herrschen würden. Während der Weiterentwicklung der Erfindung bediente sich der Erfinder häufig einer Problem-Identifizierungstechnik, die uns an das Bild einer nach rückwärts ausgebuchteten militärischen Front erinnert. Eine der militärisch verhängnisvollsten Frontausbuchtungen dieser Art entwickelte sich während des Ersten Weltkriegs in der Nähe der französischen Stadt Verdun. Die Deutschen glaubten, vor der Fortsetzung ihrer Offensive die Front an dieser Stelle begradigen zu müssen. Die Franzosen wiederum waren entschlossen, den aus ihrer Sicht in die feindliche Front getriebenen Keil unter allen Umständen zu halten. Eine militärische Front hat in ihrem ganzen Verlauf Ausbuchtungen nach beiden Seiten.

Die nach rückwärts gerichtete Ausbuchtung einer Front, die bei einer Offensive entstanden ist, läßt sich sehr gut mit dem Zustand eines technologischen Systems vergleichen, weil sich das System ebenso wie eine militärische Offensive ungleichmäßig entwickelt. Einige Komponenten in einem technologischen System bleiben ebenso wie einige militärische Verbände in der vorrückenden Front hinter den anderen zurück. Das Vorwärts und Rückwärts bei der militärischen Lage wird bestimmt durch die physische Distanz. Von einigen Komponenten in technologischen Systemen kann man sagen, sie lägen hinter anderen zurück, wenn sie weniger zuverlässig funktionieren und damit die Funktionalität des ganzen Systems behindern. Eine Telephonvermittlung, die ein Ferngespräch nur verzerrt weitergibt, ist ein Beispiel dafür. Auch nicht funktionsfähige Komponenten eines Systems, die das Versagen des ganzen Systems verursachen, können als hinter der Gesamtentwicklung zurückgeblieben angesehen werden. Isolatoren in Starkstromleitungen, die versagen und Kurzschlüsse verursachen, sind ein weiteres Beispiel für solche nach rückwärts gerichteten Ausbuchtungen in einem technologischen System. Es können aber auch Teile des Systems sein, die unverhältnismäßig hohe Kosten verursachen. Das kann zum Beispiel an der Verwendung von zu teurem Material liegen. Nun ist es die Aufgabe des Erfinders, in den von ihm entwickelten Systemen solche rückwärtigen Ausbuchtungen zu begradigen. Ein intelligenter Erfinder hat oft die besondere Gabe, solche Schwachstellen ausfindig zu machen. Er erkennt, daß jeder Bestandteil in einem System die Funktionsfähigkeit anderer Bestandteile beeinflußt und von ihnen beeinflußt wird. Deshalb sucht er nach dem Bestandteil, der in seiner Funktionstüchtigkeit hinter den anderen zurückgeblieben ist. So mußten Fessenden und de Forest zum Beispiel den Detektor Marconis verbessern, indem sie die anderen

Bestandteile seines drahtlosen Kommunikationssystems so weit veränderten, daß sie harmonisch mit dem Detektor zusammenwirkten. Wie wir sehen werden, konzentrierten sich die Ingenieure und Wissenschaftler der Bell Telephone Company darauf, verbesserte Relais für den Ausbau des über den amerikanischen Kontinent führenden Telephonnetzes zu erfinden. Die Ingenieure und Wissenschaftler der General Electric Company konzentrierten sich auf die Lösung von Problemen, die bei der Isolation von Starkstromleitungen entstanden waren. Ebenso wie bei den militärischen Fronten, die bei Offensiven und Rückzügen entstehen, gibt es auch an der sich ausdehnenden Front eines technologischen Systems das ständig wechselnde Auftreten von nach vorwärts und rückwärts gerichteten Ausbuchtungen, weil sich die Front in ständigem Fluß befindet. Aus diesem Grund kommt es nur selten vor, daß Erfinder und Generäle keine Probleme zu lösen haben. Der Begriff der «Ausbuchtung nach rückwärts» zeigt an, daß bei der Entwicklung eines technologischen Systems ständig alles im Fluß ist; andere Begriffe wie etwa der «Engpaß» vermitteln eher den Eindruck der Erstarrung und sind, obwohl sie einfacher sein mögen, als Metaphern nicht so geeignet.

In diesem Zusammenhang dürfen wir vielleicht auch zitieren, was Edison über ein von ihm erfundenes elektrisches Beleuchtungssystem geschrieben hat:

«Es war nicht nur notwendig, daß die Lampen leuchteten und die Dynamos Strom erzeugten, die Lampen mußten auch dem von den Dynamos erzeugten Strom angepaßt werden, und die Dynamos mußten ihrerseits so konstruiert werden, daß sie den von den Lampen benötigten Strom erzeugten. So mußten alle Teile des Systems im Hinblick auf das Funktionieren der anderen Teile konstruiert werden, da in gewissem Sinne die Gesamtheit der Teile eine Maschine darstellen, nur daß die Verbindung zwischen den Teilen nicht mechanisch, sondern elektrisch ist. Wie bei jeder anderen Maschine bringt ein Teil, der mit dem anderen nicht harmonisch zusammenarbeitet, das Ganze in Unordnung, das nun den beabsichtigten Zweck nicht mehr erfüllen kann.

Das Problem, das ich zu lösen hatte, war kurz gesagt die Herstellung der verschiedenartigsten Apparate, Methoden und Geräte, die alle geeignet sein mußten, harmonisch zusammenzuarbeiten und ein zusammenhängendes System zu bilden.»[27]

Wenn sich die selbständigen Erfinder aufmachten, ein System zu entwickeln, gab es entlang ihres Weges überall Wegzeichen. So konzentrierten sie sich in erster Linie auf die im Verlauf dieser Arbeit entstehenden Frontausbuchtungen.

Da die umfangreichen Notizbücher und Papiere Edisons erhalten geblieben sind, haben wir ein besseres Verständnis für die Methode, mit der er diese nach rückwärts gerichteten Ausbuchtungen fand und die damit zusammenhängenden kritischen Probleme löste, als bei anderen Erfindern. Im Fall des Systems für elektrische Beleuchtung wandte er die Technik der Begradigung dieser Ausbuchtungen nicht nur an, um das Projekt des Glühlampensystems zu verwirklichen, sondern auch um den Verlauf dieser Entwicklung zu planen. Edison beschloß 1878, ein System für die elektrische Beleuchtung zu erfinden und zu entwickeln, als er festgestellt hatte, wie nahe eine Reihe von Erfindern der Einführung einer funktionsfähigen Glühlampe gekommen waren, einer Lampe, für die es einen Markt gab, weil die Bogenlampen, die damals für die Straßenbeleuchtung benutzt wurden, für kleine, von Mauern umgebene Räume zu grell waren. Im 19. Jahrhundert, ehe Edison mit seiner Arbeit begann, waren schon wenigstens 20 verschiedene Typen von Glühlampen erfunden worden.[28] Wie andere selbständige Erfinder prüfte auch Edison die Erfindungen von Kollegen, die Systeme hatten entwickeln wollen, die sich technisch oder kommerziell nicht bewährt hatten, und ging dann daran, mit eigenen Erfindungen die Schwächen dieser Systeme zu beseitigen und sie dann auf den Markt zu bringen. Wie die Brüder Wright war er überzeugt, das Richtige zu tun, um zum kommerziellen Erfolg zu kommen. Reichlichere Geldmittel, eine längere Konzentration auf das Problem und überlegenes Wissen erklären zum Teil diese Erfolge.

1878 kam er zu der Auffassung, der Hauptgrund für die Mißerfolge der bisher entwickelten Systeme sei die Kurzlebigkeit der Glühfäden in den Glühbirnen gewesen. Im Herbst glaubte er, das kritische Problem gefunden zu haben. Er mußte einen Regelwiderstand entwickeln, der in gewissen Abständen und unmerklich den Strom abschaltete, der in die Platinglühfäden floß, damit sie sich abkühlten, ehe sie schmelzen konnten. Einige Monate später wurde seine Analyse komplexer und führte zum Erfolg. Wenn Edison eine solche nach rückwärts gerichtete Ausbuchtung gefunden hatte, identifizierte er das kritische Problem, das gelöst werden mußte, um die Front zu begradigen. Da er das System der elektrischen Beleuchtung als ein zusammenhängendes Ganzes betrachtete, erkannte er, daß auch nach der Lösung des technischen Problems der Dauerhaftigkeit der Glühfäden ein anderes ökonomisches Problem ungelöst blieb. Das waren die Kosten des Kupferdrahts, durch den die elektrische Energie in die zahlreichen Lampen eines weiträumigen Systems von einem zentralen Kraftwerk aus geleitet werden mußte. Er sah voraus, wenn es ihm nicht gelang, die Menge des benötigten Kupferdrahts zu verringern, werde sein System hinsichtlich der Kosten nicht mit den städtischen Gaslampen-Systemen konkurrieren können, die ebenfalls von zentral gelegenen Gaswerken versorgt wurden.

Die Art, wie Edison das Problem der zu hohen Kosten des Kupferdrahts zu lösen versuchte, beweist, welch brillanter ganzheitlicher Denker er war. Aufgrund der Gesetze über die wechselseitige Wirkung der Bestandteile in elektrischen Stromkreisen wie etwa des von Ohm entdeckten Gesetzes, das den elektrischen Strom, die Stromstärke und den Widerstand in eine bestimmte Beziehung setzt, kam ihm die entscheidende Idee. Er erkannte, daß er durch die Verstärkung des Widerstands der Glühfäden in der elektrischen Birne die Kupfermenge in den Leitungsdrähten verringern konnte, ohne den Energiefluß zu verringern. Von nun an suchten er und seine Mitarbeiter im Laboratorium pragmatisch nach dem geeigneten Material für die Glühfäden und entwarfen andere Komponenten des Systems wie zum Beispiel den Generator, um zu erreichen, daß ihre Leistungen harmonisch auf den hohen Widerstand in den Glühfäden der Lampen abgestimmt waren.[29]

Geistesblitze und Metaphern

Geistesblitze und plötzliche Einsichten gehören zur Geschichte der Erfindungen und Entdeckungen. Psychologen und Biographen von Erfindern, die versucht haben, den Vorgang des Erfindens zu analysieren, neigen jedoch dazu, solche Ereignisse nur am Rande zu erwähnen und sich nur sehr oberflächlich zum Geheimnis der schöpferischen Genialität zu äußern. Am 8. September 1878 hatte Edison eine plötzliche Eingebung, als er mit dem Erfinder und Industriellen William Wallace über die von dessen Mitarbeiter, dem Erfinder Moses Farmer entwickelte, aber für die praktische Verwendung ungeeignete Glühlampe sprach. Die Haltbarkeitsdauer der Glühlampen Farmers war ebenso wie die der Glühlampen anderer Erfinder unzureichend, aber er hatte zwei Möglichkeiten gefunden, der Lösung dieses Problems näherzukommen. Nach kurzer Überlegung fand Edison, daß diese und damit verwandte Einsichten so erfolgversprechend seien, daß er an einen Mitarbeiter telegraphierte: «Bin beim elektrischen Licht auf eine Goldader gestoßen...»[30]
Kurz darauf schrieb er:
«Ich habe das richtige Prinzip und bin auf dem richtigen Weg, aber Zeit, harte Arbeit und ein wenig Glück sind auch notwendig. Genauso ist es bei all meinen Erfindungen gewesen. Der erste Schritt ist eine Intuition und kommt wie eine Explosion; aber dann entstehen Schwierigkeiten – das eine versagt, und das nächste gerät ins Stocken, wie man solche kleinen Fehler und Schwierigkeiten nennt – sie zeigen sich, und man braucht Monate intensiver Beobachtungen, Studien und Arbeiten, bevor man mit Sicherheit sagen kann, ob es ein kommerzieller Erfolg oder ein Fehlschlag ist.»[31]
Die Vorstellungen und Eingebungen der Erfinder werden oft in Form von Metaphern zum Ausdruck gebracht. Daß die selbständigen Erfinder oft auf verbale und visuelle Metaphern zurückgreifen, bietet uns den besten Schlüssel zum Verständnis des Augenblicks der schöpferischen Erkenntnis. Das darf uns nicht überraschen, denn die Metapher steht oft im engen Zusammenhang mit der Kreativität. Die Metapher ist weit mehr als ein schmückendes literarisches Stilmittel; sie ist eine der am häufigsten angewendeten und erfolgreichsten Methoden, Wissen zu vermitteln.[32] Man hat sie als «die Verwendung eines Wortes in einem gewissen neuen Sinn zur Ausfüllung einer Lücke im Vokabular» definiert.[33] Das in neuem Sinn benutzte Wort ist das sinngebende

Hauptwort, und das Wort, das mit ihm verglichen und in wörtlichem und konventionellem Sinn verwendet wird, ist das Hilfssubjekt. Jemand, der nicht das richtige Wort finden konnte, um den Himmel bei Sonnenuntergang zu beschreiben, hat früher vielleicht gesagt, «die Farbe des Himmels ist orange». Orange als Himmelsfarbe ist das sinngebende Hauptwort; Orange als Farbe einer Frucht ist das hier nicht zum Ausdruck kommende Hilfswort. Das Hauptwort und das Hilfswort in einer Metapher wirken aufeinander. Das heißt, der Leser oder Hörer einer Metapher wird, wenn die Metapher verstanden wird, gewöhnlich mit dem Hilfswort in Verbindung gebrachte Eigenschaften selektiv auf das Hauptwort projizieren. «Ein feste Burg ist unser Gott» ist ein Beispiel für die «Wechselwirkung» einer Metapher. Die Metapher erlaubt, zwischen bestimmten Aspekten Gottes und denen einer Festung Analogien festzustellen. Die Reaktion darauf ist es, auf Gott selektiv gewisse Eigenschaften einer Festung zu projizieren wie den Schutz, die Stärke und die Dauerhaftigkeit. Wenn der Erfinder der Metapher und derjenige, der sie hört, nicht die gleichen Eindrücke von der Bedeutung des Hilfsworts haben und wenn sie nicht aus den Gemeinsamkeiten die gleichen auswählen, dann wird die Metapher den, der sie hört oder liest, in die falsche Richtung führen. (Es würde jeden verwirren, wenn der christliche Gott mit dem kochenden Öl und den Projektilen verglichen würde, die von der Mauerkrone der Festung auf die Angreifer herabregnen.)

Aristoteles schreibt in seinem Werk über die Dichtkunst: «Das bei weitem Größte ist es, ein Meister der Metapher zu sein; es ist das einzige, was man nicht von anderen lernen kann; und es ist auch ein Zeichen der Genialität, denn eine gute Metapher verlangt die intuitive Wahrnehmung des Ähnlichen im Unähnlichen.» In der Geschichte der Naturwissenschaften illustriert die Übertragung der Eigenschaften eines fallenden Apfels durch Isaac Newton auf den «Fall» der Planeten um die Sonne ein metaphorisches Denken höchsten Ranges. Die Dichtkunst macht ebenso wie die Wissenschaft bei ihren Entdeckungen und die Technologie bei ihren Erfindungen sehr häufig Gebrauch von Metaphern. Das Gedicht von William Blake, «Die kranke Rose», spricht von einer schönen Blume, die von einem häßlichen Wurm vernichtet werden soll («O Rose, du bist krank! Der unsichtbare Wurm . . . hat dein Beet gefunden.»). Die Deutung könnte unter anderem sein, daß eine schöne Frau an einer tückischen Krankheit sterben wird.[34] Nicht nur Dichter, sondern auch Schizophrene verwenden solche Metaphern. Der Psychiater und Erforscher der Schizophrenie, Silvano Arieti, glaubt aus der Beobachtung zahlreicher Patienten schließen zu können, daß Schizophrene Ähnlichkeiten zwischen den prägenden Charaktereigenschaften von zwei unähnlichen Personen oder Dingen sehen und dann die symbolische Bedeutung einer metaphorischen Einsicht nicht erkennen können, sondern glauben, beide seien identisch. Eine Patientin, die tugendhaft sein wollte und noch Jungfrau war, identifizierte sich mit der Jungfrau Maria. Das war eine vereinfachende Übertragungsmetapher, und die Vorstellung «Ich bin die Jungfrau Maria» verlieh ihr eine in der Wirklichkeit nicht bestehende Identität.[35]

Maschinen, Geräte und Verfahren mit Hilfe metaphorischen Denkens zu erfinden ist etwas Ähnliches wie der Vorgang der Wortschöpfung. Der Erfinder braucht die Intuition eines Schöpfers von Metaphern, etwas von der Klarsicht eines Newton, die Phantasie des Dichters und vielleicht eine Spur von der irrationalen Besessenheit des Schizophrenen. Der Mythos, der den Erfinder als verrücktes Genie sieht, ist nicht ganz unbegründet. Die Metapher bietet dem Erfinder eine Brücke von dem Entdeckten oder Erfundenen in den Bereich des Unentdeckten. Edison hat sehr häufig Metaphern benutzt, wenn er Vergleiche anstellte. Dabei machte er explizite Aussagen über die Ähnlichkeiten, die in einer Metapher nebeneinander stehen.[36] Er entwickelte den Vierfachtelegraphen, vielleicht die eleganteste und komplexeste seiner Erfindungen, «fast vollständig aufgrund einer Analogie mit einem Wasserleitungssystem einschließlich von Pumpen, Röhren, Ventilen und Wasserrädern».[37] Die Metapher (die Analogie) für Edison war: «Ein Vierfachtelegraph wird (wie) ein Wasserleitungssystem sein.» Der Erfinder muß das Futurum verwenden, wenn er von dem Hauptgegenstand spricht, denn er muß noch erfunden werden. Edison dachte bereits an die besonderen Eigenschaften eines Wasserleitungssystems, die auf den noch zu erfindenden Vierfachtelegraphen projiziert werden könnten. Später kam er bei dem metaphorischen Vergleich zwischen dem Beleuchtungssystem mit Gaslampen und dem Beleuchtungssystem mit elektrischen Glühlampen auf die Idee, das letztere zu erfinden. Diese Analogie regte ihn also zur Erfindung eines ganzen Systems und nicht nur einer Glühlampe an.[38]

Edison und die anderen selbständigen Erfinder, die Ende des 19. Jahrhunderts wesentlich zum Aufblühen der Elektroindustrie beigetragen haben, sind vielleicht so ideenreich und produktiv gewesen, weil sie die Bedeutung des Jouleschen Gesetzes begriffen hatten, das sie anregte, bei ihren Erfindungen von Analogien auszugehen. 1843 veröffentlichte James Prescott Joule die Ergebnisse einer Reihe von Versuchen, welche die Äquivalenz oder Konvertibilität elektrischer, mechanischer und Wärmeenergie demonstrierten. Er erzeugte Elektrizität auf chemischem Weg mit Batterien, verwendete die elektrische Energie, um einen Elektromotor anzutreiben und maß dann die Wärme, die von der Armatur des sich drehenden Motors abgegeben wurde. Außerdem trieb er einen elektrischen Generator mit mechanischer Energie an, maß dann die Menge der so erzeugten elektrischen Energie und die Wärmemenge, die von der Elektrizität abgegeben wurde, welche durch einen Stromkreis floß. Joule zeigte auch die quantitativen Beziehungen zwischen elektrischem Strom, dem Widerstand eines Stromkreises und der Hitze, die von diesem Stromkreis abgegeben wurde. Sehr bald wurde das Joulesche Gesetz ganz allgemein von der Wissenschaft anerkannt und regte phantasiereiche Erfinder wie Edison zu Analogien an. So kam Edison auf den Gedanken, mechanische Pumpen und elektrische Telegraphen miteinander zu vergleichen bzw. eine Metapher zu entwickeln, welche diese beiden Vorgänge betraf. Er und andere Erfinder erkannten auch, daß es möglich war, verschiedene Energieformen einschließlich der akustischen in jeweils andere umzuwandeln. Die Telephon-Sprechkapsel Edisons, sein System für die elektrische Beleuchtung und sein Phonograph funktionierten aufgrund der Konvertibilität von Energie. Ähnlich sah Sperry in einem Elektromagneten eine Metapher, an der mechanische und elektrische Energie beteiligt war. Er verwendete Elektromagneten für die automatische elektromechanische Kontrolle von Stromkreisen.

Sperry ging bei seinen Überlegungen oft metaphorisch vor. Am faszinierendsten war es, wenn er Maschinen mit Tieren verglich. Bei der Arbeit am ersten Stabilisator für Flugzeuge erklärte er 1923: «Von allen Fahrzeugen auf der Erde, unter der Erde und über der Erde ist das Flugzeug das Lasttier, das Bewegungen, Seitendruck, Schleudern, Beschleunigungsdruck und starken zentrifugalen Kräften ausgesetzt ist... Und das alles in endlosen Variationen und endlosen Kombinationen.»[39] Einen der ersten Schiffsstabilisatoren eines anderen Erfinders bezeichnete er als «ein häßliches englisches Ungetüm... von einer Maschine».[40] Sperry hat es während der ganzen Zeit seiner Tätigkeit als Erfinder, wie er sich ausdrückte, damit zu tun gehabt, wilde Tiere zu bändigen. Er hat davon gesprochen, «die Bestie» zu zügeln und dann «den kleinen Burschen arbeiten zu lassen», nachdem es gelungen war, die Bestie zu bändigen.[41] Wir können uns nur fragen, welche tiefen psychischen Impulse ihn veranlaßt haben, seine Erfindungen oder «diese eigenartigen Träume, die ich habe», mit Tieren zu vergleichen.[42]

Wie ungezählte andere Erfinder ging auch er metaphorisch vor, wenn er die Bedingungen simulierte, unter denen Maschinen und Strukturen geprüft werden sollten. Wie schon oben gesagt, war er auf den Gedanken gekommen, daß ein schlingerndes Schiff und ein schwingendes Pendel ähnliche Bewegungen ausführen, so unähnlich sie einander auch sein mögen. Als er daher seinen Schiffsstabilisator entwickelte, benutzte er ein kleines Pendel als Schiff und befestigte einen kleinen, im Laboratorium gebauten Kreisel daran. Wenn er ein richtiges Schiff für diesen Versuch benutzt hätte, dann hätten sich die Ungenauigkeiten vermeiden lassen, die bei dieser Versuchsanordnung entstanden, aber die Kosten wären untragbar gewesen – ein pragmatisches Argument für die Metapher.[43]

Auch de Forest neigte dazu, mit Metaphern zu arbeiten. Seine berühmteste Erfindung, die Dreielektrodenröhre, entstand aufgrund einer zufälligen Beobachtung und einer treffenden Analogie. Als er 1900 in Chicago arbeitete und in seiner Freizeit mit drahtlosen Funkensendern experimentierte, beobachtete er, daß ein Welsbach-Gasbrenner heller aufleuchtete, wenn an dem Sender die Funken entstanden. Zunächst glaubte de Forest, daß die glühenden Partikel oder die heißen Gase der Flamme auf die elektromagnetische Strahlung – die Hertzschen Wellen – reagierten, die von dem Funkensender ausge-

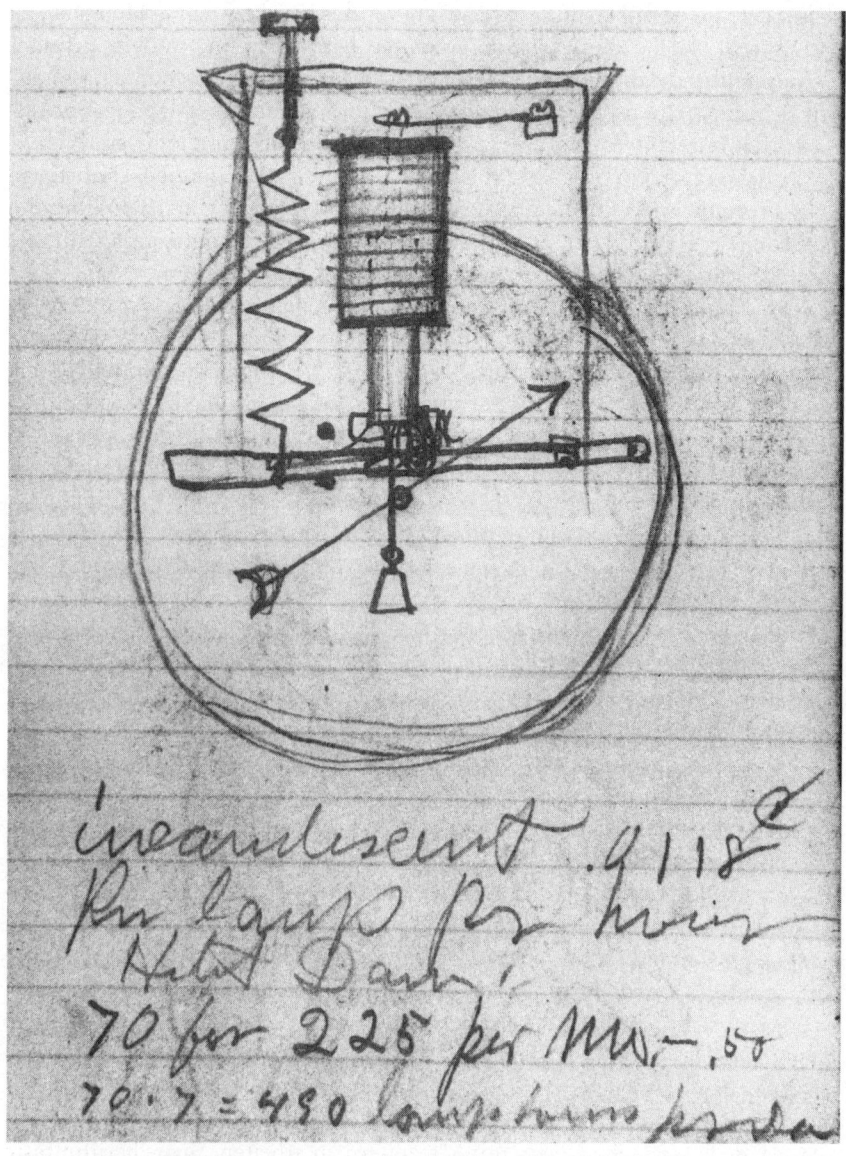

Elmer Sperry machte sich in seinem Notizbuch Aufzeichnungen über Erkenntnisse und Ideen, die oft zu einer Erfindung und einem Patent führten.

strahlt wurden.[44] Eine frühere Beobachtung, die er bei der Anfertigung seiner Dissertation an der Yale Universität gemacht hatte, daß nämlich ionisiertes Gas auf drahtlose Wellen reagierte, hat ihn wahrscheinlich zu dieser Interpretation geführt. Er war hocherfreut, denn wenn es sich mit der Gasflamme ebenso verhielt, hätte er die Möglichkeit, einen drahtlosen Detektor oder Empfänger auf der Basis des beobachteten Phänomens zu entwickeln. Doch dann schloß er eine hölzerne Tür zwischen dem Sender und dem Detektor und stellte fest, daß die Flamme auf das Geräusch des Funkens und nicht auf den Elektromagnetismus reagierte. Später erinnerte er sich: «Ich hatte nur eine neue Art ‹sensitiver Flamme› entdeckt!»[45]

Mit seiner ersten Reaktion hatte er sich geirrt, aber wenn wir uns auf seine Memoiren verlassen können, war es ein hochbedeutendes Ereignis in der Geschichte der Technologie. Er schreibt, die Illusion, daß die Flamme auf elektromagnetische Wellen reagiere, «hatte sich in meiner Vorstellung seit langer Zeit festgesetzt, und ich hatte bei der Suche nach einer Erklärung für die angenommene Wirkung so intensiv darüber nachgedacht ..., daß ich trotz dieser schlimmen Enttäuschung überzeugt blieb, die vermutete Wirkung und Gegenwirkung existierten dennoch».[46] Wir müssen nach der Zuverlässigkeit der Memoiren fragen, weil Erfinder als Folge scharfer Auseinandersetzungen um Prioritäten in Gerichtsverfahren, bei denen es um das Patentrecht geht, und auch außerhalb der Gerichte dazu neigen, vor Gericht vertretene Standpunkte mit der Wirklichkeit zu verwechseln. Doch trotz unserer Skepsis bleiben die Erinnerungen von de Forest wichtige Zeugnisse der Denkweise des Erfinders und seiner Neigung, Metaphern und Analogien zu benutzen, denn er schreibt in seinen Laboratoriumsnotizen: «Einige haben die schwache akustische Wirkung eines Kohärers (eines drahtlosen Empfängers) bemerkt; könnte ich nicht analog erwarten, daß eine elektromagnetische Wirkung irgendwo in der leicht reagierenden Flamme lauert, da sie so deutlich auf akustische Schwingungen reagiert?»[47] Ein hochbegabter und zu scharfem Denken befähigter Geist kam nun auf eine hypothetische, äußerst verschlungene Analogie: Wenn Kohärer-Empfänger auf Schall- und elektromagnetische Wellen reagieren, dann könnte eine Flamme aus erhitzten Gasen, die auf Schallwellen reagiert, in ähnlicher Weise auch auf elektromagnetische Wellen reagieren. Seine Phantasie ging noch weiter: «Gibt es hier nicht zumindest eine *Analogie* zwischen diesem Effekt der elektromagnetischen Wellen auf erhitzte Gase und der intimen Beziehung zwischen *Sonnenflecken* und den magnetischen Stürmen, die sie begleiten?»[48]

De Forests Liebe zur Analogie zeigt sich auch in den Gedichten, die er häufig schrieb und von denen er eine Auswahl in seine Autobiographie aufgenommen hat.[49] Seine Verwendung von Metaphern scheint unbewußt und spontan erfolgt zu sein. Als er zum Beispiel unter einem Mikroskop den Fluß winziger Partikel zwischen den Elektroden in seinem drahtlosen Detektor beobachtete, stellte er sich vor:

«Es waren winzige Fähren, jede beladen mit einer kleinen elektrischen Ladung, die ihre ätherische Fracht an der gegenüberliegenden Elektrode entluden und dann die Rückreise antraten oder, gefangen durch eine Kohäsionsenergie, kleine Brücken oder Bäume mit seltsam und schön gestalteten Ästen und Zweigen bauten.»[50]

Angeregt durch analoges Denken beschloß er, einen Empfänger zu erfinden, der mit brennendem (ionisiertem) Gas oder glühenden Partikeln arbeitete. Die Suche nach der Lösung dieses Problems führte zu seiner Erfindung einer mit Gas gefüllten, elektronischen Dreielementenröhre. Das war die erste grundlegende Erfindung auf dem Gebiet der Elektronik.[51] Als de Forest 1907 ein Patent für die elektronische Röhre oder Vakuumröhre anmeldete, glaubte er immer noch, das wesentliche Phänomen in dieser Röhre sei die Aktivität des von elektromagnetischen Wellen durchdrungenen erhitzten Gases. Die von seinem Erfindungsgeist angeregte Analogie trug Früchte, aber wieder gegen jede Logik, denn das fundamentale Phänomen in dieser Röhre war die Elektronenentladung, eine Tatsache, die er nicht begriffen hatte.[52]

Tesla, ein Meister der dramatischen Darstellung, ob bei der Demonstration seiner Experimente mit Starkstrom oder bei den Berichten über seine erregenden Erfahrungen vor einem staunenden Publikum, hatte 1882 einen der großartigsten plötzlichen Einfälle, die man sich vorstellen kann. Jahrelang hatte er sich intensiv mit dem Gedanken beschäftigt, einen Elektromotor zu entwerfen; eines Tages ging er in einem Park in Budapest mit einem Freund spazieren und trug ihm aus dem Gedächtnis lange Passagen aus Goethes *Faust* vor. Als er die Zeilen zitierte: «Ach! Zu des Geistes Flügeln wird so leicht/ Kein körperlicher Flügel sich gesellen»,[53] erlebte er wirklich einen einmaligen Höhenflug seiner Phantasie: «In einem kurzen Augenblick sah ich das Ganze vor mir und zeichnete mit einem Stock die Diagramme in den Sand, mit denen im Mai 1888 meine grundlegenden Patente illustriert waren.»[54] Da Tesla im Mai 1888 tatsächlich fünf grundlegende Patente erteilt wurden, muß der Geistesblitz, von dem er spricht, in seiner Präzision erstaunlich gewesen sein.

Die Geschichte der Anfänge der drahtlosen Telegraphie und des Radios ist reich an anderen Erfindungen, die mit Hilfe von Metaphern gemacht worden sind. Die Erfinder und Wissenschaftler haben oft Vergleiche zwischen akustischen, elektrischen und mechanischen Phänomenen gezogen. Bei dem Bemühen, die Reichweite von Radiosendern zu vergrößern, hat der Wissenschaftler und Ingenieur Michael Pupin von der Columbia University sie mit der Stimmgabel verglichen. Pupin hatte auch die sehr hilfreiche Idee, daß die noch nicht ganz erforschte Funktion der drahtlosen Wellen besser verstanden werden könnte, wenn man sie als analog zu den schon genauer erforschten elektrischen Wellen des Wechselstroms sehe, der um 1900 schon als Licht- und Kraftstrom benutzt wurde. Die Feststellung der Ähnlichkeiten zwischen einem Telephonhörer und einem drahtlosen Empfänger half Fessenden bei der

Entdeckung des Überlagerungsprinzips, das noch heute bei der Radiotechnologie eine wichtige Rolle spielt.[55]

Die Metaphern der Erfinder werden zwar verbal artikuliert, sind aber oft visuell oder räumlich wahrgenommen worden. Erfinder sind, ebenso wie viele Wissenschaftler – und zu ihnen gehören Albert Einstein, Nils Bohr und Werner Heisenberg –, sehr geschickt beim Manipulieren visueller, also nicht mit Worten beschriebener bildlicher Vorstellungen.[56] Wir können uns Erfinder vorstellen, die ohne Worte ein visuelles oder räumliches Alphabet handhaben, das aus Symbolen für mechanische, elektrische und chemische Vorgänge besteht wie das Funktionieren von Triebwerken, Induktionsspulen und Druckkammern. Der schwedische Ingenieur Christopher Polhem hat im 18. Jahrhundert ein Alphabet aus Holzmodellen für wichtige Maschinenteile wie Sperrklinken, Nocken und Antriebswellen geschaffen, mit dem er seinen Schülern eine zutreffende Vorstellung von deren Funktionen vermitteln wollte, damit sie diese Vorgänge in der Form von visuellen Symbolen vor sich sahen und daraus neue Maschinen entwickeln konnten.[57] Selbständige Erfinder, die sich häufig intensiv mit der Lektüre von Patentschriften und technischer Literatur beschäftigten, gewannen aus diesen sehr reich und detailliert illustrierten Quellen visuelle Vorstellungen. Einige von ihnen hatten auch die darstellende Geometrie studiert, was in ihnen die Fähigkeit geweckt hatte, sich dreidimensionale Formen vorzustellen und in Beziehung miteinander zu bringen. Jahrzehnte früher hatte der Künstler und Erfinder des Dampfschiffs, Robert Fulton, dringend empfohlen, daß sich der Techniker und Erfinder «zwischen Hebel, Schrauben, Keile und Räder setzen sollte wie ein Dichter, der mit den Buchstaben des Alphabets umgeht, um diese Gegenstände als Verkörperungen seiner Gedanken anzusehen, deren neuartige Zusammensetzung der Welt eine neue Idee vermitteln kann».[58] Es wäre falsch zu glauben, daß man die Dinge simplifiziere, wenn man sich eine bildliche Vorstellung von ihnen mache, denn viele der komplexen Symbole, über die ein Erfinder nachdenkt, «können nicht klar und eindeutig mit Worten beschrieben werden».[59]

Auch Sperry dachte visuell – oder benutzte, wie einige glauben, die rechte Gehirnhälfte.[60] Einer seiner Mitarbeiter erinnert sich, daß der Erfinder, wenn er anscheinend geistesabwesend vor sich hinstarrte, plötzlich zu einem Notizblock griff, ihn auf Armeslänge vor sich hielt und anfing, darauf zu zeichnen. Wenn man ihn fragte, weshalb er das tue, antwortete er: «Es ist da! Sehen Sie es nicht? Zeichnen Sie nur eine Linie um das, was Sie sehen.» Sperry hatte auch die seltene Gabe, sich eine Maschine oder ein Gerät bildlich vorzustellen und mit seinem geistigen Auge zu sehen, wie diese Maschine oder dieses Gerät arbeiteten. Mit außerordentlichem Feingefühl konnte er dabei erkennen, an welchen Stellen es zu Friktionen kam.[61] Schon als Jugendlicher hat ihm die eifrige Lektüre der *Official Gazette* des Patentamts nicht nur dabei geholfen, technische Probleme zu erkennen, die auf eine Lösung warteten, sondern wahrscheinlich auch dazu beigetragen, seine Fähigkeit zu entwickeln, sich die erfundenen Gegenstände und ihre Funktionen aufgrund der sehr genauen und zahlreichen Zeichnungen in den Patentschriften vorzustellen. Vielleicht hat sich auch bei Einstein die Neigung, visuell zu denken, dadurch verstärkt, daß er als Begutachter von Patenten ungezählte Patentschriften hat lesen müssen.

Die Finanzierung

Weil sie sich weigerten, als Angestellte zu arbeiten oder langfristige geschäftliche Beziehungen zu großen Firmen zu unterhalten, standen die selbständigen Erfinder vor dem schwierigen Problem, ihre Vorhaben zu finanzieren. Bis zum Beginn des Wettrüstens der Großmächte zur See um die Jahrhundertwende blieb den Selbständigen kaum etwas anderes übrig, als sich nach privaten Investoren umzusehen, die sie bei ihrer Arbeit unterstützen konnten. Diese Unternehmer wußten, daß mit Erfindungen schon manches Vermögen gemacht worden war, und hofften, einen neuen Edison oder Bell entdecken und in seine Erfindungsgabe investieren zu können. Nachdem Edison als Hexenmeister von Menlo Park berühmt geworden war und mit dem Ausbau seines Stromnetzes für die elektrische Beleuchtung begonnen hatte, hatte er das seltene Glück, mit der großzügigen finanziellen Unterstützung des über beträchtliche Geldmittel verfügenden Morgan rechnen zu können. Doch Herstellerfirmen mit einem gesicherten Marktanteil finanzierten nur selten die revolutionären Erfindungen eines selbständigen Erfinders, denn sie brauchten Erfindungen, mit denen ihre bereits vorhandenen Maschinen, Geräte und Herstellungsverfahren verbessert werden konnten. Das war jedoch nicht das Tätigkeitsfeld radikaler Erfinder, die versuchten, die moderne Technik mit ganz neuen Ideen zu revolutionieren.

Wenn ein selbständiger Erfinder das Glück hatte, von einem privaten Geldgeber oder Unternehmer unterstützt zu werden, dann gründete er gewöhnlich mit ihm eine Firma, um seine Erfindung herzustellen und auf den Markt zu bringen. In den meisten Fällen übernahm der Erfinder einen großen Teil der Geschäftsanteile als Gegenwert für die Patente, die er der neuen Firma überließ, und der Unternehmer wurde für seine Investitionen in die Entwicklung mit einem Anteil am Geschäftskapital entschädigt. Oft wurden weitere Anteile verkauft, um zusätzliches Kapital aufzubringen. Der Beginn der beruflichen Laufbahn des Erfinders Thomson ist ein typisches Beispiel für dieses Verfahren. Zwei Geschäftsleute aus Philadelphia – der eine handelte mit photographischen Artikeln, der andere war Farmer und Handelsvertreter für das Brush Beleuchtungssystem mit Bogenlampen – erklärten sich bereit, in die Herstellung und den Verkauf eines Dynamos einzusteigen, den der junge Thomson und sein Partner, Edwin Houston, hatten patentieren lassen. Später, im Jahr 1880, organisierte der Rechtsanwalt Frederick H. Churchill aus New

Britain, Connecticut, der sich begeistert für die neue Wissenschaft und Technologie der elektrischen Beleuchtung einsetzte und an gewinnbringenden Investitionen interessiert war, gemeinsam mit Thomson eine Firma zur Herstellung eines vollständigen elektrischen Beleuchtungssystems, gegründet auf die Patente Thomsons. Churchill stellte für die American Electric Company $87 500,– als Stammkapital zur Verfügung. Bald darauf begann sich auch Charles R. Flint, ein einfallsreicher Geschäftsmann, der ebenfalls überzeugt war, es werde sich lohnen, auf dem Gebiet der elektrischen Beleuchtung Kapital zu investieren und sich nicht nur für die Patente Thomsons, sondern auch für dessen Zukunft als Erfinder zu interessieren. Selbständige Erfinder überließen einer neuen Firma oft sowohl ihre schon vorhandenen als auch ihre künftigen Patente auf einem bestimmten Gebiet. Als New Yorker Geschäftsmann, der die Transport- und Handelsfirma W.R. Grace and Company leitete, wäre es Flint 1882 fast gelungen, eine ganze Gruppe von Erfindern für sich arbeiten zu lassen. In der Absicht, ihre Fähigkeiten als Erfinder in einer einzigen Firma zusammenwirken zu lassen, bat er Charles Brush, den führenden amerikanischen Erfinder auf dem Gebiet des Bogenlichts, Edward Weston, den Inhaber wertvoller Patente für Glühlampen, und Thomson zu einer gemeinsamen Besprechung in sein Büro. Sie konnten sich aber nicht einigen.

Während der langen Zeit, die er als selbständiger Erfinder arbeitete, hat Sperry eine Reihe von Unternehmern und Investoren angeregt, aufgrund seiner Patente Firmen zu gründen. Schon im Alter von 20 Jahren waren sein Wissen auf dem Gebiet der Elektrotechnik und seine Begeisterung für Erfindungen so deutlich zu erkennen und so beeindruckend, daß die Leitung der Waggonfabrik in seiner Heimatstadt Cortland, New York, die Erfindung und Entwicklung seines ersten Bogenlichtsystems finanzierte. Wahrscheinlich hat der Bekanntheitsgrad von Edison die Investoren in Cortland davon überzeugt, daß ein intelligenter und ehrgeiziger junger baptistischer Autodidakt in einer kleinen Industriestadt, in der fleißig gearbeitet wurde, das Zeug habe, ein zweiter Edison zu werden. Nachdem ihn seine Hintermänner in Cortland dazu ermutigt hatten, sein Bogenlichtsystem in der großen Geschäftsmetropole Chicago auszuprobieren, und nachdem sie ihn mit allen baptistischen Geschäftsleuten und angesehenen Bürgern dort bekannt gemacht hatten, beteiligte sich Sperry 1883 an der Gründung des Fabrikationsunternehmens, das seinen Namen trug. Der Pfarrer Galusha Anderson, der erste Präsident der Universität von Chicago, gehörte zu den Teilhabern dieses Unternehmens.

1888 verwirklichte Sperry eine weitere zukunftsträchtige Idee und gründete die Elmer A. Sperry Company of Chicago zur Entwicklung seiner und der Erfindungen anderer. Dieses erste Unternehmen, das sich ausschließlich mit Erfindungen und der Weiterentwicklung dieser Erfindungen beschäftigte, verfügte nun praktisch über Sperrys Fähigkeiten als Erfinder. Der Bürgermeister von Chicago und Herausgeber der *Chicago Tribune*, Joseph Medill, beteiligte sich an der Finanzierung der Arbeiten Sperrys an der Entwicklung eines Benzinmotors. Als Sperry Verbesserungen für Straßenbahnwagen erfand, bildete eine kleine Gruppe von Investoren in Cleveland, Ohio, die von seinen bisherigen Erfolgen beeindruckt waren, das Sperry Syndicate, um seine Patente zu erwerben und mit der Herstellung der verbesserten Vorrichtungen zu beginnen. Zu den Investoren gehörten Vorstandsmitglieder eines Unternehmens, das Kohlenelektroden für Bogenlampen herstellte, einige Bankiers und der Sohn des Präsidenten Rutherford Hayes, der von seinem Vater finanziell unterstützt wurde. Gewöhnlich bekam Sperry Geld und Wertpapiere für das «Kapital» (seine Patente), das er den Unternehmen überließ. Als sich die Unternehmen, die seine Patente verwerteten, vergrößerten und seine Anteile an Wert gewannen, konnte er auch mehr Geld für seine eigenen Erfindungen aufwenden.

Auch Tesla benutzte seine Erfindungen dazu, eine Firma für Erfindungen und technische Entwicklungen zu gründen. Edward Dean Adams, der 1895 das Wasserkraftwerk an den Niagarafällen finanzierte, half ihm um etwa die gleiche Zeit bei der Gründung der Nikola Tesla Company mit einer Übernahme von Anteilen im Wert von $100 000,- und $40 000,- in bar. Als Tesla diesen Betrag für die Einrichtung seines Laboratoriums in New York verbraucht hatte, überredete er den Finanzier John Jacob Astor, in dessen Waldorf-Astoria Hotel er wohnte, sich mit $30 000,- an dem neuen Laboratorium zu beteiligen, das in Colorado Springs gebaut werden sollte. Im Jahr 1900 trat Tesla an Morgan heran, sagte ihm, er habe eine Radioverbindung über 700 Meilen hergestellt, und behauptete, er habe Patente und könne Stationen für Radiosendungen über den Atlantik und den Pazifik bauen. Morgan versprach ihm darauf eine Summe von bis zu $150 000,- zur Finanzierung eines Projekts für die praktische Nutzung seiner Erfindungen und weiteren Forschungen. Tesla sagte, sein Wohltäter sei ein bedeutender und großzügiger Mann. Als Gegenleistung für seine Investition verlangte Morgan 51 % der bereits erteilten und künftigen Patente Teslas für elektrische Beleuchtung und das Radio.[62] Mit der finanziellen Unterstützung von Morgan baute Tesla auf Long Island einen Radiosender, den er Warden Clyffe nannte. Der berühmte Architekt Stanford White entwarf das Hauptgebäude. Nachdem er große Summen für Einrichtung der Anlage ausgegeben hatte, befand er sich 1903 wieder in akuter Geldnot. Obwohl er Morgan in Aussicht stellte, auf drahtlosem Wege nicht nur Botschaften übermitteln, sondern auch beträchtliche Energiemengen übertragen zu können, weigerte sich der Finanzier, enttäuscht vom Fehlen handgreiflicher Erfolge, weitere Summen in das Projekt zu investieren. Bedrängt von seinen Gläubigern und herausgefordert von Marconi, der im Dezember 1901 mit einem verhältnismäßig einfachen und billigen Gerät eine drahtlose Nachrichtenverbindung über den Atlantik herstellte, stellte Tesla 1906 seine Arbeiten an seinem «Traumprojekt» Warden Clyffe ein. Zu dem mißlungenen Versuch der drahtlosen Übertragung von Energie sagte er: «Es ist ein ganz einfaches elektrotechnisches Problem – nur teuer.»[63] Nachdem Morgan 1913 gestorben war, wandte sich Tesla an Morgans Sohn mit der Bitte um Geld und begründete sie damit, daß sein Schiff fast den Hafen erreicht habe. Der unverheiratete Tesla, der am liebsten in vornehmen New Yorker Hotels wie dem Waldorf-Astoria wohnte und dort nachmittags mit den einflußreichen Männern der Wall Street zusammentraf, mußte feststellen, daß diese Leute längst nicht mehr so zugänglich waren wie bisher, nachdem sie festgestellt hatten, daß Tesla sich offenbar selbst überschätzt hatte.[64] Nachdem seine Mutter 1892 gestorben war, führte er ein sehr einsames Leben mit seinen Tauben, die er in seinem Hotelzimmer hielt und die ihm dort Gesellschaft leisteten. Als er älter wurde – er starb 1943 –, lebte Tesla allein in einem schäbigen Hotel am Times Square. Immer noch steckte er voller Ideen für neue Erfindungen und war ständig auf der Suche nach Geld, um sie zu finanzieren. In dieser Absicht schrieb er auch an den Vorsitzenden des Aufsichtsrats der Westinghouse Company, die vor einem halben Jahrhundert seine Patente für elektrische Stromleitungen gekauft hatte. Diesmal bot er ihm ein Patent für eine Methode zur künstlichen Aufzucht von Hühnern mit einem Futter an, das er Factor Auctus (Wachstumsförderer) nannte. Er schrieb: «Sie werden mir dankbar sein für das Fleisch und die köstlichen Eier, die Sie mit diesem revolutionären Verfahren erzeugen können.»[65]

In seinen jungen Jahren und zu der Zeit, als er sein System für die elektrische Beleuchtung entwickelte, war auch Edison auf das Geld großer Finanziers und Inhaber von Anlagebanken angewiesen. Zu ihnen gehörten die Vanderbilts und Drexel, Morgan & Company. Grosvenor Lowrey, ein bekannter New Yorker Anwalt und Syndikus der Western Union Telegraph Company, durch die er enge Beziehungen zu den höchsten Finanzkreisen anknüpfen konnte, machte er diese Kreise mit den Projekten Edisons bekannt. Lowreys Bewunderung und Unterstützung für Edison gingen weit über das hinaus, was als Finanzberater und Rechtsbeistand seine Aufgabe gewesen wäre. Er fühlte sich eng mit Edison verbunden und tat alles, um ihm bei der Verwirklichung seiner Bestrebungen zu helfen. 1878 versicherte er Edison, das Einkommen, das ein erfolgreiches elektrisches Beleuchtungssystem abwerfen würde, werde ihn von allen finanziellen Sorgen befreien und «in die Lage versetzen ... ein Laboratorium zu bauen und reichlich auszustatten, wie es die Welt braucht und noch nie gesehen hat».[66]

Obwohl sich Edison darauf verlassen konnte, finanziell von Persönlichkeiten unterstützt zu werden, die über fundierte Kenntnisse auf dem Gebiet der Technologie und Naturwissenschaft verfügten, brauchte er ebenso wie andere selbständige Erfinder auch die Unterstützung eines sehr viel größeren Personenkreises, der nur eine sehr oberflächliche und unkritische Beziehung zur Technologie hatte. Anders als viele heutige Erfinder und Unternehmer konnte sich Edison nicht an Universitäten, das Militär und die Regierung wenden und diese Institutionen um Zuschüsse für Forschungs- und Entwick-

Die Verwirklichung neuer architektonischer Ideen im Laboratorium von Nikola Tesla bei Warden Clyff, New York, förderten seinen Ruf als genialen Erfinder.

lungsaufgaben bitten. Deshalb verwendete er in seinen schriftlichen Ersuchen um finanzielle Unterstützung nicht das wissenschaftliche Vokabular, das im Schriftverkehr mit solchen Einrichtungen erforderlich gewesen wäre. Statt dessen suchten er und seine Berater, die Öffentlichkeit über die Zeitungen für seine Vorhaben zu begeistern und Interessenten für eine zusätzliche Finanzierung zu gewinnen. Sein am 20. Oktober 1878 in der *New York Sun* abgedrucktes Interview wurde stark beachtet, denn hier erklärte er in leichtverständlicher Form, daß er die Hauptprobleme eines elektrischen Beleuchtungssystems gelöst habe – was in Wirklichkeit nicht geschehen war und auch noch mehr als ein Jahr in Anspruch nehmen sollte. Er versprach, demnächst das ganze New Yorker Stadtzentrum mit 500 000 Glühbirnen zu beleuchten. Vier Jahre später waren nach seinem System nur 12 843 Glühbirnen in wenigen Blocks des Bezirks an der Wall Street angebracht.[67] Ein weniger enthusiastisches Interview hätte vielleicht Investoren entmutigen können, die sich nicht klar darüber waren, welche Probleme langfristige und schwierige Entwicklungen mit sich bringen, oder Leute, die noch an den Mythos des dramatischen Geniestreichs und rasch zu erzielender finanzieller Gewinne glaubten. Edison und Lowrey hielten die Begeisterung wach und ermöglichten die Finanzierung ihrer Projekte während der langen Entwicklungsperiode damit, daß sie dramatische Vorführungen veranstalteten wie am Silvesterabend 1879, als sie ihr Publikum – und die Finanziers – mit Sonderzügen nach Menlo Park bringen ließen, um ihnen das dortige kleine, aber beeindruckende Beleuchtungssystem zu zeigen. Wieder berichteten die Zeitungen ausführlich über dieses Ereignis. Edison stand während der Vorführung im Mittelpunkt des allgemeinen Interesses, denn er und seine Berater hatten erkannt, daß das Vertrauen der Öffentlichkeit zu seiner Person wesentlich zu dem Erfolg bei der Finanzierung eines Langzeitprojekts beitrug. Der Personenkult um Edison als großen Erfinder erklärt vielleicht auch, weshalb nur sein Name in so vielen Patentschriften erscheint und überall bekannt wurde, obwohl seine Erfolge zum großen Teil sicher auch seinen sehr tüchtigen Labortechnikern zu verdanken sind.

De Forest und seine Geschäftspartner verstanden es ausgezeichnet, seine Erfindungen in der Öffentlichkeit bekanntzumachen. Seine Genialität auf diesem Gebiet ist manchmal vielleicht noch größer gewesen als im Bereich der Technik. Er selbst hat zugegeben, daß er es genoß, eine Berühmtheit zu sein. 1901 überredete er einen Journalistenverband und mehrere Finanziers, die Installierung seines Radiosenders auf einem Schleppdampfer zu finanzieren, damit er auf See über den Verlauf einer internationalen Segelregatta berichten könne. Auch Marconi berichtete für die *Associated Press* und den *New York Herald* über das Ereignis mit Hilfe eines Senders, den er auf der Luxusjacht von Jordan Bennett installiert hatte. Obwohl sich die beiden konkurrierenden Sender gegenseitig störten und der Empfang deshalb unbefriedigend war, machte de Forest viel Reklame für seine angeblich große Leistung und versuchte, bei 25 «Kapitalisten» in New York, von denen einige seine Kommilitonen in Yale gewesen waren, Geld lockerzumachen. Das Ergebnis war enttäuschend: «Die zwei oder drei Monate dauernden eifrigen Bemühungen bei den Kapitalisten hatten mir eine gewisse Vorstellung davon gegeben, wie weit die Standpunkte des Erfinders und des Investors auseinanderliegen.»[68] Doch einige Monate später lernte er den Spekulanten Abraham White kennen, der mit Regierungsanleihen ein Vermögen gemacht hatte. De Forest stellte fest, daß White «von dem Optimismus beseelt war, der J. Pierpont Morgan und anderen Finanzmagnaten, an die ich herangetreten war, völlig fehlte».[69] White und de Forest gründeten die American De Forest Wireless Telegraph Company mit einem Stammkapital von drei Millionen Dollar. Bald darauf fing das Unternehmen an, seine Leistungsfähigkeit zu demonstrieren, und erregte die Aufmerksamkeit der Öffentlichkeit mit Sendungen über die New York Bay. De Forest erinnerte sich später, daß «diese Arbeit in erfreulicher Weise von der Öffentlichkeit zur Kenntnis genommen wurde». Er hätte hinzufügen können, daß sich dies auch in der Nachfrage nach seinen Aktien an der Börse gezeigt hat.[70] Es folgten weitere von dem Unternehmen finanzierte Projekte, und sehr bald hatte de Forest 13 Patente beantragt. White rüstete ein Automobil mit seinem Radiosender aus und

De Forest und «Honest Abe» White verstanden es sehr geschickt, für ihre Ideen zu werben und das für deren Verwirklichung notwendige Geld aufzutreiben.

parkte es in der Nähe der Büros von Börsenmaklern, um an Ort und Stelle die Notierungen des Unternehmens American De Forest durchzugeben. Aber White und seine kaufmännischen Mitarbeiter interessierten sich mehr für den Verkauf von Aktien als für das Senden von Radionachrichten und drängten de Forest, überall dort Sender zu bauen, wo der Markt für Wertpapiere günstig zu sein schien. Aber de Forest merkte beim Bau der Sender, mit denen die Investoren interessiert werden sollten, «wie unangenehm und unberechenbar von Gott erzeugte elektrostatische Störungen sein können».[71] 1906 platzte die Bombe: Die Aktienhändler verkauften mehr Aktien, als das Unternehmen ausgegeben hatte, zu hohe Ausgaben erschöpften das Guthaben des Unternehmens, und Fessenden reichte eine gerichtliche Klage gegen de Forest ein, weil er seinen Rundfunkempfänger benutzt hatte. Das Unternehmen mußte Konkurs anmelden, und de Forest stand praktisch auf der Straße, verfügte aber, wie er schrieb, immer noch «über Erfahrungen, Selbstvertrauen und einen internationalen Ruf auf dem Gebiet des Radios» – wenn auch nicht als Geschäftsmann. Schließlich erholte er sich wieder und entwikkelte neben anderen Neuerungen in der Radiotechnik die moderne Dreielementenvakuumröhre.[72]

Dramatische Demonstrationen auf dem Gebiet der elektrischen Beleuchtung, des Radios und anderer technischer Neuerungen veranlaßten große und kleine Investoren, sich finanziell an der Entwicklung technischer Erfindungen zu beteiligen, aber auch das Ansehen der Erfinder hatte eine positive Wirkung. So entstand ein regelrechter Erfinderkult. Die folgende Anekdote über das Interview eines unerfahrenen Reporters mit Edison zeigt deutlich, daß er genau wußte, wie bekannt er in der Öffentlichkeit war:

«Als der Reporter hereingeführt wurde, spielte der alte Herr mit heroischer Attitüde den ‹großen Erfinder Thomas A. Edison›... Verschwunden waren plötzlich seine natürliche Jungenhaftigkeit und seine lustigen Grobheiten. Sein Gesicht versteinerte sich, in seinem Lehnstuhl wurde er zur Statue, und seine starren Augen blickten in die Ferne wie ein Zirkuslöwe, der an die nubische Wüste denkt. Er rührte sich nicht, bis der Reporter auf Zehenspitzen heranschlich und unmittelbar vor ihm stand. Dann wendete er langsam den Kopf, als fiele es ihm schwer, die nubische Wüste aus dem Gesichtsfeld zu verlieren. Das Interview selbst (über den Akkumulator) war bedeutungslos...»[73]

Frances Jehl, ein Laborassistent von Edison in Menlo Park, der Edison in der Öffentlichkeit als großen Erfinder verehrte, dachte privat weniger freundlich über dessen Selbstbeweihräucherung:

«Wenn ein ungewöhnlicher Mann so ungewöhnliche Methoden und Mittel finden kann, seinen Namen in der ganzen Welt mit Raketengeschwindigkeit bekanntzumachen und mit so geringem wirklichen Wissen einen solchen Reichtum ansammeln kann, ein Mann, der nicht einmal imstande ist, eine einfache Gleichung zu lösen, von einem solchen Mann muß ich sagen, er ist

ein Genie – oder nehmen wir ein einfacheres Wort aus der Umgangssprache –
ein Hexenmeister. Das war Barnum auch!»[74]

Edison, de Forest und die anderen mögen behauptet haben, sie hätten
diesen Personenkult nur ertragen, weil er es ihnen ermöglicht habe, ihre
Arbeit zu finanzieren, aber im Lauf der Zeit haben sie wahrscheinlich angefangen, selbst an dieses im öffentlichen Bewußtsein entstandene Image des
genialen Erfinders zu glauben. Das erklärt vielleicht, weshalb es ihnen so
schwerfiel, Bevormundung und Kritik zu ertragen, besonders von Leuten,
von denen sie finanziell abhängig waren. Edison, de Forest, Thomson, Stanley, Maxim und Fessenden hatten alle Streit und Meinungsverschiedenheiten
mit denen, durch die sie finanziell unterstützt wurden.

Die gestörten Beziehungen Fessendens zu seinen beiden reichen Gönnern,
den Geschäftsleuten Thomas H. Given und Hay Walker jr. aus Pittsburgh,
waren typisch dafür und sind bis heute nicht vergessen. Der Höhepunkt kam
1910, als Walkers Vertreter versuchte, Fessendens Akten zusammen mit Fessendens Frau, die ihre Arme um die Aktenordner geschlungen hatte, um die
Fortnahme zu verhindern, aus seinem Büro zu zerren. Anschließend wurde
Fessenden durch eine gerichtliche Verfügung verboten, sich künftig an der
Leitung des Unternehmens zu beteiligen, dessen Mitbegründer er war und
dessen Geschäftsgrundlage seine Patente waren.[75] William Stanley, dessen
Entwicklungsarbeit am elektrischen Transformator von George Westinghouse
finanziert wurde, und Tesla, der sein Wechselstrom-Hochspannungsnetz
ebenfalls mit der finanziellen Hilfe von Westinghouse entwickelt hat, glaubten beide, bei den vertraglichen Vereinbarungen mit ihrem Geldgeber finanziell übervorteilt worden zu sein. Der Direktor der U.S. Electric Lighting
Company, die 1878 gegründet worden war, um die Erfindungen von Maxim
auf den Markt zu bringen, schickte Maxim nach Europa, angeblich um Patente zu erwerben, aber in erster Linie, um den temperamentvollen Erfinder
mit seiner krankhaften Abneigung gegen Edison loszuwerden, der sein Konkurrent bei der Entwicklung der Glühlampe war.[76]

Seine Berühmtheit und sein Erfolg sind Edison vielleicht zu Kopf gestiegen
und haben ihn, als er älter wurde, unter Umständen veranlaßt, in die falsche
Richtung zu gehen. In den ersten Jahren seiner Tätigkeit als Erfinder konzentrierte er sich auf kleine, präzise arbeitende – man könnte sogar sagen, elegant wirkende – elektromechanische Geräte wie den Börsentelegraphen, den
Telegraphen und das Telephon. Der Phonograph, den er in jungen Jahren
erfand, war ein einfaches, aber höchst geniales mechanisch-akustisches Gerät.
Als er sich der Erfindung und Entwicklung des elektrischen Beleuchtungssy-
stems zuwandte, folgte er immer noch bekannten und in der Elektrotechnik
geltenden Prinzipien. Nachdem er in das große Laboratorium von West
Orange umgezogen war und sich entschlossen hatte, ein sehr umfangreiches
Erzscheideverfahren zu entwickeln, scheint er den Sinn für seine Identität als
Erfinder verloren zu haben, denn er wurde zu einem auf Neuerungen bedach-

*Thomas A. Edison: Eine kritische Karikatur mit der Unterschrift «Die Dekadenz
des Hexenmeisters von Menlo Park».*

ten Industriellen. Anstatt in seiner gewohnten Umgebung zu arbeiten – in
einem Laboratorium, umgeben von tüchtigen Technikern, Handwerkern und
wissenschaftlichen Mitarbeitern –, war er oft auf den Baustellen, entwarf und
überwachte den Bau von riesigen Maschinen, die das Eisenerz zerkleinerten,
großen Elektromagneten und anderen schweren Maschinen, die zur Bewegung großer Materialmengen gebraucht wurden. In sein Erzaufbereitungs-
verfahren investierte er fast das ganze Vermögen, das er mit seinen anderen
Erfindungen erworben hatte.[77] Nachdem er eine große Erzaufbereitungsan-
lage bei Ogden, New Jersey, gebaut hatte, brachte Edison fast zehn Jahre
damit zu, die technische Leistungsfähigkeit dieser Anlage zu vervollkomm-
nen und arbeitsparende Maschinen zu entwickeln. Anstatt neue Möglichkeiten für die praktische Anwendung der von Faraday, Joule und Ohm entdeckten Gesetze zu suchen, beschäftigte er sich mit den Problemen der Massenproduktion, der Einsparung von Arbeitskräften und der Betriebskosten. Seine
Probleme waren jetzt die des Betriebsingenieurs und Kapitalisten, nicht die
des Erfinders und Elektrotechnikers. Das Fallen der Preise für Eisenerz aus
der Gegend des Lake Superior führte schließlich zum Scheitern seines Unternehmens, denn obwohl sein Verfahren technisch ausgereift war, konnte er
preislich nicht damit konkurrieren. Dieses Problem ließ sich auch mit der
besten Technik und Erfindungsgabe nicht lösen.[78]

Sein hemmungsloser Ehrgeiz mag ihn veranlaßt haben, mit den großen Industriellen in Konkurrenz zu treten, die gegen Ende des vergangenen Jahrhunderts von ihren Zeitgenossen bewundert wurden und riesige Vermögen erwarben. Anders als Edison ist Sperry diesen Versuchungen nicht erlegen und hat sich bis zum Ende seines Lebens mit der Lösung subtiler technischer Probleme beschäftigt. Edisons Biograph Matthew Josephson bringt die Veränderungen im Verhalten Edisons mit seiner zweiten Heirat nach dem Tode seiner ersten Frau in Verbindung. Damals heiratete er Mina Miller, die Tochter eines Philanthropen aus Akron, schenkte ihr einen herrschaftlichen Besitz in West Orange und baute sein neues Laboratorium. «Obwohl er 1886 noch nicht vierzig Jahre alt war, glaubte er, in den gesellschaftlichen Rang der führenden amerikanischen Industriebarone aufsteigen zu können... Von nun an mußte alles, was er unternahm, entsprechend großzügig geplant werden.»[79]

Es erscheint paradox, daß Edison, der so stolz darauf gewesen war, als selbständiger Erfinder etwas geleistet zu haben, sich auch noch nach dem finanziellen Scheitern seines Unternehmens zur Aufbereitung von Eisenerz

Die an ein Fabrikgebäude erinnernde Fassade von Edisons Laboratorium in West Orange (1895) sollten wir mit der locker gegliederten Anlage seines früheren Laboratoriums in Menlo Park vergleichen.

intensiver um die Entwicklung von Herstellungsverfahren im großen Maßstab bemüht hat als um technische Erfindungen. Seine neuen Vorhaben erforderten Investitionen und Verwaltungsstrukturen, die seine Entscheidungsfreiheit und Reaktionsfähigkeit viel stärker beeinträchtigen sollten als die
Tätigkeit des Erfinders. So wagte er sich auf das Gebiet der Zementherstel-
lung, eines bedeutenden Industriezweigs, um hier einen Teil der für die Erz-
aufbereitung entwickelten Maschinen und die dabei gemachten praktischen
Erfahrungen verwenden zu können. Als er die von ihm selbst in Bewegung
gesetzte technologische Dynamik nicht mehr beherrschen konnte, verhielt
sich Edison eher so wie die «schwachköpfigen Kapitalisten», die er einst
verachtet hatte.[80] Er investierte seine Kenntnisse und Geldmittel auch in die
Entwicklung und Herstellung von Akkumulatoren. Während des Ersten
Weltkriegs empfahl er als Leiter des Naval Consulting Board die Einrichtung
eines Marine-Forschungs- und Entwicklungslaboratoriums für die Entwicklung von Prototypen von schwerer Marineausrüstung. Nach seinen Vorstellungen sollten die Laboratoriumsgebäude ebenso wie moderne Fabrikgebäude
aus Beton errichtet werden, und das Laboratorium sollte sich auf den Entwurf
von Spezifikationen für die Herstellung von Flugzeugen, Unterseebootma-
schinen, leichten Geschützen und «von allem konzentrieren, was etwas mit
Rüstungstechnik zu tun hat».[81] Nach dem Krieg versuchte er, neue Anwendungsmöglichkeiten für Gummi zu finden, einem weiteren bedeutenden Industriezweig. Der geniale Erfinder fein ausgeklügelter technischer Geräte wie
etwa des Vierfachtelegraphen war auf dem Wege, ein Industriekapitän zu
werden.

Drittes Kapitel
Brain-Trust für die Rüstungsindustrie

Nach der Jahrhundertwende, als sich das Wettrüsten intensivierte, das insbesondere durch die Konkurrenz zwischen der britischen und der deutschen Kriegsflotte angeheizt wurde, an dem sich aber auch die anderen Großmächte beteiligten, begannen die selbständigen Erfinder in zunehmendem Maß für die Rüstungsindustrie zu arbeiten. Mit Unterstützung des Militärs entwickelten sie so umfassende technologische Systeme wie die der drahtlosen Telegraphie und des Radios, des Flugzeugs und der automatischen Leit- und Kontrollsysteme für Schiffe und Flugzeuge. Heute steht die Entwicklung der Wasserstoffbomben, Fernlenkwaffen, mit Atomkraft angetriebenen U-Boote und der strategischen Verteidigungsinitiative (Krieg der Sterne) im Mittelpunkt des Komplexes der Rüstungsindustrie, aber diese Häufung von technischen Aufgaben ist nicht nur die Folge der politischen Entwicklung nach dem Zweiten Weltkrieg. Die enge Zusammenarbeit zwischen dem Militär und den gewinnorientierten Herstellern von Rüstungsgütern hat im Westen eine jahrhundertealte Geschichte. Wenn wir jedoch heute von dem Komplex der Rüstungsindustrie sprechen, meinen wir gewöhnlich besonders die Beziehung zwischen dem Militär und denen, die neue Waffen erfinden und entwickeln. Auch diese Beziehung hat eine lange Geschichte. Schon im 15. Jahrhundert haben die Herrscher mit begabten Architekten und Technikern zusammengearbeitet, um die Entwicklung leistungsfähiger Kanonen zu beschleunigen. Diese Zusammenarbeit wurde jedoch nach 1880 sehr viel intensiver und straffer organisiert, als die britische Admiralität die Anforderungen an die Leistungsfähigkeit ihrer Schiffsmaschinen, Geschütze, Schiffe und anderer Ausrüstungsgegenstände zu spezifizieren begann und Erfinder, Ingenieure und Industrielle aufforderte, die so bezeichneten Waffen und Geräte weiterzuentwickeln. Gleichzeitig begann das Militär, wenigstens einen Teil der Kosten für die Erprobung dieser Erfindungen zu übernehmen. Damit wurde das Erfinden von Rüstungsgütern für die industriellen und militärischen Großmächte zu einer «befehlsgesteuerten Wirtschaft», mit anderen Worten, die Regierungen bestimmten die Richtung der von der Industrie entwickelten Neuerungen und unterstützten sie finanziell.[1]

In den letzten Jahrzehnten des 19. Jahrhunderts intensivierte sich das Wettrüsten zur See, stimulierte diese befehlsgesteuerte Wirtschaft und trug zum Wachstum der Rüstungsindustrie bei. Die britische und die deutsche Kriegsflotte sorgten für die Entstehung eines ganzen Netzes der Zusammenarbeit mit dem Ziel, die Rüstungsausgaben zu erhöhen, Erfindungen und Entwicklungen auf diesem Gebiet zu fördern und die Rüstungsproduktion zu steigern. Im beiderseitigen Interesse entstanden enge Beziehungen zu Rüstungsfirmen wie Krupp in Deutschland und Armstrong im Vereinigten Königreich. Diese Unternehmen arbeiteten mit Politikern zusammen, die sich um Unterstützung bei ihrem Bestreben bemühten, kostspielige Schiffsbauprogramme durch das Parlament zu bringen, die den Arbeitgebern sowie den Arbeitern und Angestellten in ihren Wahlbezirken Nutzen bringen würden. Diese Vorhaben wurden von einer chauvinistischen Sensationspresse unterstützt, die es verstand, die Leidenschaften der nationalistischen Rivalitäten anzufachen. Innerhalb der Streitkräfte spielten Offiziere mit technischen Erfahrungen, die mit der raschen Entwicklung auf dem zivilen Sektor der Wirtschaft vertraut waren, die Rolle von Unternehmern und sorgten dafür, daß auch in der Rüstung Neuerungen eingeführt wurden, anstatt bisher Bewährtes zu erweitern und zu verbessern.[2]

Die Erfahrungen in den österreichisch-preußischen und französisch-preußischen Kriegen von 1866 und 1871 hatten die Militärs davon überzeugt, daß neue Waffen und Kommunikationssysteme im militärischen Wettstreit eine entscheidende Rolle spielten und das wesentliche Merkmal moderner Strategie und Taktik waren. In diesen Kriegen bauten die Preußen ihr Eisenbahnnetz so aus, daß es ihnen die Mobilmachung erleichterte und rasche Truppenbewegungen ermöglichte. Sie verwendeten den Feldtelegraphen, um eine ständige Nachrichtenverbindung zu den Truppenbefehlshabern herzustellen und den Einsatz ihrer Verbände besser in der Hand zu haben. Die Infanteristen wurden mit Hinterladern ausgerüstet, mit denen sie auch liegend schießen konnten. Die technischen Neuerungen im Schiffsbau waren dramatischer. In der zweiten Hälfte des 19. Jahrhunderts traten Dampfschiffe mit eisernem Rumpf und schweren, genauer schießenden Geschützen an die Stelle der hölzernen Segelschiffe. Erfinder und Ingenieure integrierten systematisch die Fortschritte in der Metallurgie, dem Werkzeugmaschinenbau, der Entwicklung von Sprengstoffen, der Dampfmaschine, der Nautik (Kompasse) und der Feuerleitsysteme und bauten vor dem Ersten Weltkrieg die neuen Schlachtschiffe der Dreadnoughtklasse.

Nach dem Zweiten Weltkrieg waren die Interkontinentalraketen mit Nuklearsprengköpfen die neuesten hochtechnologischen Produkte des Wettrüstens. Die leistungsfähigsten Rüstungsbetriebe bewarben sich um Milliarden-Dollar-Aufträge für den Entwurf, die Entwicklung und Herstellung solcher Waffen, während die Abschuß-, Träger- und Sprengstoffsysteme laufend modernisiert wurden. Vor dem Ersten Weltkrieg waren die Schlachtschiffe der Dreadnoughtklasse die Ausstellungsstücke der sich ständig vergrößernden Rüstungsetats. Die Briten ließen im Dezember 1906 die H.M.S. *Dreadnought*, das erste Schlachtschiff ihrer Klasse, vom Stapel laufen. Bestückt mit zehn Zwölfzoll-Geschützen und mit einer Höchstgeschwindigkeit von 21 Knoten hatte dieses Superschlachtschiff eine größere Schußweite und Geschwindigkeit als jedes andere Kriegsschiff der Welt. Ein Ausschuß unter dem Vorsitz des Ersten Seelords, Admiral Sir John (Jackie) Fishers, eines «wankelmütigen, egozentrischen, arroganten, aggressiven und kriegslustigen» Unternehmers,[3] hatte das Schiff entworfen. H.M.S. *Dreadnought* war nicht nur wegen seiner Feuerkraft und Geschwindigkeit ein beeindruckendes Kriegsschiff, sondern verfügte auch über eine bemerkenswert moderne technische Ausrüstung. Dazu gehörte die erst jüngst entwickelte Dampfturbine als Hauptantriebsaggregat. Der Maschinenraum, in dem der alte Kolbendampfmotor untergebracht war, war feucht, und es herrschte ein ohrenbetäubender Lärm darin. Die viel leistungsfähigeren, kompakten, haltbareren und ruhig rotierenden Turbinen verwandelten den Maschinenraum aus einer «durchnäßten, lärmenden Hölle in ein Paradies ruhiger Ordnung».[4] Auf seinen Probefahrten legte das Schiff 7000 Meilen mit einer Geschwindigkeit von 17,5 Knoten zurück, eine Leistung, welche die Kapazität eines jeden anderen Kriegsschiffs bei weitem übertraf. «Die Einführung der Turbine war der bedeutendste Schritt auf dem Wege zur Erhöhung der Kriegstüchtigkeit, der je getan worden ist.»[5] Der britische Erfinder der modernen Dampfturbine, Charles A. Parsons, hatte gelegentlich der Flottenparade zum diamantenen Regierungsjubiläum der Königin Viktoria 1897 mit einer aufsehenerregenden Vorführung die Aufmerksamkeit der Flotte auf sich gelenkt. Die *Turbinia*, ein kleines Schiff, das zur Probe mit einer Turbine ausgerüstet worden war, verstieß gegen alle Regeln und fuhr mit hoher Geschwindigkeit zwischen den vor Anker liegenden Schlachtschiffen hin und her. Die *Turbinia* konnte die erstaunliche Höchstgeschwindigkeit von 34 Knoten entwickeln.

Da die *Dreadnought* aus einer Position auf feindliche Schiffe feuern konnte, die außerhalb der Reichweite der feindlichen Geschütze lag, waren die älteren Schlachtschiffe mit deren Erscheinen technisch überholt, und dieser Umstand führte zu einer weiteren Verschärfung des Wettrüstens. Die deutsche Regierung stellte ihr Schiffsbauprogramm ein, bis mit der *Dreadnought* vergleichbare Schiffe entworfen werden konnten, und andere Flotten einschließlich der amerikanischen folgten diesem Beispiel. Der amerikanische Präsident Theodore Roosevelt, ein entschiedener Befürworter der Rüstung zur See, gewann die Zustimmung des Parlaments zum Bau von sechs Schiffen der Dreadnought-Klasse. Das waren die *Delaware*, die *South Dakota*, die *Utah*, die *Florida*, die *Arkansas* und die *Wyoming*. Während Roosevelt ein ehrgeiziges Flottenbauprogramm verwirklichte, erhöhte sich der Etat der amerikanischen Flotte nach 1900 in dramatischer Weise und erreichte in den Jahren 1909 und 1910 fast $181 Millionen. Der Präsident förderte besonders die für Neuerungen aufgeschlossenen und technologisch gut informierten Offiziere wie William Sims, der als junger Seeoffizier die Ausbildung an den Schiffsgeschützen reformiert hatte.[6] 1911 setzte sich Konteradmiral Bradley A. Fiske, der eine Reihe von nautischen Geräten erfunden hatte, energisch dafür ein, daß die Flotte bei der Entwicklung von Erfindungen ein größeres finanzielles Risiko eingehen sollte, und zwar auch, wenn es sich um Ideen selbständiger Erfinder handelte. Ein Jahr später berichtete die Zeitschrift *Scientific American*, daß sich die Haltung der amerikanischen Flotte gegenüber den Erfindern im positiven Sinne geändert habe.[7] Damit gewann die Zusammenarbeit zwischen dem Militär und den Erfindern eine immer größere Bedeutung.

Im weiteren Verlauf des Wettrüstens schöpften die Vereinigten Staaten zunehmend aus einer Quelle, die als typisch amerikanisch angesehen wurde: dem schöpferischen Geist ihrer selbständigen Erfinder. Die allgemein bekannten Anekdoten und Mythen über Erfinder und Erfindungen sprechen nur selten davon, eine welch wichtige Rolle das Militär schon von Anfang an bei der Entwicklung der Luftfahrt, des Radios, von Leit- und Kontrollsystemen und der dabei verwendeten Computer gespielt hat. Einige führende selbständige Erfinder sind vor dem Ersten Weltkrieg bei der Entwicklung ihrer Erfindungen mit großen Summen vom Militär finanziert worden. Die Flotte unterstützte Sperry bei der Arbeit an den von ihm entwickelten Methoden der artilleristischen Feuerleitsysteme und de Forest und Fessenden bei der Verbesserung des drahtlosen Telegraphen und des Sprechfunks. Die amerikanische Armee kaufte die Flugzeuge der Brüder Wright, und die britischen Streitkräfte unterstützten Maxim bei der Entwicklung des Maschinengewehrs. Beschäftigt man sich eingehender mit den Beziehungen zwischen den selbständigen Erfindern und dem Militär, dann sieht man, wie weit die Wurzeln der Rüstungsindustrie und besonders der Einfluß des Militärs auf die Auswahl der von den Erfindern zu lösenden Probleme in die amerikanische Vergangenheit zurückreichen.

Schnellfeuergeschütze

Es wäre jedoch ein Irrtum zu glauben, daß eine so bürokratische und in der Tradition verwurzelte Organisation wie das Militär sich vorbehaltlos neuen Ideen und Veränderungen geöffnet hätte. Für jede Geschichte aus der Zeit vor dem Ersten Weltkrieg, die über die erfolgreiche Einführung einer Neuerung auf militärischem Gebiet berichtet, gibt es eine andere über die starre Ablehnung von Veränderungen, die den bisherigen Rahmen zu sprengen drohten. Eine klassische Episode betrifft die Bemühungen des jungen amerikanischen Seeoffiziers William Sims, bei der Flotte ein neues System für das Artillerie-Schnellfeuer einzuführen. Um die Jahrhundertwende erbrachte Sims aufgrund der Erfahrungen des für Neuerungen aufgeschlossenen britischen Offiziers Percy Scott, den er in China kennengelernt hatte, mit den Vorrichtungen und Techniken des Artillerie-Schnellfeuers, die es ermöglichten, die Geschütze laufend nachzurichten, den unbestreitbaren Beweis für die Vorzüge dieses neuen Schnellfeuersystems. Doch seine Vorgesetzten wollten nichts davon wissen. Sims ließ sich dadurch aber nicht beeindrucken, und seine Reformfreudigkeit kommt in der folgenden Stellungnahme deutlich zum Ausdruck:

«Ich bin durchaus damit einverstanden, daß diejenigen, die meine Ansicht nicht teilen, auch weiterhin am Leben bleiben, aber aus ganzem Herzen verabscheue ich Direktionslosigkeit und Verschlagenheit, und wo sie höheren Orts anzutreffen sind und dazu dienen sollen, auf Kosten der vitalen Interessen unserer großartigen Seestreitkräfte (zu denen naive Menschen ein so kindliches Vertrauen haben) das Gesicht zu wahren, da werde ich die Verantwortlichen bis aufs Messer bekämpfen ohne Rücksicht darauf, welchen Preis ich persönlich dafür bezahlen muß.»[8]

Da Sims gegen die bürokratisch starre Haltung seiner Vorgesetzten nichts ausrichten konnte, die behaupteten, das neue Schnellfeuersystem sei nicht funktionsfähig, während die britische Flotte es bereits eingeführt hatte und es in den Vereinigten Staaten inoffiziell schon erprobt worden war, wandte er nun eine Taktik an, die sich schon oft bewährt hatte, wenn es um organisatorische Neuerungen ging. Um den Widerstand des verkrusteten Konservatismus zu brechen, wandte er sich an einen Mann außerhalb seiner Organisation, der mächtiger war als seine direkten Vorgesetzten. Das war in diesem Fall der große Freund der amerikanischen Kriegsflotte und Präsident der Vereinigten Staaten, Theodore Roosevelt. Roosevelt berief den jungen Offizier von seinem Außenposten in China zurück in die Vereinigten Staaten und ernannte ihn zum Inspekteur der Artillerieausbildung. Das war eine strategische Position, deren Inhaber die Möglichkeit hatte, Neuerungen im Artilleriewesen durchzusetzen. So hatte die Flotte jetzt die zahlreichen Veränderungen in der Ausbildung, Ausrüstung und Personalbesetzung vorzunehmen, die solche Neuerungen in einer großen Organisation verlangen. Erfahrene Offiziere waren sich allerdings der Tatsache bewußt, daß solche Neuerungen manchmal störende und demoralisierende Auswirkungen haben, und das erklärt zum Teil die scheinbare Verwirrung und Hilflosigkeit der Flotte gegenüber der Begeisterung und dem Eifer, mit dem der unerfahrene, aber leidenschaftlich engagierte junge Offizier an diese Aufgabe ging. Später wurde aus Sims jedoch ein tüchtiger, für Neuerungen aufgeschlossener Admiral.

Die Brüder Wright

Die populären Berichte über Orville und Wilbur Wright und das Flugzeug erwähnen nur selten deren eifrige Bemühungen darum, das Flugzeug zunächst an die Armee zu verkaufen. Die Wrights sind im allgemeinen nicht dafür bekannt, daß sie sich besonders für die Rüstungsindustrie eingesetzt hätten. Bis zu ihrem ersten erfolgreichen Flug im Jahr 1903 schienen sie kaum ein Interesse daran gehabt zu haben, mit ihrer Erfindung Geld zu verdienen, aber später haben sie unaufhörlich versucht, die amerikanische und auch andere Armeen für den Kauf ihres Flugzeugs zu interessieren. Vielleicht haben sie sich entschlossen, auf den Markt für Rüstungsgüter zu gehen, weil sie als brave Söhne eines protestantischen Pfarrers die Sensa-

108 Brain-Trust für die Rüstungsindustrie

tionslust der Öffentlichkeit scheuten und sich nicht auf einen Handel mit den Kapitalisten einlassen wollten, wie es andere Erfinder getan hatten. Nachdem ihre Maschine gründlich erprobt und ihre Zuverlässigkeit festgestellt worden war, machten sie dem amerikanischen Kriegsministerium 1905 den Vorschlag, Flugzeuge, die bestimmten Anforderungen entsprachen, für einen vertraglich ausgehandelten Preis zu liefern. Das Ministerium, das von allen Seiten Angebote von vermeintlichen Erfindern für Perpetuum mobiles und Flugapparate bekam, hat den Brief wahrscheinlich als das Angebot irgendwelcher Phantasten in den Akten verschwinden lassen. In der Annahme, daß die Maschine der Brüder Wright noch kein ausgereiftes und gründlich erprobtes Gerät sei, antwortete die Flotte mit einem vorgedruckten Schreiben, in dem es hieß, für Experimente stünde kein Geld zur Verfügung.[9] Tief enttäuscht von der Interesselosigkeit ihrer eigenen Regierung an ihrer «für die Verwendung im Krieg hervorragend geeigneten Maschine» und weil sie «keine Möglichkeit sehen konnten, etwas daran zu ändern», machten sie der britischen Regierung ein offizielles Angebot.[10] Der Freund und Berater der Brüder Wright, Octave Chanute, der zunächst nicht hatte begreifen können, daß das amerikanische Kriegsministerium nicht die Gelegenheit ergriffen hatte, das Zeitalter der Luftfahrt einzuläuten, kam nach einiger Überlegung zu der Überzeugung, die Briten würden ihnen einen günstigeren Preis bieten, denn ihnen stünden Geldmittel aus dem Etat des Geheimdienstes zur Verfügung, deren Verwendung nicht so streng kontrolliert wurde. Chanute, der augenscheinlich ein sehr friedfertiger Mann war, meinte auch: «Ihre Erfindung wird in den Händen der Briten eher friedlichen Zwecken dienen als in unseren, denn ihre Existenz wird bald allgemein bekannt werden, und das Wissen um die Möglichkeit einer militärischen Nutzung wird abschreckend wirken.»[11] Chanute gehörte offenbar zu den vielen Menschen, die im Verlauf der langen Geschichte der Rüstung und des Krieges immer wieder behauptet haben, neue Waffen könnten, wenn sie abschreckend genug seien oder sich in den Händen eines bestimmten Landes befänden, dazu beitragen, den Frieden zu wahren. Ähnliche Voraussagen über moderne Waffen, vom Maschinengewehr bis zur Atombombe, sind immer wieder gemacht worden.

Die Verhandlungen der Brüder Wright mit dem britischen Kriegsministerium zogen sich über die Jahre 1905 und 1906 hin, aber die Erfinder gelangten schließlich zu der Überzeugung, daß sich die Briten mehr dafür interessierten, über die technischen Fortschritte bei ihrer Entwicklungsarbeit informiert zu werden, als einen Vertrag über die Lieferung ihres Flugzeugs abzuschließen. Deshalb versuchten die Brüder Wright noch einmal, die Verbindung mit dem amerikanischen Kriegsministerium aufzunehmen, und erklärten ausdrücklich, sie seien bereit, eine Maschine zu liefern, die als Aufklärungsflugzeug geeignet sei und auf einem Flug über eine Strecke von 160 Kilometern einen Beobachter, Treibstoff und Proviant mitnehmen könne. Wieder wurde zu den Ausführungen der Wrights in dem vorgedruckten Antwortschreiben lediglich erklärt, das Ministerium sei nicht bereit, Experimente finanziell zu unterstützen. Chanute meinte dazu: «Diese Burschen sind ein Verein von Dummköpfen.»[12]

Wie im Falle von Sims und der Einführung des Systems der automatisch gerichteten Schnellfeuer-Schiffsgeschütze setzte sich eine einflußreichere Persönlichkeit außerhalb der Bürokratie, die sich durch diese neue Erfindung herausgefordert fühlte, für die Wrights ein. Der private Kapitalanleger Godfrey Lowell Cabot, der einer bekannten Bostoner Familie angehörte, hatte den Brüdern unmittelbar nach dem erfolgreichen Probeflug bei Kitty Hawk geschrieben und sie gefragt, ob ihre Maschine Fracht befördern könne. Dabei hatte er sein Interesse an einer geschäftlichen Verbindung zum Ausdruck gebracht. Nachdem er von der negativen Reaktion des Kriegsministeriums gehört hatte, schrieb er ihnen wieder und bat sie um einen Prospekt. Dabei fragte er noch einmal, ob sie daran interessiert seien, die Maschine kommerziell zu nutzen. Cabot unterrichtete auch den Senator Henry Cabot Lodge, einen Verwandten, von den Schwierigkeiten der Wrights mit dem Kriegsministerium. Der Senator setzte sich mit dem Kriegsminister und dem Ministerium in Verbindung. Dem Ministerium war es sicher peinlich, einen solchen Fehler begangen zu haben, aber auch unangenehm, ihn einzugestehen. Doch nach einiger Zeit wandte es sich mit einem offiziellen Schreiben an die Brüder Wright, die den Ärger über die bisherige beleidigende Behandlung noch nicht verwunden hatten und das Schreiben deshalb sehr kühl beantworteten.[13] Doch im Dezember 1907, nachdem die Brüder Wright einige Demonstrationsflüge in Europa durchgeführt hatten, gab das Kriegsministerium eine Zeitungsanzeige auf, in der es zur Abgabe von Angeboten für ein Flugzeug aufforderte, dessen Spezifikationen denen entsprachen, die die Brüder Wright dem Ministerium für ihre Maschine angegeben hatten. Das Flugzeug mußte den Piloten und einen Passagier mitnehmen können (das Gewicht der beiden Insassen war genau angegeben) und in der Lage sein, mit einer Geschwindigkeit von 64 Kilometern in der Stunde wenigstens 16 Kilometer weit zu fliegen. Die Brüder Wright hatten den Preis für die Maschine mit $25 000 angegeben. Als die Anzeige mit der Aufforderung für die Angebote erschien, verspotteten einige Zeitungen und Zeitschriften das Kriegsministerium, weil es glaube, ein solches Flugzeug ließe sich schon bauen. Am 3. September 1908, als der erste Probeflug stattfinden sollte, waren weniger als tausend Zuschauer nach Fort Myer am Stadtrand von Washington, D. C., gekommen. Als Orville zum ersten Mal startete, um über dem Flugfeld zu kreisen, ging ein hörbares Aufatmen durch die Reihen der Zuschauer, und als er landete, kannte die Begeisterung der Menge keine Grenzen mehr. Den drei oder vier «hartgesottenen» Zeitungsreportern, die herangestürmt kamen, um Orville zu interviewen, liefen die Tränen die Wangen hinunter.[14] Mit den folgenden Flügen übertraf die Maschine bei weitem die an sie gestellten Anforderungen, aber der Triumph wurde durch eine Tragödie überschattet. Ein junger

Erfindungen im militärischen Bereich: Ein Flugzeug der Gebrüder Wright
im Testflug über Fort Myer, Virginia (1908).

Offizier der amerikanischen Armee, Tom Selfridge, der Orville bei einem dieser Flüge begleitete, starb, als das Flugzeug wegen eines gebrochenen Propellers abstürzte. Das hinderte das Kriegsministerium aber nicht daran, die Maschine zu kaufen. In Deutschland, Frankreich und den Vereinigten Staaten wurden Unternehmen zur Herstellung der Erfindung der Brüder Wright gegründet. Die Wright Company, die im November 1909 mit den Patentrechten der Brüder Wright in den Vereinigten Staaten als Aktiengesellschaft eingetragen wurde, richtete in New York City ansehnliche Büros ein. Cornelius Vanderbilt und August Belmont investierten beträchtliche Summen in dieses Unternehmen.

*Beim Absturz eines Flugzeugs der Gebrüder Wright am 17. September 1908
bei Fort Myer kam Leutnant T.E. Selfridge ums Leben.*

Hiram Maxims Maschinengewehr

Einige Jahrzehnte bevor die Brüder Wright die Verbindung zum Militär auf-
nahmen, begann auch Hiram Maxim für die Rüstungsindustrie zu arbeiten.
1881 bis 1882 ließ sich Maxim von der zufälligen Bemerkung eines Amerika-
ners dazu anregen, den er in Wien kennengelernt hatte: «Was wollen Sie schon
mit Ihrer Chemie und Elektrizität erreichen! Wenn Sie wirklich einen Haufen
Geld verdienen wollen, dann machen Sie eine Erfindung, die es diesen Europä-
ern erleichtern wird, sich gegenseitig umzubringen.»[15] Nachdem er eine Glühlampe erfunden hatte, deren Glühfäden besser waren als die von Edison, um
nur wenig später als dieser mit der Installierung von Beleuchtungssystemen zu
beginnen, konzentrierte Maxim sich als Erfinder nun darauf, aus der Vorliebe
der Europäer für militärische Erfindungen Kapital zu schlagen, die es ihnen
ermöglichten, einander mit noch wirkungsvolleren Waffen abzuschlachten.
1885 ließ Maxim das bis dahin tödlichste Maschinengewehr der Welt patentieren, richtete eine Fabrik zu seiner Herstellung ein und demonstrierte seine
Funktionen und Wirkungsweise. Das Maxim-Maschinengewehr nutzte den
Rückstoß einer Patrone, um die nächste zu laden und abzufeuern, und war
damit, was Feuerkraft und Zuverlässigkeit betraf, allen konkurrierenden Waffen wie etwa dem Gatling-Maschinengewehr (1862) weit überlegen. Nach-

Der hochdekorierte Sir Hiram Stevens Maxim,
Erfinder eines Maschinengewehrs.

dem mehrere Armeen, darunter auch die amerikanische, die Einführung der neuen Waffe zunächst abgelehnt hatten, und zwar mit der lahmen Begründung, sie ließe sich im Felde nicht rasch genug mit Munition versorgen, wurden schließlich doch fast alle Armeen damit ausgerüstet. Als die Welt erlebte, wie die Zulus, die Derwische und andere Kolonialvölker mit diesem Maschinengewehr niedergemäht wurden, waren die Zweifler bald von seiner Wirksamkeit überzeugt. Hilaire Belloc drückte das so aus:

> Dankt Gott, daß wir es haben,
> Das Maxim, sie aber nicht...[16]

Im Ersten Weltkrieg brachte das deutsche Maxim den westlichen Verbündeten am 1. Juli 1916 an der Somme Verluste in Höhe von 60 000 Mann bei. Edison hat Maxim, mit dem er ständig im Streit lag, einmal als einen «Kaufmann des Todes» bezeichnet.[17]

Maxim, der durch seine Erfindung reich geworden war, hatte sich 1891 dem Bau eines mit einer Dampfmaschine angetriebenen Flugzeugs zugewendet, das 1894 fertiggestellt wurde. Er hat diese Erfindung jedoch nicht an das Militär verkaufen können, denn die Maschine stürzte ab, nachdem sie sich nur wenige Fuß über die etwa 200 Meter langen Schienen einer Startbahn erhoben hatte, auf der sie die Startgeschwindigkeit erreichen mußte. Da sich Maxim mehr auf die Leistungsfähigkeit der Dampfmaschine als auf das schwierige Problem der Kontrolle konzentiert hatte, haben einige Historiker Zweifel an der Bedeutung seines Beitrags zur Entwicklung des bemannten Fluges geäußert. Man sollte aber nicht vergessen, daß Maxim als Erfinder einen erstaunlich sicheren Instinkt dafür gehabt hat, welches die großen technischen Probleme seiner Zeit gewesen sind – die elektrische Beleuchtung, die Rüstung und das Fliegen.

Elmer Sperrys Kreisel

Die Übernahme von Aufgaben aus dem Bereich der Rüstungsindustrie durch den Erfinder Elmer Sperry bestätigt den Wahrheitsgehalt eines alten Sprichworts: Aus kleinen Samen wachsen riesige Bäume. Fasziniert von den Spielzeugkreiseln, die er seinen Söhnen schenkte, kam Sperry 1907 zu der Überzeugung, daß sich der Kreisel auch kommerziell nutzen ließe. Wie gewöhnlich stellte er aus Artikeln in technischen Fachzeitschriften und aus Patentschriften fest, wo es Erfinder gab, die schon auf diesem Gebiet arbeiteten. So erfuhr er, daß der Erfinder Otto Schlick in Deutschland den Kreisel zur Stabilisierung eines Schiffes benutzte und Louis Brennan in England einen Kreisel als Stabilisator in einen Einschienen-Eisenbahnwagen eingebaut hatte. Überzeugt, daß es ihm gelingen werde, deren Systeme zu verbessern, da er schon über reiche Erfahrungen auf dem Gebiet der Regelungsautomatik verfügte, erfand Sperry zunächst einen mit einem Kreisel stabilisierten Schubkarren für einen Zirkusclown auf dem Hochseil. Dann ließ er sich einen Kreiselstabilisator für Automobile patentieren, die ohne eine solche Stabilisierung auf den damals sehr schlechten Straßen häufig umstürzten. Enttäuscht von den vergeblichen Versuchen, Abnehmer für diese Geräte zu finden, arbeitete Sperry dann an verbesserten Stabilisatoren für Passagierschiffe, um damit etwas gegen die Seekrankheit zu unternehmen, die auch ihn 1898 während seiner Reise nach Europa unangenehm geplagt hatte. Doch die Schiffseigner, die sich wahrscheinlich selbst an das Schlingern ihrer Schiffe gewöhnt hatten, ließen sich nicht von der Nützlichkeit einer solchen Einrichtung überzeugen. Der Markt reagierte nicht auf sein Angebot.

Die amerikanische Marine zeigte dagegen lebhaftes Interesse, und zwar nicht aus Mitleid für ihre seekranken Matrosen, sondern weil sie sich der Tatsache bewußt geworden war, daß diese Erfindung ihr beim allgemeinen Wettrüsten zur See einen Vorsprung verschaffen würde. Die Treffgenauigkeit der Geschütze, die von einem stabilisierten Schiff aus feuerten, würde sich, besonders bei rauher See, erhöhen. Die Geschützbedienungen versuchten

schon jetzt mit wechselndem Erfolg, das Schlingern und Stampfen auszugleichen, aber inzwischen war es üblich geworden, in der Industrie und bei den
Streitkräften an die Stelle des Könnens und der Geschicklichkeit des Menschen die berechenbare Leistung präzise arbeitender Maschinen zu setzen.
Außerdem schlingerten eiserne Dampfschiffe sehr viel stärker als die Segelschiffe, an deren Stelle sie getreten waren, da deren Segel eine stabilisierende
Wirkung gehabt hatten. Die immer größer werdende Reichweite der schweren Geschütze verlangte zudem eine größere Treffgenauigkeit. Die Instabili-
tät der Schiffe in einer Welt, in der die Menschen zunehmend bemüht waren,
die Dinge zu ordnen und zu beherrschen, stellte Erfinder wie Sperry vor
fesselnde, aber auch schwierige Probleme.

Aus der Lektüre technischer Fachzeitschriften wußte Sperry, daß die deutsche und die britische Kriegsflotte mit Stabilisatoren experimentierten. Im
April 1908 traf er sich in New York mit Sir William H. White,[18] dem ehemaligen Direktor für Schiffsbau in der Admiralität, der selbst mehr als 200
Kriegsschiffe entworfen hatte. Sperry wollte ihm seinen «aktiven» Schiffskreisel beschreiben, der gegenüber den bisherigen passiven Stabilisatoren
eine Verbesserung darstellte. Aufgrund seiner langjährigen Erfahrungen mit
automatischen Regelsystemen mit Rückführung hatte er aus dem schwerfäl-
ligen deutschen Gerät von Otto Schlick, das er «ein Ungetüm von Maschine»
nannte, eine elegante amerikanische Version gemacht. (Auch Sperry war
schmächtig und lebhaft.) Die Reaktion von White ermutigte ihn, aber als kein
Vertrag zustande kam, wandte er sich an die Flotte seines eigenen Landes.
Präsident Theodore Roosevelt hatte gerade den Bau von sechs Schiffen der
Dreadnoughtklasse genehmigt, und es gab einige Offiziere, die sich gegenüber Erfindungen und Neuerungen aufgeschlossen zeigten, besonders Captain (später Admiral) David W. Taylor. Nachdem er das beste Abschlußexamen in der Geschichte der Naval Academy gemacht und später am Royal
Naval College in Greenwich ähnlich hervorragende Leistungen gezeigt hatte,
konzentrierte sich Taylor auf wissenschaftliche Studien über Verbesserungen
am Schiffsrumpf und auf Antriebssysteme. 1914 wurde er Chef des Büros für
Schiffsbau.

Der Erfinder und der Seeoffizier waren sich sofort sympathisch. Sperry
versorgte Taylor mit Modellen von Schiffskreiseln, die im Wasser eines Bek-
kens für Modellschiffe an diesen erprobt werden konnten. In ihrer Zusammenarbeit bewiesen Sperry und Taylor eine bemerkenswerte Kombination
von Phantasie, Geschicklichkeit beim Experimentieren und Scharfsinn. In
einer vierzig Seiten umfassenden mathematischen Analyse über das Verhalten von Schiffskreiseln entwickelte Taylor eine Formel zur Bestimmung der
zur Unterdrückung des Schlingerns bei den verschiedensten Schiffskreiseln
benötigten Energie, die nach den Eigenschaften der Schiffe und Schiffskreisel
berechnet werden konnte.[19] Diese Analyse ist ein hervorragendes Beispiel
dessen, was wir meinen, wenn wir von der engen Verbindung zwischen Tech-

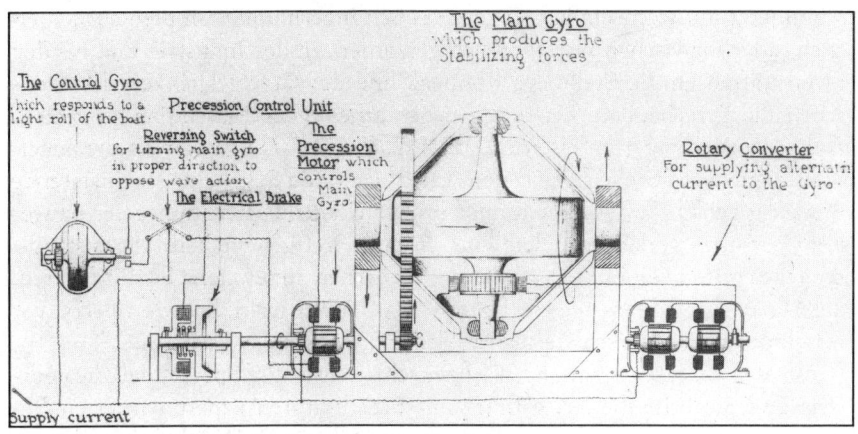

Aufriß eines Schiffskreisels.

nologie und Wissenschaft in moderner Zeit sprechen. Technologie ohne Wissenschaft – die empirische Methode – hätte endlose Tests mit den verschiedensten Schiffskreiseln auf verschiedenen Schiffen notwendig gemacht.

1912 installierte die amerikanische Flotte auf der U.S.S. *Worden,* einem 433-Tonnen-Torpedobootzerstörer, einen der Größe dieses Schiffes entsprechenden Sperry-Schiffskreisel. (Das schwere rotierende Rad des Kreisels wog 1815 Kilogramm und hatte einen Durchmesser von 127 Zentimetern.) Die Tests waren erfolgreich, aber nicht ganz befriedigend. In einer inoffiziellen Stellungnahme meinte ein Seeoffizier: «Der Schiffskreisel arbeitete recht gut und dämpfte das Schlingern des Schiffs von 30 Grad bis auf 6 Grad.»[20] Aber

Die Wirkung des Schiffskreisels.

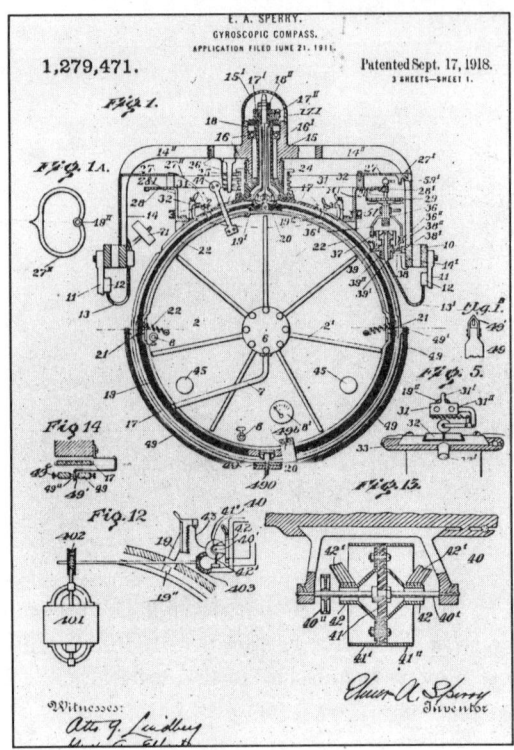

*1911 beantragte Elmer A. Sperry ein Patent
für seinen Schiffskreisel.*

das laute Knarren des schweren Geräts störte die Mannschaft, und die Bewegungen des Kreisels belasteten die Konstruktion des Schiffes. Im Ersten Weltkrieg installierte die amerikanische Flotte mit wechselndem Erfolg einen 25 Tonnen schweren Sperry-Schiffskreisel auf einem Transportschiff mit 10 000 Bruttoregistertonnen. Doch nach dem Krieg verwendeten Marinetechniker einfache Stabilisatoren mit von Kreiseln geregelten stabilisierenden Flossen, die aus dem Bug des Schiffes herausragten.

Nach seinen Erfolgen bei der Lösung technischer Probleme für die immer größer werdende amerikanische Flotte arbeitete Sperry vor dem und während des Ersten Weltkrieges besonders gern mit den Marinebehörden zusammen. Die Flotte schätzte seine Arbeitsmethoden, denn sein Fachgebiet waren die automatischen Regelsysteme zur Kontrolle konzentrierter Energie. Und bei den Schiffen und Flugzeugen der Seestreitkräfte kam es darauf an, die für den Antrieb notwendigen hohen Energiekonzentrationen zu beherrschen. Bald nach Beginn seiner Arbeit am Schiffskreisel erfand Sperry den Kreiselkompaß und belieferte die Flotte mit diesem modernen Gerät. Ebenso wie im Fall

Sperry überwacht die versuchsmäßige Installation
seines Schiffskreisels, 1911.

des Schiffskreisels war Sperry nicht der erste Erfinder, der den Kreiselkompaß auf den Markt brachte, aber er konnte ihn schon zu einer Zeit, als er praktisch noch nicht erprobt worden war, wesentlich verbessern. Er behauptete, der von ihm 1911 konstruierte Kreiselkompaß sei ein viel zuverlässigeres nautisches Gerät als der deutsche Kompaß von Dr. Hermann Franz Joseph Hubertus Maria Anschütz-Kaempfe. Sperry glaubte, amerikanische Erfinder hätten einen besonderen Sinn für die praktische Anwendbarkeit ihrer Entwürfe, während die Deutschen zu komplizierte Geräte herstellten, wahrscheinlich um die Techniker und Wissenschaftler unter ihren Kollegen zu beeindrucken.

Nachdem er eine Reihe amerikanischer Kriegsschiffe mit seinen Kompassen ausgerüstet hatte, folgte Sperry seiner Neigung, Systeme einzurichten, und fing an, ein ganzes Netz von gleichgerichteten Kompassen zu entwickeln, das es ermöglichte, auf mehreren Stationen eines Schiffs die auf dem zentralen Kompaß angegebenen Werte abzulesen. Während des Ersten Weltkrieges baute er den Kreiselkompaß in ein System für die Feuerleitung der Geschütze eines Kriegsschiffs ein. Nach dem Krieg wurde sein Kreiselkompaß zum

Kernstück eines automatischen Navigationssystems, des «Metal Mike», das von Handelsschiffen auf der ganzen Welt eingeführt wurde. Gegen 1912 erfand er auch die mit einem Kreisel stabilisierte Plattform für Flugzeuge, die noch heute, wenn auch in wesentlich verbesserter Form, für die automatische Steuerung von Flugzeugen und Raumschiffen verwendet wird.[21] Während des Ersten Weltkriegs stand er kurz davor, der amerikanischen Flotte eine durch einen Kreisel stabilisierte fliegende Bombe zu liefern. Später hat der amerikanische Marineminister Charles Francis Adams gesagt: «Man kann durchaus behaupten, daß kein Amerikaner so viel zur technischen Vervoll-kommnung unserer Flotte beigetragen hat wie er.»[22] In enger Zusammenar-beit mit der Flotte wurde Sperry zum Vater der modernen elektromechani-schen automatischen Leit- und Regelsysteme. Er hat nie daran gezweifelt, daß seine Rolle als Erfinder auf militärtechnischem Gebiet sozial und mora-lisch vertretbar gewesen sei.

Fessenden, de Forest und die Bürokratie

Anderen professionellen Erfindern ist es weniger leichtgefallen, sich an die Zusammenarbeit mit der Bürokratie und militärischen Organisationen zu gewöhnen. Reginald Fessenden hat sich zwar selbst darum bemüht, Bezie-hungen zur amerikanischen Flotte herzustellen, weil sie schon sehr früh die drahtlose Telegraphie und das Funksprechgerät benutzte, aber er hat sich gegen die strengen Regeln und Praktiken, die dort galten, aufgelehnt. Wie so viele andere Erfinder hielt sich Fessenden für einen einmalig schöpferisch begabten Mann, der es verdiene, besonders rücksichtsvoll behandelt zu wer-den. Instinktiv sah er in Regeln und Vorschriften eine starke und gewöhnlich erfolgreiche Unterstützung des Status quo und eine Behinderung des schöp-ferischen Geistes. Aus Erfahrung wußte man bei der Flotte, daß Menschen, die sich über Regeln und Vorschriften hinwegsetzten, störend wirkten. Des-halb mußte die Flotte gewissenhaft abwägen, ob die Vorteile von Neuerungen größeres Gewicht hatten als die dadurch zunächst verursachte Unruhe und Unordnung. Dazu kam es ihr in erster Linie auf das Überleben der Organisa-tion und nicht des Individuums an. Es ist eine Ironie, daß gerade Fessenden, der sich seine persönliche Freiheit bewahren wollte, mit den von ihm erfunde-nen Möglichkeiten für die drahtlose Kommunikation eine der letzten Lücken in der Kommandostruktur zu schließen drohte. Vor der Einführung des Funk-verkehrs konnte ein Schiff auf See seinen Kurs verfolgen, ohne mit irgend-welchen vorgesetzten Behörden an Land den Kontakt aufzunehmen. Die Ein-führung des Funkverkehrs ermöglichte nun die Koordination und taktische Führung von Flottenverbänden auf See.

Obwohl die Flotte und die berufsmäßigen Erfinder verschiedene Wertvor-stellungen hatten, hielt die Flotte, wenn auch nicht durchgehend, an ihrer Absicht fest, den Funkverkehr zur See weiter auszubauen. Da die amerikanische Flotte fürchtete, daß die Briten mit Hilfe der Marconi Wireless Telegraph Company in Großbritannien ein Weltmonopol im Bereich der Seestreitkräfte und auf dem zivilen Sektor errichten könnten, und da sie sich der Tatsache bewußt war, daß sich ihr Land als Weltmacht auf militärische Stärke und insbesondere auf die Stärke seiner Seestreitkräfte stützen mußte, wie sich das im Spanisch-Amerikanischen Krieg von 1898 gezeigt hatte, testete sie 1899 das System von Marconi und interessierte sich dafür, es zu kaufen. Marconi verlangte von der Flotte die Abnahme von wenigstens zwanzig Funkstationen zum Gesamtpreis von $10 000 und außerdem die jährliche Zahlung der gleichen Summe als Lizenzgebühr. Der Flotte wollte es nicht gefallen, daß sich die Erfinder ihre Entwicklungskosten nachträglich bezahlen lassen wollten; sie hielt den Preis für überhöht, und der Kauf kam nicht zustande. Die Verhandlungen der amerikanischen Flotte mit dem britischen Unternehmen gingen zwar noch zehn Jahre weiter, kamen aber kaum voran.[23]

Die amerikanische technische Zeitschrift *Electrical World* nahm Anstoß an der Verzögerungstaktik der Flotte:

«Wenn das Fehlen eines solchen Systems (für die drahtlose Kommunikation) in unserer Armee und Flotte auf die Nachlässigkeit der spießigen Bürokraten zurückzuführen ist, die unsere Artillerie bei Santiago mit Schwarzpulver ins Gefecht geschickt haben, dann sollte die Öffentlichkeit das wissen, damit die für diese Nachlässigkeit Verantwortlichen zur Rechenschaft gezogen werden können.»[24]

1902 kaufte die Flotte versuchsweise einige französische und deutsche und zwei Funkgeräte von de Forest. Im allgemeinen brachte das System von de Forest gute Leistungen, aber die Flotte glaubte, es stelle an die Funker zu hohe Anforderungen, die diese nach Auffassung der Marinefachleute nicht erfüllen könnten. Ein Jahr später verärgerte die Flotte de Forest und Fessenden sowie ihre nationalistisch gesonnenen Freunde mit dem Kauf weiterer Funkgeräte in Deutschland. Diese Geräte druckten die einlaufenden Funksprüche aus und stellten geringere Anforderungen an die Funker. Seit den Anfängen der Telegraphie vor fast einem halben Jahrhundert war es in Europa üblich gewesen, die Telegramme ausdrucken zu lassen, da man sich bei dieser Methode nicht auf das Ohr des Funkers verlassen mußte. Doch bald überredeten de Forest und andere Amerikaner die Flotte, auf dieses Erfordernis zu verzichten.[25] Sie konnten nachweisen, daß verhältnismäßig unerfahrene und ungeübte Funker auch mit einem Empfänger umgehen konnten, der die Funksprüche nicht ausdruckte.

Die Flotte ließ sich einzelne Geräte wie Sender und Empfänger aus den Systemen verschiedener Erfinder liefern, um sie in einem System zu vereinen und nicht von einem Erfinder oder Hersteller abhängig zu sein. Fessenden wünschte, daß man sein sorgfältig aus eigenen Geräten zusammengestelltes System nur als Ganzes übernehme, denn ebenso wie Edison und andere Erfinder hatte er bei der Entwicklung seiner Systeme besonders darauf geachtet, daß die einzelnen Komponenten harmonisch zusammenarbeiteten.

Außerdem hielt es Fessenden für falsch, daß die Flotte seine Geräte von eigenen Leuten testen ließ und nicht von seinen sorgfältig ausgebildeten Mitarbeitern. Er hielt es für unklug, daß die Flotte nur Geräte anschaffen wollte, die von möglichst vielen, nicht sehr gründlich ausgebildeten Funkern bedient werden könnten. Schließlich war Fessenden empört darüber, daß die Flotte dazu neigte, bei ihren Anschaffungen auf den Preis und darauf zu achten, daß sie sich möglichst einfach herstellen und installieren ließen, anstatt die Qualität der Leistung zum Maßstab zu machen. Wie viele andere Erfinder legte er großen Wert auf handwerkliches Können, besonders wenn es um seine Erfindungen ging. Überdies erwarteten die Streitkräfte vor dem Ersten Weltkrieg, daß der Erfinder die Risiken der Entwicklungskosten trug und ein Gerät lieferte, das an Bord eines Schiffes getestet werden konnte. Wenn das Gerät zurückgewiesen wurde oder die Ergebnisse nicht voll befriedigten, bekam der Erfinder keine Vergütung für seine Investitionen.[26] Am meisten hat sich Fessenden, der nicht nur stolz auf seine Erfindungen war, sondern sich auch finanziell mit seinen Patentrechten absichern wollte, vielleicht über die Zurückhaltung der Flotte gegenüber den selbständigen Erfindern geärgert, mit der sie versucht hat, die Abhängigkeit von Geräten zu vermeiden, auf die ein einzelner das Monopol hatte.

Die Streitigkeiten zwischen Fessenden und der Flotte erreichten ihren Höhepunkt, als er feststellte, daß sie de Forest aufgefordert hatte, ihr eine Kopie des von Fessenden entwickelten Empfängers, eines elektrolytischen Detektors, zu einem niedrigeren Preis zu verkaufen. Wutentbrannt schrieb Fessenden an die Dienststelle, mit der er in Verhandlungen stand, daß sie ein unerlaubt nachgebautes Gerät gekauft habe. Schließlich verklagte er de Forest wegen Verletzung des Patentrechts und gewann diesen Prozeß, aber der Marineminister erklärte arrogant, solche Streitigkeiten um Patentrechte gingen ihn nichts an; die Flotte habe Fessenden gegenüber keine moralischen Verpflichtungen, weil sein Preis zu hoch gewesen sei. Als die Flotte auch weiter ihre Geräte bei de Forest kaufte, verlangte Fessenden, der Minister solle für den Kauf gestohlenen Eigentums vor Gericht gestellt werden. Fessenden und sein Unternehmen beschlossen, der Regierung keine Mitteilungen mehr über eigene Erfindungen zu machen, damit, wie Fessenden schrieb, «die Regierung sie nicht stehlen kann».[27]

Auch de Forest wurde zum Opfer der Bürokratie. 1904 glaubte die Flotte, sie brauche Radiostationen, um die Vorherrschaft der Vereinigten Staaten in der Karibik zu konsolidieren. Deshalb ließ sie sich Angebote für die Einrichtungen von vier Radiostationen in Key West, Puerto Rico, Kuba und in der Kanalzone machen. Sie verlangte für diese Sender und Empfänger eine bis dahin beispiellose Leistungsfähigkeit: Zwischen den Stationen, die jeweils 1600 Kilometer voneinander entfernt waren und in einer tropischen Region lagen, in der es häufig Gewitter, heftige Stürme und ständige atmosphärische Störungen gab, die Garantie für die Aufrechterhaltung der Funkverbindungen unter allen atmosphärischen Bedingungen. Die Firma von de Forest verlangte in ihrem Angebot $65 000, und Fessenden, der noch nicht die Hoffnung aufgegeben hatte, mit der Flotte ins Geschäft zu kommen, verlangte $324 000. De Forest, der im Januar 1905 mit der Arbeit begann, fand die Arbeitsbedingungen unerträglich. Anstatt mit ihm zusammenzuarbeiten, machten die Behörden ihm nur Schwierigkeiten. Verzweifelt schrieb er: «Wenn die Flotte unseren Erfolg mit ihrem billigen Personal und bürokratischen Vorschriften verzögert, werden wir es nicht zulassen, daß ihre noch billigeren Offiziere, die mehr goldene Ärmelstreifen haben als Verstand, uns an die Angel bekommen.» Der Vertrag enthielt eine Klausel, nach der die Flotte den geforderten Preis nicht zu zahlen brauchte, wenn die Arbeit nicht rechtzeitig abgeschlossen war.[28] 1906 hatte die Firma von de Forest die Stationen eingerichtet, aber de Forest hatte Schwierigkeiten, die Funkverbindung nachts über eine Strecke von mehr als 320 Kilometern aufrechtzuerhalten, und am Tage war es gewöhnlich unmöglich, überhaupt eine Verbindung zu bekommen. Dieser erste mißlungene Versuch enttäuschte zwar die Flotte, sie hatte aber immer noch den Ehrgeiz, in den Vereinigten Staaten als die Organisation zu gelten, der ihr Land die Einrichtung von Rundfunksendern zu verdanken hatte.

Neue Erfindungen und der Zermürbungskrieg

Nach Ausbruch des Ersten Weltkriegs im August 1914 mobilisierten Deutschland und dann die anderen kriegführenden Staaten Erfinder, Techniker und Wissenschaftler in der Industrie, Ersatzstoffe für knapp gewordenes Rohmaterial zu finden, Waffen zu entwickeln, mit denen die furchtbare Erstarrung im Schützengrabenkrieg gebrochen werden konnte, und die Schifffahrtsstraßen über die Weltmeere zu sichern oder sie für die feindlichen Versorgungsschiffe unbefahrbar zu machen. Der Erste Weltkrieg ist ein Krieg der technologischen Überraschungen gewesen.[29] Die Überraschungen, an die man sich besonders erinnert, kamen während der blutigen Schlachten des Grabenkriegs an der Westfront. Das Maschinengewehr führte zum Versagen der Angriffstaktik und trug dazu bei, daß es zwischen Angreifern und Verteidigern zu keiner Entscheidung mehr kommen konnte. Das führte zum Zermürbungskrieg in den Schützengräben. Mit den in der Welt führenden Chemikern, Chemiefabriken und chemischen Forschungslaboratorien folgte Deutschland einer langen Tradition, nach der Wissenschaft und Technik Ersatzstoffe für Material entwickelten, das nicht in genügender Menge vorhanden war. Mit der raschen Entwicklung eines Verfahrens zur Herstellung synthetischer Stickstoffverbindungen als Ersatz für natürlichen Stickstoff konnten die Chemiker Fritz Haber und Carl Bosch ausreichende Stickstoffmengen für die Herstellung von Sprengstoffen und Düngemitteln erzeugen, für welche die natürlichen Nitrate infolge der britischen Blockade nicht mehr von Chile nach Deutschland geliefert werden konnten.[30]

Auch setzten die Deutschen ihre Chemiker, Techniker und Industriellen ein, um die Produktion synthetischer Farben auf die Herstellung von Giftgas umzustellen. Wieder spielte Fritz Haber eine führende Rolle. Ironischerweise wurde er später vom nationalsozialistischen Rassismus aus Deutschland vertrieben. Zu den anderen deutschen Wissenschaftlern, die sich an dem Projekt zur Herstellung von Kampfgas beteiligten, gehörten auch die späteren Nobelpreisträger James Franck, Gustav Hertz und Otto Hahn.[31] Am 22. April 1915 setzten die Deutschen zum ersten Mal große Mengen von Chlorgas bei Ypern ein und brachten damit dem Gegner schwere Verluste bei, der einen ganzen Frontabschnitt von Truppen entblößen mußte. Sie waren aber nicht darauf vorbereitet, diese Lage auszunutzen und einen Durchbruch zu erzielen. In der Folgezeit erlitten zahlreiche Soldaten an der Westfront Gasvergiftungen durch Chlor- und Phosgengase, die aus Material hergestellt wurden, das bis dahin von der Farbenindustrie für synthetisches Indigo und Scharlach verwendet worden war. Damals hatten die Hersteller synthetischer Farben in ähnlicher Weise miteinander konkurriert, wenn es darum ging, die richtigen Modefarben zu erzeugen. Nachdem die Westalliierten zunächst in ihrer Feindpropaganda behauptet hatten, die Herstellung von Kampfgas sei Ausdruck der Nichtbeachtung der Regeln einer «zivilisierten» Kriegführung durch die barbarischen Hunnen, gingen sie schließlich auch selbst dazu über, Giftgas herzustellen. Haber und andere Deutsche sagten, angesichts der gewaltigen Überlegenheit der Alliierten auf dem Gebiet der natürlichen Rohstoffe hätten sie keine andere Wahl gehabt, als auf die ihnen zur Verfügung stehenden Möglichkeiten der modernen Technik zurückzugreifen. Haber erklärte: «Im Krieg denken die Menschen anders als im Frieden.»[32]

Auch die Briten bemühten sich während des Ersten Weltkriegs darum, ihre Streitkräfte zu modernisieren. Winston Churchill spielte als Erster Lord der Admiralität eine unorthodoxe Rolle, als er sich für die Entwicklung und den Einsatz gepanzerter und bewaffneter Kettenfahrzeuge oder Tanks, wie man sie damals nannte, an der Westfront einsetzte. Er rechtfertigte seine Einmischung in die Belange der Bodentruppen damit, daß er den Tank als ein zu Lande einzusetzendes Kriegsschiff bezeichnete. Er meinte dazu: «Es hatte keinen Sinn zu versuchen..., (die Erstarrung an der Westfront) dadurch zu lösen, daß wir das Leben und die Tapferkeit unendlicher Massen von Männern opfern. Der technischen Gefahr müssen wir mit technischen Mitteln begegnen.»[33] Doch anstatt den entscheidenden Angriff mit einer großen Zahl von Tanks zu führen, setzten die Briten bei ihrem ersten Versuch mit der neuen Waffe im September 1916 in der Schlacht an der Somme nur zwanzig dieser Kettenfahrzeuge ein. Churchill verglich diesen mit zu schwachen Kräften unternommenen Einsatz mit dem Versagen der deutschen militärischen Führung im April 1915, die nicht darauf vorbereitet gewesen war, die Verwirrung und die hohen Verluste des Gegners bei der ersten Verwendung von Giftgas auszunutzen und die gegnerische Front mit einem Massenangriff zu

durchbrechen. Der erste wirksame Einsatz britischer Tanks erfolgte am
20. November 1917, als 500 gepanzerte Fahrzeuge bei Cambrai zusammenge-
zogen wurden, die deutschen Linien durchbrachen und die Gefangennahme
von 10 000 deutschen Soldaten ermöglichten. Gegen Ende des Krieges hatten
die Briten die Massenproduktion gepanzerter Fahrzeuge aufgenommen, aber
es waren die Deutschen, die diese Waffe bei Beginn des Zweiten Weltkriegs
mit großem taktischem Geschick einzusetzen wußten.

Vor dem Ersten Weltkrieg waren es amerikanische Erfinder gewesen, die
den Streitkräften das Flugzeug zur Verfügung gestellt und bei der Entwicklung der drahtlosen Telegraphie und des Funksprechverkehrs für das Militär
eine führende Rolle gespielt hatten. Aber die Vereinigten Staaten hatten bald
die Führung auf dem Gebiet der Militärfliegerei an Frankreich, Deutschland
und Großbritannien abgeben müssen. Die Deutschen trieben nicht nur den
Bau von normalen Flugzeugen voran, die schwerer waren als Luft, sondern
förderten auch die Entwicklung des lenkbaren Luftschiffs des Grafen Ferdinand Zeppelin. 1913 gaben die Vereinigten Staaten weniger Geld für die
Militärfliegerei aus als Frankreich, Deutschland, Rußland, Großbritannien,
Italien oder Mexiko. 1914 waren in den Vereinigten Staaten nur 16 Flugzeugfabriken registriert, die zusammen nur 49 Flugzeuge aller Typen herstellten.[34] Zu Beginn des Krieges fingen die kriegführenden Mächte an, das Flugzeug und das Funkgerät zur Aufklärung und zur Herstellung von Nachrichtenverbindungen auf und über dem Schlachtfeld dort zu nutzen, wo es keine
Straßen, Eisenbahnen, Telephone und Telegraphenleitungen gab. Während
der letzten zehn Monate des Krieges wurden in Großbritannien fast 27 000
Flugzeuge hergestellt, und Churchill empfahl eine massive Luftoffensive mit
taktischen und strategischen Bombenangriffen.[35]

Für die Alliierten stellte von allen technischen Neuerungen das seetüch-
tige, dieselelektrisch angetriebene Unterseeboot die größte Bedrohung dar.
Die amerikanischen Erfinder Simon Lake, der 1897 die *Argonaut* entwarf, ein
U-Boot, das auf offener See operieren konnte, und John Holland, der 1898 die
Holland konstruierte, ein U-Boot mit einem Verbrennungsmotor für die
Überwasserfahrt und elektrischen Motoren für die Fahrt unter Wasser, boten
den Vereinigten Staaten die Möglichkeit, im U-Bootkrieg die Führung zu
übernehmen. Doch schließlich war es die Strategie der Deutschen, während
des Krieges mit einer starken U-Bootflotte Handelsschiffe anzugreifen und
die britischen Versorgungsrouten zu bedrohen, die Großbritannien mit den
Vereinigten Staaten und dem Empire verbanden. 1916 begannen die Deutschen den U-Bootkrieg gegen bewaffnete Handelsschiffe, und 1917 verstärkten sie ihre Bemühungen mit der Einführung marinetechnischer Neuerungen, um der überlegenen industriellen Produktivität der Alliierten zu begegnen. Die schweren Verluste an Schiffsraum drohten, die Alliierten militärisch
entscheidend zu schwächen, bis sie dazu übergingen, die Handelsschiffe in
Geleitzügen fahren zu lassen, U-Bootjäger und Wasserbomben einzusetzen

und ihre ganzen technischen und wissenschaftlichen Kräfte für die Bekämpfung der Unterseeboote zu mobilisieren.

Während der Krieg zum Zermürbungskrieg wurde, beoachteten die amerikanische Armee und Regierung jenseits des Atlantiks aufmerksam die Entwicklung der Massenproduktion und die wissenschaftlichen und technologischen Neuerungen in Europa. Mit Ausbruch des Krieges wurde es für die Amerikaner schwieriger, sich den Zugang zur modernen Technologie im europäischen Schiffsbau zu verschaffen. Marineminister Josephus Daniels und viele amerikanische Seeoffiziere machten sich Sorgen um die künftige Einsatzbereitschaft der amerikanischen Flotte. Die britische Flotte hatte das Schlachtschiff der Dreadnoughtklasse eingeführt, das damals technologisch am höchsten entwickelte System der Welt. Die Deutschen übernahmen die Führung bei der Entwicklung des U-Bootkrieges. Die Franzosen verfügten über die modernsten Militärflugzeuge und die Briten über die technisch vollkommensten komplexen Feuerleitsysteme für Kriegsschiffe. Sachkundige Kritiker behaupteten, die amerikanische Flotte habe sich nach den Entwicklungen in anderen Ländern gerichtet und sei einem «chinesischen Imitationsplan» gefolgt.[36] Als nun Minister Daniels und andere für die Einsatzbereitschaft der Flotte Verantwortliche anfingen, nach Kräften zu suchen, die sie bei dieser Aufgabe unterstützen könnten, war es nur natürlich, daß sie sich mit amerikanischen Erfindern in Verbindung setzten. Daniels, ein sehr begeisterungsfähiger Mann, erwartete jetzt, mit militärischen Erfindungen interessierter Amerikaner überschwemmt zu werden. Da die amerikanische Industrie die produktivste der Welt war, rechneten er und die Öffentlichkeit damit, daß Henry Ford und andere unternehmende Industrielle, die über die für die Massenproduktion von Rüstungsgütern geeigneten Maschinen verfügten, bereit sein würden, etwas für die Stärkung der Verteidigungsfähigkeit ihres Landes zu tun.

Flotten-Beratungsausschuß

Daniels, der von 1913 bis 1921 amerikanischer Marineminister und vorher Herausgeber des *State Chronicle* in Raleigh (North Carolina) gewesen war, glaubte, amerikanische Wendigkeit und amerikanischer Erfindergeist verkörperten sich am deutlichsten in Edison, den er wie so viele andere Amerikaner bewunderte. Schließlich war Edison, der aus einfachen Verhältnissen stammte, ein freimütiger, praktisch denkender und phantastisch erfolgreicher Autodidakt. Als Politiker, für den Edison ein Vorbild war, dessen Loblied er sang, gewann Daniels sofort die Unterstützung einer breiten Öffentlichkeit. Im Mai 1915 las Daniels mit großem Interesse ein zwei Seiten langes Interview mit Edison in der Sonntagsausgabe der *New York Times* über dessen «Plan für die notwendigen Kriegsvorbereitungen».[37] Darin hatte Edison gesagt, er denke nur ungern an die Möglichkeit, daß er im Falle einer Beteili-

gung Amerikas an dem Konflikt den Streitkräften werde zu Hilfe kommen
müssen, um fürchterliche Vernichtungswaffen zu erfinden, mit denen die
Tyrannei besiegt werden könne. Er fügte hinzu, er werde es trotz seiner
pazifistischen Neigungen tun. Dabei legte er dem Reporter mit einer freund-
lichen Geste die Hand auf den Arm und erklärte, «Sehen Sie, mein Junge, die
Taube ist mein Emblem».[38] Edison entwickelte seinen Plan für die Kriegsbe-
reitschaft aus einer wohldurchdachten Analogie. Er stellte sich den Soldaten
vor, «der schweißgebadet in der Fabrik des Todes an vorderster Front stand».[39]
Deshalb müsse es in dieser Fabrik arbeitersparende Maschinen geben. Überlegene amerikanische Maschinen (Waffen), die von begabten amerikanischen
Technikern (Soldaten) bedient wurden, sollten in der vordersten amerikani-
schen Verteidigungslinie stehen. Was er sagte, war Ausdruck einer typisch
amerikanischen Haltung: «Die moderne Kriegsführung ist mehr Sache von
Maschinen als von Menschen.»[40] Und er appellierte an die amerikanische
Abneigung gegen das Steuerzahlen, wenn er sich für eine kleine stehende
Armee und Flotte aussprach. Gut ausgebildete und erfahrene Facharbeiter,
Vorarbeiter und Techniker sollten im Frieden kurzzeitig als Reservisten ausgebildet und im Krieg zum Frontdienst eingezogen werden. Die Berufsoffi-
ziere sollten abwechselnd in der Flotte Dienst tun und in der Industrie arbeiten, um sich mit den modernsten Techniken und den Problemen der Betriebsführung vertraut zu machen. Dazu sollte es ein nautisches Laboratorium
geben, in dem Prototypen hergestellt würden, um mit ihnen zu experimentieren. Ein genauer Mobilmachungsplan sollte festlegen, welche Rüstungsbetriebe in kurzer Zeit nach im Laboratorium angefertigten Entwürfen moderne
Waffen in Massenproduktion herstellen konnten. Edison behauptete, dieser
Plan werde keine sehr hohen Ausgaben notwendig machen.[41]

In seiner Bewunderung für Edison, im festen Glauben an den amerikanischen Erfindungsgeist, unter Berücksichtigung aller Probleme der Haushalts-
und Steuerpolitik, im Bewußtsein, daß es notwendig war, die Flotte auszubauen, und angeregt durch den Gedanken, daß es möglich sein könnte, den
Krieg mit Maschinen anstatt mit Soldaten zu gewinnen, setzte sich Daniels
zwei Wochen nach dem Interview mit Edison in Verbindung und bat ihn, sich
der Flotte als ziviler Berater für Probleme der Erfindung und Entwicklung zur
Verfügung zu stellen. Er schrieb: «Sie sind als der Mann bekannt, der Träume
in Realitäten verwandeln kann, um die geeigneten Maschinen und Einrichtungen zu schaffen, mit denen der den Amerikanern angeborene Erfindergeist genutzt werden kann, um den modernen Methoden der Kriegführung
gerecht zu werden, wie wir sie im Ausland sehen.» Er wisse, wenn Edison
dieses Angebot annähme, «würde das Land sich in diesen schweren Zeiten
sehr erleichtert fühlen».[42] Edison sagte freudig zu. Dieses Bündnis zwischen
dem unkritischen, enthusiastischen Politiker und dem Erfinder fand viele
Jahre später seinen Widerhall bei anderen Politikern, die sich für die unglaublichen Energien begeisterten, die zu beherrschen die Atomphysiker vorgaben.

Thomas A. Edison (2. von rechts) und die Mitglieder des Beratungsausschusses
für die amerikanische Flotte bei einem Umzug.

Der geistreiche Plan, den der Minister und der Erfinder gemeinsam auf-
stellten, führte zur Einberufung eines Flotten-Beratungsausschusses unter
der Leitung von Edison. Dieser Ausschuß setzte sich aus den «bedeutendsten
zivilen Fachleuten auf dem Gebiet des Maschinenbaus» zusammen. Hier sollten Erfindungen gemacht und kritisch geprüft werden. Außerdem sollte der
Ausschuß aus den von Außenseitern eingesandten Erfindungen diejenigen
auswählen, die von bisher verkannten Genies stammten. Daniels rechnete
damit, auf diese Weise Erfindungen zu bekommen, wie sie von einem Fulton,
einem Morse, einem Bell oder einem Edison stammen könnten. Zu seiner
großen Freude erhielt er zahlreiche begeisterte Briefe von «allen möglichen
Menschen», als sein Plan bekannt wurde.[43] Auf Anregung von Edison bat
Daniels elf Berufsverbände, die 36 000 Ingenieure, Erfinder und Wissenschaftler vertraten, ihm zwei Persönlichkeiten als Ausschußmitglieder zu
empfehlen.[44] Doch die Presse und die Bevölkerung waren von der Wahl dieser
Mitglieder enttäuscht. Man hatte erwartet, daß Orville Wright, Glenn Curtiss, Charles Proteus Steinmetz, Alexander Graham Bell, Reginald Fessenden,
Nikola Tesla und Henry Ford dem Ausschuß angehören würden.[45] Statt
dessen waren es neben anderen der Chemiker und Erfinder des Bakelits, Leo
Baekeland, der Leiter des Forschungslaboratoriums von General Electric, Willis R. Whitney, der Erfinder elektrischer Motoren und Fahrzeuge, Frank

Julian Sprague, Sperry und Edisons Chefingenieur, M.R. Hutchinson. Die *New York Times* tröstete sich bei dem Gedanken, daß «die 23 Mitglieder nach ihrem Können und nicht nach ihrem Bekanntheitsgrad ausgewählt worden sind».[46]

Edison und Daniels hatten bewußt keine Vertreter der American Physical Society (Physiker) und der National Academy of Sciences in den Ausschuß berufen. Die Mitglieder der Akademie, die während des Bürgerkriegs gegründet worden war, weil die Regierung wissenschaftliche Berater brauchte, waren zum größten Teil Akademiker. Auf die Frage, weshalb keine Vertreter der American Physical Society in den Ausschuß aufgenommen worden seien, antwortete der Ingenieur M.R. Hutchinson, Edison wünsche, daß «dieser Ausschuß aus Männern der *Praxis* bestehen soll, die es gewohnt sind, Dinge zu *tun* und nicht über sie zu *reden*». Ein anderes Ausschußmitglied meinte auf die Frage, weshalb die Akademie der Wissenschaften nicht vertreten sei, «weil diese Leute nicht aktiv genug gewesen sind, um Mr. Edison zu beeindrucken».[47] Man hatte den führenden Physikern den Fehdehandschuh hingeworfen, und einige von ihnen waren durchaus bereit, ihn aufzunehmen. So begann während des Krieges ein heftiger Streit zwischen den selbständigen Erfindern auf der einen und den Wissenschaftlern, besonders den Physikern, auf der anderen Seite, wobei jede Gruppe glaubte, daß alle technischen Neuerungen ihr zu verdanken seien.

Die Physiker nahmen diese Ablehnung nicht ohne weiteres hin. Sie waren entschlossen, sich an den nationalen Verteidigungsaufgaben zu beteiligen, und was sie auf diesem Gebiet leisten konnten, hat sich später im Zweiten Weltkrieg deutlich gezeigt. Daß die Mitglieder der Akademie der Wissenschaften und die Physiker an dem Flotten-Beratungsausschuß nicht beteiligt wurden, von dessen Existenz die Öffentlichkeit durch die Presse eingehend unterrichtet worden war, enttäuschte George Ellery Hale, den für die Öffentlichkeitsarbeit verantwortlichen Sekretär der Akademie, Herausgeber des *Astrophysical Journal* und Direktor des Mount Wilson Observatoriums so sehr, daß er sich entschieden dagegen wehrte.[48] Als Angehöriger einer reichen Chicagoer Familie, Absolvent des Massachusetts Institute of Technology, Kenner der englischen Literatur, Sammler seltener Bücher und Freund bedeutender Philanthropen wie Andrew Carnegie, gehörte Hale zu den neuen Vertretern der Naturwissenschaft, deren Macht und Einfluß in letzter Zeit wesentlich zugenommen hatten, während Edison zur Kategorie der selbständigen Erfinder gehörte, deren Einfluß merklich zu schwinden begann. Hale, der eifrig darum bemüht war, der Akademie neues Leben einzuhauchen, und hoffte, daß sie sich nach dem Vorbild der Royal Society in Großbritannien und der französischen Akademie entwickeln werde, glaubte, er könne am erfolgreichsten «als Initiator und Förderer wissenschaftlicher Vorhaben arbeiten».[49] Doch Daniels und die amerikanische Öffentlichkeit waren noch nicht bereit, in den Naturwissenschaftlern eine wesentliche Quelle amerikanischen

Erfindergeistes zu sehen oder, wie Hale es ausdrückte, die Öffentlichkeit mußte dazu erzogen werden, den Wert des intellektuellen Abenteuers der Wissenschaft zu erkennen.

Im Juni 1915, nachdem Edison der Nation angeboten hatte, die Verteidigungsfähigkeit des Landes mit seinem Erfindergeist zu stärken, und als sich die allgemeine Besorgnis nach der Versenkung des britischen Schiffs *Lusitania* durch ein deutsches U-Boot, bei der auch Amerikaner ums Leben gekommen waren, erhöht hatte, sprach sich Hale dafür aus, daß die amerikanische Akademie der Wissenschaften dem Präsidenten Woodrow Wilson ihre Dienste anbieten sollte. Aber die anderen Mitglieder hielten dieses Angebot für verfrüht, wahrscheinlich weil sie in ihrem Stolz nicht als politische Bittsteller angesehen werden wollten. Doch zehn Monate später, einen Tag nachdem Wilson Deutschland nach der Versenkung der *Sussex* ein Ultimatum gestellt hatte, stimmten die Mitglieder der Akademie auf ihrer Jahreskonferenz dem Vorschlag von Hale zu, daß sich die Akademie der Regierung zur Verfügung stellen solle.[50] Nachdem sich Wilson von einer Delegation der Akademie hatte überzeugen lassen, daß sie der Regierung mit wertvollen wissenschaftlichen Erkenntnissen dienen könne, billigte er die Errichtung des nationalen Forschungsrats (National Research Council), der die Zusammenarbeit aller amerikanischen Forschungseinrichtungen und der führenden Wissenschaftler und Techniker fördern sollte. In der Überzeugung, im Sinne des internationalen Rechts zu sprechen, erklärte Hale: «Wir dürfen keine Giftgase herstellen oder die Naturwissenschaft durch ähnliche Fehlentscheidungen entwürdigen; wir sollten aber unseren Soldaten und Seeleuten jede legitime Unterstützung gewähren und uns darum bemühen, sie auf jede mögliche Weise zu schützen.»[51] Zu den Persönlichkeiten, die sich bereit erklärten, dem nationalen Forschungsrat beizutreten – die Mitgliedschaft wurde klugerweise nicht auf Mitglieder der Akademie beschränkt, die größtenteils Akademiker waren –, gehörten Willis R. Whitney, Leo Baekeland, John Carty von der American Telephone and Telegraph Co. und Michael Pupin von der Columbia Universität. Da Hale erkannte, daß es notwendig war, gegen den Einfluß des von Daniels geförderten Flotten-Beratungsausschusses mit Vertretern von Regierungsbehörden einen Ausgleich herzustellen, veranlaßte er die Regierung, eigene Vertreter in den Forschungsrat zu entsenden, unter ihnen Admiral David W. Taylor (mit dem Sperry so eng zusammenarbeitete), Oberst George O. Squier von der Nachrichtentruppe des Heeres und Samuel Wesley Stratton, den Leiter des staatlichen Eichamts (Bureau of Standards). Squier, ein aktiver Offizier, war Chef der Luftfahrtabteilung der amerikanischen Nachrichtentruppe, hatte an der Johns Hopkins University den Doktorgrad der Physik erworben und war Inhaber zahlreicher Patente auf dem Gebiet des Fernmeldewesens, eines davon gemeinsam mit Sperry. Sein besonderes Interesse galt den noch jungen amerikanischen Luftstreitkräften. Robert Millikan, der Physiker, der mit ihm zusammenarbeitete, schildert

Squier als «eine eigenartige Persönlichkeit, die . . . keineswegs ein Organisator oder ein Mann mit einer ausgewogenen Urteilsfähigkeit war, sondern . . .
eine damals dringend benötigte Eigenschaft besaß, und das war die Bereitschaft, Verantwortung zu übernehmen und etwas zu tun».[52]

Nachdem Deutschland im Februar 1917 den uneingeschränkten U-Boot-
Krieg wieder aufgenommen hatte, bat die Flotte den nationalen Forschungsrat, die schwierige Aufgabe zu übernehmen, U-Boot-Ortungsgeräte zu entwickeln. Die politische Führung und die amerikanische Bevölkerung nahmen
diese Bedrohung besonders ernst. Mit der neuen Aufgabe beschäftigte sich
vor allem der sehr energische und tüchtige Wissenschaftler Robert Millikan.
Er war Professor für Physik an der Universität von Chicago, der als begabter
Experimentator präzise die Ladungen von Elektronen bestimmte und später
mit dem Nobelpreis ausgezeichnet wurde. Er hatte den Vorsitz im Ausschuß
des Forschungsrats für U-Boot-Ortungsgeräte. Ebenso wie Hale war er entschlossen, die Verteidigungsanstrengungen seines Landes mit allen von der
Wissenschaft gegebenen Möglichkeiten zu unterstützen. An seine Frau
schrieb Millikan: «Soviel ist klar. Wenn die Wissenschaftler ihrem Lande
irgendwie nützen wollen, dann heißt es jetzt oder nie.»[53]

Die Forschung und Entwicklung auf dem Gebiet der U-Bootabwehr führte
nicht nur zur Zusammenarbeit, sondern auch zum Wettbewerb zwischen
Erfindern, Technikern und Wissenschaftlern an den Akademien und in der
Industrie. Jede Gruppe glaubte, in einzigartiger Weise für die Aufgabe qualifiziert zu sein, und beanspruchte die staatliche Unterstützung, um sich mit
einer möglichst großen Zahl von Fachleuten daran beteiligen zu können. Der
Flotten-Beratungsausschuß richtete einen Unterausschuß für Sonderpro-
bleme ein, der sich mit der Bedrohung durch die U-Boote beschäftigen sollte.
Eines der mit staatlichen Mitteln geförderten Projekte betraf die Entwicklung
eines Systems, in dessen Rahmen Anti-U-Bootnetze, mit Funkgeräten ausgestattete Bojen, Patrouillenboote und Wasserbomben eingesetzt werden sollten. Dieses System wurde von Elmer Sperry und seiner Sperry Gyroscope
Company entwickelt und konnte im Juni 1917 erprobt werden, kurz nachdem
die Vereinigten Staaten in den Krieg eingetreten waren. Der Flotten-Beratungsausschuß bezeichnete es voller Begeisterung als die beste Möglichkeit,
der Bedrohung durch die deutschen U-Boote zu begegnen. In dem Netz
verfing sich ein an dem Test beteiligtes U-Boot, aber auch die mit Funkgeräten ausgestatteten Bojen verfingen sich darin und konnten daher die Patrouillenboote nicht heranrufen, denen es deshalb nicht gelang, die Übungs-Was-
serbomben an der richtigen Stelle abzuwerfen. Bei einer genauen Überprüfung des Projekts stellte sich heraus, daß die meisten Bestandteile des Systems – mit Ausnahme der mit Funkgeräten ausgestatteten Bojen, die im
übrigen versagt hatten – schon vorher von den Alliierten getestet worden
waren.[54] Whitney, der Chef des Unterausschusses des Flotten-Beratungsausschusses für die U-Bootortung, versuchte die Aufgabe auf andere Weise zu

lösen. Er richtete in Nahant, Massachusetts, eine Station zur Entwicklung von akustischen Ortungsgeräten ein. Dort versammelte er Wissenschaftler aus der Industrie, darunter Irving Langmuir vom Forschungslaboratorium des Unternehmens General Electric, der 1932 mit dem Nobelpreis ausgezeichnet wurde. Andere kamen von der American Telephone and Telegraph Co. und der Submarine Signal Company in Boston. Akademische Physiker nahmen an diesem Vorhaben nicht teil, denn ein Vertreter der Flotte erklärte, damit würden sich patentrechtliche Komplikationen ergben.[55]

Der Ausschuß für die U-Boot-Abwehr des nationalen Forschungsrats unter Millikan ließ sich durch die Aussage des bedeutenden britischen Physikers Sir Ernest Rutherford ermutigen, daß die Ortung feindlicher U-Boote «ein rein physikalisches Problem» sei.[56] Millikan richtete in New London, Connecticut, eine Forschungs- und Entwicklungsstation für U-Boot-Ortung ein und öffnete den akademischen Physikern die Türen zu dieser Einrichtung. So beteiligten sich zehn der tüchtigsten Fachleute aus den Universitäten Yale, Chicago, Rice, Cornell, Wisconsin und Harvard an diesem Vorhaben. Whitney übernahm die Rolle des Friedensstifters und drängte den Marineminister Daniels, die Arbeit der Akademiker und des Unternehmens des nationalen Forschungsrats in New London zu finanzieren, obwohl schon vorher die Versuchsstation in Nahant eingerichtet worden war. Er sagte beschwichtigend: «Wenn ein kleiner Teil der Energie, die, wie ich fürchte, andernfalls für die Austragung von Feindseligkeiten verschwendet werden könnte, für die Arbeit an der U-Boot-Abwehr eingesetzt werden würde, ließe sich viel Zeit sparen.»[57]

Die Gruppe in Nahant entwickelte ein stethoskopähnliches Ortungsgerät, das dann von General Electric hergestellt und nach William Coolidge vom Labor bei General Electric «C-Rohr» genannt wurde. Die akademischen Physiker in New London konstruierten ein Ortungsgerät von überlegener Qualität, für das vor allem Professor Max Mason von der Universität Wisconsin die Idee geliefert hatte. Im Juli 1918 hatten die Vereinigten Staaten mehr als einhundert hölzerne U-Boot-Jäger, die mit diesen Ortungsgeräten ausgerüstet waren, in den Ärmelkanal und dessen Mündung in den Atlantik geschickt. Im Ärmelkanal konnten keine U-Boote geortet werden, aber im Atlantik wurden einige Unterseeboote durch eine Kombination von Netzen und mit Ortungsgeräten ausgerüsteten U-Boot-Jägern gestellt und vernichtet. Doch das Geleitzugsystem und nicht die Ortungsgeräte führten zu der entscheidenden Wende im U-Boot-Krieg auf dem Atlantik. Aber der Fortschritt, den die industriellen und akademischen Physiker bei der Lösung des fast unlösbaren Ortungsproblems in der kurzen Zeit machten, die ihnen vor Kriegsende zur Verfügung stand, bewies die Richtigkeit ihrer Behauptung, daß im modernen Krieg auch ihre und nicht nur die Dienste von Erfindern und Ingenieuren gebraucht wurden. Außerdem hatten sie die verführerische Hochstimmung erlebt, die jeden beseelt, wenn er an die Hebel der politischen und militärischen Macht kommt.

Obwohl der nationale Forschungsrat nicht ausreichend von der Regierung finanziert wurde und er sich zum großen Teil auf private Mittel der Carnegie Corporation und der Rockefeller Foundation stützen mußte, wurde er schließlich als die für die wissenschaftliche Forschung zuständige Regierungsbehörde anerkannt, während der Flotten-Beratungsausschuß die für Erfindungen zuständige Stelle war. Doch diese offizielle Unterscheidung täuschte über den wahren Sachverhalt hinweg. Die Wissenschaftler des nationalen Forschungsrats erwiesen sich als ausgezeichnete Erfinder, besonders auf dem Gebiet der U-Boot-Abwehr. Sie hatten auch Erfolg in ihren Bemühungen um öffentliche Anerkennung und Unterstützung, während die Erfinder des Flotten-Beratungsausschusses in dieser Hinsicht an eine Grenze gestoßen zu sein schienen. In der von der Öffentlichkeit stark beachteten Schlacht gegen die U-Boote konnte der Ausschuß nichts zeigen, was so wirksam war wie die Ortungsgeräte des nationalen Forschungsrats. Die Bemühungen des Ausschusses um die Auswertung von Erfindungen, die ihnen von allen möglichen Leuten vorgelegt wurden, ein Vorhaben, für das sich Minister Daniels so enthusiastisch eingesetzt hatte, endeten mit einem Fiasko. Von den 110 000 eingesandten «Erfindungen» hielten die überlasteten Unterausschüsse nur 110 einer Überprüfung für wert, und nur eine von ihnen kam noch vor Kriegsende in die Produktion.[58] Die meisten Vorschläge waren alt und schon erprobt und daher als unbrauchbar verworfen worden oder eigneten sich nicht für den Einsatz bei der Flotte. Kurz gesagt, die Vorschläge kamen von Personen, die nichts von nautischen Dingen verstanden und die großen technischen Probleme in der sich rasch vergrößernden Flotte nicht kannten. Der Erfinder Hudson Maxim, der Bruder von Hiram Stevens Maxim und Mitglied des Flotten-Beratungsausschusses, kam zu dem richtigen Schluß: «Wir leben in einem Zeitalter der Spezialisten, und jeder Erfinder, Wissenschaftler oder Techniker muß sehr viel Zeit und Aufmerksamkeit auf die besonderen Erfordernisse im Bereich der Flotte und der Armee aufbringen, bevor er imstande ist, etwas Nützliches zu leisten...»[59] Sperry war einer der wenigen, die er als qualifiziert bezeichnete.

Ähnlich wie der Flotten-Beratungsausschuß hatte auch Edison bei Kriegsende einen Teil seines hohen Ansehens verloren. Er hatte keine der «furchtbaren Vernichtungswaffen» erfunden, von denen er vorher gesprochen hatte. Auch er hatte in seinem eigenen Laboratorium zahlreiche zur Abwehr von U-Booten einzusetzende Geräte entworfen und sie auf einer alten Jacht getestet. Da er sich bei einer Laboratoriumsexplosion eine Augenverletzung zugezogen hatte, ließ er sich von seiner Frau Mina begleiten. Mina litt jedoch unter Seekrankheit, und der Seeoffizier, der die Führung der Jacht übernommen hatte, muß seine Aufgabe als sehr unangenehm empfunden haben. Edison beklagte sich darüber, daß die Flotte sich nicht für die etwa 45 Geräte interessierte, die er entworfen hatte. Er behauptete, sie seien «alle sehr gut gewesen,

aber man hat sie alle abgelehnt. Der Seeoffizier lehnt jede Einmischung von
Zivilisten ab. Diese Burschen bilden einen sehr exklusiven Verein.»[60] In einem Streit um den Entwurf des nautischen Forschungslaboratoriums, den er
vorgelegt hatte, machte er auf die Offiziere einen eigensinnigen und altmodi-
schen Eindruck. Er war nicht bereit, auf die Ideen anderer einzugehen, sondern verteidigte nur selbstzufrieden seine eigenen. Da er früher so oft recht
behalten hatte, wenn andere sich über ihn lustig machten oder seine Ideen
ablehnten, schien er jetzt für keine Kritik und für keine Gegenvorschläge
mehr zugänglich zu sein.

In seinem ersten, 1915 entwickelten Plan für die nationale Verteidigung
hatte er die Einrichtung eines Laboratoriums vorgeschlagen, in dem nicht nur
geforscht und experimentiert werden sollte, sondern in dem auch Modelle
nautischer Geräte in natürlicher Größe gebaut werden konnten, um sie zu
erproben und wenn notwendig zu verbessern. Dabei dachte er an Flugzeuge,
Entfernungsmesser, U-Bootmaschinen, leichte Geschütze «und alles mögliche
Kriegsgerät».[61] Nachdem der Grundentwurf gebilligt war, sollten Blaupausen
hergestellt und Werkzeugmaschinen bereitgestellt werden, die dazu geeignet
wären, in amerikanischen Fabriken die Massenproduktion aufzunehmen, falls
das Land in einen Krieg hineingezogen würde. Der in seiner Einfachheit
beeindruckende Plan zeigte deutlich Edisons Ablehnung theoretischer und
mathematischer Analysen, die, wie die industriellen Wissenschaftler bewiesen hatten, durchaus geeignet waren, Entwürfe zu verbessern, ohne daß es
notwendig wurde, immer wieder neue Modelle zu bauen. Edisons Methode
muß den Wissenschaftlern bei der American Telephone and Telegraph Company unpraktisch und zu teuer vorgekommen sein, die mit Hilfe theoretischer Überlegungen und Analysen Ladungsspulen entworfen hatten. Als der
Kongreß anstelle der von Edison veranschlagten $5 Millionen nur $2 Millionen
bewilligte, schlugen Willis Whitney und andere Mitglieder des Beratungsausschusses ein Laboratorium vor, das sich auf Forschung und Experimente konzentrieren sollte anstatt auf den Bau von Prototypen in natürlicher Größe.
Edison ließ sich von seinem Gedanken nicht abbringen und erklärte, daß «die
Forschungsarbeit in jedem Zweig der Wissenschaft und Industrie, die zahllose
Millionen Dollar kostet... seit vielen Jahren betrieben worden ist... Nur
ein lächerlich kleiner Prozentsatz ist in der Praxis angewendet worden...
Deshalb ist es nutzlos, noch mehr Daten anzuhäufen...» Dabei vergaß er zu
sagen, wie praktisch verwendbare Daten für die Herstellung von Entwürfen
und ihre Weiterentwicklung aussehen sollten. Als die anderen sich nicht mit
seinem Plan für das Laboratorium einverstanden erklärten, ließ Edison sie
seine schlechte Laune und Arroganz spüren. Er schrieb an Daniels: «Ich bin
davon überzeugt, sei das nun falsch oder richtig, daß die Öffentlichkeit von
mir erwarten wird, das Laboratorium zu einem Erfolg werden zu lassen, und
daß ich 90 Prozent der Arbeit würde leisten müssen. Wenn mir daher nicht
die angemessenen Voraussetzungen zugebilligt werden, um diese Arbeit zum

Erfolg zu führen, würde ich sie nicht übernehmen und auch nicht im entferntesten mit ihr in Verbindung gebracht werden wollen...»[62] Da sich Daniels davor scheute, sich über Edisons Wünsche hinwegzusetzen, ließ er es nicht zu einer endgültigen Entscheidung kommen, und das nautische Forschungslaboratorium wurde nicht gebaut, bis im Dezember 1920 schließlich alle Schwierigkeiten überwunden waren.

Der Lufttorpedo

Historiker haben an dem Flotten-Beratungsausschuß manches auszusetzen gehabt und damit den Eindruck erweckt, daß das Fiasko mit den aus der Bevölkerung eingesandten Erfindungen, Edisons überholte Ansichten und die Verzögerung beim Bau des Laboratoriums Ausdruck der Unfähigkeit, ja sogar des Versagens der selbständigen Erfinder und der zunehmenden Bedeutung der industriellen und akademischen Forschung im Interesse der Industrie und der Rüstung gewesen seien.[63] Diese Interpretation übersieht die Neuerungsideen von Ausschußmitgliedern – unter ihnen die Erfinder Sperry, Hudson Maxim und Frank Sprague – und die Verträge über Forschungs- und Entwicklungsaufgaben, welche der Ausschuß der Industrie zur Verwirklichung ihrer Ideen erteilte.[64] Der Ausschuß beteiligte das Laboratorium von General Electric an dem Projekt zur Entwicklung von U-Bootortungsgeräten. Für die Arbeit an einer ganzen Reihe von Entwicklungen im Rahmen der U-Bootbekämpfung genehmigte er Gelder für die Sperry Gyroscope Company. Das waren die ersten in den Vereinigten Staaten hergestellten Wasserbomben, ein weitreichender, außerordentlich starker Suchscheinwerfer, Leitsysteme für Schiffstorpedos, Navigationsinstrumente für Flugzeuge, Bombenzielgeräte für Flugzeuge, Hubschrauber, Zieleinrichtungen für Flugzeugmaschinengewehre und ein Lufttorpedo, der auch als fliegende Bombe bezeichnet wurde.[65] Offenbar haben der Ausschuß, Whitney und Sperry keine Schwierigkeiten mit Interessenkonflikten gehabt.

Das kühnste und fortschrittlichste Projekt, das der Ausschuß auf den Weg brachte, war die Entwicklung des Lufttorpedos. Wir erinnern uns kaum noch daran, daß eine fliegende Bombe oder Fernlenkrakete schon im Ersten Weltkrieg getestet wurde. Der von der Sperry Gyroscope Company entwickelte Lufttorpedo war der Vorläufer der zwei Jahrzehnte später im Zweiten Weltkrieg von den Deutschen entwickelten fliegenden Bombe V-1. Beides waren mit Tragflächen versehene Flugkörper, die etwa 500 Kilo Sprengstoff enthielten und von am Boden eingestellten Instrumenten gelenkt und gezündet wurden. In beiden Fällen war ein Kreisel der Kern der Geräteausstattung. Der Lufttorpedo hatte einen Kolbenmotor, die V-1 ein Pulsostrahltriebwerk. Schon 1918 erkannte Sperry die künftigen Verwendungsmöglichkeiten des Lufttorpedos, als er schrieb: «Wir haben sehr lange an der Entwicklung eines hochbedeutsamen Kriegsgeräts gearbeitet, das künftig an die Stelle der Artil-

*Lawrence Sperry und Emile Cachin demonstrieren im Juni 1914 bei Paris die
Stabilisierung eines Flugzeugs.*

lerie treten könnte.» Sperry sagte voraus, wenn der Torpedo aus einer Entfernung von 160 Kilometern abgefeuert würde, könne er einen großen Teil einer
Großstadt wie New York zerstören, eine Befestigungsanlage stark beschädi-
gen und «eine kleine Stadt oder eine große Munitionsfabrik praktisch um-
pflügen».[66] Sperry scheute nicht vor den schweren blutigen Verlusten und
Zerstörungen zurück, zu denen es bei einem solchen Einsatz kommen mußte.
Wie so viele andere Erfinder und Befürworter schrecklicher Vernichtungswaffen sagte er voraus, daß der Lufttorpedo «den Krieg zu einer so extrem
riskanten und kostspieligen Angelegenheit» machen werde, «daß keine Nation es wagen wird, sich daran zu beteiligen».[67] Octave Chanute äußerte sich
gegenüber den Brüdern Wright in ähnlichem Sinn, als sie sich um Verträge
mit dem Militär bemühten. Der als Erfinder logisch und klar denkende
Sperry erkannte nicht den inneren Widerspruch in seinen Vorstellungen:
Nationen, die es rechtfertigen konnten, daß Millionen von Soldaten im
Schützengraben sterben, würden wahrscheinlich auch nicht davor zurück-
schrecken, eine so gut funktionierende und zerstörerische Waffe einzusetzen
wie eine Rakete. Aus Gründen der Geheimhaltung konnte Sperry der Öffentlichkeit bis 1926 nichts über das Projekt zur Herstellung des Lufttorpedos
sagen, an dem er während des Krieges mitgearbeitet hatte. Doch dann kam er
plötzlich in die Schlagzeilen: «Tödlicher Lufttorpedo stand bei Kriegsende
bereit: Enthüllungen über die Erfindung von Elmer Sperry» *(New York
Times)*; «Einzelheiten über den Lufttorpedo: Von Kreiselkompaß über hundert
Meilen präzise gelenkt, mit 10 000 könnte ein Krieg gewonnen werden»
(Daily Eagle, Brooklyn).

Der Lufttorpedo hatte eine Geschichte. Im Juni 1914 stellte sich bei Paris der tapfere französische Mechaniker Emile Cachin auf die Tragfläche eines Curtiss-Flugzeugs (eines Flugboots), während der Pilot, Lawrence Sperry, der Sohn von Elmer, im offenen Cockpit die Hand hob, um zu zeigen, daß er die Stabilisierung der Maschine dem automatischen, von Sperry entwickelten Kreiselstabilisator überlassen hatte. Damit gewannen die Sperrys bei einem in Frankreich veranstalteten Wettbewerb für die Sicherheit in Flugzeugen einen mit 50000 Franc dotierten Preis. Nach Kriegsbeginn übernahm der Kreiselstabilisator in Flugzeugen, neben der Sorge für die Sicherheit, militärische Aufgaben. Lawrence, der in England mit den britischen Luftstreitkräften zusammenarbeitete, testete dort einen Kreiselstabilisator und eine Kreisel-Steuerungseinrichtung in Verbindung mit einem Bombenzielgerät. Die Kreisel hielten das Flugzeug auf Kurs und im waagerechten Flug, während der Bombenschütze das Ziel bis zum Abwurf der Bombe mit dem Zielgerät anvisierte. Dieses mit Kreiseln arbeitende Gerät war ein Vorläufer des im Zweiten Weltkrieg benutzten Sperry-Bombenzielgeräts.[68]

Lawrence und Elmer Sperry im Juni 1914.

Als Lawrence, einer der ersten Flugzeugmechaniker und Testpiloten, 1916 in die Vereinigten Staaten zurückkehrte, kombinierten er, sein Vater und andere Spezialisten in der Firma von Sperry einen Kreiselstabilisator und ein Kreiselsteuerungssystem zu einem automatischen Piloten. (Als sich der französische Mechaniker über der Seine auf die Tragfläche gestellt hatte, war die Maschine nur durch einen Kreiselstabilisator in der Waagerechten gehalten worden.) Beim ersten Probeflug, bei dem wahrscheinlich zum ersten Mal ein Flugzeug automatisch gesteuert wurde, flog Lawrence als Passagier mit. Bei einer anderen Gelegenheit ließ sich Lawrence, ein gutaussehender junger Mann, von einer schönen New Yorker Dame der Gesellschaft begleiten. Die Zeitungen nannten sie den «blauen Strahl», weil sie mit einem leuchtend blauen Automobil durch Manhattan zu rasen pflegte. Über dem Long Island Sound schaltete er den automatischen Piloten ein, um zu zeigen, wie er fliegen konnte, ohne den Steuerknüppel zu berühren. Doch das Gerät versagte, und die Maschine stürzte ins Wasser, wobei seine Begleiterin schwere Verletzungen erlitt. Lawrence selbst ist auf Routineflügen einige Male abgestürzt und hat sich dabei häufig verletzt. Einmal zog er sich einen schweren Nasenbeinbruch zu. Grover Loening, ein anderer junger Flugpionier, nannte seinen Freund Lawrence «ein wirkliches Genie; er arbeitete hart, hat aber auch in seiner Freizeit keine Anstrengungen gescheut».[69]

Lawrence und Elmer Sperry beteiligten sich aktiv an den Kriegsanstrengungen in Europa und den Verteidigungsvorbereitungen in ihrer Heimat und kamen dabei auf die Idee, daß es möglich sein müsse, einen Lufttorpedo, eine ohne Piloten fliegende Bombe zu bauen. Ihr Konzept war ganz einfach, bot aber viele Möglichkeiten für die Verwendung bei Militär- und Zivilflugzeugen. 1916 beantragte Lawrence Sperry ein Patent für den Lufttorpedo. Der Kreiselstabilisator sollte die Maschine im horizontalen Flug halten, wie Lawrence das demonstriert hatte; der Kreisel für die automatische Steuerung hielt das Flugzeug auf einem vorher festgelegten Kurs; ein Höhenmesser aktivierte die Lenkung und veranlaßte sie, das Flugzeug in die Horizontale zu bringen, wenn es die gewünschte Flughöhe erreicht hatte, und in dieser Höhe zu halten; ein einfacher Drehzahlmesser stellte nach einer vorher bestimmten Entfernung das Gas ab und veranlaßte den Lufttorpedo, im Sturzflug auf das Ziel hinunterzugehen. Regelmotoren, die mit verschiedenen Schaltern eingeschaltet und durch kleine vom Wind angetriebene Propeller mit Energie versorgt wurden, bewegten die Querruder, das Höhenruder und das Seitenruder. Ein Windrad trieb auch die Generatoren an, welche die Kreiselmotoren mit Elektrizität versorgten. Das Konzept des Lufttorpedos war ein Meilenstein in der Geschichte der automatischen Regelsysteme lange bevor der Mathematiker des Massachusetts Institute of Technology, Norbert Wiener, die Welt mit seinem Buch, *Cybernetics, or Control and Communication in the Animal and the Machine* (1947) auf die Möglichkeiten der Regeltechnik aufmerksam machte.

Von Sperry entwickelter Lufttorpedo, 1917–1918.

Im April 1917 gab der Flotten-Beratungsausschuß seine Zustimmung zu dem Lufttorpedo-Projekt, und die Flotte schloß mit der Sperry Gyroscope Company einen Entwicklungsvertrag über $200 000 ab. Das Unternehmen erklärte sich darin bereit, zunächst die automatischen Steuerungsmechanismen an einem Curtiss-Flugzeug, einem Flugboot und einigen Maschinen des Typs N-9 zu erproben und dann das automatische Steuerungssystem in ein Curtiss-Flugzeug einzubauen, das für die Verwendung als Lufttorpedo entworfen worden war. Die Massenproduktion sollte folgen. Die Probeflüge der automatisch gesteuerten N-9 mit einem Testpiloten an Bord, der die Maschine beim Start lenken und die Funktionen des automatischen Piloten während des Fluges überwachen sollte, waren bemerkenswert erfolgreich. Im November 1917 trafen die besonders für diesen Zweck entworfenen, einfachen und billigen Curtiss-Maschinen, die mit Zweizylindermotoren ausgerüstet waren, auf dem Versuchsgelände der Firma Sperry auf Long Island, New York, ein. Die Ingenieure und Techniker der Firma bauten den automatischen Steuerungsmechanismus ein. Um festzustellen, welche Veränderungen noch vorgenommen werden müßten, flog Lawrence auf einem dafür umgebauten Lufttorpedo mit, um die Funktionen des Steuerungsmechanismus zu überprüfen – und stürzte mindestens viermal ab. Am 6. März 1918 gelang «der

erste in jeder Hinsicht erfolgreiche Flug eines automatischen Flugkörpers in
den... (Vereinigten Staaten), wenn nicht in der Welt».[70] Das Flugzeug startete von seiner Rampe, stieg auf und setzte seinen glatten, stabilisierten Flug
fort, bis die Automatik ihn nach einer vorher festgesetzten Strecke von 900
Metern im Wasser beendete.[71] Obwohl man dies als einen Meilenstein in der
Entwicklung der Flugtechnik bezeichnen kann, waren die Ergebnisse weiterer
Probeflüge mit dem Lufttorpedo im Sommer und Herbst 1918 enttäuschend
wegen des wiederholten Versagens der Konstruktion und der Startvorrich-
tung und des Vorrückens der Kreisel, verursacht durch die hohe Beschleunigung beim Start. Die Ingenieure von Sperry wollten bei der weniger schwierig zu handhabenden Maschine vom Typ Curtiss N-9 ein modifiziertes Start-
katapult und neue Steuervorrichtungen erproben und unternahmen am
17. Oktober 1918 einen neuen Versuch. Nachdem die Entfernung auf acht
Meilen festgelegt worden war, startete die N-9 glatt, stieg stetig auf und flog
auf einem vorher festgelegten Kurs in östlicher Richtung über den Atlantik –
und verschwand auf Nimmerwiedersehen. Dieser Test läßt vermuten, wenn
man ein besser geeignetes Modell benutzt hätte anstelle dieses einfachen,
dann wäre es vielleicht möglich gewesen, noch vor Kriegsende einen funktionsfähigen, aber teuren Lufttorpedo zu bauen.

Doch nicht nur die Sperrys waren von der Idee fasziniert, eine fliegende
Bombe zu konstruieren, sondern auch der bedeutende amerikanische Erfinder
Charles F. Kettering. Nach ihm ist heute das Krebsforschungszentrum in
New York benannt. Kettering hatte unter anderem den elektrischen Anlasser
für Automobile und eine verbesserte Batteriezündung erfunden. Nach dem
Ersten Weltkrieg wurde er der erste Leiter des Forschungslaboratoriums von
General Motors. 1916 rechnete er damit, daß es zu einer Massenproduktion
von Flugzeugen kommen werde, wenn die Vereinigten Staaten in den Krieg
eintreten sollten, und gründete mit Orville Wright und anderen die Dayton
Wright Airplane Company in Ohio. Außerdem entwarf und produzierte Ket-
tering die Zündung für den Liberty-Flugzeugmotor, eines der erfolgreichsten
Massenprodukte der Rüstungsindustrie im Ersten Weltkrieg. Nachdem er im
Dezember 1917 als Mitglied eines Ausschusses der amerikanischen Armee die
Probeflüge des von Sperry konstruierten Lufttorpedos gesehen hatte, war er
so begeistert, daß er sich bereit erklärte, für die Armee eine fliegende Bombe
zu entwickeln. Wie so viele andere Erfinder glaubte er, die Schwächen im
Entwurf seines Konkurrenten erkannt zu haben, und ging nun daran, sie zu
korrigieren. Er kritisierte die Kosten und die Komplexität des Systems von
Sperry. Kettering behauptete: «Es muß ganz einfach sein. Wir haben keine
Zeit für etwas Kompliziertes.»[72]

Kettering beauftragte ein Team, zu dem auch Orville Wright gehörte, den
Rumpf des Flugzeugs zu entwerfen, in das die Bombe eingebaut werden
sollte. Den ehemaligen Chefkonstrukteur der Ford Motor Company, C.H.
Wills, von dem Ford gesagt hatte, das sei «der Mann, von dem die Öffentlich-

*Von Kettering entwickelte fliegende Bombe auf dem Wright Field
bei Dayton, Ohio, 1918.*

keit glaubt, daß ich es wäre»[73], bat er, sich an der Konstruktion des Motors zu
beteiligen. Der Motor kostete schließlich $40. Da Kettering über kein funktionsfähiges Kreiselsystem für die Stabilisierung verfügte, kopierte er das
Modell von Sperry; Elmer Sperry stellte ihm genaue Zeichnungen zur Verfügung und kam selbst nach Dayton, Ohio, um Kettering beim Einbau seines
Kreisels zu helfen. Zu den anderen Kontrollmechanismen gehörten ein Aneroidbarometer zur Regulierung der Flughöhe und ein kleiner, auf der Tragfläche montierter und von einem Propeller angetriebener Drehzahlmesser, mit
dem die im Flug zurückgelegte Strecke gemessen werden sollte. Ketterings
Mitarbeiter entwarfen eine billige transportable Startrampe.

  Die Erprobung der von Kettering konstruierten fliegenden Bombe begann
im September 1918 und wurde während des ganzen Oktober fortgesetzt. Mit
einem längeren Flug am 2. Oktober verdiente sich das Kettering-Modell den
Namen «Der Käfer» (The Bug). C.H. Wills schickte Sperry einen Bericht
über dieses Ereignis. Da die Steuerungsmechanismen versagten, begann das
Flugzeug sofort zu kreisen und blieb während der ersten Minuten auf diesem
Kreis mit einem Durchmesser von etwa 1,6 Kilometern. «Mr. Kettering beobachtete es, bis es eine Höhe von etwa 12 000 Fuß erreicht hatte und dann aus
unserem Blickfeld verschwand. Verärgert sagte er, ⟨laßt das Ding da oben
bleiben⟩, ging nach Hause und legte sich zu Bett.»[74] Einige Wochen später

Eine auf dem Carlstrom Field, Arcadia, Florida, 1919 abgestürzte
fliegende Bombe von Kettering.

flog ein zweiter «Käfer» ohne Schwierigkeiten die Teststrecke von 450 Me-
tern zum Ziel, und die Armee bestellte einhundert Prototypen. Aber als der
Krieg im November zu Ende ging, beschloß die Regierung, die Projekte von
Sperry und Kettering zu kombinieren. Nach weiteren Probeflügen mit beiden
Systemen ließ sie jedoch das Kettering-Projekt fallen und entschied sich für
die Weiterentwicklung des Sperry-Curtiss-Lufttorpedos.

Sehr bald zeigten die amerikanischen Streitkräfte ihr deutliches Interesse
für automatisch gesteuerte Flugkörper. Etwa eine Woche vor dem Waffenstill-
stand bestellte die Flotte fünf Lufttorpedos mit Steuerungsvorrichtungen, die
von zwei ehemaligen Angestellten Sperrys, Hanibal Ford und Carl Norden,
entworfen worden waren und in ein Flugzeug eingebaut werden sollten, das
die Witteman-Lewis Company gebaut hatte. Ähnlich wie bei den Sprech-
funksystemen vor dem Kriege schien sich die Flotte auch hier nicht auf einen
einzigen Erfinder und Lieferanten verlassen zu wollen. In den Jahren 1920
und 1921 durchgeführte Tests zeigten, daß das neue Modell nicht leistungsfähiger war als der Sperry-Curtiss-Lufttorpedo und auch nicht so vielverspre-
chend wie das Curtiss-Modell N-9 mit der von Sperry entwickelten Steue-
rungsvorrichtung. 1920 wandte sich die Armee wieder dem Sperry-System

zu und schloß einen Vertrag mit der neu gegründeten Lawrence Sperry Aircraft Company über den Einbau von drei Kreiselstabilisatoren der Sperry Gyroscope Company in ein Aufklärungsflugzeug der Lawrence Sperry Company und über den Umbau von drei Ausbildungsflugzeugen der Armee zu Lufttorpedos. 1922 erfüllte Lawrence alle in dem Vertrag gestellten Bedingungen und erhielt eine Prämie dafür, daß er Ziele getroffen hatte, die 30, 60 und 90 Meilen von der Startrampe entfernt waren. Auf dem Flug über 90 Meilen zum Ziel wurden die Fehler, die an der automatischen Steuerung auftraten, jedoch auf funktelegraphischem Wege korrigiert. (In dem Vertrag war nur gefordert worden, daß die Torpedos ohne manuelle Kontrolle funktionieren sollten.) Viele Offiziere der Herresluftstreitkräfte, unter ihnen auch der zukunftsorientierte Oberst und spätere General William («Billy») Mitchell, setzten sich begeistert für die Entwicklung des Lufttorpedos ein. Mitchell hat Lawrence Sperry später «einen der brillantesten und bedeutendsten technischen Förderer des Flugwesens» genannt.[75] Lawrence starb 1924 als Pilot eines von ihm entworfenen Flugzeugs auf einem Flug über den Ärmelkanal. Für Elmer Sperry war das nicht nur ein schwerer persönlicher Verlust, sondern er verlor mit Lawrence auch einen wertvollen Mitarbeiter, denn er hatte als Ingenieur und Testpilot die ersten von seinem Vater erfundenen Flugzeugsteuersysteme erprobt. An jedem Todestag seines Sohnes schrieb Sperry in sein Tagebuch: «Der Tag, an dem wir Lawrence verloren haben.»[76]

Steuerungsvorrichtungen und Leitsysteme

Die Funktionstüchtigkeit eines Lufttorpedos hing davon ab, daß sein Steuerungsmechanismus richtig auf die eingegebenen Befehle reagierte – ein technologisches Problem, das im 20. Jahrhundert besondere Bedeutung haben sollte. In der modernen Technologie, besonders im militärischen Bereich, sind ungeheure Energiemengen frei geworden, die beherrscht werden müssen, wenn der jeweilige Zweck erfüllt werden soll, sei er nun konstruktiv oder destruktiv. Sperry hat sich auf solche Steuerungsmechanismen und Leitsysteme konzentriert. Die Seeoffiziere erkannten, daß nicht nur Flugzeuge, sondern auch die großen Schlachtschiffe ihre Aufgaben nur erfüllen konnten, wenn Mittel und Wege gefunden wurden, die gewaltigen Energiemengen zu beherrschen, die sie brauchten. Die Flotte verlangte deshalb nach den Verbesserungen bei den Dampfturbinen, der Panzerung, den Geschützen und den Sprengstoffen eine Revolution auf dem Gebiet der Kontrollsysteme. Um die Jahrhundertwende hatte die größte Reichweite der Geschütze auf den Schlachtschiffen unter 3650 Meter gelegen. 1910 hatte sie sich auf 9150 Meter vergrößert. 1911 wandte sich die amerikanische Kriegsflotte an Sperry und beauftragte ihn, die in diesem Bereich erforderlichen Steuerungs- und Leitsysteme zu entwickeln. Schon vor dem Ersten Weltkrieg stellte er der Flotte, wie wir gesehen haben, den Kreiselkompaß zur Verfügung, mit dem die Ziele sehr viel genauer angepeilt werden konnten als mit dem magnetischen Kompaß. Dazu kam der Schiffskreisel zur Dämpfung des Schlingerns auf hoher See, so daß die Geschütze praktisch von einer stabilen Plattform aus abgefeuert werden konnten. Auf der Suche nach Möglichkeiten für eine größere Treffgenauigkeit ihrer Geschütze haben die Flotten der Westmächte dazu beigetragen, die Gesellschaft rascher in das Zeitalter der Automation und Regeltechnik zu führen.

Angeregt von Neuerungen in der britischen Flotte hatten Sperry und seine Ingenieure 1916 ein patentiertes Feuerleitsystem für die Schiffsartillerie der amerikanischen Flotte entwickelt. Bis 1920 waren 19 amerikanische Dreadnoughts, 11 kleinere Schlachtschiffe und 9 Panzerkreuzer mit «Sperry-Feuerleitsystemen» ausgerüstet. Viel komplexer und technisch fortschrittlicher als die U-Boot-Ortungsgeräte, die während des Krieges von Physikern entwickelt worden waren, veranlaßten diese Leitsysteme den Erfinder Frank Julian Sprague, der in Annapolis studiert und sein Abschlußexamen abgelegt hatte, über Sperry zu sagen, er sei «ein Mann, dessen Arbeit nach Meinung von Seeoffizieren die Navigation und den Einsatz der Schiffsartillerie revolutioniert hat».[77] Sperrys Feuerleitsystem ist ein typisches Beispiel dafür, wie technische Systeme entwickelt werden. Zunächst wurden gleichgeschaltete Kompasse, die mit dem Hauptkompaß unter Deck verbunden waren, oben an Deck angebracht, wo das Ziel angepeilt oder anvisiert wurde. Andere Kompasse unter Deck in der Feuerleitzentrale des Artillerieoffiziers halfen diesem bei seinen Berechnungen. Als Sperry feststellte, daß bei der Weiterleitung der Informationen von einer Station zur anderen Fehler entstanden, ließ er elektrische Leitungen legen, durch welche diese Informationen übermittelt wur-

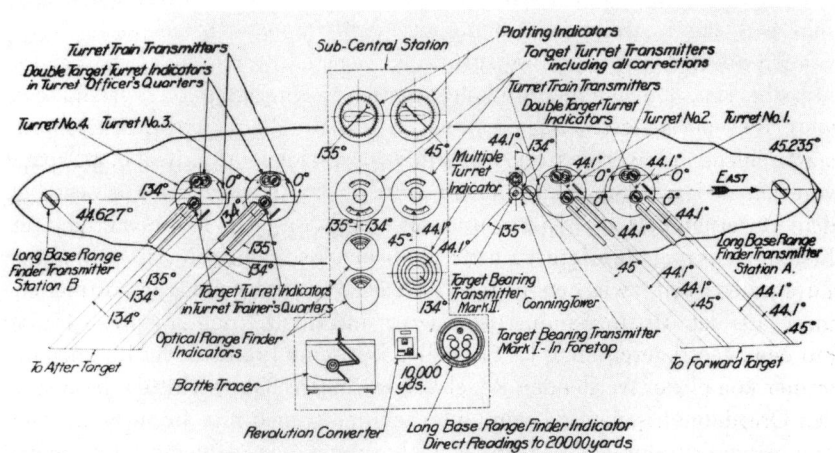

Das von Sperry entwickelte Feuerleitsystem für Schlachtschiffe.

den. Die Kommandos des Artillerieoffiziers für die Geschütztürme erschienen auf einer Anzeigevorrichtung, wo sie von den Geschützbedienungen abgelesen werden konnten. Eine weitere Kommunikations- und Anzeigevorrichtung übermittelte an die Geschützbedienungen und den Artillerieoffizier die Position des drehbaren Geschützturms und der Geschütze im Vergleich mit der Position, die der Artillerieoffizier befohlen hatte.

Zu dem Feuerleitsystem von Sperry gehörte auch ein entsprechender Computer, der «Gefechtsindikator» in der Feuerleitzentrale des Artillerieoffiziers. Die Verwendung dieses Geräts während des Krieges erinnert uns daran, daß die Entwicklung von Computern zur Weitergabe von Informationen und Befehlen an Steuerungssysteme schon lange vor der sogenannten Computerrevolution nach dem Zweiten Weltkrieg begonnen hat. Der «Gefechtsindikator» erhielt automatisch Informationen über den Kurs des Schiffes vom Kompaß, die Geschwindigkeit des Schiffes von den Drehzahlmessern an den Schraubenwellen, über den Zielwinkel und die Entfernung zum Ziel von den Visiervorrichtungen über Deck, und dann wurden alle diese Angaben mit weiteren Informationen über die Meeresströmungen kombiniert. Das Gesamtergebnis der Berechnungen des Analogrechners bestand aus einem kleinen Schiffsmodell, das sich auf einer Seekarte bewegte und fortlaufend die Position des Schiffes anzeigte, und aus einer Linie, die von diesem Schiffsmodell ausging und fortlaufend die Position des Zieles oder des feindlichen Schiffs auf dieser Seekarte bezeichnete.[78]

Die enge Zusammenarbeit
zwischen den Erfindern wehrtechnischer Neuerungen
und den Streitkräften

Die Sperry Gyroscope Company und die amerikanische Flotte haben schon sehr früh eng zusammengearbeitet, um gemeinsam wehrtechnische Neuerungen zu entwickeln und einzuführen. Neben Kreiselkompassen, Schiffskreiseln, Feuerleitsystemen und automatischen Flugzeugpiloten erfand, entwarf und produzierte das Unternehmen auch Flugzeuginstrumente und starke Suchscheinwerfer zum Aufsuchen von Zielen, eine Aufgabe, die später von den Radargeräten übernommen wurde. Die Zusammenarbeit zwischen dem Unternehmen von Sperry und der amerikanischen Flotte während des Ersten Weltkriegs erfolgte zu ganz ähnlichen Bedingungen wie die heutige Zusammenarbeit zwischen den Streitkräften und ihren Hauptauftragnehmern aus der Rüstungsindustrie. Sperry unterhielt einen ständigen Dialog mit den Seeoffizieren über das Entstehen kritischer Probleme im Rahmen der immer komplexer werdenden Regelsysteme in den Kriegsschiffen, besonders den Dreadnoughts. Er und sein Unternehmen trugen mit ihrem Fachwissen und neuen Erfindungen wesentlich zur Lösung dieser Probleme bei. Gemeinsam mit den Seeoffizieren testeten und entwickelten Sperry und seine Ingenieure Prototypen wie etwa die ersten Lufttorpedos. Das Ergebnis solcher Versuche sollte nach Möglichkeit ein Produktionsauftrag sein. 1918 kam eine von der Sperry Company verfaßte Denkschrift zu dem richtigen Schluß, daß «dieses Unternehmen, das von Anfang an auf praktische Lösungen ausgerichtet war, vom Marineministerium und später auch vom Kriegsministerium als ein ‹Gehirntrust› und Versuchslaboratorium . . . für die Entwicklung . . . komplizierter und sogar schwer verständlicher Präzisionsinstrumente benutzt worden ist».[79] Der ‹Gehirntrust› des Unternehmens von Sperry hat die spätere enge Zusammenarbeit zwischen den Streitkräften und der Rüstungsindustrie bei der Entwicklung neuer Waffen entscheidender beeinflußt als der Flotten-Beratungsausschuß und der nationale Forschungsrat, Institutionen, die in der Öffentlichkeit jedoch die größere Beachtung fanden.

Viertes Kapitel

Keine philanthropische Versorgungsanstalt für bedürftige Wissenschaftler

Der von Thomas Edison und anderen selbständigen Erfindern beherrschte Flotten-Beratungsausschuß hat die übertriebenen Erwartungen von Josephus Daniels, der Öffentlichkeit und wahrscheinlich auch der Ausschußmitglieder nicht erfüllt. Rückblickend können wir erkennen, daß die Flotte während des Krieges dringend Erfindungen brauchte, mit denen bestehende Systeme verbessert werden konnten, weniger aber radikale Neuerungen, das heißt die Art von Erfindungen, mit denen sich die Selbständigen in erster Linie beschäftigen. Für die Entwicklung von Waffen zur Bekämpfung der U-Boote brauchte man Spezialisten mit einer gründlichen physikalischen Ausbildung, die es unter den selbständigen Erfindern kaum gab. Auch die Industrieunternehmen interessierten sich ebenso wie die Flotte besonders für Erfindungen, mit denen sich ihre immer umfangreicher werdenden Produktionssysteme verbessern ließen. Die auf den organisatorischen Aspekt des Fabrikationsprozesses gerichtete Mentalität der Unternehmer begünstigte dem allmählichen Wachstum angepaßte Veränderungen und lehnte radikale Neuerungen ab. Das galt besonders für die Elektroindustrie, an deren Begründung die selbständigen Erfinder maßgebend beteiligt gewesen waren. Nun verschwanden sie allmählich aus dem Blickfeld der Öffentlichkeit. Nach Kriegsende hat die Öffentlichkeit die selbständigen Erfinder nie mehr als die bedeutendsten Neuerer und Entwickler auf technischem Gebiet angesehen. Für niemanden hatte sich die Öffentlichkeit lebhafter interessiert als seinerzeit für Edison, Orville und Wilbur Wright und Nikola Tesla. Die Aufmerksamkeit wandte sich vielmehr den industriellen Forschungslaboratorien zu, die man jetzt für die Geburtsstätten aller wichtigen Erfindungen hielt. Wissenschaftler, deren Namen von den Unternehmen bekanntgemacht wurden, für die sie arbeiteten, traten in der Praxis und im Bewußtsein der Öffentlichkeit an die Stelle der großen Persönlichkeiten unter den Erfindern als diejenigen, von denen die entscheidenden Anstöße für die Veränderungen in der materiellen Welt ausgingen. Zwischen den Weltkriegen betrachtete man die industriellen Laboratorien als die Quellen, welche «bessere Dinge für ein besseres Leben» hervorbrachten. Wenn Elmer Sperry gebeten wurde, für ein Werbephoto einen Laboratoriumskittel anzuziehen, und wenn man ihn aufforderte, durch ein Mikroskop zu blicken, obwohl er vorher noch nie eines benutzt hatte, dann waren das Versuche, das Image des Erfinders zu verändern, und ein deutliches Zeichen dafür, daß die große Zeit des berufsmäßigen Erfinders vorüber war. Die beste Adresse für Erfinder war jetzt das Forschungslaboratorium von

General Electric in Schenectady, New York, und nicht das Laboratorium von Edison in Menlo Park, New Jersey. Das Erfinden in Amerika hatte sich von einer revolutionären in eine evolutionäre Tätigkeit verwandelt.

Der Leiter des Laboratoriums von General Electric, Willis R. Whitney, und Charles Proteus Steinmetz, der für die General Electric Company (GE) aufsehenerregende Experimente mit Starkstrom durchführte, wurden sehr bald zu Symbolen der Kreativität von Industrie und Wissenschaft. Die Worte «Forschung und Entwicklung» begannen das Wort «Erfindung» in der Alltagssprache zu ersetzen. Vielleicht hat Edison sein großes Laboratorium in West Orange, New Jersey, nur deshalb gebaut und sich großen industriellen Vorhaben zugewendet, weil er voraussah, daß Industrieunternehmen mit ihren industriellen Laboratorien nun an die Stelle der selbständigen Erfinder treten würden, die gezwungen gewesen waren, im kleinen Rahmen zu arbeiten. Vielleicht hat er auch erkannt, daß die Ära des Erfinders und Unternehmers, der sich auf allen technischen Gebieten betätigte, vorüber war und er abgelöst wurde von Wissenschaftlern, Ingenieuren und Erfindern, die sich auf ein bestimmtes Gebiet spezialisiert hatten und im Rahmen von Organisationen arbeiteten. Selbständige Erfinder hatten Maschinen und Dynamos manipuliert; für die Industrie arbeitende Wissenschaftler sollten Elektronen und Moleküle manipulieren. Die selbständigen Erfinder waren auf ihre handwerkliche Geschicklichkeit und Kunstfertigkeit stolz gewesen; die Wissenschaftler würden stolz auf die Objektivität, die Universalität und auf die Fähigkeit sein, ihr Wissen anderen vermitteln zu können.

Edwin Armstrong: Der selbständige Erfinder im fast aussichtslosen Konkurrenzkampf

Daß der selbständige Erfinder zunehmend an Bedeutung verlor, erklärt sich nicht nur durch die Tatsache, daß die Industrie konservative Erfindungen brauchte, mit denen große technologische Systeme verbessert werden konnten und die oft riesige Profite brachten, sondern auch daraus, daß sie über geschickte Patentanwälte verfügte, die in der Lage waren, die Patentrechte der Selbständigen anzufechten und die eigenen durchzusetzen. Die Geschichte der Auseinandersetzung von Edwin Armstrong mit der AT & T und der Radio Corporation of America (RCA) zeigt sehr deutlich, mit welchen Schwierigkeiten der selbständige Erfinder in einer Welt zu kämpfen hatte, in der große Industrieunternehmen entschlossen waren, den Bereich der technologischen Erfindungen und Entwicklungen zu beherrschen. Als Erfinder der Frequenzmodulation und anderer bedeutender Verbesserungen des Radios war Armstrong ebenso wie Edison, Sperry und die anderen Selbständigen entschlossen, als Erfinder und Unternehmer zu überleben. Mit einem kleinen Laboratorium und wenigen loyalen Mitarbeitern übernahm er die verschiedensten Aufgaben des Erfindens, des Patentierens, der Entwicklung, der Finanzierung und der Vermarktung. Schon 1912 als 22jähriger Student der Elektrotechnik an der Columbia Universität in New York hatte Armstrong das damals noch kaum verstandene Verhalten der Dreielementenröhre untersucht. Nicht einmal ihr Erfinder, Lee de Forest, hatte ihre verschiedenen Implikationen vollständig erfaßt. De Forest hatte sie zunächst als Detektor von Radiowellen konzipiert, aber 1912 versuchte er mit begrenztem Erfolg, sie als Relais bei telephonischen Fernleitungen einzusetzen. Mit Hilfe eines Oszillographen in einem Laboratorium an der Columbia Universität und unter Anleitung eines seiner Professoren analysierte Armstrong sorgfältig die Funktionskennwerte der Röhre. Ein Geistesblitz, den er beim Bergsteigen in Vermont erlebt hatte, brachte ihn darauf, das empfangene Signal auf der Elektrode der Röhre wieder in ihr Steuergitter einzuspeisen und damit eine verstärkende Rückkopplungsschleife herzustellen. Er stellte fest, daß die Röhre mit der Rückkopplung und den entsprechend abgestimmten Schaltungen als bemerkenswert wirkungsvoller Verstärker des empfangenen Signals wirkte. Jetzt konnte er über Entfernungen, die man damals glaubte, noch nicht überbrücken zu können, andere Stationen laut und klar empfangen. Armstrong hatte einen Rückkopplungsverstärker erfunden, eine der ganz bedeutenden Erfindungen in der Geschichte des Radios. Bei weiteren Untersuchungen der Rückkopplungsröhre in einem Rückkopplungskreis stellte er beim höchsten Verstärkungsgrad einen zischenden Laut fest. Zum Empfang von Radiowellen stellte er den Verstärker unterhalb dieser Stufe ein, setzte aber seine Untersuchungen fort und kam nach etwa sechs Monaten zu der Überzeugung, daß die Röhre, wenn sie den hohen, zischenden Laut erzeugte, als Generator von Hochfrequenzwellen wirkte. Er hatte also sowohl einen Rückkopplungsdetektor als auch einen Rückkopplungsgenerator oder Oszillator erfunden, woraus sich die am häufigsten verwendete Methode für die Sendung von Radiowellen entwickelt hat.[1]

Armstrong ließ seinen Rückkopplungsschaltkreis am 31. Januar 1913 notariell beglaubigen, war aber im Frühjahr 1913 so sehr mit den Vorbereitungen für seine Abschlußprüfung und seinen Pflichten als Assistent in der Abteilung für Elektrotechnik an der Columbia Universität beschäftigt, daß er erst am 29. Oktober 1913 dazu kam, sein Patent anzumelden. Er meldete aber zunächst nur den Detektor- oder Empfängerschaltkreis an, ein Versehen, das später bei den gerichtlichen Auseinandersetzungen unendliche Schwierigkeiten zur Folge hatte. Erst im Dezember 1913 beantragte er zu spät ein Patent für den Schaltkreis als Oszillator oder Sender. Bevor seine Patente 1924 erfolgreich angefochten wurden, wurde der Rückkopplungsschaltkreis als Empfänger und Sender von Radiowellen jedoch in der sich rasch ausbreitenden Welt des Radios als eine der bedeutendsten Erfindungen anerkannt, und Armstrong hatte mit den Lizenzen für seine Patente sehr viel Geld verdient. Er wahrte seine Unabhängigkeit und hat als Erfinder weitergearbeitet, nachdem die goldenen Jahre der selbständigen, professionellen Erfinder längst

vorüber waren. Neben anderen Verbesserungen erfand er die Pendelrück-
kopplungsschaltung und den Überlagerungsempfänger, der nach 1930 zum
Hauptbestandteil des Radios wurde.

Er wurde jedoch immer wieder in patentrechtliche Prozesse verwickelt, die,
wie sein Biograph Lawrence Lessing schreibt, «sich von 1920 bis 1934 hinzo-
gen, mehr als ein Dutzend Gerichte und Tribunale beschäftigten, bei denen
Tausende von Seiten mit Zeugenaussagen vorgelegt wurden, drei Anwalts-
kanzleien eingeschaltet waren, und die weit über eine Million Dollar kosteten, um schließlich in einem befremdlichen und schrecklichen Ende zu gip-
feln».[2] Doch zunächst hatte Armstrong kaum irgendwelche Schwierigkeiten,
mit seiner notariell beglaubigten Skizze vom Januar 1913 die Priorität seiner
Erfindung einer Rückkopplungsschaltung für den Empfang von Radiowellen
nachzuweisen. 1922 wurde mit einem Beschluß des Berufungsgerichts von
New York City festgestellt, daß de Forest, hinter den sich die American
Telephone and Telegraph Co. stellte, das Patentrecht Armstrongs verletzt
hatte. In diesem Fall wurde Armstrong von der Westinghouse Company
unterstützt, die 1920 die Patentrechte für den Rückkopplungsempfänger und
einen Überlagerungsempfänger für $350 000 gekauft hatte. Westinghouse er-
klärte sich bereit, für den von Armstrong erfundenen Rückkopplungs-Sende-
schaltkreis (Oszillator) $200 000 zu zahlen, wenn das Patent in einem Beru-
fungsverfahren, bei dem de Forest und Armstrong die Priorität beanspruchten, Armstrong zugesprochen werden sollte. De Forest hatte bisher noch kein
Patent für eine Rückkopplungsschaltung erhalten, wenn aber das Berufungs-
verfahren zu seinen Gunsten entschieden werden sollte, würde ihm das Patentamt eines erteilen. Das Patentrecht von Armstrong würde dann aufgeho-
ben werden. Die Anwälte von de Forest behaupteten, er habe eine grundsätz-
lichere, umfassende Erfindung gemacht als Armstrong, und das von Armstrong entwickelte Gerät sei nur die Anwendung eines umfassenderen Patents
in einem besonderen Fall.

Die Patentanwälte, die vielfach als Berater großer Unternehmen auf dem
Gebiet der Elektrotechnik arbeiteten, und einige Erfinder beherrschten die
Feinheiten bei dem Kampf um die Ausnutzung und Verteidigung der zahlreichen Patente, um deren rechtmäßige Anwendung es hier ging. Die Patente
legten, wie sie wußten, die Grenzen des geistigen Eigentums fest. Erfinder
und ihre Patentanwälte sprachen ebenso wie Goldsucher davon, daß innerhalb
der Grenzen ihres geistigen Eigentums «Claims» abgesteckt werden könnten.
Die Patentanwälte verteidigten dieses geistige Eigentum gegen das unberech-
tigte Eindringen beziehungsweise die Verletzung des Patentrechts durch andere innerhalb des nach außen abgesteckten Bereichs. Ein geschickt entworfe-
nes Patent deckte ein möglichst weites Gebiet, ohne dabei das geistige Eigentum eines anderen zu verletzen. Gut beratene Erfinder beanspruchten ein so
weit umfassendes Gebiet, wie es das Patentamt und die Gerichte zuließen. Die
Patentanwälte rieten den Erfindern zum Beispiel, in ihren Patenten auch die

Armstrong (rechts außen) diente im Ersten Weltkrieg als Offizier
und Fachmann auf dem Gebiet des drahtlosen Funkverkehrs
in der amerikanischen Nachrichtentruppe.

Grundsätze für sich zu beanspruchen, nach denen ein Gerät konstruiert war, und nicht nur die Konstruktion als solche. Es gab Patente für grundsätzliche und abhängige Erfindungen. Abhängige Patente waren wertlos, wenn der Inhaber nicht auch gleichzeitig Eigentümer des grundsätzlichen Patents war oder Zugang zu ihm hatte. Andererseits konnte der Wert eines praktisch wertlosen Grundsatzpatents wesentlich erhöht werden, wenn die Grundsatzerfindung durch ein abhängiges Patent verbessert oder erweitert worden war. So führten Unternehmen wie AT & T und Westinghouse sowie ihre Patentanwälte endlose Verhandlungen mit dem Ziel, eine monopolistische Struktur aus miteinander in Beziehung stehenden grundsätzlichen und abhängigen Patenten herzustellen, die etwa die Telephonverbindungen über weite Strekken oder das Rundfunknetz betrafen. Bei den Investitionen mußte sehr sorgfältig vorgegangen werden, denn die erfahrenen Patentanwälte von Sperry schätzten, daß «wahrscheinlich weniger als ein Prozent der erteilten Patente sehr wertvoll sind, zehn oder zwanzig Prozent einen mittleren Wert besitzen und die übrigen einen nur sehr geringen»[3]. Armstrong wagte einen Vorstoß ins Niemandsland, und zwar zunächst mit der Unterstützung großer Firmen und dann allein.

De Forest und seine Anwälte stützten ihren Anspruch auf eine Schaltskizze und einen Notizbucheintrag vom August 1912. Damit waren diese Aufzeichnungen um Monate älter als der Schaltplan Armstrongs vom Januar 1913. Sie behaupteten, de Forest habe ein vorläufiges Konzept entwickelt, das die grundsätzliche Rückkopplungsschaltung enthielte und direkt zu Versuchen

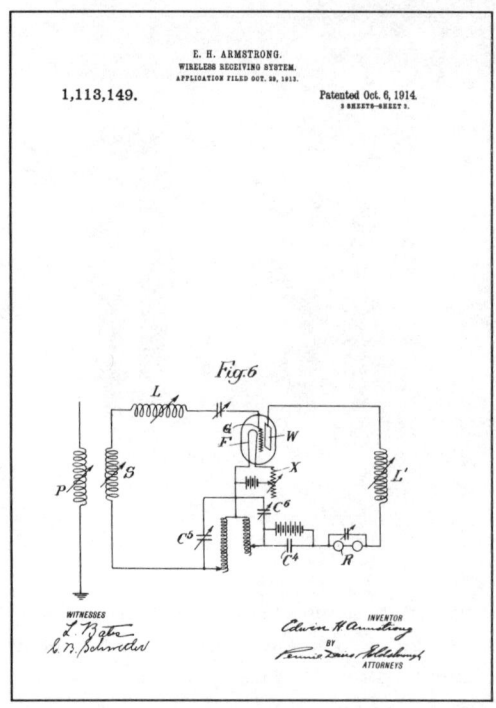

Armstrongs Patentschrift für seine Rückkopplungsschaltung. Der Antrag auf Erteilung wurde am 29. Oktober 1913 gestellt.

führte, in denen die Wirkungsweise dieser Schaltung demonstriert wurde. Doch erst 1914 und 1915 reichte de Forest einen Antrag auf Erteilung von Patenten für die Rückkopplungsschaltung und ihre Verwendung als Oszillator oder Erzeuger von Radiowellen ein. Dieses Vorgehen war nach Auffassung von Armstrong und seinen Anwälten der Beweis dafür, daß de Forest die eigentliche technische Bedeutung der Rückkopplungsschaltung nicht erkannt hatte, bevor Armstrong seine Erfindung hatte patentieren lassen und sie daher bekanntgeworden war. Hätte Armstrong nach der Entscheidung des Berufungsgerichts in New York, das 1922 gegen de Forest auf eine Verletzung des Patentrechts erkannt hatte, den fast bankrotten de Forest nicht auf Schadenersatz verklagt, dann wäre die Angelegenheit vielleicht erledigt gewesen, und Armstrong hätte ein für allemal recht bekommen. Gegen den Rat der Westinghouse Company bestand Armstrong jedoch auf Schadenersatz, ging allein vor Gericht und stellte seine Ansprüche, obwohl er kaum auf eine konkrete finanzielle Entschädigung hoffen durfte. Der Streit zwischen den beiden Männern wurde nur noch erbitterter.[4] 1920, als de Forest im Franklin Institute in Philadelphia einen Vortrag über die Entstehung seiner Dreiele-

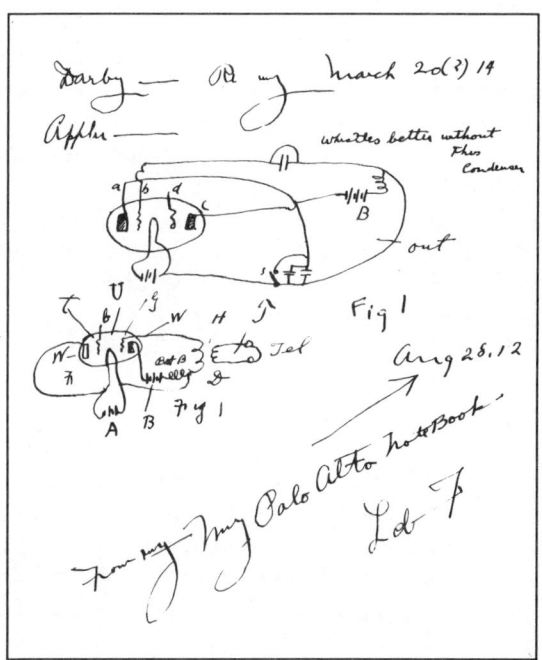

Seite eines Notizbuchs aus dem Jahr 1912, auf der Lee de Forest seinen Anspruch auf die Priorität bei der Erfindung der Rückkopplungsschaltung begründete.

mentenröhre, des sogenannten Audion, hielt, erinnerte er daran, daß die Erfindung «positiv aufgenommen wurde, nur nicht von einem gewissen E.H. Armstrong, der beweisen wollte, daß er die Rückkopplungsschaltung erfunden habe. ‹De Forest hat nur das Audion erfunden! Das geben wir zu›, brummte er. Darauf forderte ihn der Vorsitzende auf, sich zu setzen.»[5] Schon 1914, als de Forest sein Audion vorführte, empörte sich Professor Michael Idvorsky Pupin, Armstrongs Mentor und Freund an der Columbia Universität, und rief de Forest zu: «Welches Recht haben Sie, das hier vorzuzeigen? Das Ding stammt nicht von Ihnen. Es stammt von Armstrong.»[6]

De Forest und seine Anwälte gingen zum Gegenangriff über und behaupteten, Armstrong habe zwei getrennte, relativ eng definierte Patente beantragt, weil er die allgemeinen Funktionen der Rückkopplungsschaltung nicht begriffen habe, ein Konzept, das sowohl für den Empfänger als auch für den Sender gelte. Sie überzeugten das amerikanische Patentamt von der Notwendigkeit, de Forest 1924 zwei Grundpatente über die Rückkopplungsschaltung und über die Schaltung als Oszillator oder Erzeuger von Radiowellen zu erteilen, die er 1914 und 1915 beantragt hatte.[7] In dem von de Forest eingereichten Verfahren wurde seinem Antrag stattgegeben, daß im Text der einen von ihm eingereichten Patentschriften die Bezeichnung «Hochfrequenz-Oszillationen» gestrichen und an seine Stelle das Wort «elektrische Oszillationen» eingesetzt werden sollte. Damit wurde dies der Antrag auf ein Grundsatzpatent, und die Patente Armstrongs über Oszillationen mit sehr hoher Frequenz zur Übertragung von Radiowellen konnten als davon abgeleitete Patente für besondere Fälle eingestuft werden. Armstrong argumentierte und wurde dabei von Fachleuten unterstützt, daß de Forest, der sich auf die Suche nach einem Telephonverstärker konzentriert hatte und deshalb auf Wellen mit niedriger Frequenz, nicht die Möglichkeit von Rückkopplungsschaltungen für Radiofrequenzen gesehen und daher auch keinen Radiofrequenz-Empfänger- oder Verstärker entwickelt hatte. Er beanstandete auch den Gerichtsbeschluß, nach dem es de Forest erlaubt worden war, im Text seines Patentantrags Veränderungen vorzunehmen.

Das Oberste Bundesgericht der Vereinigten Staaten entschied in zwei Fällen zugunsten von de Forest als des Erfinders der Rückkopplungsschaltung, zum ersten Mal 1928 und dann wieder 1934, nachdem ein Berufungsgericht praktisch gegen die Entscheidung von 1928 entschieden hatte. (In einer Notiz schrieb de Forest, daß der Vorsitzende Richter im Berufungsgericht später eine Gefängnisstrafe habe verbüßen müssen.)[8] Armstrong und seine Anwälte räumten ein, daß er gegen die Patentrechte de Forests verstoßen habe, soweit es die 1924 erteilten Patente beträfe, behaupteten jedoch, diese Patente seien zu Unrecht erteilt worden, weil Armstrong als Erfinder die Priorität habe. Nicht nur Armstrong, sondern auch Irving Langmuir vom General Electric Forschungslaboratorium und Alexander Meissner, ein österreichischer Radiotechniker, beanspruchten für die Erfindung der Rückkopplungsschaltung die Priorität. 1934 erklärte das Oberste Bundesgericht, die Entwicklung der Rückkopplungsschaltung als Oszillator im Jahr 1913 durch Armstrong sei «eine brillante Leistung, aber ein anderer schöpferischer Geist (de Forest) hatte dieses Konzept unabhängig davon schon vorher entwickelt».[9]

Armstrong, ein absolut integrer Mann, beschloß 1934, die ihm vom American Institute of Radio Engineers für die Entdeckung der Rückkopplungsschaltung verliehene Medaille zurückzugeben. Auf der Jahreskonferenz des Instituts in Philadelphia hatte Armstrong schon den Text einer Ansprache in der Tasche, mit der er diese Entscheidung bekanntgeben wollte. Doch bevor er sprechen konnte, richtete sich der Präsident in seiner Eröffnungsansprache als Vorsitzender an ihn und erklärte, daß die Mitglieder des Aufsichtsrats des Instituts einstimmig beschlossen hätten, die Ehrung Armstrongs und die Verleihung der Medaille an ihn zu bestätigen. Darauf erhob sich die Versammlung und spendete Armstrong stehend Beifall.

1933 wurde Armstrong das Patent für eine weitere wichtige Erfindung verliehen. Nach seinem Abschlußexamen an der Columbia Universität hatte er sich immer wieder mit dem Problem der atmosphärischen Störungen bei Radiosendungen beschäftigt. Zahlreiche Erfinder betrachteten dieses Phänomen als eine wesentliche Beeinträchtigung bei den Bemühungen um eine Erweiterung des Radionetzes und versuchten, eine Lösung der damit entstehenden Probleme zu finden. Armstrong hatte mit verschiedenen Möglichkeiten, die Störungen zu verringern, experimentiert, als er noch Assistent seines bedeutenden Mentors an der Columbia Universität, des Professors Michael Pupin, gewesen war, der schon früher sein Patent für die Pupinspule oder Ladungsspule an die American Telephone and Telegraph Co. verkauft hatte. Nachdem ihre gemeinsamen Bemühungen ergebnislos geblieben waren, sagte Armstrong 1922: «Das größte Problem, das ich sehen kann, ist die Beseitigung der atmosphärischen Störungen ... Es ist das einzige aller von mir behandelten Probleme, das, von welcher Seite man es auch angeht, einem immer wieder den Eindruck gibt, man stünde vor einer Mauer.»[10] 1925 glaubte er, endlich ein Licht am Ende des Tunnels schimmern zu sehen, als er vermutete, das gegenwärtige System der Radiosendungen durch die Modulation der Wellen-Amplitude (AM) ließe sich nicht verbessern, sondern es müsse ein neues System geschaffen werden. Deshalb untersuchte er die Möglichkeit einer Modulation der Wellenfrequenz (FM) als Alternative zur Amplitudenmodulation (AM). Man hatte schon vorher Versuche mit der Frequenzmodulation für Radiosendungen gemacht, war aber von dieser Methode abgekommen, weil es zu starke Verzerrungen gab, wenn sich die FM auf ein enges Frequenzband beschränkte, wie das üblich war. 1932 hatte er die revolutionierende Idee, mit Frequenzmodulationen über ein breites Frequenzband zu senden. Als er feststellte, daß solche Sendungen mit bis dahin nicht erreichter Klarheit empfangen werden konnten, ließ er sich ein neues, aus Sendern und Empfängern bestehendes System patentieren.

Mit dieser radikalen Erfindung stieß er auf den Widerstand einer breiten Front einflußreicher Gegner. Große Hersteller von Radiogeräten wie die Radio Corporation of America (RCA), die schon bestehenden Rundfunkstationen und zahllose Ingenieure und Fachleute auf diesem Gebiet hatten finanzielle und persönliche Interessen an der Weiterentwicklung des Amplituden-Modifizierungssystems. Besonders ärgerte Armstrong die Ablehnung des von ihm vorgeschlagenen Systems durch den Mathematiker John Carson, der bei der AT & T angestellt war. Die Mathematik war nicht Armstrongs Stärke, und in dieser Beziehung ging es ihm ähnlich wie Edison, Sperry, den Brüdern

Wright und anderen bedeutenden selbständigen Erfindern. Er hat sich während seines ganzen Lebens immer wieder mit Mathematikern gestritten. Armstrong glaubte, die wichtigsten Voraussetzungen für jede Erfindung auf technischem Gebiet seien das Experiment und das Denken in physikalischen Metaphern und nicht die nach seiner Ansicht sterile Manipulation mit mathematischen Formeln.[11] Damit meinte er jenen Kult, der glauben machen wollte, daß zum Erfinden der Umgang mit einem verwirrenden Netz von Symbolen und Kurven gehöre. Armstrong war der Ansicht, daß nur die aufgeschlossenen und bedeutendsten Mathematiker begriffen hätten, daß die Mathematik lediglich theoretische Vorschläge machen, ihre Richtigkeit aber nicht beweisen könne. Dazu seien physikalische Experimente notwendig. Nachdem er die Frequenzmodulation (FM) nachgewiesen hatte, hat sich Armstrong sehr um den Nachweis bemüht, daß er in der genau umgekehrten Richtung vorgegangen sei, wie sie von der mathematischen Theorie gefordert werde.[12]

Er demonstrierte die Funktionstüchtigkeit der Frequenzmodulation im November 1935 in einer dramatischen öffentlichen Vorführung am Institute of Radio Engineers. Armstrong hielt einen Vortrag über das neue System und ließ dann einige während des Vortrags unsichtbar gebliebene Empfänger einschalten, die mit erstaunlicher Klarheit das Programm eines Senders übertrugen, den er mit einem Freund in Yonkers, New York, aufgestellt hatte. Trotz dieser und anderer Demonstrationen optierte die RCA, der größte Radiohersteller und Hauptanteilseigner der National Broadcasting Company (NBC), des führenden Rundfunknetzes in den Vereinigten Staaten, nicht für den Kauf der Patentrechte Armstrongs. Dieser Umstand entmutigte Armstrong besonders deshalb, weil der Präsident der RCA, David Sarnoff, mit dem er befreundet war und der sich 1922 persönlich für den Kauf der Rechte einer von Armstrong erfundenen Superregenerativschaltung eingesetzt hatte, nicht positiv auf die Frequenzmodulation reagierte. Armstrong lud ihn ein, zu sehen und zu hören, wie die «kleine schwarze Schachtel» die atmosphärischen Störungen beseitigte, was Sarnoff gefordert hatte. Obwohl Sarnoff beeindruckt war, meinte er, die kleine schwarze Schachtel sei ein ganzes mit Geräten vollgestopftes Zimmer, das an die Stelle eines Systems treten sollte, in das die RCA so hohe Summen investiert hatte. Armstrong hatte kein Verständnis für die durchaus vernünftige Haltung von Sarnoff, die dieser als Direktor eines großen Unternehmens vertrat, das in ein schon bestehendes und mehr als befriedigendes Rundfunksystem hohe Investitionen gesteckt hatte. Es war der klassische Fall der radikalen Einstellung des selbständigen Erfinders gegenüber den Problemen des Erfindens und Entwickelns, die hier mit der konservativen Haltung eines großen Unternehmens zusammenstieß.

Nachdem Armstrong zwei Jahre lang kaum von der RCA unterstützt worden war, griff er 1935 in die eigene Tasche, um die Entwicklung des neuen Systems zu finanzieren. Mit zwei jungen graduierten Studenten als Assisten-

Armstrong (rechts) mit Guglielmo Marconi, 1932. Hinter ihnen der Schuppen, in dem Marconi seinen ersten Radiosender in den Vereinigten Staaten baute.

ten richtete er ein Laboratorium an der Columbia Universität ein. Mit seinen Demonstrationen konnte er die General Electric Company, die damals den Konkurrenzkampf gegen die RCA begonnen hatte, um ihr einen Teil des Radiogeschäfts abzunehmen, dazu bewegen, eine Lizenz zum Bau von FM-Empfängern zu kaufen. Er gab hohe Beträge für einen Sender oberhalb des Hudson in Alpine, New Jersey, aus, der 1939 den ganztägigen Betrieb aufnahm. Als nun kleinere Unternehmer unabhängig von den großen amerikanischen Rundfunknetzen eigene FM-Sender errichteten, stieg die Nachfrage nach FM-Empfangsgeräten, und auch andere Hersteller kauften Lizenzen. Die RCA unterstützte jedoch auch weiterhin die Forschung und Entwicklung ihres eigenen FM-Systems mit nur bescheidenen Mitteln und bemühte sich energisch um die Weiterentwicklung des Fernsehens.

Der Ausbruch des Zweiten Weltkriegs verzögerte den weiteren Ausbau der FM- und Fernsehnetze mit Ausnahme der für militärische Zwecke benötigten Anlagen. Aber nach dem Krieg war Armstrong bereit, an einem solchen Ausbau von FM-Sendern mitzuarbeiten und sich zusätzliche Wellenfrequenzen zuteilen zu lassen, um den Betrieb mit weiteren Sendern aufnehmen zu können. Doch dann stieß er auf den Widerstand der RCA und anderer Unternehmen, die Rundfunksender im Mittelwellenbereich und Fernsehsender betrieben. Im Juni 1945 ordnete die Federal Communications Commission, deren Leitung ein ehemaliger Rechtsberater der RCA übernommen hatte, an, daß die FM-Sender nur noch außerhalb des 50-Megahertzfrequenzbandes arbeiten durften, das sie bisher benutzt hatten, und wies ihnen ein neues Frequenzband zwischen 88 und 108 Megahertz an. Durch diese Maßnahme wurden etwa 50 Vorkriegssender und 500 000 FM-Empfänger unbrauchbar. Das Fernsehen, das von RCA besonders gefördert wurde, übernahm die freigewordenen Frequenzen.[13] Armstrong erklärte, die für diese Maßnahme angegebenen Gründe seien nicht stichhaltig. Er rief jedoch die Betreiber der FM-Sender und die Hersteller der mit dieser Technik ausgerüsteten Empfangsgeräte dazu auf, sich auf das neue Frequenzband umzustellen. Trotz des Widerstands eines Teils der Industrie eroberte das FM-System immer größere Marktanteile, als eine neue Generation von Hörern, fasziniert von den Hi-Fi-Aufnahmen und Geräten Ende der 1940er Jahre zunehmend nach den neuen FM-Geräten verlangte. 1949 hatten mehr als 600 FM-Sender den Betrieb aufgenommen. Armstrong verglich die «Schlacht um die Frequenzen» mit der «Schlacht der Systeme» zwischen Gleichstrom und Wechselstrom ein halbes Jahrhundert zuvor.

Die unangenehmen Auseinandersetzungen um die Patentrechte für die Rückkopplungsschaltung hatten Armstrong zwar erheblich belastet, er ließ sich deshalb aber nicht davon abhalten, 1948 wieder gerichtlich gegen RCA und NBC vorzugehen und sie mit der Begründung zu verklagen, sie hätten seine Rechte an fünf grundlegenden FM-Patenten verletzt und andere veranlaßt, das gleiche zu tun. Damit sah er sich einer ganzen Schlachtordnung von Patentanwälten und einem der größten Unternehmen des Landes in einem schonungslosen und außerordentlich nervenaufreibenden Ringen gegenüber. Allein die Beweisaufnahme durch das Gericht dauerte fünf Jahre. Der inzwischen 63 Jahre alte Armstrong war überzeugt, RCA sei entschlossen, das Verfahren so lange hinauszuzögern, bis er bankrott war oder das Zeitliche gesegnet hatte. Die endlosen Vernehmungen durch das Gericht sollten nicht aufhören, und jeden Abend nahm er die Protokolle mit nach Hause, um sie noch einmal gründlich zu prüfen und sich für den nächsten Tag vorzubereiten. Seine Frau und seine Freunde sahen deutlich, wie der Prozeß ihn zermürbte, und baten ihn dringend, den Kampf aufzugeben und einen gütlichen Ausgleich zu suchen, eine Lösung, auf die RCA wahrscheinlich auch eingehen würde. Aber er weigerte sich. Zu einem besonders dramatischen Augenblick kam es 1953, als Sarnoff aussagte, er sei mit Armstrong befreundet gewesen und hoffe, diese Freundschaft bestehe auch jetzt noch, dann aber erklärte, RCA und NBC hätten mehr zur Entwicklung von FM beigetragen als Armstrong. Einer der anwesenden Anwälte berichtete später, Armstrong hätte seinem ehemaligen Freund einen haßerfüllten Blick zugeworfen.[14]

Im Januar 1954, nach einem fünf Jahre dauernden Prozeß, war Armstrong physisch völlig erschöpft, und auch seine finanziellen Reserven waren fast verbraucht. Ihn deprimierte die Erkenntnis, daß er seine schon nachlassenden Kräfte für Aktivitäten außerhalb seines Berufs als Erfinder verschwendet hatte und nie wieder eine wirklich bedeutende Erfindung machen würde. Die Beziehungen zu seiner Frau waren gespannt, weil er sich geweigert hatte, ihrem Rat zu folgen und den Rechtsstreit ruhen zu lassen. Im Spätherbst ging sie mit ihrer Schwester nach Connecticut, um dort das Ende des Verfahrens abzuwarten. Am 31. Januar 1954 bedauerte Armstrong in einem Brief an sie, daß er «das Liebste, das ich auf der Welt habe», verletzt habe.[15] (Sie hatten keine Kinder.) Am folgenden Morgen fand man ihn auf dem Gesicht liegend auf der Straße zehn Stockwerke unter den Fenstern seiner New Yorker Wohnung, korrekt angezogen mit Mantel, Hut, Halstuch und Handschuhen.

Seine Witwe Marion beschloß, nachdem sie auf einen Vergleich mit RCA eingegangen war und $1 Million kassiert hatte, bei 21 Fabrikanten, die Lizenzen von RCA genommen hatten, Lizenzgebühren einzufordern. Freunde rieten ihr von diesem Versuch ab, weil ein solcher Prozeß viel Geld kosten würde, aber 1967, nachdem dem letzten dieser Fabrikanten, Motorola, nachgewiesen werden konnte, daß er seine Lizenz widerrechtlich erworben hatte, rechtfertigte sie ihren Ehemann posthum. Alle 21 Forderungen wurden ihr als Erbin zugesprochen, und zwar in Höhe einer Gesamtsumme von mehr als $10 Millionen.[16]

Forschungslaboratorien der Industrie: Bell Telephone

So endete Armstrongs Kampf gegen die Industrieunternehmen, ihre Forschungslaboratorien und ungezählten Anwälte mit dem Sieg des selbständigen Erfinders oder wenigstens seiner Erben. Doch die meisten selbständigen Erfinder mußten, wie wir schon gesagt haben, den Laboratorien der Industrie weichen, wo jetzt die meisten Erfindungen in den Vereinigten Staaten gemacht wurden. Diese Laboratorien begannen etwa um die Jahrhundertwende vermehrt mit der Arbeit an Erfindungen, mit Forschung und Entwicklung. Die bedeutendsten waren das Laboratorium der American Telephone and Telegraph Co. und das Forschungslaboratorium von General Electric. Ihre Erfolge, gemessen an den Profiten, die sie ihren Firmen brachten, regten die Einrichtung ungezählter anderer Industrielaboratorien an. Ein Hauptgrund für die allmähliche Verdrängung der selbständigen Erfinder, die sich den jungen Edison zum Vorbild genommen hatten, war die Tatsache, daß Unternehmen wie Bell und General Electric die Ausweitung bestehender technologischer Systeme selbst überwachen wollten. Dazu mußten sie bestimmen können, welche Probleme die für sie arbeitenden Erfinder lösen sollten. Das waren Probleme, die sich auf die Patente, den Maschinenpark, die Verfahren und Produkte bezogen, in welche die Unternehmen große Summen investiert hatten.

Die American Bell Telephone Company mit der ihr angeschlossenen American Telephone and Telegraph Company, die für die Verwaltung und den Betrieb des gesamten Fernsprech- und Telegraphennetzes verantwortlich war, war eine der ersten großen innovationsorientierten Unternehmen, die den allmählichen Übergang von der Zusammenarbeit mit Berufserfindern zur Einrichtung industrieller Forschungslaboratorien eingeleitet haben, in denen Wissenschaftler arbeiten, die sich auf die Zusammenarbeit mit der Industrie spezialisiert haben. Zum wertvollsten Kapital des Unternehmens gehörten von Anfang an Patente, zunächst die von Alexander Graham Bell. Die Strategie des Unternehmens drehte sich um den Erwerb von Patenten mit dem Ziel, eine Monopolstellung bei der Versorgung der Vereinigten Staaten mit einem umfassenden Telephondienst zu erringen. Mit der Einrichtung eines unerhört leistungsfähigen Telephonnetzes wollte das Unternehmen nach Möglichkeit jede Konkurrenz ausschalten. Bis zum Erlöschen der Hauptpatente von Alexander Graham Bell in den Jahren 1893 und 1894 ging die Bell Company wiederholt und mit Erfolg gerichtlich gegen potentielle Konkurrenten wegen Verletzung des Patentrechts vor, und zwar in wenigstens sechshundert Fällen. Bei einer Gelegenheit, als das Oberste Bundesgericht mit nur vier gegen drei Stimmen zugunsten der Bell Company entschied, atmeten die Bostoner, die das Unternehmen leiteten, erleichtert auf, erkannten aber so deutlich wie noch nie, wie sehr sie auf die Sicherung ihrer Patentrechte und geschickte Patentanwälte angewiesen waren, gar nicht zu reden von den Erfindern der patentierten Geräte und Verfahren. Die Strategie des gerichtlichen Vorgehens wegen Verletzung des Patentrechts war jedoch so erfolgreich, daß ein Patentanwalt von Bell 1891 erklärte: «Die Bell Company hatte ein Monopol, das einträglicher und umfassender – und verhaßter – war als jedes andere, das jemals durch ein Patent gesichert worden ist.»[17]

Als die Hauptpatente erloschen, mußte die Bell Company 1894 entscheiden, ob sie in der Folgezeit Patente von selbständigen Erfindern kaufen oder dazu übergehen sollte, die Erfindungen durch Angestellte in der technischen Abteilung des Unternehmens machen und patentieren zu lassen. Bisher verfügte sie noch nicht über ein Forschungslaboratorium, in dem eigene Wissenschaftler und Techniker arbeiteten. Bis nach der Jahrhundertwende arbeitete das Unternehmen vor allem mit selbständigen Erfindern zusammen und verwendete bei der Weiterentwicklung seiner Anlagen nicht die Erfindungen eigener Angestellter. 1884 richtete die Bell Company eine «technische Abteilung» ein. Dazu übernahm sie die Modellwerkstatt von Charles Williams in Boston, die gleiche Werkstatt, in der Bell und Edison experimentiert hatten. Nach 1894 wurde die technische Abteilung des Unternehmens wesentlich vergrößert. Ihre Hauptaufgaben bestanden allerdings darin, Apparate und Installationen zu entwerfen, Ausrüstungen und Dienstleistungen zu verbessern, Zubehör und anderes Material zu prüfen und Erfindungen der kommerziellen Nutzung anzupassen, nicht aber selbst Erfindungen zu machen. Zu den Problemen, um deren Lösung sich die Bell Company vor 1900 bemühte, gehörten die Herstellung möglichst leistungsfähiger Stromleitungen und Schaltungen, die Verringerung von Leitungsstörungen und Überlagerungen, der Ersatz von geerdeten Eindrahtleitungen durch aus zwei Drähten bestehende Ganzmetalleitungen und das Verlegen von Erdkabeln als Reaktion auf den von der Legislative ausgehenden Druck.[18] Diese Systemverbesserungen erforderten physikalische Kenntnisse, aber der Chefingenieur der American Telephone and Telegraph Company und Doktor der Physik Hammond V. Hayes konnte dem Präsidenten des Unternehmens 1906 immer noch schreiben:

«Unsere Abteilung bemüht sich in erster Linie um die Verbesserung der technischen Methoden. Niemand wird angestellt, der als Erfinder in der Lage wäre, neue Apparate und neue Modelle zu entwerfen. Deshalb wird es in vielen Fällen notwendig sein, Erfindungen von Personen außerhalb des Unternehmens zu kaufen... Allein die Tatsache, daß gegenwärtig jede bedeutende Erfindung aller Wahrscheinlichkeit nach von einem Mann kommen muß, der außergewöhnliche wissenschaftliche Leistungen vorweisen kann, würde den Unterhalt eines Laboratoriums unter der Leitung eines solchen Mannes zu einem höchst kostspieligen und wahrscheinlich unproduktiven Unternehmen machen.»[19]

Noch vor wenigen Jahren hatte Hayes den Physiker und Ingenieur John Stone Stone von der Johns Hopkins Universität entlassen, weil er zu sehr Erfinder und zu wenig Ingenieur war. Damals glaubten die Eigentümer und die Geschäftsführung der Bell Company, die Aufgabe der Universitäten sei es, zu forschen, während engagierte, selbständige und kreative Männer, die sich von anderen nichts sagen ließen, Erfindungen machen sollten, aber außerhalb der von der Industrie eingerichteten Laboratorien.[20] Die Direktoren des Unternehmens waren überzeugt, daß AT & T, die Tochtergesellschaft der Bell Company, die für den technischen Ausbau des Fernsprechnetzes verantwortlich war, ihre führende Stellung behalten werde, wenn sie – oft für wenige hundert Dollar – «eintausendundein kleine Patente und Erfindungen» erwerbe, und zwar in den meisten Fällen von Erfindern außerhalb des Unternehmens.[21] So groß war der Eindruck, den die Leistungen von Edison, Elihu Thomson, Tesla und der anderen selbständigen Erfinder hinterlassen hatten. Die Direktoren glaubten, die angestellten Erfinder könnten das bestehende System zwar verbessern, aber nicht die radikalen, bahnbrechenden Erfindungen machen, welche die Grundlage für neue Systeme bildeten.

Der Universitätsprofessor und selbständige Erfinder Michael Pupin trug dazu bei, die Auffassung zu bestätigen, daß bedeutende Erfindungen nur außerhalb des Unternehmens gemacht werden könnten. 1900 verkaufte er der Bell Company ein Patent, mit dem das Unternehmen in einem Zeitraum

Michael Pupin (1858–1935).

von 25 Jahren schätzungsweise $100 Millionen gespart hat. Pupin, der als Professor für Elektrotechnik an der Columbia Universität lehrte, entsprach dem Image des großen, genialen Erfinders aus der zweiten Hälfte des 19. Jahrhunderts. Als Sohn einer Bauernfamilie kam Pupin 1874 in die Vereinigten Staaten, studierte mit Fleiß und Hingabe an der Columbia Universität und wurde 1901 an der gleichen Lehranstalt Professor für Elektromechanik. Er erzählte die Geschichte seines Erfolgs in Amerika in einem vielgelesenen Buch mit dem Titel *Immigrant to Inventor* (1923). Darin berichtete er in romantisierender und ein wenig simpler Art über die Erfindung seiner Ladungsspule oder Pupinspule. Die Idee dazu sei ihm etwa 1894 beim Bergsteigen in der Schweiz gekommen. Auch Armstrong erlebte, wie wir uns erinnern werden, einen Geistesblitz beim Bergsteigen. 1900 verkaufte Pupin das Patent aus seiner alpinen Inspiration an die AT & T für $185 000 und die zusätzliche jährliche Zahlung von $15 000 für die Laufzeit eines Patents, was ihm in den folgenden 17 Jahren, solange das Patent geschützt war, $255 000 einbrachte. Das Unternehmen erklärte sich einverstanden, Pupin die vereinbarte Summe schon zu zahlen, bevor die gerichtliche Entscheidung über einen Einspruch gegen die Erteilung des Patents entschieden war. Das war deshalb bemerkenswert, weil als Begründung ein Patent für eine ähnliche Ladungsspule angegeben wurde, die George Campbell, ein für die AT & T arbeitender Wissenschaftler, erfunden hatte. Die Patentanwälte von Bell fürchteten, daß der leicht erregbare Pupin, der über einen großen Freundeskreis verfügte, den Prozeß gegen den mit ihm konkurrierenden Wissenschaftler Campbell verlieren werde, weil Pupin als selbständiger Erfinder und Einwanderer, der es zu etwas gebracht hatte, hier gegen ein großes, monopolistisches und «allgemein verhaßtes» Unternehmen auftrat. Pupin gewann den Prozeß 1903, zum Teil weil der Patentanwalt der Firma, W.W. Swan, die Patentanmeldung in einer unzureichenden Form eingereicht hatte. In der Annahme, daß der Prüfungsausschuß und die Richter ebenso wie er selbst größeren Wert auf die technische Beschreibung als auf die mathematische Erläuterung legen würden, veranlaßte Swan den Erfinder Campbell, seine sehr gründliche mathematische Beschreibung der Erfindung fortzulassen. In der Begründung des Gerichts für seine Entscheidung zugunsten von Pupin, dessen Patentanmeldung auch die mathematische Beschreibung enthielt, hieß es:

«(Es war) Campbells Methode, den Fachleuten den Zugang zu den Erkenntnissen zu verwehren, die er durch seine Experimente gewonnen hatte, und auf mathematische Erläuterungen zu verzichten, um mit jedem Satz anzudeuten, daß eine mathematische Gleichung gar nicht entschieden genug abgelehnt werden kann.»[22]

Daß die AT & T so großen Wert darauf legte, das Patent von Pupin nicht an einen Konkurrenten zu verlieren, lag daran, daß er vorausgesagt hatte, mit den Ladungsspulen könne man allein bei den Fernsprechleitungen von New York City $1 Million sparen. Außerdem werde die Bell Company damit beim Ausbau von Fernsprechleitungen über große Strecken einen durch ein Patent geschützten Vorsprung haben.[23] Bei der praktischen Anwendung löste die Ladungsspule ein kritisches Problem und ermöglichte es der AT & T, Fernsprechleitungen über Entfernungen von mehr als 1930 Kilometer zu bauen. Das war die Entfernung von Boston nach Chicago. Mit dem Einbau von Ladungsspulen in den Telephonleitungen ließen sich die Länge dieser Leitungen verdoppeln und die Kosten verringern. Ladungsspulen erwiesen sich während der vierzig Jahre zwischen der ersten Erfindung von Bell und der Einführung elektronischer Verstärker als die bedeutendste Erfindung auf diesem Gebiet. Obwohl die erfolgreiche Arbeit von Pupin, einem Außenseiter, die Auffassung des Unternehmens zu rechtfertigen schien, daß es richtig sei, mit solchen Leuten zusammenzuarbeiten, war diese Episode für Bell in mancher Hinsicht sehr lehrreich. Weder Pupin noch Campbell hätten Ladungsspulen ohne physikalische Grundkenntnisse und die Fähigkeit, komplizierte mathematische Berechnungen vorzunehmen, erfinden oder entwickeln können. Beide gingen von den fundamentalen wissenschaftlichen Untersuchungen der Elektrodynamik und der Wellentheorie bei Hochspannungsleitungen durch den schottischen Physiker James Clerk Maxwell und den britischen Physiker und Ingenieur Oliver Heaviside aus. 1893 hatte Heaviside behauptet, daß der Selbstinduktionskoeffizient die Verzerrung bei der Signalübermittlung verringert. Das war das Wesentliche an der Erfindung der Ladungsspulen von Campbell und Pupin. Sie hatten also nicht nur über bestimmte Grundkenntnisse verfügen müssen, wie sie in Maxwells *A Treatise on Electricity and Magnetism* vermittelt werden, sondern Campbell ist bei der Festlegung der Zahl und Entfernung von Ladungsspulen an Telephonleitungen nicht empirisch vorgegangen und hat sich dabei auch nicht auf den Zufall verlassen, sondern hat diese Entscheidung aufgrund seiner umfassenden Kenntnis und der mathematischen Darstellungen der Eigenschaften von Ladungsspulen und Telephonleitungen getroffen. Sein theoretisches Verständnis führte zu wesentlichen praktischen Verbesserungen und erheblichen Ersparnissen an kostspieligem Kupfer für Spulen und Leitungen.[24] Der Einfallsreichtum bei den mit großem Fachwissen durchgeführten Experimenten wurde zum Kennzeichen der führenden Betriebslaboratorien.

Die neue Geschäftsleitung von AT & T, die eingesetzt wurde, nachdem ein Bankensyndikat unter dem Anlagebankier J.P. Morgan das Unternehmen während der Finanzkrise von 1907 übernommen hatte, kannte sehr genau die Beziehungen zwischen Naturwissenschaften und Geld.[25] Im Jahr 1900 wurde die AT & T zur Dachgesellschaft des Bell-Systems. Morgan, der bei der Gründung von General Electric und U.S. Steel eine wesentliche Rolle gespielt hatte, wollte es erreichen, daß die AT & T das gesamte amerikanische Fernmeldewesen beherrschte, und zwar sowohl das Telephon- als auch das Telegraphennetz. Auf Wunsch von Morgan übernahm Theodore N. Vail das Amt des Präsidenten. Sein Motto für AT & T war: «Eine Unternehmenspolitik, ein System, umfassender Service». Mit anderen Worten bedeutete das die beherrschende Stellung oder sogar das Monopol für das Fernsprechnetz in den gesamten Vereinigten Staaten. Vorher hatte sich Vail mit der Standardisierung und Systematisierung auf dem Gebiet des Dienstleistungsgeschäftes einen Namen gemacht. Von 1878 bis 1887 war er Hauptgeschäftsführer der Bell Telephone Company gewesen und hatte die AT & T gegründet, wo er Präsident wurde, bis er sich 1887 zur Ruhe setzte. Nachdem Vail 1907 Präsident geworden war, ernannte er John J. Carty zum Chefingenieur. Zwar hatte Carty keine akademische Ausbildung als Ingenieur genossen, sich jedoch in der Firma vom Telephonisten bis in seine Stellung als leitender Ingenieur hinaufgearbeitet. Während dieser Zeit hatte er mehr als 24 seiner Erfindungen patentieren lassen. Als Chefingenieur sah er es als seine Aufgabe an, die wissenschaftliche Forschung innerhalb des Unternehmens zu fördern, ohne sich selbst aktiv als Forscher zu betätigen. Er erkannte sehr deutlich, eine wie wichtige Rolle die Wissenschaft und die Wissenschaftler dabei spielten, die Unternehmenspolitik seiner Firma zu verwirklichen und den telephonischen Fernverkehr in den Vereinigten Staaten mit einem durch Patente geschützten

John J. Carty von der AT & T, der das Projekt für eine transkontinentale Telephonverbindung leitete.

einzigartigen und verbesserten Kundendienst zu beherrschen.[26] Außerdem wußte er, daß das Unternehmen mit solchen Dienstleistungen Geld sparen konnte. Die Finanziers und Direktoren großer Firmen sahen in den Wissenschaftlern schon lange nicht mehr langhaarige Phantasten aus einer anderen Welt, wie das in Amerika noch zur Zeit der großen Erfolge Edisons der Fall gewesen war.

1907 betrieb das Unternehmen etwa die Hälfte aller Telephone in den Vereinigten Staaten, während die Konkurrenten in den meisten Fällen nur Ortsgespräche und keine Ferngespräche anboten. Der Chefingenieur Carty hatte instinktiv erkannt, daß es beim Entwickeln von Systemen vor allem darauf ankam, ganz bestimmte Ziele zu definieren, und erklärte deshalb, daß die AT & T 1914 zur Eröffnung der Panama-Pazifik-Ausstellung eine Telephonverbindung zwischen der amerikanischen Ost- und Westküste hergestellt haben werde. (Die Ausstellungseröffnung verzögerte sich bis 1915.) Obwohl es die von Pupin und Campbell entwickelte Ladungsspule ermöglichte, eine Telephonleitung bis nach Denver, Colorado, zu bauen und in Betrieb zu nehmen, war es ohne einen funktionsfähigen Verstärker noch

nicht möglich, eine telephonische Verbindung von der Ostküste zur Westküste herzustellen. Carty erklärte, das Problem erfordere «besonders umfangreiche und umfassende Untersuchungen im Laboratorium».[27] Nachdem
er vergeblich versucht hatte, mit Hilfe des Lichtbogens und magnetischen
oder elektromechanischen Geräten einen Verstärkereffekt zu erzielen, kam
Carty nach einem Gespräch mit seinem Assistenten Frank Jewett, einem
ehemaligen Dozenten für Physik und Elektrotechnik am Massachusetts Institute of Technology, der an der Universität von Chicago den Doktorgrad in
Physik erworben hatte, zu der Überzeugung, daß es darauf ankam, einen
Verstärker zu entwickeln, in dem Elektronenentladungen die gewünschte
Wirkung erzielten, und dies das kritische Problem sei. Da die Elektronenentladung erst jüngst entdeckt und dieses Phänomen noch nicht gründlich untersucht worden war, empfahl Jewett die Einstellung ausgebildeter Physiker, die
mit den neuesten Erkenntnissen auf dem Gebiet der Molekularphysik vertraut sein mußten. Jewett, der unter dem Physiker Robert Millikan an der
Universität von Chicago studiert hatte und wußte, daß Millikan an der Elektronenentladung gearbeitet hatte, bat ihn, der AT & T «einen, zwei oder
sogar drei der besten jungen Doktoranden zu empfehlen, die bei Ihnen gearbeitet haben und genau mit Ihrem Wissensgebiet vertraut sind»[28]. Für diese
jungen Physiker richteten Carty und Jewett 1911 eine besondere Forschungsabteilung ein. Damals hatte sich in der technischen Forschung schon einiges
geändert: Man sprach nicht mehr davon, daß ein Verstärker *erfunden* werden
müsse, wie das früher üblich gewesen war, sondern man erwartete, daß sich
in der Praxis anwendbare Entdeckungen aus der Grundlagenforschung ergeben würden.

Der Bau einer Fernsprechleitung von Osten nach Westen über den ganzen
nordamerikanischen Kontinent und die Entwicklung eines elektronischen
Verstärkers, der die Verwirklichung dieses Vorhabens ermöglichte, sind ein
bemerkenswertes Beispiel für die historische Kontinuität. Die Erfinder traten
nicht plötzlich von der Bühne ab, um den für die Industrie arbeitenden Wissenschaftlern Platz zu machen, und auch ihre Methode, in unerforschten
Gebieten nach neuen Ideen für ihre Erfindungen zu suchen, wich nicht dem
systematischen Forschen der Wissenschaft, sondern die Schöpfung eines selbständigen Erfinders, die dann von den Wissenschaflern verfeinert und ausgebaut wurde, löste das Problem. Im Oktober 1912 beauftragte Jewett, der
erkannt hatte, daß die von de Forest erfundene elektronische Dreielementen-
vakuumröhre als Verstärker wirken könnte, den Wissenschafler H.H. Arnold
von der Forschungsabteilung, die Wirkungsweise dieser Röhre zu analysieren. De Forest hatte die Röhre als Empfangsgerät erfunden und nicht als
Verstärker. In den Überzeugungen, daß sich die Röhre als hervorragender
Verstärker erweisen könnte, kaufte die AT & T die Rechte auf das Patent von
de Forest. Während der folgenden drei Jahre arbeiteten 25 Forscher und ihre
Assistenten an dem Audion- oder Triodenverstärker-Projekt. Ausgehend von

*Frank Jewett wurde 1925 Präsident
der Bell Telephone Laboratories.*

ihren Erkenntnissen hinsichtlich der Wirkungsweise der elektronischen Verstärkung, über die de Forest nicht verfügte, verwandelten sie «das schwache,
unzuverlässig arbeitende und kaum verstandene Audion in den leistungsfähigen und zuverlässigen Triodenverstärker, den das Bell-System brauchte».[29]
Bei dieser Arbeit stellte Carty die höchsten Anforderungen an sich selbst, die
an der Fernleitung arbeitenden Ingenieure und die Forschungsabteilung. Am
25. Januar 1915 sprach Bell mit seinem ehemaligen Assistenten Thomas
Watson in San Francisco aus Anlaß der Panama-Pazifik-Ausstellung und demonstrierte damit das Gelingen seines Projekts. Der Physiker Millikan kom-
mentierte dieses Ereignis und sagte, «das Elektron – bis dahin eigentlich nur
ein Spielzeug der Wissenschaftler – war nun zu einer bewegenden Kraft
geworden, die es ermöglichte, dringende kommerzielle und industrielle Bedürfnisse des Menschen zu befriedigen».[30]

Whitney und das
General Electric Forschungslaboratorium

Die Leiter der Forschungslaboratorien in der amerikanischen Industrie wurden jetzt zu den Organisatoren der Erfindertätigkeit in Amerika, und die unter ihrer Anleitung arbeitenden Wissenschaftler stellten ihnen dabei ihre Kreativität zur Verfügung. Whitney, der das Laboratorium von General Electric leitete, war der angesehenste unter seinen Kollegen und «zweifellos der beliebteste all jener bemerkenswerten Männer, die als gekrönte Häupter der Forschung gefeiert werden».[31] Ebenso wie Edison hatte er eine ganz bestimmte Vorstellung von dem weltabgeschiedenen Ort, an dem der forschende Geist bis an die Grenzen des Erforschbaren vorstoßen konnte, um nach Lösungen für praktische Probleme zu suchen. Doch Edisons Vision hatte als eine Variation der Werkstatt des technischen Modellbauers und des chemischen Versuchslaboratoriums Gestalt angenommen, während Whitneys Konzept als Variation des akademischen Forschungslaboratoriums in Erscheinung trat. Die Ideale der akademischen Forschung hatten 1894 die Phantasie Whitneys beflügelt, als er sich in Deutschland an der Universität Leipzig auf seine Promotion vorbereitete. Er hatte sich als Dozent für Chemie am Massachusetts Institute of Technology beurlauben lassen, um bei Wilhelm Ostwald sein Doktorexamen abzulegen. Der angesehene Leipziger Professor für physikalische Chemie besaß alle die typischen Eigenschaften, die in der akademischen Welt, besonders in Amerika, Ende des 19. Jahrhunderts als Kennzeichen der Forschung und der wissenschaftlichen Gelehrsamkeit gefeiert wurden. Ostwald «ließ die engen Grenzen der Chemie und Physik weit hinter sich und war ein umfassend gebildeter Mann in den Bereichen der Philosophie, Literatur, Psychologie, Linguistik und Landschaftsmalerei». Ein anderer amerikanischer Student meinte, «ich sage Ihnen, er hat ein Wissen wie ein Bär. Er kennt nicht nur die Chemie, sondern auch die Physik in- und auswendig.»[32] Nach der neuen, in Deutschland entwickelten Methode umgab sich Ostwald mit Studenten und Assistenten, die hochspezialisierte Dissertationen verfaßten, die zu Bausteinen eines beeindruckenden naturwissenschaftlichen Gebäudes werden sollten. Die deutschen Universitäten legten Wert auf die Freiheit ihrer Professoren, auf den Gebieten zu forschen, die sie besonders interessierten. Diese Forschungen waren in vielen Fällen eine Suche nach fundamentalen und reinen Erkenntnissen ohne einen unmittelbaren kommerziellen oder praktischen Wert. Zugleich entschied sich eine zunehmend größer werdende Zahl von Professoren in den naturwissenschaftlichen Fächern, Grundlagenforschung zu betreiben, die für die Industrie ein kommerzielles Interesse hatten. Damit lieferten sie der Welt ein Modell, das Whitney und andere Pioniere der industriellen Forschung in Amerika entscheidend beeinflußt hat.

In den 1860er Jahren wandten sich die Direktoren der deutschen Farbenfabriken, von denen viele ein Chemiestudium an den Universitäten absolviert hatten, zunehmend an Universitätsprofessoren mit dem Ersuchen, ihre wachsenden theoretischen Erkenntnisse über chemische Verbindungen zur Entwicklung und Analyse neuer organischer Farben zu verwenden. Die Zusammenarbeit der Industrie mit den Akademikern bei der Entwicklung synthetischer Anilin- und Alizarinfarben gestaltete sich so erfolgreich, daß die chemischen Fabriken unter der Führung von Friedrich Bayer & Co. firmeneigene Laboratorien einrichteten und wissenschaftliche Forscher anstellten, um Forschung und Entwicklung von Farbstoffen auf eine systematische und dauerhafte Basis zu stellen. Die Reform des deutschen Patentrechts von 1877 ermutigte zudem die industrielle Forschung, denn es garantierte den Unternehmen den Schutz ihrer Erfindungen und ermöglichte ihnen, mit diesen Erfindungen eine Monopolstellung auf den Märkten zu gewinnen. Die deutschen Industrielaboratorien und die Erfindertätigkeit der akademisch ausgebildeten Forschungswissenschaftler in der Industrie und an den Universitäten zeigten der Welt, welche kommerziellen Vorteile die Zusammenarbeit zwischen Wissenschaft und Industrie bringen konnte.[33] Nicht nur das Beispiel, das Edison ihnen mit seinem Laboratorium in Menlo Park gegeben hatte, sondern auch das deutsche Beispiel regten Whitney und andere nach der Jahrhundertwende an, amerikanische Industrielaboratorien einzurichten.

Nach seiner Rückkehr zum Massachusetts Institute of Technology beschäftigte sich Whitney vor allem mit Forschungsproblemen, welche die Industrie interessierten. Er stellte die entsprechenden Fragen, verzichtete aber darauf, die Ergebnisse seiner Untersuchungen ständig in wissenschaftlichen Zeitschriften zu veröffentlichen, ein Verfahren, das seinen Aufstieg auf der akademischen Stufenleiter wahrscheinlich beschleunigt hätte.[34] 1899 tat er sich mit Arthur A. Noyens, einem erfahrenen Chemieprofessor am MIT, zusammen, um ein Verfahren für die Herstellung wirksamer industrieller Lösungsmittel zu entwickeln und eine kleine, aber sehr gewinnbringende chemische Fabrik zu gründen, die dieses Verfahren anwenden sollte. Anfang 1901 hatte Whitney mit dieser Fabrik einen Gewinn von mehr als $20 000 erzielt. Das war etwas das Zehnfache seines Gehalts beim MIT. Zu einer Zeit, da die Brücken zwischen der akademischen Welt und der Industrie gebaut wurden, muß dieser kommerzielle Erfolg seines ersten eigenen Unternehmens den jungen Whitney davon überzeugt haben, daß es richtig sei, den Beruf zu wechseln. Die Gelegenheit ergab sich als Folge von Initiativen des Chefberaters von General Electric, des Forschungsingenieurs und Mathematikers Steinmetz. Als Sohn eines kleinen Eisenbahnbeamten in der deutschen Stadt Breslau geboren, hatte Steinmetz an der Breslauer Universität Mathematik studiert und an dem berühmten Polytechnischen Institut in Zürich an Lehrveranstaltungen im Fach Maschinenbau teilgenommen, bevor er 1889 in die Vereinigten Staaten auswanderte. Zehn Jahre später war er technischer Chefberater bei General Electric in Schenectady geworden. Steinmetz, dessen

Der junge Willis R. Whitney (1868–1958).

Intelligenz, äußere Erscheinung, exzentrische Gewohnheiten und sozialistische politische Neigungen ihn zu einer bemerkenswerten Gestalt in der amerikanischen Geschichte gemacht haben, führte amerikanische Ingenieure in
die fortgeschrittenen mathematischen Analyseverfahren für mit Wechselstrom arbeitende elektrische Leitungssysteme ein. Diese Methoden erleichterten es den anderen Ingenieuren bei General Electric ganz wesentlich, ihre
technischen Probleme zu lösen. Der bei seinen Vorlesungen mit der Zigarre in
der Hand vor der großen Tafel stehende Steinmetz, der hier mit mathematischen Symbolen die Lösung akuter industrieller Probleme erläuterte, hinter-
ließ bei einer ganzen Generation von Elektroingenieuren einen unauslöschlichen Eindruck. Der leidenschaftliche Zigarrenraucher Steinmetz, dem es besonderes Vergnügen bereitete, andere Menschen aufs Glatteis zu führen, der
sich als Sozialist bei den Gemeindewahlen in Schenectady um ein öffentliches
Amt bewarb und der durch seinen starken Buckel auffiel, war ein in jeder
Beziehung auffallender Außenseiter unter den Ingenieuren und Industriellen
und ließ sich mit dem verhältnismäßig soliden Whitney kaum vergleichen.
Die Geschäftsleitung von General Electric beauftragte Steinmetz mit der Leitung einer halbautonomen Abteilung für technische Beratung und gewährte
ihm das Privileg, auch dort seine Zigarre rauchen zu dürfen, wo es anderen
verboten war.

Er kannte die bemerkenswerten Erfolge der für die Industrie arbeitenden Forscher in Deutschland und hielt es für unbedingt notwendig, daß General Electric dem deutschen Beispiel folgte. Um die Jahrhundertwende erfuhr Steinmetz, daß europäische Wissenschaftler, besonders Physiker und Chemiker, die zum Teil in Laboratorien der Industrie arbeiteten, zum Teil aber auch an Universitäten, sich Glühfäden für Glühlampen patentieren ließen, mit denen sie bald auf dem amerikanischen Markt zu gefährlichen Konkurrenten werden könnten. Er schrieb an die Geschäftsleitung von General Electric und schlug vor, ein chemisches Forschungslaboratorium einzurichten, das sich auf das Beleuchtungsproblem konzentrieren, aber «in der übrigen Zeit» auch allgemeine chemische Forschungen betreiben sollte. Da er wußte, welchen praktischen Wert die Grundlagenforschung hatte, und er das Laboratorium von den Fesseln der Kurzzeitprobleme befreien wollte, bestand er darauf, daß dieses Versuchslaboratorium «vollkommen getrennt von der Fabrik» eingerichtet werden sollte.[35] Er wünschte sich ein Laboratorium, wo «jeder, der von Aufträgen oder Umsätzen spricht, hinausgeworfen wird».[36] Ganz bewußt schickte Steinmetz eine Abschrift seines Vorschlags an Albert Davis, den Patentanwalt des Unternehmens, der sich sehr wohl der Tatsache bewußt war, daß sich General Electric im Hinblick auf die Patente in einer äußerst gefährlichen Lage befand, nachdem die Hauptpatente Edisons für Glühlampen nach 1895 erloschen waren. Ganz ähnlich wie Bell Telephone vor 1900 hatte auch die General Electric Company versucht, ihren Vorsprung zu halten, indem sie die Patente kaufte und die Dienste selbständiger Erfinder in Anspruch nahm, aber dabei mußte das Unternehmen gelegentlich feststellen, daß es für die Patentrechte mehr bezahlte, als die Gehälter der Mitarbeiter in einem kleinen Laboratorium kosten würden. Hier wird man an den Fall Pupin und Bell erinnert. Thomson, der ehemalige selbständige Erfinder und spätere Begründer der Thomson-Houston Company und der General Electric Company begrüßte ebenfalls diesen Vorschlag und sagte, die Aufgabe des Laboratoriums werde es sein, «neue Grundsätze kommerziell verwertbar zu machen und sogar solche Grundsätze zu entdecken».[37] Anders als der dogmatische Edison erkannte Thomson bereitwillig die Bedeutung theoretischen Wissens an.

Als Chef des Laboratoriums brauchte Steinmetz einen Chemiker mit Sinn für das Praktische. Deshalb bat er den Physikprofessor Charles R. Cross vom Massachusetts Institute of Technology, ihm eine entsprechende Persönlichkeit zu empfehlen. Cross schlug Whitney vor, den er für einen der besten Dozenten für Chemie am MIT hielt. Als sich General Electric an Whitney wandte, hatte dieser gewisse Zweifel. Er fürchtete, daß die Routinearbeit in der Industrie einen Wissenschaftler zu sehr belasten werde. Da er sich aber besonders für die Lösung praktischer Probleme interessierte und auf diesem Gebiet beachtliche Erfolge aufzuweisen hatte, und weil das MIT nur sehr niedrige Gehälter zahlte und man dort sehr geringe Aufstiegschancen hatte, erklärte er sich mit einem Versuch einverstanden, bei dem er nur an zwei Tagen in der Wochen arbeiten und in Schenectady ein Laboratorium einrichten wollte, während er seine Position beim MIT behielt. Das Honorar für die beiden wöchentlichen Arbeitstage in Schenectady entsprach seinem Jahresgehalt als Professor, und diese günstigen Bedingungen veranlaßten später auch noch andere Akademiker, Whitney nach Schenectady zu folgen. (Der Präsident des MIT hatte Whitney kurz bevor er das Angebot von General Electric bekam, gedemütigt, als er seine Bitte abgelehnt hatte, sein Jahresgehalt um $75 zu erhöhen.) Schon nach einem Jahr konnte Whitney befriedigt feststellen, daß seine neue Position ihm die Möglichkeit bot, seine schon seit langem gehegten ehrgeizigen Pläne auf dem Gebiet der wissenschaftlichen Forschung zu verwirklichen. Schon nach acht Monaten war er überzeugt, daß General Electric ihn nicht mit Routinearbeiten belasten werde. Er schrieb: «Nichts deutet darauf hin, daß die Leitung des Unternehmens ungeduldig werden könnte oder die Absicht hat, sich in meine Arbeit einzumischen.» 1901 schrieb er an einen Freund: «Jetzt wünsche ich mir nur noch, etwas wirklich Großes für ‹General Electric› zu leisten. Man gibt mir hier freie Hand, Geld auszugeben und zu experimentieren, soweit ich das kann, und wenn es mir nicht gelingen sollte, hier gute Arbeit zu leisten, wird bei meinem Tode ein dunkler Schatten über meiner Selbstachtung liegen.»[38] Zwar hat er in seiner neuen Stellung durchaus befriedigende Leistungen gezeigt, aber seine Stärke war nicht die wissenschaftliche Forschung, sondern die organisatorische Leitung des Laboratoriums, wo er die Fähigkeiten anderer einsetzen konnte, die bessere Voraussetzungen für die Arbeit als Forscher mitbrachten als er.

Whitney erkannte die Grenzen seiner Fähigkeiten als Forscher, nachdem er sich entschlossen hatte, an der Entwicklung einer leistungsfähigeren Glühlampe zu arbeiten, dem damals für General Electric dringendsten Problem. In Europa beschäftigten sich hervorragenden Physikochemiker mit der gleichen Frage und waren auf dem Weg zum Erfolg am weitesten vorangekommen. Der Österreicher Carl Auer von Welsbach, dessen Lehrer an der Heidelberger Universität der angesehene Chemiker Robert Bunsen gewesen war, hatte 1891 den Glühstrumpf für Glaslaternen erfunden. Die damit ausgestatteten Lampen brennen mit einem intensiven, nicht flackernden Licht und sind in abgewandelter Form noch heute im Gebrauch. Außer dem Glühstrumpf hat er auch die Glühlampe mit Glühfäden aus Osmium-Wolfram erfunden, eine entscheidende Verbesserung auf diesem Gebiet. Welsbachs Wissen im Bereich der relativ neuen Wissenschaft der physikalischen Chemie vermittelte ihm fundamentale Erkenntnis über die Eigenschaften des Materials, aus dem die metallischen Glühfäden hergestellt wurden, über die andere Erfinder, die sich nicht so intensiv mit der physikalischen Chemie beschäftigt hatten, nicht verfügten. Die deutschen Physikochemiker Walter Nernst und Werner von Bolton hatten ebenfalls brauchbare Glühlampen mit metallischen Glühfäden erfunden. Nernst, der als Professor an der Universität Göttingen wirkte,

Charles Steinmetz und Thomas Edison.

überließ seine Patentrechte für einen Glühfaden aus feuerfesten Metalloxiden der Allgemeinen Elektrizitäts-Gesellschaft, die bis 1907 siebeneinhalb Millionen Nernst-Glühlampen herstellte. Bolton, der ebenso wie Whitney bei Ostwald in Leipzig studiert hatte, überließ seine Patente dem deutschen Unternehmen Siemens & Halske, das elektrische Geräte herstellte und für das Bolton wissenschaftliche Forschung betrieb.

Dutzende von Wissenschaftlern und Erfindern entwickelten während dieser Zeit Glühfäden aus Metall aufgrund der neuesten Erkenntnisse auf dem

In dieses Holzhaus am Mohawk River zog sich Steinmetz zurück, um über die verschiedensten technischen und wissenschaftlichen Probleme nachzudenken.

Gebiet der physikalischen Chemie. Außerdem standen ihnen dazu moderne elektrische Schmelzöfen und reichlich seltene Erden zur Verfügung. Die Elektroindustrie hatte zudem festgestellt, daß die wenig haltbaren Kohlenstoffglühfäden die Kosten für die elektrischen Beleuchtungssysteme zu stark in die Höhe trieben.[39] Der elektrische Strom war in Europa teurer als in den Vereinigten Staaten, und daher erwarteten die europäischen Erfinder und die Elektroindustrie mit Recht, daß die Verbraucher mehr für Glühlampen bezahlen würden, die leistungsfähiger waren. Die von Bolton entwickelte Tantallampe konnte zum Beispiel für einen relativ günstigen Preis erzeugt werden und brachte eine um 15 Prozent bessere Leistung als die beste Kohlenfadenlampe von General Electric.[40]

Als die Westinghouse Company die Patentrechte für die Nernst-Lampe in den Vereinigten Staaten erwarb, war die Bedrohung der Position von General Electric auf dem Gebiet der Herstellung von elektrischen Beleuchtungskörpern nicht zu übersehen. Solange das Unternehmen nichts anderes anzubieten hatte als die Kohlenfadenlampe, mußte es mit der Möglichkeit rechnen, seine beherrschende und gewinnbringende Stellung auf dem Lampenmarkt zu verlieren. General Electric mußte entweder mit vergleichbaren Glühfäden, die von Whitney und seinen Mitarbeitern in dem neuen Laboratorium entwickelt wurden, aufwarten können, oder sah sich gezwungen, trotz des hohen Preises europäische Patente zu erwerben, und um dieser Alternative auszuweichen, war das Laboratorium von Whitney eingerichtet worden. 1904 bot die Firma Siemens & Halske der General Electric Company die Bolton-Lampe an, aber zu einem so hohen Preis, daß Whitney eine verbesserte Kohlenfadenlampe entwickelte, die sogenannte GEM, um schließlich nach intensiven Bemühungen einen Wolfram-Glühfaden zu erfinden. Als die Arbeit an dem Wolfram-Glühfaden nur sehr langsam vorankam, schickte Edwin Rice, der Vizepräsident von General Electric und ehemalige Laborassistent von Thomson, besorgt um den Vorsprung der Europäer, Whitney 1906 nach Europa, damit dieser sich dort aus erster Hand mit der Situation vertraut machen konnte. Nachdem er sein mit einer Welsbach-Lampe beleuchtetes deutsches Hotelzimmer gefunden und die Firma Auer aufgesucht hatte, die sie herstellte, empfahl Whitney der General Electric Company, die Rechte des Herstellungsverfahrens zu kaufen. Außerdem riet er dem Unternehmen, sich die Rechte zum Erwerb des gleichen Tantals zu sichern, das Siemens & Halske für die von Bolton entwickelten Glühfäden verwendete. Der einzige Trost für Whitney bei diesen Transaktionen war die Tatsache, daß General Electric

Das erste Forschungslaboratorium von General Electric.

während der Verhandlungen über den Preis gewisse Fortschritte bei der Entwicklung von Wolfram-Glühfäden im eigenen Laboratorium nachweisen konnte. Trotzdem mußte die General Electric Company an Siemens & Halske für die Rechte, den Tantaldraht zu kaufen, $250 000, und der Firma Auer (Welsbach) für die Rechte auf das Verfahren $100 000 bezahlen. «Das waren die Kosten, die durch die Einrichtung des eigenen Laboratoriums hätten erspart werden sollen.»[41]

Whitney übernahm die persönliche Verantwortung für die Anpassung des von der Firma Auer für die Herstellung und den Gebrauch der Glühlampen verwendeten Verfahrens an die amerikanischen Verhältnisse, wo zum Beispiel die elektrischen Beleuchtungskörper mit Wechselstrom niedrigerer Voltzahlen gespeist wurden und nicht mit Gleichstrom. Aber schon 1907 hatte er eine Reihe von Enttäuschungen erlebt. Ein Kollege bemitleidete ihn: «Es tut mir fast leid, daß Whitney die deutsche Methode übernommen hat... denn er hat die größten Schwierigkeiten damit.»[42] Schließlich bat die Geschäftsführung Whitney, seine Versuche aufzugeben, in die das Unternehmen – und er – so viel investiert hatten, und es mit einem anderen europäischen Verfahren zu versuchen, das Whitney 1906 abgelehnt hatte. Sein Gefühl, versagt zu haben, machte sich noch schmerzlicher bemerkbar, als das Unternehmen wegen der Wirtschaftskrise von 1907 entschied, ein Drittel der Mitarbeiter des Laboratoriums zu entlassen, deren Zahl inzwischen auf einhundertfünfzig Personen angestiegen war. Wenige Tage nach Erhalt dieser schlechten Nachricht wurde Whitney todkrank ins Krankenhaus eingeliefert. Man führte seinen Zusammenbruch auf eine lange unbehandelte Blinddarmentzündung zurück, aber sein Zustand war mit Sicherheit durch körperliche und geistige Überanstrengung verschlimmert worden. Er mußte eine lange Ruhepause einlegen und nahm einen dreimonatigen Erholungsurlaub in Florida. Er dachte allen Ernstes daran, seinen Posten als Direktor des Forschungslaboratoriums aufzugeben und Arzt zu werden.

Doch dann gelang es den Kollegen, die er in das Laboratorium gebracht und dort so verständnisvoll unterstützt hatte, bei der Entwicklung der Glühfäden einige entscheidende Fortschritte zu machen. Whitney hatte den Physiker William D. Coolidge, der ebenso wie er selbst in Leipzig promoviert hatte und am Massachusetts Institute of Technology Dozent für physikalische Chemie gewesen war, als zweiten Direktor des Laboratoriums gewonnen. 1910 gelang es ihm, Irving Langmuir in das Laboratorium zu holen, einen 29jährigen Chemiker, der sein Doktorexamen an der Universität Göttingen unter Walter Nernst, dem Erfinder der Lampe, abgelegt hatte. Langmuir, der am Stevens Institute of Technology in New Jersey für ein geringes Gehalt einen sehr umfangreichen Lehrauftrag erledigen mußte, hätte sehr viel lieber in der wissenschaftlichen Forschung gearbeitet und bat Whitney 1909, ihm die Möglichkeit zu verschaffen, während des Sommers im Laboratorium von General Electric zu arbeiten. Er hoffte, daß Whitney ihm dann eine Dauer-

1	Julius E. Ober	10	Alex M. Jackson
2	Wm Weedon	11	Emery G. Gilson
3	Lawrence E. Barringer	12	Samuel Ferguson (Hartford Co)
4	Chas F. Lindsay	13	?
5	Edna May Best (1st Woman Chemist)	14	Otto Kauk
6	Chas P. Steinmetz	15	? Harden
7	Willis R. Whitney	16	Wm C. Larson
8	Ralph C. Robinson	17	Howard Wood
9	Robt S. Russell	18	Ezekiel Weintraub

Die Mitarbeiter im Laboratorium von General Electric, 1904. Die Nummern 5,
6 und 7 bezeichnen Edna May Best (die erste Frau, die als Chemikerin bei
General Electric gearbeitet hat), Charles Steinmetz und Willis R. Whitney.

stellung anbieten würde. Seine Hoffnung erfüllte sich, und man bot ihm eine
unerwartet hochbezahlte Stellung an, aber Langmuir wollte nur so lange bei
General Electric bleiben, bis er «eine wirklich gute Position an einer Universität» gefunden hatte. Aber er blieb und wendete bei seinen Forschungen an
technischen Geräten die Techniken an, die er auf der Universität bei der
Untersuchung von in der Natur vorkommenden Objekten gelernt hatte.[43]
    Auf Anregung von Whitney konzentrierten sich Coolidge und Langmuir
auf die Erforschung der Eigenschaften des Metalls Wolfram. 1909, zwei Jahre
nachdem Whitney an dieser Aufgabe verzweifelt war, fand Coolidge die Möglichkeit, das Wolfram durch heißes Schmieden und allmähliche Abkühlung
ausziehbar zu machen,[44] und einige Jahre später entwickelte Langmuir, der
Geschmack an der ausreichend finanzierten Forschungsarbeit bei General
Electric gefunden hatte, die mit Gas gefüllte und nach dem persischen Gott
des Lichts so benannte Mazda-Glühlampe. Diese Wolfram-Lampe sicherte
General Electric praktisch wieder das Monopol in der Lampenindustrie. In
den 1920er Jahren erzielte das Unternehmen damit Jahresgewinne von mehr
als $30 Millionen. Das waren 30 Prozent dessen, was in das Lampengeschäft
investiert worden war.[45] 1928 machte General Electric 96 Prozent des Um-

satzes für Glühlampen in den Vereinigten Staaten.[46] Langmuir, der auch weiterhin die fundamentalen Mechanismen der chemischen Oberflächenreaktionen erforschte, welche die Herstellung der Mazda-Lampe ermöglicht hatten, wurde 1932 für diese Arbeit mit dem Nobelpreis ausgezeichnet. Whitney war nun zu einem der angesehensten Laboratoriumsdirektoren in den Vereinigten Staaten geworden, denn unter seiner Leitung waren eine Reihe bahnbrechender patentierter Erfindungen und Entwicklungen entstanden wie Röntgenröhren, elektronische Röhren und andere von General Electric hergestellte Geräte. Schon 1910 konnte er behaupten, daß der Jahresumsatz der in seinem Laboratorium entstandenen Produkte $2,4 Millionen betrug und daß sich die Einrichtung des Laboratoriums schon amortisiert hätte, wenn nur 7 Prozent dieser Umsätze den Erfolgen seiner Wissenschaftler und Erfinder zu verdanken wären.[47]

Whitney hatte seinen Beruf als wissenschaftlicher Forscher aufgegeben, um andere bei dieser Arbeit anzuleiten.[48] Es war ihm nicht gelungen, als akademischer Forscher und Lehrer das zu erreichen, wovon er in Deutschland

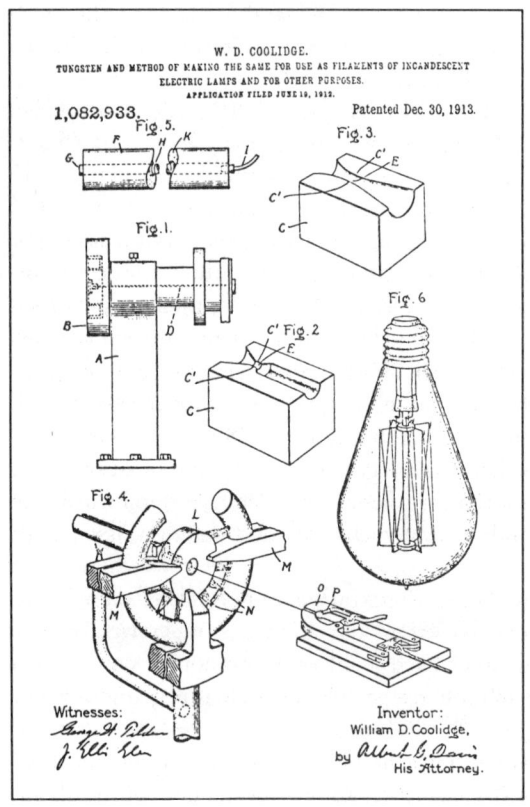

Patentschrift für William Coolidge für eine Methode, Glühfäden aus Wolfram herzustellen.

geträumt hatte. Nach seiner Erkrankung im Jahr 1907 erkannte er deutlich, welche Aufgabe im zufiel, und diese Erkenntnis drückte sich symbolisch in den Worten aus, die man auf einer Tafel an seiner stets offenen Tür lesen konnte: «Kommen Sie herein, ob es regnet oder die Sonne scheint.» So war es ihm praktisch unmöglich, die Zeit zum Nachdenken und Experimentieren zu erübrigen, die er für die wissenschaftliche Arbeit gebraucht hätte. Wenn er sagte, «ich möchte lieber ein kleiner Moses als ein großer Jeremias sein», dann dürfen wir annehmen, daß er ohne großes Bedauern die Aufgabe übernommen hat, andere zu fördern, die für die Forschung bessere Voraussetzungen mitbrachten als er selbst. Bald nachdem er angefangen hatte, für General Electric zu arbeiten, schrieb Langmuir an seine Mutter, er sei häufig mit «Dr. Whitney» zusammen. Whitney schrieb in sein Tagebuch, er berücksichtige im Umgang mit seinen Mitarbeitern deren Persönlichkeit. Wer zu Zweifeln neige, müsse rücksichtslos angetrieben werden, während die allzu Selbstsicheren einer detaillierten Kritik bedürften. Ihr «wahrscheinlich größeres Interesse und Selbstvertrauen wird dann wahrscheinlich eher zu Erfolgen führen»[49].

Als Laboratoriumsdirektor reagierte Whitney auch sehr verständnisvoll, wenn die Wissenschaftler nicht recht wußten, ob sie ihre akademische Laufbahn aufgeben und ganz zu General Electric überwechseln sollten. Sie fühlten sich immer noch der Tradition der Grundlagenforschung verbunden, die mindestens bis auf den überragenden britischen Wissenschaftler Michael Faraday aus dem 19. Jahrhundert zurückging, der sich geweigert hatte, an der kommerziellen Nutzung seiner Entdeckungen etwas zu verdienen. Da in der amerikanischen Geschäftswelt materialistische Anschauungen und Gewinnstreben die Szene beherrschten, waren die amerikanischen Wissenschaftler besonders empfindlich gegenüber dem Unterschied zwischen reiner und industriell angewendeter Wissenschaft, gleichgültig wie fundamental dieser Unterschied sein mochte. Als der künftige Direktor der Laboratorien von Bell Telephone, Jewett, eine Anstellung bei Bell annahm, glaubte sein akademischer Mentor Albert A. Michelson, daß er damit seine akademische Ausbildung und seine Ideale verkaufe. Schon 1883 hatte der Physiker Henry Rowland von der Johns Hopkins University gesagt: «Wir sind es überdrüssig zuzusehen, wie unsere Professoren ihre Lehrstühle dadurch herabwürdigen, daß sie sich mit der angewandten und nicht mit der reinen Wissenschaft beschäftigen.»[50]

Vielleicht hat Jewett diesen Vorwurf entkräften wollen, als er darauf hinwies, daß die wissenschaftliche Arbeit in der Industrie nicht frei sei von wirtschaftlichen Motiven und daher auch nicht rein sein könne, daß sie aber insofern auch Grundlagenforschung treibe, als sie sich um grundsätzliche Erklärungen bemühe.

Whitney war sich durchaus der Tatsache bewußt, daß akademischen Wissenschaftlern ein höherer gesellschaftlicher Rang zugestanden wurde als ih-

ren Kollegen in der Industrie, und deshalb versuchte er, im Laboratorium von
General Electric eine ähnliche Atmosphäre zu schaffen wie an den Universitäten. Er wußte aber auch, daß das Wertsystem in einem industriellen Laboratorium anders sein mußte als das akademische. Bei einigen Gelegenheiten hat
er gesagt, «das Laboratorium ist keine philanthropische Versorgungsanstalt
für bedürftige Chemiker», und daß es hier darauf ankäme, zu konkreten und
verwertbaren Ergebnissen zu kommen.[51] Er schrieb: «Oft denke ich, auch
wenn ich mich wahrscheinlich irre, daß Männer in akademischen Positionen
nicht so hohe Gehälter beziehen sollten wie Männer in der Industrie. Im
Durchschnitt müssen die letzteren härter arbeiten, mehr Hindernisse überwinden, sie haben größere Sorgen und sind häufiger gezwungen, ihre persönlichen Wünsche zurückzustellen.»[52] Als Leiter eines Laboratoriums, in dem
nach akademischen Methoden gearbeitet wurde, das dabei aber Bestandteil
des Systems von General Electric war, sagte er seinen Wissenschaftlern immer wieder, sie müßten Freude an ihren Forschungsarbeiten haben. Den
Forschungsbereich von Langmuir und Coolidge hat er nach ihren bemerkenswerten Erfolgen nur in groben Zügen abgesteckt. Er versuchte, seine Mitarbeiter in die Richtung zu lenken, die den Interessen des Unternehmens entsprach, vermied es aber, ihnen strenge Anweisungen zu geben. Dazu veranstaltete er ein wöchentliches Kolloquium und empfahl die Lektüre wissenschaftlicher Publikationen. Obwohl er auf reine Grundlagenforschung verzichten mußte, sagte Whitney, die beste Art, ein Laboratorium zu leiten, sei
es, «den Wissenschaftlern einen gewissen Freiraum zu lassen und ihre Neugier anzuregen.»[53] Das war sicher eine Übertreibung, denn Whitney arbeitete
sehr gut mit einem Ausschuß der Geschäftsführung zusammen, der ihn davon unterrichtete, welche Verbesserungen das Unternehmen in der Produktion und bei seinen Produkten brauche, und wenn er auf dringende praktische
Probleme reagierte, gab er seinen Wissenschaftlern oft Aufgaben, die kurzfristig erledigt werden mußten. Die weniger bekannten Wissenschaftler in seinem Laboratorium haben diesen sanften Druck wahrscheinlich deutlicher
gespürt als die Stars wie Langmuir und Coolidge. Er verlangte auch eine
sorgfältige Führung der Laborbücher und Journale, um die Patentierung
neuer Verfahren und Geräte zu erleichtern. Patente waren ihm offenbar
wichtiger als wissenschaftliche Publikationen. Zu seinem Laboratorium fühlten sich Wissenschaftler hingezogen, die Phantasie und einen Sinn für das
Praktische hatten, nicht aber für unternehmerische Aktivitäten und die finanziellen Risiken, mit denen sich die selbständigen Erfinder hatten herumschla-
gen müssen.

Daß Whitney sich zunächst in erster Linie mit der Verbesserung der Glühfäden in den elektrischen Glühlampen beschäftigen mußte, ist ein gutes Beispiel dafür, daß ein industrielles Laboratorium das Hauptgewicht auf die
Verbesserung schon bestehender Systeme legt und nicht auf die Einführung
neuer. Verbesserungen führten oft zu Kostenersparnissen in den Herstel-

Die Mitarbeiter des Laboratoriums von General Electric
bei einem Seminar.

lungsprozessen und Produkten, in welche die Unternehmen hohe Summen investiert hatten. Doch gelegentlich ging die Forschung in den Industrielaboratorien auch in eine Richtung, die nur entfernt etwas mit den Hauptinteressen des Unternehmens zu tun hatte. So erweiterte das Forschungslaboratorium von General Electric unter Whitney zum Beispiel den Forschungsbereich der Stromerzeugung und elektrischen Beleuchtung und entwickelte elektronische Röhren für die drahtlose Telegraphie und das Radio. Das läßt sich vielleicht am besten durch das Phänomen erklären, daß Forschungsprojekte oft eine ganz eigene Dynamik entwickeln. Die verschlungenen Pfade, die bei General Electric zu den Forschungsarbeiten an der Elektronenröhre führten, begannen in dem Augenblick, als Langmuir fragte, ob der Edison-Effekt die Glühlampen schwärze. 1880 hatte Edison zufällig beobachtet, daß das Innere seiner Glühlampen augenscheinlich durch Kohlepartikel geschwärzt wurde. Nach einigen Versuchen kam er zu dem Schluß, daß diese Partikel durch Entladungen auf der negativen Seite der heißen Kohlefasern in der elektrischen Birne ausgestoßen wurden. Damals waren die Elektronen noch nicht identifiziert gewesen, aber was Edison beobachtete, war tatsächlich eine Elektronenentladung. Er hat jedoch seine Entdeckung nicht weiterverfolgt und eine brauchbare Entladungsröhre entworfen – eine Aufgabe, die mehr als zwei Jahrzehnte später von anderen übernommen wurde. Zu ihnen gehörten der britische Ingenieur Sir William Preece und de Forest.

Irving Langmuir (3. von links), Whitney (sitzend) und Coolidge (links)
im Laboratorium von General Electric, 1912.

Im Gegensatz zu vielen anderen Forschern glaubte Langmuir, daß die Röhren, die General Electric herstellte, nicht durch den Edison-Effekt geschwärzt wurden, er ließ die Angelegenheit aber nicht auf sich beruhen, sondern seine Neugier hinsichtlich der Art dieser Entladung veranlaßte ihn zu untersuchen, ob es sich bei der Entladung tatsächlich um Elektronen handele. Der Chemiker Frederick Soddy hatte hinsichtlich des Edison-Effekts Zweifel geäußert und behauptet, es handele sich um eine elektromagnetische Entladung. Nach weiteren Versuchen und Überlegungen kam Langmuir zu der Überzeugung, daß es sich um eine elektronische Emission handele, die durch einen von einem Physiker an der Colgate University entdeckten Raumladungseffekt verstärkt oder verringert werde. Außerdem stellte Langmuir fest, daß er den Elektronenstrom steuern konnte, wenn er in der Birne eine dritte Elektrode anbrachte, und dann sogar die Stärke des Elektronenstroms voraussagen konnte. Damit war er sich jetzt über die Wirkungsweise der Dreielementenröhre von de Forest völlig klar geworden. Nachdem ein Ingenieur im Laboratorium von der Arbeit Langmuirs gehört hatte, erkannte er die kommerzielle Bedeutung dieser Erkenntnisse für das Radio und stellte Langmuir dem Physiker Ernst Alexanderson vor, dem Spezialisten von General Electric für Radiosysteme. Daraufhin beauftragte General Electric ein Forscherteam mit der Entwicklung eines Radiosystems, das mit einer Vakuumröhre arbeitete, um im Konkurrenzkampf auf diesem Gebiet die Führung übernehmen zu können.[54] Whitneys Forschungslaboratorium bei General Electric war nur eines von mehreren Laboratorien des Unternehmens. Weil das Forschungslabor zu einer Zeit, als man in weiten Kreisen die falsche Auffassung vertrat, Erfindungen und Technologie seien nichts anderes als angewandte Wissenschaft, wissenschaftlich arbeitete und einen mit dem Nobelpreis ausgezeichneten Wissenschaftler beschäftigte, war es das bei weitem bekannteste. Die verhältnismäßig wenig beachtete Arbeit in dem Starkstromlaboratorium von General Electric gibt andererseits mehr Aufschluß über die Art und Weise, wie technologische Systeme, zum Beispiel zur Versorgung mit elektrischem Licht- und Kraftstrom, entstehen, als die Untersuchungen in dem von Whitney geleiteten Laboratorium.

In den 1920er Jahren wurden die elektrischen Stromnetze im ganzen Land ständig erweitert, und es entstanden regionale Verbundsysteme. Die Entwicklung der Dampfturbine und der Hochspannungsnetze trugen dazu bei, das zu ermöglichen. Doch im Verlauf der fortschreitenden Elektrifizierung häuften sich die als Folge mangelhafter Isolierung bei den Starkstromtransformatoren und anderen Einzelaggregaten auftretenden Störungen. Die Elektrizität entlud sich blitzartig, übersprang dabei die Isolierungen, und wichtige Bauteile brannten durch. Solche Erscheinungen verzögerten den weiteren Ausbau von Hochspannungsleitungen und größeren regionalen Systemen und wirkten sich deshalb negativ auf die von der Elektrizität abhängige Wirtschaft aus. Aber auch natürliche Blitze schlugen häufig in die über weite Strecken führenden Hochspannungsleitungen ein. Charles Peek jr., der 1905 sein Abschlußexamen im Maschinenbau an der Stanford University gemacht hatte und dann in die von Charles Steinmetz geleitete technische Beratungsabteilung bei General Electric eingetreten war, wurde von dem Unternehmen beauftragt, die Auswirkungen von natürlichem und von Menschen erzeugtem Starkstrom auf die Isolierung und anderes Material zu untersuchen. Dazu verwendete Peek Generatoren zur Erzeugung kurzer Stromstöße, die laut knisternde, helle Blitzeffekte erzeugten. In der Öffentlichkeit galt Steinmetz als der Initiator dieser spektakulären Forschung, denn er war im Lauf der Zeit irgendwie zum Aushängeschild des Unternehmens geworden. Aber Peek hat in den Jahren von 1911 bis 1931 über seine Untersuchungen auf diesem Gebiet mehr als zwanzig wissenschaftliche Abhandlungen veröffentlicht. Darin stellte er mit mathematischen Gleichungen die Vorgänge in natürlichen Blitzen dar, behandelte aber auch das Überspringen von Funken als Folge des Versagens der Isolation an Starkstromleitungen. Anhand dieser Daten konnten die Elektroingenieure bei der General Electric Company und anderswo auf kostensparende Weise etwas gegen das Versagen der Isolierungen unternehmen und die regionalen Starkstromnetze weiter ausbauen.[55]

Peek war ein ideenreicher Ingenieur und Wissenschaftler. Bei den Problemen, die er bearbeitete, handelte es sich besonders um die Verbesserung des technologischen Systems, mit dessen Überwachung das Unternehmen ihn beauftragt hatte. In dieser Hinsicht unterschied er sich von den ebenso kreativen selbständigen Erfindern.

Du Pont

Die Laboratorien der American Telephone and Telegraph Co. und der General Electric Company haben sich in erster Linie damit beschäftigt, schon bestehende Einrichtungen und Verfahren zu verbessern, und sie haben sich bei dieser Arbeit von ihren langjährigen Erfahrungen leiten lassen. Die Geschichte der Forschungsarbeiten bei der Du Pont Company, deren Name zum Symbol des Aufstiegs der amerikanischen chemischen Industrie wurde, die im 20. Jahrhundert Weltgeltung erlangte, liefert uns ein bemerkenswertes Beispiel dafür, daß es auch einem großen Laboratorium unter Umständen nicht gelingen kann, Verfahren und Produkte zu erfinden und zu entwickeln, mit denen das Unternehmen und sein Laboratorium bisher keine konkreten Erfahrungen gemacht hatten. Du Pont war nicht in der Lage, mit der eigenen Forschung und Entwicklung eine marktbeherrschende Stellung auf dem dynamischen und gewinnbringenden Gebiet der organischen Chemie zu erobern.

1917 beschloß die Geschäftsleitung der Du Pont Company, die sich bis dahin mit der Herstellung von Schießpulver und Sprengstoff einen Namen gemacht hatte, das Produktionsprogramm des Unternehmens auf eine Vielzahl anderer Chemikalien umzustellen, unter anderem auch auf organische Farbstoffe.[56] Damit hätte die Firma auch dem Vorwurf entgegentreten können, sie sei mit der Fabrikation von Sprengstoffen ein monopolistischer Trust im Dienst des Wettrüstens und des Krieges. Außerdem fürchtete die Firmenleitung, sie werde nach dem Ersten Weltkrieg ihre Arbeitskräfte, Fabrikationsanlagen und finanziellen Möglichkeiten nicht mehr voll ausnutzen können, wenn sie nur den Sprengstoffmarkt beliefere. Die Entscheidung, Farbstoffe zu entwickeln und herzustellen, war ein kühner Schritt, denn die Deutschen waren schon seit langer Zeit führend auf diesem Gebiet und hatten ihre Fabrikationsmethoden streng geheimgehalten. Sie hatten dafür gesorgt, daß sich Tausende von auf dem Markt angebotenen Farbstoffen nicht mit den zahlreichen Patentschriften identifizieren ließen, in denen die Art ihrer Herstellung beschrieben wurde. Einige deutsche Unternehmen kauften sogar Patente, die sie gar nicht nutzten, um etwaige Konkurrenten in die Irre zu führen.[57] Um konkurrenzfähig zu bleiben, mußten die Hersteller organischer Farbstoffe ständig neue Farbstoffe mit anderen chemischen Eigenschaften entwickeln. Nun wollte Du Pont dem Beispiel der deutschen Firmen folgen, die mit ihren fortschrittlichen Methoden hohe Gewinne machten, und bemühte sich darum, Fachleute auf dem Gebiet der organischen Chemie für sich zu gewinnen, richtete das Jackson-Forschungslaboratorium für organische Chemie ein und beschäftigte 1917 etwa die Hälfte ihrer mehr als tausend Wissenschaftler, Techniker und Ingenieure in dem Jackson-Laboratorium und in einem anderen Speziallabor, in dem die verschiedenen Verwendungsmöglichkeiten für Farben untersucht werden sollten.[58] 1921 waren $20 Millionen in dieses Projekt investiert worden, und die Geschäftsleitung rechnete mit Investitionen von weiteren $20 Millionen bis zu dem Zeitpunkt, an dem die Fabrikation von Farbstoffen Profite abwerfen würde. Die Umstellung auf die Erzeugung von Farbstoffen führte zu einer ganzen Reihe unerwarteter und zunächst nicht lösbarer Probleme.[59] Das Unternehmen mußte erkennen, daß es sich mit diesem Vorhaben zu weit vorgewagt hatte. Enttäuscht stellte man fest, daß man nicht über die Spezialisten mit den notwendigen Fachkenntnissen verfügte, die die für die Herstellung von Farbstoffen erforderlichen theoretischen und praktischen Erfahrungen mitbrachten. Man mußte also die bittere Pille schlucken und sich um die Unterstützung deutscher Farbenchemiker bemühen.[60] Zwei bei Du Pont arbeitende Chemiker meinten dazu: «So schwer es uns auch fallen mag, von anderen entwickelte Methoden zu übernehmen und keine Pionierarbeit leisten zu können, wir müssen uns in den ersten Jahren auf diesem Gebiet darauf beschränken, Farben herzustellen, die bereits von ausländischen Herstellern erzeugt worden sind.»[61] Erst 1928 konnte Du Pont die ersten bescheidenen Gewinne für Investitionen von angeblich $40 Millionen verbuchen. Das Geld hätte anderswo gewinnbringender investiert werden können, aber dann wäre es nicht möglich gewesen, so viele nützliche wissenschaftliche und technische Erkenntnisse zu gewinnen.

Der Ausflug in den Bereich der Farbenindustrie lehrte die Geschäftsleitung von Du Pont, daß es leichter war, an Forschungsergebnisse und Herstellungsmethoden heranzukommen, wenn man sie von anderen Firmen und Persönlichkeiten kaufte, die bereits über entsprechende Erfahrungen verfügten, als wenn man versuchte, sie im eigenen Betrieb zu erarbeiten. Die American Telephone and Telegraph Company und General Electric waren schon seit langer Zeit dazu übergegangen, Patente zu kaufen, Erfinder einzustellen und kleine, mit fortschrittlichen Methoden arbeitende Firmen zu übernehmen. Deshalb bemühte sich jetzt auch Du Pont darum, die Leistungsfähigkeit des Unternehmens auf den verschiedenen Gebieten der angewandten Chemie durch den Kauf anderer Firmen zu steigern, die dann als Zweigbetriebe arbeiteten. In den 1920er Jahren begann das Unternehmen mit der Herstellung von Chemiefasern auf Viskosebasis, Cellophanfolien und synthetischem Ammoniak. Die technischen Verfahren kaufte Du Pont in Frankreich. Daneben begann auch die Herstellung von Tetraaethylblei (als Beimischung für klopffestes Benzin) und des Kühlmittels Freon. Das waren chemische Verbindungen, die in anderen Firmen entwickelt worden waren.[62] Eine zwischen Du Pont und der bedeutenden britischen chemischen Fabrik ICI geschlossene Vereinbarung erlaubte es beiden Unternehmen, in die Ergebnisse der Forschungs- und Entwicklungsvorhaben des jeweils anderen Einblick zu nehmen.

Du Pont hatte einen beachtlichen Erfolg mit der Erfindung und Entwicklung des ungeheuer gewinnbringenden Nylons zu verzeichnen. Die Farbstoffepisode hatte gezeigt, wie wenig man sich auf das Argument verlassen darf, alle Probleme ließen sich lösen und jedes Ziel sei zu erreichen, wenn man nur genügend Geld für Forschung und Entwicklung ausgebe. Andererseits war der Erfolg mit dem Nylon ein Beweis dafür, was ein einziger begabter junger Wissenschaftler manchmal im Rahmen eines straff organisierten Forschungs- und Entwicklungsvorhabens leisten kann.

Die Geschichte des Nylons sollte denjenigen zur Warnung dienen, die glauben, Geld und Organisation, nicht aber die einzelne Persönlichkeit, seien der Schlüssel zum Erfolg. Diese Geschichte begann 1926, als die Forschung bei Du Pont anfing, in eine neue Richtung zu gehen. Charles M.A. Stine, der Leiter der zentralen Forschungsorganisation des Unternehmens, der sogenannten chemischen Abteilung, hatte Erfolg, als er dem zentralen Forschungslaboratorium eine neue Rolle zuwies. Diese neue Rolle unterschied sich wesentlich von derjenigen, die die anderen Laboratorien von Du Pont spielten, die eng mit den einzelnen Fabrikationsbetrieben zusammenarbeiteten. Stine schlug eine radikale Neuorientierung vor und verlangte, daß die zentrale Forschungsabteilung sich der Grundlagenforschung zuwenden solle. Er begründete seinen Vorschlag damit, daß die Grundlagenforschung dem Unternehmen erlauben werde, die verschiedenen Entwicklungs- und Herstellungsverfahren zu analysieren und auf diesem Gebiet ganz allgemeine Erkenntnisse zu gewinnen. Seine Definition der «Grundlagenforschung» im Gegensatz zur «reinen Forschung» entsprach der anderer Laboratoriumsdirektoren wie zum Beispiel Frank Jewetts. Stine glaubte, daß die technologischen Verfahren des Unternehmens technisch und wirtschaftlich leistungsfähiger werden würden, wenn sich die Forscher die notwendigen Grundkenntnisse über die dabei angewandten chemischen Prozesse angeeignet hätten. Die American Telephone and Telegraph Company hatte bei ihrer Analyse der Ladungsspulen gezeigt, welchen Wert die Grundlagenforschung hat, und General Electric hatte das gleiche bei der Analyse der Vakuumröhren getan. Stine wies darauf hin, daß sich das Unternehmen bei seiner Grundlagenforschung auf ein besseres Verständnis der Polymerchemie konzentrieren müsse, da viele Produkte von Du Pont wie Farben, Kunstharze, Chemiefasern und Cellophanfolien Polymere oder chemische Verbindungen mit einem hohen Molekulargewicht seien. Er begründete seine Auffassung auch damit, daß Du Pont besser qualifizierte Wissenschaftler und Techniker von den Universitäten als Mitarbeiter gewinnen könne, wenn bekannt würde, daß die Firma Grundlagenforschung betreibe. Ebenso wie Whitney war auch er darauf angewiesen, qualifizierte Wissenschaftler aus den Universitäten abzuwerben.

Mit beträchtlichen Geldmitteln ausgestattet, baute Stine ein besonderes Laboratorium für die Forscher, die er hoffte gewinnen zu können. Ältere Mitarbeiter von Du Pont gaben diesem Laboratorium den Namen «Purity Hall». Nachdem es Stine nicht gelungen war, ältere, angesehene Akademiker von den Universitäten fortzulocken, konnte er doch jüngere Akademiker für die Arbeit in seinem Unternehmen gewinnen. Zu ihnen gehörte Wallace H. Carothers, ein Dozent für Chemie an der Universität Harvard, dem Du Pont versprochen hatte, er werde auf dem Gebiet der Polymere Grundlagenforschung betreiben dürfen. Das war chemisches Neuland, wo sich die Forschungsmethoden vor allem auf Erfahrungen stützten und nicht auf theoretische Erkenntnisse. Stine sagte Charothers zu, er werde die Themen seiner Forschungsarbeit selbst bestimmen können, aber die Zahl seiner Mitarbeiter werde von seiner Fähigkeit abhängen, «Arbeiten anzuregen und zu leiten, die wir für lohnend halten».[63] Bevor er sich zur Mitarbeit bereit erklärte, äußerte Carothers gewisse Bedenken, zum Teil weil er daran zweifelte, daß er sich auf die Arbeit bei Du Pont würde umstellen können, zum Teil weil er gelegentlich «an einem neurotischen Nachlassen seiner Leistungsfähigkeit» litt.[64] Nachdem er seine Stellung angetreten hatte, stellte er fest, daß sein Selbstvertrauen auch nach «einer Woche der industriellen Sklaverei» nicht gelitten hatte, denn er sei von 8.00 bis 17.00 Uhr voll mit «Denken, Rauchen, Lesen und Reden» beschäftigt.[65] Zudem standen ihm alle finanziellen Mittel zur Verfügung, die er brauchte. Schon bald zeigte Carothers in einer Anzahl heute klassischer wissenschaftlicher Arbeiten, daß die Polymere keine geheimnisvollen Aggregate, sondern ganz gewöhnliche Moleküle waren, nur länger als die meisten. 1930, nach drei Jahren, entdeckten Chemiker in der von Carothers geleiteten Gruppe ganz unerwartet das Neopren, ein synthetischer Gummi, die erste vollsynthetische Faser.[66] Doch erst nach einer zehn Jahre dauernden Entwicklungszeit wurde aus dem Neopren ein gewinnbringendes Erzeugnis.[67] In einer für den Wissenschaftler mit akademischen Wertvorstellungen charakteristischen Weise veröffentlichte Carothers die Ergebnisse seiner Arbeit, festigte seinen Ruf als führender Chemiker in anderen Bereichen als dem der Grundlagenforschung und bemühte sich auch weiterhin um zusätzliche Erkenntnisse und Entdeckungen in der Polymerchemie. Als Stine einen höheren Posten in der Geschäftsleitung des Unternehmens übernahm, standen Carothers schwere Enttäuschungen bevor, denn Stines Nachfolger in der zentralen Forschungsabteilung interessierte sich weniger für die Grundlagenforschung und verlangte, daß bei den Forschungsarbeiten die Interessen des Unternehmens stärker berücksichtigt wurden. Nachdem man ihn wiederholt gedrängt hatte, sich auf kommerziell verwertbare Projekte zu konzentrieren, erklärte sich Carothers 1933 bereit, die Arbeit an der Entwicklung von synthetischen Fasern wieder aufzunehmen. Innerhalb eines Jahres fand er die Möglichkeit für die Herstellung von Nylon. Als kommerzieller Erfolg zu einer Zeit, in der sich die amerikanische Industrie erst von

Wallace Carothers im Laboratorium von Du Pont.

der großen Depression zu erholen begann, wurde das Nylonprojekt zum
Modell für die weitere Arbeit der Geschäftsleitung von Du Pont. Jetzt verlangte sie weitere «Nylons». Wahrscheinlich lag es am schlechten Gedächtnis
der Unternehmensleitung, daß sie sich ausschließlich darauf konzentrierte,
die Faser zu vermarkten, und praktisch jede Grundlagenforschung aufgab.
Carothers, der zu Du Pont gekommen war, um Grundlagenforschung treiben
zu können, hatte das Gefühl, in der Auswahl seiner Forschungsgebiete stark
eingeengt und gezwungen zu werden, «die rein wissenschaftliche Arbeit als

zufälliges und gelegentliches Nebenprodukt anzusehen...»[68] Er dachte daran, das Dekanat der chemischen Fakultät an der Universität Chicago zu übernehmen, das ihm angeboten worden war, lehnte das Angebot aber schließlich doch ab. Während der folgenden zwei Jahre machte er mehrere depressive Schübe durch und mußte sich in psychiatrische Behandlung begeben. Von einem schweren Nervenzusammenbruch im Jahr 1936 hat er sich nie wieder erholt. Der Tod seiner Schwester und die Zwangsvorstellung, er habe als Wissenschaftler versagt, belasteten ihn zusätzlich. Am 29. April 1937 nahm er sich im Alter von 41 Jahren in einem Hotelzimmer in Philadelphia mit einer Dosis Cyanid das Leben.[69] Für seine Kollegen bedeutete sein Tod den Verlust eines potentiellen Nobelpreisträgers.

Das Überleben der selbständigen Erfinder

Das Entstehen der großen, auf Neuerungen bedachten elektrotechnischen und chemischen Fabriken Ende des 19. und Anfang des 20. Jahrhunderts führte dazu, daß Wissenschaftler und Wissenschaft ganz neue Aufgaben übernehmen mußten, und bedrohte das Überleben der selbständigen Erfinder. Eine zunehmend größer werdende Zahl von Physikern und Chemikern ging zur Industrie. Neben General Electric, Bell und Du Pont richteten auch Kodak, Standard Oil of New Jersey, General Motors und andere Unternehmen größere Laboratorien ein. Vor dem Ersten Weltkrieg gab es in den Vereinigten Staaten mindestens einhundert Industrielaboratorien. 1929 waren es mehr als eintausend.[70] 1920 waren ein Viertel der Physiker, die der American Physical Society, dem führenden Berufsverband, angehörten, in industriellen Forschungslaboratorien angestellt. Zwischen beiden Weltkriegen beschäftigten allein General Electric und die American Telephone and Telegraph Company etwa vierzig Prozent aller Mitglieder dieses Verbandes. Diese gutbezahlten Physiker, die mit ausgezeichneten Laborausstattungen und von Assistenten unterstützt experimentierten, hatten die Möglichkeit, sich sowohl praktischen Themen als auch der Grundlagenforschung zuzuwenden. Die von ihnen gefundenen Problemlösungen erweiterten ständig den umfangreichen wissenschaftlichen Erkenntnisstand und gaben ihm ein ganz anderes Gepräge und eine andere Richtung als dies der Fall gewesen wäre, wenn man die reine Wissenschaft in den Vordergrund gestellt hätte.

Um die Bedeutung der Industrielaboratorien zu unterstreichen und das Ansehen der dort arbeitenden Wissenschaftler zu fördern, wurde die Bedeutung Edisons, der symbolischen Vaterfigur unter den selbständigen Erfindern, heruntergespielt – die Söhne glaubten, ihre Väter verleugnen zu müssen. In ihren schriftlichen oder mündlichen Äußerungen gegenüber den Geschäftsleitungen der Unternehmen, den Investoren und der Öffentlichkeit machten sich die Leiter der immer zahlreicher werdenden Industrielaboratorien oft über die Methoden Edisons lustig. Jewett als Leiter der Bell Telephone

Laboratories, die 1925 eingerichtet worden waren, um die verschiedenen Forschungseinrichtungen von AT & T und Bell unter einen Hut zu bringen, betonte, daß Edison seine Erfolge vor 1900 gehabt habe, als sein intuitiver Scharfsinn und seine Ausdauer ohne eine entsprechende gründliche Ausbildung dem damaligen Entwicklungsstand der Technologie entsprachen.[71] Der Akademiker Jewett behauptete, Edison sei von akademisch ausgebildeten Wissenschaftlern und Ingenieuren überholt und weit übertroffen worden. Die Leiter der Forschungslaboratorien in der Industrie behaupteten, bei ihnen werde die Wissenschaft methodisch und wirtschaftlich genutzt. Allerdings waren sich die Befürworter der Arbeitsmethoden in diesen Laboratorien der Tatsache bewußt, daß wenn Edison und seine Methode als veraltet angesehen werden müsse, die Möglichkeit bestünde, daß pragmatisch denkende Direktoren großer Unternehmen fragen konnten, weshalb junge Akademiker mit hohen Gehältern angestellt würden, um das zu tun, was Edison und andere selbständige Erfinder in so glänzender Weise geleistet hatten – kommerziell unerhört erfolgreiche Erfindungen zu machen.[72]

Fraglos war die sogenannte Edison-Methode, der die meisten selbständigen Erfinder Ende des 19. Jahrhunderts gefolgt waren, empirischer als die Methode der in den Industrielaboratorien arbeitenden Wissenschaftler. Wie bei der Entwicklung der Ladungsspule und des Vakuumröhren-Verstärkers bei Bell und des Wolfram-Glühfadens im Forschungslaboratorium von General Electric legten die Wissenschaftler Wert darauf, theoretische Erklärungen für die von ihnen erfundenen oder entwickelten Geräte und Verfahren auszuarbeiten und mit ihnen zu arbeiten. Doch während die Wissenschaftler in den Laboratorien ihre wissenschaftlichen Erkenntnisse erfolgreicher anwandten, nahmen sie gegenüber dem Vorgang des Erfindens von Neuerungen eine konservative Haltung ein verglichen mit der radikaleren Problemauswahl der selbständigen Erfinder. Einige Leiter der neu eingerichteten Laboratorien und wenige der dort arbeitenden Wissenschaftler erkannten, daß die radikalere Problemauswahl der selbständigen Erfinder immer noch gebraucht wurde. Vannevar Bush, der Vizepräsident des Massachusetts Institute of Technology und Dekan der Fakultät für Maschinenbau, kannte sehr genau die Methoden der institutionellen Forschung und Entwicklung. Er erklärte, die Zeit des berufsmäßigen Erfinders sei noch keineswegs vorbei. Unter anderem sagte er, der selbständige Erfinder «. . . hat einen sehr viel weiteren Ideenhorizont und . . . bringt oft aus dem Nichts ein verblüffend funktionstüchtiges neues Gerät oder eine Kombination hervor, die sich als nützlich erweist und ohne seinen Scharfsinn vielleicht niemals erfunden worden wäre . . . Heute werden ebenso viele neue Ideen geboren wie je zuvor, und während ein großes Forschungslaboratorium in diesem Lande ein sehr bedeutender Faktor für den Fortschritt der Wissenschaft und das Entstehen neuer industrieller Kombinationen ist, kann es keineswegs alle Bedürfnisse befriedigen. Der selbständige Erfinder, die kleine Gruppe, die Persönlichkeit, die eine Situation erfaßt, weil sie fähig

ist, unabhängig zu denken, ist oft ein unerhört wichtiger Faktor beim Hervorbringen von Dingen, auf die man andernfalls noch lange würde warten müssen.»[73]

Jewett glaubte trotz seiner ablehnenden Haltung gegenüber den Methoden
von Edison: «Es ist unvermeidlich, daß die große Mehrzahl der sogenannten
Routinepatente in einer Industrie wie der unseren von unseren eigenen Leuten kommt . . . Ich glaube aber auch, daß die wenigen wegweisenden Patente,
die Dinge, die die wirklich großen Veränderungen bringen, eher von außen
als von innen kommen . . . Es gibt gewisse Sektoren, wo der selbständige
Erfinder nicht arbeiten kann . . . Es gibt gewisse Sektoren, wo . . . die Chancen
zehn zu eins stehen, daß die fundamentalen Ideen von außerhalb der großen
Laboratorien kommen, einfach weil das in der Natur der Dinge liegt.[74]

In Deutschland war Carl Duisberg, ein deutscher Chemiker, Forscher und
Direktor der führenden chemischen Fabrik Bayer, der Überzeugung, daß in
den Laboratorien das Erfinden zur Routine wurde. Er charakterisierte die
Erfindungen in den Forschungslaboratorien der Industrie als institutionelle
Erfindungen oder Erfindungen des Establishments, wo es ‹von Gedankenblitz
keine Spur› gibt.»[75]

Wie Bush und Jewett erwarteten, gibt es auch noch im 20. Jahrhundert
selbständige Erfinder, die von der Öffentlichkeit weniger beachtet werden. Sie
arbeiten an der Peripherie ebenso wie in vorderster Linie und machen, gemessen an ihrer kleinen Zahl, unverhältnismäßig viele radikale Erfindungen, die
zu technologischen Durchbrüchen führen. Zu den bedeutenden Neuerungen,
die wir selbständigen Erfindern zu verdanken haben, gehören die Klimaan-
lage, die automatische Gangschaltung bei Automobilen, die Servolenkung,
der Hubschrauber, die katalytische Spaltdestillation von Petroleum, das Cel-
lophan, das Strahltriebwerk, der Kodachromfilm, die magnetische Tonauf-
zeichnung, die Polaroid Land Kamera, das Tiefkühlverfahren und die Xero-
graphie.[76] In jüngster Zeit sind der digitale elektronische Allzweckcomputer
und der Laser hinzugekommen.

Fünftes Kapitel
Das System hat den Vorrang

Seit 1870 haben sich Erfinder, Wissenschaftler und Systematiker damit beschäftigt, die technologischen Systeme der modernen Welt zu schaffen.
Heute lebt der größte Teil der industrialisierten Welt in einem künstlichen
Umfeld, das von diesen Systemen strukturiert wird, und nicht in der natürlichen Umwelt vergangener Jahrhunderte. Charles Darwin hat zur Erklärung
der Einflüsse der Natur beigetragen. Sigmund Freud hat versucht, die psychologischen Kräfte zu verstehen, die in uns und um uns her wirksam werden
wie elektrische Ladungen. Aber bis heute denken wir zuwenig über die Einflüsse und die Gestalt einer Welt nach, die in große technologische Systeme
gegliedert ist. Gewöhnlich machen wir den Fehler, die moderne Technologie
nicht mit Systemen in Verbindung zu bringen, sondern mit Gegebenheiten
wie dem elektrischen Licht, Radio und Fernsehen, dem Flugzeug, dem Automobil, dem Computer und den nuklearen Fernlenkwaffen. Wenn wir die
moderne Technologie nur in einzelnen Maschinen und Geräten erblicken,
dann übersehen wir die tieferen Strömungen der modernen Technologie, die
in dem halben Jahrhundert nach der Einrichtung der Erfinderfabrik in Menlo
Park von Thomas Edison an Stärke und Zielrichtung zugenommen haben.
Heute sind Maschinen wie das Automobil und das Flugzeug allgegenwärtig.
Da sie mechanisch und greifbar sind, fällt es uns nicht allzu schwer, sie zu
verstehen. Aber Maschinen wie diese sind gewöhnlich nur Bestandteile straff
organisierter und vom Menschen beherrschter technologischer Systeme. Solche Systeme sind schwer zu verstehen, weil zu ihnen auch komplexe Bestandteile wie Menschen und Organisationen gehören und weil sie oft aus physikalischen Komponenten bestehen wie den chemischen und elektrischen, die
nicht nur mechanisch sind. Große Systeme – für die Energieversorgung, die
industrielle Produktion, die Kommunikation und den Transport – stellen den
Kern der modernen Technologie dar. Wie Alan Trachtenberg gesagt hat, sind
der «Westen» und die «Maschine» die Symbole, die ihnen die Perspektiven für
das Begreifen ihrer frühen und jüngsten Geschichte geben.[1] Nachdem ein
Jahrhundert lang technologische Systeme entwickelt worden sind, könnten wir
durchaus «das System» als das Kennzeichen ihrer Zivilisation ansehen.

Viele moderne technologische Systeme sind Fortentwicklungen der Erfindungen von Edison, Sperry, Tesla und anderen selbständigen Erfindern. In
den Augen dieser Erfinder bestanden technische Systeme in erster Linie aus
mechanischen, elektrischen und chemischen Bestandteilen wie Nocken,
Triebwerken, Federn, Ventilen, Dynamos, Glühlampen, Antennen, Treibriemen, Röhren und Hochspannungsleitungen. Diejenigen unter ihnen, die sich

mehr für den unternehmerischen Aspekt interessierten, integrierten auch Organisationen in die neu entstandenen technologischen Systeme. Wissenschaftler, die als Forscher für die Industrie gearbeitet hatten, waren in vielen Fällen verantwortlich für die Erweiterung oder Verbesserung dieser Systeme. Um die Jahrhundertwende erwarben sich Persönlichkeiten, die in ähnlicher Weise an der Schaffung von Systemen beteiligt waren, hohes Ansehen, aber ihre Ziele waren komplexer als die der Erfinder oder der für die Industrie arbeitenden Wissenschaftler. Diese Systembauer haben der modernen technologischen Gesellschaft ihren Stempel aufgedrückt und gewaltige technologische Systeme geschaffen, die sich nicht nur aus technischen Bestandteilen zusammensetzen, sondern auch aus Bergwerken, Fabriken und Organisationen wie Handelsgesellschaften, Banken und Maklerfirmen. Darüber hinaus schufen die Systembauer große aus Arbeitern und Angestellten bestehende Verwaltungseinheiten, die für den geregelten Ablauf aller Tätigkeiten innerhalb der Systeme sorgten. Viele Systembauer hatten eine gründliche Ausbildung als Ingenieure, Manager und Finanzexperten genossen und in ihren Fachbereichen reiche Erfahrung gesammelt, und zwar mehr als die Erfinder oder die in der Industrie arbeitenden Wissenschaftler. Wie wir sehen werden, stellten sie fest, daß sich eine Nation, die auf den Massenkonsum, das freie Unternehmertum und den Kapitalismus eingestellt war, für die Errichtung technologischer Systeme eignete, ob diese Systeme nun sozial verträglich oder schädlich waren. Unter den Schöpfern solcher Systeme gab es Persönlichkeiten, die durch Machtstreben und Gewinnsucht motiviert waren, aber sie alle strebten danach, in die von ihnen geschaffenen technologischen Systeme Ordnung zu bringen, sie zu zentralisieren, zu beherrschen und auszudehnen. Wenn wir danach fragen, wer die Schöpfer der modernen Industriegesellschaft in Amerika gewesen sind, dann müssen wir an die Systembauer ebenso denken wie an die selbständigen Erfinder und die in der Industrie arbeitenden Wissenschaftler.

Henry Fords Produktionssystem ist bis heute das bekannteste unter den großen technologischen Systemen, die in den Jahren zwischen den beiden Weltkriegen entstanden sind. Die Zeitgenossen haben es gewöhnlich als ein mechanisches Produktionssystem mit Werkzeugmaschinen und Fließbändern gesehen. Aber zu dem System von Ford gehörten auch Eisenhütten, Eisenbahnen für den Transport der Rohstoffe, Bergwerke, wo diese Rohstoffe gewonnen wurden, straff organisierte Fabriken, die funktionierten wie große Maschinen, und hochspezialisierte Finanz-, Verwaltungs-, Arbeitnehmer- und Verkaufsorganisationen. Es hat damals auch andere Systeme gegeben, die fortschrittlicher waren als das von Ford. Aber das System Fords wurde von der Öffentlichkeit besonders beachtet, weil mechanische Vorgänge leichter zu verstehen sind. Damals war es keine Schande zu behaupten, daß man von dieser unsichtbaren Kraft, der Elektrizität, nichts verstehe – aber Autotriebwerke konnte man anfassen und sehen.

Elektrische Beleuchtungs- und Hochspannungssysteme, wie sie von dem bedeutenden Schöpfer von Energieversorgungssystemen, Samuel Insull, in Chicago geleitet und finanziert wurden, bestanden nicht nur aus Lichtmaschinen, Glühlampen und Stromleitungen, sondern auch aus Wasserkraftwerken, Lastverteilerstationen, Elektrizitätswerken, technischen Beratungs- und Maklerfirmen. Als Ford sein mechanisches Fließband in Bewegung setzte, war die Öffentlichkeit tief beeindruckt, aber die elektrischen Versorgungssysteme transportierten ihr Produkt zu schnell, als daß man es wahrnehmen konnte, nämlich mit Lichtgeschwindigkeit, und das sind 297 600 Kilometer in der Sekunde. Die Konzepte, die Insull und die anderen Schöpfer elektrischer Systeme motiviert und geleitet haben, waren subtiler und abstrakter als diejenigen von Ford und seinen Technikern und Ingenieuren. Konzepte von elektrischen Schaltungen und nicht von mechanischen Geräten beherrschten das Denken und Handeln der Erbauer elektrischer Systeme. Sie manipulierten Wechselwirkungen und nicht die einfacheren, linearen Beziehungen zwischen Ursache und Wirkung. Die Erbauer von Elektrizitätswerken und chemischen Fabriken mußten sich fließende Vorgänge vorstellen können und nicht die Bewegung fester Stoffe und mechanischer Teile. Die Zeit zwischen den Weltkriegen war nicht das Zeitalter der Maschine, sondern das Zeitalter der elektrischen Energie und der chemischen Prozesse. Die Maschine ist viel eher das Symbol der industriellen Revolution, die mehr als ein Jahrhundert früher in Großbritannien stattgefunden hat.

Die Welle des Entstehens neuer Systeme, die in der ersten Hälfte dieses Jahrhunderts in den Vereinigten Staaten ihren Höhepunkt erreichte, war im Lauf von Jahrzehnten immer stärker angeschwollen. Schon Mitte des 19. Jahrhunderts begannen britische Ingenieure und Industrielle, von einem Produktionssystem in den Vereinigten Staaten zu sprechen, das gekennzeichnet war durch die Verbindung hochspezialisierter Werkzeugmaschinen und einer Anordnung von Maschinen, Werkzeugen, Meßgeräten und anderen Einrichtungen, welche den Fluß der Produktion in den Fabriken erleichtern sollten.[2]

Die folgende Generation in Großbritannien und Amerika sprach von einem einzigartigen und fruchtbaren «amerikanischen Fabrikationssystem».[3] Diese Menschen hatten erkannt, daß zu dem amerikanischen System mehr gehörte als auswechselbare Teile, zweckgebundene Werkzeugmaschinen und Fabriken, in denen der Produktionsfluß ungehindert vorangehen konnte. Sie hatten begriffen, daß das amerikanische Engagement für eine wirtschaftliche und politische Demokratie einen neuen und beispiellos großen Markt für Massenerzeugnisse und Dienstleistungen für die große Masse der Bevölkerung hatte entstehen lassen. Die amerikanischen Wertbegriffe und der von ihnen beeinflußte Markt waren ebenfalls Teile des Systems.[4] Die Europäer waren sich der grundsätzlichen Unterschiede zwischen ihren Märkten und dem amerikanischen sehr wohl bewußt. Ende des 19. und Anfang des 20. Jahrhunderts galten europäische Erzeugnisse in den Vereinigten Staaten als Luxusgüter und kosteten entsprechend viel Geld. Die Europäer erwarteten hohe Gewinne bei einem verhältnismäßig geringen Umsatz. Insull hat oft an Tabellen gezeigt, daß in London der Preis für eine Kilowattstunde sehr hoch war, weil die Gewinnspanne hoch und die Zahl der erzeugten Kilowattstunden niedrig waren, während in Chicago das Gegenteil zutraf. Deshalb senkte er ständig die Preise, um den Umsatz und den Bruttogewinn zu steigern. In Deutschland waren die Elektrizitätswerke in erster Linie dafür gedacht, die Industrie und nicht die Wohngebiete mit Licht- und Kraftstrom zu versorgen, weil dieser Markt es nicht zuließ, große Mengen elektrischer Energie zu einem niedrigen Preis zu erzeugen.

Keiner der amerikanischen Systembauer hat eine schwierigere und umstrittenere Aufgabe übernommen als Frederick Winslow Taylor. Ford hat seine Bemühungen um Ordnung und Steuerung in erster Linie auf die Herstellung von Maschinen gerichtet. Insull konzentrierte sich auf die Sicherung des ständigen Flusses großer Mengen elektrischer Energie. Taylor versuchte, ein System für den Einsatz der Arbeitskräfte zu schaffen, als seien sie Bestandteile einer großen Maschine. Ford wollte die Fabrik zu einer gut funktionierenden Maschine machen. Insull hatte es mit dem Netz oder Stromkreis aus in Wechselbeziehungen stehenden elektrischen und organisatorischen Komponenten zu tun. Taylor hatte die Vorstellung von einer Maschine, in der sich die mechanischen und die menschlichen Teile praktisch nicht voneinander unterscheiden ließen. In seinem fast exzentrischen Idealismus war er davon überzeugt, daß alle Amerikaner davon profitieren würden, wenn man die Arbeitsleistung erhöhte. Es zeigte sich jedoch, daß Taylor in der Beurteilung der komplexen menschlichen Wertvorstellungen und Motive außerordentlich naiv war. In der Geschichte des Taylorismus finden wir ein frühes und sehr bezeichnendes Beispiel für die Reaktion des Menschen auf das Wirken der Systembauer und ihre Produktionssysteme, eine Reaktion, die auch heute bei denen zu beobachten ist, die fürchten, von «dem System» vereinnahmt zu werden.

Der Taylorismus

Taylor war nicht der erste, der empfohlen hat, die Betriebsführung auf eine «wissenschaftliche» Grundlage zu stellen, aber seine an Besessenheit grenzende Begeisterung und Hingabe bei der Verbreitung seiner Auffassungen über die moderne Betriebsführung, seine starke Persönlichkeit und sein sehr ungewöhnlicher, von Fehlschlägen und Erfolgen gekennzeichneter Lebensweg haben bei seinen Zeitgenossen und den folgenden Generationen einen starken und unauslöschlichen Eindruck hinterlassen. Mehr als ein halbes Jahrhundert nach seinem Tode bezeichnen viele Menschen in Europa, der Sowjetunion und den Vereinigten Staaten eine wissenschaftliche Betriebsführung noch immer als «Taylorismus». Gewerkschaftsführer und Radikale begreifen Taylor gern als Symbol eines verhaßten Systems der Organisation und Ausbeutung von Arbeitskräften. In den ersten Jahrzehnten dieses Jahrhunderts war «Taylorismus» für Europäer und Russen das Kennwort für das viel bewunderte und nachgeahmte amerikanische System des industriellen Management und der Massenproduktion. Die Veröffentlichung des von Taylor verfaßten Buches *Principles of Scientific Management* im Jahr 1911 bleibt ein Wendepunkt in der Geschichte der Beziehungen zwischen Betriebsführung und Arbeitskräften. Schon nach zwei Jahren war das Buch ins Französische, Deutsche, Holländische, Schwedische, Russische, Italienische, Spanische und Japanische übersetzt. In seinem Roman *The Big Money* (1936) skizziert John Dos Passos die Persönlichkeit von Taylor ebenso wie die von Edison, Ford, Insull und einigen anderen, weil er glaubte, in ihnen käme der Zeitgeist ihrer Epoche deutlich zum Ausdruck. Dos Passos berichtet, daß Taylor nicht rauchte und weder Tee, Kaffee, noch Alkohol trank, sondern sich durch die Lösung von Problemen anregen ließ, auf die er bei dem Versuch gestoßen war, Arbeitsleistung und Produktion zu steigern. Für ihn war die Produktionssteigerung Selbstzweck, ob es sich nun um Panzerplatten für Schlachtschiffe, Nähnadeln, Kugellager oder Blitzableiter handelte.[5]

Taylors Grundkonzept und Leitprinzip war es, ein Produktionssystem zu entwerfen, das die Arbeitskraft von Menschen und Maschinen umfaßte und so leistungsfähig sein sollte wie eine perfekt konstruierte und gut geölte Maschine. Er hat gesagt: «Früher stand der Mensch an erster Stelle; in der Zukunft muß das System den Vorrang haben.»[6] Mit dieser Aussage kam er damals bei den Arbeitern und ihren Gewerkschaftsführern nicht gut an, und sie empört noch heute diejenigen, die sich vom technischen Fortschritt unterdrückt fühlen. Er forderte die Manager auf, für das Produktionssystem als Ganzes das zu tun, was Erfinder und Techniker im 19. Jahrhundert für Maschinen und Verfahren getan hatten. Maschinen mit einer hohen Leistungsfähigkeit erforderten leistungsorientierte Arbeitskräfte. Als einige Schüler von Taylor, und zu ihnen gehörte der spätere Richter am amerikanischen obersten Gericht Louis D. Brandeis, eine Bezeichnung für Taylors Management-System suchte, dachten sie zunächst an «funktionales Management», einigten sich dann aber auf den Ausdruck «wissenschaftliches Management».[7] Taylor und seine Anhänger verglichen ohne Rücksicht auf die humane Seite dieses Problems den Arbeiter, der ungenügende Leistungen brachte, mit einem falsch konstruierten Maschinenteil.

Taylor entwickelte seine Grundsätze für die Betriebsführung während seiner Arbeit als Maschinist und dann als Vorarbeiter bei der Midvale Steel Company in Philadelphia. Als Sohn einer wohlhabenden Quäkerfamilie aus Philadelphia, der die Phillips Exeter Academy absolviert hatte, und als amerikanischer Tennischampion im Doppel war Taylor alles andere als ein typischer Industriearbeiter. Zweifellos war er der einzige Hüttenflurarbeiter im Stahlwerk von Midvale, der dem exklusiven Philadelphia Cricket Club angehörte. Taylors Hausarzt hatte ihm empfohlen, körperlich zu arbeiten, nachdem sein Sehvermögen während der letzten Studienjahre an der Akademie nachgelassen hatte und dieser Umstand ihn daran hinderte, sein Studium an der Harvard Universität fortzusetzen. Taylors Vater hatte gehofft, sein Sohn werde wie er selbst Jurist werden, aber der Sohn entschloß sich, den Beruf eines Fabrikarbeiters zu ergreifen. Im Stahlwerk von Midvale nahm der Präsident des Unternehmens, William Sellers, ihn unter seinen besonderen Schutz. Sellers war einer der einflußreichsten Erfinder von Werkzeugmaschinen im 19. Jahrhundert, ein Maschinenbauingenieur und Industrieller, der verlangte, daß jeder Teil einer von ihm oder seinen Mitarbeitern entworfenen Maschine funktional sein und die Leistung erbringen müsse, für die sie gebaut worden war. Taylor hat später von Sellers gesagt, er sei «zweifellos zu seiner Zeit der angesehenste Ingenieur in diesem Lande» gewesen, «ein wirklich wissenschaftlicher Experimentator und kühner Neuerer» und «ein Mann, der in seiner Fortschrittlichkeit seiner Generation weit voraus war».[8] Als Taylor beruflich aufstieg und zunächst Vorarbeiter, später sogar Chefingenieur im Stahlwerk Midvale wurde, brauchte er dringend die Unterstützung von Sellers bei seinen Versuchen mit fundamentalen Veränderungen, die im krassen Widerspruch zu den hergebrachten Arbeitspraktiken standen.

Das Bummeln am Arbeitsplatz, die Amerikaner nannten es «stalling», «Quota restriction» und «goldbricking», die Engländer und Schotten «hanging it out» oder «Ca'canny», war für Taylor ein grober Verstoß gegen die Pflicht, eine gute Arbeitsleistung zu bringen. Nachdem er zu der Überzeugung gekommen war, daß die Arbeiter und besonders die Facharbeiter nach der Welle der Mechanisierung im 19. Jahrhundert den Bereich innerhalb der Industrieunternehmen darstellten, dessen Leistungskraft am wenigsten gut ausgenutzt wurde, machte er den Vorschlag, etwas gegen das «Bummeln» zu unternehmen. Später schrieb er, daß «das systematische Bummeln vor allem deshalb betrieben wird, weil diese Männer ihre Arbeitgeber bewußt darüber täuschen wollen, wie schnell in Wirklichkeit gearbeitet werden kann».[9] Die Maschinisten im Stahlwerk Midvale arbeiteten zum Beispiel im Akkord und wollten die Eigentümer unter allen Umständen im unklaren darüber lassen, wieviele Fertigteile in der Stunde hergestellt werden konnten, damit nicht höhere Arbeitsleistungen von ihnen verlangt würden. Sie trauten ihren Arbeitgebern nicht und glaubten, die Eigentümer des Unternehmens würden nicht den gleichen Akkordlohn zahlen, wenn sich die Arbeiter mehr anstrengten, um größere Stückzahlen zu fertigen. Die Arbeiter glaubten vielmehr, daß die Eigentümer die gesteigerte Arbeitsleistung als Norm ansehen würden. Wir können nur Vermutungen darüber anstellen, ob der Arbeitsrhythmus, den die Akkordarbeiter über viele Jahre eingehalten haben, vernünftig und vertretbar gewesen ist. Taylor jedenfalls glaubte, die Arbeiter bummelten. Er zeigte aber trotzdem, daß er entschlossen war, den fleißigen

Arbeiter mit einem Anteil am Gewinn zu entschädigen, den eine leistungsfähige und gesteigerte Produktion brachte. Zu seinem Schrecken mußte er
später feststellen, daß die Betriebsleitung und die Eigentümer auch bummelten, als es Zeit wurde, etwas von dem gesteigerten Gewinn weiterzugeben.
Taylor hat sich nicht mit intensiven psychologischen Untersuchungen beschäftigt; seine Methode war nach seiner eigenen Einschätzung wissenschaftlicher Natur.

Nachdem er Vorarbeiter der Maschinenschlosser an den Drehbänken geworden war, nahm sich Taylor vor, ihnen das Bummeln abzugewöhnen. Seine
Freunde begannen für seine Sicherheit zu fürchten. Wie sich Taylor erinnerte, kamen diese Männer zu ihm und sagten: «Nun, Fred, du wirst doch
nicht ein verdammter Antreiber werden?» Darauf antwortete er: «Wenn ihr
Burschen damit sagen wollt, ihr fürchtet, daß ich versuchen werde, die Produktion an diesen Drehbänken zu steigern, dann kann ich nur sagen, ja, ich
habe vor zu erreichen, daß hier mehr gearbeitet wird.»[10] Damit begann der
Kampf um die Akkordarbeit. Im Stahlwerk Midvale dauerte er drei Jahre.
Taylor wurde von seinen Freunden gebeten, spätabends nicht allein durch die
einsamen Straßen nach Hause zu gehen, aber er sagte, diese verdammten
Burschen könnten auf ihn schießen, und wenn er angegriffen werde, würde
er sich nicht an die Regeln halten, sondern die Angreifer beißen, ihnen die
Augen ausquetschen und mit Ziegelsteinen nach ihnen werfen. Etwa dreißig
Jahre später, 1912 bei einer Anhörung im Kongreß, erklärte er:

«Meine Herren, ich möchte Sie auf die Bitterkeit aufmerksam machen, die
in diesem Kampf aufkam, bevor die Männer schließlich nachgaben, auf die
Gemeinheit dieser Auseinandersetzung... Ich selbst empfand keinerlei Bitterkeit gegen einen einzelnen oder eine ganze Gruppe von Männern. Praktisch waren alle diese Männer meine Freunde, und viele von ihnen sind es
noch jetzt... Meine Sympathien gehörten den Arbeitern, und ich war den
Leuten verpflichtet, die mich angestellt hatten.»[11]

Auf der Suche nach den besten Arbeitsmethoden und um festzustellen, wie
und wie schnell ein Mann an der Drehbank arbeiten sollte, ging er, wie er
meinte, wissenschaftlich vor. Er war überzeugt, die Wertvorstellungen und
Meinungen der Arbeiter und der Geschäftsleitung hätten seine objektive,
wissenschaftliche Untersuchungsmethode nicht beeinflußt. 1882 fing er zuerst allein an, die Bewegungen der Arbeiter während der Arbeit mit einer
Stoppuhr zu überprüfen und übertrug diese Aufgabe später einem Assistenten. Solche Zeitmessungen waren nichts Neues, aber Taylor stoppte nicht nur
die gesamte Arbeitszeit der Männer, sondern teilte diese Arbeitszeit in komplexe Bewegungsabläufe ein, die nach seiner Überzeugung entscheidend waren, und stellte dann fest, wie schnell die nach seiner Meinung tüchtigsten
Arbeiter diese Bewegungen ausführten. Nach dieser Analyse fügte er die am
wirkungsvollsten ausgeführten Teile des gesamten Bewegungsablaufs zu
neuen komplexen Bewegungssequenzen zusammen und verlangte, daß diese

Art des Arbeitsablaufs künftig die Norm sein müsse. Dabei berücksichtigte er bestimmte Leerlaufzeiten für unvermeidbare Verzögerungen, kleine Unfälle, Unerfahrenheit und Ruhepausen. Das Ergebnis waren detaillierte Anweisungen für die Arbeiter und die Festlegung der Zeitpause, die für die sorgfältige Erledigung bestimmter Arbeitsvorgänge erforderlich war. Auf diese Weise wurde das Tempo der Akkordarbeit bestimmt. Wer schneller arbeitete, wurde mit einer Prämie belohnt, langsamere Arbeit wurde mit Lohnabzug bestraft.[12] Damit nahm er dem einzelnen Arbeiter die Freiheit, seine körperlichen Fähigkeiten und Werkzeuge nach eigenem Gutdünken einzusetzen.

Taylor betonte, daß die Zeitstudien mit den sie begleitenden Analysen und Synthesen allein noch keine wissenschaftliche Betriebsführung darstellten. Er erkannte und verlangte, daß die Arbeitsbedingungen reorganisiert werden müßten, um die Arbeitsleistung zu erhöhen. Sein besonderes Anliegen war die Verbesserung der Werkzeuge, und hier hat er sich mit großem Nachdruck dafür eingesetzt, handlichere Schaufeln zu entwerfen. Er ordnete die ordnungsgemäße Lagerung und Verteilung des Materials an, damit jedem Arbeiter das Material zur Verfügung stand, wo und wann er es brauchte. Er stellte fest, daß Männer und Maschinen oft Zwangspausen einlegen mußten, weil es in dem komplexen Produktionsprozeß zu Engpässen kam. Taylor kümmerte sich außerdem um die richtige Beleuchtung, Heizung und sogar um die Toilettenanlagen. Da er Arbeiter und Maschinen in ihrem Zusammenwirken als eine große Maschine auffaßte, suchte er auch nach Möglichkeiten, ein Versagen der Maschinen zu beheben. Er glaubte, die Werkzeugmaschinen könnten auch schneller arbeiten, und erfand eine neue Chrom-Wolfram-Stahllegierung für Schneidwerkzeuge, die deren Arbeitsgeschwindigkeit wesentlich erhöhte. Wie nicht anders zu erwarten, überließ er die Entscheidung über die Schneidgeschwindigkeit der Werkzeugmaschine oder die Tiefe des Fräsens nicht den einzelnen Arbeitern, die diese Maschine bedienten. In seinem Buch *On the Art of Cutting Metals* (New York 1907) schildert er Tausende von Versuchen aus einem Zeitraum von mehr als 26 Jahren.

Als Systembauer, dem es darauf ankam, innerhalb des von ihm geschaffenen Systems Ordnung herzustellen und alle Vorgänge zu beherrschen, gab sich Taylor nicht damit zufrieden, Maschinen neu zu entwerfen und neue Möglichkeiten für das Zusammenwirken von Mensch und Maschine zu finden; sein Bestreben war es vielmehr, den ganzen Arbeitsplatz oder die ganze Fabrik zu einer leistungsfähigen Produktionsmaschine umzugestalten. Durch sein Beispiel angeregt haben als Spezialisten ausgebildete und technisch begabte Persönlichkeiten zur Errichtung «des neuen Fabrikationssystems» beigetragen.[13] Um die Bedeutung dieser Leistung zu verstehen, müssen wir uns den Arbeitsprozeß in technischen Werkstätten und Maschinenfabriken in der Zeit vor Einführung der Reformen Taylors ansehen. Nachdem das Unternehmen einen Auftrag erhalten hatte, bekamen die Vorarbeiter schriftliche Anweisungen, in denen das Produkt beschrieben und angegeben wurde, welche

Frederick W. Taylor inspiziert eine Baustelle.

Stückzahl herzustellen sei. Diese Vorarbeiter waren in erster Linie für das Produktionsverfahren verantwortlich. Nachdem die technischen Zeichner detaillierte Zeichnungen angefertigt hatten, bestimmten die Vorarbeiter in der Maschinenhalle, der Gießerei, der Modellschreinerei und der Schmiede, aus welchen Einzelteilen sich das fertige Produkt zusammensetzte, forderten das Rohmaterial an und füllten die Auftragskarten für die Maschinenschlosser aus. Die Maschinenschlosser holten sich darauf die technischen Zeichnungen, das Rohmaterial und die Werkzeuge und überlegten sich, auf welche Weise die Einzelteile hergestellt werden sollten. Jeder Maschinenschlosser, der ein Werkstück fertiggestellt hatte, meldete sich bei seinem Vorarbeiter und ließ sich das Material für das nächste geben. Der Vorarbeiter beaufsichtigte den ganzen Arbeitsvorgang, aber dabei gab es keine straffe Zeiteinteilung, und deshalb war es schwierig, die einzelnen Arbeitsvorgänge aufeinander abzustimmen. Die einzelnen Teile kamen oft nicht rechtzeitig in der Montagehalle an, und deshalb gab es Verzögerungen. Da die Arbeit nicht sorgfältig vorbereitet war, man keinen Zeitplan aufgestellt hatte und der Arbeitsablauf nicht genau überwacht wurde, stand das Rohmaterial den einzelnen Arbeitern oft nicht rechtzeitig zur Verfügung. Es läßt sich nicht genau sagen, wie die Arbeiter in solchen Fällen ihre Zeit genutzt haben, aber die Verfechter des Taylorismus meinen, sie hätten in solchen Zwangspausen gar nichts tun können.

Für Taylor war die Unordnung und das Fehlen einer straffen Betriebsführung unerträglich, und deshalb erklärte er den dafür verantwortlichen alten

Methoden den Krieg. Zu der von ihm durchgeführten Reform gehörte es, daß nicht mehr die Vorarbeiter, sondern eine besondere technische Abteilung die Verantwortung für die technischen Zeichnungen, die Spezifikation der Einzelteile und die Bereitstellung des Rohmaterials übernehmen sollte. Geistig bewegliche junge Absolventen der technischen Fakultäten an den Hochschulen lösten sehr bald ihre in den Planungsabteilungen der Firmen arbeitenden «Väter», die Vorarbeiter, ab. Das Planungsbüro der technischen Abteilung koordinierte die Zuteilung des Rohmaterials und bestimmte die Reihenfolge, in der die Einzelteile gefertigt werden sollten. Das Planungsbüro bestimmte zudem genau, welche Maschinen verwendet werden und auf welche Weise die Maschinenschlosser, Modellschreiner und andere Arbeitskräfte die Teile fertigen sollten und wieviel Zeit dafür verwendet werden durfte. Über die Herstellung eines jeden Teils wurden genaue Aufzeichnungen gemacht, unter anderem über den Materialverbrauch und den Zeitaufwand. Ungelernte Arbeiter brachten das Material und die Teile in die einzelnen Werkstätten, damit alles rechtzeitig dort eintraf, wo es gerade gebraucht wurde. Die ausgefüllten Arbeitskarten und Berichte vermittelten dem Planungsbüro einen Überblick darüber, wie die Einzelteile auf die Werkstätten verteilt wurden. Das verhinderte eine Anhäufung von Teilen an bestimmten Maschinen und sorgte dafür, daß an allen Maschinen durchgehend gearbeitet werden konnte. Die Berichte über die Arbeitszeit und den Materialverbrauch erleichterten ganz wesentlich die Kostenberechnung.

Oft übersah man die Komplexität der Methode von Taylor und die Tatsache, daß sie den Herstellungsvorgang und alles, was daran beteiligt war, als Ganzes auffaßte, weil man sich in erster Linie für seine Erfolge interessierte, die man ohne weiteres erkennen konnte und über die es sich am leichtesten berichten ließ. Taylor selbst erwähnte oft die «Geschichte von Schmidt», der in einer Roheisenherstellung der Bethlehem Steel Corporation in Pennsylvania arbeitete. Als Taylor und seine Mitarbeiter 1897 zu diesem Unternehmen kamen, um dort ihre Methoden der Betriebsführung und Akkordarbeit einzuführen, stellten sie fest, daß die Arbeiter in der Roheisenabteilung täglich durchschnittlich etwa zwölfeinhalb Tonnen bewegten. Jeder Mann mußte immer wieder 92 Pfund Eisen über eine schräge Planke in einen Güterwagen tragen. Nachdem sich Taylor sehr genau über die Eigenarten, Gewohnheiten und Ambitionen jedes einzelnen der 75 zu dieser Gruppe gehörenden Männer erkundigt hatte, beschäftigte er sich eingehender mit einem «kleinen Deutschen aus Pennsylvania, der jeden Tag nach der Arbeit ebenso frisch die anderthalb Kilometer zu seinem Haus zurücktrabte, wie er morgens zur Arbeit gekommen war».[14] In seiner freien Zeit baute er sich auf seinem Grundstück, das er hatte kaufen können, ein kleines Haus. Außerdem stellte Taylor fest, daß der «Dutchman» Henry Noll, den er Schmidt nannte, jemand war, für den «der Dollar einen sehr großen Wert besaß». Mit diesem Schmidt hatte er den Mann gefunden, den er brauchte.

*Henry Noll, den Taylor unter dem Pseudonym «Schmidt»
bekannt gemacht hat.*

Was Taylor über ein Gespräch mit Schmidt schreibt, sagt uns einiges über die Einstellung von Taylor:

«Schmidt, sind Sie eine teure Arbeitskraft? . . . Was ich wissen will ist, ob Sie täglich $1,85 verdienen wollen, oder ob Sie mit $1,15 zufrieden sind, dem Lohn, den alle diese billigen Burschen bekommen?»

«Ob ich $1,85 täglich haben will? Bin ich dann eine teure Arbeitskraft? Natürlich bin ich eine teure Arbeitskraft.»

«. . . Nun, wenn sie eine teure Arbeitskraft sind, dann werden Sie morgen das Roheisen für $1,85 auf den Güterwagen verladen. Sie werden genau das tun, was dieser Mann Ihnen morgen sagt. Vom Morgen bis zum Abend. Wenn er Ihnen sagt, Sie sollen das Eisen aufheben und damit losgehen, dann heben Sie es auf und gehen los; und wenn er Ihnen sagt, Sie sollten sich hinsetzen und ausruhen, setzen Sie sich hin . . . Und übrigens, kein Wort des Widerspruchs.»[15]

Taylor hielt es für richtig, hinzuzufügen:

«Das scheint eine recht grobe Ausdruckweise zu sein. Das wäre es auch, wenn man so mit einem gebildeten Techniker oder einem intelligenten Arbeiter gesprochen hätte. Im Umgang mit einem Mann, der so schwer von Begriff ist wie Schmidt, ist es die richtige Art zu sprechen und auch nicht unfreundlich, denn damit veranlaßt man ihn, an die gute Bezahlung zu denken, die er sich wünscht . . .»[16]

Vielleicht hat Taylor, der dem gehobenen Mittelstand in Philadelphia angehörte, übersehen, daß der «Pennsylvania Dutchman» gar nicht so schwer von Begriff sein konnte, denn er hatte immerhin so viel Geld gespart, daß er sich ein Stück Land kaufen und ein Haus bauen konnte. Schmidt schleppte die 47 Zentner Roheisen, die nach den Berechnungen von Taylor und seinen Mitarbeitern die Norm sein sollten, anstatt der bisherigen zwölfeinhalb, und sehr bald taten alle seine Arbeitskollegen das gleiche und verdienten dabei 60 Prozent mehr als ihre Kollegen. Es läßt sich heute aber nicht mehr feststellen, ob Schmidt nach einem solchen Arbeitstag immer noch so munter nach Hause traben und an seinem Bau arbeiten konnte.

Es gibt noch zahlreiche andere Beispiele dafür, wie die Arbeitsleistung und die Produktion mit den Methoden Taylors erhöht worden ist, aber sehr oft haben diese Methoden auch versagt. Schließlich fühlte er sich den Anforderungen bei Bethlehem Steel nicht mehr gewachsen, und der Direktor des Unternehmens entließ ihn fristlos. Als Taylor von dem Stahlwerk angestellt worden war, genoß er die volle Unterstützung von Joseph Wharton, einem reichen Manne aus Philadelphia, der es erworben hatte. Wharton wollte in dem Unternehmen, das sechstausend Arbeitskräfte beschäftigte, die Akkordarbeit einführen. Taylor warnte ihn und sagte, alle Arbeiter, die meisten Vorarbeiter und sogar die Mehrheit der leitenden Angestellten würden sich dagegen wehren. Aber dennoch ging er mutig und entschlossen an die Arbeit, richtete eine Planungsabteilung ein und wies den Vorarbeitern neue administrative Aufgaben zu. Die Anweisungen für den routinemäßigen Arbeitsablauf wurden auf Zeitkarten, Arbeitsblättern, Bestellscheinen usw. eingetragen. Als sich der Widerstand der Arbeiter im Lauf der Jahre verstärkte, wurde Taylor im Umgang mit den Arbeitern und der Geschäftsführung immer starrer und fing sogar an, eigenmächtig zu handeln. Seine Leistungen waren zwar eindrucksvoll, aber wie einer seiner Bewunderer schrieb, «zeigte er im Lauf der Zeit einen fast pathologisch intensiven Kampfgeist».[17] Die Berichte, die Taylor für den Präsidenten von Bethlehem Steel verfaßte, waren taktlos und anmaßend (denn er glaubte, Wharton würde ihn decken). Er klagte über seinen geschwächten Gesundheitszustand und eine zu große nervliche Anspannung. Er glaubte, einige einflußreiche Aktionäre hätten etwas gegen ihn, weil er Arbeitskräfte entließ und sie deshalb die Mieteinnahmen aus den Arbeiterwohnungen verlören. Im April 1901 bekam er ein kurzgefaßtes Kündigungsschreiben.

Viele Arbeiter, besonders die Facharbeiter, waren nicht bereit, ihre Körperkraft und ihre Werkzeuge den nach wissenschaftlichen Grundsätzen verfahrenden Managern zur Verfügung zu stellen oder, um es anders auszudrücken, sich als Teil eines fein ausgeklügelten Systems behandeln zu lassen. Oft ließ sich das Gefühl des Verlusts der persönlichen Freiheit auch durch Lohnerhöhungen nicht kompensieren. Taylor hatte mit seiner wissenschaftlichen Analyse die innere Unabhängigkeit und den Stolz auf das handwerkliche Können der Arbeiter nicht berücksichtigt – auch nicht den Stolz darauf, geschickt bummeln zu können. Vielleicht lag es daran, daß Taylor trotz seiner langjährigen Erfahrungen als Maschinenschlosser auf dem Hüttenflur nicht der Arbeiterklasse angehörte.

Der Gewerkschaftsführer Samuel Gompers hat zum Taylorismus und zu ähnlichen Theorien über die Führung von Industriebetrieben gesagt:

«So seid ihr also als Lohnarbeiter im allgemeinen bloße Maschinen – allerdings nur wenn man es industriell betrachtet. Weshalb solltet ihr daher nicht standardisiert werden, und weshalb sollten euere Bewegungskräfte nicht in jeder Beziehung im höchsten Maße perfektioniert werden, auch was die Geschwindigkeit betrifft? Nicht nur euere Länge, Breite und Stärke als Maschine, sondern auch euer Härtegrad, euere Verformbarkeit, Lenkbarkeit und allgemeine Brauchbarkeit können festgestellt, registriert und dann je nach Wunsch eingesetzt werden. Auf diese Weise würde die Wissenschaft am meisten aus euch herausholen können, bevor ihr auf den Abfallhaufen geworfen werdet.»[18]

Einer der von der Presse am stärksten beachteten Rückschläge des Taylorismus ereignete sich im Arsenal Watertown, als Carl G. Barth, ein prominenter Anhänger des Taylorismus und Berater für wissenschaftliche Betriebsführung, versuchte, dort das System von Taylor einzuführen. Zu ernsten Schwierigkeiten in der Gießerei führte es, als einer von Barths Assistenten anfing, die Arbeitszeit der Männer mit der Stoppuhr zu überwachen. Die

*Eine von Taylor eingerichtete Planungsabteilung zur Rationalisierung
des Arbeitsplatzes und des Arbeitsvorgangs.*

Facharbeiter stellten sehr bald fest, daß der Mann, der ihre Arbeitsmethoden überprüfte, nichts von der Arbeit in einer Gießerei verstand. Die Männer dort überprüften im geheimen selbst den zeitlichen Ablauf der einzelnen Arbeitsvorgänge und beschwerten sich anschließend darüber, daß die von dem «Experten» festgestellten Zeiten falsch seien und eine unrealistische Beschleunigung der Arbeitsvorgänge darstellten. Das Watertown-Projekt scheiterte außerdem, weil Taylor im allgemeinen eine Werkstatt umorganisierte und standardisierte, bevor er Zeit- und Bewegungsstudien vornahm, und das war im Arsenal Watertown nicht geschehen. Am Abend nach Beginn der Untersuchungen mit der Stoppuhr versammelten sich die Arbeiter inoffiziell und legten dem für das Arsenal verantwortlichen Offizier eine Bittschrift folgenden Inhalts vor:

«Die sehr unbefriedigenden Umstände, unter denen die Former in der Gießerei während der vergangenen Woche oder noch länger haben arbeiten müssen, haben heute nachmittag ein kritisches Stadium erreicht, als man sah, wie ein Mann einen der Former mit einer Stoppuhr überwachte. Damit ist, wie wir glauben, die Grenze dessen erreicht, was wir ertragen können. Es ist demütigend für uns, die wir stets versucht haben, nach besten Kräften für die Regierung zu arbeiten. Diese Methode ist im Prinzip unamerikanisch, und wir ersuchen Sie mit allem Respekt, diese Überwachungsmethoden sofort einstellen zu lassen.»[19]

Als die Überwachung der Arbeit mit der Stoppuhr weiterging, legten die Former im 11. August 1911 die Arbeit nieder.

Nachdem man ihnen versprochen hatte, die «unbefriedigenden Umstände» zu untersuchen, nahmen sie die Arbeit nach einer Woche wieder auf, aber das große Interesse der Öffentlichkeit an einem Streik gegen die amerikanische Regierung verstärkte den Widerstand der Gewerkschaft gegen die wissenschaftliche Betriebsführung, besonders gegen den Taylorismus, in Watertown und einem anderen amerikanischen Arsenal in Rock Island, Illinois. Noch im August wurde ein aus drei Abgeordneten bestehender Sonderausschuß des Kongresses beauftragt, die wissenschaftliche Betriebsführung in Einrichtungen der Regierung zu untersuchen. Der Ausschuß lud unter anderen auch Taylor als Zeugen vor, den die zum Teil sehr provokanten Fragen so erregten, daß seine Aussagen aus dem Protokoll gestrichen werden mußten. Der Bericht des Ausschusses enthielt noch keine Empfehlungen für gesetzgeberische Maßnahmen. Aber 1914 nahm der Kongreß in eine Gesetzesvorlage zur Bewilligung von Geldern die Bestimmung auf, daß in Einrichtungen der Regierung keine Zeitstudien oder damit im Zusammenhang stehende Prämienzahlungen zulässig seien, ein Verbot, das über mehr als dreißig Jahre Gültigkeit behielt. Doch zum Taylorismus gehörte, wie wir gesehen haben, mehr als Zeitstudien und Prämien, und deshalb wurden die Arbeitsabläufe in Regierungseinrichtungen auch weiterhin systematisch untersucht, analysiert und so verlängert, wie es von Managementexperten nach wissenschaftlichen Grundsätzen für notwendig gehalten wurde.[20]

Die nie endenden Widerstände und Konflikte hatten Taylor so erschöpft, daß er sich 1902 in ein schönes Haus im Vorort von Philadelphia, Chestnut Hill, zurückzog. Von nun an übernahm er keine bezahlten Beratungsaufträge mehr, sondern erklärte, er sei bereit, interessierte Persönlichkeiten kostenlos über die Grundsätze des Taylorismus zu unterrichten. Wenn er von einflußreichen Personen ernst zu nehmende Anfragen bekam, lud er sie oft in sein Haus «Boxly» ein, trug ihnen seine Theorien vor und arrangierte dann Besichtigungen von Fabriken in Philadelphia. Zu ihnen gehörte auch die Link-Belt Company, wo das Taylor-System mit Erfolg eingeführt worden war. Gästen, die er besonders schätzte, zeigte er unter Umständen auch seine Erfolge beim Einsatz systematisch organisierter Arbeitskraft – einschließlich seiner eigenen – in Boxly bei der Gestaltung seines parkähnlichen Gartens oder an den von ihm entworfenen Golfschlägern, die er auf dem dortigen Golfplatz benutzte.

Da er nicht mehr durch unangenehme Auseinandersetzungen am Arbeitsplatz belastet wurde, konnte sich Taylor jetzt der Aufgabe widmen, nachzuweisen, daß seine Gedanken über die Grundsätze der Betriebsführung schließlich zu harmonischen Beziehungen zwischen Arbeitgebern und Arbeitnehmern führen würden. Nach seiner Auffassung würde eine Steigerung der Produktivität zu Lohnerhöhungen führen und den Lebensstandard im ganzen Land heben. Seine Grundsätze der wissenschaftlichen Betriebsführung fanden positiven Widerhall in einer Nation, die eine ökonomische Demokratie anstrebte, in der die Massenproduktion den Massenkonsum ermöglichte, und der es darauf ankam, keinen Raubbau an ihren natürlichen Ressourcen zu treiben. Taylor schrieb, der größtmögliche Wohlstand könne nur das Ergebnis der größtmöglichen Produktivität sein. Er glaubte, wenn es gelänge, die Verschwendung von Zeit und Energie im Arbeitsprozeß zu unterbinden, werde damit mehr gegen Armut und soziale Mißstände unternommen als durch die Einführung des Sozialismus.

Da er fest daran glaubte, daß seine Methode objektiv – oder wissenschaftlich – sei, hat er nie den feindlichen Widerstand aggressiver Gewerkschaftsführer verstehen können, die ihre Forderungen in Tarifverhandlungen mit den Arbeitgebern durchsetzen wollten. Die Gewerkschaften setzten sich, wie er die Dinge sah, «für den Krieg und für die Feindschaft» ein, während die wissenschaftliche Betriebsführung im Gegensatz dazu «Frieden und Freundschaft» anstrebte.[21] Auch die Haltung ungebildeter und sturer Arbeitgeber

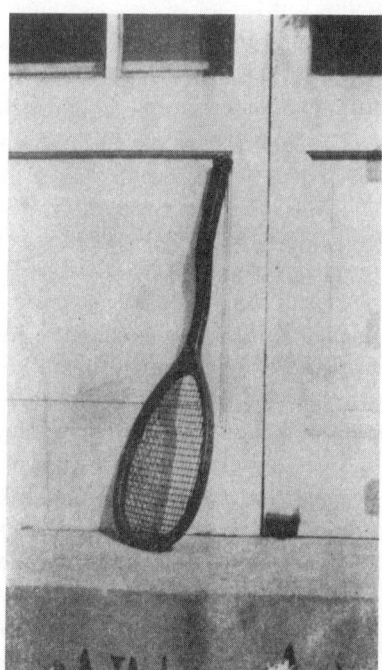

Ein von Taylor erfundener, kräfte-
sparender Tennisschläger.

lehnte er ab, welche die von ihm und seinen jungen akademisch gebildeten
Anhängern vertretenen Methoden entweder für unrealistisch hielten oder
nicht bereit waren, mit den Arbeitern die durch die wissenschaftliche Betriebsführung erzielten höheren Gewinne zu teilen. Er hielt die National
Manufacturers Association für einen «Kampfverband» und forderte deshalb
seine Freunde, die sich zur wissenschaftlichen Betriebsführung bekannten,
auf, alle Beziehungen zu diesem Verband abzubrechen und sich gegen seine
aggressive Haltung gegenüber den Gewerkschaften zu stellen. In der festen
Überzeugung, daß Konflikte und Konfrontationen zwischen Interessengruppen unnatürlich seien, wartete er ungeduldig auf den Tag, an dem Arbeitgeber und Arbeitnehmer ebenso wie er erkennen würden, daß dort, wo das Ziel
die erhöhte Produktivität sei, sich auch die wissenschaftlichen Gesetze erkennen und anwenden ließen, welche die Arbeit und den Arbeitsplatz beherrschen. Eine wissenschaftliche Betriebsführung bestünde aus den Fachleuten,
die diese Gesetze in der Praxis verfolgten. Er schrieb:

«Ich kann mit ihnen nicht darin übereinstimmen, daß es zwischen Kapital
und Arbeitnehmern einen Interessenkonflikt gibt. Ich bin fest davon überzeugt, daß beide Seiten im gegenseitigen Interesse handeln können und daß
es durchaus möglich ist, sich nach einer sorgfältigen wissenschaftlichen Untersuchung auf eine angemessene Vergütung zu einigen, die dem Arbeitnehmer für die von ihm geleistete Arbeit zusteht.»[22]

Eine Einigung zwischen Arbeitgebern und Arbeitnehmern lag nicht nur in
ihrem gemeinsamen, sondern auch im nationalen Interesse. Hier ging es um
Produktion und Demokratie. Als Taylor lebte und wirkte, waren die Arbeitslöhne verhältnismäßig bescheiden, und der Arbeiter verfügte nicht über die
Mittel, die der Massenproduktion förderlich gewesen wären. Deshalb schien
es den Grundsätzen der Demokratie zu entsprechen, den Lebensstandard der
Massen zu heben. Schon wenige Jahre später erklärte Lenin, die Grundsätze
von Taylor befänden sich auch mit dem Sozialismus in Übereinstimmung.

Taylor wurde im ganzen Land bekannt, als der Bostoner «Volksanwalt»
Brandeis 1911 erklärte, die wissenschaftliche Betriebsführung und besonders
der Taylorismus könnten den amerikanischen Eisenbahnen so viel Geld sparen, daß sie auf die erhöhten Frachtraten, die sie von der Interstate Commerce
Commission verlangten, verzichten könnten. Da sich die Presse ausführlich
mit den Verhandlungen über die Frachtraten beschäftigte, stürzten sich nun
die Reporter der Zeitungen und Zeitschriften auf Taylor, um sich näher über
sein System unterrichten zu lassen, und besuchten dann auf seine Anregung
einige Fabriken in Philadelphia, um dort in der Praxis zu sehen, wie der
Taylorismus verwirklicht wurde. Die günstige Aufnahme seiner Ideen durch
die Öffentlichkeit regte Taylor dazu an zu schreiben, daß «das Interesse, das
man der wissenschaftlichen Betriebsführung entgegenbringt, sich fast mit
dem Interesse vergleichen läßt, das die Öffentlichkeit dem Aufruf Roosevelts
zur Bewahrung unserer natürlichen Ressourcen entgegengebracht hat.»[23]

Zu Recht stellte Taylor die Verbindung zwischen seiner wissenschaftlichen Betriebsführung und der umfassenderen Naturschutzbewegung her, die zur Amtszeit von Theodore Roosevelt als Präsident in den Jahren 1901 bis 1908 das Interesse der amerikanischen Öffentlichkeit geweckt hatte und von ihr unterstützt wurde. Dieses fortschrittliche Programm für den Naturschutz konzentrierte sich auf die Erhaltung und vernünftige Nutzung des Bodens und der Bodenschätze. Wie bei der wissenschaftlichen Betriebsführung wurde auch hier verlangt, daß Entscheidungen zum Schutz der Natur von Fachleuten wissenschaftlich begründet werden sollten. Ähnlich wie Taylor wollten es die fortschrittlichen Naturschützer nicht zulassen, daß zwischen Viehzüchtern, Farmern, Holzfällern, Energieversorgungsunternehmen und anderen unvermeidliche Interessenkonflikte entstanden. Im Gegenteil, sie glaubten, solche Konflikte ließen sich vermeiden und an ihre Stelle sollten wissenschaftlich begründete Methoden treten, von denen man erwartete, daß sie im Interesse der Allgemeinheit zu harmonischen und vernünftigen Kompromissen führen würden. Diese Gedanken waren Ausdruck eines von Ingenieuren, Berufsmanagern und Wissenschaftlern vertretenen technologischen Geistes, daß es für jedes Problem eine beste Lösung gebe. Akademisch gebildete Forstleute, Wasserbautechniker und Agronomen sollten nach Auffassung dieser fortschrittlich denkenden Menschen die Entscheidungen über die Verwendung natürlicher Ressourcen treffen; gut ausgebildete Manager sollten für Auswahl und Gestaltung des Arbeitsplatzes verantwortlich sein.

Taylor und die wachsende Zahl seiner Anhänger schrieben Bücher, veröffentlichten Aufsätze, hielten Vorträge und arbeiteten als Berater. Er selbst autorisierte C.G. Barth, H.K. Hathaway, Morris L. Cooke und Henry L. Gantt, über sein System der Betriebsführung Seminare zu veranstalten: «Alle anderen wirkten unabhängig von mir.»[24] Zu diesen «Unabhängigen» gehörte auch Frank Gilbreth, der durch sein Buch *A Primer of Scientific Management* (1914) und dadurch bekannt wurde, daß er und seine Frau, Lillian Gilbreth, die Filmkamera dazu verwendeten, Zeit- und Bewegungsstudien zu machen. Ihre Leistungen auf dem Gebiet der wissenschaftlichen Betriebsführung warten noch heute auf die Anerkennung einer breiten Öffentlichkeit. Sie und nicht ihr Mann hatte 1915 an der Brown University den Doktorgrad in Psychologie erworben. Vielleicht hat sie sich gerade deshalb mit besonderem Feingefühl der komplexen psychologischen Situation des Arbeiters zugewendet. In ihren Artikeln über die wissenschaftliche Betriebsführung vertritt Lillian Gilbreth die Auffassung, daß man die Arbeiter nicht einfach als Teile des von Taylor entwickelten Systems ansehen dürfe. Nach dem Tod ihres Mannes war sie weiterhin als Beraterin tätig und übernahm eine Professur über industrielle Betriebsführung an der Purdue University.[25]

Lillian Gilbreth (1878–1972).

Fordismus

Ford hat bestritten, daß Taylor und seine Jünger ihn inspiriert hätten, als er sich an die Spitze der Industriellen stellte, die es sich zur Aufgabe machten, ein System für die Massenproduktion zu entwickeln. Auch sein System für die Produktion von Automobilen war gekennzeichnet durch den Fluß ineinandergreifender Arbeitsvorgänge, aber laufende Fließbänder, Förderbänder, Gefällezuführungen und Eisenbahnschienen, nicht aber Arbeiter und Vorarbeiter stellten das Netz dar, innerhalb dessen das Material bewegt und bearbeitet wurde. Ford und wenig gleichgesinnte Techniker und Ingenieure, die sich ihre Spezialkenntnisse als Autodidakten erworben hatten, schufen in seiner Fabrik in Highland Park ein System für die Massenproduktion, wie es die Welt bisher noch nicht gesehen hatte. Hier ermöglichten sie einen genau gelenkten, kontrollierten und gleichmäßigen Fluß von Energie und Material in einem bisher noch nicht dagewesenen Umfang. In den Jahren 1910 bis 1913 erlebte Ford in Highland Park, wie sich spontane Teamarbeit und die Einführung brillant erdachter zweckmäßiger Neuerungen in einem Fabrikationsbetrieb auswirken. In diesen Jahren entwickelte er, ohne sich dessen bewußt zu sein, die inspirierenden Führerqualitäten, die er später vergeblich versucht hat zurückzugewinnen. Die wenigen Jahre, in denen Ford und eine Gruppe begeisterter, handwerklich geschickter, scharfblickender und phantasiebegabter Männer das Fließband schufen, erinnern an die ähnlich kreative Begeisterung Edisons und seiner Männer in Menlo Park.

Historiker und Biographen haben zahllose Erklärungen für die beachtliche Leistung Fords und seiner Männer in Highland Park angeboten. Der Historiker der Mechanisierung, Siegfried Giedion, führt die Einführung des Fließbands bei Ford – des bekanntesten Teils seines Systems für die Massenproduktion – darauf zurück, daß Ford beim Anblick der Fließbänder in den großen fleischverarbeitenden Betrieben in Chicago auf diese Idee gekommen sei. Andere glauben, er habe von der Fließbandarbeit bei der Herstellung von Blechdosen erfahren. Einige meinen, Ford müsse an die verschiedenen Typen beweglicher Transportsysteme gedacht haben, wie etwa die Schwergewichtsrutschen, die seit Jahrhunderten in den Getreidemühlen benutzt wurden, als er die Transportvorrichtungen einführte, über welche die Fließbänder mit Material versorgt wurden. Die entscheidende Idee für die Anordnung der Werkzeugmaschinen zur Erleichterung des Produktionsflusses in der Fabrik ist ihm vielleicht durch Personen vermittelt worden, die die praktischsten Verfahren in den Maschinenwerkstätten von Neuengland kannten. Daß er so großen Wert auf die Herstellung auswechselbarer Teile legte, war die Fortsetzung einer langen Tradition, die sich in den Vereinigten Staaten bis ins 19. Jahrhundert auf die Herstellungsmethoden in den Arsenalen der Armee zurückverfolgen läßt.

Die Liste der wahrscheinlichen Vorbilder und Anregungen läßt sich beliebig erweitern, jedoch haben die Historiker eine weitere wahrscheinliche Erklärung dafür übersehen, daß Ford sich so stark auf den Produktionsfluß
konzentriert hat. Von 1891 bis 1899 arbeitete er für die Edison Illuminating
Company in Detroit und wurde dort Chefingenieur im Elektrizitätswerk des
Unternehmens am Washington Boulevard. Obwohl Ford in dieser Stellung
für technische und nicht für organisatorische oder wissenschaftliche Probleme verantwortlich war, hat er als aufmerksamer und neugieriger Mann
wahrscheinlich begriffen, welche Grundvoraussetzungen für die Erzeugung
und den Verbrauch von Elektrizität gegeben sein müssen. Von Alex Dow,
der diesen Versorgungsbetrieb nach 1896 geleitet hat, hätte Ford viel lernen
können, denn Dow war einer der ideenreichsten amerikanischen Manager
von Versorgungseinrichtungen. Hier hat Ford – vielleicht unbewußt – wahrgenommen, daß Elektrizität ständig im Fluß ist und nicht gespeichert werden kann. Aus diesem Grund war es dringend erforderlich, daß Angebot
und Nachfrage einander entsprachen. (Später verlangte er, daß die Auto-
händler die von ihm hergestellten Wagen sofort übernähmen, wenn sie vom
Fließband kommen.) Er sah auch, daß zur Versorgung mit Elektrizität ein
lückenloses Netz oder System von miteinander verbundenen Maschinen,
Stromleitungen und Kommunikationseinrichtungen notwendig ist. Die
Elektroingenieure sprachen gewöhnlich von ihren «Systemen». Fortschrittliche Leiter von Versorgungseinrichtungen verlangten die Wirtschaftlichkeit
der für die Massenproduktion arbeitenden Maschinen und Elektrizitätswerke, niedrige Preise, um den Massenkonsum anzuregen, die Pflege eines
umfangreichen Marktes und einen fortlaufenden Produktionsfluß, um die
Herstellungskosten zu reduzieren.[26] Wenn die Befürworter der Auffassungen von Ford von dem Produktionssystem sprachen, das er in Highland Park
und River Rouge entwickelt hatte, einem System, das von einem ständigen
Fluß, der Massennachfrage und der Massenversorgung abhängig war, dann
sagten sie, Fords Leitprinzipien seien Energie, Genauigkeit, Wirtschaftlichkeit, Systematik, Kontinuität und Geschwindigkeit.[27] Ein Journalist, der um
1914 über die neue Fordfabrik in Highland Park berichtete, bestätigte den
Eindruck anderer interessierter Beobachter, wenn er schrieb, das Auffallend-
ste an der ganzen Anlage sei der Eindruck «System, System, System».[28]
Die große Ähnlichkeit zwischen den Betrieben von Ford und den Stromversorgungsunternehmen bestärkt uns in der Vermutung, daß er als Ingenieur
bei der Firma von Edison in Detroit manches erfahren hat, was er später
selbst übernehmen konnte. Doch die Frage danach, welche bedeutenden Persönlichkeiten zuerst auf den Gedanken gekommen sind, Industriebetriebe
nach diesen Grundsätzen einzurichten, verliert an Bedeutung, wenn wir
daran denken, daß die amerikanische Industriegesellschaft um die Jahrhundertwende schon durch Massenproduktion und Massenkonsum gekennzeichnet war.

Eine an der Einrichtung des Fließbandes in den Fordwerken beteiligte Gruppe,
1913. Links sitzend Charles Sorensen.

Etwa von 1909 bis 1913 haben sich Ford und seine meist jungen Mitarbeiter intensiv mit der Entwicklung des Modells T und der dafür geeigneten Produktionsmethoden beschäftigt. Anschließend gingen die Bemühungen um die technische Verbesserung des Herstellungsverfahrens weiter. Weil sich so zahlreiche Autoren mit der Geschichte der Fordwerke beschäftigt haben, können wir noch heute feststellen, welche Beiträge einige seiner Mechaniker und Ingenieure geleistet haben, und müssen nicht in den Irrtum verfallen, Ford selbst als heroische Persönlichkeit darzustellen, die es verstanden hat, andere zu führen, aber nicht bereit war, von ihnen zu lernen. Ford hatte die besondere Gabe oder auch das besondere Glück, Mitarbieter zu finden, für die es ein Vergnügen war, schöpferisch zu arbeiten. Charles Sorensen («Der gußeiserne Charlie») war Gießereifachmann und brachte aus diesem Bereich wertvolle Erfahrungen mit. Walter E. Flanders, ein Vertreter für Werkzeugmaschinen, den Sorensen für ein «geniales Großmaul» hielt, unterstützte Ford mit den gründlichen Kenntnissen eines geschulten Yankee-Technikers auf dem Gebiet der Werkzeugmaschinen, der für den reibungslosen Ablauf des Herstellungsverfahrens wichtigsten Teile innerhalb der gesamten Anlage. Flanders, der beim Verkauf von Werkzeugmaschinen Beziehungen zu den verschiedensten Firmen angeknüpft und seine Kunden dabei oft zu Neuerungen angeregt hatte, die ihm an anderer Stelle aufgefallen waren, hat Ford davon überzeugt, daß das Wesen des Automobilgeschäfts in einer Kombination aus der Kunst des Materialeinkaufs, der Kunst der Produktion und der Kunst des Verkaufs läge.[29] Als Ford die Keim Company kaufte, um damit bestimmte arbeitsparende Techniken zu erwerben wie etwa das Stanzen anstelle des Gießens von Metallteilen, übernahm er auch William Smith, den Betriebsleiter und Teilhaber der Firma. Eine Zeitlang beteiligte sich auch William Knudsen, der später Direktor von General Motors wurde, am Aufbau des Produktionssystems bei Ford. Die Liste dieser Mitarbeiter ist lang, und einige von ihnen wurden von anderen Firmen abgeworben, weil diese die Methoden Fords kennenlernen wollten.

Highland Park und River Rouge

Die Anlage und Ausstattung der Fabrik in Highland Park, die als erste das Modell T herstellte, hat die Öffentlichkeit im allgemeinen mehr interessiert als die Entstehung des dort gebauten Automobils. Albert Kahn, der bekannteste Industriearchitekt seiner Zeit, entwarf den Plan für das Fabrikgebäude, das wegen seiner großen Fensterfronten als «Kristallpalast» bekannt wurde. Ford, seine Ingenieure und Techniker gestalteten die technische Einrichtung. Aus den Memoiren der Beteiligten erfahren wir, daß ihre Verantwortungsbereiche nicht streng gegeneinander abgegrenzt waren, daß es keinen streng geregelten Dienstweg gab und keine genau festgelegten Arbeitsanweisungen. Gemeinsam bemühten sie sich mit großem Eifer um die Lösung aller Produktionsprobleme. Ford war in diesem Sinne eine Führerpersönlichkeit, als er mehr als jeder andere Automobilhersteller in Detroit oder in der Welt eisern an seiner Überzeugung festhielt, daß das Automobil ein Erzeugnis der Massenproduktion für den Massenkonsum sei. Die bei Ford arbeitenden Männer waren bekannt dafür, daß sie die besten Spezialmaschinen der Welt entwarfen und so anordneten, daß sie zusammen mit dem Fördersystem für das Material einen ungehinderten Fluß aller Teile durch die Fabrik ermöglichten. In dem entscheidenden Jahr 1913 erfolgte der wichtigste Schritt bei der Weiterentwicklung der Produktionstechnik, als Ford und seine Mitarbeiter Fließbänder für Magnetapparate, Motoren und Schaltgetriebe einführten. Anfang 1914 wurden auch die Fahrgestelle auf komplexen Fließbändern montiert. Mit den verschiedenen Fördersystemen, welche die Teile an die Fließbänder brachten, mit einem Schienennetz, über welches das Material in die Fabrik befördert wurde, und mit Vertragshändlern im ganzen Land, welche die ungeduldig wartenden Amerikaner belieferten, ließe sich das Fordsystem mit einer großen, ständig im Fluß befindlichen Welle der Produktion vergleichen.

Bei der Planung der großen River Rouge Fabrik, die in den 1920er Jahren Highland Park als Herz des Fordsystems ablöste, folgte Ford wieder seiner

Das Fordwerk von River Rouge.

Vorstellung von dem ununterbrochenen Produktionsfluß. Auch hier arbeitete er mit dem Architekten Kahn, mit Sorensen, Knudsen und anderen seiner bewährten Mitarbeiter zusammen. Ford, der kein Freund von vielen Worten oder nur auf dem Papier gezeichneten Entwürfen war, ließ sich von allen Werkzeugmaschinen, Förderanlagen, Fenstern, Eisenträgern und vom Flächenbedarf maßstabsgerechte Modelle anfertigen, die innerhalb der Fabrikräume bewegt werden konnten, um zu testen, welche Anordnung für die Produktion am günstigsten war.[30] Heute kann das mit komplexen Computermodellen geschehen, die zeigen, wo es im Produktionsfluß zu Störungen kommen kann. In den Jahren 1922 bis 1926 entwarf und baute Kahn in der River Rouge Fabrik eine Kokereianlage, eine Gießerei, eine Zementfabrik, ein Siemens-Martinstahlwerk, ein Montagegebäude für Motoren und andere Fabrikgebäude. Nicht nur hinsichtlich seiner technischen Gestaltung, sondern auch ästhetisch war River Rouge die bedeutendste Industrieanlage jener Zeit.[31]

Die umfangreichen Fabrikationsanlagen in Highland Park und River Rouge waren entstanden, weil Henry Ford entschlossen war, sein Modell T dem Durchschnittsamerikaner, besonders aber Millionen von Farmern zu verkaufen. Ohne Vorwarnung erklärte Ford eines Morgens im Jahr 1909, seine Ford

Motor Company werde künftig nur noch das Modell T bauen. Während der
fünf folgenden Jahre, in denen sich die Produktivität erhöhte und wesentliche
Ersparnisse gemacht werden konnten, senkte er den Preis des Grundmodells
seines Wagens von $990 auf $440. Damit lag sein Preis wesentlich niedriger als
der für jedes andere vergleichbare Automobil. Durchschnittlich lag die Zahl
der schon bestellten, aber noch nicht ausgelieferten Wagen bei fast 6000.[32]
1921 lag der Anteil der Ford Company auf dem Automobilmarkt bei 55
Prozent. Die Produktionsziffern beim Modell T erreichten 1923 mit zwei
Millionen Personen- und Lastwagen ihren Höhepunkt. Als die Produktion
1927 auf das Modell A umgestellt wurde, hatte die Ford Company mehr als 15
Millionen Autos des Modells T hergestellt. Bei Beginn dauerte die Fertigstellung eines Wagens 12 ½ Stunden. 1925 rollten die Wagen in Abständen von
je einer halben Minute vom Band. Allan Nevins und Frank Hill, die Verfasser
des grundlegenden Werks über Ford und sein Unternehmen, schreiben:
    «. . . Bis 1926 hatte sich das gesamte Produktionsprogramm des Unterneh-
mens in beeindruckender Weise entwickelt. Das Rohmaterial kam aus den
Erzminen und Sägewerken im oberen Teil der Halbinsel, aus den Kohleberg-
werken Fords in Kentucky und West Virginia und den firmeneigenen Glasfa-
briken in Pennsylvania und Minnesota. Ein großer Teil dieses Materials
wurde auf eigenen Schiffen und über eigene Eisenbahnlinien transportiert.
Die Herstellung von Teilen war ausgeweitet worden – eigene Fabriken stellten
Anlasser und Lichtmaschinen, Batterien, Reifen, Kunstleder, Bezugsstoffe
und Leitungsdraht in immer größeren Mengen her. Das Werk River Rouge
erzeugte Koks, Eisen, Stahl, Fahrgestelle, Gußstücke, Motoren und andere
Bauteile für Highland Park und die Montagewerke. Hier wurden auch alle
Fordson-Traktoren gebaut.[33]
    In den Anfangsjahren, als Ford und seine intelligenten jungen Techniker
und Ingenieure das legendäre Modell T entwarfen und immer wieder verbesserten, während gleichzeitig das berühmte Produktionssystem ausgebaut
wurde, da erwies sich der Gründer des Unternehmens als weitblickender
Mann, dem es immer wieder gelang, schwierige Probleme zu lösen. In den
1920er Jahren aber, nachdem der Betrieb in der riesigen River Rouge Fabrik
aufgenommen worden war und während das Modell T Jahr für Jahr weiterge-
baut wurde, war Ford selbst zu einem Problem für die Betriebsführung geworden, anstatt sich an der Lösung von Problemen zu beteiligen. Obwohl er
für die wesentlichen Belange der Massenproduktion und des Massenkonsums
in einer kapitalistischen Gesellschaft den richtigen Instinkt hatte, erkannte er
nicht die Bedeutung einer straff organisierten Betriebsführung und verstand
nichts von Buchführung und Kostenberechnung. Produktion und Verkauf
waren deshalb nicht richtig aufeinander abgestimmt. Bei der jährlichen Festlegung des Preises für das Modell T ging er von einer groben Schätzung des
Gewinns aus. Man erzählt sich sogar, daß die schwach besetzte Buchhaltung
die Kosten nur schätzte, indem sie die Kostenrechnungen gleicher Höhe auf

Der Hochofen von River Rouge.

einen Stapel legte und nach dessen Höhe die jeweiligen Gesamtkosten berechnete. So versuchte der alternde Ford eine alternde Mannschaft zu führen, die ein veraltetes Automobil herstellte, als seien sie ein Team begeisterter Techniker und Ingenieure, welches die Probleme eines sich rasch entwickelnden Systems der Massenproduktion zu lösen hatte, um ein neues Automobil auf den Markt zu bringen.

In den letzten Jahren haben sich Historiker und Biographen für das Nachlassen der Erfolge Fords und seines Unternehmens ebenso interessiert wie für die großen Anfangserfolge. Daß Ford sich in den Jahren 1908 bis 1927 gewei-

gert hat, sich von dem Modell T zu trennen, ist heute Teil der Legende von
dem «Zerstörer»[34] und dem besessenen Despoten[35] Henry Ford. Als er
schließlich bereit war, die Produktion auf das Modell A umzustellen, war der
Anteil seines Unternehmens am Automobilmarkt auf 30 Prozent gesunken.
Es gibt unzählige Anekdoten über seinen Altersstarrsinn, den Verfall seiner
Persönlichkeit und die chaotischen Methoden in der Betriebsführung, die er
im Namen der Flexibilität tolerierte oder sogar förderte, dabei aber mit auto-
ritärer Willkür dort eingriff, wo es keine klare Verwaltungsstruktur und
Routine gab. William Knudsen, der als einer der tüchtigsten Fachleute auf
dem Gebiet der Produktionslenkung galt, besprach mit Fords Sohn Edsel
mögliche Verbesserungen beim Modell T. Als der erboste Henry Ford davon
erfuhr, hob er die Anweisungen von Knudsen wieder auf und demütigte ihn
damit. Knudsen kündigte 1921 und ging zu General Motors, wo er bald
darauf die Leitung der Chevrolet-Abteilung übernahm, die in wenigen Jahren
Ford die bedeutendsten Marktanteile fortnahm. Als Edsel Ford und der Chefingenieur des Unternehmens später das Modell eines Sechszylindermotors
entwarfen und bauten, um ihn gegen den Vierzylindermotor auszutauschen,
forderte Henry Ford den Chefingenieur auf, ihn zur Besichtigung einer
Schrott-Transportanlage zu begleiten. Unter dem dort zu befördernden
Schrott befand sich der neu entwickelte Motor. Als Beispiele für seine Unbe-
rechenbarkeit werden auch willkürliche Entlassungen von Fachleuten genannt. In seinem Buch *My Life and Work* (1922) schrieb er: «Wir haben es
bedauerlicherweise für notwendig erachtet, einen Mann in dem Augenblick
loszuwerden, in dem er beginnt, sich für einen Experten zu halten – denn
niemand, der sich in seinem Fachgebiet wirklich auskennt, hält sich für einen
Experten.»[36] Sorensen vertrat die gleiche Meinung und sagte, «wenn jemand
anfing, sich als Experte aufzuspielen, mußten wir ihn loswerden. Im gleichen
Augenblick, da jemand sich für einen Experten hält, nimmt er auch die
Haltung eines Experten ein, und Allzuvieles wird unmöglich.»[37] Ein anderer
leitender Angestellter des Unternehmens erinnert sich, daß Henry Ford jedesmal, wenn er sehen wollte, daß eine Aufgabe richtig ausgeführt wurde,
einen Mann damit beauftragte, der nichts davon verstand.[38] So haben ihn
nach und nach alle tüchtigen Männer verlassen, bis Henry Ford in den 1930er
Jahren allein auf Sorensen angewiesen war, der nicht bereit war, etwas gegen
die offensichtlichen Fehler Fords zu unternehmen, und bis auf Harry Bennett,
einen ehemaligen Preisboxer, der ausgesprochene Leuteschinder einsetzte,
der die Arbeiter einschüchterte und dafür sorgte, daß sie nicht in die Gewerkschaft eintraten.[39]

Trotz des unmöglichen Verhaltens von Henry Ford hielten auch Edsel, ein
sanftmütiger und intelligenter Mann mit reichen Erfahrungen in der Auto-
mobilindustrie, und einige von denen, die in den erregenden Anfangstagen
mit ihm zusammengearbeitet hatten, als das Modell T und der Betrieb in
Highland Park entstanden, solange es ihnen möglich war, loyal zu ihm und

Arbeiter am Fließband im Fordwerk von River Rouge.

der Legende, die sich um seine Person und sein Werk gebildet hatte. 1926 versuchte es Ernest Kanzler, ein begabter Produktionschef und Schwager von Edsel, Henry Ford mit Takt, Schmeichelei, Bewunderung und Vernunft davon zu überzeugen, daß es richtig sei, den Sechszylindermotor zu bauen. Dabei gab Kanzler seiner Sorge Ausdruck, daß dieser Veränderungsvorschlag «Ihre Gefühle beeinflussen und Sie veranlassen könnte zu glauben, ich hätte kein Verständnis für Sie». Diplomatisch fügte er hinzu: «Bitte, Mr. Ford, verste-

Mitglieder des Direktoriums der Fordwerke, 1925: E.C. Kanzler (vorderste Reihe, 3. von links), Sorensen (2. Reihe, 5. von links), Edsel Ford (3. Reihe, 2. von links), Henry Ford (3. Reihe, 7. von links).

hen Sie, daß ich mir durchaus der Tatsache bewußt bin, daß Sie dieses ganze Geschäft aufgebaut haben ... daß alle Erfolge des Unternehmens ... als das Ergebnis Ihrer persönlichen Leistung angesehen werden ... auch wenn Sie einmal nicht mehr am Leben sind.» Dann wagte Kanzler die Tatsache zu erwähnen, daß unter den meisten «wichtigeren Männern in der Organisation ein zunehmendes Unbehagen Platz greift ... sie haben das Gefühl, daß unsere Position schwächer wird und die Dinge uns aus der Hand gleiten. Es fehlt der belebende Geist des Vertrauens auf weitere Fortschritte». Bald darauf wurde Kanzler von Henry Ford entlassen.[40] Im gleichen Jahr war der Marktanteil des Unternehmens auf etwa ein Drittel zurückgegangen. Das berühmte Modell T erfüllte trotz gewisser Verbesserungen nicht mehr die Träume einer autohungrigen Öffentlichkeit. Die Fordwitze über das Modell T nahmen weniger tolerante Formen an:

Der Ford ist mein Auto
ein anderes brauche ich nicht.
Ich muß mich darunterlegen,
der Wagen betrübt meine Seele.
Er führt mich auf den Weg der Lächerlichkeit,
um seines Namens Willen.
Ja, auch wenn ich durch die Täler fahre,
werde ich bergauf geschleppt,
denn ich habe die schlimmsten Befürchtungen.

Deine Kurbelstangen und Motoren beunruhigen mich.
Ich besohle meine Reifen mit Flicken;
mein Kühler läuft über.
Ich flicke die platten Reifen in Gegenwart meiner Feinde.
Wenn mich diese Dinge alle Tage meines Lebens verfolgen,
werde ich gewiß auf ewig in der Klapsmühle wohnen.[41]

Einige der bekanntesten Anekdoten über Henry Ford vermitteln ebenfalls einen recht negativen Eindruck und zeichnen ihn als einen ungebildeten Mann mit einem etwas verschrobenen Intellekt. So äußerte Ford zum Beispiel gegenüber Reportern, er glaube an die Reinkarnation, und als Beweis führte er an, daß früher die Hühner immer vor die Autos gelaufen seien, aber seit einiger Zeit immer am Straßenrand blieben. Die vorsichtigen Hühner seien im vorigen Leben überfahren worden.[42]

Seine zunehmende Exzentrizität und allmähliche Verwandlung vom genialen Systembauer zum despotischen, schlechtgelaunten und erfolglosen Manager erkären wahrscheinlich am besten den Niedergang seines Unternehmens.[43] Was sich geändert hatte, waren in Wirklichkeit jedoch nicht so sehr die Persönlichkeit Fords als vielmehr die Probleme seines Unternehmens, mit denen er fertig werden mußte. Nicht er selbst hatte sich geändert, sondern seine Umwelt. Die Lösungen, die er fand, paßten zu Problemen, die weit in der Vergangenheit zurücklagen. Fords autokratisches Verhalten und die Entlassungen von Fachleuten können einerseits als Zeichen der zunehmenden Starrheit und Herrschsucht eines alternden Mannes gesehen werden. Aber eine andere Erklärung mag vielleicht darin liegen, daß er sich nach der Freude an der schöpferischen Tätigkeit und am Lösen von Problemen sehnte, die er früher als Erfinder und Systembauer genossen hatte. Als er und sein Team das Modell T und das Ford-Produktionssystem schufen, hatte es keine strengen Zuständigkeitsbereiche, keine Routineverfahren und keine Fachleute gegeben. Diese Männer hatten mit großer Phantasie etwas Neues geschaffen und waren voller Begeisterung auf eine unbekannte Zukunft zugegangen. Edison, den Ford verehrte und mit dem er eng befreundet war, wollte auch nichts von Experten wissen und lehnte besonders alle Akademiker ab. Nach Ansicht von Edison entwickelten diese Leute Theorien aufgrund von Erfah-

Henry Ford und Thomas Edison.

rungen aus der Vergangenheit, die in der Gegenwart nichts mehr zu bedeuten
hatten. Ford und Edison waren sich der Tatsache bewußt, daß sie im Bereich
des Unbekannten und Unerforschten keine Experten sein konnten. Sie
brauchten keine Theorien, sondern nur Hypothesen oder bildliche Vorstellungen von den Dingen, die noch nicht erfunden waren. Edison vermied es
sogar, seinen Assistenten etwas über die Erkenntnisse zu sagen, die er bei
seiner bisherigen Arbeit über ein bestimmtes Problem gewonnen hatte, weil

er fürchtete, daß sie durch solche Informationen in eine bestimmte Richtung
gedrängt würden und sich ihr geistiger Horizont dadurch verengen könnte. Ja
er spottete über das Fachwissen seiner Assistenten, weil er hoffte, damit ihre
Arroganz und ungerechtfertigte Selbstsicherheit zu untergraben. Bei Ford
und Edison finden wir Vorurteile und Unwissenheit, aber auch das gründliche
Verständnis für die innere Freiheit des Erfinders und Neuerers. Für Ford und
sein Unternehmen hat es sich nachteilig ausgewirkt, daß er auch weiterhin
einen Führungsstil bevorzugte, der in die Zeit der Erfindungen und großen
Neuerungen paßte, aber jetzt, nachdem die Ford Company zu einem extrem
umfangreichen und relativ stabilen administrativen und technischen System
geworden war, in dem sich nur schwer etwas verändern ließ, nur störend
wirkte. Ford wollte oder konnte seinen Führungsstil aus der Zeit der Erfindungen und Neuerungen nicht aufgeben und sich den Erfordernissen der
geregelten Betriebsführung anpassen. Für das Unternehmen wäre es ein Se-
gen gewesen, wenn er sich etwa 1915 ins Privatleben zurückgezogen hätte,
nachdem sich das Produktionssystem von Highland Park stabilisiert hatte.
Anders als er hat sich Elmer Sperry jedesmal von den Unternehmen getrennt,
zu deren Gründung er mit seinen Erfindungen beigetragen hatte. Vielleicht
hat Ford es selbst gespürt, daß er nicht zum Manager geeignet war, und seine
Abneigung gegen diese Tätigkeit hat ihn in den Jahren 1908 bis 1916 dreimal
veranlaßt, an den Verkauf der Ford Motor Company zu denken. Im Stil des
Erfinders sprach er von ganz neuen Vorhaben, denen er sich zuwenden wolle,
wenn ihm die Bürde der täglichen Routine genommen würde.[44] Dasselbe
Produktionssystem, das er mit solcher Begeisterung geschaffen hatte, lang-
weilte ihn jetzt und gab ihm das Gefühl, in seiner Bewegungsfreiheit eingeschränkt zu sein. Sein Mangel an Selbstkritik ist erstaunlich angesichts dessen, was er in seinem Buch *My Life and Work* schreibt: «Geschäftsleute
versagen in ihrem Geschäft, weil ihnen die alten Methoden so gut gefallen,
daß sie sich nicht dazu aufraffen können, sie zu ändern.»[45] Er konnte nicht
begreifen, daß auch er sich dagegen sträubte, seinen Arbeitsstil aufzugeben,
der ihm als Erfinder und Neuerer den Erfolg gebracht hatte, und sich weigerte, sein Verhalten seiner neuen Aufgabe als Manager anzupassen, bei der
es nicht auf radikale Erfindungen und Neuerungen ankam, sondern auf all-
mähliches Wachstum, schrittweise Verbesserungen und die Systematisierung
der Produktion und der Verwaltung.

Daß Ford es ablehnte, am Modell T wesentliche Veränderungen vorzunehmen, können wir besser verstehen, wenn wir daran denken, daß er jahrelang
einen großen Marktanteil halten konnte, weil er die Produktionskosten und
den Preis seines Automobils niedrig hielt. Um die Kosten zu reduzieren, war
er bereit, die Produktionsformen zu verändern, nicht aber das Produkt. Er
schrieb:

«Unsere großen Veränderungen haben wir an den Fabrikationsmethoden
vorgenommen. Hier gibt es keinen Stillstand. Ich glaube, bei der Herstellung

unseres Wagens gibt es kaum einen einzigen Arbeitsgang, der sich nicht
verändert hat, seit der erste Wagen des gegenwärtigen Modells gebaut wurde.
Deshalb sind die Herstellungskosten so niedrig. Die wenigen Veränderungen,
die wir an dem Wagen selbst vorgenommen haben, lagen in der Richtung der
Bequemlichkeit ... (oder) der vermehrten Stärke.»[46]

Er glaubte, daß Veränderungen wie der Einbau eines Sechszylindermotors
zu Preissteigerungen führen müßten. Ford meinte auch, daß «*eine* Idee alles
ist, was man gleichzeitig bewältigen kann». Das Modell T mit dem Vierzylindermotor war seine Idee, und nur diese Idee sollte in möglichst vollkommener
Weise verwirklicht werden.[47] Obwohl er alle Veränderungen am Modell T
ablehnte, zeigte sich sein Verlangen, kreativ tätig zu sein, an anderen Vorhaben, mit denen er sich nach 1913 beschäftigte. Als Schöpfer neuer Systeme
erwies er sich, als er mit Hilfe von Sorensen nach dem Ersten Weltkrieg die
Automobilfabrik River Rouge plante und aufbaute. Seine Phantasie und sein
Weitblick zeigten sich wieder, als er Anfang der 1920er Jahre versuchte, im
Tal des Mississippi ein Industriezentrum zu schaffen und außerhalb von Detroit im Anschluß an Wasserkraftwerke ein dezentralisiertes Produktionssystem einzurichten. Die Widersprüche und Komplexitäten im Verhalten von
Ford lassen sich besser verstehen, wenn wir uns bewußt sind, welche Ironie es
ist, wenn eine schöpferisch veranlagte Persönlichkeit darangeht, Systeme aufzubauen. In seinem Roman *Doktor Faustus* hat Thomas Mann das Widersprüchliche eines solchen Versuches dargestellt, als er den Helden seines
Romans, Adrian Leverkühn, den Schöpfer eines musikalischen Zwölftonsy-
stems, das Verlangen zum Ausdruck bringen ließ, eine Kompositionsmethode
zu erfinden. Diesem Verlangen stimmte Mephistopheles sofort zu, denn der
Komponist würde damit ein System schaffen, das dann zum eisernen Käfig
werden mußte, der ihn daran hinderte, sich weiterhin frei auszudrücken.

Henry Fords Beziehungen zu seinen Arbeitern und leitenden Angestellten
wurden im Lauf der Jahre immer schlechter. Wie andere Systembauer seiner
Zeit bestand er darauf, daß die Arbeitskräfte streng überwacht wurden und
sich der innerhalb des Systems herrschenden Ordnung fügten, während er es
für seine Person ablehnte, sich solche Beschränkungen aufzuerlegen. Für die
von ihm entworfenen Maschinen bedeutete das keine emotionale, psychologische Belastung. Für die Menschen und besonders für die Arbeiter war das
anders. Die Männer, die die Werkzeugmaschinen bedienten und am Fließband
standen, mußten sich dem Rhythmus und der Logik der maschinellen Produktion anpassen. Ebenso wie Taylor sah Ford sie als Teile des Fabrikationssystems, und wie Taylor glaubte auch er, daß ein tüchtiger Arbeiter Anspruch
auf einen Teil der Kostenersparnis habe, die durch seine Arbeit ermöglicht
wurden. Ford wollte das Nationaleinkommen auf das ganze Volk verteilen
und den Markt für Automobile und andere Massengüter durch die arbeitende
Bevölkerung beleben. Doch wo es möglich war, ersetzten er und seine Ingenieure die Arbeiter durch leichter zu handhabende Maschinen. Anders als die

Arbeiter der Fordwerke beim englischen Sprachunterricht.

arbeitenden Menschen ließen sich Spezialmaschinen entwerfen, die besondere Funktionen zu erfüllen hatten. Sie streikten nicht und wurden nicht
durch selbständiges Denken veranlaßt, mit ihren Arbeitsmethoden von den
Anweisungen der Produktionsingenieure und Planungsabteilungen abzuweichen. Andererseits mußte Ford daran denken, daß die Arbeiter bei einem
Konjunkturrückgang entlassen werden konnten, das für die Maschinen investierte Geld jedoch fest angelegt war. Die kreative Facharbeit wurde von
verhältnismäßig wenigen Ingenieuren, Werkzeugmachern und Modellbauern
geleistet. Die meisten bei Ford beschäftigten Arbeiter waren ungelernte
Kräfte, und zu ihnen gehörten Tausende von erst in letzter Zeit eingewanderten Ungarn, Polen, Serben, Armeniern, Tschechen, Russen, Rumänen, Bul-
garen und Italienern. Ein rührendes Photo aus den ersten Jahren bei Ford
zeigt Arbeiter, die in der Mittagspause mit großem Eifer am englischen Sprachunterricht teilnehmen. Es dauerte nur wenige Tage, bis sie die von ihnen
verlangten einfachen und ganz speziellen Routinehandgriffe gelernt hatten,
und so ließen sie sich ebenso wie die Teile des Modells T leicht auswechseln.

Aber die Arbeiter selbst empfanden das um 1913 in Highland Park einge-
führte mechanisierte Fabrikationssystem so ermüdend und inhuman, daß die

Rate der Neueinstellung von Arbeitskräften auf 380 Prozent anstieg. Wenn das Unternehmen 100 zusätzliche Arbeitskräfte brauchte, mußten 963 eingestellt werden. Anzeichen für den wachsenden Einfluß der Gewerkschaften beunruhigten Ford und seine Mitarbeiter. Der Produktionsfluß wurde negativ dadurch beeinflußt. 1914 beschloß Ford angesichts des raschen Wechsels der Arbeitskräfte und des Einflusses der Gewerkschaften, aber auch in der Erkenntnis, daß der große Unterschied zwischen den Gehältern der leitenden Angestellten und dem Lohn der ungelernten Arbeiter groß war, deren Bezahlung auf täglich $5 zu erhöhen – ein bis dahin beispielloser Vorgang. Die Arbeitsuchenden drängten sich vor den Fabriktoren, aber die Frau eines seiner Arbeiter schrieb ihm:

«Das Kettensystem ist Sklaventreiberei. Mein Gott! Mr. Ford, mein Mann ist nach Hause gekommen und hat sich sofort hingelegt. Er wollte nichts essen – so fertig war er! Kann man denn nichts dagegen tun? . . . Diese $5 am Tag sind ein Segen – ein größerer Segen als Sie es sich vorstellen können, aber sie haben es auch verdient.»[48]

Der Niedergang der Ford Company läßt sich nicht nur auf das Versagen von Henry Ford zurückführen. Man muß ihn in der Relation zu den Verhältnissen bei anderen Automobilherstellern sehen, besonders bei der General Motors Corporation unter der Führung von Alfred Sloan. 1927 nahm General Motors mit einem Anteil von 45 Prozent auf dem Automobilmarkt die führende Stellung ein, von der sich das Unternehmen nicht verdrängen ließ. 1931 war der Marktanteil von Ford auf 26 Prozent zurückgegangen, was Verluste von mehr als $50 Millionen bedeutete.[49] 1919 führte der Präsident von General Motors, Sloan, den Kundenkredit ein, nahm Gebrauchtwagen in Zahlung, baute einen geschlossenen Personenkraftwagen und brachte jährlich ein neues Modell heraus.[50] (Ford lehnte den kostspieligen jährlichen Modellwechsel mit unverhohlener Geringschätzung ab und sagte, früher hätten die Fahrradfabrikanten das gleiche getan.[51]) Anstelle von Spezialmaschinen verwendete General Motors Allzweck-Werkzeugmaschinen, was die Umstellung auf ein neues Modell, wie zum Beispiel den Austausch eines Vierzylindermotors gegen einen Sechszylindermotor, erleichterte. Außerdem richtete Sloan, dem Beispiel der Du Pont Company folgend, eine aus mehreren Abteilungen bestehende, dezentralisierte Betriebsführungsstruktur ein, die zum Vorbild für große Industriefirmen wurde. Schon Ford hatte sich darum bemüht, eine möglichst geringe Zahl von Automobilen auf Lager zu nehmen, aber Sloan erreichte dieses Ziel durch eine bessere Überwachung des Fabrikationsflusses. Die Zahl der fertiggestellten Wagen richtete sich nach statistischen Erkenntnissen, die aus den Berichten der Händler gewonnen wurden, mit denen alle zehn Tage die Zahl der Aufträge sowie der ausgelieferten und am Lager gehaltenen neuen und gebrauchten Wagen gemeldet werden mußte. Darüber hinaus entwickelte General Motors die Kunst und Wissenschaft der Langzeitvoraussagen für Verkäufe und die Beschaffung von Rohmaterial.

Das System der Automobilherstellung und -verwendung:
Das Raffinieren von Erdöl

Auf der Höhe seines Erfolgs leitete Ford ein komplexes System für die Fabrikation von Automobilen, das die ganzen Vereinigten Staaten umfaßte und auch in andere Regionen der Welt hineinreichte. Zwar war die Ford Motor Company mit all ihren Zweigniederlassungen schon ein gewaltiges Unternehmen, aber doch nur Teil eines größeren Produktionssystems- oder netzes, das sich noch auf eine große Zahl weiterer Organisations-, Produktions-, Versorgungs- und Dienstleistungstätigkeiten erstreckte.[52] Neben den Automobilen gehörten zu diesem System auch noch Straßen, Tankstellen und Reparaturwerkstätten sowie Menschen und Organisationen wie Facharbeiter, Lieferanten für Rohmaterial und Ersatzteile, die Gewerkschaften, in denen die Facharbeiter organisiert waren, die Automobilhändler, die Lieferanten für Benzin, die in den Tankstellen und Reparaturwerkstätten arbeitenden Personen, die staatlichen Behörden, die für den Straßenbau verantwortlich waren, die Organisationen, die den Kauf der Automobile finanzierten, und zahlreiche andere Organisationen wie etwa die Werbeagenturen, deren Aufgabe es war, für eine Umsatzsteigerung zu sorgen. Dieses System der Herstellung und Verwendung von Automobilen ließ sich nicht zentral von einer Einzelperson oder einer Organisation beherrschen und kontrollieren, aber auf verschiedenartigste und komplexe Weise konnten alle diese Tätigkeiten aufeinander abgestimmt werden. Die sichtbare Hand von Henry Ford koordinierte das System, das er geschaffen hatte. Die unsichtbare Hand des Marktes kontrollierte zusammen mit einer Vielzahl informeller institutioneller und persönlicher Bindungen die Automobilherstellung und das Raffinieren des Rohöls.

Karl Marx hat in *Das Kapital* gezeigt, wie die erhöhte Produktivität der Weber während der industriellen Revolution in Großbritannien die Arbeitsleistung der Spinner angeregt hat und wie die technischen Verbesserungen und der erhöhte Warenausstoß bei den Spinnern die Entwicklung bei den Webern vorangetrieben haben. Die systematische gegenseitige Beeinflussung erfolgte aufgrund der stärkeren Nachfrage nach fertigen Stoffen, welche die Spinnereien und Webereien zu einer intensiven Zusammenarbeit zwang. Der erhöhte Umsatz in Stoffen wirkte sich auch auf die chemische Industrie in Großbritannien aus und veranlaßte sie, verbesserte Bleichmittel und Stofffarben in größeren Mengen herzustellen. Im 20. Jahrhundert entstand eine ähnlich enge Beziehung zwischen der Automobilproduktion und den Raffinerien, die das Rohöl zu Benzin verarbeiteten. In beiden Fällen mußten sich die Produzenten den Zwängen der Massenproduktion und des Massenkonsums beugen.

Im 19. Jahrhundert war das Petroleum für Lampen das Hauptprodukt der Rohölraffinerien. Das beim Raffinieren entstehende Benzin war ein Abfallprodukt. Die rasante Zunahme des Automobilverkehrs im 20. Jahrhundert brachte einen dramatischen Wandel. Die Raffinerien suchten jetzt nach Möglichkeiten, einen möglichst hohen Prozentsatz des Rohöls zu Benzin zu verarbeiten, das den leichteren Bestandteil des Rohöls darstellte. In den Jahren 1909 bis 1913 entwickelte Dr. William M. Burton, der an der Johns Hopkins University seinen Doktor der Chemie gemacht hatte und nun die Raffinerie der Standard Oil Company in Indiana leitete, das Verfahren des thermischen Krackens. Im Gegensatz zu der bisher angewendeten Destillationstechnik, bei der das Rohöl in offenen Gefäßen erhitzt wurde, um es von verschiedenen anderen Bestandteilen zu befreien, und zwar zunächst von den leichten und dann den schwereren, erhitzte Burton das Rohöl in geschlossenen Behältern. Durch den so entstehenden Druck wurden die schweren Moleküle der schwereren Bestandteile, die früher in der Form des Lampenpetroleums benutzt wurden, in die leichteren Moleküle des Benzins gespalten oder gekrackt. Als Burton 1921 mit der Perkin-Medaille ausgezeichnet wurde, erinnerte er seine Zuhörer daran, daß er seinen Erfolg, aus einem Barrel Rohöl die doppelte Menge Benzin erzeugen zu können, seiner Torheit zu verdanken habe, das Rohöl trotz der offensichtlichen Gefahr einer Explosion unter Druck erhitzt zu haben. 1920 wurden, angeregt durch Burtons Erfolg, neue Krackmethoden entwickelt, die das Verfahren Burtons ablösten, das der Standard Oil of Indiana aber immerhin einen Gewinn von $150 Millionen gebracht hatte.[53] Durch diese Erfolge angeregt, stellten nun auch andere Raffinerien Chemiker und Chemietechniker ein, um das neue Verfahren weiterzuentwickeln. (Als der junge Burton als frischgebackener Doktor der Chemie zu Standard Oil nach Indiana kam, fragte ihn der technische Direktor, wo seine Werkzeuge seien.)

Andere Raffinerien, denen die Lizenzgebühren für das Burtonverfahren zu hoch waren, wandten sich an Techniker und wissenschaftliche Forscher, um mit ihrer Hilfe andere Verfahren zu finden und damit der wachsenden Nachfrage nach Benzin gerecht werden zu können. Da man Anfang der 1920er Jahre glaubte, der Weltvorrat an Rohöl werde in absehbarer Zeit erschöpft sein, erschien es entscheidend wichtig, die Menge Benzin, die sich aus einem Faß Rohöl gewinnen ließ, nach Möglichkeit zu erhöhen. In Deutschland suchten Wissenschaftler und Techniker nach einem Verfahren, Benzin aus Steinkohle herzustellen. Die Behörden schätzten, daß die Rohölreserven nach 15 Jahren verbraucht sein würden. Andere glaubten, es gebe eine gute Möglichkeit, den mit dem Burtonverfahren erzielten Ertrag dadurch zu erhöhen, daß der Fluß des Materials durch die Raffinerie beschleunigt wurde. Die Rohölraffinerien folgten dem Beispiel von Ford und Taylor und setzten alles daran, den Produktionsfluß durch eine Systematisierung ihrer Betriebe zu erhöhen. Bei dem Verfahren von Burton wurde das Rohöl partieweise raffiniert und nicht im laufenden Fluß durch eine Raffinerieanlage. Während des Vorgangs des Raffinierens blieb es in großen Tanks oder Destillierbehältern.

Anschließend entleerten die Raffineriearbeiter diese Behälter und füllten sie anschließend mit neuem Rohöl. Ähnlich wie die Dampfmaschine gearbeitet hatte, bevor James Watt seinen Kondensator erfunden hatte, mußte der Zylinder – oder im Fall des Burtonverfahrens die Destillieranlage – abwechselnd erhitzt und abgekühlt werden, wobei wertvolle Wärme verlorenging. Die Alternative zu diesem statischen Verfahren war eine Methode, bei der das Rohöl mehrere Stadien durchlief, bei denen, veranlaßt durch Erhitzung und Abkühlung, die chemische Umwandlung erfolgte. Ähnlich hatte Ford das Automobil während seines Entstehens auf dem Fließband an den Arbeitern vorbeilaufen lassen, die an festen Arbeitsplätzen bestimmte Handgriffe ausführten, bis es fertiggestellt war. Kein Wunder, daß ein amerikanischer Ingenieur, der um diese Zeit eine Reise nach China unternahm, den Eindruck hatte, der Hauptunterschied zwischen den beiden Ländern sei, daß in den Vereinigten Staaten alles und jeder in Bewegung war.

Die Universal Oil Products Company führte das fließende Krackverfahren des jungen Erfinders Carbon Petroleum Dubbs ein. (Jesse Dubbs, ein Absolvent des Massachusetts Institute of Technology und Pionier in der Erdölindustrie, hatte seinem Sohn diesen Namen gegeben.) J. Ogden Armour, dessen Familie mit einem fleischverarbeitenden Unternehmen ein Vermögen verdient hatte, investierte in das Dubbsverfahren, weil er eine Parallele zwischen der Einführung eines kostensparenden Fließbands für die Zerteilung der geschlachteten Tiere im Schlachthaus und einer Krackanlage sah, in der das Erdöl während des Durchlaufens raffiniert wird.[54] Bei dem Dubbsverfahren durchlief es nacheinander mehrere Stationen. Hitze und Druck blieben auf jeder Station, die das Öl durchlief, konstant, und die Produkte des Krackvorgangs wurden nacheinander abgelassen. Nachdem sich das Dubbsverfahren als wirtschaftlicher erwiesen hatte als das Burtonverfahren, wurde es 1924 von der gesamten Erdölindustrie übernommen. Während immer höhere Beträge für Forschung und Entwicklung ausgegeben wurden, zeigte sich, daß die von Burton und Dubbs entwickelten Verfahren erst der Anfang einer Reihe von Verbesserungen gewesen waren, die es schließlich ermöglichten, aus dem vorhandenen Rohöl zunehmend größere Mengen von Benzin zu gewinnen.[55]

Vor 1930 hatten die Ölraffinerien und ihre Chemiker und Techniker sich in Erwartung einer Energiekrise darauf konzentriert, die Menge des Benzins zu vergrößern, anstatt seine Qualität zu verbessern. Doch nachdem Ende 1930 die reichen Ölfelder im östlichen Texas entdeckt worden waren, bemühte man sich mehr um die Qualität. Im Dezember 1931 gab es im Osten von Texas mehr als 3000 ergiebige Ölquellen. Mit der gesteigerten Produktion vergrößerte sich auch die Zahl der Automobile auf den Straßen und die verbesserte Qualität des Kraftstoffs erlaubte den Bau von Motoren mit einer höheren Kompression, die leistungsfähiger waren, damit erhöhte sich auch die Geschwindigkeit der Kraftfahrzeuge. Schon bevor die reichen Ölvorkommen im Osten von Texas das Problem der Rohölknappheit lösten, hatten jedoch Charles Kettering und sein begabter Mitarbeiter, Thomas Midgley jr., mit den Automobilherstellern zusammengearbeitet, um die Klopffestigkeit der Motoren zu erhöhen und eine höhere Motorenkompression zu ermöglichen. Während des Ersten Weltkriegs hatte Kettering, dem wir zuletzt begegnet sind, als er beobachtete, wie seine fliegende Bombe außer Kontrolle geriet und in schwindelnder Höhe aus dem Blickfeld verschwand, auch versucht, die Qualität des Flugbenzins zu verbessern und damit eine größere Klopffestigkeit der Flugzeugmotoren zu erreichen. Dieses unangenehme Geräusch, das entstand, wenn die Motoren zu schwer arbeiten mußten, kannten die ersten Autobesitzer sehr genau.[56] Das Klopfen war nicht nur störend und ein Zeichen dafür, daß der Kraftstoff nicht richtig verbrannte, sondern es konnte den Motor schließlich auch zerstören. Midgley, der an der Cornell University Maschinenbau studiert hatte und nun von Kettering in einem von ihm geleiteten unabhängigen Forschungslaboratorium angestellt worden war, übernahm kurz nach dem Krieg die Führung bei der Suche nach einem Kraftstoffadditiv zur Erhöhung der Klopffestigkeit. Diese Bemühungen, die weitergingen, nachdem Kettering die Leitung der 1919 neu eingerichteten Forschungs- und Entwicklungsabteilung von General Motors übernommen hatte, zeigt uns sehr deutlich, wie eine Kombination aus empirischen Methoden und systematischer Forschung, wie sie damals in den Laboratorien der Industrie üblich war, schließlich zum Ziel führen kann. Midgley sagte, er habe seinen Erfolg «zum Teil dem Glück und der Religion, aber auch der Nutzanwendung wissenschaftlicher Erkenntnisse» zu verdanken.[57]

Bei ihren Vorstößen in ein ihnen bisher unbekanntes Gebiet vermuteten Midgley und Kettering zunächst, daß eine zu geringe Flüchtigkeit des Kraftstoffs das Klopfen verursache. Dann kam Midgley auf einen Vergleich. Er erinnerte sich, daß eine der ersten Frühlingsblumen, die Kriechende Heide, deren Blätter eine rote Rückseite hatten, wahrscheinlich deshalb so früh zum Blühen kam, weil die rote Farbe besser die Wärme der Frühlingssonne absorbierte. So versuchte er, das Benzin mit Jod rot zu färben, denn das war der einzige rote Farbstoff, den er in seinem Laboratorium finden konnte. Er hoffte, damit werde sich die Flüchtigkeit erhöhen und das Klopfen verringern. Das Jod bewirkte tatsächlich eine Verringerung des Klopfgeräusches, nicht jedoch wegen seiner roten Farbe. Seine Verwendung brachte auch, wie Midgley zugeben mußte, «geringe» Nachteile: Durch das Jod verwandelte sich der Zylinder in eine Salzfabrik, wobei die Zylinderwände das Rohmaterial waren. Im Lauf der Jahre experimentierte Midgley bei seiner Suche nach einem Additiv gegen das Klopfen von Automotoren mit mehr als 33 000 verschiedenen chemischen Verbindungen. Er behauptete, das sei die Methode Edisons gewesen, ein Irrtum, dem viele forschende Wissenschaftler erlegen sind, die nicht wußten, daß Edison in seinem Laboratorium in Menlo Park nicht nur empirisch geforscht hatte, sondern ebensooft, ausgehend von wissenschaftlichen Erkenntnissen, systematisch vorgegangen war. Dann las Kettering zufällig einen Zeitungsartikel über ein universelles Lösungsmittel, das, wie er und Midgley amüsiert feststellten, in einer Glasflasche geliefert wurde. Da sie sich für die Frage interessierten, ob dieses Mittel wirklich so wirksam war, wie es die Werbung behauptete, und bereit waren, jedem Hinweis nachzugehen, versuchten sie es mit diesem Lösungsmittel, einer Selenverbindung, und stellten fest, daß sich damit das Klopfen verringerte. Aber als Benzinzusatz hatte Selen einen außerordentlich unangenehmen Geruch. Wenn er tagsüber im Laboratorium mit der Selenverbindung experimentiert hatte, mußte er am Abend darauf verzichten, mit seiner Familie und seinen Freunden zusammenzusein oder ins Kino zu gehen.

Nun wendete er sich der «angewandten Wissenschaft» zu, wie er es nannte. Er nahm ein gelochtes Brett, dessen Löcher den chemischen Elementen auf der periodischen Tabelle entsprachen, und testete verschiedene lösliche Verbindungen von Elementen dieser Tabelle, die nach ihrer Wertigkeit in der Nähe des Selens lagen. In das Brett steckte er hölzerne Pflöcke, deren Länge der Klopffestigkeit der einzelnen Elemente entsprach.[58] Midgley sagte, er habe aus der wilden Jagd ins Ungewisse eine «wissenschaftliche Fuchsjagd» gemacht.[59] Die Jagd endete beim Tetraaethylblei, das nach der Beimengung weiterer Zusätze zur Verhinderung schädlicher Ablagerungen am besten gegen das Klopfen der Motoren wirkte. Die Entwicklung und Herstellung verbleiten Benzins in großen Mengen verlangte ein komplexes System, an dem Universitäten, chemische Fabriken, Automobilhersteller und Erdölraffinerien beteiligt waren, darunter die Dow Chemical Company, die General Motors Corporation, die Du Pont Chemical Company, die Standard Oil Company of New Jersey, die Brown University und das Massachusetts Institute of Technology. Ein von General Motors und Standard Oil of New Jersey neu gegründetes Unternehmen, die Ethyl Gasoline Corporation, vermarktete das verbleite Benzin.[60]

Mit der Produktion dieses Kraftstoffs ergab sich das Problem, daß es bei seiner Anwendung zu Bleivergiftungen kommen könnte, und einige Ärzte warnten vor dieser Gefahr. 1924 experimentierte das U.S. Bureau of Mines monatelang damit und setzte Versuchstiere täglich mehrere Stunden den Auspuffgasen eines mit verbleitem Benzin laufenden Motors aus. Dabei ließen sich «bei den Versuchstieren keine auf Bleivergiftung zurückzuführenden Erscheinungen feststellen».[61] Doch erkrankten 45 Personen, die im Rahmen eines Pilotprojekts mit konzentriertem Tetraaethylblei umgegangen waren, und vier von ihnen starben an Bleivergiftung. 1925 wurde der Verkauf verbleiten Kraftstoffs eingestellt. Der amerikanische Surgeon General, der höchste beamtete Arzt im amerikanischen Gesundheitswesen, beauftragte einen Sonderausschuß mit der Untersuchung möglicher Gefahren. Angesehene Chemiker kamen zu dem Schluß, daß das verbleite Benzin keine Gefahr für die Gesundheit darstelle, wenn bei seiner Verteilung und Verwendung entsprechende Vorsichtsmaßnahmen getroffen würden.[62] Nun wurde der klopffeste Kraftstoff «Äthyl» an allen Tankstellen angeboten. Erst Jahrzehnte später erkannte man, daß das darin enthaltene Blei die Umwelt gefährdete.

In den 1930er Jahren gelang es einem unabhängigen französischen Erfinder, der bisher nicht im Bereich der Erdölindustrie gearbeitet hatte, die Qualität des Benzins wesentlich zu verbessern. Der 1892 bei Paris geborene Eugène Jules Houdry hatte seine technische Ausbildung am Pariser Conservatoire National des Arts et Métier genossen. Als Sohn eines reichen Stahlfabrikanten begeisterte er sich für Autorennen, und als er 1922 als Zuschauer das über 500 Meilen gehende Memorial Day Race in Indianapolis erlebte und die Automobilfabrik von Ford in Detroit besichtigte, war er überzeugt, daß die amerikanischen Automobile zwar hervorragend konstruiert seien, daß jedoch die Qualität des Kraftstoffs zu wünschen übrig ließe. Er erkannte, daß eine erfolgreiche Weiterentwicklung der Motoren nur gelingen könne, wenn gleichzeitig auch beim Raffinieren des Erdöls Fortschritte gemacht würden.[63] 1925 machte er sich mit Hilfe seines eigenen und des Geldes seiner Frau auf die Suche nach neuen Methoden beim Raffinieren von Erdöl, mit denen man ein hochwertiges Benzin erzeugen konnte, ließ dabei aber die Möglichkeit, den Kraftstoff durch Zusatzstoffe zu verbessern, außer acht. Nach Tausenden von Experimenten stellten er und seine Mitarbeiter 1927 fest, daß ein solcher Kraftstoff erzeugt werden konnte, wenn man beim Raffinieren aktivierte Tonerde als Katalysator benutzte. Obwohl noch nicht alle technischen Probleme gelöst waren, wandte sich Houdry an die Standard Oil Company of New Jersey. Die dort arbeitenden Techniker lehnten es ab, sich näher mit dem Verfahren des unbekannten Erfinders zu beschäftigen, weil es technisch noch nicht ausgereift war. Wahrscheinlich wußten sie nicht, daß schon viele Industrielaboratorien nicht ausgereifte Verfahren oder Erfindungen gekauft hatten wie zum Beispiel die Dreielementenröhre von de Forest oder die Ladespule von Pupin, um diese Erfindungen dann wesentlich zu verbessern und zum wirtschaftlichen Erfolg zu führen. Houdry nahm aber nun die Verbindung zu anderen amerikanischen Raffinerien auf und sicherte sich die Unterstützung der Vacuum Oil Company und der Sun Oil Company, einer relativ kleinen Firma, die jedoch für ihre Aufgeschlossenheit gegenüber Neuerungen bekannt war. 1936 begann der Verkauf der nach dem Verfahren von Houdry hergestellten Benzins an den Tankstellen. Dann reagierte 1938 die Standard Oil of New Jersey zusammen mit Standard Oil of Indiana, dem großen deutschen Chemieunternehmen I. G. Farben und der M. W. Kellogg Company, einem amerikanischen Tiefbauunternehmen, mit der Gründung der Catalytic Research Associates, deren Ziel es war, das Houdry-Verfahren zu verbessern, ohne dabei irgendwelche Patentrechte zu verletzen und ohne Lizenzgebühren zahlen zu müssen. Die Bildung der Catalytic Research Associates war damals ein entscheidender Wendepunkt, obwohl dieser Zusammenschluß heute schon fast vergessen ist, und stellte vor der Inangriffnahme des Manhattan Project die bedeutendste Konzentration wissenschaftlicher und technischer Bemühungen um die Verwirklichung eines einzigen technologischen Vorhabens dar. 400 Ingenieure und Wissenschaftler der Standard Oil of New Jersey und 600 Angehörige anderer Unternehmen waren daran beteiligt.[64] 1941 wurde im Rahmen dieser gemeinsamen Anstrengungen das «Krackverfahren mit fluidisiertem Katalysator» entwickelt, bei dem das Prinzip des ständigen Flusses noch wirksamer zur Anwendung kam als im Houdry-Verfahren, und wobei ein hochwertiger Kraftstoff erzeugt wurde.

Der Systembauer Insull

Die Ölraffinerien und Automobilfabriken hatten störungsfrei verlaufende Herstellungsverfahren entwickelt, aber ihre Erzeugnisse und Produktionsziffern ließen sich im Hinblick auf die Subtilität und Geschwindigkeit nicht mit denen eines elektrischen Licht- und Kraftstromnetzes vergleichen. Das Produkt des letzteren, das Elektron, bewegte sich mit Lichtgeschwindigkeit. In einer Automobilfabrik waren zahllose Maschinen und Arbeitsvorgänge durch lärmende Fließbänder, klappernde Förderbänder und schwere bewegliche Kräne miteinander verbunden. Ein elektrisches Stromnetz war ein nahtloses Gewebe aus surrenden Maschinen und summenden Fernleitungen. Als Meister im Entwickeln von Systemen leitete Insull eines der größten und komplexesten Stromnetze der Welt. Ford, seine Techniker und Ingenieure mußten auf das irrationale und nicht beherrschbare Verhalten Tausender von Arbeitern Rücksicht nehmen; Insull und seine Mitarbeiter hatten das Gefühl, allmächtig zu sein, wenn sie geduldige Maschinen und Vorgänge in großen Kraftwerken manipulierten, die nur von einigen wenigen Facharbeitern bedient wurden. Insull und andere Leiter großer städtischer und regionaler Stromnetze schufen Systeme zur Massenproduktion von Energie schon vor dem Entstehen des besser bekannten Ford-Systems und nahmen dabei dessen wesentliche Merkmale bereits vorweg. In der ganzen Welt betrachtete man Insull und das Commonwealth Edison of Chicago, das von ihm betreute Stromversorgungsunternehmen, als Schrittmacher im Hinblick auf Leistungsfähigkeit und Wachstum, bis die von Insull geleiteten Versorgungsunternehmen während der großen Wirtschaftskrise anfingen zusammenzubrechen. Im Präsidentschaftswahlkampf von 1932 führte Franklin Delano Roosevelt, der sich der Tatsache bewußt war, daß Insull in der Öffentlichkeit zum Symbol der finanziellen Manipulation geworden war, einen scharfen Angriff gegen ihn und die Stromversorgungsgesellschaften. Er sprach von dem «einsamen Wolf, dem unmoralischen Konkurrenten, dem rücksichtslosen Gründer von Industrieunternehmen, dem Ismael oder Insull, dessen drohende Hand sich gegen jedermann erhebt ...»[65] Aus gutem Grund bezeichnete Insulls Biograph, der Historiker Forrest McDonald, ihn als «Amerikas mächtigsten Geschäftsmann der zwanziger Jahre – und die Anfang der 1930er Jahre am schärfsten verurteilte Persönlichkeit in der amerikanischen Geschäftswelt».[66] Heute bezeichnet ihn ein anerkannter Historiker wegen seiner finanziellen Manipulationen als einen «notorischen Betrüger».[67] Und doch hat man Insull die ihm vorgeworfenen finanziellen Winkelzüge nicht nachweisen können. Vor seiner persönlichen Niederlage hatte er sich als höchst erfolgreicher Schöpfer eines gut funktionierenden technologischen Systems erwiesen. Als er 1934 vor Gericht gestellt wurde, weil er angeblich im Zusammenhang mit dem Bankrott seiner Holdinggesellschaft Steuern hinterzogen habe, bestritt Insull, daß er ein geldgieriger Großkapitalist sei, und behauptete, ebenso wie der von ihm bewunderte Edison als schöpferischer Mensch mit großer Begeisterung einer sich ausbreitenden und produktiven Technologie gedient zu haben.[68]

Insull hatte das Aufbauen von Systemen in der Schule Edisons gelernt. Er sagte, Edison «hat mich die Grundwahrheiten gelehrt ... niemand hätte ein klügerer und faszinierenderer Lehrer sein können».[69] Insull stammte aus einer mittelständischen protestantischen Dissidentenfamilie und war aus England in die Vereinigten Staaten gekommen, nachdem er dort als Sekretär von Colonel George E. Gouraud, Edisons Vertreter in Großbritannien, gearbeitet hatte. Als er im Alter von 21 Jahren 1881 in die Vereinigten Staaten kam, wurde er Edisons persönlicher Sekretär. Bis er 1892 die Leitung der Elektrizitätswerke Edisons in Schenectady, New York, übernahm, erlebte Insull bei seinem Mentor das Entstehen der elektrischen Stromversorgungsindustrie und nahm persönlich an dieser Entwicklung teil. Dabei konnte er Edison aus nächster Nähe beobachten und ihm bei der Schaffung seines elektrischen Beleuchtungssystems, beim Bau des wegweisenden zentralen Elektrizitätswerks an der Pearl Street in New York und bei der Gründung von Fabrikationsanlagen für Glühlampen, elektrische Generatoren und Stromkabel helfen. Insull beteiligte sich an zahllosen Konferenzen, wo Ingenieure, Techniker, Unternehmer, Finanziers, Manager und andere ihre Erfahrungen und materiellen Ressourcen vereinigten, um die Probleme eines sich ausweitenden Systems zur Versorgung mit elektrischem Licht- und Kraftstrom zu lösen. Hier machte er sich die kreativen, problemlösenden, systematisierenden und expansionistischen Methoden des Systembauers zu eigen. Von Edison lernte er, Probleme dadurch zu lösen, daß man ein ganzes Netz aus Ideen, Maschinen und Menschen zusammenfügte. Edison fand Gefallen an Insull, und auch Ford hätte ihn geschätzt, weil er kein Experte, kein Spezialist war. Hätte er eine technische Hochschule besucht und dort eine wissenschaftliche Ausbildung als Spezialist erhalten, wie das damals an den vielen neugegründeten technischen Hochschulen möglich gewesen wäre, dann hätte er vielleicht niemals die Methoden kennengelernt und in sich aufgenommen, mit denen Edison oder Ford technische Probleme lösten. Sie haben alle drei nicht in erster Linie nach technischen, elektrischen oder chemischen Lösungen gesucht. Vielmehr glaubten sie, die Antworten auf ihre Fragen eher finden zu können, wenn sie sich nicht an die Grenzen der einzelnen Fachgebiete hielten.

Samuel Insull, 1885.

Wenn sie ein Problem nicht mit technischen Mitteln lösen konnten, versuchten sie ihrem Ziel mit politischen oder ökonomischen Methoden näherzukommen.

Nachdem sich das Unternehmen Edisons 1892 mit der Thomson-Houston Electric Company zusammengeschlossen hatte, verließ Insull die neugegründete General Electric Company und übernahm die Leitung der Chicago Edison Company, eines kleinen Elektrizitätswerks in Chicago. Er stellte sich der Herausforderung, dieses System für die Versorgung mit elektrischem Strom einzurichten, aber nur unter bestimmten Voraussetzungen. Er wollte mit der Finanzierung des Unternehmens nichts zu tun haben und die Direktoren und Aktionäre sollten jederzeit genügend Kapital zur Verfügung stellen. Außerdem sollte das Unternehmen ein neues Elektrizitätswerk bauen und die notwendigen Mittel dafür durch die Ausgabe von Aktien in Höhe von $250 000 aufbringen, die er selbst kaufen wollte. (Er lieh sich den gesamten Betrag von dem reichen Chicagoer Kaufmann Marshall Field.)[70]

Im Verlauf von 30 Jahren hatte er in der Commonwealth Edison Company etwa 20 andere Elektrizitätsgesellschaften in Chicago vereinigt, verfügte damit über eine Monopolstellung auf dem Markt von Chicago und leitete schon 1910 das führende Stromversorgungsunternehmen der Welt. In den 1920er Jahren hatte er das Chicagoer System mit Versorgungssystemen in anderen Städten und Bezirken vereinigt und ein großes regionales elektrisches Verbundnetz geschaffen. Dann gründete er die Middle West Utilities Company, eine Holdinggesellschaft, der Stromversorgungsnetze im ganzen Land gehörten. Als Inhaber dieser Holdinggesellschaft erregte er die Aufmerksamkeit von Roosevelt und anderen, die sich aus politischen Gründen gegen solche privaten Versorgungsunternehmen wandten. Wie andere Systembauer bemühte sich Insull darum, alle Institutionen und technischen Einrichtungen, die er brauchte, um das Problem der Stromversorgung eines großen Marktes zu niedrigen Preisen zu lösen, miteinander zu verbinden, in eine gegenseitige Abhängigkeit zu bringen und mit Hilfe einer Zentralverwaltung seiner persönlichen Leitung zu unterstellen. Um dieses Imperium auf dem Gebiet der Stromversorgung zu errichten, das er in den 1920er Jahren leitete, kombinierte oder koordinierte er technische Einrichtungen wie elektrische Generatoren, Transformatoren und Stromleitungen mit Organisationen wie Stromversorgungsunternehmen, Anlagebanken und staatlichen Aufsichtsbehörden. Er sorgte dafür, daß alle diese Elemente effektiv zusammenwirkten, um unter möglichst günstigen Bedingungen elektrischen Strom zu erzeugen. Seine Kritiker behaupteten, er habe vor allem deshalb ein Monopol geschaffen, um hohe Gewinne zu machen. Er begegnete diesem Vorwurf mit Statistiken, die zeigten, daß seine Unternehmen der besten amerikanischen Tradition folgten und sich mit geringen Gewinnen beim Verkauf von einer sehr großen Zahl von Kilowattstunden zufrieden gaben, während andere bei geringeren Umsätzen sehr viel höhere Gewinnspannen kalkulierten.[71]

Die Art der Unternehmensführung von Insull zeigt, wie er innerhalb eines großen Aktionsradius gleichzeitig die verschiedensten technischen, wirtschaftlichen und politischen Faktoren manipulierte. Auf Empfehlung der fortschrittlich orientierten technischen Beraterfirma Sargent & Lundy leisteten Insull und seine Mitarbeiter Pionierarbeit bei der Einführung von Dampfturbinen anstelle der bisher in den Kraftwerken arbeitenden Kolbendampfmaschinen. Weil sich mit den Turbinen stärker konzentrierter Kraftstrom erzeugen ließ als mit den Kolbendampfmaschinen, an deren Stelle sie getreten waren, mußten Insull und seine Techniker das Gebiet erweitern, das jeweils von einem einzigen leistungsfähigen Kraftwerk mit Strom versorgt wurde. Dazu setzte er seinen nicht unerheblichen politischen Einfluß in Chicago ein und erreichte, daß sein Unternehmen die Konzession für die Stromversorgung eines wesentlich größeren Gebiets erhielt. Er war auch klug genug zu erkennen, daß es günstiger sei, die Versorgung mit elektrischem Strom von den Behörden der Bundesstaaten und nicht von den Stadt- und Bezirksbehörden regeln zu lassen. Als er das durchgesetzt hatte, konnte er das Versorgungsgebiet für sein immer leistungsfähiger werdendes Stromnetz bis an die Staatsgrenzen ausdehnen und nicht nur bis an die Grenzen des Gebiets, für das die Stadt Chicago administrativ zuständig war. Nach Einsatz seiner technischen und politischen Möglichkeiten wandte er sich dem Börsengeschäft in Chicago zu. Die dort ansässige Anlage- und Maklerfirma Halsey, Stuart & Co. wurde dem Imperium von Insull einverleibt. Wegen des hohen Ansehens, das Insull als Manager genoß, und wegen der Gewinne und der Expansion seines Unternehmens konnte er seine Aktien mit niedrigeren Dividenden ausstatten. Niedrigere Dividenden wiederum bedeuteten einen geringeren Preis für die Elektrizität. Vor Beginn der großen Wirtschaftsdepression blühte sein Geschäft, denn Finanzierungsmöglichkeiten schien es zu jeder Zeit zu geben, die Nachfrage ließ sich kaum befriedigen, und eine verbesserte Technologie führte zu ständigen Preissenkungen.

Mitte der 1920er Jahre bestand sein Versorgungssystem für Elektrizität und Gas – sein Imperium – aus Commonwealth Edison, einem $400 Millionen-Unternehmen, das Chicago mit Elektrizität versorgte; People's Gas, einem Chicagoer Gaswerk im Wert von $175 Millionen; Public Service of Northern Illinois, einem $200Millionen-Unternehmen, das 300 Ortschaften in der Umgebung von Chicago mit Gas und Elektrizität versorgte; Middle West, einer Holdinggesellschaft mit einigen hundert Zweigfirmen, in die $1,2 Milliarden investiert worden waren und die 5000 Ortschaften in 32 Staaten mit Elektrizität und Gas versorgte, und Midland, einer weiteren Holdinggesellschaft, in die $300 Millionen investiert worden waren und die Städte und Ortschaften in Indiana mit elektrischem Strom und Gas versorgte. Diese und einige andere Unternehmen unter seiner Leitung und Kontrolle stellten zusammen einen Wert von fast $3 Milliarden dar, an dem 600 000 Aktionäre und etwa 500 000 Inhaber von Schuldverschreibungen beteiligt waren. Sie versorgten etwa vier Millionen Kunden mit ungefähr einem Achtel der Elektrizität und des Leuchtgases, die in den Vereinigten Staaten verbraucht wurden. Der persönliche Anteil Insulls an Aktien und Schuldverschreibungen war jedoch nach den Maßstäben seiner Zeit nicht besonders beeindruckend. 1926 im Alter von 67 Jahren verfügte er über ein Vermögen von etwa $5 Millionen. «Seine Freunde und Feinde wären angesichts eines so geringen Betrags schokkiert gewesen; er hätte ohne weiteres das Zwanzigfache verdienen können, wenn er bereit gewesen wäre, nur um des Profits willen zu arbeiten, aber seit 1912 – damals besaß er eine Million Pfund Sterling – hatte er sich für die Anhäufung von Geld ganz einfach nicht interessiert.»[72] Das Manipulieren und Beherrschen eines gewaltigen aus Dingen, Institutionen und Menschen bestehenden Systems hat vielleicht seine psychischen Bedürfnisse mehr befriedigt als das bloße Geldverdienen.

Die technischen Feinheiten und organisatorischen Komplexitäten der Schöpfung von Insull waren zu abstrakt, als daß die Öffentlichkeit und die Presse sie hätten verstehen oder sich vorstellen können wie etwa das Automobilimperium von Henry Ford. Deshalb wurde Ford und nicht Insull zum in der ganzen Welt berühmten Schöpfer eines Systems, und er ist es bis heute geblieben. Die Öffentlichkeit konnte sich die laufenden Förderbänder, die Hochöfen, aus denen das glühende Metall floß, und die Werkzeugmaschinen vorstellen, die in der Fabrik am River Rouge die Einzelteile zuschnitten, formten und zusammenbauten, aber die aus Insulls Kraftwerken über Tausende von Meilen durch das Stromnetz fließende Elektrizität, mit der zahllose Motoren in Fabriken und Eisenbahnen angetrieben wurden, entzog sich in ihrer Flüchtigkeit dem Vorstellungsvermögen der Öffentlichkeit. Insull und seine Beauftragten haben nicht nur ein System für die Massenproduktion von Energie geschaffen, sondern auch die der Massenproduktion zugrundeliegenden Ideen subtiler und umfassender artikuliert. Heute erscheinen uns die mechanistischen Konzepte von Ford vertraut und relativ einfach, und sie zeigen bereits die Patina einer vergangenen Epoche. Die Konzepte von Insull bleiben lebendig, komplex und in einem Zeitalter praktikabel, das technisch im wesentlichen von der Elektrizität bestimmt wird. Bevor das von Ford entwickelte System der Massenproduktion von Horace Arnold, einem technischen Schriftsteller, im *Engineering Magazine* (1914)[73] analysiert und seine Gedanken einer breiten Öffentlichkeit zugänglich gemacht wurden und mehr als ein Jahrzehnt ehe die *Encyclopedia Britannica* (1926) einen viel zitierten, Henry Ford zugeschriebenen Artikel über die «Massenproduktion» veröffentlichte,[74] faßte Insull seine Vorstellungen von der Massenproduktion in einer Reihe öffentlicher Vorträge (1897–1914) zusammen.[75] Andere intelligente Manager von Versorgungsbetrieben in den Vereinigten Staaten haben zur gleichen Zeit viele wesentliche Grundsätze der Versorgung mit elektrischem Strom aufgegriffen und voneinander gelernt, aber Insull hat diese Grundsätze mit Hilfe seiner kaufmännischen Angestellten und der Mitarbeiter in seinem Planungsstab artikuliert, so daß er zum Sprecher seiner Kollegen in den Vereinigten Staaten und im Ausland wurde. (In den 1920er Jahren bat ihn die britische Regierung, den Vorsitz bei der Planung ihres Systems zur Versorgung Großbritanniens mit elektrischem Strom zu übernehmen.)

Um die Jahrhundertwende war Insull ganz von dem Geist ergriffen worden, der die rasche Industrialisierung – eine zweite industrielle Revolution – in seiner neuen Heimat antrieb. Er glaubte an Massenproduktion und Massenkonsum und war überzeugt von der Richtigkeit der Grundsätze des Kapitalismus. Diese Erkenntnisse übertrug er auf die Stromversorgung und schuf ein dynamisches Produktionssystem, bei dem das Grundprinzip der Produktionsfluß war, der, ausgehend von den Rohstoffen wie Kohle, zum Verbrauch von Kilowattstunden durch die verschiedensten Abnehmer führte. Anders als bei den großen europäischen Stromerzeugern lag das Schwergewicht bei ihm – und darin zeigte sich seine demokratische Gesinnung – bei der Versorgung der Masse der Bevölkerung in Chicago mit Elektrizität für die Beleuchtung, das Transportwesen und den Betrieb elektrischer Haushaltsgeräte. Im Gegensatz dazu versorgten die Berliner Elektrizitätswerke in Deutschland in erster

Linie Industrie- und Transportunternehmen mit elektrischem Strom, interessierten sich aber weniger dafür, die Menschen mit niedrigerem Einkommen mit dem von ihnen benötigten Haushaltsstrom zu versorgen. In London lieferten die Elektrizitätswerke Lichtstrom für die aufwendige Beleuchtung teurer Hotels, öffentlicher Gebäude und wohlhabender Kunden und verkauften ihn mit einer hohen Gewinnspanne.[76] Da Insull begriffen hatte, daß die Kosten bei der Versorgung mit Elektrizität vor allem durch die Investitionen in die technischen Anlagen und nicht durch die Arbeitslöhne entstanden, konzentrierte er sich darauf, diese Kosten bzw. die Amortisation solcher Investitionen auf möglichst viele Kilowattstunden oder Produktionseinheiten zu verteilen. Ebenso wie Ford später sein Modell T so rasch wie möglich über die Förderbänder laufen ließ, sorgte Insull in seinen Kraftwerken dafür, daß der dort erzeugte Strom rasch und in großen Mengen abgesetzt werden konnte. Solange das Produkt dort blieb, wo es erzeugt worden war, verursachte es Kosten; man mußte für das angelegte Kapital Zinsen bezahlen. Deshalb kam es Ford, Insull, ihren Managern und Technikern vor allem

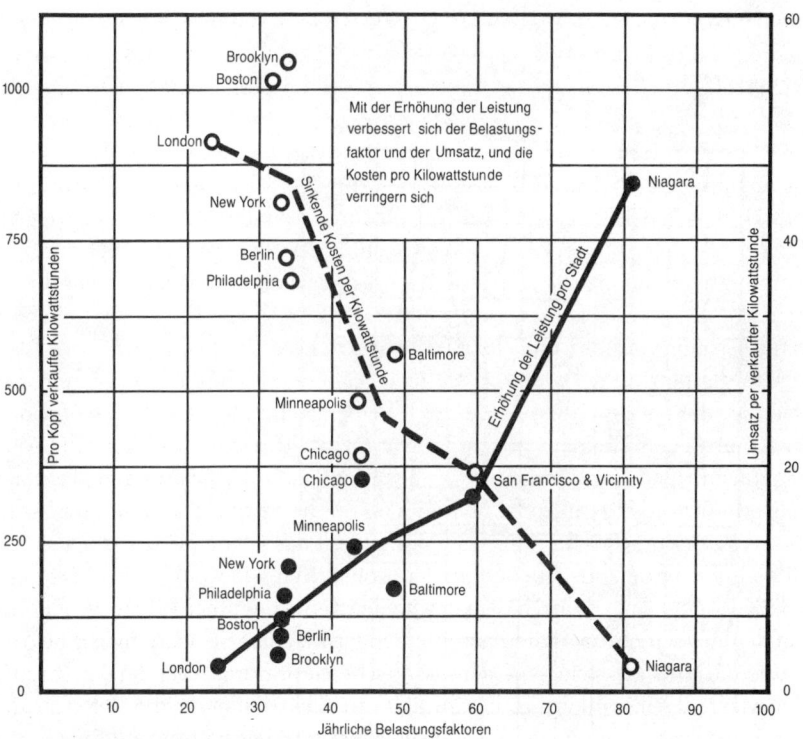

Tabelle über die Wirtschaftlichkeit des Stromverbrauchs von Insull.

darauf an, einen möglichst raschen Produktionsfluß herzustellen. Das war am
besten zu erreichen, wenn die Produktionsmittel systematisch aufeinander
abgestimmt wurden.

Da Elektrizität nicht ökonomisch gespeichert werden konnte, sahen sich
Insull und die leitenden Angestellten der Elektrizitätswerke gezwungen, Produktion und Konsum ständig im Fluß zu halten. Die meisten anderen Industrieunternehmen konnten ihre Erzeugnisse auf Lager nehmen, wenn die
Nachfrage zurückging, um eine später steigende Nachfrage aus den Lagerbe-
ständen zu befriedigen. Im Falle des elektrischen Stroms mußte die Nachfrage
sofort befriedigt werden. Wenn es an einem kalten Dezembertag früh dunkel
wurde, während die Fabriken und Transportsysteme mit voller Kapazität arbeiteten, mußte das Unternehmen Commonwealth Edison darauf reagieren.
Die Stromerzeugungsanlagen brauchten die notwendige Kapazität, den Anforderungen in solchen Stoßzeiten zu genügen, auch wenn es innerhalb der
24 Stunden des Tages Zeiten gab, in denen der Stromverbrauch geringer war,
wie etwa in der Nacht und in den frühen Morgenstunden. Produktion und
Stromverbrauch mußten aufeinander abgestimmt werden.

In den Elektrizitätswerken war es üblich, über die Energieerzeugung im
Verlauf von 24 Stunden graphische Darstellungen anfertigen zu lassen, die
zeigten, wieviele Kilowatt zu einer gegebenen Zeit verbraucht wurden. Insull

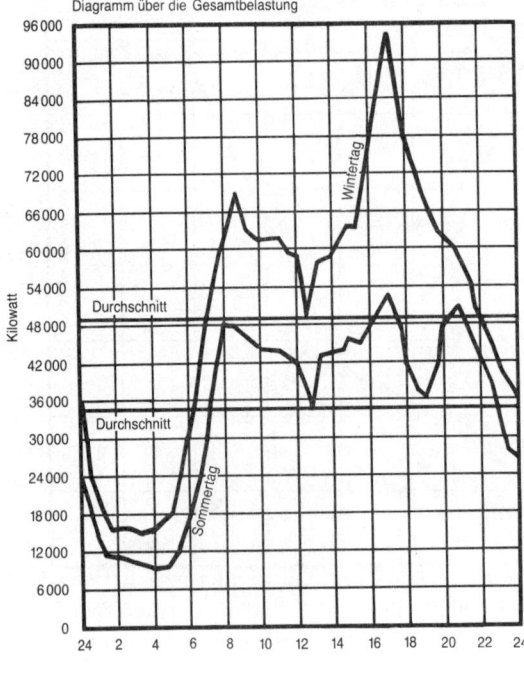

Tabelle über die Bela-
stungsfaktoren bei der
Commonwealth and
Edison Company,
1907–1908.

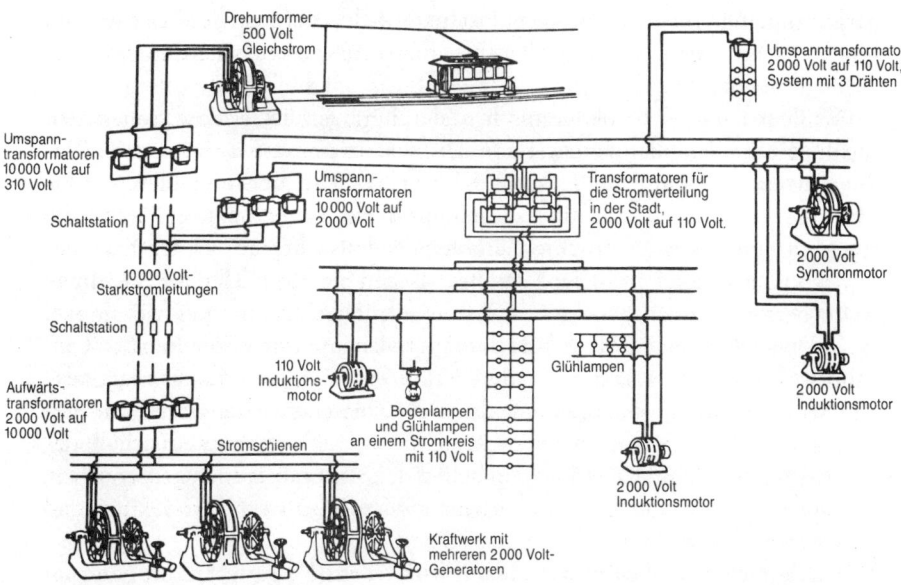

Eines der frühen Systeme für die Versorgung mit Licht- und Kraftstrom.

hat diese Diagramme in seinen Vorlesungen und Aufsätzen oft als Anschauungsmaterial benutzt. Die «Belastungskurve» zeigte deutlich, wann der
Stromverbrauch am niedrigsten und wann er am höchsten war. Insull und
andere Fachleute aus der Elektroindustrie erkannten, daß die Belastungskurve
im übertragenen Sinn eine der Grundrealitäten der kapitalistischen Gesellschaft sichtbar machte: die Beziehung zwischen den durch die Investition
entstandenen Kosten und dem daraus entstandenen Nutzen. Im Fall eines
Elektrizitätswerks zeigt die Kurve gewöhnlich am frühen Morgen eine Ausbuchtung nach unten und erreicht am frühen Abend ihren höchsten Punkt,
wenn Handel und Industrie elektrische Energie brauchen, in den Wohnungen
das Licht eingeschaltet wird und die von der Arbeit zurückkehrenden Arbeitnehmer die elektrisch betriebenen Verkehrsmittel benutzen. Die Belastungskurve zeigt auf der graphischen Darstellung die Maximalkapazität der Stromerzeugung im Kraftwerk oder Elektrizitätswerk – die höher liegen muß als
der höchste Verbrauch zur Stoßzeit –, und wenn man die Belastungskurve
mit ihren Höhen und Tiefen verfolgt, dann erkennt man daran deutlich, in
welcher Weise die Kapazität und damit das hier investierte Kapital genutzt
wird. Mit dieser Information suchten Insull und seine Mitarbeiter die Ausbuchtungen der Belastungskurve nach unten möglichst geringzuhalten. Auf
diese Weise ließen sich die Zinsen für die Investitionen in eine technische
Anlage, die den Strombedarf auch in den Stoßzeiten befriedigen konnte, auf

viele Einheiten verteilen und die Kosten für jedes Kilowatt senken. Das war eine ganz einfache Rechnung, aber es war eine schwierige Aufgabe, sie aufgehen zu lassen, und Erfolg oder Mißerfolg hatten für die Gesellschaft eine große Bedeutung. Wie die Kosten in anderen modernen technologischen Systemen, etwa bei der zivilen Luftfahrt, bei Computernetzen und bei den Nachrichtenverbindungen zunehmend von den Kapitalkosten (den Zinsen) abhängig sind, wurde auch der Belastungsfaktor bei der Elektrizitätsversorgung zu einem immer größeren Problem. Heute zeigt uns die verwirrende Vielfalt von Nachlässen in den Gebühren beim Flug- und Telephonverkehr zu Zeiten einer geringen Inanspruchnahme dieser Dienstleistungen, welche entscheidende Rolle der Belastungsfaktor in solchen Systemen spielt. Um die Jahrhundertwende wurden sich die Direktoren der Elektrizitätswerke dieses Problems bewußt und begannen, die Gebühren nach Tageszeiten entsprechend dem Stromverbrauch zu staffeln.[77] Das ist ein weiteres Beispiel dafür, wie wir heute in von Menschen geschaffenen Zeit- und Raumbegriffen leben, die von den durch die technologischen Systeme entfesselten Kräften bestimmt werden.[78]

Um die tiefen Ausbuchtungen in der Kurve des Belastungsfaktors bzw. der Nachfrage auszugleichen, griff Insull zu einer Methode, die man als «Belastungsmanagement» bezeichnet hat. Sein Verfahren stellte zugleich eine Art sozialer Manipulation dar. Durch Expansion, durch Staffelung der Gebühren für den Stromverbrauch und durch Werbung in der Presse manipulierte Insull die Konsumenten von Elektrizität. Durch die Ausweitung der Gebiete, die vom Commonwealth Edison und anderen progressiven Elektrizitätswerken in den Vereinigten Staaten mit Strom versorgt wurden, gelang es ihm, die sich aus den Zeitdifferenzen ergebenden Unterschiede im Stromverbrauch auszugleichen. Die Expansion mit dem Ziel, durch Vielfalt einen Ausgleich zu erreichen, ist eine nur selten wahrgenommene, aber wichtige Erklärung für das unausweichliche Wachstum technologischer Systeme. Oft sind schlecht informierte und mißtrauische Menschen dazu geneigt, das Problem zu vereinfachen, und glauben, die Expansion solcher Systeme sei allein auf Gewinnstreben und das Bemühen zurückzuführen, eine Monopolstellung zu erobern und damit mehr Einfluß zu gewinnen. Vorausgesetzt, daß alle anderen äußeren Umstände die gleichen sind, wird ein Elektrizitätswerk eher in einem großen als in einem kleinen Gebiet die verschiedensten Stromkonsumenten finden, von denen ein Teil den elektrischen Strom nicht in den Stoßzeiten verbraucht, sondern in den Stunden, in denen das Stromnetz weniger stark belastet ist. Das Elektrizitätswerk wird ihnen in diesen Fällen dadurch einen Anreiz geben, daß es die Gebühren für solche Zeiten senkt. Auch chemische Fabriken können ihren Stromverbrauch auf solche Zeiten legen, weil es hier Produktionsverfahren gibt, für die kaum menschliche Arbeitskraft erforderlich ist und die daher zu jeder beliebigen Tageszeit erledigt werden können. Durch Werbung und Handelsvertreter versuchte man zudem, den Verkauf von elektrischen Haushaltsgeräten wie Bügeleisen, Ventilatoren, Staubsaugern, Kühlschränken und später Klimaanlagen zu beleben. Nach dem Zweiten Weltkrieg entstand ironischerweise durch den Verkauf von Klimaanlagen an heißen Sommertagen eine neue, von den Elektrizitätswerken nicht gewünschte zeitweilige Überbelastung des Stromnetzes. Insull versuchte als einer der ersten den Stromverbrauch dadurch zu beeinflussen, daß er 1909 einen «Elektroladen» zum Verkauf elektrischer Geräte einrichtete. Im Erdgeschoß wurden vor allem Haushaltsgeräte angeboten. Im Kellergeschoß wurden in einem für industriell genutzte elektrische Einrichtungen bestimmten Raum die verschiedensten, von elektrischen Motoren angetriebenen Maschinen gezeigt. Australische Interessenten, die in die Vereinigten Staaten gekommen waren, um die dortigen Elektrizitätswerke zu besichtigen, waren begeistert von dieser Verkaufsidee. Sie meinten, die Menschen in Chicago hätten es nicht eiliger als die Leute irgendwo anders auf der Welt, aber ihre Eile sei besser organisiert. Insull gefiel das. Auch den amerikanischen Stromverbrauchern schien seine Art, für die Nutzung der elektrischen Energie zu werben, zu gefallen, indem er sie dabei mit neuen nützlichen Haushaltsgeräten versorgte.

Hinter den Kulissen in den Lastverteilerzentralen und Kraftwerken, deren sich die amerikanischen Verbraucher kaum bewußt waren, regulierten Insull und andere Direktoren und Ingenieure großer Kraftwerke noch wirksamer die Verteilung und den Verbrauch elektrischer Energie. Sie organisierten das ganze System mit dem Ziel, eine «wirtschaftliche Mischung» zu erreichen. Die Stromerzeugung erfolgte in den verschiedensten alten und neuen, leistungsfähigen und weniger leistungsfähigen untereinander verbundenen Kraftwerken. Das waren Kohlekraftwerke oder Wasserkraftwerke. Die Ingenieure kombinierten nun den Energieausstoß der verschiedenen Elektrizitätswerke in einer Weise, daß dabei die leistungsfähigste «wirtschaftliche Mischung» entstand. Der Lastverteiler in einem Verteilerzentrum, das in den 1920er Jahren den Inbegriff der damaligen Hochtechnologie darstellte, saß vor einem riesigen Schaltbrett mit zahllosen Kontrollampen, Diagrammen und Schaltern, die es ihm erlaubten, die leistungsfähigsten Kraftwerke innerhalb des Systems ununterbrochen «am Netz» zu halten und die weniger leistungsfähigen Stromerzeuger dem Bedarf entsprechend ein- oder auszuschalten. Um möglichst schnell auf einen Wechsel reagieren zu können, lag vor dem Lastverteiler eine Tabelle auf dem Tisch, aus der er die Schwankungen entnehmen konnte, die es im vergangenen Jahr am gleichen Tag beim Stromverbrauch gegeben hatte. Man wird kaum viele bessere Beispiele dafür finden, wie man praktische Lehren aus der Geschichte ziehen kann. Die intellektuelle Faszination, die ein solches Puzzlespiel aus Belastungsfaktor, wirtschaftlicher Mischung und Belastungsmanagement für den Systematiker Insull und seine Ingenieure und Manager des rasch expandierenden Stromverbundsystems hatte, wird hier verständlich. Damit soll nicht bestritten

Ein Lastverteiler, 1902.

werden, daß es auch um persönliche Macht und Gewinn ging, aber wir dürfen
nicht übersehen, daß es dem Menschen ein großes Vergnügen bereitet,
schwierige Probleme zu lösen.

Mitte der 1920er Jahre war das umfangreiche Imperium Insulls gekennzeichnet von Vielfalt und einer Mischung technischer Faktoren, mit der die
Wirtschaftlichkeit des Unternehmens garantiert werden sollte. Im Jargon
jener Tage würde man sagen, es war ein Stromversorgungsunternehmen mit
einer «guten Belastungskurve». Nicht nur die verschiedenen Stromabnehmer
waren durch die Starkstromleitungen miteinander verbunden, die über die
hohen, das moderne technische Zeitalter symbolisierenden Masten liefen,
sondern es bestand auch eine Verbindung zwischen den Wasserkraftwerken
und den viele hundert Kilometer von ihnen entfernten, mit Kohle angetriebenen Elektrizitätswerken. Diese technischen Systeme erforderten organisatorische Neuerungen. Zu diesen organisatorischen Neuerungen gehörte die
Gründung von Holdinggesellschaften im Bereich der Elektrizitätsversorgung
in den 1920er Jahren. Holdinggesellschaften hatten eine lange Geschichte, die
zumindest bis in die Zeit zurückging, als sich die Eisenbahngesellschaften im
19. Jahrhundert in dieser Form zusammenschlossen, aber die holistische Subtilität der Holdinggesellschaften im Bereich der elektrischen Stromversor-

gung war einmalig. 1912 gründete Insull die Middle West Utilities Company.
Wie andere zur gleichen Zeit in den Vereinigten Staaten wie Pilze aus dem
Boden schießende Unternehmen kaufte Middle West die Aktien von über ein
weites Gebiet verteilten kleinen Elektrizitätswerken auf und bezahlte sie mit
eigenen Aktien und barem Geld. Die Holdinggesellschaft verkaufte ihre An-
teilscheine aber auch an die Öffentlichkeit. Auf diese Weise wurde sie Eigentümerin einer großen Zahl von Elektrizitätswerken, und wenn sie nicht weit
voneinander entfernt lagen, wurden sie oft auch durch Starkstromleitungen
miteinander verbunden. Daraus ergaben sich die Vorteile der Vielfalt, der
Möglichkeit einer wirtschaftlichen Mischung und der höheren Belastungs-
faktoren. Die Holdinggesellschaften finanzierten nicht nur die technischen
und organisatorischen Verbesserungen in den zahlreichen Einzelfirmen, die
sie übernommen hatten, sondern bauten auch oft neue Werke und übernahmen die Verwaltung der kleineren Firmen. Gut organisierte und geleitete
Holdinggesellschaften integrierten mit großem Erfolg die finanziellen, technischen und administrativen Aufgaben. Andere ähnliche Firmen wurden allerdings zum Schauplatz finanzieller Manipulationen, die zu Wertverlusten
und zu gewagten Spekulationen mit Aktien der Holdinggesellschaften führten.

Die große Zeit der Holdinggesellschaft kam in einem späteren Entwick-
lungsstadium der Systeme für die Erzeugung und Verteilung elektrischen
Licht- und Kraftstroms. Im Anfangsstadium lösten Erfinder, die zugleich
Unternehmer waren wie Edison, die schwierigeren technischen Probleme. Im
darauffolgenden Stadium waren Insull und andere leitende Unternehmer für
die organisatorischen Neuerungen verantwortlich, die das Wachstum dieser
Unternehmen erleichterten. Im nächsten Stadium übernahmen die Finanziers die führende Rolle. Sie hatten die Möglichkeit, die riesigen Geldsummen aufzubringen, welche die Holdinggesellschaften brauchten, um regionale Stromnetze einzurichten. In den 1920er Jahren begann Insull, der vor
allem Manager und Unternehmer war, zu fürchten, er werde seinen Einfluß
in der Betriebsführung seines Imperiums für die Versorgung weiter Gebiete
mit elektrischer Energie an die Finanziers verlieren, besonders an die Finanziers in New York, die er, als Bürger von Chicago, für besonders geldgierig
hielt.

1928 glaubte er, die größte Gefahr ginge nicht von einem New Yorker,
sondern von Cyrus S. Eaton aus, einem kreativen Kapitalisten aus Cleveland,
der ebenfalls Elektrizitätswerke aufgebaut hatte. Er genoß den Ruf eines
«Finanzpiraten», von dem viele den Eindruck hatten, er schwimme wie ein
Hai zwischen «den großen Verbänden der Stromversorgungsunternehmen»
hin und her.[79] Insull beobachtete mit Sorge, daß Eaton in aller Ruhe große
Aktienpakete von Commonwealth Edison, von Middle West und anderen
Unternehmen kaufte, die zu seiner Unternehmensgruppe gehörten. Der Ma-
nager und Unternehmer Insull glaubte ebenso wie der Erfinder und Unter-

Insull in seinen besten Jahren.

nehmer Elmer Sperry, daß er wie ein Schuster bei seinem Leisten bleiben solle. Aber er verletzte diese Regel und begab sich in die ihm unbekannte Welt der Hochfinanz, um Eaton an dem Raubzug zu hindern, den dieser, wie Insull glaubte, unternehmen wollte. Insull beschloß, selbst eine Aktienmehrheit zu erwerben, um als Eigentümer und nicht nur als Manager das von ihm geschaffene Imperium beherrschen zu können. 1928 gründete er die Firma Insull Utility Investments (IUI), einen Investment-Trust, dessen Aktienpaket er und seine Freunde gegen ihre Anteile an Elektrizitätswerken erwarben. Die Firma Utility Investments nahm dann das notwendige Geld auf, um alle Elektrizitätswerke der Gruppe Insull übernehmen zu können.[80] 1930 traf Insull die verhängnisvolle Entscheidung, der Bedrohung durch Eaton dadurch zu begegnen, daß er Insull Utility Investments und die Corporation Securities Company, einen zweiten von ihm gegründeten Investment-Trust, bekannt unter der Kurzbezeichnung «Corp», veranlaßte, von Eaton erworbene Anteile am Insull-Imperium im Wert von $56 Millionen zurückzukaufen. Weil die Bankiers in Chicago diesen Kauf nur zum Teil finanzieren konnten, mußte Insull den größeren Teil des Geldes von New Yorker Finanziers leihen und als Sicherheiten Anteile von IUI und Corp übereignen. Sobald diese Anteile an Wert verloren, mußte Insull den fehlenden Betrag durch die Sicherheitsübereignung weiterer Anteile ersetzen.

Forrest McDonald berichtet, «der New Yorker Finanzclub wartete begierig darauf, daß Insull endlich seine wohlverdiente Strafe erhielt, und zitterte angesichts ... all dieser Millionen», um die er nun den bis dahin unabhängigen und immer noch trotzigen Chicagoer erleichtern wollte.[81] Es war das Jahr 1931, das Land steckte tief in der großen Wirtschaftskrise, im September schaffte Großbritannien die Goldwährung ab, und die Aktienkurse fielen ins Bodenlose. Eine immer größere Zahl von Besitzanteilen der IUI und von Corp mußten als Sicherheiten für die von Insull aufgenommenen Bankkredite übereignet werden. Mitte September übernahmen die Bankgläubiger das gesamte Aktienpaket der beiden Investment-Trusts. «Kühl und geschickt holte die Morgan-Gruppe zum entscheidenen Schlag aus. Darüber vergingen sechs Monate, denn obwohl das House of Morgan in seiner Gewinnsucht unglaublich rücksichtslos sein konnte, war es niemals ungeduldig und arbeitete niemals mit unsauberen Tricks.»[82]

Unter dem Vorwand, einen Ausweg aus der schwierigen Lage finden zu wollen, in der sich die von Insull geleiteten Unternehmen befanden, verlangten die Bankiers eine Prüfung der Bücher von Insull und einen Bericht über dabei unter Umständen festgestellte unzulässige Transaktionen. Nachdem die Buchprüfer die durch eine falsche Kalkulation entstandene Wertminderung als Minderung der Sachwerte berechnet hatten, anstatt ihre Berechnungen nach der gleichen Methode vorzunehmen, wie es Insull und die meisten Elektrizitätswerke taten, konnten sie die Middle West Holdinggesellschaft für zahlungsunfähig erklären, eine Lage, die, wie sie behaupteten, durch falsche Buchführung verschleiert worden war. Außerdem deckten die Buchprüfer eine Reihe von Unregelmäßigkeiten im Unternehmen auf, brachten damit Gerüchte über die schwierige Finanzlage des Imperiums von Insull in Umlauf, so daß sogar der Verdacht entstand, hier könnten auch Betrug und Unterschlagungen im Spiel sein. Insull bemühte sich verzweifelt, das Unternehmen Middle West zu retten, denn die in diesem Unternehmen zusammengeschlossenen Elektrizitätswerke waren wirtschaftlich gesund, aber im April 1932 erklärten die Bankiers Insull auf einer Nachmittagssitzung in New York, niemand sei in der Lage, Middle West weiterhin finanziell zu unterstützen, und verlangten die Rückzahlung der bisher gewährten Kredite.

Das Ende für den 73jährigen Insull kam sehr schnell. Im Juni teilte ihm Stanley Field, ein guter Freund und, wie er selbst, ein freigiebiger Chicagoer Philanthrop, im Namen nicht nur der New Yorker, sondern auch der Chicagoer Bankiers und führenden Geschäftsleute mit, daß seine Gläubiger seinen Rücktritt als Geschäftsführer der von ihm verwalteten Unternehmen verlangten. Sie begründeten diese Forderung damit, daß sein Versagen und das Mißvertrauen, das man ihm nun entgegenbrachte, dazu geführt hätten, daß diese Unternehmen auch noch den Rest der Kreditfähigkeit verlieren würden, wenn er diesem Verlangen nicht nachkäme. Ganz gegen seine sonstige Art gab Insull seinen Widerstand auf und unterzeichnete seine Rücktrittserklärung als Geschäftsführer von etwa 60 Unternehmen. Anschließend reisten er und seine Frau Gladys nach Europa, um ein relativ zurückgezogenes Leben in Paris zu führen, bis die Politiker beschlossen, aus der finanziellen Katastrophe, in die Insull geraten war, politisches Kapital zu schlagen. Im September sagte der für das Cook County (Chicago) zuständige Staatsanwalt, John Swanson, Insulls Schwiegersohn: «Wissen Sie, Sam Insull ist der größte Mann, den ich je kennengelernt habe. Niemand hat mehr für Chicago getan als er, und ich weiß, er hat niemals einen einzigen Dollar in die Tasche gesteckt, der ihm nicht gehörte. Aber Insull kennt die politische Lage und wird es verstehen . . . Ich muß es tun.»[83] Darauf erklärte Swanson, er werde eine Untersuchung der Skandale um den Zusammenbruch des Imperiums von Insull einleiten.[84] Auf Veranlassung von Swanson erhob das große Geschworenengericht von Cook County gegen Insull und seine Mitarbeiter Anklage wegen Unterschlagung und Diebstahl. Die Zeitungen berichteten unter großen Schlagzeilen über das Untersuchungsverfahren, und die Politiker im ganzen Land nutzten die Besorgnisse der Aktionäre aus, die an den zahlreichen von Insull geleiteten Unternehmen beteiligt waren. Insull, der davon überzeugt war, er werde von den erzürnten und von ehrgeizigen Politikern aufgehetzten Aktionären politisch gelyncht werden, reiste mit dem Schiff nach Griechenland, wo er glaubte, so lange vor einer Auslieferung sicher zu sein, bis der Sturm sich gelegt habe. In einem anonymen Brief an seine Frau hieß es: «Sie können sich eine Grabstelle kaufen, denn die ‹Gang› wird Ihnen demnächst den Kopf Ihres betrügerischen Burschen liefern. Sie werden ebenso bezahlen wie wir mit unserem guten Geld bezahlt haben, das von den schmutzigen, feigen, betrügerischen Juden Insulls gestohlen worden ist . . .»[85] Die Regierung Roosevelt erreichte seine Auslieferung, und im Oktober 1934 standen Insull und seine Mitarbeiter in Illinois unter der Anklage vor Gericht, ihre Steuererklärungen dazu benutzt zu haben, beim Verkauf der «wertlosen» Aktien des Unternehmens Geld zu unterschlagen. Die Anklage stützte sich in dem Verfahren auf Beweismittel aus den Akten der von Insull geführten Unternehmen. Der Verteidigung unter der Führung von Floyd Thompson, einem brillanten Strafverteidiger, gelang es nachzuweisen, daß entscheidende Argumente der Anklagebehörde sich nur auf die Interpretationen und nicht die Illegalität von Buchführungsmethoden stützten. Ein Hauptzeuge der Anklage sagte zum Beispiel aus, daß das Insull-Unternehmen gewisse Ausgaben falsch verbucht habe, mußte aber im Kreuzverhör zugeben, daß Insull in seiner Buchführung nach dem gleichen System vorgegangen sei wie die Regierung. Die Verteidigung stützte sich in ihrem Plädoyer auf eine sentimentale Autobiographie von Insull, die er auf Veranlassung seiner Anwälte verfaßt hatte, während er auf den Beginn des Verfahrens wartete. Im Zeugenstand schilderte Insull seinen Aufstieg als junger Einwanderer zu Macht und Reichtum. Dabei legte er besonderen Wert auf seine langjährigen guten Beziehungen zu dem legendären Edison und den Aufbau

*Insulls Entlassung aus der Untersuchungshaft,
Chicago 1934.*

seines Energieversorgungsunternehmens, das große technische und organisatorische Veränderungen mit sich gebracht habe. Die Geschworenen waren
fasziniert, und sogar der Staatsanwalt sagte Insulls Sohn in verwundertem,
fast privat klingendem Ton: «Sagen Sie, Ihr Burschen wart ja wirklich ganz
richtige Geschäftsleute.»[86] Die Geschworenen, beeindruckt von der Art, wie
Insull sein Unternehmen aufgebaut hatte, und überzeugt, daß ein betrügeri-
sches Geschäft über die Post sicher nicht in seinen Büchern festgehalten
worden wäre, wie es die Anklagebehörde behauptete, erklärten den Ange-
klagten schon nach kurzer Beratung für nicht schuldig. Auch in anderen
Verfahren wurde Insull in allen Anklagepunkten freigesprochen. 1938 starb
Insull, der sich mit seiner Frau nach Paris zurückgezogen hatte, auf einer
Fahrt in der Untergrundbahn am Herzschlag. McDonald berichtet, daß alle
seinerzeit von Insull geleiteten Elektrizitäts- und Gaswerke ihn – und die
Wirtschaftskrise – überlebt haben und daß die 1932 von Insull an seine
Gläubiger sicherheitsübereigneten Wertpapiere schließlich $10 bis 15 Millio-
nen wert waren, mehr als die damit gedeckten Schulden. Nur etwa ein Fünf-

tel der von Insull der öffentlichen Hand übereigneten Sicherheiten gingen verloren – im Gegensatz zu den fast 40 Prozent der Wertpapiere aller amerikanischen Unternehmen.[87]

Wir wissen allerdings bis heute nicht, wie wir Insull abschließend beurteilen sollen. Obwohl er von den Gerichten freigesprochen wurde, hat ein führender Historiker ihn jüngst als einen Betrüger bezeichnet. Wie er schließlich im Urteil der Geschichte bestehen wird, hängt letzten Endes davon ab, ob die Historiker ihn als Finanzier oder als Schöpfer eines großen technologischen Systems beurteilen werden. Als Organisator und Finanzier von Holdinggesellschaften war er im Vergleich mit einem J. Pierpont Morgan ein Versager. Als Schöpfer seines Systems hat er die Tradition Edisons weitergeführt und das von ihm geschaffene und organisierte städtische Dienstleistungssystem auf die nächsthöhere Entwicklungsstufe gebracht. Insull war auch ein Erfinder, aber seine Erfindungen waren aufeinander abgestimmte Organisationen und keine integrierten elektrischen Schaltungen.

Wartung und Instandhaltung technologischer Systeme

Während sich die elektrischen Stromnetze, der Bau von Automobilen und deren Nutzung ebenso wie zahlreiche andere Produktionssysteme über das ganze Land ausbreiteten, brauchte man nicht nur Persönlichkeiten, die solche Systeme organisieren und finanzieren konnten, sondern auch gut ausgebildete Techniker und Manager. Ihre Aufgabe war es, diese Systeme zu betreiben und zu warten. Jahrhundertelang waren in den expandierenden Systemen zahllose Arbeiter beschäftigt worden, aber das Entstehen moderner technisch hochentwickelter Systeme erforderte das Wissen und Können Zehntausender von Spezialisten, die eine akademische Ausbildung in allen technischen Bereichen und in der Betriebsführung genossen hatten. Das führte zu einem gewaltigen Anwachsen der Zahl von akademisch ausgebildeten Technikern, die in der Lage waren, die auf den Gebieten der Technik und Betriebsführung erlernten Grundsätze in der täglichen Praxis bei der Lösung der Probleme anzuwenden, die in der Produktion entstanden. Früher hatten die meisten Techniker Kanäle, Straßen, Eisenbahnen, Häuser und Brücken gebaut. Sie hatten ihr Handwerk zum größten Teil bei denen erlernt, die solche Bauvorhaben leiteten oder in technischen Werkstätten und Fabriken Werkzeuge oder Werkzeugmaschinen herstellten. 1862 stellte der Kongreß der Vereinigten Staaten nach Erlaß des Morrill-Gesetzes den Bundesstaaten die für die Errichtung von Colleges für Landwirtschaft und Technik benötigten Geldbeträge zur Verfügung. 1917 gab es in Amerika 126 Fakultäten für Ingenieurwesen und Maschinenbau an Colleges und Universitäten. Von 1870 bis zum Ausbruch des Ersten Weltkriegs erhöhte sich die Zahl der Absolventen an diesen technischen Lehranstalten von 100 auf 4300 jährlich. 1900 gab es 45000 akademisch ausgebildete Ingenieure; 1930 waren es 230000. 1928 überstieg die Zahl der Studenten, die sich auf Elektrotechnik spezialisiert hatten, die der Teilnehmer an den Seminaren für Maschinenbau um 50 Prozent, und in der jüngsten Fakultät der Chemotechnik hatten sich bereits halb so viele Studenten eingeschrieben wie beim Maschinenbau.[88] Nachdem die Ausbildung an den technischen Hochschulen einen solchen Aufschwung genommen hatte, kam es zu einer ähnlichen Entwicklung beim Studium der Betriebswirtschaft. Zu den Lehranstalten, die betriebswirtschaftliche Seminare anboten, gehörten die Universität von Pennsylvania, die New York University, das Massachusetts Institute of Technology, die Columbia University, das Dartmouth College und die Purdue University. Auch die technischen Hochschulen veranstalteten Seminare über wissenschaftliche Betriebsführung.

Die elektrotechnischen und chemotechnischen Fakultäten an den Colleges und Universitäten und die entsprechenden Berufsverbände gab es in den Vereinigten Staaten erst nach 1880. Von Anfang an fanden die meisten Elektro- und Chemotechniker Beschäftigung als Angestellte bei den zahlreichen neugegründeten Firmen der elektrischen und chemischen Industrie. Keine Tradition der beruflichen Selbständigkeit, wie sie sich in den ersten Jahrzehnten des 19. Jahrhunderts im Maschinenbau oder im Hoch- oder Tiefbau entwickelt hatte, verzögerte die Anpassung der Elektro- oder Chemotechniker an die Aufgaben, die sie in den großen Firmen dieser Branchen erwarteten. 1930 hieß es in einer Studie über den Ingenieurberuf, daß die Zahl «der selbständigen Privatpraktiken im Ingenieurberuf deutlich abnimmt und ... die Ingenieure häufiger Anstellungen in Firmen und besonders in den großen Industrien annehmen».[89]

Während der ersten zwei Jahrzehnte dieses Jahrhunderts gab es eine kurze, aber nicht sehr heftige «Revolte der Ingenieure», die im Namen ihres Berufsstandes behaupteten, der Ingenieur sei in erster Linie der Gesellschaft verpflichtet. Morris Cooke, ein progressiver Ingenieur und Schüler von Taylor, hatte 1919 in der American Society of Mechanical Engineers genügend Einfluß, um bei einem Ausschuß dieser Gesellschaft die Annahme einer Grundsatzerklärung durchzusetzen, in der es hieß, der Ingenieur sei in erster Linie nicht seinem Arbeitgeber verpflichtet, sondern der Qualität seiner Arbeit. Doch der starke Druck und die Definition der zu lösenden Probleme, der Normen und Aufgaben kamen auch weiterhin von den Firmen.[90] Die Aufgabe der Ingenieure war es, die technologischen Systeme zu warten und instand zu halten.

Die großen Unternehmen waren interessiert daran, daß ihre Ingenieure ihren Berufsverbänden angehörten. Das waren etwa die 1880 gegründete American Society of Mechanical Engineers, das American Institute of Electrical Engineers (1884) und das American Institute of Chemical Engineers (1908). Außerdem war es erwünscht, daß sie sich an den Aktivitäten der Society for the Promotion of Engineering Education (1894) beteiligten. Wenn die bei ihnen angestellten Ingenieure und Techniker diesen Organisationen angehörten, konnten die Firmen auf die Zusammensetzung der Ausschüsse dieser Berufsverbände Einfluß nehmen, in denen festgelegt wurde, welche technischen Probleme im Interesse der Öffentlichkeit gelöst werden sollen und wie deshalb die Lehrpläne an den technischen Hochschulen gestaltet werden müssen. Die Firmen hatten zudem einen großen Einfluß auf den Betrieb an den technischen Lehranstalten, da sie die Professoren als technische Berater in Anspruch nahmen, sie bezahlten, mit Material für ihre Laboratorien versorgten und sie und ihre Studenten veranlaßten, Probleme zu untersuchen, welche die Industrie interessierten, und in diesen Bereichen zu experimentieren. Nach 1900 führte die Zusammenarbeit zwischen den Universitäten und der Industrie dazu, daß Studenten Teilzeitarbeit für große Herstellerfirmen leisteten, während sie an den technischen Hochschulen studierten. Der Präsident der 1852 gegründeten American Society of Civil Engineers mit ihrer längeren Tradition der beruflichen Unabhängigkeit warnte 1909 davor, daß der Ingenieur «zum Werkzeug derer» werden könne, «deren Ziel es ist, die Menschen zu beherrschen und von ihrem Wissen zu profitieren».[91] 1928 konnte ein Professor für Chemotechnik an der Universität von Michigan in *Transactions of the American Institute of Chemical Engineers* schreiben:

«Es besteht eine gewisse Ähnlichkeit zwischen dem College und dem Herstellungsbetrieb, der halbfertige Metallteile bekommt, sie bearbeitet und sie dann zur weiteren Bearbeitung an eine andere Firma weitergibt. Das College bekommt das Rohmaterial . . . Es muß daraus ein verkäufliches Produkt machen . . . Die Gestalt des Lehrplans wird in letzter Analyse nicht vom College bestimmt, sondern vom Arbeitgeber des Studenten, der das College absolviert hat.»[92]

Das verkäufliche Produkt ermöglichte es dem Arbeitgeber, technische Routineprobleme mit Hilfe organisierter Informationen aus den Gebieten der Naturwissenschaft, der Betriebswissenschaft und der Technologie zu lösen. Die Firmen förderten zudem das Verständnis der jungen Techniker für wirtschaftliche Fragen. Henry Towne, ein führender amerikanischer Ingenieur, dessen Ideen Taylor entscheidend beeinflußt haben, schrieb 1886: «Das Symbol unserer Währungseinheit, der Dollar, wird fast ebenso häufig mit den Zahlen in Beziehung gesetzt, die sich aus den Berechnungen des Ingenieurs ergeben, wie die Symbole für die Messungen in Fuß, Minuten, Pfund oder Gallonen.» 1896 sagte der Präsident der Stevens Institute Alumni Association seinen Studenten: «Die finanzielle Seite des Ingenieurwesens ist immer die wichtigste . . . (der junge Ingenieur) muß sich stets nach denen richten, die das in das Unternehmen investierte Geld repräsentieren.»[93]

Ingenieure, die sich entschlossen haben, als Angestellte in eine Firma einzutreten, haben oft den Ehrgeiz, nachdem sie eine Zeit in ihrem Fachgebiet gearbeitet haben, als Manager in die Firmenleitung aufzusteigen. Wenn man sich die Berufslaufbahnen von graduierten Technikern in den Jahren 1884 bis 1924 ansieht, dann kann man feststellen, daß es vielen gelungen ist, «über die technische Arbeit zur Übernahme von Verantwortlichkeiten in der Betriebsführung aufzusteigen».[94] Innerhalb von 15 Jahren nach Abschluß ihrer akademischen Ausbildung waren etwa zwei Drittel dieser Techniker und Ingenieure Manager geworden. In den 1920er Jahren hatten die leitenden Angestellten bei General Electric, Du Pont, General Motors und Goodyear Kommilitonen am Massachusetts Institute of Technology.[95] Sie waren aus den Reihen der für die Wartung und Instandhaltung des Systems verantwortlichen Spezialisten in die das Selbstbewußtsein stärkende Atmosphäre der für die Gestaltung des Systems Verantwortlichen aufgestiegen.

Veblens Sowjet der Techniker

Die Systembauer, die Verfechter einer wissenschaftlichen Betriebswirtschaftslehre und die Techniker legten ungewöhnlich großen Wert auf Ordnung, Zentralisierung, Systematisierung und Kontrolle und beeinflußten die ganze amerikanische Gesellschaft und Kultur in diesem Sinn. Die technischen Berufsverbände, unter ihnen die American Society of Mechanical Engineers, predigten, wo auch immer sie auftraten, das Evangelium der Leistung. Die ASME wählte 1906 sogar Taylor, der eigentlich kein typisches Mitglied war, zu ihrem Präsidenten. Als die Begeisterung für die Technologie vor dem Ersten Weltkrieg immer weitere Bevölkerungskreise erfaßte, war dies in besonderem Maß bei den Progressiven festzustellen. Sie waren die Repräsentanten einer schwer definierbaren politischen und gesellschaftlichen Bewegung, die durch die Kandidatur von Theodore Roosevelt bei den Präsidentschaftswahlen einen deutlich spürbaren Auftrieb bekam, denn Roosevelt bekannte sich öffentlich zu ihren Zielen. Als progressiver Kandidat einer dritten Partei bewarb sich Roosevelt 1912 um das Amt des Präsidenten. Dieser Partei genügte es nicht, daß Experten nur im Bereich der Materialbeschaffung und Arbeit für Ordnung, Kontrolle, System und Leistung sorgten. Sie verlangte vielmehr, daß Sozialwissenschaftler, also «wissenschaftliche Experten ihren reformatorischen Eifer auch auf die Verwaltung von Kommunen und Einzelstaaten und auf die amerikanische Bundesregierung ausdehnten».[96] Diejenigen, die den technologischen Geist in so verschiedenen Gesellschaftsbereichen zur Wirkung bringen wollten, bezeichnete man damals in der Öffentlichkeit als «Leistungsexperten». Zu dieser Gruppe gehörten auch die nach den wissenschaftlichen Erkenntnissen Taylors arbeitenden Manager.[97] Er empfahl die praktische Verwirklichung seiner Lehren auch in Bereichen außerhalb der Industrie, wenn er schrieb:

«Dieselben Grundsätze (des wissenschaftlichen Managements) lassen sich mit gleichem Erfolg bei allen gesellschaftlichen Aktivitäten anwenden, in der Haushaltsführung; in der Landwirtschaft; in der Geschäftsführung unserer großen und kleinen Kaufleute; in unseren Kirchen, unseren philanthropischen Einrichtungen, unseren Universitäten und unseren Regierungsbehörden.»[98]

1919 betrachtete einer der originellsten und exzentrischsten amerikanischen Wirtschaftswissenschaftler die Begeisterung für die Technologie, die progressive Bewegung, den Taylorismus, die großen technologischen Systeme und die Bemühungen, während des Krieges die Wirtschaft zu organisieren und zu planen, als deutliche Zeichen dafür, daß die Gesellschaft am Beginn eines dramatischen Wandels stand. Wegen seiner unkonventionellen Lehrmethoden, seiner Ablehnung jeder bürokratischen Autorität und einer Liebesbeziehung, die damals auf dem Campus einer Universität als skandalös angesehen wurde, hat Thorstein Veblen nie einen dauernden Platz in der akademischen Hierarchie gefunden.[99] Seine unorthodoxen Bücher, *The Theory of The Leisure Class* (1899) und *The Theory of Business Enterprise* (1904) erregten jedoch die Aufmerksamkeit der Öffentlichkeit. 1919 erläuterte er seine Auffassungen über den bevorstehenden gesellschaftlichen Wandel in einer Artikelserie, die zunächst in der neuen radikalen Zeitschrift *The Dial* und anschließend 1921 als Buch mit dem Titel *The Engineers and the Price System* erschienen. Die in *The Dial* abgedruckten Aufsätze waren inzwischen einem weiten Leserkreis bekannt, das Buch *The Theory of The Leisure Class* hatte eine zweite Auflage erlebt, und der vielgelesene H. L. Mencken schrieb für die Zeitschrift *Smart Set* einen Essay über Veblen. Als die anspruchsvolle Zeitschrift *Vanity Fair* sich zustimmend über ihn äußerte, wurden seine Bücher zur Pflichtlektüre der Intellektuellen.[100] «Der Veblenismus war als neuer, glänzender Stern am Himmel der fortschrittlichen Literatur aufgegangen. Es gab Veblenisten, Veblen-Clubs und von Veblen empfohlene Heilmittel für alle Mißstände und Leiden der Welt.»[101]

Veblen führte die Logik des technologischen Geistes und der Systematisierung des Lebens zu ihrem rationalen Schluß: Das ganze industrielle System des Landes sollte der systematischen Kontrolle von «industriellen Fachleuten, gelernten Technologen unterstellt werden, die man als ‹Produktionsingenieure› bezeichnen könnte.» Er glaubte, die Industrie der Nation sei «ein System ineinandergreifender mechanischer Prozesse». In seinen Veröffentlichungen über das industrielle System formulierte er eine Grunddefinition dieses Begriffs als «eine in sich geschlossene Organisation vieler verschiedener ineinandergreifender mechanischer Prozesse, die in einer Weise voneinander abhängig und gegeneinander abgewogen sind, daß das reibungslose Funktionieren eines jeden Teils das reibungslose Funktionieren aller übrigen Teile bedingt.» Nach Veblens Vorstellungen war die Industrie einer Nation ein geschlossenes System, eine große produktive Maschine, neben der die Schöpfungen von Ford und Insull bedeutungslos erscheinen würden. Zu Veblens ineinandergreifendem System oder «Netz» aus Prozessen und Austausch von Material gehörten «Transport und Kommunikation; die Erzeugung und industrielle Nutzung von Kohle, Öl, Elektrizität und Wasserkraft; die Erzeugung von Stahl und anderen Metallen; von Zellstoff, Bauholz, Zement und anderem Baumaterial; von Textilien und Gummi sowie die Verarbeitung von Getreide zu Mehl und der Anbau von Getreide, die Fleischverarbeitung und ein wesentlicher Teil der Viehzucht».[102]

Als Anleihe aus der Terminologie der russischen Revolutionäre von 1917 empfahl Veblen die Schaffung von Sowjets oder aus Fachleuten bestehenden Verwaltungsausschüssen, die das Management des nationalen industriellen Systems den parasitären Finanziers und nicht fachlich vorgebildeten Unternehmern aus der Hand nehmen sollten, welche die Rohstoffe und Arbeitskräfte des Landes mit ihrer kontraproduktiven Gewinnsucht und ihrem Konkurrenzneid verschwendeten. Veblen war überzeugt, da es sich um eine hochtechnische Organisation handle, werde das ineinandergreifende industrielle System schon jetzt von den Produktionsspezialisten beherrscht, die den industriellen Sowjets als Mitglieder angehören würden. Er zählte die Erfinder, Designer, Chemiker, Mineralogen, Bodenexperten, Produktionsmanager und Techniker zu den für die Organisation und Leitung der Sowjets geeigneten Fachleuten. Sie sollten die «Finanzkapitäne» ablösen, die die Fachleute zum Schaden des Ganzen kommerzialisiert und ausgebeutet hatten.[103]

Veblen irrte sich, wenn er glaubte, Techniker wie Taylor, Gantt, Cooke und die radikalen Kollegen, die Cooke in der American Society of Mechanical Engineers folgten, seien nur die Spitze eines Eisbergs. Er nahm zu Unrecht an, daß die im Krieg für notwendig erachtete Planung der industriellen Produktion auch in den dann folgenden normalen Jahren weitergehen werde. Es war ein schwerer Irrtum, nicht zu sehen, daß die meisten Techniker, die nach seiner Auffassung als Mitglieder in die Sowjets aufgenommen werden sollten, Angestellte der großen Industrieunternehmen waren, die sich für die Interessen dieser Firmen einsetzten und sich damit zufrieden gaben, beruflich als Techniker oder Manager in den Organisationen aufzusteigen, die von den «Finanzkapitänen» beherrscht wurden.

Sechstes Kapitel

Taylorismus plus Fordismus ergibt Amerikanismus

Nach dem Ersten Weltkrieg fragten sich Europäer und Russen, wie es dazu gekommen sei, daß die Vereinigten Staaten zu dem produktivsten Unternehmen der Welt geworden waren. Diese Frage interessierte besonders die Liberalen und Radikalen in dem besiegten und am Boden liegenden Deutschland und die sowjetischen Führer in einem Rußland, das unter den Folgen des Ersten Weltkriegs, der Revolution von 1917, dem Bürgerkrieg von 1917 bis 1921, Hunger und Seuchen schwer gelitten hatte. Während der amerikanische Mittelstand glaubte, die Welt warte darauf, etwas über das politische System und das freie Unternehmertum in den Vereinigten Staaten zu hören, fragten Deutsche und Russen nach den Erfolgen des Taylorismus und des Fordismus. Die Sowjets hofften, mit dem amerikanischen System werde sich die bolschewistische Revolution konsolidieren lassen. Die Deutschen glaubten, das amerikanische System könne die neugeschaffene Weimarer Republik, die Nachfolgerin des besiegten Deutschen Reichs, stärken. Die Vereinigten Staaten hatten noch nie so hohes Ansehen genossen und waren noch niemals so sehr beneidet worden wie nach dem Ersten Weltkrieg. Viele ausländische Liberale und Radikale sahen hier ein Beispiel, dem sie folgen könnten, um ihren Nationen einen Weg in die Zukunft zu eröffnen. Amerika war für sie ein Land der Erfinder, der für die Industrie arbeitenden Wissenschaftler und Schöpfer technologischer Systeme. Aber auch andere Völker waren von dem modernen Amerika fasziniert und schöpften neue Hoffnung bei dem Gedanken, seinem Beispiel folgen zu können.

Lenin, Taylor und Ford

Für Wladimir Iljitsch Lenin, Leo Trotzki und die anderen russischen Bolschewiken, die in der Novemberrevolution von 1917 die Macht ergriffen hatten, waren das Wasserkraftwerk an den Niagarafällen, die Stahlwerke in Gary, Indiana, und vor allem die Ford Automobilwerke in Detroit Ausdruck und Symbol der modernen amerikanischen Technologie. Sie glaubten, wenn eine solche Technologie in der Sowjetunion entwickelt werden könnte, würden die amerikanischen Methoden den Weg in die sozialistische Zukunft ebnen. 1926 träumten die Techniker und Manager von der «Amerikanisierung» der Produktion,[1] und sowjetische Planer glaubten, die Zukunft werde einen gewaltigen Aufschwung der Produktivität in den russischen Industriegebieten bringen und zu noch größeren wirtschaftlichen Erfolgen führen als in den Vereinigten Staaten. Die Bolschewiken behaupteten, anders als der Kapitalismus werde der Sozialismus nicht durch politische und wirtschaftliche Widersprüche belastet sein, welche die volle Entwicklung der modernen Produktionstechnologie hemmten. Lenin, der technische Aufsätze über den Taylorismus gelesen und aufmerksam zugehört hatte, was die Techniker unter seinen Genossen zu diesem Thema sagten, hatte begriffen, daß zu der zweiten industriellen Revolution mehr gehörte als Maschinen, Verfahren und schöpferische Ideen. Um sie zu ermöglichen, bedurfte es der Ordnung, der Zentralisierung, der Kontrolle und der Schaffung von Systemen. Die Konzepte, die Ford, Insull und ihre Mitarbeiter in River Rouge und in den Middle West Elektrizitätswerken realisiert hatten, beeindruckten die sowjetischen Planer, Manager und Techniker tief. Sogar die russischen Ingenieure aus der Zarenzeit, die die Revolution überlebt hatten, konnten sich eine Vorstellung von ähnlichen technologischen Leistungen in der Sowjetunion machen. Das Regime trieb Bauern und Arbeiter unbarmherzig an, immer größere Mengen von Getreide, Holz und Bodenschätzen für den Export zu produzieren, um dagegen ausländische und besonders amerikanische Technologie zu kaufen. In der Sowjetunion war man von der Richtigkeit der These Taylors, daß bisher der Mensch an erster Stelle gestanden habe, künftig jedoch das System den Vorrang haben müsse, sehr viel mehr überzeugt als in den Vereinigten Staaten. Stalin brachte die sowjetische Bewunderung für die amerikanische Technologie und das amerikanische Management 1924 deutlich zum Ausdruck, als er erklärte, das amerikanische Leistungsprinzip sei ein leninistisches Grundprinzip:

«Der amerikanische Leistungswille ist jene unüberwindliche Kraft, die kein Hindernis kennt oder anerkennt; die an einer einmal begonnenen Aufgabe weiterarbeitet, bis sie bewältigt ist, selbst wenn es eine weniger bedeutende Aufgabe ist; und ohne diesen Leistungswillen ist eine erfolgreiche konstruktive Arbeit unvorstellbar ... Die Kombination aus dem russischen revolutionären Schwung und dem amerikanischen Leistungswillen ist der Kern des Leninismus ...»[2]

In den Jahrzehnten zwischen den beiden Weltkriegen hat die sowjetische Wirtschaft mehrere Phasen durchlaufen. Zuerst erlebte Rußland von 1917 bis 1921 die Periode des Kriegskommunismus, in der die Bolschewiken verzweifelt und vergeblich versuchten, die Industrie in die Hand zu bekommen und ihre Verwaltung den Gewerkschaften und Arbeiterräten zu übertragen. Das Land überlebte die kriegerischen Auseinandersetzungen mit fremden Mächten und den Bürgerkrieg in diesen Jahren, aber erst nachdem die sowjetische Führung anfing, die Manager und Techniker, die Fachleute, mit den Führungsaufgaben zu betrauen, die ihrer Ausbildung entsprachen. Lenin rechtfertigte das, als er zur Einführung einer neuen sowjetischen Form des Taylorismus aufrief. 1921, als das Land an den Rand des wirtschaftlichen Zusammenbruchs gekommen war und es den Anschein hatte, als werde sich die

Industrieproduktion nie wieder erholen können, leitete er eine neue Phase ein und gab ihr den Namen Neue Ökonomische Politik (NEP). Sie bedeutete den vorläufigen Verzicht auf die zentrale Planung und Kontrolle durch die Regierung. Nach 1921 tolerierte das Regime das Fortbestehen einer beachtlichen Zahl privater industrieller und kaufmännischer Unternehmungen, während es selbst die entscheidenden wirtschaftlichen Bereiche in der Hand behielt. Das waren die Schwerindustrie, das Transportwesen und die Versorgung mit Elektrizität. Während der NEP-Periode begann die Sowjetregierung mit der Planwirtschaft, und diese Entwicklung erreichte 1928 mit dem ersten Fünfjahresplan und der Abschaffung des privaten Unternehmertums in Industrie und Landwirtschaft ihren Höhepunkt.

Während der Periode des Kriegskommunismus war es unmöglich gewesen, westliche Technologie zu importieren und westliche Experten ins Land zu bringen. Zur Zeit der neuen ökonomischen Politik versuchte die Sowjetunion, westlichen Fabrikanten die Möglichkeit zu geben, Fabriken in Rußland einzurichten und zu betreiben. Nach Abschluß der sowjetisch-deutschen politischen und wirtschaftlichen Vereinbarungen von Rapallo im Jahr 1922 haben sich deutsche Fabrikanten und technische Fachleute besonders intensiv an der Entwicklung der sowjetischen Wirtschaft beteiligt. Nach 1928 während des ersten Fünfjahresplans gingen die Sowjets dazu über, von Ausländern errichtete Fabriken zu kaufen und selbst zu übernehmen. Ausländische Fachleute setzten die Produktion in diesen Betrieben in Gang und übergaben sie dann sowjetischen Managern, Ingenieuren und Arbeitern. Amerikanische Fabrikanten, Industriearchitekten und Beratungsfirmen für Maschinenbau und industrielle Architektur spielten bei diesem umfangreichen Technologietransfer eine führende Rolle.[3] Während der Jahrzehnte nach 1921, in denen die Sowjetunion ausländischen Firmen Konzessionen erteilte und die nach ihren Plänen errichteten Betriebe kaufte, vermied es die sowjetische Führung, die stets fürchtete, in Abhängigkeit von der kapitalistischen Welt zu geraten und einen Krieg ohne Verbündete führen zu müssen, Fertiggüter zu importieren, bemühte sich aber statt dessen darum, sich die Mittel für die Herstellung dieser Güter aus dem Ausland zu beschaffen. Dieser intensive und umfangreiche Technologietransfer, den es bisher in diesem Ausmaß noch nie gegeben hatte, sollte als einer der wichtigsten Abschnitte in der sowjetischen Geschichte erkannt werden, aber was damals geschah, ist praktisch sowohl in der Sowjetunion als auch in den Vereinigten Staaten in Vergessenheit geraten. Die Sowjetunion hat stets bestritten, in die Abhängigkeit vom Kapitalismus geraten zu sein, und die Vereinigten Staaten wollen sich nicht mehr daran erinnern, welchen Beitrag sie zur Industrialisierung der Sowjetunion geleistet haben.

Die amerikanischen Techniker und Manager, die in den 1920er Jahren die Sowjetunion besuchten, berichteten mit einiger Überraschung von den intensiven Bemühungen des neuen Regimes, seine Techniker, Arbeiter und Bürger

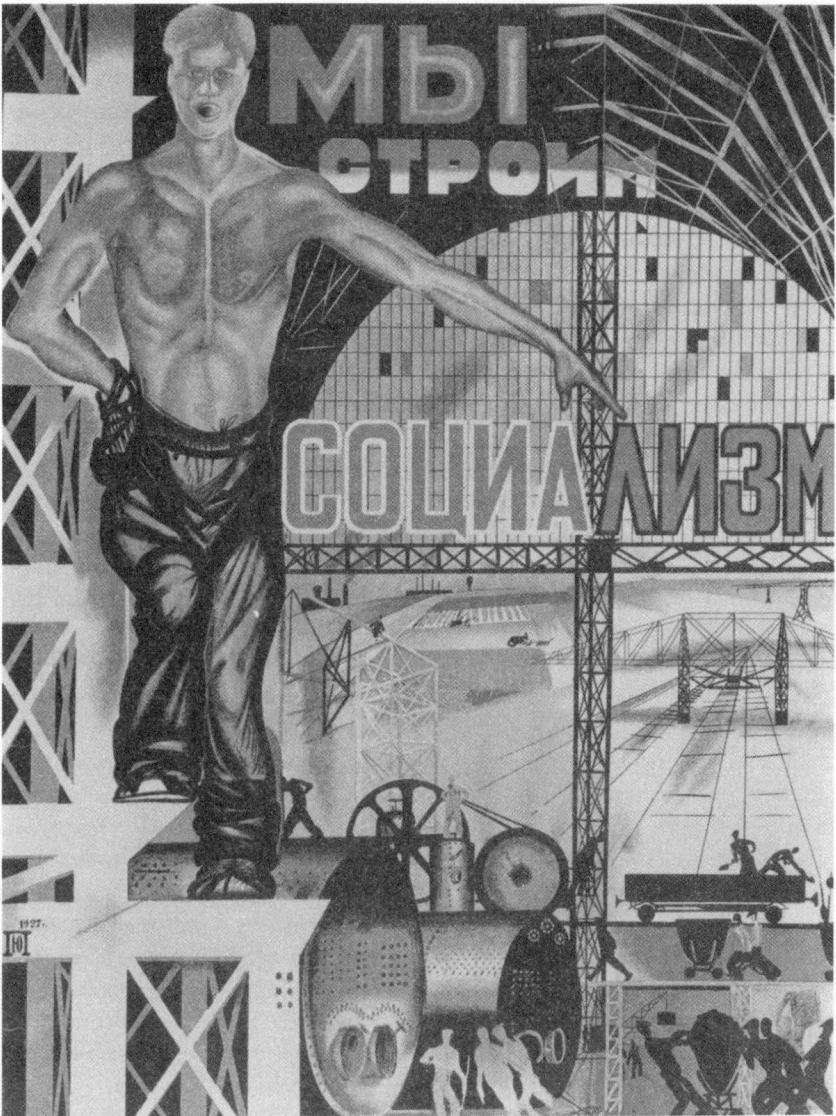

Jurij Pimenow, *Aufbau des Sozialismus*, 1927.

für die Technik zu begeistern. Ein amerikanischer Ingenieur schrieb 1930: «Es ist diese erstaunliche Erscheinung (die manchmal einem religiösen Eifer gleichkommt), die für den ausländischen Besucher so interessant ist.»[4] Die amerikanischen Ingenieure stellten fest, daß in den Schaufenstern an den Durchgangsstraßen der Großstädte Bücher und Apparaturen für das Heimstudium von Physik und Chemie ausgestellt waren. Diese Besucher stellten auch fest, daß ungezählte Arbeiter und Bauern an den Feiertagen unter der Führung von Fachleuten die großen mit Dampf- oder Wasserkraft betriebenen Elektrizitätswerke besichtigten. Auch der erstaunliche Kontrast zwischen Primitivität und technischem Fortschritt fiel den westlichen Fachleuten auf, die das Land besuchten. Mit Ausnahme der neu entstandenen Industriezentren und der recht modern wirkenden Großstädte Leningrad und Moskau glich Rußland, dessen Wirtschaft sich vor allem auf menschliche und tierische Arbeitskraft und nicht auf Maschinen stützte, wo man Holz anstelle von Metall verwendete und die Landwirtschaft der bedeutendste Wirtschaftszweig war, noch immer einer vorindustriellen Nation. Stalin hat später behauptet, er habe die Russen noch gekannt, als sie den hölzernen Pflug benutzten, und werde sie verlassen, nachdem sie gelernt hätten, mit Kernreaktoren umzugehen. Doch das entsprach nicht ganz den Tatsachen. In Wirklichkeit hatte die Industrialisierung in vielen Teilen Rußlands schon vor der Revolution von 1917 mit dem Eisenbahnbau, der Eisen- und Stahlproduktion, einer umfangreichen Textilindustrie und der Aufnahme von Auslandskrediten begonnen.[5]

Als der russische Revolutionär Lenin 1916 den amerikanischen Revolutionär Frederick W. Taylor entdeckte, kam es zu einer paradoxen Begegnung der Geister. Lenin, der sich über die in der kapitalistischen Welt angewandten Produktionstechniken detaillierte Aufzeichnungen machte, war vom Taylorismus tief beeindruckt. Er gab sich nicht damit zufrieden, die allgemeinen Grundsätze kennenzulernen, sondern notierte sich genaue Angaben über tausende von Versuchen, die Taylor mit Werkzeugmaschinen angestellt hatte, um den Stahl zu finden, der sich am besten für das Schneiden von Metallen eignete. Auch die Auffassungen von Frank Gilbreth über die wissenschaftliche Betriebsführung beeindruckten Lenin, weil Gilbreth augenscheinlich nicht so sehr daran interessiert war, die Arbeiter anzutreiben oder auszubeuten, sondern die beste energiesparende Methode finden wollte, mit der die Arbeit geleistet werden konnte. In seinen Randbemerkungen zu einem Artikel von Gilbreth notierte Lenin, daß das wissenschaftliche Management zu einem Übergang vom Kapitalismus zum Sozialismus führen könne. Daß Taylor und Gilbreth behaupteten, ihre Doktrinen seien wissenschaftlich begründet, hat den im wissenschaftlichen Marxismus geschulten Lenin stark beeindruckt.

Lenin behauptete, in einem sozialistischen Staat diene der Taylorismus nicht der Ausbeutung der Arbeiter zur Befriedigung der Profitgier irgendwelcher Kapitalisten, sondern die so erreichte beträchtliche Steigerung der Produktivität käme den Arbeitern und Bauern zugute. Die niedrigeren Produktionskosten, die kurze Einführungszeit («zwei bis vier Jahre!!») und die Tatsache, daß sich eine wissenschaftliche Betriebsführung in erster Linie auf technisches Können und Organisationstalent stützt, faszinierten Lenin.[6] Er glaubte, die detaillierten Arbeitsanleitungen und die Vorausplanung, die im

Nikolaij Dolgorukow, *Fünfjahresplan*, 1931.

System Taylors Aufgabe der Techniker waren, würden es erlauben, im industriell rückständigen Rußland eine große Zahl ungelernter Arbeitskräfte aus der bäuerlichen Bevölkerung zu verwenden. Er erkannte auch, daß die nach Taylor notwendige zentrale Überwachung des Arbeitsplatzes, der Arbeitsvorgänge und der Arbeiter es ermöglichen würden, daß politisch zuverlässige Fachleute den Bereich der Industrie während des Übergangs vom Kapitalismus zum Sozialismus fest in der Hand behielten. Dann wäre es auch leichter, bourgeoise Saboteure und andere korrupte Personen und Praktiken zu erkennen und auszurotten. Lenin schien überzeugt zu sein, die erforderliche Zahl politisch zuverlässiger Techniker und Ingenieure zu finden. Mit seinem Bestreben, die Industrieproduktion und alle daran Beteiligten straff zu organisieren und zu kontrollieren nahm er in mancher Hinsicht die gleiche Haltung ein wie Taylor und seine Schüler.

Im Frühjahr 1918, als das Land desorganisiert und demoralisiert am Boden lag, sagte Lenin in einer seiner vielen Reden:

«Die Aufgabe, die dem Volk in ihrem ganzen Umfang von der sowjetischen Regierung gestellt werden muß, ist – lernt zu arbeiten. Das System von Taylor, die neueste Errungenschaft des Kapitalismus auf diesem Gebiet, ist wie jede kapitalistische Neuerung eine Kombination aus der subtilen Brutalität bourgeoiser Ausbeutung und einer Anzahl der größten wissenschaftlichen Errungenschaften des Kapitalismus auf dem Gebiet der Analyse mechanischer Bewegungen während der Arbeit: Die Eliminierung überflüssiger und ungeschickter Bewegungen, das Erarbeiten korrekter Arbeitsmethoden, die Einführung des besten Systems für Buchhaltung, Kontrolle usw. Die Sowjetrepublik muß um jeden Preis alles Wertvolle an wissenschaftlichen und technologischen Errungenschaften auf diesem Gebiet übernehmen. Ob es möglich sein wird, den Sozialismus aufzubauen, wird gerade davon abhängen, ob es uns gelingt, die Sowjetregierung und die sowjetische Organisation der Verwaltung mit den modernen Leistungen des Kapitalismus zu kombinieren. Wir müssen in Rußland Studium und Lehre des Taylorsystems organisieren, es systematisch erproben und unseren Zielen anpassen.»[7]

Lenin beabsichtigte, amerikanische Ingenieure in die Sowjetunion zu holen, die ihm bei der Einführung des Taylorsystems helfen sollten. Die Gewerkschaften und einige Mitglieder seiner Partei widersetzten sich seiner Aufforderung, den Taylorismus einzuführen, und sagten voraus, in der Sowjetunion werde das zu verhängnisvollen Fehlentwicklungen führen, wie sie von den Gewerkschaften im Ausland bekämpft worden seien. Doch nachdem Lenin erlebt hatte, zu welchen chaotischen Zuständen es gekommen war, als man die Organisation der Arbeit und die Kontrolle den in der Betriebsführung unerfahrenen Gewerkschaften überlassen hatte, zog er es vor, Kontrolle und Rechnungswesen Technikern und ausgebildeten Betriebswirtschaftlern in die Hand zu geben, auch wenn das bedeutete, daß man Perönlichkeiten mit solchen Aufgaben betrauen mußte, die noch von bürgerlichen Vorstellungen aus dem alten Regime geprägt waren, oder gezwungen war, diese Stellen mit Ausländern zu besetzen. Er war sogar bereit, den Grundsatz der Gleichheit aufzugeben und den Fachleuten und produktiveren Arbeitern höhere Löhne und Gehälter zu zahlen. Die Produktionssteigerung war für Rußland eine Frage des Überlebens, und so setzte sich der Pragmatismus Lenins durch. Als konservative Geschäftsleute und Techniker in den Vereinigten Staaten hörten, daß Lenin die Einführung des Taylorismus empfohlen hatte, war das für sie der Beweis dafür, daß sich die sozialistische Ideologie in der Praxis nicht durchsetzen ließ und das amerikanische System das beste sei.

Nicht nur Lenin, sondern auch Trotzki, der Kriegskommissar und nach Lenin bekannteste politische Führer in der jungen Sowjetunion, setzte sich für die Einführung des Taylorismus ein. Ihm ging es um die Wiederherstellung der Disziplin und die Übernahme führender Posten durch Experten. Deshalb versuchte er, den Taylorismus auch in der Roten Armee und der schwer angeschlagenen Rüstungsindustrie einzuführen. In seiner Autobiographie erwähnt Trotzki seine Zusammenarbeit mit «Kili», einem amerikanischen Ingenieur, der etwa 1918 auf eigene Initiative in die Sowjetunion kam, um in der sowjetischen Industrie den Taylorismus einzuführen. Kili glaubte, eine verstaatlichte Industrie gebe dem Vertreter der Doktrinen Taylors die ideale Gelegenheit, dramatische und umfassende Reformen durchzuführen. Er berichtete Trotzki, in der Industrie werde etwa die Hälfte der Arbeitszeit verbummelt. Daneben erschienen die Probleme, die Taylor selbst mit dem Bummeln in Midvale gehabt hatte, geradezu lächerlich. Trotzki, der in der Periode des Kriegskommunismus die ernste Befürchtung hatte, die Sowjetunion stehe vor dem totalen industriellen Zusammenbruch, empfahl eine «Militarisierung» der Arbeitskräfte, die im einzelnen einer extremen Form des Taylorismus auf nationaler Ebene entsprach.[8]

Beim Entwurf des ersten Fünfjahresplans Mitte der 1920er Jahre ließ sich die sowjetische Führung von Fachleuten für wissenschaftliche Betriebsführung, besonders von Amerikanern beraten, die sie «mit der ganzen Vielzahl der Techniken des Arsenals von Taylor» bekanntmachten.[9] In der Sowjetunion wurde der Taylorismus nicht nur auf dem begrenzten Feld der Organisation von Fabriken, sondern in der gesamten Wirtschaft des Landes angewandt. Die Kommunistische Partei wollte die Bevölkerung davon überzeugen, daß die wissenschaftliche Betriebsführung absolut den Grundsätzen des wissenschaftlichen Marxismus entsprach, und ließ daher das Buch von Taylor sowie andere amerikanische Bücher, Aufsätze und ungezählte Kommentare über die wissenschaftliche Betriebsführung übersetzen und veröffentlichen. Die höchsten sowjetischen Planungsbehörden brachten Walter Polakov, einen Anhänger von Henry L. Gantt, einem der leidenschaftlichsten Verfechter der Theorien von Taylor, in die Sowjetunion, um damit eine Verbindung zwischen der amerikanischen Bewegung für die wissenschaftliche Betriebsführung und der Sowjetunion herzustellen und nach dem Vorbild von Gantt Produktionstabellen für den gesamten ersten Fünfjahresplan zu entwerfen.[10]

Alexei Gastev, der sowjetische «Arbeiterdichter», der «Ovid der Techniker, Bergleute und Metallarbeiter» und Gewerkschaftsführer, verlieh dem amerikanischen Taylorismus eine exotische sowjetische Note. Seine im sibirischen Exil und im Gefängnis vor 1914 geschriebenen Gedichte beflügelten die Phantasie einer Generation sowjetischer junger Menschen nach der Novemberrevolution. In seiner Lyrik ließ er die schrillen Fabriksirenen, das Dröhnen und Surren der Werkzeugmaschinen und die glühenden Metallströme der Hochöfen lebendig werden. Er sprach von den Industriearbeitern mit «Nerven aus Stahl» und «Muskeln wie eiserne Schienen» als Verlängerungen der Maschinen, die sie bedienten.[11] Die Gedanken Taylors brachte er in poetischer Form zum Ausdruck, wenn er die Verschmelzung von Mensch und Maschine in seinem Gedicht «Wir wachsen aús Eisen» besang: «Es wachsen mir eiserne Arme und Schultern – ich verschmelze mit der eisernen Form.» Er ließ es zu, daß die Maschine den Menschen beherrschte.[12] Ebenso wie Taylor, der auch Maschinenschlosser gewesen war, kannte er die Arbeiter und den Arbeitsplatz. Fasziniert von dem, was er über die Methoden von Taylor und Gilbreth für die Organisation der Arbeit gelesen hatte, sah Gastev als Gewerkschaftsfunktionär die Gelegenheit, nach der Revolution neben seiner Lyrik etwas ganz Neues zu schaffen. Er wurde zum Barden der wissenschaftlichen Betriebsführung.

Lenin gefielen Gastevs Ideen, seine Begeisterung und seine Energie, und deshalb unterstützte er das Zentrale Arbeitsinstitut, das Gastev als seine letzte künstlerische Schöpfung bezeichnete. In den 1920er Jahren wurde das Institut zum Ausgangspunkt des sowjetischen Taylorismus, und Zeit- und Bewegungsstudien wurden für Gastev zur fixen Idee. Seine Kritiker beklagten, daß das Institut die komplexeren Aspekte der wissenschaftlichen Betriebsführung vernachlässige wie etwa die Organisation des Arbeitsplatzes. Doch Gastevs Phantasie reichte weit über die Grenzen der wissenschaftlichen Betriebsführung hinaus; er träumte von einer neuen Kultur des Arbeiters im Rahmen der neuen Technologie, die jetzt entstand. Er schrieb:

«... Die Metallurgie dieser neuen Welt, die Automobil- und Flugzeugfabriken Amerikas und schließlich die Rüstungsindustrie der ganzen Welt – das sind die neuen, gigantischen Laboratorien, wo die Psychologie des Proletariats geschaffen wird, wo die Kultur des Proletariats entsteht. Und ob wir im Zeitalter des Superimperialismus oder des Weltsozialismus leben, die Struktur der neuen Industrie wird im wesentlichen ein und dieselbe sein.»[13]

Den Gedanken Taylors folgend stellte er sich vor, daß die Arbeit in der Industrie standardisiert werde und die meisten Arbeiter nur noch damit beschäftigt sein würden, Maschinen zu bedienen. Die Beziehung zwischen Gruppen von Arbeitern und Gruppen von Maschinen nannte Gastev einen «mechanisierten Kollektivismus». «Viele empfinden es als abstoßend, daß wir mit menschlichen Wesen wie mit Schrauben, Bolzen und Maschinen umgehen wollen. Aber wir müssen das ebenso furchtlos tun wie wir das Wachstum von Bäumen und die Erweiterung des Schienennetzes der Eisenbahn akzeptieren.»[14] Er sagte voraus, der Taylorismus werde eine neue historische Epoche einleiten, in der die Gesellschaft mechanisiert und von der Technik beherrscht werden würde. Die Arbeitszimmer und Planungsbüros der Manager und Ingenieure würden zu Zentren der Kreativität und Kontrolle am Arbeitsplatz und in der Gesellschaft werden. In seinen Flugschriften suchte er den Erfindergeist mit dem Hinweis anzuregen, daß «Taylor ein Erfinder war, Gilbreth ein Erfinder war und Ford ein Erfinder war».[15] Er wollte den Arbeitern den amerikanischen Geist einhauchen und sprach begeistert von einem «sowjetischen Amerikanismus». Rußland sollte sich in ein «neues, blühendes Amerika» verwandeln.[16] Im Verlauf der von Stalin eingeleiteten Säuberungsmaßnahmen lichteten sich nicht nur die Reihen der Sozialwissenschaftler, sondern auch das Institut von Gastev, und seine Direktoren wurden 1940 liquidiert. Gastev selbst starb 1941. Es gibt zumindest einen Bericht, der besagt, daß er erschossen wurde.[17]

Mit der Einführung des Taylorismus in der Sowjetunion ergaben sich zahllose Probleme. Ein System der wissenschaftlichen Betriebsführung, das in einer und für eine hochindustrialisierte Nation mit einer äußerst komplexen und produktiven Marktwirtschaft entwickelt worden war, wurde nun in einer industriell rückständigen Nation erprobt, die den Versuch unternahm, die Planwirtschaft einzuführen. Die amerikanischen Techniker und Betriebswirtschaftler, die bei dem Technologietransfer in die Sowjetunion in den 1920er Jahren eine führende Rolle spielten, erzählten bei ihrer Rückkehr in die Vereinigten Staaten von begeisterten, überstürzten Bemühungen, das System von Taylor einzurichten, die von katastrophalen Fehlschlägen gekennzeichnet waren. Daß die Bauern, die nun Industriearbeiter geworden waren, nicht rechtzeitig zur Arbeit kamen, weil sie keine Uhren besaßen, wirft ein Schlaglicht auf das gewaltige Problem des Technologietransfers. Darüber hinaus hatten die Parteimitglieder, die verantwortlich dafür waren, die Ingenieure, Manager und Arbeiter zu beaufsichtigen und zu motivieren, oft keine Vorstellung davon, welches System der wissenschaftlichen Betriebsführung zugrunde lag. Sie verlangten in einem Teil eines integrierten Fabrikationssystems die Beschleunigung der Produktion, während sie die Arbeit in anderen Teilen des Systems vernachlässigten. Auf diese Weise entstanden gewaltige Verzögerungen, Engpässe und Stockungen. Unter dem Druck unrealistischer Produktionsnormen und angesichts möglicher Einkommensverluste wurden die neu importierten Maschinen von den Arbeitern, die unbedingt ihre Normen erfüllen wollten, so stark beansprucht, daß sie versagten und bei dem Versuch, den Arbeitsablauf zu vereinfachen, minderwertige Produkte erzeugten. Techniker und Manager, die bei dem Versuch, neue Möglichkeiten für die Planung und Verwaltung der Produktion zu finden, Fehler machten, gerieten in panische Angst, wenn sie feststellen mußten, daß in bester Absicht begangene Fehler von den hochrangigen Funktionären, die nicht bereit waren, selbst die Verantwortung für Mängel bei der Produktion zu übernehmen, als kriminelle Sabotage hingestellt wurden. Fords unvernünftige Wutanfälle in Detroit wären einem sowjetischen Ingenieur, angesichts solcher Beschuldigungen, harmlos erschienen. Unvernünftige und unsystematische Beschleunigungen des Arbeitstempos und Erhöhungen der Produktionsnormen wurden zu einer typischen Erscheinung im sowjetischen Taylorismus und in der sowjetischen Technologie.

Lenin war zu der Überzeugung gekommen, daß die Elektrifizierung des ganzen Landes den Weg für den Aufbau eines modernen Rußland öffnen werde. Unter dem starken Einfluß der Geschichtsphilosophie von Marx, nach der technologische Veränderungen gesellschaftliche Veränderungen bewirken, kam Lenin zu der folgenden Überlegung. Da Marx gesagt hatte, die Dampfkraft und das System der Massenproduktion in Fabriken hätten den industriellen Kapitalismus und die Vorherrschaft des industriellen Mittelstandes hervorgebracht, glaubte er, die Elektrifizierung werde im Verein mit großen, zunächst regionalen Produktionssystemen die nächste große soziale Veränderung bewirken, das Entstehen der sozialistischen Gesellschaft. Lenins Berater, der Ingenieur G.M. Krzhizhanovsky, überzeugte Lenin davon, daß eine umfassende Elektrifizierung in einem kapitalistischen System angesichts der dort herrschenden Konkurrenz zwischen Privatfirmen nicht möglich sei, sondern nur im Sozialismus. Das Kollektivsystem und die Zusammenarbeit würden bei Ausschaltung aller Konkurrenz die Schaffung eines sich über das ganze Land erstreckenden Energieversorgungssystems erleichtern, das funktionieren werde wie eine einzige große Maschine. Im Vergleich damit verblaßten die Vorstellungen von Insull. Krzhizhanovsky schrieb: «So wird das Entstehen einer Maschinenkultur auf elektrischer Basis in der vollkommensten und umfassendsten Form nur unter den Voraussetzungen einer sozialistischen Wirtschaft möglich werden.»[18]

Lenins Interesse an der Elektrifizierung läßt sich bis in die 1890er Jahre zurückverfolgen, als er in der sibirischen Verbannung mit Krzhizhanovsky bekannt wurde.[19] Wie viele Sozialreformer und Intellektuelle in den westlichen Industriestaaten zu jener Zeit, glaubte auch Lenin, die Elektrifizierung ermögliche das Entstehen einer idealen Industriegesellschaft. Er glaubte, «die Elektrifizierung aller Fabriken und Eisenbahnen» werde «die Verwandlung schmutziger, häßlicher Werkstätten in saubere helle Laboratorien erleichtern, in denen sich ein menschliches Wesen wohlfühlen kann, und elektrisches Licht und elektrische Heizung in jedem Haus würde das Leben von Millionen von ‹Haussklaven› erträglich machen.» Manchmal war seine Begeisterung größer als sein Verständnis für die technischen Möglichkeiten, wenn er zum Beispiel verlangte, daß innerhalb eines Jahres alle ländlichen Bezirke mit elektrischem Licht versorgt werden müßten, wobei die Herstellung der höchst komplexen Isolatoren für die Starkstromleitungen von kleinen örtlichen Keramikfabriken übernommen werden könne. Das Kupfer, das man für die elektrischen Leitungen brauche, ließe sich ebenfalls in den ländlichen Gebieten beschaffen («Ein kleiner Hinweis . . . Kirchenglocken usw.»).[20] Der britische Schriftsteller und Sozialreformer H.G. Wells besuchte ihn 1920 und berichtete: «Lenin, der wie ein guter orthodoxer Marxist alle ‹Utopisten› ablehnt, ist schließlich selbst einer Utopie verfallen, der Utopie der Elektrotechniker.»[21] Lenin versuchte, das russische Volk für seine Idee der Elektrifizierung zu gewinnen. Er glaubte, daß auf diese Weise die Rückständigkeit und Unaufgeklärtheit auf dem flachen Land überwunden werden könnten. Dazu ließ er ein Exemplar seines Elektrifizierungsplans an jede Schule verteilen. Die Bauern, die zum großen Teil Analphabeten waren, sollten mit diesem Buch als Grundlektüre lesen lernen. Ein als Kino eingerichteter Eisenbahnwaggon sollte im ganzen Land herumfahren und Filme über die Elektrifizierung zeigen. Obwohl es Lenin in erster Linie auf die Elektrifizierung der Industriebetriebe ankam, wollte er auch die landwirtschaftlichen Gebiete mit elektrischer Energie versorgen, um sie für Bewässerungsanlagen, die Erwärmung des Bodens, zur Beleuchtung und zur Herstellung von Düngemitteln einzusetzen.[22] Vielleicht hat sich der Intellektuelle Lenin, dessen Stärke das abstrakte Denken war, von dem flüchtigen Wesen der Elektrizität faszinieren lassen. Zwar war er selbst kein Techniker, hatte aber begriffen, daß das Wesentliche an der Elektrifizierung die großen Kraftwerke waren, welche die wirtschaftlichste regionale Energie erzeugten und durch ein Netz von Starkstromleitungen miteinander verbunden ein weites regionales oder sogar über das ganze Land ausgedehntes System darstellten. Hier stimmten seine Vorstellungen ganz mit denen von Samuel Insull überein.

In den Jahren 1920 und 1921 bemühten sich Lenin und Krzhizhanovsky darum, die Führung der Kommunistischen Partei davon zu überzeugen, daß es angesichts der Unmöglichkeit, sofort eine landesweite, staatliche Planwirtschaft einzuführen, die beste Alternative sei, einen Plan für die Elektrifizierung auszuarbeiten, vor allem für ein landesweites Starkstromnetz. Damit werde die Voraussetzung oder Struktur für die später zu verwirklichende Planwirtschaft geschaffen. Im Februar 1920 genehmigte die sowjetische Führung die Einsetzung einer staatlichen Kommission für die Elektrifizierung Rußlands (GOELRO), die für die Beschaffung umfangreicher Informationen, die Planung, die Organisation und die Verwaltung dieses Vorhabens verantwortlich sein sollte. Auf dem achten Parteikongreß der KPdSU, der als historisches Ereignis auf einem heroischen Gemälde festgehalten wurde, verkündete Lenin im Moskauer Bolschoitheater den Elektrifizierungsplan und erklärte, die Elektrifizierung und die damit ermöglichte moderne Massenproduktion würden den endgültigen Sieg des Kommunismus über den Kapitalismus bringen. Er sagte voraus, «wenn Rußland von einem dichten Netz elektrischer Kraftwerke überzogen ist . . . wird unsere kommunistische Wirtschaftsentwicklung

Elektrifizierung Rußlands, 1930.

zum Modell für ein künftiges sozialistisches Europa und Asien werden». Da er es für notwendig hielt, die Zustimmung der Massen zu gewinnen, wie er es mit seinen Reden und entschlossenem Handeln während der Novemberrevolution von 1917 getan hatte, rief er zu umfassenden Propagandaaktionen auf und verlangte, daß «wir jedes elektrische Kraftwerk zu einer Hochburg der Aufklärung ausbauen, mit dem die Massen elektrizitätsbewußt gemacht werden müssen».[23]

In dem industriell rückständigen Rußland ging die Elektrifizierung während der Jahre der neuen ökonomischen Politik von 1921 bis 1928 weiter. Das Gelingen des Ausbaus eines elektrischen Kraftstromnetzes als Teil der staatlichen Kommandostruktur war abhängig von einem umfangreichen Technologietransfer. Bisher war es in der Geschichte Rußlands nur einmal geschehen, daß technische Fachleute und Technologien aus dem Westen in so großer Zahl ins Land gekommen waren und dabei deutlich spürbare Befürchtungen in der Bevölkerung geweckt hatten. Das war Ende des 17. und Anfang des 18. Jahrhunderts geschehen, als Peter der Große den dramatischen Versuch unternommen hatte, Rußland der westlichen Kultur und Zivilisation zu öffnen. Im 20. Jahrhundert griff die Sowjetregierung in beachtlichem Umfang zu der erprobten Methode des Technologietransfers, und dazu gehörten die Übersetzung technischer und wissenschaftlicher Bücher, die Anstellung ausländischer Manager, Techniker und Facharbeiter und der Erwerb von Maschinen und Produktionsverfahren. Aber die Sowjets beschritten insofern neue Wege, als sie sich auf den Import von ganzen Produktionssystemen konzentrierten, die sie an die Stromnetze der regionalen Wasserkraftwerke anschlossen. Beobachter, die dieses Verfahren als größenwahnsinnig bezeichneten, begriffen nicht, daß Lenin davon überzeugt war, um modern zu sein, müßten die Dinge in großem Maßstab verwirklicht werden, und wenn das geschehe, dann würden damit die materiellen Voraussetzungen für den Übergang vom Kapitalismus zum Kommunismus geschaffen. Albert Kahn, der amerikanische Industriearchitekt, der die Pläne für die Fabriken von Ford in Highland Park und River Rouge entworfen hatte, meinte dazu:

«Es ist in der Tat schwer, die russische Psychologie zu verstehen, die die Errichtung so gewaltiger Anlagen verlangt. Wir in unserem Land würden mit einem Entwurf in kleinerem Maßstab beginnen, der so angelegt wäre, daß eine Erweiterung jederzeit möglich ist ... In Rußland ist das nicht so ... wo man sagt, ‹wir haben keine Zeit, laufen zu lernen; wir müssen fliegen›.»[24]

Doch als die Sowjets diese großen Kraftwerke bauten, glaubten sie, ihre Kapazität werde durchaus ausgenutzt, und die Belastungskurven würden günstig sein. Samuel Insull hätte sie vielleicht gewarnt und gesagt, das sei oft nicht der Fall, es sei denn, man habe vorher dafür gesorgt, daß die Nachfrage der zu erwartenden Kapazität entspreche.

An den Wasserfällen des Dnjepr, die früher von einer Festung der ukrainischen Kosaken beherrscht wurden, wurde nun ein riesiges sowjetisches Was-

Elektrifizierung Amerikas
nach einer Lithographie von Louis Lozowick, 1930.

serkraftwerk gebaut, das ehrgeizigste neue sowjetische Bauvorhaben.[25] Es wurde zum Ausstellungsstück der neuen sowjetischen Technologiepolitik und zu einem bedeutenden Abschnitt in der Geschichte des Technologietransfers. Der Leiter der Elektrifizierungsabteilung in der sowjetischen Planungsbehörde sagte: «Ganz Europa beobachtet diesen Bau ... Hier legen wir unsere Reifeprüfung im Fach Technologie ab, und wir müssen die bestmöglichen Bedingungen schaffen, um diese Prüfung bestehen zu können.»[26] Das Dnjepr-Projekt (Dnjeprostroy), das oft mit dem Muscle Shoals-Projekt verglichen worden ist, dem ersten Kraftwerk im Rahmen des Systems der Tennessee Valley Authority, wurde nach amerikanischem Vorbild errichtet. Die Sowjets ernannten den Amerikaner Hugh Cooper zum technischen Chefberater für das Dnjepr-Projekt. Der Projektleiter war der sowjetische Ingenieur I. Alexandrow. Amerikanische Firmen lieferten die Ausrüstung und die Ingenieure, die den Aufbau überwachten. International General Electric baute fünf der riesigen Generatoren, während die sowjetische Fabrik Elektrosila in Leningrad die anderen vier unter amerikanischer Aufsicht baute. Die Newport News Shipbuilding and Drydock Company stellte die neun 85 000-PS-Turbinen her, die größten der Welt. Deutsche und schwedische Firmen übernahmen die Verantwortung für andere große Bauteile am Damm und in den Kraftwerken, aber etwa 70 Prozent der gesamten Ausrüstung des Wasserkraftwerks kamen aus Amerika. Dampflöffelbagger, Hebewerke, Lokomotiven, Gesteinsbohrer und Baustahl kamen aus den Vereinigten Staaten. «Einen solchen Wald von Ausrüstung ... konnte man auf keiner anderen Baustelle in der Welt sehen.»[27] Als die amerikanische Photographin Margaret Bourke-White die Baustelle besuchte, stellte sie fest, daß die internationale Verständigung zwischen vier amerikanischen Technikern aus Virginia und den barfüßigen russischen Arbeitern, die die Turbinen installierten, sehr gut funktionierte.[28] Am 1. Mai 1932 weihten die Sowjets das Kraftwerk ein, gaben ihm den Namen «W. I. Lenin» und nahmen das größte Wasserkraftwerk der Welt in Betrieb. Bei diesem Bauvorhaben hatten sich ungezählte sowjetische Techniker und Facharbeiter mit der westlichen Technologie vertraut gemacht und konnte nun ihre Erfahrungen bei weiteren Projekten im ganzen Lande anwenden. Ganz ähnlich war der Eriekanal Anfang des 19. Jahrhunderts eine Ausbildungsstätte für amerikanische Spezialisten gewesen. Hugh Cooper glaubte, daß die Sowjetunion mit den Erfahrungen beim Bau von Dnjeprostroy und mit ihren riesigen Reserven an menschlicher Arbeitskraft und Rohstoffen sehr bald eine beherrschende Stellung in der Welt einnehmen könnte.[29]

In Übereinstimmung mit den Vorstellungen Lenins, daß technologische Projekte in der Sowjetunion im großen Maßstab errichtet werden müßten, plante man nun den Aufbau eines ganzen neuen Industriegebiets, das mit der billigen elektrischen Energie versorgt werden sollte, die von diesem Wasserkraftwerk erzeugt wurde, eines Systems, das sich mit dem in der Umgebung

Nikolaij Dormidontow, Dnjeprostroy, 1931.

der Niagarafälle entstandenen vergleichen ließ. Nach den Vorstellungen der Sowjets sollte das Wasserkraftwerk zum Mittelpunkt «eines geschlossenen Industriekomplexes werden, dessen einzelne Teile ökonomisch und technisch miteinander verbunden sind».[30] Sie planten die Errichtung einer Fabrik zur Gewinnung von Stickstoff aus der Luft, eines Zementwerks, einer Aluminiumfabrik und eines Stahlwerks, die durch Starkstromleitungen und ein elektrifiziertes Schienennetz miteinander verbunden sein sollten. Mit dem Bau eines Kanalnetzes um die Wasserfälle und den Damm, das den Schiffahrtsweg über den Dnjepr von Nordrußland bis zum Schwarzen Meer freimachen sollte, erfüllte sich im übrigen ein Traum von Katharina der Großen. Außerdem sollten Hochspannungsleitungen von diesem Damm über mehr als 300 Kilometer bis in das Industriegebiet im Donbecken gebaut werden.[31] Darüber hinaus planten die Sowjets den Bau moderner Unterkünfte und einer neuen Stadt für 150 000 Arbeiter im Herzen des elektroindustriellen Komplexes. Die Planer rechneten mit einem Bevölkerungszuwachs in diesem Industriegebiet von einer bis zu acht Millionen. Bei der Einweihung des Wasserkraftwerks im Jahr 1932 verlieh die sowjetische Regierung Cooper den Orden vom Roten Stern, die höchste Auszeichnung, die sie zu vergeben hatte. Er war der erste Ausländer, dem diese Ehre zuteil wurde.[32] 1865 in Sheldon,

Minnesota, geboren, hatte Cooper in der ganzen Welt Kraftwerke gebaut. Seine Lehrjahre verbrachte er bei der Chicago, Milwaukee, and Saint Paul Railroad. Mit den akademischen Graden, die er besaß, war er ehrenhalber ausgezeichnet worden. Nachdem er zum Chefingenieur bei den Chicago Bridge and Iron Works aufgestiegen war, wechselte er 1890 in das damals sehr aussichtsreiche Gebiet der Wasserkraftwerke über und gründete 1901 seine eigene Beraterfirma, Hugh L. Cooper & Co. Während der folgenden Jahrzehnte entwarf und baute er Wasserkraftwerke mit einer Kapazität von mehr als zwei Millionen PS, darunter den 1600 Meter langen Ceokuk-Damm und das dazugehörige Kraftwerk am Mississippi und das regierungseigene Kraftwerk von Muscle Shoals, Tennessee. Außerdem beteiligte er sich an der Planung für die Erhöhung des Assuan-Damms in Ägypten. Während der Laufzeit seines Vertrags mit der sowjetischen Regierung von 1927 bi: 1932 verbrachte er jedes Jahr zwei Monate an der Baustelle des Dnjepr-Kraftwerks. Ein führender sowjetischer Ingenieur erinnert sich, daß «der trockene und vorsichtige amerikanische Fachmann Cooper sagte, nachdem er das Dnjepr-Projekt kennengelernt habe, sei er zum Dichter geworden».[33] Er und seine amerikanischen Mitarbeiter lebten in einer *sloboda*, einer Ausländersiedlung mit bequemen Wohnungen, ausgezeichneter Verpflegung, einem Schwimmbecken und einem Golfplatz.

Bau des Damms von Dnjeprostroy.

Hugh Cooper und Joseph Stalin (links und Mitte).

Bevor sich die Sowjets entschlossen, Cooper mit der Leitung des Projekts
zu beauftragen, hatten sie daran gedacht, der deutschen Firma Siemens Bau-
union diesen Auftrag zu geben. Die deutsche Firma war wesentlich am Bau
des Damms beteiligt.[34] Ihre sorgfältige theoretische Vorbereitung und ein
Modell des Projekts aus Papiermaché beeindruckten die sowjetischen Fachleute, aber die Tatsache, daß Cooper für alle bei diesem Projekt benötigten
Schienen die russische Spurbreite benutzte und so einfache Verfahren anwen-
dete, die auch die unerfahrenen russischen Arbeiter verstanden, und daß er
viele praktische und leicht zu befolgende Empfehlungen machte, sicherten
ihm den Vertrag für den Posten des technischen Chefberaters. Als solcher
bekam er das höchste Gehalt, das die Sowjetunion jemals einem technischen
Fachmann gezahlt hat. Die Regierung importierte amerikanische Lebensmit-
tel für Cooper und seine Mitarbeiter und brachte sie in Ziegel-Bungalows
unter, «die auch einer amerikanischen Gartenstadt zur Zierde gereicht hätten».[35]

Cooper sagte, er akzeptiere keine «Ismen», sondern hielte sich an die bewährte amerikanische Tradition des gesunden Menschenverstandes, er habe
jedoch festgestellt, daß alle sowjetischen Führer, mit denen er lange Gespräche über geschäftliche Dinge führte – und zu ihnen gehörte auch Josef Sta-

*Cooper (links) und Maxim Litwinow,
Kommissar für auswärtige Angelegenheiten.*

lin –, Männer mit großen intellektuellen Fähigkeiten seien. Er glaubte, sie
hielten es für ihre Aufgabe, den Lebensstandard der Bevölkerung durch eine
moderne Technologie zu verbessern. Stalin fand er «freundlich, aber fest
davon überzeugt, daß ihre wirtschaftlichen Pläne richtig sind».[36] Ihm gefiel
die Korrektheit der Russen in geschäftlichen Dingen, und er war beeindruckt
von der Tatsache, daß es keine Korruption gab. Cooper mochte auch die
russischen Arbeiter und hatte den Eindruck, daß sie mit großem Eifer an dem
gewaltigen Projekt mitarbeiteten. Der Versuch, diesen Arbeitern, die in vielen
Fällen Bauern waren, den Umgang mit den oft komplizierten technischen
Geräten beizubringen, war zwar frustrierend, aber da sie ebenso wie er entschlossen waren, die Sache zum erfolgreichen Abschluß zu bringen, gelang es
schließlich doch. Das Ansehen, das die sowjetischen Techniker und Manager
bei den Arbeitern genossen, und die Tatsache, daß die Arbeitskräfte durch
Akkordlohn zu besseren Leistungen angeregt wurden, beeindruckten Cooper.
In den Vereinigten Staaten förderte er die sowjetisch-amerikanischen Beziehungen, bevor sein Land die Sowjetunion offiziell diplomatisch anerkannte.
Er übernahm die Leitung der amerikanisch-sowjetischen Handelskammer,
deren Direktoren aus führenden amerikanischen Firmen kamen, die an einem

Handel mit der Sowjetunion interessiert waren. 1932 waren es unter anderen International General Electric, die Westinghouse Electric International Company, Thomas A. Edison, Inc., die General Motors Corporation, W. Averill Harriman & Co., die Chase National Bank und die American Locomotive Company.[37]

Als die Sowjets 1928 den ersten Fünfjahresplan auflegten, wurde Henry Ford mit seinem Produktionsverfahren für die Sowjets zu einem noch größeren Helden als Taylor. Es entstand ein emotionaler Kult um die Methoden und sogar um die Person von Ford. 1925 erlebte seine 1922 verfaßte Autobiograpie, *My Life and Work*, vier Auflagen in der Sowjetunion. Das Buch fand ein Interesse wie sonst nur die Werke Lenins. Ein amerikanischer Beobachter berichtete, daß die Manager Ford mit der gleichen Begeisterung lasen, wie andere die Schriften Lenins studierten, und daß es sogar Dörfer gab, die den Namen des Fordson-Traktors annahmen. Bauern, die noch nie den Namen Stalins gehört hatten, sprachen von dem Mann, der das «eiserne Pferd» gebaut hatte.[38] Walter Duranty schrieb 1928, «Ford bedeutet Amerika und alles, was Amerika geleistet hat, um zum Vorbild und Ideal für dieses große und rückständige Land zu werden... Die billige Massenproduktion ist ein in der Sowjetunion angestrebtes Ziel und vom praktischen Standpunkt aus gesehen wertvoller als die Weltrevolution...»[39] Für die Sowjets war eine große, nach dem Vorbild der Fordwerke errichtete Fabrik in Rußland ebenso wie das

Fordson-Traktoren werden ausgeladen, Noworossisk, 1923.

Fordson-Traktoren verlassen den Hafen, 1923.

große Wasserkraftwerk am Dnjepr ein Symbol der modernen sowjetischen Technologie. Wie in der Weimarer Republik wurde Fords Gesellschaftsphilosophie von der Massenproduktion und dem Massenkonsum in der Sowjetunion mit der gleichen Begeisterung aufgenommen und bewundert wie die technische Ausrüstung seiner Fabriken in Highland Park und am River Rouge. Mit dem Namen Ford verband sich die Vorstellung von großen Fabriken, in denen große Mengen von Verbrauchsgütern für die einst unterdrückten und im Elend lebenden Arbeiter und Bauern hergestellt wurden, die nun Bürger einer kommunistischen Gesellschaft waren, an deren Ideale sie glaubten. 1919 bat eine sowjetische Delegation darum, mit Ford sprechen zu dürfen. Die Delegierten begründeten diesen Wunsch unter anderem damit, daß sie sagten, «wir glauben, wir können Ihnen begreiflich machen, daß Sowjetrußland Methoden zur Steigerung der industriellen Leistungsfähigkeit einführt, die sich mit allgemein menschlichen Interessen vereinbaren lassen».[40] Fords Rolle als sowjetischer Held und Inbegriff des technologischen Fortschritts muß zumindest eine gewisse Identitätskrise verursacht haben, denn in *My Life and Work* schreibt er: «Die Natur widerspricht der ganzen Sowjetrepublik. Denn sie hat versucht, die Natur zu verleugnen. Sie macht vor allem den Menschen das Recht auf die Früchte ihrer Arbeit streitig... Tatsache ist, daß das arme Rußland arbeitet, aber seine Arbeit zählt nichts. Es ist keine freie Arbeit.»[41] Er fügt hinzu: «Die gleichen Kräfte, die den Verstand, die Erfahrung und die Tüchtigkeit aus Rußland vertrieben haben, sind eifrig damit beschäftigt, hier Vorurteile zu erzeugen. Wir dürfen es nicht zulassen, daß der Fremde, der Zerstörer, der die Menschlichkeit haßt, unser Volk spaltet.»[42]

Fords Ansichten über das Sowjetregime sind nicht so tief in das Bewußtsein der sowjetischen Bevölkerung eingedrungen wie der Anfang der 1920er Jahre in die Sowjetunion importierte Fordson-Traktor. Bis 1926 hatten die Sowjets 24 600 Fordsons bestellt, und 10 000 waren ausgeliefert worden. 1927 verkündete die Ford Company stolz, daß 85 Prozent der Lastwagen und Traktoren in Rußland von Ford gebaut worden seien.[43] 1924 waren in den weiten ländlichen Gebieten Rußlands etwa 1000 Traktoren in Betrieb, aber bis 1934 war ihre Zahl auf 200 000 angestiegen. Die meisten von ihnen kamen aus amerikanischen Fabriken - von Ford, von International Harvester und anderen. Einige davon waren in sowjetischen Fabriken nachgebaute amerikanische Modelle.[44] Amerikanische Fachleute waren in die Sowjetunion gekommen, um die russischen Bauern im Umgang mit den Traktoren zu unterweisen und ihnen bei der Entwicklung eines ertragreichen Ackerbaus zu helfen. Trotzki sagte, «das am häufigsten von unseren fortschrittlichen Bauern benutzte Wort ist Fordson». Die Bauern veranstalteten in ihren Dörfern besondere Feiertage und Feste zu Ehren der Fordson-Traktoren.[45] Diese Traktoren waren zwar ausgezeichnete Symbole für den Fortschritt in der Landwirtschaft, bewährten sich aber bei der praktischen Arbeit weniger gut. Die Russen stellten fest, daß sie oft zu leicht waren, um den schweren russischen Boden tief genug zu pflügen.[46] Die leichten Fordsons waren zwar verhältnismäßig billig in der Anschaffung und im Kraftstoffverbrauch, es kam aber häufig zu Pannen, die in den Vereinigten Staaten ohne weiteres hätten behoben werden können, wo der Kundendienst ein Teil des Ford-Systems war. In der Sowjetunion war es anders.[47] Schon Anfang der 1920er Jahre zeigte es sich, daß sich die Fordsons technisch nicht für den Einsatz in Russland eigneten, denn ihre Motoren wurden mit Benzin angetrieben, einem Kraftstoff, der in der Sowjetunion sehr knapp war. Die Russen brauchten mit Rohbenzin angetriebene Motoren. Nach 1928 importierten die Sowjets größere und stärkere Traktoren anderer amerikanischer Hersteller wie International Harvester, John Deere, Case und Allis-Chalmers. 1931, als Rußland die meisten ausländischen Traktoren importierte, kamen 99 Prozent von ihnen aus den Vereinigten Staaten. Später gingen diese Importe stark zurück, denn die Sowjets stellten nun immer mehr Traktoren in eigenen Fabriken her, die in den meisten Fällen nach amerikanischem Vorbild gebaut worden waren.

In Stalingrad bauten sie eine riesige von Albert Kahn entworfene Traktorenfabrik. Beaufsichtigt wurde dieser Bau von John K. Calder aus Detroit.[48] Die technischen Berater und das Modell des Traktors, der hier hergestellt werden sollte, kamen von der International Harvester Company. Am Aufbau

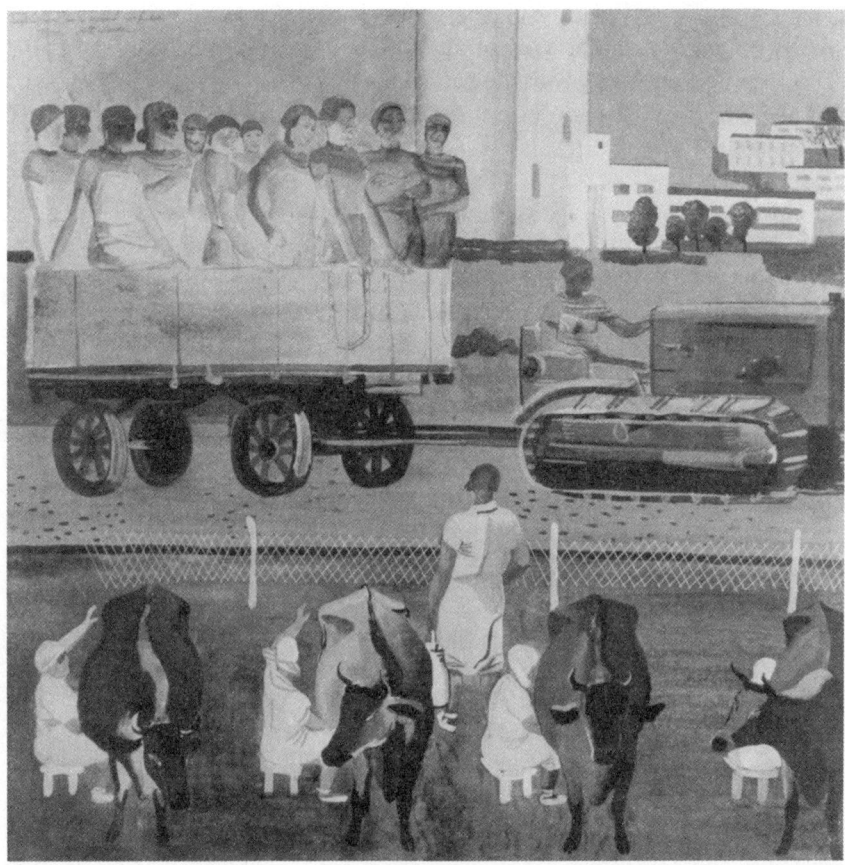

Alexander Dejneka, *Frauenbrigade*, 1931.

des Werks in Stalingrad waren etwa 380 amerikanische Techniker und Vorarbeiter beteiligt. Die Vorarbeiter blieben so lange in Rußland, bis die Russen das Werk selbst betreiben konnten. 1930 begann man mit dem Bau von Traktoren, aber schon bald war das Werk in Stalingrad für die schlechte Qualität der Traktoren, die schleppende Auslieferung und den unsachgemäßen Umgang der Arbeiter mit den Maschinen bekannt, denn viele von ihnen hatten noch niemals elektrisches Licht gesehen oder an Maschinen gearbeitet.[49] John Calder beaufsichtigte auch den Bau eines Traktorenwerks in Tscheljabinsk, dessen Montagehalle, wie die Sowjets behaupteten, das größte Gebäude der Welt war. Zuversichtlich sagten sie voraus, daß hier jährlich 50 000 «Stalinez»-Traktoren gebaut werden würden. 1933 begann die Produktion einer Kopie eines Caterpillar-Raupenschleppers. («Wie üblich zahlten die Russen dem amerikanischen Patentinhaber keine Lizenzgebühren.»[50]) Die

Russen hatten verlangt, das Werk in Tscheljabinsk so anzulegen, daß es rasch auf die Produktion von Panzern umgestellt werden konnte. Leon A. Swajian, der den Bau des Fordwerkes von River Rouge geleitet hatte, übernahm auch die Aufsicht bei der Erweiterung einer kleinen Traktorenfabrik der Russen, der Putilow-Werke in Leningrad, und den Bau einer weiteren Fabrik in Char-kow, wo die Kopie eines Modells der amerikanischen Firma International Harvester hergestellt werden sollte.

Die Enttäuschungen, die die amerikanischen Manager, Techniker und Vor-arbeiter im Umgang mit sowjetischen Funktionären und Arbeitern bei dem Versuch erlebten, die Produktion in den Traktorenwerken in Gang zu bringen, waren kaum größer als die der Amerikaner, die sich darum bemühten, die Bauern an den Umgang mit Maschinen zu gewöhnen. Der Amerikaner Ha-rold M. Ware, seine Frau und acht amerikanische Farmer reisten 1922 mit einigen Traktoren nach Rußland, um den Bauern das Arbeiten mit diesen Geräten beizubringen. Die Sowjetregierung schickte sie auf eine 3 500 Hektar große Kolchose, wo sie die Traktoren vorführen sollten. Trotzki begrüßte die amerikanischen Farmer und stellte zu seiner Freude fest, daß die hochgewach-senen, kräftigen Burschen fast alle Amerikaner der ersten Generation skandi-navischer Abstammung waren. Er sagte: «Sie machen also in einer Genera-tion aus skandinavischen Bauern amerikanische Farmer und amerikanische Traktoristen. Nun, das können wir auch mit unseren russischen Bauern ma-chen.»[51] Es zeigte sich, daß dies in der Sowjetunion eine zeitraubende und schwierige Aufgabe war.

1924 brachte Ware weitere amerikanische Farmer nach Rußland. Schon 1922 war Joseph Rosen im Auftrag des Jewish Joint Distribution Service mit einigen jungen amerikanischen Farmern und einer Anzahl von Traktoren nach Rußland gekommen. Ware und Rosen trugen wesentlich dazu bei, die Arbeit mit Traktoren in der Landwirtschaft der Sowjetunion einzuführen, und ihr Beitrag zur Mechanisierung der Landwirtschaft fand die volle Aner-kennung der sowjetischen Führung. Andere Amerikaner folgten ihnen, aber es gab auch zahllose Berichte über schlimme Rückschläge. Die meisten nach 1930 in der Sowjetunion gebauten Traktoren hatten undichte Kühler, unsau-ber gegossene Zylinderköpfe, lockere Radlager und schadhafte Ventilfedern. Ein nach Amerika zurückgekehrter Berater schrieb: «Ich kann gar nicht sa-gen, wie die Russen ihre Maschinen mißhandeln ... Traktoren, die dafür gebaut sind, zehn Jahre harte Arbeit zu leisten, halten dort nur drei Bestel-lungs- und Erntezeiten aus ... Ihm (dem russischen Arbeiter) ist es gleich-gültig, ob der Traktor läuft oder nicht. Wenn er versagt, hat der Arbeiter mehr Zeit zum Schlafen, und der Schlaf ist das einzige, was er wirklich liebt.»[52] Ein anderer Beobachter berichtete, daß ganze Flotten von unbrauch-bar gewordenen Traktoren über die Landschaft verteilt seien. Es gab kaum Ersatzteile, und die Reparaturarbeit war schlecht. Die verzweifelten Anstren-gungen, das landwirtschaftliche Produktionssoll zu erfüllen, führten dazu, daß die Maschinen zu stark belastet wurden. Der Leiter einer sowjetischen Kolchose empfing die seinem Betrieb zugeteilten Amerikaner mit einem Revolver auf dem Schreibtisch, als er ihnen ihre Pflichten erklärte. Eine fünfköpfige Delegation der Fordwerke unternahm 1926 eine Rundreise durch Rußland über 9600 Kilometer und stellte dabei fest, daß die Russen ganz versessen auf Übersichtskarten, Diagramme und farbige Zahlentabellen waren, die jedoch nichts zu bedeuten hatten. So zeigte man den Amerikanern eine Karte, auf der eine große Zahl von Reparaturwerkstätten für Traktoren in der Ukraine eingezeichnet war, doch diese konnten keine einzige dieser Werkstätten an den angegebenen Orten finden. Die Delegation fand moderne Werkzeugmaschinen vor, die in der richtigen Reihenfolge aufgestellt waren, aber die Fabriken waren schmutzig, die Beaufsichtigung der Arbeit schlecht und die Arbeiter faul. In ihrem vertraulichen Bericht an die Fordwerke brachten sie ihr Entsetzen darüber zum Ausdruck, daß politische Überlegungen den Vorrang gegenüber technischen hatten.[53] Andererseits berichteten sie von Bauern, die zunächst skeptisch gegenüber der Einführung von landwirtschaftlichen Maschinen gewesen waren und gezögert hatten, sie zu benutzen, aber schließlich von ihrem Wert überzeugt werden konnten und mehr Traktoren anforderten. So hat man den Eindruck, daß trotz aller Fehlschläge und Enttäuschungen die amerikanischen Fachleute und die hauptsächlich in Amerika oder nach amerikanischem Vorbild gebauten Traktoren die Kollektivierung der Landwirtschaft in der Sowjetunion bis zum Zweiten Weltkrieg wesentlich erleichtert hatten.[54]

Die Russen interessierten sich nicht nur für Traktoren, sondern auch für die berühmten Fordautomobile und Lastwagen. Dem Grundsatz der sowjetischen Handelspolitik folgend, keine Fertigprodukte, sondern nur die Produktionsmittel aus der kapitalistischen Welt zu importieren, besuchte eine Delegation bestehend aus Vertretern der Amtorg, der sowjetisch-amerikanischen Handelsgesellschaft und des Moskauer Automobiltrusts 1928 Detroit, ein Jahr nachdem Ford das Modell T hatte auslaufen lassen und dazu übergegangen war, das Modell A zu bauen. Die Fordwerke interessierten sich für Verhandlungen mit den Sowjets, nachdem die Umsätze für das Modell T in der ganzen Welt zurückgegangen waren und die Zahl der von den Sowjets in Auftrag gegebenen Fordsontraktoren deutlich abgenommen hatte.[55] Die sowjetische Delegation schlug der Ford Company vor, eine Automobilfabrik in Rußland zu bauen. Im Mai 1929, ein Jahr nach Inkrafttreten des ersten Fünfjahresplans, unterzeichnete die Ford Motor Company einen Vertrag mit dem Obersten Wirtschaftsrat der Sowjetunion. Darin verpflichtete sich Ford, genaue Pläne für den Bau der Automobilfabrik zur Verfügung zu stellen und die für die Produktion und Montage von jährlich 100 000 Automobilen des Modells A und von Lastwagen des Modells AA Ausrüstungen zu liefern und aufzustellen. Die technische Beratungsfirma Austin Company of Cleveland, Ohio, sollte den Bau der Produktions- und Montagefabriken und die Errichtung der Unterkünfte für die Arbeiter in Form einer Modellstadt bei Nischni Nowgorod (das 1932 in Gorki umbenannt wurde) überwachen. Albert Kahn leitete den Bau eines kleineren Montagewerks in Moskau. In den Montagewerken sollten importierte Automobilteile zusammengebaut werden, bis die Sowjets selbst die Herstellung dieser Teile übernehmen konnten. Der Austausch von einigen hundert russischen und amerikanischen Technikern und Vorarbeitern der Fordwerke erleichterte die Inbetriebnahme der neuen russischen Fordfabriken. Die Sowjets verpflichteten sich zur Abnahme der Teile von 72 000 Automobilen des Modells A und Lastwagen des Modells AA, dazu jede benötigte Menge von weiteren Teilen während der ersten vier Jahre nach Inbetriebnahme der Montagewerke. Während dieser Zeit sollte die Produktion im sowjetischen Werk gesteigert werden, und wenn die Sowjets jährlich die für 100 000 Einheiten benötigten Teile produzierten, sollte der Import von Originalersatzteilen der Fordwerke eingestellt werden.[56]

Fords Meinung über die Sowjets hatte sich geändert und entsprach nicht mehr dem, was er in seinem Buch *My Life and Work* geschrieben hatte. Er soll sogar gesagt haben: «Rußland beginnt jetzt mit dem Aufbau. Ich bin schon lange davon überzeugt, daß wir niemals eine ausgewogene Weltwirtschaftsordnung werden aufbauen können, bevor jedes Volk nach Möglichkeit ohne fremde Hilfe auskommt ... (Nur törichte Gewinnsucht) kann zu der Vorstellung führen, daß die Welt auf die Dauer von uns abhängig sein wird ... nein, die Nationen werden das gleiche tun wie Rußland.»[57] Er war überzeugt, die Sowjets würden durch den mit seinem Unternehmen abgeschlossenen Vertrag in den Genuß der Erfahrungen eines halben Jahrhunderts kommen, und er gab sich mit der Vorstellung zufrieden, daß die Industrialisierung Wohlstand bedeute und daß Wohlstand den Weltfrieden bringen werde. Wer sich noch an das ehrgeizige Unternehmen Fords im Ersten Weltkrieg erinnerte, als er ein «Friedensschiff» nach Europa fahren ließ, um die kriegführenden Mächte zu veranlassen, die Waffen niederzulegen, konnte kaum an seiner Aufrichtigkeit zweifeln – und daran, daß er entschlossen war, Fordautomobile zu verkaufen.

Als das Montagewerk in Nischni Nowgorod im Februar 1930 die Arbeit aufnahm, veranstalteten die Stadtbewohner ein großes Fest und strömten scharenweise in die Fabrik, um sie zu besichtigen. Interessierte Intellektuelle baten um die Erlaubnis, eine Zeitlang am Förderband zu arbeiten, um persönlich an diesem bedeutenden Ereignis teilzunehmen. Auf einem Festbankett hoben die Russen den amerikanischen Bauleiter auf die Schultern und warfen ihn in die Höhe; dann taten sie das gleiche mit einem reichdekorierten russischen General. Den Ingenieur der Fordwerke, der die Inbetriebnahme der Fabrik überwacht hatte, luden die schlauen sowjetischen Beamten zu einem mehrmonatigen Luxusurlaub am Schwarzen Meer ein, um noch so lange über ihn verfügen zu können, bis sie überzeugt waren, daß die Betriebe in Nischni Nowgorod und Moskau auch ohne ihn laufen würden. Im Januar

Montageband für Ford-Automobile in Moskau, 1930; das erste Ford-Automobil
des Modells A, das in der Sowjetunion montiert wurde.

1932 nahm der Produktionsbetrieb die Arbeit auf. In Nischni Nowgorod an
der Wolga war eine Fabrik nach dem Vorbild von River Rouge entstanden; auf
den Straßen Moskaus konnte man nun das neue Modell A bewundern. Aus
den Geschäftsbüchern der Fordwerke läßt sich nicht entnehmen, ob der Vertrag mit der Sowjetunion Gewinne oder Verluste gebracht hat, denn die
Sowjets kauften nur halb so viele Fahrzeuge wie in dem Vertrag vorgesehen.
Aber da Ford in die amerikanischen Wagen jetzt V-8-Motoren einbauen ließ,
wurden Fertigungsanlagen im Wert von $3 Millionen nach Nischni Nowgorod
geliefert, die sonst verschrottet worden wären.[58]

Magnitogorsk

Die Männer, die es als ihre Aufgabe ansahen, die technologische Revolution
voranzutreiben, wagten sich auch an das Abenteuer, ein Stahlwerk nach dem
Vorbild eines solchen Betriebes in Gary, Indiana, zu errichten. Das Werk
entstand hinter dem Ural in Magnitogorsk, einem Dorf in der Kirgisensteppe

in Sibirien. In der Nähe des Dorfes gab es zwei kleine Berge mit einem reichen Magneteisenvorkommen. Die eisenerzhaltigen Berge lagen am Ostabhang des Ural in der Nähe des Uralflusses. Sie hatten den Aberglauben und das besondere Interesse der Bevölkerung geweckt, nachdem die ersten Forscher festgestellt hatten, daß Kompaßnadeln in der Nähe der Berge von der Nord-Südrichtung abwichen. Im 18. Jahrhundert begann die Ausbeutung der erstaunlich reichen Vorkommen an Magneteisen, aber die großen Entfernungen von der Gegend hinter dem Ural bis zu den Märkten im westlichen Rußland und die primitiven Transportmittel erlaubten nur eine geringe Ausbeute. Unmittelbar vor dem Ersten Weltkrieg finanzierten ausländische Unternehmen in Zusammenarbeit mit der zaristischen Regierung den Abbau des Eisenerzes in bescheidenem Ausmaß, und bis zum Beginn des ersten sowjetischen Fünfjahresplans wurden nur geringe Mengen gefördert. Die sowjetische Führung bahnte nun die Verwirklichung eines ehrgeizigen Projekts an, das die Errichtung eines integrierten regionalen Produktionssystems erforderte. Man wollte hier nichts Geringeres als die modernste und größte Anlage der Welt für die Erzeugung von Eisen schaffen. Die Pläne sahen Spezialvorrichtungen für die Magnetscheidung, für Aufbereitungsanlagen und Vorrichtungen für die Herstellung von Sinterstahl vor, dazu acht riesige 1500-Tonnen-Gebläseöfen, 28 (später 42) 150-Tonnen-Siemens-Martinöfen, drei 25-Tonnen-Bessemer-Konverter, 45 Koksöfen in Verbindung mit einer Chemiefabrik, welche die Nebenprodukte verarbeiten sollte, und drei Walzwerke.[59] Die Anlagen zur Erzeugung von Eisen und Stahl sollten Teil eines noch größeren regionalen Komplexes sein, zu dem Gold-, Platin-, Silber-, Kupfer-, Nickel-, Blei- und Aluminiumminen gehören sollten. Vorgesehen waren außerdem Maschinen- und Rüstungsfabriken in Swerdlowsk, eine Traktorenfabrik in Tscheljabinsk, Maschinenfabriken in Orsk, Ufa und Perm, Buntmetallwalzwerke bei Orsk, eine Waggonfabrik im nahe gelegenen Nischni Tagil, Ölfelder und Ölraffinerien in Ischembajewo und eine Eisenbahnverbindung zu dem 2300 Kilometer entfernt gelegenen Kohlenbecken bei Kusnezk in Sibirien. Weitere Kohlevorkommen, die für diese Großanlage ausgebeutet werden konnten, gab es im fernen Karaganda. Der Plan sah zudem die Errichtung sozialistischer Arbeitersiedlungen in dieser im übrigen öden und unfruchtbaren Gegend vor. Diese ganze grandiose, für eine weite Region geplante Schöpfung erhielt die Bezeichnung Ural-Kusnezk-Kombinat.[60] Hier wollten die Sowjets beweisen, daß sie in der Lage waren, von dem kapitalistischen Produktionssystem zu lernen und es dann an Leistung zu übertreffen.

Russische Bauern und sibirische Nomaden strömten scharenweise nach Magnitogorsk, wo sie mit höheren Löhnen und einem höheren Lebensstandard rechneten. Einige von ihnen waren von den neuen landwirtschaftlichen Kollektiven im westlichen Rußland geflohen. An den zahlreichen Baustellen versammelten sich auch sehr bald Ingenieure und Techniker aus dem Ausland und der Sowjetunion. Die Arthur G. McKee & Company aus Cleveland,

Ohio, war die größte an dem Projekt in Magnitogorsk beteiligte ausländische Firma. Die Freyn Engineering Company, eine weitere amerikanische Berater- und Baufirma, übernahm gemeinsam mit sowjetischen Ingenieuren die Verantwortung für Planung und Bau der Stahlwerke von Kusnezk, die zu dem gleichen System gehörten wie die Anlagen von Magnitogorsk. Von 1927 an beschäftigte Freyn 14 Ingenieure, die die Sowjets bei der Entwicklung der gesamten Metallindustrie berieten.[61] Ursprünglich hatte McKee den Entwurf und die Leitung beim Bau aller Eisen- und Stahlwerke in Magnitogorsk übernehmen sollen, aber weil die Firma nicht in der Lage war, den Sowjets alle notwendigen Kredite zu gewähren, wurden Nebenverträge mit anderen Firmen abgeschlossen. Der Auftrag für den Bau des Walzwerks ging an die deutsche Beraterfirma Demag & Klein. Den Bau der Koksfabrik übernahm die amerikanische Firma Koppers and Company. McKee war für die Hochöfen und die Bergwerke verantwortlich. Verschiedene sowjetische technische Organisationen leiteten den Bau der Siemens-Martinöfen und waren für das Transportsystem, das Wasserleitungsnetz und andere Einrichtungen verantwortlich.

John Scott hat uns einen Bericht über seine Erfahrungen als junger amerikanischer Arbeiter in der russischen Stahlmetropole hinterlassen. (Nach dem Zweiten Weltkrieg wurde er Chefredakteur des Nachrichtenmagazins *Time*.) Während der fünf Jahre, die er dort arbeitete, hat er viel Schweiß und Blut gesehen, war aber auch Zeuge «des Aufbaus einer großartigen Fabrikanlage».[62] Scott verließ 1931 die Universität von Wisconsin, machte eine Lehre als Schweißer bei General Electric und ging nach Abschluß dieser Lehre in die Sowjetunion. Die Wirtschaftsdepression in den Vereinigten Staaten hatte ihm manche Illusionen genommen, und der Zwanzigjährige fand keine Gelegenheit, seine Energie und jugendliche Begeisterung im eigenen Land einzusetzen. So beschloß er, «beim Aufbau einer Gesellschaft mitzuwirken, die der amerikanischen wenigstens einen Schritt voraus war».[63] Scott, der mit den Arbeitern zusammenlebte, die am Bau der Hochöfen beschäftigt waren, glaubte, ihre Lebensbedingungen seien besser als die der Menschen außerhalb der Industriegebiete. Dennoch erlebte er, wie viele Arbeiter an Kälte, Hunger und Erschöpfung litten oder daran starben, und mußte feststellen, daß die Arbeitsunfälle häufig durch die Unerfahrenheit von Arbeitern und Vorarbeitern verursacht wurden. In Magnitogorsk lebten auch Zehntausende politischer Gefangener, enteignete Kulaken und andere Personen, die unter der Aufsicht der Geheimpolizei standen. Scott glaubte nicht, daß sich ihr Leben stark von dem der freien Arbeiter unterschied, nur daß sie kaum die Möglichkeit hatten, sich als Facharbeiter ausbilden zu lassen. Mit «politischen» Taktiken sorgten besondere politische Kommissare, Vertreter der kommunistischen Partei aus Moskau, für die Erfüllung der Quoten und die Einhaltung von Lieferterminen. Scott hatte den Eindruck, daß es ihnen gelang, die Arbeitsleistung zu steigern, obwohl sie intrigierten und sinnlos angebliche politische Abweichler verfolgten. 1942 schrieb er, vielleicht angeregt von dem Kampf der Sowjetunion gegen Hitlerdeutschland, daß «Stalins unbeugsamer Wille und seine eiserne Energie für den Aufbau von Magnitogorsk und der Industriegebiete am Ural und in Westsibirien verantwortlich waren».[64] Er erinnerte sich aber auch an viele Verluste als Folge der Kälte, des Hungers, der Erschöpfung und von Arbeitsunfällen.[65]

Die leitenden Angestellten waren in den meisten Fällen Personen, die sich schon vorher politisch betätigt und eine technologische Spezialausbildung genossen hatten. Wegen ihrer besonderen Kenntnisse und Fähigkeiten arbeiteten hier aber auch Ingenieure aus der Zarenzeit und wurden, obwohl sie in den Augen des neuen Regimes verdächtig waren, einigermaßen gut behandelt, um sie bei Laune zu halten. Junge kommunistische Techniker, die erst kürzlich die Ausbildung an sowjetischen technischen Lehranstalten abgeschlossen hatten, gingen zwar mit großem Eifer an die ihnen gestellten Aufgaben heran, waren aber nicht besonders gut ausgebildet. Die Vorarbeiter hatten ihre bevorzugte Stellung der Tatsache zu verdanken, daß sie nach der anstrengenden Tagesarbeit noch Abendkurse besuchten. Die Abendschulen für Arbeiter auf den Baustellen boten politische und technische Lehrgänge, aber die Voraussetzung für die Teilnahme an den technischen Lehrgängen war eine gute Schulbildung. Für die Projektleiter war eine gute fachliche Ausbildung besonders wichtig. Der erfolgreiche Abschluß von Lehrgängen bedeutete den beruflichen Aufstieg und bessere Lebens- und Arbeitsbedingungen. Wer das Studium an einer sowjetischen technischen Hochschule erfolgreich abgeschlossen hatte, erwarb damit einen akademischen Grad, der sich mit dem eines Diplomingenieurs vergleichen läßt. Sein Gehalt betrug in Magnitogorsk das Sechs- bis Achtfache des Lohns eines ungelernten Arbeiters. Scott war jedoch nicht besonders beeindruckt von dem akademischen Niveau an den technischen Hochschulen. Einer seiner russischen Freunde konnte nach einer zweijährigen Ausbildung an einer Ingenieurschule kaum einen Tragbalken entwerfen. Die leitenden Angestellten in der Betriebsführung verdienten das Zwanzig- bis Dreißigfache dessen, was ein einfacher Arbeiter bekam. Amerikanische und andere ausländische Ingenieure lebten in eigenen Unterkünften und genossen den höchsten Lebensstandard.

Die sowjetischen Planer holten sich einen der bedeutendsten avantgardistischen europäischen Architekten, Ernst May, ins Land, um für die Arbeiter in Magnitogorsk eine moderne Stadt zu planen. In den 1920er Jahren hatte May in Frankfurt am Main moderne Siedlungen in der Fertigbauweise gebaut. Daß gerade May diesen Auftrag erhielt, zeigt, daß die sowjetische Führung entschlossen war, eine moderne Industrie aufzubauen und sich dabei der Formen und Symbole zu bedienen, die als Ausdruck eines modernen Lebens angesehen wurden. 1930 kamen er und seine Mitarbeiter zum ersten Mal an den Ort, an dem die von ihnen geplante sowjetische Stadt entstehen sollte. Auf der Eisenbahnfahrt nach Magnitogorsk wurden die ausländischen Gäste mit

Kaviar, Schokolade, Zigaretten und Wurst versorgt. Wenn der Zug auf einer Station hielt, boten Bäuerinnen frische Eier, Milch, Butter und Geflügel an. Scott berichtet, daß im Gegensatz dazu die Arbeiter in Magnitogorsk gewöhnlich nur von dünnen Wassersuppen und Schwarzbrot lebten. Während ihres viertägigen Aufenthalts an der Baustelle fuhren May und seine Leute Fordautos und waren in einer kleinen, sauberen Siedlung für amerikanische Fachleute untergebracht, wo sie hervorragend verpflegt wurden. May stellte fest, daß die Ingenieure und Manager der amerikanischen Beraterfirma ihre Aufgaben mit großem Eifer und klarem Blick für das Notwendige erfüllten.[66]

Nachdem die neue Siedlung fertiggestellt war, stellte sich heraus, daß sie im Grunde keine «vorbildliche sozialistische Stadt» war.[67] Sie bestand aus etwa 50 großen, mit Balkons versehenen drei-, vier- und fünfstöckigen Mehrfamilienhäusern, die in leuchtenden Farben angestrichen waren und so einen schönen Kontrast zur schneebedeckten Landschaft bildeten. Es gab offene Plätze, Springbrunnen, Gartenanlagen und Spielplätze. Doch schon 1937 waren die Häuser überbelegt. Durchschnittlich lebten vier oder fünf Menschen in einem Zimmer. Die Wohnungen waren an das Stromnetz angeschlossen, hatten Zentralheizung, fließendes Wasser und Badewannen. Die letzteren wurden allerdings gewöhnlich zum Lagern irgendwelcher Vorräte benutzt, weil die Russen Gemeinschaftsbäder bevorzugten.

Trotz aller Bemühungen der ausländischen Berater, die versuchten, die Russen an den Umgang mit modernen Geräten und Werkzeugen zu gewöhnen, trotz aller Bemühungen um Ausbildung und Schulung, trotz der Begeisterung der jungen sowjetischen Techniker und obwohl die Parteifunktionäre alles taten, um die Arbeiter zu besseren Leistungen anzuspornen, kam es in Magnitogorsk immer wieder zu Verzögerungen und Fehlschlägen bei dem Versuch, die kühnen Vorhaben im Rahmen eines Fünfjahresplans zu verwirklichen. Ungelernte Arbeitskräfte konnten nicht mit den importierten Maschinen umgehen, und unrealistische Zeitpläne führten dazu, daß die vorgesetzten Stellen unzutreffende Berichte über den Fortschritt der Arbeiten bekamen. R. W. Stuck, ein bei McKee angestellter amerikanischer Ingenieur, berichtete, daß die kommunistischen Parteifunktionäre die Inbetriebnahme des ersten Hochofens im Januar 1932 verlangten, obwohl er erst zu drei Vierteln fertig war. In dem Bericht hieß es auch, daß die Sowjets zuerst die hohen Schornsteine für diese Öfen bauen ließen, weil das nach außen hin so eindrucksvoll wirkte. Stuck, dem politische Erwägungen gleichgültig waren, hielt solche Überlegungen für absurd. Das Projekt wurde zudem durch das Fehlen ausreichender Transportmittel, zu hohe Verwaltungskosten, einen katastrophalen und unerwarteten Mangel an dringend benötigtem Material, unzureichende Planung, fehlerhafte Materialverteilung und Mängel in der Koordination belastet. Am Ende des ersten Fünfjahresplans waren die darin vorgesehenen Leistungen nicht erbracht worden. Der Betrieb war zu schlecht koordiniert, um Millionen Tonnen an Eisen und Stahl zu erzeugen. Das ganze

Margaret Bourke-White, *Maurer in Magnitogorsk.*

Projekt wurde umgestellt, und die Planerfüllung wurde bis zum Ende des zweiten Fünfjahresplans verschoben. 1937 wurde auch Magnitogorsk von der großen politischen Säuberung ergriffen. «Keine Gruppe, keine Organisation wurde verschont.» Die bei den Untersuchungen angewandten Methoden «waren nach den in den meisten zivilisierten Ländern geltenden Normen mit nichts zu rechtfertigen».[68] Tausende wurden verhaftet, monatelang eingesperrt und in die Verbannung geschickt.

In den Jahren 1934 und 1935 hatte sich der Schwerpunkt von der Herstellung der Produktionsmittel auf die Produktion selbst verlagert. 1936 und 1937 erfolgte die Ablösung der ausländischen Ingenieure und Spezialisten durch das russische Personal. Die ausländischen Ingenieure, die von der Sowjetunion bisher bevorzugt behandelt worden waren, beschuldigte man nun, Obstruktionstaktiken angewandt zu haben. Die jungen sowjetischen Ingenieure, die jetzt die Ausländer ablösten, waren erfahrener als zu Beginn und fingen an, jetzt das Ansehen und die Achtung zu genießen, deren sich bis dahin die ausländischen Spezialisten erfreut hatten. Auch die russischen Arbeiter begannen sich zu bewähren. Ein Blockwalzwerk, das 1934 wiederholt die Arbeit hatte einstellen müssen, weil es an Fachkräften, Kohle oder Elektrizität mangelte und weil die schlecht gewartete elektrische Anlage immer wieder versagte, verarbeitete 1935 den gesamten Stahl, den die Siemens-Martinöfen produzieren konnten. 1934 hatten die russischen Arbeiter das mit den besten verfügbaren Maschinen ausgerüstete Walzwerk noch nicht betreiben können, aber im Januar 1935 steigerte sich die Leistung des gleichen Walzwerks bis zur Grenze seiner Kapazität. Während dieser Periode des zunehmenden Erfolgs glaubte Scott, daß die Parteimitglieder unter den Arbeitern wesentlich zur Verbesserung der Arbeitsmoral und der Leistungen ihrer Kollegen beitrugen. Die Stachanow-Bewegung beeindruckte ihn jedoch nicht. Sie war nach einem Werkarbeiter so benannt worden, der mit seinen phantastischen Leistungen ein Vorbild für alle sowjetischen Arbeiter sein sollte. Scott war der Ansicht, daß die hohen Normen, die im Rahmen dieser Bewegung verlangt wurden, dazu führten, daß die Arbeiter Werkzeuge und Maschinen zu stark beanspruchten und daß die Wartung der Maschinen vernachlässigt wurde.

Obwohl sich die Lage gebessert hatte, glaubte Scott 1938, daß der Plan nur zu etwa 45 Prozent erfüllt worden sei.[69] Immerhin war er beeindruckt von dem Wunder, das sich in der Abgeschiedenheit dieser Wildnis ereignet hatte. Obwohl die Planziele nicht erreicht wurden, konnte die Sowjetunion stolz verkünden, Magnitogorsk erzeuge mehr Roheisen als alle Eisenhütten in der Tschechoslowakei, Italien oder Polen. Doch ein anderer Beobachter berichtete, auch bei voller Ausnutzung der Kapazität von Magnitogorsk könnten dort in absehbarer Zukunft nicht die Eisenbahnschienen hergestellt werden, die die Sowjetunion brauchte, um das in diesem riesigen Industriegebiet benötigte Schienennetz zu bauen.

Weimar und das amerikanische Modell

Die nach Krieg und Revolutionen am Boden liegende Sowjetunion suchte nach Möglichkeiten, eine neue Gesellschaft aufzubauen, und dabei richtete sich ihr Blick auf die Vereinigten Staaten. Auch die in einem entnervenden und demoralisierenden Krieg geschlagenen Deutschen sahen in der Neuen Welt ein Modell für die industrielle und technologische Entwicklung. Während der Jahre zwischen den Kriegen entdeckten die Deutschen Amerika zum zweiten Mal. In ungezählten Büchern und Aufsätzen lasen sie Berichte darüber, wie sich eine Wildnis in das produktivste Land der Welt verwandelt hatte. 1924 entwickelte der spätere amerikanische Vizepräsident Charles Dawes einen Plan, der es den Deutschen erleichtern sollte, die von ihnen im Friedensvertrag von Versailles geforderten Reparationen zu zahlen. Damit beschleunigte sich der wirtschaftliche Wiederaufbau in Deutschland, und amerikanische Firmen investierten hohe Summen in die deutsche Industrie. Der

Neid und die Bewunderung der Deutschen für die wirtschaftliche Macht und den technologischen Fortschritt in den Vereinigten Staaten nahmen sichtlich zu. Die Deutschen setzten große Hoffnungen auf das Land, aus dem die Dollars kamen, welche die neugegründete und noch instabile Weimarer Republik wirtschaftlich stützten. Dort fanden sie die mächtigste aller jungen Nationen, die 49 Prozent aller Fertigwaren der Welt produzierte. Julius Hirsch, Professor an der Universität Köln und späteres Mitglied des deutschen Wirtschaftsministeriums, schrieb in *Das amerikanische Wirtschaftswunder* (1926) von einem Wohlstand, der sich auf eine neue Form der industriellen Organisation gründete.[70] Die Deutschen waren in den 1920er Jahren von der Neuen Welt ebenso oder noch mehr fasziniert als die Amerikaner in den 1970er Jahren von Japan.

Während der kurzen Periode, in der sich die deutsche Wirtschaft nach dem Ersten Weltkrieg stabilisierte, war die technologische Zivilisation in Amerika für viele Befürworter der Weimarer Republik ein Vorbild. Sie bewunderten nicht nur die rationalisierten Produktionsmethoden in Amerika, sondern auch den hohen Lebensstandard und die demokratische Regierungsform in diesem Land. Viele glaubten, das Zusammenwirken von Technologie und Demokratie sei das Wesentliche der amerikanischen Zivilisation. Liberale Kräfte in Deutschland meinten, mit der Übernahme dieser Kombination ließe sich die noch auf unsicheren Füßen stehende Weimarer Republik stärken und am Leben erhalten. Revisionistische Sozialisten sahen in der im großen Maßstab zentralisierten amerikanischen Produktionstechnologie einen Schritt in Richtung auf die sozialistische Gesellschaft. Die Deutschen zur Weimarer Zeit glaubten, ein modernes Land entdeckt zu haben, in dem zwischen Arbeitern und Kapital Frieden herrschte. Es gebe dort stetig steigende Löhne, einen rasch zunehmenden Massenkonsum und einen allgemeinen Wohlstand, wie man ihn sich bisher nicht hätte träumen lassen. Viele glaubten, die Vereinigten Staaten seien die erste klassenlose Gesellschaft, in der jeder die gleiche Möglichkeit habe – und für viele traf das auch zu –, ein eigenes Haus und ein Auto zu besitzen und ein freier Mensch zu sein – vielleicht die wichtigste Errungenschaft. Die unabdingbare Voraussetzung dafür war, wie diese Deutschen meinten, das organisierte, zentralisierte und umfassende Produktionssystem. «Taylorismus» (wissenschaftliche Betriebsführung) und «Fordismus» (Massenproduktion) waren die Kennzeichen des «Amerikanismus». Viele Amerikaner hatten die falsche Vorstellung, daß alle Ausländer das Philadelphia der Kolonialzeit als die Wiege der Republik ansahen. In Wirklichkeit glaubten die Ausländer, die modernen Städte Pittsburgh und Detroit hätten das moderne Amerika geschaffen.

Schon vor 1914 waren die Doktrinen Taylors der Schlüssel zum Verständnis der erstaunlichen Produktivität und Wirtschaftskraft Amerikas gewesen. Wenn die Ausländer so dachten, unterschätzten sie die ungeheure Komplexität der technologischen Leistungen der Vereinigten Staaten, aber der Taylorismus wurde ebenso wie der Fordismus in den Jahren zwischen den Kriegen in Deutschland zu einem politischen Programm und einer Voraussetzung für gesellschaftlichen Wandel und wurde nicht nur als eine Methode zur Steigerung der Leistungsfähigkeit der Arbeitskräfte und der industriellen Produktivität angesehen. Die deutschen Verfechter des Taylorismus glaubten ebenso wie Taylor es später selbst getan hatte, daß sich seine Theorien auf einen Bereich innerhalb eines weiten Horizonts menschlicher Tätigkeiten anwenden ließen. Bei Ausbruch des Ersten Weltkriegs war der Taylorismus ein in weiten Kreisen oft gebrauchter Begriff, über den fast in jeder Zeitung berichtet wurde.[71] Taylors Bücher *Shop Management* (*Die Betriebsleitung insbesondere der Werkstätten*, dt. 1909) und *Principles of Scientific Management* (*Die Grundsätze wissenschaftlicher Betriebsführung*, dt. 1913) erschienen sehr bald nach ihrer Veröffentlichung in den Vereinigten Staaten auch in Deutschland. Der Journalist, Redakteur, Publizist und selbsternannte Jünger Taylors in Deutschland, Gustav Winter, konnte 1920 stolz verkünden, daß von seiner Broschüre über die Einführung des Taylorsystems in Deutschland 100 000 Exemplare verkauft worden seien.[72] 1920 sagte Winter voraus, der an die deutschen Verhältnisse angepaßte und richtig angewendete Taylorismus werde die «todkranke» deutsche Wirtschaft wieder auf die Füße stellen. Andere begeisterte Deutsche machten aus dem Taylorismus ebenso wie später aus dem Fordismus eine politische und gesellschaftliche Philosophie.[73] Die begeisterten Anhänger Taylors kamen aus allen Schichten der Wirtschaft und der Politik. Liberale Verfechter der neuen parlamentarischen Weimarer Republik, konservative Industrielle, Gewerkschaftsführer, revisionistische Sozialisten und sogar reaktionäre Intellektuelle stimmten den Lehrsätzen Taylors über die wissenschaftliche Betriebsführung zu, zumindest soweit sie den Interessen dieser Gruppen entsprachen.

Andererseits lehnten viele deutsche Arbeiter den Taylorismus ebenso ab wie die amerikanischen, wenn sie sahen, daß sich damit der Einfluß der Betriebsleitung auf die Gestaltung des Arbeitsplatzes und den Arbeitsablauf verstärkte, was zur Folge hatte, daß weniger Facharbeiter gebraucht wurden und deshalb die Arbeitslosigkeit zunahm. Die Verteidiger des Taylorismus behaupteten dagegen, die Deutschen könnten die Fehler vermeiden, die in Amerika gemacht worden seien.

Das gemeinsame Ziel derer, die sich für die Einführung bestimmter Elemente des Taylorismus aussprachen, war die Erhöhung der Leistung und der Produktivität. Die Menschen, die hinter der neuen Republik standen, glaubten, daß eine erhöhte Produktivität den Arbeitern einen höheren Lebensstandard bringen und sie damit veranlassen werde, der radikalen Linken und revolutionären Ideen eine Absage zu erteilen. Viele führende Industrielle wollten Leistung und Produktivität verstärken, um höhere Gewinne zu erzielen, und einige glaubten, daß die durch den Taylorismus ermöglichten Steigerungen der Gewinne und Löhne zu einer wesentlichen Verringerung der in

Deutsches Werbeplakat für das Taylorsystem aus den 20er Jahren.

Europa traditionellen Spannungen zwischen den Klassen und zwischen Arbeitnehmern und Management führen werde. Reaktionäre Intellektuelle glaubten, die überlieferte deutsche Kultur könne in der modernen Welt nur überleben, wenn sie durch die technologischen Kräfte gestützt würde, zu denen ihr der Taylorismus den Zugang verschaffte. Außerdem entsprach das Verlangen Taylors nach Planung und Ordnung der traditionellen deutschen und besonders der preußischen Haltung. Viele Deutsche sahen ihn als einen der Ihren an, weil er im Stadtteil Germantown von Philadelphia geboren war, was, wie sie glaubten, bedeutete, daß er deutscher Abstammung war.[74]

In den 1920er Jahren löste Ford Taylor als amerikanischen Messias ab, von dem die Weimarer Republik lernen konnte, wie man die Massenproduktion organisierte und dabei den sozialen Frieden wahrte. Das Erscheinen einer deutschen Übersetzung des Buches von Ford, *Mein Leben und Werk*,[75] bereitete die deutschen Leser auf eine ganze Flut von Büchern über den Fordismus vor. Fords Autobiographie wurde sehr bald zum Bestseller mit dem Verkauf von mehr als 200 000 Exemplaren. 1925 behauptete Paul Rieppel in einem Buch über die Methoden der Betriebsführung bei Ford, das bezeichnend für die Begeisterung war, die man in Deutschland für Ford empfand,[76] daß Henry Ford ein beispiellos und unvergleichlich kreatives Genie sei und zu den wichtigsten Förderern der Wohlfahrt seines Landes gehöre. Rieppel meinte ironisch, «das gute alte preußische Ideal des Dienstes am Volk, das im heutigen Deutschland praktisch verlorengegangen ist, erscheint plötzlich in Amerika, wo wir nur den krassesten Materialismus erwartet hätten».[77] Er glaubte, Geist und Praxis des Fordismus würden die in Deutschland bestehende Kluft zwischen Arbeitnehmern und Arbeitgebern überbrücken. Die Arbeiter würden wieder das handwerkliche Können und die hohe Arbeitsmoral zeigen, für die das alte Deutschland bekannt geworden sei. Rieppel hielt es offenbar für ein ganz besonderes Kompliment, wenn er Ford «den größten Preußen in Amerika» nannte und erklärte, er habe die Ideale des preußischen Sozialismus verwirklicht, wie sie von Oswald Spengler, dem Verfasser des ungeheuer einflußreichen Buches, *Der Untergang des Abendlandes* (1918–1922), definiert worden seien.[78]

1924 veröffentlichte Friedrich von Gottl-Ottlilienfeld, ein angesehener Professor für politische Wirtschaft an der Berliner Universität, das Buch *Fordismus: Über Industrie und technische Vernunft*.[79] Hier schilderte er in einer genauen Analyse den Inhalt des von Ford geschaffenen Systems: die Standardisierung des Produkts (des Modells T); die vertikale Integration der Fertigungsvorgänge von der Erzeugung des Rohmaterials bis zum Fließband; die Massenproduktion zur Senkung des Preises für das fertige Produkt; den ununterbrochenen Produktionsfluß vom Rohmaterial bis zum Ausstellungsraum des Händlers und vor allem die Organisation in Übereinstimmung mit den Grundsätzen der «Rationalisierung», eines Begriffs, der im Deutschen oft das Synonym für «Leistungsfähigkeit» ist.[80] Carl Friedrich von Siemens, ein Mitglied der Familie, die das gleichnamige Großunternehmen der Elektroindustrie gegründet hatte und immer noch leitete, eines der bedeutendsten deutschen Industrieunternehmen, schrieb das Vorwort für ein zweites Buch von Gottl-Ottlilienfeld mit dem Titel *Vom Sinn der Rationalisierung* (1929), in dem er die Methode Fords als Inbegriff der rationalen Systematisierung bezeichnete. Gottl-Ottlilienfeld, der später zum Nationalsozialisten wurde, behauptete, der Fordismus stelle eine höhere Stufe des Kapitalismus dar, welche die sozialistischen Elemente absorbiert habe und mehr auf das Allgemeinwohl als auf Gewinnstreben ausgerichtet sei. Weiter behauptete er, Ford sei kein Reaktionär, sondern ein fortschrittlicher Mann, der die Gefahr des roten Sozialismus erkannt und als Alternative einen weißen Sozialismus anbiete, erfüllt vom Geist der Kreativität und technischen Rationalität.[81]

Deutsche wie Gottl-Ottlilienfeld und Rieppel waren überzeugt, daß der Fordismus die unzufriedenen Arbeiter besänftigen werde, ohne daß es zu drastischen sozialen Veränderungen oder Revolutionen kommen müsse. Doch der Sozialist Jakob Walcher nahm einen ganz anderen Standpunkt ein als die meisten seiner Zeitgenossen und griff den Fordismus in seinem 1925 veröffentlichten Buch *Ford oder Marx* an.[82] Er hielt es für eine Illusion zu glauben, daß es in einem kapitalistischen System, wie es von Ford vertreten wurde, zu harmonischen Beziehungen zwischen Arbeitern und Arbeitgebern kommen könne. Er bestritt, daß es den Gegensatz zwischen einem ausbeuterischen Kapitalismus und dem sogenanten kreativen Kapitalismus von Ford gäbe, wie die Anhänger des Fordismus behaupteten. Er wies auf die autoritären Merkmale des Imperiums von Ford hin, besonders auf die strenge Überwachung des Privatlebens der Arbeiter und die ablehnende Haltung Fords gegenüber den Gewerkschaften und dem Streikrecht. Er sagte voraus, die Massenproduktion im Sinne von Ford werde zu einem Überangebot führen und den Markt erschöpfen, auch wenn der Preis für die Automobile ständig gesenkt würde, und das müsse zur Massenarbeitslosigkeit führen. Er glaubte, die Praktiken der amerikanischen Industriegiganten würden schließlich einen neuen imperialistischen Weltkrieg auslösen. Nach Auffassung von Walcher zeige die Entstehung des Fordismus, wie notwendig der Kommunismus sei.[83] Walcher wandte sich auch gegen Fords flagranten Antisemitismus. Doch zur Zeit der aufblühenden Weimarer Republik teilten nur verhältnismäßig wenige Deutsche die Ansicht Walchers, daß Ford der «falsche Messias»[84] sei. Auch sahen nur wenige voraus, daß die Nazis sich von der Philosophie Fords bestätigt fühlen und ihn als kreativen Unternehmer in ihr Walhalla aufnehmen würden.

Der sehr viel einflußreichere und bekanntere Gottl-Ottlilienfeld rühmte sich, den Begriff «Fordismus» geprägt zu haben, und warb für die nach seiner Ansicht heilsamen und fortschrittlichen Konzepte, die sich damit verbanden. Er und andere Deutsche verstanden unter «Fordismus» sehr viel mehr als das Produktionsprogramm von Ford. Für sie war der Fordismus eine in der Praxis bewährte Wirtschafts- und Gesellschaftsphilosophie, die in der Weimarer Republik verwirklicht werden müsse. Sie behaupteten, Ford habe bewiesen, daß höhere Löhne zu einer Steigerung des Konsums führten, ein verstärkter Konsum wiederum zu Produktionssteigerung und höheren Löhnen und so weiter in einer großen Spirale. Die Bewunderer Fords stimmten ihm zu, wenn er sagte, er sei als Unternehmer in erster Linie moralisch motiviert und wolle der Gesellschaft dienen. Der Gewinn stehe dabei nicht im Vordergrund. In seinem 1927 erschienenen Buch *Das große Heute und das noch größere Morgen* versicherte Ford seinen deutschen Lesern, daß sein Gesellschaftssystem mit den höheren Löhnen die Arbeiter veranlassen werde, sich vom Kommunismus und revolutionären Gedanken abzuwenden. Er versprach, seine Anhänger könnten «das Ödland der Industrie in einen blühenden Garten» verwandeln. In der Zeit, als sich die Weimarer Republik stabilisierte, wurden seine Bücher zu kanonisierten Schriften der Sozialphilosophie.[85]

Die deutschen Jünger des Fordismus, die das Arbeitsklima bei Ford ähnlich idealisierten, wie die Amerikaner heute die Beziehungen zwischen Arbeitnehmern und Arbeitgebern in Japan idealisieren, wollten den Frieden, die Harmonie, die Disziplin und die Moral, die in den Fordwerken herrschten, auf ihre gesamte Gesellschaft übertragen. Bei der Befürwortung des Fordismus verbündeten sich die Liberalen mit führenden Gewerkschaftlern gegen die Interessen des feudalen Großgrundbesitzes in Deutschland.[86] Gewerkschaftler und Reformsozialisten sahen im Fordismus die Möglichkeit für den friedlichen Übergang zum weißen Sozialismus. Sie waren auch beeindruckt davon, daß die sowjetischen Führer glaubten, die amerikanischen Produktionsmethoden könnten, wenn sie dem Sozialismus angepaßt würden, den Weg zu einer neuen Gesellschaft freimachen.[87] Der Fordismus fand aber nicht nur die Zustimmung der Liberalen und Linken, sondern auch von Teilen der politischen Rechten. Konservative mit antisemitischen Neigungen fanden bei Ford die Verwirklichung einer gesunden deutschen Kreativität und Produktivität. Die Juden waren für sie nur dort zu finden, wo seelenlose kommerzielle Transaktionen vorgenommen wurden.[88] Führende Nationalsozialisten zur Zeit der Entstehung dieser Bewegung, besonders der Ingenieur und Parteiideologe Gottfried Feder, lobten Ford als einen produktiven kapitalistischen Unternehmer. Sie verglichen seine positiven Tugenden mit den negativen Eigenschaften der kapitalistischen, «parasitären» jüdischen Finanziers, die nach ihrer Ansicht international, aber nicht deutsch orientiert seien. Ganz besonders empfahl sich Ford den Nationalsozialisten durch seinen Antisemitismus.[89]

Während sich der Einfluß des Taylorismus, des Fordismus, des amerikanischen Geldes und amerikanischer Industrieller und Finanziers in Deutschland verstärkte, reisten deutsche Ingenieure, Fabrikdirektoren, Journalisten und Akademiker immer häufiger in die Neue Welt, um diese neuen Entwicklungen am Ort ihres Ursprungs zu erleben. Sie kamen in die Vereinigten Staaten, um einen Blick in die eigene Zukunft zu werfen. Die Berichte, die sie mitbrachten, waren gewöhnlich von ihren Wunschbildern gefärbt.[90] Der deutsche Ingenieur Otto Moog schrieb über die Erfahrungen seiner Amerikareise ein Buch mit dem Titel *Drüben steht Amerika*.[91] Wie so viele andere Deutsche besuchte auch er Detroit und die Fordfabrik in Highland Park. Der Höhepunkt der Reise war für ihn diese Pilgerfahrt zum Heiligtum der Massenproduktion, verbunden mit einem Besuch beim «Automobilkönig» Ford.

Der dichte Straßenverkehr mit den etwa 400 000 Automobilen in Detroit, die kleinen, aber freistehenden Arbeiterhäuser mit winzigen grünen Rasenflächen und der allgegenwärtige Geist von Henry Ford beflügelten Moogs Phantasie. Über die Fabrik in Highland Park schrieb er: «Keine Symphonie, keine Eroika reicht in Tiefe, Inhalt und Kraft an die Musik heran, die auf uns einstürmte und hämmerte, als wir durch die Fabrikhallen von Ford wanderten, überwältigt von diesem kühnen Ausdruck des menschlichen Geistes.»[92] Die ratternden und funkensprühenden Werkzeugmaschinen, die großen Pressen, die wie Kanonenschüsse donnerten, wenn sie die Automobilteile prägten, und die beweglichen, auf- und absteigenden Fördergeräte hinterließen einen unauslöschlichen Eindruck. Anschließend besichtigte er die Eisengießerei und die Hochöfen von River Rouge, die «kolossalen» Räume, in denen unzählige Arbeiter so konzentriert mit ihren verschiedenen Aufgaben beschäftigt waren, daß man kein Wort mit ihnen wechseln konnte. Die Vorarbeiter warnten ihn davor, die Arbeiter zu stören, damit sie nicht einen für den Produktionsrhythmus notwendigen Handgriff ausließen. Als aufmerksamer und neugieriger Beobachter fragte Moog, was das für Kleidungsstücke seien, die in langen Reihen zwischen den Maschinen hingen, und erfuhr, daß es die Straßenzüge der Arbeiter waren, die sie nach der Arbeit anzogen, um sie auf der Heimfahrt in ihren Automobilen zu tragen. Garderoben und Waschräume wie in den deutschen Fabriken gab es hier nicht. Die spartanischen Arbeitsbedingungen bei Ford beeindruckten Moog nicht, aber betrachtete die hohen Löhne – und die Automobile, die den Arbeitern gehörten – als einen Ausgleich für diese Mängel. Er lernte einen Fordarbeiter kennen, der mit einem Stundenlohn von 85 Cents in 11 Jahren $25 000 gespart hatte. Er hatte dieses Geld zum Teil mit Spekulationen verdient, «was fast alle Amerikaner tun, besonders in einer sich rasch entwickelnden ... (Industriestadt) wie Detroit».[93] Ein Arbeiter hatte vor einiger Zeit seinen Ford gegen einen eleganten Nash für $1100 eingetauscht, der nun vor seinem Haus stand, das er für $2800 gebaut hatte. Moog fiel es auf, wie selbstbewußt und aufgeschlossen die amerikanischen Arbeiter waren, ganz anders als die mürrischen deutschen Arbeiter, die kaum wagten, einem in die Augen zu sehen. Die organisierten Besichtigungstouren und die Gespräche mit von der Betriebsführung ausgesuchten Arbeitern überzeugten ihn wahrscheinlich davon, daß die hohen Löhne die Fordarbeiter zufriedenstellten und daß sie stolz darauf waren, einen wenn auch nur geringen Anteil an der historischen Erneuerung des Produktionsprozesses zu haben.

Auch Franz Westermann, ein anderer deutscher Ingenieur, sah sich veranlaßt, diese Pilgerfahrt zu unternehmen und ein Buch über Amerika zu schreiben, wenngleich kaum eine Woche verging, ohne daß Zeitungen, Zeitschriften und Bücher oder Vorträge den Deutschen etwas Altes oder Neues über die Vereinigten Staaten erzählten.[94] Er glaubte, er sei dazu verpflichtet, das Verständnis seiner Landsleute für das «wunderbare» Wirtschaftsleben, das perfektionierte Fabrikationssystem und die überall spürbare Leistungsfähigkeit und Produktivität Amerikas zu wecken. Der nicht zu Untertreibungen neigende Westermann begann seine Reise mit großen Erwartungen. Amerika war für ihn das Land von «Onkel Tom und Winnetou», das nostalgische Gefühle in ihm weckte, ein Land der Wolkenkratzer und Automobile, die Heimat «von Taylor und Ford». Nachdem er Manhattan, die Brooklyn Bridge, die New Yorker Untergrundbahn und die Niagarafälle gesehen hatte, fühlte er sich unwiderstehlich nach Detroit hingezogen. Den stinkenden Schlachthäusern von Chicago stattete er nur einen ganz kurzen Besuch ab. Was er bis zu seinem Eintreffen in Detroit gesehen hatte, ließ sich noch einigermaßen verkraften, aber dann war er überwältigt. Das Bürogebäude von General Motors mit seinen Aufzügen für 24 Personen, die Karosseriefabrik der Fisher Company, der riesige Komplex der Fordwerke, die Tatsache, daß es hier ebenso viele Automobile wie Fußgänger gab, und sein Hotel mit 1000 Zimmern – das alles versetzte ihn in ehrfürchtiges Staunen. (Ein halbes Jahrhundert später fällt es den Amerikanern schwer, sich vorzustellen, wie jemand sich von der technologischen Welt Amerikas hatte bezaubern lassen können, oder sich Detroit ohne die Mordstatistik und ein verfallendes Stadtzentrum vorzustellen.) Wie ein moderner Dante erinnerte sich Westermann an das höllische Konzert der Massenfabrikation, das ihn erschrecken ließ, als er die Montagehallen des Fordwerks in Highland Park betrat. Aber dann ermutigten ihn die sorglosen, manchmal sogar lächelnden Gesichter der Arbeiter, weiterzugehen. Westermann schrieb, er sei wie viele seiner Landsleute immer tief von der Schönheit und Romantik der Natur beeindruckt gewesen. Er hatte das Mondlicht auf der Wasserfläche von Waldseen schimmern sehen; er hatte die gewaltige Kraft des endlosen Ozeans gespürt, als er während eines Sturms auf dem schwankenden Deck eines Dampfschiffs stand; und er war von dem Anblick schneebedeckter Alpengipfel und dunkler, geheimnisvoller Täler tief bewegt worden. Und doch, «die stärkste und eindrucksvollste Erfahrung meines Lebens hat mir der Besuch der Fordwerke vermittelt, wo die Hand des Menschen in kurzer Zeit einen gigantischen Produktionskomplex geschaffen hatte, der nicht nur durch seine Größe und seine technischen Merkmale einen gewaltigen Eindruck machte, sondern den Betrachter auch mit dem mächtigen Organisationsgeist seiner Schöpfer erfüllte.»[95] Wohin man sich auch wendete, überall stand man vor einer neuen Maschinenlandschaft. Dieses «Bacchanal der Arbeit» war für den Ingenieur ungeheuer anregend.

Nicht alle Deutschen der Weimarer Zeit teilten diese Begeisterung für die Vereinigten Staaten, den Taylorismus und den Fordismus. Eine ambivalente Haltung gegenüber der Technologie war für Weimar viel bezeichnender als für Amerika. Anders als die liberalen Weimarer verband sich für konservative und reaktionäre Deutsche mit den Vereinigten Staaten die Vorstellung von einer materialistischen Weltanschauung und formlosem, seelenlosem, chaotischem Liberalismus und Kapitalismus. Zugleich mußten sie widerwillig die großartigen Leistungen der amerikanischen Produktionstechnologie anerkennen und zugeben, daß sich die wirtschaftliche und politische Macht Amerikas darauf gründete. Deshalb glaubten sie, die Alte Welt könne und solle sich der amerikanischen Technologie bedienen, sie von ihrem seelenlosen, materialistischen Kapitalismus befreien und mit ästhetischen, philosophischen und geistigen Werten erfüllen, um so eine überlegene deutsche Kultur zu errichten – im Gegensatz zur modernen Zivilisation Amerikas. Menschen, die so dachten, hat man als «reaktionäre Modernisten» bezeichnet.[96] Anders als die meisten Amerikaner glaubten die reaktionären Modernisten in Deutschland, die moderne Technologie und der Kapitalismus ließen sich voneinander trennen. In seinem Buch *Der Untergang des Abendlandes* hat Oswald Spengler in allgemeinverständlicher Weise den Unterschied zwischen einer materialistischen und formlosen Zivilisation und einer klar strukturierten, organischen Kultur dargestellt.[97] Die reaktionären Modernisten sehnten sich nach einer deutschen Kultur, in der seelische Werte und die Kräfte der amerikanischen Technologie harmonisch zusammenwirkten. Viele andere Deutsche der politischen Rechten lehnten jedoch jeden Amerikanismus ab, und zwar die Technologie ebenso wie die Gesellschaftsform. Das Buch *Amerika und der Amerikanismus* (1927) von Adolf Halfeld wurde für sie Ausdruck des Widerstandes gegen alles Amerikanische. Die Kapitelüberschriften in dem Buch von Halfeld zeigten, welche Klischeevorstellungen und Vorurteile damals in Deutschland herrschten: «Der Staat als Geschäft», «Ketten des Geistes», «Die Allmacht der Idee des Erfolgs» und so weiter. Der amerikanische Materialismus, die Rationalisierung und Mechanisierung des Lebens stellten, wie viele glaubten, eine tödliche Bedrohung der deutschen Kultur dar, einer Kultur, für die sie glaubten, im Ersten Weltkrieg gekämpft zu haben.[98]

Nachdem die Nationalsozialisten 1933 an die Macht gekommen waren, nahmen ihre führenden Ideologen gegenüber der Technik eine ähnliche Haltung ein wie die reaktionären Modernisten. Der nationalsozialistische Architekt Fritz Todt, der 1942, nachdem er bei einem Flugzeugabsturz ums Leben gekommen war, von Albert Speer als Rüstungsminister abgelöst wurde, formulierte die für die Techniker maßgebende Ideologie. Dabei stützte er sich besonders auf die Ansichten von Adolf Hitler über Technik und Kultur, wie dieser sie in *Mein Kampf* zum Ausdruck gebracht hatte. Todt erläuterte die Reaktion der Nationalsozialisten auf den Weimarer und damit den amerikanischen Modernismus, den die Nazis als seelenlos und materialistisch in seiner Überbetonung der Produktion von Verbrauchsgütern charakterisierten. Die Nationalsozialisten verlangten von den Erfindern und Technikern, die in Deutschland die gleiche Rolle übernehmen sollten wie Edison und Ford in Amerika, die Lösung von Problemen, aber diese Probleme sollten von den nationalsozialistischen Politikern als den Trägern und Schöpfern der Kultur definiert werden. In seinen Reden vor den Technikern verlangte Todt, daß die

Technologie im nationalsozialistischen Deutschland ein Mittel zur Erfüllung der Arbeitsethik und zur Befriedigung heroischer und kreativer Instinkte sein sollte, um einen deutschen Lebensraum zu schaffen und den Ariern zu ermöglichen, die ihnen zustehende Rolle als Herrenrasse zu spielen. Todt sagte, «wer materielle Probleme mit nur materiellen Mitteln lösen will, wird vom Material beherrscht werden. Die Herrschaft wird durch den Geist erreicht werden. Wir Idealisten werden die tote Materie durch den nationalsozialistischen Kampfgeist und Willen beherrschen.» Hitler schrieb in *Mein Kampf*: «Alles, was wir heute auf dieser Erde bewundern – Wissenschaft und Kunst, Technik und Erfindungen –, ist nur das schöpferische Produkt weniger Völker und vielleicht ursprünglich *einer* Rasse.»[99] Im Grunde lehnten die Nationalsozialisten die moderne Technologie nicht ab, sondern nur die moderne, auf die Technologie gegründete Kultur, die von der Avantgarde in Europa und den Vereinigten Staaten artikuliert wurde, eine Kultur, die nach nationalsozialistischen Begriffen seelenlos, materialistisch – und außerordentlich produktiv war.

Siebtes Kapitel
Die zweite Entdeckung Amerikas

In den ersten Jahrzehnten dieses Jahrhunderts haben die Europäer und mit ihnen auch die Russen angefangen, Amerika zum zweiten Mal zu entdecken. Die erste Entdeckung war die eines jungfräulichen, mit der Natur verbundenen Landes gewesen; die zweite war die einer von der Technologie bestimmten Nation, die Entdeckung Amerikas als einer Schöpfung des Menschen. Immer noch gab es Ausländer, für die Amerika das Land der ersten Pionierzeit war, aber andere erkannten, daß die Nation seit mehr als einem Jahrhundert die größte und lebendigste Baustelle der Welt war. Auch die Amerikaner waren sich der Tatsache bewußt, daß die Nation einen rapiden industriellen Wandel erlebte, aber aus der Perspektive der Distanz begriffen die Europäer, daß dieser Wandel mehr war als eine technologische und industrielle Revolution, daß er auch die Saat einer kulturellen Mutation in sich trug. Europäische Intellektuelle, Architekten und Künstler, die nun Amerika zum zweiten Mal entdeckten, glaubten, die Vereinigten Staaten führten die Welt in ein einzigartiges modernes Zeitalter. Mit ihrem feinen Gefühl für kulturelle Belange glaubten die Europäer, das Wesen der neuen Kultur am besten erfassen zu können, deren Entstehen durch die moderne Technologie eingeleitet wurde.

In den Vereinigten Staaten waren diejenigen, die sich zu dem technologischen und gesellschaftlichen Wandel äußerten, gewohnt, die materiellen Fortschritte der Nation zu feiern, aber bescheiden im Hinblick auf die kulturellen Leistungen. Deshalb konzentrierten sie sich auf einen Vorgang, der nach ihrer Überzeugung eine zweite industrielle Revolution und keine kulturelle Transformation war. Das Feiern industrieller Revolutionen war und ist bis heute eine amerikanische Lieblingsbeschäftigung. Seit dem Zweiten Weltkrieg hat man sich in Amerika für die verschiedensten Technologien begeistert und den Beginn immer neuer technologischer oder industrieller Revolutionen verkündet. So wurde eine industrielle Revolution gefeiert, die, wie man meinte, durch die Entdeckung der Kernkraft ausgelöst worden sei. In jüngster Zeit hat man viel von der Computer- oder Informationsrevolution gesprochen. Andere begeisterte Anhänger der modernen Technologie haben uns gesagt, die Raumfahrt oder die Erforschung «des neuen Ozeans» werde auch ein neues Zeitalter herbeiführen.

Schon die ersten Propheten einer «zweiten industriellen Revolution» erwarteten, daß sie noch größere gesellschaftliche Veränderungen bringen werde als die erste, die im 18. Jahrhundert in Großbritannien begonnen und sich dann im 19. Jahrhundert in den Vereinigten Staaten und Westeuropa fortgesetzt hatte. Diese Revolution brachte die Technologie der Dampfmaschine, der Eisen- und Stahlindustrie der Textilfabriken. Die Propheten der zweiten industriellen Revolution zogen ihre Lehren aus der liberalen Haltung des Laissez-faire während dieser Revolution und aus den daraus folgenden sozialen Unruhen und verlangten jetzt, daß man angesichts der in der neuen industriellen Revolution zu erwartenden technologischen und damit verbundenen sozialen Veränderungen entsprechend vorausplanen müsse. Den Beginn der zweiten industriellen Revolution setzten sie gewöhnlich auf die Jahre 1870 oder 1880 an, die Zeit, in der sich die Elektroindustrie zu entwickeln begann. Aber Anfang der 1920er Jahre war der Eindruck unter den Zeitgenossen, eine solche Revolution zu erleben, am stärksten. Oberflächlich betrachtet kam diese Entwicklung am deutlichsten bei der Verwendung des elektrischen Licht- und Kraftstroms, des Verbrennungsmotors in den Automobilen und Flugzeugen, dem Radio und den synthetischen oder von Menschen hergestellten künstlichen chemischen Verbindungen zum Ausdruck. Die Sozialkritiker meinten jedoch, tiefergreifende Folgen in den sozialen Veränderungen zu erkennen, die mit den neuen Maschinen, Geräten und Verfahren eingetreten waren. Sie erkannten, daß Erfinder und in der Industrie arbeitende Wissenschaftler den Vorgang des Erfindens und Entdeckens organisiert hatten und es nun eher möglich war als je zuvor, daß der Mensch seine materielle Umwelt selbst gestaltete und beherrschte. Nüchtern denkende amerikanische Kommentatoren wiesen darauf hin, daß die Umwelt in der modernen Welt ihren natürlichen Zustand immer mehr verlor und zusehends zu einer vom Menschen geschaffenen Realität wurde. Sie glaubten, ebenso wie die erste industrielle Revolution in Großbritannien werde auch diese zu sozialen, institutionellen und politischen Veränderungen führen.

Die neue Welle der Industrialisierung, die sogenannte zweite industrielle Revolution mit all ihren einzigartigen Begleiterscheinungen vollzog sich in erster Linie in den Vereinigten Staaten. Als einzige Industrienation konnte das erst jüngst vereinigte Deutsche Reich mit Amerika konkurrieren und übertraf die Vereinigten Staaten nach 1870 bei der Entwicklung moderner Maschinen, Geräte und Verfahren und bei der Schaffung moderner Institutionen wie etwa der großen Industrieunternehmen, der industriellen Laboratorien und der technischen Hochschulen mit ihrer intensiven Grundlagenforschung.

Architekten und Künstler suchten zuerst in Europa und dann in den Vereinigten Staaten nach Formen und Symbolen, durch welche die neu entstehende technologische Kultur ihren Ausdruck finden konnte. Lewis Mumford definierte 1921 den Begriff des künstlerischen Stils als «den überlegten Ausdruck, den ein einzelnes Werk dem Komplex der gesellschaftlichen und technologischen Erfahrung verleiht, die aus dem Leben eines Gemeinwesens erwächst». Er fragte: «Wie kommt es, daß der moderne Stil so lange gebraucht hat, um verwirklicht zu werden – daß er immer noch so zaghaft, so einseitig und so unzureichend ist?»[1] Doch schon ein Jahr später schrieb er: «Mit dem Beginn des zweiten Jahrzehnts dieses Jahrhunderts gibt es Anzeichen für den Versuch, aus der Industrialisierung eine echte Kultur entstehen zu lassen.»[2] Um diese Zeit begannen Amerikaner und Europäer, sich für einzigartig modern zu halten und zu glauben, das Zeitalter, in dem sie lebten, sei das erste moderne in der Weltgeschichte. Das frühe 20. Jahrhundert war für sie der Beginn eines modernen Zeitalters, das eine unbegrenzte Zukunft vor sich sah. Ihr Glaube an die Fähigkeit der modernen Technologie, eine zweite Weltschöpfung hervorzubringen, war vielleicht der Hauptgrund für ihre Überzeugung, daß das moderne Zeitalter begonnen habe. Zuerst wollten deutsche, dann aber auch amerikanische Künstler, Architekten und Gesellschaftskritiker eine materialistische technische Zivilisation in eine moderne Kultur verwandeln. Unter «Kultur» verstanden sie mehr als Kunst und Architektur; dieser Begriff umfaßte das ganze Gebiet menschlichen Denkens und Handelns. Sie wollten die künstlerischen und institutionellen Formen finden, mit denen die Werte und Bedeutungen der modernen technologischen Kultur zum Ausdruck gebracht werden konnten. Sie glaubten, daß die Technologie als Mittel zur Umgestaltung der materiellen Welt auf einen beispiellos hohen Entwicklungsstand gebracht worden sei, und daß dies als die charakteristische Leistung der Moderne angesehen werden könne. So ist es kein Wunder, daß diejenigen, die glaubten, eine zweite industrielle Revolution habe begonnen und eine neue auf die Technologie gegründete Kultur sei im Entstehen begriffen, der Generation zwischen den Kriegen die Überzeugung vermittelten, daß sie im modernen Zeitalter lebte. Robert Hughes hat sehr klare Vorstellungen formuliert, wenn er schrieb, der Modernismus «zwischen 1880 und 1930 war eines der bedeutendsten kulturellen Experimente in der Weltgeschichte, das in Europa und Amerika unternommen wurde ... Ein historischer Raum, den wir betreten und anschauen können, ohne aber noch Teil dieses Raums zu sein».[3]

Die zweite industrielle Revolution oder das neotechnische Zeitalter?

Die Dampfmaschine und die Eisenindustrie, das Entstehen des industriellen Mittelstands und der Arbeiterklasse, die Verwandlung der Midlands und Nordenglands in ein «schwarzes Land» und das Erstarken des politischen Laissez-faire-Liberalismus waren die Merkmale der ersten industriellen Revolution gewesen. Die zweite brachte die Perfektionierung der Technologie der Massenproduktion, die riesigen Industriekonzerne, das rasante Wachstum der Industriestädte, die Gründung neuer technischer Lehranstalten in der Form von technischen Hochschulen und Colleges und das Entstehen einer Klasse von technischen Spezialisten, besonders von Ingenieuren und für die Industrie arbeitenden Wissenschaftlern. Fortschrittliche Sozialreformer zwi-

schen den beiden Weltkriegen haben behauptet, weil die von Menschen be-
wohnte Welt eine zweite Schöpfung erlebe, sollte dieser Vorgang so gelenkt
werden, daß dabei nützliche und ästhetisch befriedigende Werte entstünden.
Sie glaubten, die industrielle Revolution in Großbritannien habe den arbeitenden Menschen und dem Land schweren Schaden zugefügt, weil sie von
verantwortungslosen Kapitalisten und engstirnigen Technikern beherrscht
worden sei. In den 1920er Jahren verlangten sie, in der zweiten industriellen
Revolution sollten Gesellschaftsplaner oder Gesellschaftsingenieure die führende Rolle spielen.

Die Progressiven und die Sozialreformer des beginnenden 20. Jahrhunderts
sahen, wie Historiker es kürzlich gezeigt haben, daß es in der sogenannten
zweiten industriellen Revolution nicht nur zu technischen Veränderungen
gekommen ist, sondern daß diese Revolution auch einen Wandel in der Art
der Betriebsführung gebracht hat.[4] Die Ausbreitung des Taylorismus und des
Fordismus und die deutliche Zunahme der Produktivität haben das ebenso
deutlich gezeigt wie die zunehmende Zentralisierung der Kontrolle großer
Produktionssysteme durch private Unternehmungen wie Insulls Elektrifizie-
rungsimperium und durch Anlagebanken, die zum Beispiel den Ausbau der
Fernmelde- und Starkstromnetze finanzierten. Zentralisiertes Management
und Kontrolle koordinierten und integrierten die Produktionsmittel sowie die
Verteilung und Vermarktung der Produkte. Progressive und Sozialreformer
fragten, warum Management und Kontrolle – und Planung – nicht von der
Regierung übernommen werden sollten, anstatt privaten Unternehmungen
überlassen zu werden.

Der vermehrte Warenfluß in der Zeit nach 1870, also während der zweiten
industriellen Revolution, hat oft zu Krisen bei der Beherrschung dieses Vorgangs geführt. Die Manager waren häufig nicht in der Lage, den erhöhten
Warenfluß durch das System der Produktion, Verteilung und Vermarktung zu
kontrollieren. Nicht nur die unsichtbare Hand des Marktes versagte, sondern
auch die sichtbare Hand der Manager wurde ihrer Aufgabe oft nicht gerecht.
Die Reaktion auf diese Krisen hat man als eine «Revolution der Kontrolle»
bezeichnet.[5] Zu diesen Reaktionen gehörten die Organisation von Bürokratien, die Rationalisierung dieser Bürokratien durch Vereinfachung von Verfahren und Erhöhung der Leistungsfähigkeit, die Entwicklung von Kommunikationssystemen, etwa des Telegraphennetzes, der Post, des Telephondien-
stes und des Funkverkehrs, und die Erfindung und Entwicklung von Möglichkeiten, Informationen zu beschaffen, zu speichern und abzurufen.

Zwischen den Weltkriegen glaubten fortschrittliche und radikale Reformer,
die sich um die Vervollkommnung der Technologie bemühten, daß die schöpferische Kraft organisierten Erfindens und Forschens, die neuen Methoden
der Betriebsführung und Kontrolle und Nutzung der elektrischen Energie die
Wege zu einer neuen und in jeder Beziehung modernen Gesellschaft ebnen
würden. Die ätherische Natur der Elektrizität in Verbindung mit ihrer hohen

Potenz faszinierte besonders diejenigen, die glaubten, die moderne Technik und Kultur seien etwas noch nie Dagewesenes. Ebenso wie Lenin in der Sowjetunion glaubten fortschrittliche Kräfte in Amerika, daß eine für Neuerungen aufgeschlossene Regierung im Verein mit der Elektrifizierung revolutionäre gesellschaftliche Veränderungen herbeiführen werde. Während des Ersten Weltkriegs hatten die Regierungen Technologie und Naturwissenschaft in einem bisher nicht dagewesenen Umfang genutzt. Damit verstärkte sich die Neigung, den Regierungen die Initiative und Kontrolle auf diesen Gebieten zu überlassen. Energieknappheit, besonders bei Kohle und Elektrizität, regte die kriegführenden Nationen an, neben anderen Maßnahmen den Bau großer Wasser- und Kohlekraftwerke und der notwendigen Leitungsnetze zu finanzieren, die diese Elektrizitätswerke miteinander verbanden, um den Belastungsfaktor zu erhöhen. Das vermehrte die Menge der unter Einsatz eines bestimmten Kapitals erzeugten elektrischen Energie.[6]

In der Sowjetunion sagte Lenin: «Kommunismus ist die Sowjetmacht gepaart mit der Elektrifizierung des ganzen Landes, denn ohne Elektrifizierung ist der Fortschritt in der Industrie nicht möglich.»[7] Im Vereinigten Königreich behaupteten die Befürworter eines Gesamtplans für die Elektrifizierung des ganzen Landes, damit werde sich Großbritannien in eine moderne Industriemacht verwandeln, in eine Nation, die mit ihrer Industrie wieder die führende Rolle in der Welt spielen könne.[8] In Deutschland glaubten die Anhänger der neugegründeten und noch auf schwachen Füßen stehenden Weimarer Republik, daß die Verstaatlichung des ganzen deutschen Stromnetzes wesentlich zur Rettung der Republik beitragen könne.[9] In den Vereinigten Staaten empfahl eine von der Regierung finanzierte Studie im Jahr 1921 den Bau eines «Superstromnetzes» im Nordosten der Vereinigten Staaten, in dem zwischen Boston und Washington liegenden Industriegebiet. Der Plan sah den Bau von privat finanzierten Superkraftwerken mit einer Kapazität von jeweils 60 000 bis 300 000 Kilowatt vor, die durch Starkstromleitungen für 110 000 bis 220 000 Volt miteinander verbunden werden sollten.[10] Fortschrittliche Reformer glaubten, diese Superkraftwerke und ähnliche Großprojekte für die Elektrifizierung seien sehr viel mehr als eine bloße Methode zur Produktionssteigerung; nach ihrer Auffassung würde die Technologie der zweiten industriellen Revolution eine neue Gesellschaft und eine neue Kultur hervorbringen.

Mumford gehörte zu den einflußreichsten Persönlichkeiten, die deutlich zu erkennen glaubten, daß Amerika an der Schwelle eines neuen industriellen Zeitalters stünde, das durch ein Zusammenwirken von elektrischer Energie und politischer Macht gekennzeichnet sein werde. Als unabhängiger Schriftsteller war Mumford ein Intellektueller, der für die interessierte amerikanische Leserschaft über die dringenden sozialen, architektonischen und technologischen Probleme seiner Zeit schrieb. 1934 veröffentlichte er ein grundlegendes Werk über die gesellschaftsgeschichtlichen Aspekte der Technologie mit dem Titel *Technics and Civilization*[11], in dem er drei geschichtliche Zeitalter voneinander unterschied. Das waren die Zeitalter der Eotechnik, der Paleotechnik und der Neotechnik. Die Neotechnik war seine Bezeichnung für eine Periode, in die andere die zweite industrielle Revolution verlegten. Das neotechnische Zeitalter versprach für Mumford eine Periode der elektrischen Generatoren, der Wasserturbinen, des Aluminiums, neuer Metall-Legierungen, seltener Erden und synthetischer Verbindungen zu werden wie Zelluloid, Bakelit und Kunstharze. Bei seiner Einteilung der Geschichte in solche Perioden war Mumford von dem schottischen Soziologen und Regionalplaner Patrick Geddes beeinflußt, den er bewunderte. Der amerikanische Historiker und Sozialkritiker Henry Adams veranlaßte Mumford ebenfalls, sich einen in neuerer Zeit erfolgten Übergang von einer «mechanischen Phase» zu einer «elektrischen Phase» vorzustellen.[12]

Mumford und Geddes glaubten zu erkennen, daß geschichtliche Perioden durch die jeweils vorherrschenden Technologien bei der Verwendung von Energie und Material gekennzeichnet seien. Im paleotechnischen Zeitalter arbeitete die Technologie zum Beispiel mit Dampfkraft und Eisen. In der früheren eotechnischen Periode waren es Wind- und Wasserkraft und Holz gewesen. Mumford war jedoch kein die Probleme vereinfachender technologischer Determinist; er war sich der Tatsache bewußt, daß soziale und psychologische Voraussetzungen für das Entstehen neuer Technologien verantwortlich sind. Er schrieb: «Technische Fortschritte werden in der Gesellschaft niemals automatisch registriert; sie erfordern ebenso sinnvolle Neuerungen und Anpassungsprozesse in der Politik ...»[13] Sein großes historisches Schema enthielt auch komplexe Schichten, denn jeder Zeitabschnitt zeigte seine eigenen politischen und wirtschaftlichen Machtstrukturen, die eng mit den jeweils verwendeten Technologien verbunden waren. Dennoch glitt er nicht in den die Probleme vereinfachenden Marxismus ab, der behauptet, daß alle gesellschaftlichen und kulturellen Gesamtstrukturen durch die Produktionsmittel determiniert werden. Mumford glaubte nicht, daß die Fabrikbesitzer, Finanziers, Bergarbeiter und Militärs des paleotechnischen Zeitalters der Dampfkraft und des Eisens nur Kreaturen technologischer Kräfte waren, sondern daß sie die vorherrschenden Energiequellen, Materialien und Produktionsmittel sowohl selbst gestalteten als auch von ihnen beeinflußt wurden. So rechnete er damit, daß sich im neotechnischen oder modernen Zeitalter neue politische und gesellschaftliche Kräfte entwickeln würden. Er hoffte, daß sie sich zum Wohl der Menschheit auswirken würden und von anderen Wertvorstellungen gelenkt werden würden als dem Streben nach wirtschaftlichem Gewinn und militärischen Eroberungen.

Mumford glaubte, daß die elektrische Energie, der wir vor allem den Übergang in die neotechnische Periode zu verdanken haben, die Beseitigung vieler Mißstände der durch die Verwendung der Kohle gekennzeichneten paleotechnischen Periode ermöglichen werde, die insbesondere in der industriellen

Revolution in Großbritannien aufgetreten waren. In der neotechnischen Periode würde die Kohle schon am Ausgang der Förderschächte in elektrische Energie oder «weiße Kohle» verwandelt werden. Man würde sie dort nicht nur verbrennen und damit wertvolle Bestandteile verschwenden, sondern zunächst verkoken, um ihre flüchtigsten Bestandteile wie Farbstoffe, Medikamente, Öle und andere chemische Stoffe auszuscheiden, zu raffinieren und zu verarbeiten, während der zurückbleibende Koks im elektrischen Kraftwerk verbrannt würde. Mit diesen fortschrittlichen technischen Verfahren, die schon am Ausgang der Förderschächte beginnen sollten, und mit der Versorgung neuer Produktionsstätten mit elektrischer Energie würden die rauchenden Fabrikschornsteine in den Industriestädten verschwinden und die Menschen dort nicht mehr dem schädlichen Smog ausgesetzt sein.

Mumford verband die Nutzung der neuen Energiequellen und der modernen Transport- und Verkehrsmittel mit der regionalen Planung und Entwicklung. Die elektrische Energie, das Automobil, das Radio und das Telephon könnten es ermöglichen, daß für eine in übervölkerten Großstädten zusammengedrängte Industriegesellschaft wirtschaftlich und demographisch ausgewogene Lebensräume geschaffen würden. Die im Handel und in der Industrie tätige Bevölkerung würde sich nicht mehr um die Bergwerke, entlang der Eisenbahnlinien in den Tälern und in den Häfen zusammenballen, sondern könnte sich über die ländlichen Gebiete im Landesinneren ausbreiten. Der von Wasserkraftwerken erzeugte elektrische Strom könnte die jetzt nur von der Forstwirtschaft genutzten Gebirgsgegenden in sorgfältig strukturierte Industriegebiete verwandeln, um das Entstehen übervölkerter und häßlicher paleotechnischer Industriezentren zu vermeiden.[14]

Angesichts der vor allem durch die Wasserkraftwerke ermöglichten Elektrifizierung war Mumford überzeugt, daß im Westen nun ein neues Zeitalter anbrechen werde. Ob die Zivilisation den Übergang in diese neue historische Phase vollziehen würde, hing natürlich davon ab, daß wir die im paleotechnischen Zeitalter entwickelten Formen der Wirtschaft und Politik aufgäben. Mumford glaubte und hoffte, daß an die Stelle profit- und machtgieriger Finanziers, Militärs und Bergwerksbesitzer akademisch ausgebildete Ingenieure und Wissenschaftler als Verwalter der neuen Welt treten würden.[15] Als Vorboten der neuen Ära nannte er Michael Faraday, den selbstlosen britischen Physiker, der Anfang des 19. Jahrhunderts gelebt hatte, seinen amerikanischen Zeitgenossen, den Physiker Joseph Henry und den französischen Chemiker und Bakteriologen Louis Pasteur, der sich nicht nur für rein mechanische, sondern besonders auch für organische Zusammenhänge interessiert hatte.

Die Ablösung der Kohle und des Eisens durch den in Wasserkraftwerken erzeugten elektrischen Strom, Metall-Legierungen und Aluminium würden, wie er voraussagte, tiefgreifende geopolitische Auswirkungen haben. In seinen Anfang der 1930er Jahre verfaßten Schriften rechnete Mumford damit, daß Westeuropa und die Vereinigten Staaten die industrielle Vorherrschaft, die sie im Zeitalter der Kohle und des Eisens innegehabt hatten, an die wasserreichen Kontinente Asien, Afrika und Südamerika verlieren würden, wenn diese die Techniken der neuen Ära zu nutzen verstanden. Selbst innerhalb Europas und der Vereinigten Staaten würden sich die industriellen Schwerpunkte verlagern, und zwar nach «Italien, Frankreich, Norwegen, die Schweiz und Schweden ... (und) in die beiden großen, die Vereinigten Staaten durchziehenden Gebirgssysteme».[16] Die Elektrizität werde auch die Arbeit und den Arbeitsplatz wesentlich verändern und der industriellen Organisation neue Richtungen weisen. Aus den Arbeitern würden Spezialisten werden, die die Aufgabe hätten, automatisierte Produktionsvorgänge zu überwachen, und die Produktion würde sich nicht mehr in den Industriestädten konzentrieren, sondern über weite Gebiete verteilen. Wie viele andere Propheten des heutigen Computerzeitalters rechnete auch Mumford damit, daß die weiträumige Verteilung der Energie und des Informationsflusses die Nutzung kleiner Produktionseinheiten durch große Verwaltungseinheiten erlauben werde. An die Stelle der großen Fabrik würden kleinere treten, weil es nicht mehr notwendig sein werde, die einzelnen Maschinen durch Treibriemen aneinanderzukoppeln, da jede Maschine von einem elektrischen Motor angetrieben werden könne. Die weiträumige Verteilung elektrischer Energie und die Standardisierung der Fabrikationstechniken würden es ermöglichen, die Produktion zum Teil in die Dörfer zu verlegen, «vielleicht sogar in die Bauernhäuser ... Die kleinen Teile, aus denen sich ein Rasenmäher zusammensetzt, brauchten dann nicht mehr von Arbeitern hergestellt zu werden, die in den überbelegten Wohnungen der Stadt Philadelphia leben ...»[17] Mumford nahm sogar die Visionen der heutigen Computerenthusiasten vorweg, wenn er davon sprach, daß es dann auch kein Proletariat mehr geben werde. Damit meinte er das Ende der Fließbandarbeit in den großen Fabriken und Industriestädten. In kleinen automatisierten Werkstätten würden gründlich ausgebildete technische Facharbeiter die Fertigung überwachen, denn im neotechnischen Zeitalter würden ein Starkstromnetz und leistungsfähige kleine Motoren die Verteilung der Produktion auf kleine, verstreut liegende Werkstätten ermöglichen, wo die dort arbeitenden Menschen angenehme Lebensverhältnisse vorfänden.

Andere Zeitgenossen setzten sich mit noch größerer Begeisterung für die Verwirklichung des durch die Nutzung der elektrischen Energie ermöglichten Konzepts der neuen industriellen Revolution ein. Einer von ihnen war der Gouverneur von Pennsylvania, Gifford Pinchot. 1925 empfahl er die Verwirklichung eines gigantischen Plans zur Versorgung seines Staats mit elektrischer Energie. Dazu sollten im Kohlenrevier von Pennsylvania riesige Kraftwerke mit einer Leistung von jeweils 300 000 Kilowatt gebaut werden, und der Strom sollte über Starkstromleitungen mit einer Kapazität von 100 000 Volt oder mehr über eine Entfernung von 360 Kilometern in das dicht

besiedelte Industriegebiet des östlichen Pennsylvania geleitet werden und
dabei die an dieser Strecke liegenden kleinen Städte und ländlichen Gemein-
den mit elektrischer Energie versorgen. Pinchot hatte die Idee dieses gewaltigen Stromversorgungsnetzes von dem reformfreudigen, fortschrittlichen Ingenieur Morris Cooke übernommen, der während des Ersten Weltkriegs als
Berater der Bundesregierung deren Pläne für die Verteilung und Nutzung der
vorhandenen Stromkapazitäten geprüft und gebilligt hatte.[18] Wegen der
strengen und ins einzelne gehenden Bestimmungen für den Betrieb und die
Überwachung des gigantischen Stromversorgungssystems durch den Staat
stieß der Plan auf den Widerstand einzelner Interessengruppen und konnte
nicht verwirklicht werden, aber das große Interesse der Öffentlichkeit und der
um diese Fragen entstandene Meinungsstreit zeigen deutlich, wie sehr die
Befürworter dieses Vorhabens davon überzeugt waren, daß eine solche Energieversorgung eine gesellschaftliche und industrielle Revolution auslösen
werde, und wie energisch sie versucht haben, die Öffentlichkeit von der
Richtigkeit dieser Auffassung zu überzeugen.[19] Als Gouverneur eines der am
stärksten industrialisierten und am dichtesten bevölkerten Staaten erwartete
Pinchot als Folge des Ausbaus eines leistungsfähigen Stromnetzes eine industrielle Revolution mit ebenso weitreichenden Auswirkungen, wie sie die
industrielle Revolution in Großbritannien gehabt hatte. Er zeigte für die
technologische Entwicklung eine ebenso große Begeisterung wie die heutigen
glühenden Befürworter und Propheten des Informationszeitalters.

Vor dem Ersten Weltkrieg bemühte sich Pinchot als führender Vertreter der
Progressiven und überzeugter Anhänger von Theodore Roosevelt besonders
um den Naturschutz. So bezeichnete er den mit wissenschaftlichen Methoden
betriebenen Umweltschutz. Er glaubte, daß die Gesellschaft, wenn sie sich
nicht um die negativen Auswirkungen der von der Dampfmaschine geprägten
industriellen Revolution kümmerte, unter weitreichenden Störungen leiden
werde und es zu scharfen Gegensätzen zwischen dem Kapital auf der einen
und den Arbeitern und Farmern auf der anderen Seite kommen werde. Er
behauptete, die Dampfkraft habe im guten oder im schlechten Sinne die
Entstehung einer zentralisierten Industrie bewirkt und die Zivilisation ihrer
Zeit wesentlich beeinflußt. Sie habe so dramatische soziale Veränderungen
bewirkt wie die ungeheure Steigerung der Produktivität, das Anwachsen der
Industriestädte, den Verfall des ländlichen Lebens und der kleinen Gemeinwesen sowie die Schwächung des Zusammenhalts in den Familien. Weil der
Dampf «von der Elektrizität durchaus sagen könnte, ‹der ist's, der nach mir
kommen wird ..., des ich nicht wert bin, daß ich seine Schuhriemen auf-
löse›», erhob Pinchot warnend seine Stimme und sagte, die Gesellschaft
müsse sich auf eine größere technologische und industrielle Revolution vor-
bereiten, als es die durch die Dampfkraft ausgelöste gewesen sei, und für
deren negative Folgen ebenso gewappnet sein wie für die sich daraus ergebenden bedeutend größeren Chancen.[20]

Der Gouverneur versprach der gesetzgebenden Körperschaft von Pennsylvania, daß die Elektrizität der Hausfrau die Vorzüge der elektrischen Beleuchtung, des elektrischen Herdes und anderer Haushaltsgeräte und dem Farmer die Sicherheit und Bequemlichkeit des elektrischen Lichts und des elektrischen Stroms zum Melken, Zerkleinern des Viehfutters, Holzsägen und zu ungezählten anderen Aufgaben bringen werde. Darüber hinaus werde die Elektrizität jedem Arbeiter einen höheren Lebensstandard, mehr Freizeit und bessere Bezahlung sichern. Die durch die elektrische Energie ausgelöste Revolution verspräche, «uns mit unvorstellbar schönen und wertvollen Gaben zu überschütten» und die Grundlage «für eine Zivilisation zu schaffen, die sicherer, glücklicher, freier und chancenreicher sein wird als jede andere, die die Welt bisher gesehen hat».[21] Er prophezeite: «Der Tag rückt näher, an dem die Elektrizität vom Morgen bis zum Abend, von der Wiege bis zur Bahre in jedem Augenblick und aus jeder Richtung in das tägliche Leben jedes Mannes, jeder Frau und jedes Kindes in Amerika eindringen und ihnen dienen wird.»[22]

In seinem Optimismus sagte Pinchot auch voraus, daß die elektrische Energie den Trend umkehren werde, der im Zeitalter der Dampfmaschine zur industriellen Konzentration, zu der Massenproduktion in den Fabriken und zu den lauten, übelriechenden Slums in den Großstädten geführt habe. Doch Pinchot machte seine Zuhörer, die Mitglieder der gesetzgebenden Versammlung seines Staats, besonders darauf aufmerksam, welche politischen Maßnahmen ergriffen werden müßten, wenn das elektrische Zeitalter den großen Erwartungen gerecht werden sollte, «zu der unvergleichlich größten materiellen Segnung in der Geschichte der Menschheit» zu werden.[23] Er glaubte, man müsse Gesetze erlassen, um zu verhindern, daß «eine böse Spinne ... sich beeilt, ihr Netz über die ganzen Vereinigten Staaten auszubreiten und das Leben unseres Volkes zu kontrollieren und sich davon zu ernähren».[24] Hier sprach Pinchot von der Möglichkeit, daß die Eigentümer der neuen Elektrizitätswerke eine Monopolstellung einnehmen könnten, besonders die großen Anlagebanken und die Manager der von privater Hand betriebenen Elektrizitätswerke. Sicher war Samuel Insull einer derjenigen, an die der Gouverneur in diesem Zusammenhang dachte. Wie Mumford glaubte Pinchot, daß die technologische Revolution von Veränderungen in den politischen und wirtschaftlichen Machtstrukturen begleitet sein müsse.

Pinchot war überzeugt, daß der Verbund der elektrischen Stromnetze immer umfangreicher werden und daß sich diese Netze über die Grenzen der einzelnen Staaten hinaus ausdehnen würden. Er rechnete sogar damit, daß schließlich ein nationales Stromnetz das ganze Gebiet der Vereinigten Staaten mit elektrischer Energie versorgen werde. Die Herstellung dieser lückenlosen Verbindung werde auch zu gegenseitigen Abhängigkeiten beim Betrieb und bei der Finanzierung der Stromversorgung führen. Eine solche gegenseitige Abhängigkeit bedeutete nach seiner Auffassung die Gefahr, daß Elektrizitäts-

werke im Privatbesitz zu einem großen privaten Monopol zusammengefaßt
werden könnten, das sich sehr bald der Kontrolle und Lenkung durch die
Regierungen der einzelnen Staaten entziehen würde. Er verglich dieses Monopol mit einem Zustand, bei dem alle Erzeuger von Dampfkraft im ganzen
Land von einem einzigen riesigen Konzern kontrolliert würden. Das vorran-
gige Ziel dieses gigantischen Monopols wäre es, hohe Gewinne zu machen,
nicht aber dem Wohl der Öffentlichkeit zu dienen. Er bezweifelte sogar, daß
sich die Bundesregierung darauf vorbereite, die notwendigen Bestimmungen
für den Betrieb eines solchen nationalen Stromnetzes zu erlassen. Deshalb
legte der Gouverneur der gesetzgebenden Versammlung seines Staates einen
Gesetzentwurf zur Regulierung des Ausbaus eines Stromverbunds für seinen
Staat vor. Danach durften sich private Elektrizitätswerke an dem großen
Stromnetz beteiligen, aber nur wenn sie dem Verbraucher einen besseren
Service und wesentlich niedrigere Stromkosten anboten, besonders den Far-
mern, den Hausbesitzern und den Betreibern kleiner Werkstätten.

Joseph K. Hart, Universitätsprofessor und Mitherausgeber der einflußreichen amerikanischen Zeitschrift *Survey*, die einer breiten Leserschaft fortschrittliche gesellschaftswissenschaftliche Auffassungen vermittelte, verkündete mit einem noch größeren Enthusiasmus als Pinchot den Beginn einer
neuen, von der elektrischen Energie gekennzeichneten Ära.[25] Hart vertrat die
Ansichten einer Gruppe liberaler und fortschrittlicher Reformer, zu denen
vor allem Gesellschaftswissenschaftler gehörten. In den 1920er Jahren beschäftigte sich Hart mit Darstellungen der Geschichte von den Griechen
bis in die Neuzeit.[26] Dabei untersuchte er die Beziehungen zwischen Macht
und Kultur und stellte fest, daß der Mensch zu allen Zeiten die Natur gebän-
digt oder beherrscht habe, um Ordnung in das Chaos zu bringen. Doch vor
dem 20. Jahrhundert hatte die Gesellschaft für die Ausübung der Macht einen
hohen Preis zahlen müssen. Die Griechen hatten 90 Prozent ihrer Bevölkerung versklavt und entwürdigt, um ein System des Dienens und Produzierens
zu schaffen, das es der Minderheit erlaubte, ein friedliches und angenehmes
Leben zu führen und die Philosophie, die Künste und die Wissenschaften zu
pflegen. Mit der britischen industriellen Revolution kam die Nutzung der
Dampfkraft und die Fähigkeit, die Welt in beachtlichem Umfang als Produktionssystem zu organisieren. Doch auch hier mußte ein erschreckend hoher
Preis dafür bezahlt werden. Hart warf der Dampfkraft vor, sie sei «der große
Zentralisierer» gewesen, habe die Menschen entwurzelt und in vielsprachigen
Zentren zusammengeführt. Die im Zeitalter der Dampfkraft erzeugten Waren und Dienstleistungen hätten zudem Männer und Frauen verführt, die
Maschine als Sinn und Zweck des Lebens zu betrachten. Darüber hinaus hat,
wie Hart schrieb, «die Dampfkraft uns die alten Normen der handwerklichen
Qualität, des guten Geschmacks und der Kultur genommen»[27]. So hat sich
der Mensch bei dem Versuch, die Natur durch die Maschine zu beherrschen,
einen neuen Herrn geschaffen, die Dampfmaschine, die zwar folgsamer, aber

weniger geeignet ist, den menschlichen Geist lebendig zu erhalten, als die Natur, der einst so feindliche Lebensraum. Nachdem er zur Beherrschung der Natur die Dampfkraft eingesetzt hatte, setzte der moderne Mensch an ihre Stelle einen künstlich geschaffenen urbanen Lebensraum; das Leben in dieser künstlichen Umwelt habe, wie Hart behauptete, nun auch aus dem Menschen ein der Natur entfremdetes Lebewesen gemacht. Nun müsse der Mensch wieder auf das Rauschen der Wellen hören, den Anblick weiter Schneefelder genießen, die Wildnis durchstreifen und in grünen Tälern die Flußufer entlanggehen. Hart, der wie viele andere Amerikaner in einer Periode der rapiden Urbanisierung und Industrialisierung lebte, spürte im Innersten seines Wesens den Verlust des engen Kontaktes mit der Natur im ländlichen Leben. Nun sagte er, die elektrische Energie werde der Versklavung durch die Dampfkraft ein Ende bereiten. Wenn der Mensch die Elektrizität dort, wo es notwendig sei, als Energiequelle benutze, «wird er wieder das erregende Gefühl der Freiheit haben und wissen, daß er sein Schicksal selbst gestalten kann».[28] Dieser entscheidende gesellschaftliche und psychologische Wandel werde sich vollziehen, weil die Industrie sich mit Hilfe der elektrischen Energie dezentralisieren ließe. Damit läge die Zukunft des Menschen «offen vor ihm wie zu der Zeit, als Josua den Kindern Israel sagte: ‹Siehe, ich habe dir heute vorgelegt, das Leben und das Gute, den Tod und das Böse . . . daß du das Leben erwählest und du und dein Same leben mögt. . . .›»[29] Dann zeichnete Hart ein freundliches Bild kleiner Gemeinwesen, welche die guten Geister der Elektrizität nutzten, um die intellektuelle Freiheit und «die Kultur des Geistes zu verwirklichen . . . Eine solche Dezentralisierung des Lebens wird unsere Kultur erneuern und sie aus den Treibhäusern der Großstadt holen, wo sie nur einen oberflächlichen Glanz erhält, und ihr die Möglichkeit geben, ihre natürlichen Wurzeln in der Realität wiederzufinden».[30]

Nicht alle, die daran glaubten, daß mit der elektrischen Energie eine neue Gesellschaft entstehen werde, waren politische Liberale und Progressive, die die Macht des Kapitals brechen wollten. Auch Henry Ford, der Herr von River Rouge und Highland Park, hielt es für möglich, die Industrie mit Hilfe der in Wasserkraftwerken erzeugten Elektrizität zu dezentralisieren, die Struktur der Großstädte aufzulockern und das flache Land neu zu beleben. Nach dem Ersten Weltkrieg glaubte Ford, man könne die Produktionsstätten der Industrie dezentralisieren, den Produktionsablauf jedoch gleichzeitig durch eine zentrale Verwaltung überwachen. Mit diesen Vorstellungen nahm er die Ideen der heutigen Propheten voraus, die voller Begeisterung von einer neuen postindustriellen Ära einer dezentralisierten Produktion sprechen. Heute regt die Ausbreitung des Computernetzes zu solchen Vorstellungen an. Die an die Wasserkraftwerke angeschlossenen Stromverteilungsnetze beflügelten die Phantasie von Ford.

Wenn Ford «die Struktur der Großstädte auflockern, die Arbeitszeit auf den Farmen bis auf 25 Tage im Jahr verkürzen und die Industrieproduktion in die

Dörfer verlegen wollte, die mit ihren im Grünen gelegenen kleinen Häuser-
gruppen den Grundstein für eine neue Struktur des amerikanischen Lebens
und der amerikanischen Arbeit bilden sollten», dann zeigte sich Ford nicht
nur als Industrieller, sondern auch als Sozialreformer.[31] Dieser Reformeifer
schien seine Wurzeln in Fords ländlicher Herkunft zu haben und ist in seinen
späteren Lebensjahren wahrscheinlich durch die nostalgischen Gefühle angeregt worden, mit denen er sich an das Leben in den landwirtschaftlichen
Gebieten des Mittleren Westens im 19. Jahrhundert erinnerte. Gerne dachte
er an seine Kindheit auf der Farm seiner Eltern in Dearborn am Rouge River
in der Nähe von Detroit und besonders daran, wie er an einem kleinen Bach
einen primitiven Damm und eine Wassermühle gebaut hatte. In verkleinertem Maßstab hatte der junge Ford die Wassermühlen nachgebildet, die man
noch am Rouge River finden konnte. Die mit großer Sorgfalt vorgenommene
Rekonstruktion des ländlichen Lebens im 19. Jahrhundert, die er in dem von
ihm gegründeten Museum in Dearborn vornehmen ließ, zeigte deutlich, wie
sehr ihm daran gelegen war, seine eigene Vergangenheit wieder lebendig
werden zu lassen. Paradoxerweise sprach gerade Ford, der so entscheidend zur
Urbanisierung beigetragen hat, sehnsüchtig von einer Vergangenheit, in der
es noch keine Slums «oder irgendwelche anderen unnatürlichen Lebensverhältnisse» gegeben hatte.[32]

Zu den Visionen Fords gehörten Anfang er 1920er Jahre auch Staudämme
und Wasserkraftwerke, aber noch keine großen Starkstromnetze, die diese
Kraftwerke miteinander verbanden. Die Energie sollte nach seinen Vorstellungen auf dem Wasserweg über die Flüsse transportiert werden. Er behauptete, «Flüsse sind bessere Stromleitungen als Drähte. In den Leitungsdrähten geht sehr viel mehr Energie verloren. Das Wasser kann einen Damm
überspülen und erzeugt trotzdem noch Energie...»[33] Anstatt die an einem
zentral gelegenen Damm erzeugte elektrische Energie über ein Stromnetz
weiterzuleiten, sollten die einzelnen am Flußlauf gelegenen Wasserkraftwerke nach seinen Vorstellungen unabhängig voneinander bleiben und ein
begrenztes Gebiet versorgen. Der ökologisch denkende Ford meinte außerdem, daß an den Dämmen Stauseen entstehen würden, und das auf den
großen Flächen verdunstende Wasser werde in ihrer Umgebung zu regelmä-
ßigeren Regenfällen führen. In dieser saubereren, geordneten und begrenzten
Welt werde die Nachfrage zu einem reichlicheren Angebot führen. Außerdem
würde es ihm gefallen, wenn Arbeiter und Farmer als gute Nachbarn an den
landschaftlich schönen Ufern dieser Stauseen lebten.

1924 begann er, seine Pläne am Rouge River zu verwirklichen. Auf seiner
großen Farm in Dearborn ließ er «Damm Nr. 1» bauen, um dort den Lichtstrom für die Wohn- und Stallgebäude zu erzeugen. Weiter stromaufwärts
ließ er die Nankinmühle in ein Wasserkraftwerk und eine Fabrik umbauen, in
der 17 Arbeiter mit elektrisch angetriebenen Werkzeugmaschinen Schrauben
und Vergaserteile für die Fordautomobile herstellten. In einer weiteren um-

gebauten Mühle bei Plymouth erzeugten Wasserturbinen 25 PS und 25 Facharbeiter arbeiteten hier an Gewindebohrern und maschinellen Stanzen. In einer dörflichen Fabrik in Phoenix stellten 150 Frauen Sicherheitsschalter für Ford-Lichtmaschinen her. Ganz in der Nähe von Northville waren 350 Arbeiter mit der Herstellung von Ventilen für den Motor des Modells T beschäftigt, und in dem Dorf Waterford wurden an einem anderen von Ford angelegten Damm 280 PS für eine kleine Fordfabrik erzeugt, die Meßgeräte herstellte. Ford verteilte einige der 500 Herstellungsbetriebe aus dem Werk in Highland Park auf diese dörflichen Fabrikationsstätten, die mit der in den Wasserkraftwerken erzeugten elektrischen Energie arbeiteten. Die hier hergestellten Teile gingen dann in das große Produktions- und Montagesystem der Fordwerke. Er sagte voraus, schließlich würden nur noch ein oder zwei wichtige Fertigungsverfahren zentral in Highland Park durchgeführt werden. Er fügte hinzu: «1000 oder 500 Mann sollten für die einzelne Fabrik genug sein.»[34]

Mitte der 1920er Jahre hatten die Fordwerke im Rahmen einer ähnlichen Dezentralisierungsmaßnahme in 10 verschiedenen Ländern Montagewerke und in 34 amerikanischen Städten Montagewerke oder Kundendienst-Werkstätten eingerichtet. Damit hatte Ford den früheren Grundsatz aufgegeben, die Produktion unter dem Dach einer einzigen Fabrik zu konzentrieren. Doch in diesem Fall beschränkte sich diese Maßnahme nicht auf Dörfer und kleine Städte. Die Fordwerke bauten auch Wasserkraftwerke. In Saint Paul, Minnesota, versorgte zum Beispiel das Wasserkraftwerk an einem von der Bundesregierung gebauten Damm eine Fordfabrik mit einer Energiemenge von 28.000 PS.[35] Diese Dezentralisierung im großen Maßstab ließ sich mit der technischen Rationalisierung und der Erhöhung der wirtschaftlichen Leistungsfähigkeit erklären, aber mit seinen in den Dörfern eingerichteten Werkstätten verfolgte Ford ein eher idealistisches Ziel und begründete diese Maßnahmen weder mit wirtschaftlichen noch mit technischen Argumenten.

Voller Stolz sprach Ford davon, daß seine Arbeiter in den kleinen Dörfern, mit nur 10 oder 11 Häusern wie Nankin Mill, saubere Häuser bewohnten, die sie frisch gestrichen hatten, und daß ihnen hervorragendes Trinkwasser zur Verfügung stand. Von einem anderen Dorf berichtete Ford ganz glücklich, daß die kleinen Gemischtwarenläden anfingen, frische Ware anzubieten. Damit seine Arbeiter sich neben der Fabrikarbeit auch in der Landwirtschaft betätigen konnten, beurlaubte er die Männer während der Zeiten der Feldbestellung und der Ernte. Er sagte dazu: «Ich bin ein Farmer...Am liebsten sähe ich es, wenn die ganze Erdoberfläche aus kleinen Farmen bestünde, auf denen glückliche und zufriedene Menschen leben.»[36] Ford behauptete auch, seine Produktionskosten seien in den Dörfern niedriger als in Highland Park, aber wenn man berücksichtigte, wieviel Land brachlag und wieviele Projekte halbfertig liegenblieben, dann hätte die Bilanz der auf die Dörfer verlegten industriellen Werkstätten wahrscheinlich einen Verlust ausgewiesen.[37] Andererseits hatte er wahrscheinlich festgestellt, daß die Arbeiter in kleineren Gruppen weniger zur Unzufriedenheit neigten und sich weniger leicht von der Agitation der Gewerkschaften beeinflussen ließen. Sicher entsprangen seine Motive übertriebenen und nicht immer ganz klaren Vorstellungen, aber die Ergebnisse seiner Entscheidungen unterschieden sich von dem, was wir mit dem Ford in Verbindung bringen, der die riesigen Fabriken in Highland Park und am River Rouge leitete.

L'esprit nouveau

Nach unseren Beobachtungen erwarteten die Europäer von Henry Ford und den Vereinigten Staaten in erster Linie Anregungen auf dem Gebiet der modernen Technologie, nicht aber im Bereich der modernen Kultur – in der Architektur, der bildenden Kunst und der Literatur. Europäische und nicht-amerikanische Architekten suchten als erste nach Anwendungsmöglichkeiten in den von ihnen entworfenen Gebäuden für moderne Produktionstechnologie und wollten mit ihrer Arbeit ein ästhetisches Vokabular finden, mit dem sich Aussagen über moderne technologische Werte machen ließen wie Leistungsfähigkeit, Präzision, Kontrolle und Systematik. In der Architektur verwendeten die Amerikaner Frank Lloyd Wright und Louis Sullivan mit viel Phantasie fortschrittliche Konstruktionstechniken und neues Material, aber die Formen ihrer Gebäude wurden nicht zu dem vorherrschenden modernen Baustil der ersten Hälfte den 20. Jahrhunderts. Sullivan errichtete seine Wolkenkratzer im Stahlskelettbau und setzte damit neue Maßstäbe für die Bauweise unseres Jahrhunderts. Wright empfahl den Architekten, mit Stahlbeton, Glas und standardisierten Fertigbauteilen zu arbeiten und dabei ihrer Phantasie einen weiten Spielraum zu gewähren. Beide Männer bewunderten den technologischen Fortschritt, und Sullivan bezeichnete die Erbauer moderner Brücken als heroische Gestalten. Doch beide benutzten bei der Beschreibung ihrer Arbeit biologische und aus der Natur gegriffene Metaphern, während die europäischen Pioniere des modernen oder internationalen Baustils ihre ästhetischen Absichten lieber mit Metaphern aus dem Maschinenbau und der Industrieproduktion zum Ausdruck brachten. Wright und Sullivan waren vom Sozialdarwinismus beeinflußt, während die Vertreter der europäischen Avantgarde, und das waren Walter Gropius und Le Corbusier, vom Darwinismus weniger beeindruckt waren und sich statt dessen entscheidend von den Produktionsphilosophien der Amerikaner Frederick W. Taylor und Henry Ford beeinflussen ließen. Sullivan schrieb, daß sich die Form aus der Funktion ergeben müsse, aber er dachte dabei an die Funktion eines darwinistischen Organismus in einer komplexen wirtschaftlichen, sozialen und technischen Umwelt, nicht nur an Formen, die sich als logische Folge aus technischen Überlegungen ergaben. Die Pioniere des internationalen modernen Baustils, besonders die Deutschen Ernst May und Martin Wagner, die Stadtarchitekten von Frankfurt am Main und Berlin, haben sich mit großem Engagement mit dem Problem der sozialen Mißstände und der dadurch verursachten Arbeiterunruhen auseinandergesetzt. Auf der anderen Seite ist Sullivan durch seine für Handel und Finanz errichteten Hochbauten in Chicago und Wright durch die Vorstadtvillen in Chicago und anderswo bekanntgeworden, die er für Angehörige des gehobenen Mittelstands gebaut hat. Die beiden Amerikaner bemühten sich um einen nationalen, manchmal sogar regionalen Stil, während die Europäer stolz auf den internationalen Charakter ihrer Entwürfe waren. Angesichts all dieser Gegensätze darf man nicht behaupten, daß die Amerikaner den Entwicklungstendenzen des modernen internationalen Baustils gefolgt sind, wie sie bis zum Beginn der postmodernen Architektur vorherrschten. Le Corbusier schrieb 1928 über die amerikanischen Architekten: «Und ihr baut euere Wolkenkratzer wie Studenten der École des Beaux Arts ein Privathaus bauen würden. Ich wiederhole: Ein Jahrhundert der neuen Materialien und neuen Methoden hat eure architektonischen Auffassungen nicht im geringsten verändert.» Dann fuhr er fort: «Die Amerikaner sind das Volk, das, nachdem es am meisten für den Fortschritt getan hat, jetzt größtenteils ängstlich an tote Tradition gekettet bleibt.»[38]

Auf ihrer Suche nach modernen Ausdrucksformen für die Ästhetik in der modernen Technologie haben einige führende deutsche Architekten schon Anfang des 20. Jahrhunderts die Gedanken der Vertreter des internationalen Baustils in den Jahren zwischen den Kriegen vorweggenommen. Peter Behrens glaubte, die Ingenieure brächten in ihren industriellen und technischen Entwürfen Grundsätze der modernen Technologie wie Leistungsfähigkeit, Produktionsfluß und Systematik zum Ausdruck.[39] Doch ihren Maschinen und Strukturen fehle der ästhetische Aspekt, den ihnen nur ein Künstler oder Architekt hätte verleihen können. Behrens entwarf als leitender Architekt und Industriedesigner für die Allgemeine Elektrizitätsgesellschaft, das größte deutsche elektrotechnische Unternehmen, Fabriken, elektrische Anlagen, Ausstellungen und Graphiken, in denen der Geist der Massenproduktion und der großen geschäftlichen Organisationen zum Ausdruck kam. In seinem Bemühen um die Gestaltung «der Formen, die unmittelbar der Maschine und der Konstruktion der Maschine entnommen sind und ihnen entsprechen», nahm Behrens in gewisser Weise das Werk von Gropius, Ludwig Mies van der Rohe und Le Corbusier vorweg, die alle in dem Atelier von Behrens arbeiteten und später die wichtigsten modernen Architekten wurden.[40]

Eines der bedeutendsten von ihm entworfenen Gebäude war die Turbinenfabrik in Berlin. In der äußeren Form drückten sich die konzentrierte Kraft, die Ordnung, die Präzision und die Gleichmäßigkeit der Produktionsmethoden und der Produkte aus. Das waren die in dem Gebäude hergestellten Turbinen. Behrens verwandte zum Beispiel eine Reihe von auf Scharnieren ruhenden Pfeilern an einer Außenwand, um den Eindruck zu vermitteln,

Peter Behrens: Turbinenfabrik von AEG.

diese Reihe ließe sich in einem bestimmten Rhythmus beliebig weiter fortsetzen. Die visuelle Metapher ließ an eine Folge starker und präziser mechanischer Bewegungen denken. Ein Zeitgenosse sagte: «Ist es nicht eigenartig,
wie ein so logisches und geschlossenes Gebäude zum Symbol dessen werden
kann, was es umschließt?»[41] Behrens, der versuchte, die Architektur zum
Ausdruck der modernen technologischen Kultur zu machen, schrieb: «Ob es
der Technologie gelingen kann, zum Mittler und Ausdruck der Kultur zu
werden, anstatt Selbstzweck zu bleiben, oder nicht, ist daher eine Frage von
großer historischer Bedeutung.»[42]

Der einflußreiche deutsche Architekturtheoretiker- und kritiker vor dem
Ersten Weltkrieg, Hermann Muthesius, hat die avantgardistischen europäischen Architekten bei ihrer Suche nach modernen Formen ebenfalls entscheidend beeinflußt. Als führendes Mitglied des Deutschen Werkbunds, einer
Organisation, der Industrielle, Architekten und Künstler angehörten, und die
es sich zur Aufgabe gemacht hatte, ein modernes industrielles Design zu
fördern,[43] meinte Muthesius, im Maschinenzeitalter müßten die in den Fabriken hergestellten Erzeugnisse eine für die maschinelle Herstellung geeignete
Form haben. Die Formen des traditionellen Handwerks seien für die maschinelle Produktion nicht geeignet.[44] Als einfaches Beispiel nannte Muthesius
das Design der modernen Bekleidung, die einfach geschnitten sein müsse, um

maschinell zusammengefügt werden zu können. Glatte Oberflächen, rechte Winkel, Würfel, Kugeln und andere geometrische Formen eigneten sich für die Herstellung mit den meisten Maschinen besser als die welligen und spiraligen, organisch wirkenden Gebilde, die oft von Handwerkern und an die Tradition gebundenen Architekten bevorzugt wurden. Technische und wirtschaftliche Leistungsfähigkeit verlangte auch den Verzicht auf alles Dekorative. Es ging den modernen Architekten aber nicht nur um die äußere Form, sondern auch um die Verwendung kostensparenden Materials wie Glas, Aschen- oder Kunststeinbeton und Baustahl. Die europäischen Pioniere des modernen Stils in der Architektur ließen sich nicht nur von den Formen moderner Brücken, Bahnhöfen oder den Produkten der Massenfabrikation inspirieren, sondern sie wurden auch entscheidend von den Methoden beeinflußt, die beim Bau oder der Herstellung dieser Bauwerke oder Güter benutzt wurden.

Gropius, Taylorismus und Fordismus

Als sich die stilistischen Vorstellungen von Muthesius und Behrens in den Jahren zwischen den beiden Weltkriegen in Deutschland mit den Produktionsmethoden von Ford und Taylor vereinigten, entstand in der modernen Architektur der später so genannte «internationale Stil». Gropius, der von 1907 bis 1910 im Atelier von Behrens gearbeitet hatte und dem Werkbund angehörte, empfahl die Methoden von Taylor und Ford auch für das Bauwesen. In seinen Aufsätzen und architektonischen Entwürfen brachte er die Grundsätze und die Formen der modernen Architektur zum Ausdruck. Gropius, der Gründer des bis heute einflußreichen Bauhauses, einer Schule für die bildenden Künste, das Kunsthandwerk und die Architektur, die zuerst in Weimar und später in Dessau ihren Sitz hatte und deren Direktor er von 1919 bis 1928 war, verließ 1934 das nationalsozialistische Deutschland. 1937 schloß er sich den Persönlichkeiten an, die den internationalen Stil in die Vereinigten Staaten brachten. Er lehrte in Harvard, arbeitete als freier Architekt und entwarf eine Reihe bedeutender Gebäude im modernen Stil, die vielen seiner Kollegen zum Vorbild gedient haben.[45] Nachdem er in den 1920er Jahren die amerikanische Produktionstechnologie in die moderne Architektur eingebracht hatte, brachte er nun bestimmte Elemente eines amerikanischen technologischen Stils in die Vereinigten Staaten, wo man inzwischen einen europäischen Baustil pflegte.

Gropius vertrat die Auffassung, daß Architekten in ihre technischen Entwürfe ästhetische Überlegungen und Werte einbringen müßten. Ohne die Architekten hätten die Ingenieure für die Industrieerzeugnisse oder die industriellen Bauwerke niemals die modernen künstlerischen Formen gefunden. In einer von einem Ingenieur entworfenen Brücke verwirklichten sich zum Beispiel die Berechnungen und die Rationalität des technischen Denkens, es fehlten jedoch die Struktur und die feinen Abstufungen von Licht und Schatten, die nur der Architekt als Künstler einer solchen Konstruktion verleihen könne. Gropius dachte dabei nicht an irgendwelches dekorative Beiwerk. Er wollte über den Funktionalismus und Materialismus des technischen Entwurfs hinausgehen und vollständiger die Grundsätze und Werte der modernen Technologie und damit der modernen Kultur zum Ausdruck bringen. Mitte der 1920er Jahre betrachteten fortschrittliche Architekten wie Gropius sich und ihre Schöpfung bewußt und ausdrücklich als in einzigartiger Weise modern. Aber damit meinten sie nicht, wie wir es heute vielleicht tun würden, daß ihre Arbeiten zeitgenössisch seien. Sie behaupteten vielmehr, einen «modernen» Stil geprägt zu haben, der sich mit älteren Stilrichtungen wie der Gotik, der Renaissance oder dem Barock vergleichen ließe.

Schon vor dem Ersten Weltkrieg hielt Gropius es für notwendig, einen neuen Baustil für die Epoche zu entwickeln, in der er lebte. Das künstlerische Genie sollte stets die größten Ideen und bedeutendsten Themen seiner Zeit zum Ausdruck bringen. Er glaubte, seine Zeit werde entscheidend von der Revolution in der Arbeitswelt geprägt. Im Vordergrund stand nicht mehr die handwerkliche Leistung des einzelnen, sondern die Spezialisierung, die Organisation und die Zentralisierung.[46] Architekten sollten nach seiner Meinung stets die Technologie ihrer Zeit in ihre Arbeit einbeziehen, und da seine Zeit das Entstehen einer neuen Technologie erlebte, mußte auch eine neue Baukunst entstehen.[47] 1911 glaubte Gropius, Fabriken und andere Industriebauten drückten am besten den Geist seiner Zeit aus, wie Kathedralen Ausdruck der Kultur des Mittelalters gewesen waren. In den 1920er Jahren war er zu der Auffassung gelangt, daß Wohnsiedlungen für Arbeiter ebenfalls den Geist des modernen Industriezeitalters ausdrücken könnten. Wie so viele politische und soziale Reformer in Europa nach dem Ersten Weltkrieg glaubte auch er, wenn für die Arbeiter nicht angemessene Wohnungen gebaut würden, könne ihre Unzufriedenheit zu einer «sozialen Katastrophe» führen.[48]

Der junge Gropius war stark beeindruckt vom Nutzwert der amerikanischen Technologie. Ebenso wie Le Corbusier in späteren Jahren fand er, daß sich dieser Wert besonders deutlich in den Ende des 19. und Anfang des 20. Jahrhunderts gebauten amerikanischen Betonsilos zeigte. Auf Illustrationen, die er 1911 für einen Vortrag über «monumentale Kunst und industrielles Bauen» als Anschauungsmaterial zusammengestellt hatte, waren Silos in Baltimore, Ohio, Buffalo, New York, und Minneapolis, Minnesota, abgebildet.[49] Ebenso wie die ägyptischen Pyramiden und klassischen Tempel waren diese Silos für Gropius Ausdruck der Monumentalität und Kraft, aber hier war es die Monumentalität und Kraft der amerikanischen Technologie und Zivilisation. Gropius bemühte sich darum, die technischen Formen in Amerika durch den Geist europäischer Kultur zu veredeln. Der Architekturkritiker und Mitarbeiter von Gropius, Adolph Behne, nannte es «ästhetisches Filtern der amerikanischen Direktheit».[50]

Walter Gropius (1883–1969).

Wie viele selbständige Erfinder in Amerika war auch Gropius ein Unternehmer. Es genügte ihm nicht, Gebäude nur zu entwerfen, er interessierte sich auch für die technischen, wirtschaftlichen und organisatorischen Aspekte seiner Bauvorhaben. Ähnlich wie den selbständigen amerikanischen Erfindern, die zugleich als Unternehmer tätig waren, gehörte sein Herz vor allem dem Erfinden neuer Formen, aber er hatte erkannt, daß er die Umsetzung seiner Ideen in die Praxis überwachen mußte. Mit seiner ganzheitlichen Einstellung zur Architektur nahm er eine ganz ähnliche Haltung ein wie die amerikanischen Systembauer; so neigte auch er zum Taylorismus und Fordismus. Damit ging er einen ganz anderen Weg als die meisten seiner an die Tradition und Berufsdisziplin gebundenen zeitgenössischen Kollegen. Wie so viele andere echte Neuerer distanzierte er sich von den maßgebenden Institutionen und Ideen in seinem Tätigkeitsbereich und suchte auf anderen Feldern menschlicher Aktivität passende Analogien.

Mitte der 1920er Jahre als Leiter des Bauhauses verhielt sich Gropius wie ein technologischer Enthusiast.[51] Die Verlegung des Bauhauses von Weimar in die Industriestadt Dessau im Jahr 1925, das Ende der Inflation und der

Beginn einer Periode der Stabilisierung in Deutschland, die vermehrte finanzielle Förderung öffentlicher Bauten, besonders von Arbeitersiedlungen
durch sozialistische Stadtverwaltungen, und Kontakte mit anderen avantgardistischen deutschen Architekten, die sein Interesse für die moderne Technologie teilten, wie Bruno Taut und Ernst May, verstärkten Gropius' Interesse
für die gegenseitige Beeinflussung von Architektur, Technologie und Industrie. Seine Briefe, Aufsätze und Veröffentlichungen bezeugen seine Begeisterung für die Technologie und zeigen, daß er mit den modernen Produktionsmethoden, besonders mit denen von Ford und Taylor, durchaus vertraut
war.[52] Zu Ford und Taylor hat er sich immer wieder sehr deutlich geäußert.
Für den Entwurf und die Ausführung von Bauten empfahl er die Standardisierung exakter Einzelteile, die Verwendung von kapitalintensiven, arbeitspa-
renden Spezialmaschinen und eine angemessene Arbeitsteilung. Er und seine
Mitarbeiter erarbeiteten genaue Kostenvoranschläge, wobei es ihnen darauf
ankam, die Kosten durch eine möglichst intensive Nutzung der Kapazität zu
senken. So bewies er nicht nur technologisches Verständnis, sondern äußerte
sich auch schriftlich zu Erfindungen und Patenten auf dem Gebiet der Bau-
technik, der Forschung und Entwicklung im Laboratorium und über die fa-
brikmäßige Herstellung von Fertigbauten. Nachdem das Bauhaus nach Dessau umgezogen war, bezeichnete Gropius es als Versuchslaboratorium für die
Wohnungsbauindustrie.[53]

1924 erklärte er, die Zeit für die Massenproduktion des maschinell hergestellten Hauses sei gekommen. Er erklärte, jetzt stünden die Mittel und
Möglichkeiten zur Verfügung, den alten Traum Wirklichkeit werden zu lassen, die Massen mit billigen, ansehnlichen und gesunden Wohnungen zu
versorgen. Er sei überzeugt, nur Trägheit und Vorurteile verhinderten den
Bau von Häusern nach den von Ford für sein preiswertes Modell T entwickelten Produktionsmethoden. Gropius stellte sich so etwas wie einen «Wohnford» vor.[54] Er war sogar noch flexibler als Ford, denn er dachte an Fabriken,
die standardisierte austauschbare Fertigteile für Häuser herstellen müßten,
die man in verschiedenen Kombinationen zusammenstellen könnte. Wie bei
den Automobilen wollte Gropius verschiedene Modelle für Häuser entwik-
keln, aber die Variationen aus Fertigteilen sollten auf nur wenige Typen
beschränkt bleiben.[55] 1924 traf er mit den Architekten Martin Wagner und
May eine Vereinbarung über den Entwurf und Bau von Versuchshäusern, die
für größere Siedlungsprojekte als Modelle dienen könnten. Man kam überein, Modellhäuser zu entwerfen, die sich für eine systematisierte und rationalisierte Produktion großen Stils eigneten. Das erklärte Ziel war, Arbeit zu
sparen, die Fertigungskapazitäten voll auszunutzen, das vorhandene Material
wirtschaftlich zu verwenden und die Fertigungsanlagen vertikal zu integrieren. Das sind Ideen, wie man sie im allgemeinen nicht bei Architekten ver-
mutet, sondern eher mit den Begriffen Fordismus und Taylorismus verbin-
det.[56] In einem Aufsatz mit dem Titel «Wie bauen wir billigere, bessere und

Meister der Moderne am Bauhaus: Wassily Kandinsky, Nina Kandinsky,
George Muche, Paul Klee und Gropius (von links nach rechts).

attraktivere Wohnungen?» faßte Gropius seine Vorstellungen zusammen;
dazu gehörten die Verwendung von Methoden der Massenproduktion, die
Arbeit am Fließband, wie sie auch schon in anderen Fabriken üblich sei, die
Erstellung von Programmablaufplänen und andere Techniken zur Überwa-
chung und Lenkung des Produktionsprozesses.[57]
Der Entschluß von Gropius und anderen avantgardistischen europäischen
Architekten, moderne Produktionsmethoden anzuwenden und damit moder-
nen Wertvorstellungen Ausdruck zu verleihen, ließ klar erkennbar moderne
Formen und Entwürfe, oder man könnte auch sagen, einen ganz neuen Stil
entstehen. Sie stellten ihn 1927 mit verschiedenen Gebäuden, die für die
Weissenhof-Siedlung entworfen worden waren, der Öffentlichkeit vor. Die
Häuser waren von Gropius, Le Corbusier, Behrens, Mies und anderen Avant-
gardisten für die Ausstellung des Werkbundes in Stuttgart entworfen worden.[58] Der Architekturhistoriker Henry-Russell Hitchcock und der Architekt
Philip Johnson stellten diesen avantgardistischen europäischen Stil der ame-

Rationalisierte Bauweise, Dessau-
Törten, Eisenbahnschienen und
Kran, Dessau-Törten.

Baustelle in Dessau-Törten; das Baumaterial ist griffbereit ausgelegt.

rikanischen Öffentlichkeit 1932 mit der Veröffentlichung des Buches *The International Style* und einer Ausstellung der Werke von Gropius, Le Corbusier, Mies und anderen im gleichen Jahr im Museum of Modern Art vor.[59]

Das Paradox, daß ein deutscher Architekt, Gropius, nicht aber amerikanische Architekten bei der Entwicklung eines Stils die Pionierarbeit leisteten, der durch die Konstruktionstechniken und Grundsätze der modernen amerikanischen Technologie gekennzeichnet war, erklärt sich vor allem dadurch, daß in der Weimarer Republik öffentliche Bauvorhaben mit besonderer Energie gefördert wurden. Diese Bauprojekte wurden vor allem von sozialistischen Stadtverwaltungen finanziert, und die Entwürfe kamen von begabten avantgardistischen Architekten, die ihrerseits in den meisten Fällen idealistische und links eingestellte Persönlichkeiten waren. Sie glaubten, der amerikanische Taylorismus und Fordismus böten die geeigneten Methoden für die Massenproduktion kostengünstiger Wohnungen. 1926 beauftragte die Stadt Dessau Gropius, den Bau einer Wohnsiedlung im Dessauer Vorort Törten zu planen und zu leiten. Gropius ergriff diese Gelegenheit zur Anwendung der Methoden von Ford und Taylor bei der Verwirklichung eines Großprojekts und entwarf Häuser, die in ihrer äußeren Form moderne technologische Werte zum Ausdruck brachten wie Zweckmäßigkeit, Regelmäßigkeit, sinnreiche technische Lösungen, Standardisierung und Systematik. Für die Häuser in Dessau-Törten entwarfen Gropius und seine Mitarbeiter eine Reihe von Grundtypen und bauten mehr als 300 von ihnen. Die zweistöckigen, miteinander verbundenen Häuser bildeten lange Reihen zu jeweils 8 oder mehr Einheiten. Ihre schlichte, geometrische Form zeigte glatte Flächen, kubische Räume, in der Ebene der Außenwände liegende Fenster und flache Dächer. Ihr Aussehen schockierte die Deutschen, die an schräge Dächer, nach innen versetzte Fenster, kurvenförmige Linien und Stuckverzierungen gewöhnt waren, die man damals an den meisten großen und kleinen Häusern anbrachte. Im Innern legte Gropius Wert auf eine praktische Küche, kleine, schlichte Zimmer, besonders für diese Wohnungen entworfene Möbel und auf einen kleinen Küchengarten hinter dem Haus.

Beim Bau verwendete er vorgefertigte Einzelteile und auf der Baustelle hergestellte Pfeiler aus Stahlbeton. Er und seine Mitarbeiter waren besonders stolz auf die systematische Anordnung des Materials an der Baustelle, die es ermöglichen sollte, die Arbeit ebenso wie in den Fordfabriken ständig im Fluß zu halten. Da es Reihenhäuser waren, ließen sich parallel zu den Baustellen Schienen legen, auf denen man die Baukräne und die Kippwagen für den Transport des Baumaterials bewegen konnte. Die Behälter für Zement, Sand, Löschbeton und Kies waren an leicht zugänglichen Stellen aufgestellt. Gropius war besonders stolz auf die Verwendung arbeitsparender Maschinen wie Betonmischmaschinen, Maschinen zum Zerkleinern von Steinen, Vorrichtungen zum Gießen von Bauteilen und Stahlbetonpfeilern. Er erklärte, der

Siedlung in Dessau-Törten.

Umfang des Projekts erlaube es, größere Summen in solche Maschinen zu investieren. Nach den Methoden von Taylor wurden für die Bautätigkeit in Dessau-Törten genaue Zeitpläne und Anweisungen sowie Kostenvoranschläge schriftlich festgelegt. Nach diesen Plänen waren die Bauarbeiten in einzelne Abschnitte eingeteilt, die genau eingehalten werden mußten. Einzelne Arbeiter übernahmen bei der Errichtung jedes dieser standardisierten Häuser immer wieder die gleichen Aufgaben. Aus der Vogelperspektive erkannte man an diesem Bauprojekt ganz genau die systematische, an das Fließband erinnernde Struktur. In Dessau-Törten wollte Gropius seine Idee verwirklichen, nach den Methoden der Massenproduktion einen «Wohnford» zu bauen.

Le Corbusier

Charles-Edouard Jeanneret, der in der Schweiz geborene Architekt, der unter dem angenommenen Namen Le Corbusier bekanntgeworden ist, hat zur Entstehung eines modernen Baustils ebensoviel beigetragen wie Gropius. Bei der Definition einer modernen technologischen Kultur hat er sogar noch mehr geleistet. Wie Gropius war auch er vom Fordismus und Taylorismus beeinflußt. Aber seine Begeisterung für die moderne Technologie war noch größer als die seines deutschen Zeitgenossen. 1911 hatte auch er als technischer Zeichner im Berliner Atelier von Peter Behrens gearbeitet. Davor hatte er das Glück gehabt, eine Teilzeitbeschäftigung bei den Pariser Architekten Auguste und Gustave Perret zu bekommen. Diese Firma führte damals revolutionäre neue Methoden in der Architektur ein, als sie Gebäude im Betonskelettbau errichtete. Diese Neuerung gründete sich auf in jüngster Zeit gewonnene Erkenntnisse in der Ingenieurwissenschaft, der Statik und der angewandten Mathematik. Le Corbusier ließ sich 1916 in Paris nieder und fand dort eine Stellung als beratender Architekt bei einer Baufirma. Unter anderem zeigt sein Entwurf für ein Schlachthaus deutlich sein mehr als flüchtiges Interesse für die moderne Produktionstechnik. In diesem Fall stellte Le Corbusier das System von Ford für die Montage von Automobilen auf den Kopf. Er verwendete das Fließband zum Zerteilen der geschlachteten Tiere. 1917 gründete er eine kleine Firma, die Société d'Études Industrielles et Techniques, eine Ziegelei in unmittelbarer Nähe von Paris. Hier ließ sich Le Corbusier entscheidend von dem damals herrschenden Geist der Massenproduktion (Fordismus) und der industriellen Organisation (Taylorismus) anregen.[60] In fast allen zwischen 1918 und 1935 erschienenen Büchern von Le Corbusier wird der Taylorismus erwähnt.[61] Ebenso wie Gropius träumte auch er davon, beim Hausbau nach den gleichen Methoden vorzugehen wie Ford beim Bau von Automobilen.[62] Auch die von Taylor empfohlenen Produktionsmethoden betrachtete er als Möglichkeit, die Probleme des Wiederaufbaus nach dem Ersten Weltkrieg zu lösen.[63] 1920 bezeichnete er sich selbst als Industriellen *und* als Architekten.

Er glaubte in einer von Technologie und Industrie geprägten Zeit zu leben und, was seine Interessen und Bestrebungen betraf, beruflich und intellektuell ein Vertreter des Zeitgeists zu sein. Beflügelt von ihrer Begeisterung für die Technologie, überzeugt, einer neuen Architektur verpflichtet zu sein, und im Glauben an die Möglichkeit der Verwirklichung ihrer Vision von einer technologischen Kultur begannen Le Corbusier und der eng mit ihm befreundete Maler Amédée Ozenfant 1920 mit der Veröffentlichung der Zeitschrift *L'Esprit nouveau*. In dieser Zeitschrift sollte der Geist des modernen Zeitalters spürbar werden, so wie er ihn empfand.[64] Außer den Aufsätzen über Architektur enthielt die Zeitschrift in ihren 28 Ausgaben (1920–1925) Artikel über das Ingenieurwesen und Ingenieure, Soziologie, Musik, Theater, die schönen Künste, Sport, das Kino, Wirtschaftswissenschaft und die großen zeitgenössischen technologischen Leistungen einschließlich der Ammoniaksynthese. Obwohl *L'Esprit nouveau* sich mit den verschiedensten Themen beschäftigte, behandelte sie immer wieder Probleme der Ordnung, der Rationalität, des Ingenieurwesens und der Technologie. Mit anderen Worten, das Hauptthema war der Geist des neuen Zeitalters. Wer in *L'Esprit nouveau* in erster Linie ein architektonisches Manifest sieht, was diejenigen, die sich vor allem für seine Leistungen als Architekt interessieren, manchmal tun, verkennt die Absichten von Le Corbusier und dieser Zeitschrift. Nach seiner Ansicht brachte nicht die neue Architektur den neuen Geist, vielmehr brachte der neue Geist, *l'esprit nouveau*, die neue Architektur.[65]

Für Le Corbusier waren die Klarheit und Rationalität der Technik des 20. Jahrhunderts und der klassischen Architektur Ausdruck dieses neuen Geistes. Nach seiner Ansicht vernebelten zeitgenössische Architekten den Geist des modernen Zeitalters mit ihren langweiligen Rückgriffen auf das 19. Jahrhundert und einen schwachen Neoklassizismus. Im Gegensatz dazu entdeckten nach seiner Ansicht die Ingenieure, besonders die amerikanischen, mit ihren mathematischen Berechnungen, wissenschaftlichen Schlußfolgerungen und kühnen empirischen Experimenten Form und Inhalt der modernen Kultur. Er glaubte, amerikanische Architekten hätten kein besseres Gefühl für den Geist ihrer Zeit als ihre europäischen Kollegen. Unter den modernen Ingenieuren war der amerikanische für Le Corbusier der Primus inter pares. Er schrieb: «Hören wir auf die Ratschläge der amerikanischen Ingenieure, aber hüten wir uns vor den amerikanischen Architekten.» Auch sie hatten die Reinheit der alten klassischen geometrischen Formen aufgegeben und sich statt dessen den dekorativen Exzessen des Historismus des 19. Jahrhunderts zugewandt.[66] Er glaubte, eine neue Generation von Architekten, der auch er angehörte, werde die ästhetischen Dimensionen auf die rein rationalen Formen der Ingenieure zurückführen. Wie Gropius war Le Corbusier kein simplifizierender Funktionalist, der behauptete, die Funktion bestimme die Form. Mit großer Begeisterung bewunderte er moderne Getreidesilos, Flugzeuge, Dampfschiffe, Automobile und andere von Ingenieuren entworfene Gegenstände, aber er behauptete, nur der kreative Architekt könne solche Strukturen in architektonische Entwürfe umsetzen. Eine seiner bemerkenswertesten Vorstellungen war die Gegenüberstellung des Parthenons und eines 1921 gebauten Delage Sportwagens. Beide brachten, wie er glaubte, mit großem Feingefühl die Gesetze des Ebenmaßes und der Harmonie zum Ausdruck, die dem Begriff der universellen Schönheit zugrunde liegen.

Wenn wir den Namen Le Corbusier hören, denken wir an die von ihm entworfenen Privathäuser, zum Beispiel die Villa Savoye in Poissy (1929–1931), seine Wohnblöcke wie die Unité d'Habitation in Marseilles (1952), seine öffentlichen Gebäude im indischen Chandigarh (Bauleitplan 1951) und an seine Kirche in Ronchamp (1955); aber ebenso wie Gropius in den 1920er Jahren wollte er mit den Methoden der Massenproduktion Arbeitersiedlungen bauen. Er fürchtete, wenn die Arbeiter nicht gut untergebracht wären, werde es zu sozialen Unruhen kommen; er begeisterte sich aber auch für die Idee der Massenproduktion, weil er sie für etwas wesentlich Modernes hielt. Nach seinen Vorstellungen sollten solche Gebäude im großen Maßstab für den Bau mit den Techniken der Massenproduktion entworfen werden. Der Erste Weltkrieg hatte seine Phantasie angeregt, wie das bei vielen europäischen Industriellen und Ingenieuren der Fall gewesen war. Er behauptete, wenn es möglich gewesen sei, Flugzeuge, Lastwagen und Geschütze nach den Methoden der Massenproduktion herzustellen, dann müßten sich auch Häuser in ähnlicher Weise bauen lassen. Er glaubte, die Automobil- und Flugzeugfabriken könnten ihre Techniken auch den Erfordernissen des Hausbaus anpassen.[67] 1921 veröffentlichte er Skizzen eines Hauses, Citrohan, mit denen er einen Vergleich mit den Techniken und dem Stil des in Frankreich in Massenproduktion hergestellten Citroën herstellen wollte, eines Automobils, dessen Hersteller, angeregt von dem Produktionsverfahren bei Ford, am Fließband arbeiten ließ.[68] Nach seiner Ansicht sollten die in Massenproduktion hergestellten Häuser ebenso schön und funktional sein wie die elegantesten Werkzeuge und Maschinen der modernen Technologie. Zu seinen Entwürfen gehörten Häuser aus in Formen gegossenen Betonteilen, die innerhalb von drei Tagen fertiggestellt werden konnten. An die Stelle der natürlichen Baustoffe sollten künstliche treten wie der Stahlbeton, dessen Stärke sich mathematisch berechnen ließ, so daß man ihn sehr effektiv und wirtschaftlich einsetzen konnte. 1920 sagte er voraus, die Schwerindustrie werde innerhalb von zwei Jahrzehnten in Spezialfabriken mit standardisiertem Baumaterial arbeiten und mit rationalisierten Verfahren Fertigteile herstellen. An dieser Entwicklung würden neue Ausbildungsstätten für Architekten und große Anlagebanken beteiligt sein.[69] 1924 beauftragte ein exzentrischer Industrieller aus Bordeaux Le Corbusier, für seine Arbeiter in Pessac eine Wohnsiedlung mit den Methoden der Massenproduktion zu bauen, aber das Vorhaben scheiterte vor der Fertigstellung der Häuser, weil die Gewerkschaften und die Vertragsfirmen die Zusammenarbeit verweigerten.[70]

Bis zum Ende der 1930er Jahre blieben die Bemühungen von Le Corbusier, Gropius, Mies van der Rohe und anderen avantgardistischen europäischen Architekten um den modernen Stil in erster Linie eine europäische Bewegung, auch wenn sie ihre Wurzeln in der amerikanischen Technologie hatte. Ausnahmen waren die Häuser des Wiener Architekten Richard Neutra in Kalifornien, die den Einfluß des internationalen und des organizistischen Stils von Wright zeigten, sowie das Gebäude der Philadelphia Savings Fund Society von George Howe und William Lescaze, in dem sich der internationale Stil mit dem der amerikanischen Wolkenkratzer verband.[71] Als die Nationalsozialisten in Deutschland an die Macht kamen, machten sie Stimmung gegen den internationalen Stil, für den sich die Öffentlichkeit noch Ende der 1920er Jahre lebhaft interessiert hatte. Die Vertreter der Weimarer Republik hatten der Welt die Architektur des internationalen Stils als Beispiel für das Entstehen einer neuen Kultur in Deutschland vorgestellt.

Im Gegensatz dazu führten konservative Architekten und verärgerte Bauhandwerker, die mit den neuen Techniken nichts anzufangen wußten, heftige Angriffe gegen die Verfechter der modernen Architektur, dem sich sehr bald auch die nationalsozialistischen Ideologen anschlossen. Paul Schultze-Naumburg, ein konservativer deutscher Architekt, der dafür bekannt war, daß er an seinen konservativen Bauten historische Bezüge anbrachte, bezeichnete den internationalen Stil als materialistisch in seinem Bestreben, den Geist und die Formen einer modernen Produktionstechnologie zum Ausdruck zu bringen, und undeutsch in seinem Anspruch, international und nicht national zu sein. Er schrieb, die Häuser in dem neuen Baustil sähen aus wie Schlafwagen auf einem Abstellgleis, entworfen von den Nomaden der Hauptstadt. (In den 1920er Jahren glaubten erzkonservative Kreise, die Berliner seien entwurzelte Anhänger internationaler Modetorheiten in der Politik und Kultur.) Eigenartigerweise konzentrierte sich diese erbitterte Auseinandersetzung mit rassistischen Untertönen eine Zeitlang auf die Vorzüge der schrägen (deutschen) im Gegensatz zu den flachen (nichtdeutschen) Dächern. Im Leserbrief an eine Zeitung verglich der Absender die flachen Dächer mit flachen Schädeln und erklärte, solche Dächer zu bauen sei schweinisch.[72]

Die feindselige Haltung der nationalsozialistischen Führung gegenüber dem internationalen Stil und einige erfolglose Versuche, von dem neuen Regime Aufträge zu bekommen, veranlaßten Gropius 1934, zuerst nach Großbritannien und dann in die Vereinigten Staaten auszuwandern. Nachdem die Regierung das Bauhaus 1933 hatte schließen lassen, wanderte auch Mies, der 1930 die Nachfolge von Gropius und Hannes Meyer als Leiter des Bauhauses angetreten hatte, ebenfalls 1937 nach Amerika aus. Nach dem Zweiten Weltkrieg führten Gropius, von ihm in Harvard ausgebildete Architekten und Mies den internationalen Stil mit einigen bedeutenden Hochhäusern in Chicago und New York City auch in den Vereinigten Staaten ein. Doch an die Stelle des sozialen Engagements und der strengen, phantasiereichen Maschinenästhetik, die in den mit den Techniken der Massenproduktion gebauten Siedlungen der 1920er Jahre zum Ausdruck kamen, traten in Amerika die als Körperschaftseigentum für Luxuswohnungen gebauten Hochhäuser, die Privathäuser für die Reichen und phantasielose Wohnblocks, bei denen es in erster Linie darauf ankam, Kosten zu sparen, was durch vereinfachte geometrische Strukturen, vorgefertigte Teile und Standardisierung ermöglicht wurde.

Moderne Kunst und Maschinentechnologie

Nicht nur avantgardistische Architekten, sondern auch Maler versuchten, den Geist einer Ära des technologischen Enthusiasmus in ihren Werken zum Ausdruck zu bringen. Auch hier waren es die Europäer und nicht die Amerikaner, die sich als erste darum bemühten, die Werte und Formen der modernen Technologie in der bildenden Kunst darzustellen. Seit Jahrhunderten hatten Künstler in Europa und Amerika Industrielandschaften porträtiert, aber im 20. Jahrhundert suchten einige von ihnen durch ihre Motive und ihren Stil die Überzeugung zu vermitteln, daß die moderne Kultur im wesentlichen eine technologische war. Dabei gingen sie in ähnlicher

Weise vor wie die Architekten, die sich dem internationalen Stil verschrieben hatten. Diese Künstler glaubten, daß die Technologie die Verkörperung eines Geistes sei, der auf den Wert menschlicher Erfindungen und Entdekkungen vertraue. Für sie war die Technologie von dem Glauben getragen, daß der Mensch seine materielle Umwelt gestalten, ordnen und beherrschen könne. Zur Technologie gehörte das Bemühen um Werte wie Ordnung, Präzision, Energie, Bewegung und Veränderung. In ihren Gemälden versuchten sie, diesen Geist zu symbolisieren. Die Motive dieser Künstler waren nicht nur Industrielandschaften, sondern auch mechanische, elektrische und chemotechnische Formen wie Kolben und Zylinder, elektrische Dynamos und Stromleitungen, Metallbehälter und Rohre. Einige von ihnen versuchten, das Element der Bewegung schnellfahrender Automobile und Lokomotiven einzufangen, und andere zeichneten und malten mit der Präzision und kühlen Objektivität von Ingenieuren und Architekten. Außerdem bemühten sie sich um die Wiedergabe der Harmonie, der Ausgewogenheit und des Ineinandergreifens reibungslos funktionierender technologischer Systeme.

Vor dem Ersten Weltkrieg waren es vor allem die italienischen Futuristen, die sich um einen Stil bemühten, mit dem sich das Wesen der technologischen Kultur angemessen artikulieren ließ. Da sie in einem weniger industrialisierten Land lebten als ihre europäischen Kollegen, das stärker von der Landwirtschaft geprägt war, hatten diese Futuristen die kühne Vorstellung, Technologie und Kunst könnten wesentlich zu radikalen sozialen Veränderungen beitragen. Italiener, welche die Vereinigten Staaten, Deutschland, Frankreich und Großbritannien besuchten, sahen die sozialen, politischen, wirtschaftlichen und militärischen Gegensätze zwischen ihrem Land und den höher entwickelten Industrienationen. Sie schrieben diese Entwicklung den Bemühungen zu, mit Hilfe der Technologie soziale Veränderungen durchzusetzen. Filippo Tommaso Marinetti, der Begründer, Förderer und Führer der futuristischen Bewegung und Verfasser umfangreicher Manifeste war fasziniert von der Dramatik und Dynamik der neuen Technologie. Er begrüßte freudig die sozialen Veränderungen, die sie mit sich brachte. Der Romanschriftsteller und Lyriker versammelte um sich Architekten, Maler, Bildhauer, Photographen, Dramatiker und Schriftsteller, die in der Zeit vor 1909, als Marinetti das futuristische Gründungsmanifest veröffentlichte, und dem Ende des Ersten Weltkriegs in den Kreisen europäischer Künstler und Intellektueller stark beachtet wurden. Marinettis glühende Begeisterung für die neue Technologie und die Verachtung, die er für die alte Gesellschaftsordnung empfand, kamen in einer kurzen Begebenheit zum Ausdruck, die er im Rahmen seines Manifests von 1909 schilderte. Dabei betonte er den Kontrast zwischen den Straßenbahnen, die an seinem Haus in Mailand vorüberfuhren, und dem in der Renaissance gebauten Kanal (dessen Schleusen angeblich Leonardo entworfen hatte), der hinter dem Haus vorüberfloß:

«Plötzlich schreckten wir auf, als wir das laute Rattern der großen Doppel-
decker-Straßenbahn hörten, die in farbigem Licht strahlend draußen vor-
überrumpelte... Dann trat tiefe Stille ein. Doch während wir auf die leise
gemurmelten Gebete des alten Kanals und das Knirschen der Gebeine alters-
schwacher Paläste über ihren feuchten grünen Bärten lauschten, hörten wir
plötzlich unter den Fenstern das hungrige Brüllen von Automobilen.
‹Laßt uns gehen!› sagte ich. ‹Los, Freunde! Laßt uns gehen...!›
Wir näherten uns den drei schnaubenden Bestien, um mit liebkosenden
Händen ihre glühend heißen Brüste zu berühren. Ich legte mich ausgestreckt
auf meinen Wagen wie eine Leiche auf die Bahre, aber ich wurde wieder
lebendig, sobald ich unter dem Lenkrad saß, dem Messer einer Guillotine, die
drohend über meinem Magen schwebte.»[73]
    Automobile waren für die Futuristen Symbole der Technologie und der
Modernität. Marinetti sagte, ein Automobil mit dröhnendem Motor sei schö-
ner als die *Nike von Samothrake*. Die Futuristen sahen das Wesentliche des
neuen Zeitalters in seiner atemberaubenden Geschwindigkeit und Energie
und in der Befreiung des Geistes. In seinem Werk und auf Gemälden anderer
Futuristen erschienen immer wieder dynamische Darstellungen von Automobilen. Auf mehr als 100 Bildern von Giacomo Balla war das Hauptmotiv ein
mit großer Geschwindigkeit heranbrausendes Automobil.[74] Marinetti malte
unter anderem auch Arsenale und Schiffswerften, die nachts in grelles
Scheinwerferlicht getaucht waren, Bahnhöfe mit «tiefbrüstigen Lokomotiven», Fabriken mit rauchenden Schornsteinen, Flugzeuge und Städte, deren
Straßen mit Menschen angefüllt waren, die für radikale Ideen demonstrierten. Andererseits verachteten die Futuristen die Malerei, Architektur, Literatur und die Akademien der hochgeschätzten italienischen Renaissance als
Symbole des sich ausbreitenden Einflusses einer dem Tode geweihten ländlichen Kultur. Sie glaubten, die neue Technologie und Kunst würden eine
materielle und geistige Umwelt hervorbringen, welche die Geburt eines dynamischen, starken und aggressiven Italien begünstigen werde. Der Futurist
Umberto Boccioni sagte, er und seine Gesinnungsgenossen wollten sich ame-
rikanisieren und sich dazu in den alles verschlingenden Strudel der Modernität stürzen mit seinen Automobilen, Menschenmassen und seinem rücksichtslosen Wettbewerb.[75]
    Auch die moderne Großstadt beflügelte ihre Phantasie. Der futuristische
Architekt Antonio Sant'Elia legte seine Vorstellungen von einer neuen, von
der Technologie beherrschten Großstadt auf einer 1914 veranstalteten futuristischen Ausstellung unter dem Motto «neue Tendenzen» vor. Staudämme,
Wasserkraftwerke und Fabriken gehörten zu diesem Stadtbild, aber deutlich
beeinflußt durch die urbane Vitalität amerikanischer Städte waren die Entwürfe Sant'Elias von Wolkenkratzern beherrscht, und zwar zu einer Zeit, als
andere europäische Architekten nur selten daran dachten, das Stadtbild durch
vertikale Linien beherrschen zu lassen. Er ging auch ganz systematisch vor,

wenn er Wolkenkratzer und andere moderne Strukturen in seinen urbanen Gesamtplan integrierte. Seine Ideen beeinflußten dann in den 1920er Jahren die Architekten, die den modernen oder internationalen Stil entwickelt haben.[76] Marinetti glaubte, die neuen Städte seien der geeignete Nährboden für den futuristischen Geist. In einer 1910 in Venedig gehaltenen Rede rief er: «Es wird Zeit, daß elektrische Lampen mit tausend Lichtpunkten euere geheimnisvollen, verzaubernden und verführenden Schatten brutal zerschneiden und zerreißen!»[77] Er wollte die Kanäle zuschütten und an ihrer Stelle Straßenbahngleise legen lassen. Eine geschäftige Menge sollte sich in der zu einem Fabrikations- und Einkaufszentrum verwandelten Stadt um ein großes Warenangebot drängen. Die ökonomische Seite des Tourismus hat ihn offenbar gleichgültig gelassen.

Nicht nur italienische Künstler sahen im Futurismus eine Möglichkeit, dem gewaltigen Wandel Ausdruck zu verleihen, der sich auf dem Gebiet der Technologie und im Umgang der Menschen miteinander um sie her vollzog. Marinettis futuristisches Manifest von 1909 wurde in mehrere Sprachen übersetzt, und im Februar 1912 veranstaltete die Bernheim-Jeune Galerie in Paris eine Ausstellung mit Werken futuristischer Maler. Durch diese Ausstellung wurde unter anderen auch der in Italien geborene amerikanische Maler Joseph Stella beeinflußt, der seit 1909 Europa bereiste. Als er 1912 in die Vereinigten Staaten zurückkehrte, entschloß er sich, auf seinen Bildern Bewegung, technologische Formen und moderne Stadt- und Industrielandschaften darzustellen und ähnliche Motive und Techniken zu verwenden wie die italienischen Futuristen. Einige seiner Werke stellte er in der Armory Show, einer internationalen Ausstellung moderner Kunst, aus, die zum ersten Mal 1913 in New York City in der 69. Street Armory veranstaltet wurde. In dieser Ausstellung wurden zum ersten Mal zeitgenössische Gemälde, darunter auch die Arbeiten der amerikanischen Künstler Morton Schamberg und Charles Sheeler und europäischer Kubisten einem amerikanischen Publikum gezeigt. Zu den bekanntesten Werken von Stella gehören *The Gas Tank* (1918) und *Brooklyn Bridge* (1920–1922). Außerdem malte er einige Ansichten von Manhattan, die deutlich zeigen, daß er futuristische Ideen in sich aufgenommen hatte.[78]

Der amerikanische Photograph und für alles Neue aufgeschlossene Galeriedirektor Alfred Stieglitz bereitete auch einer amerikanischen Kunst den Boden, die Ausdruck der modernen Technologie sein wollte. Der 1864 in Hoboken, New Jersey, geborene Stieglitz studierte am City College von New York und am Berliner Polytechnikum Maschinenbau. Anschließend entdeckte er sein Interesse für die Photographie und wurde Herausgeber einiger Photozeitschriften, die sich auch mit der bildenden Kunst beschäftigten. Er behauptete, die Photographie sei eine kreative Ausdrucksform. Vor dem Ersten Weltkrieg besuchte er wiederholt Berlin, Dresden, München, London, Paris und andere europäische Städte. Nachdem er den starken Kon-

trast zwischen europäischen Großstädten und New York erlebt hatte, fing er
an, sich intensiv mit dem Photographieren der Maschinen, Stadt- und Industrielandschaften in der Neuen Welt zu beschäftigen. Er konzentrierte sich
auf Motive wie Schleppdampfer, Eisenbahnen, Flugzeuge und im Bau be-
findliche Großstadthäuser. «Die nackte Vitalität von Manhattan und sein
dynamisches Wachstum dienten als ein ‹nicht künstlerisches› Motiv, das zugleich in einzigartiger Weise amerikanisch war.» Für ihn waren die im Bau
befindlichen Wolkenkratzer eine Inspiration. Nachdem er 1903 das Flat Iron
Building photographiert hatte, schrieb er: «Es schien, als bewege es sich auf
mich zu wie der Bug eines riesigen Ozeandampfers – das Abbild eines noch
im Entstehen begriffenen Amerika.» Er fügte hinzu: «Das Flat Iron ist
für die Vereinigten Staaten, was der Parthenon für Griechenland war.»[79]
Stieglitz nannte den amerikanischen Wolkenkratzer eine «gigantische
Maschine». Er «vermählte den Menschen mit der Maschine und blieb bei die-

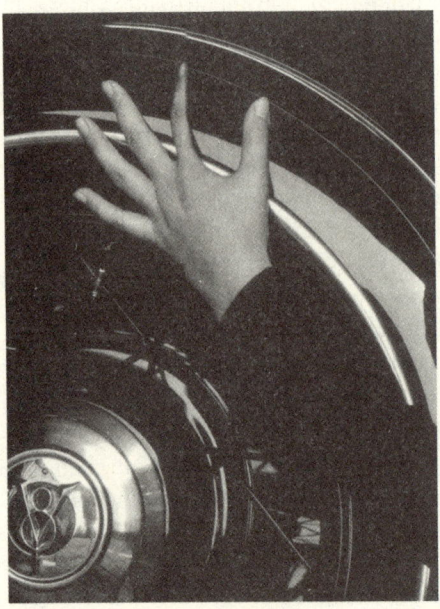

Alfred Stieglitz, *O'Keeffes Hand
und das Rad eines Fordautos.*

sem Thema».[80] 1905 eröffnete er seine Galerie «291» an der Fifth Avenue
291 in New York, gab von 1903 bis 1917 die Zeitschrift *Camera Work* und
in den Jahren 1915 und 1916 das Magazin *291* heraus.[81] Mit zahlreichen
Ausstellungen von Photographien und Gemälden stellte Stieglitz dem amerikanischen Publikum die moderne Kunst vor, zuerst die europäische und
dann die amerikanische. Später zeigte er die Arbeiten junger amerikanischer

moderner Künstler, die sich für die noch in ihren Anfängen stehende urbane, technologische Kultur interessierten. Zu ihnen gehörten Demuth, Arthur Dove und Georgia O'Keeffe, die er 1924 heiratete. In den 1920er Jahren stellte O'Keeffe ihre Arbeiten in der von Stieglitz geleiteten Intimate Gallery aus.

Die Invasion von 1915

Die zunächst langsamen und zögernden Versuche der amerikanischen Kunst, sich mit einer von der Massenproduktion und Technologie geprägten Gesellschaft auseinanderzusetzen, die aus einer Wildnis eine riesige Baustelle gemacht hatte, beschleunigten sich, nachdem Marcel Duchamp, Francis Picabia und mehrere andere führende französische Maler 1915 nach Amerika kamen. Vorher hatten sie alle nach neuen Ausdrucksformen gesucht, um sich vom Kubismus zu distanzieren. Angeregt von einer photographischen Analyse des französischen Physiologen Étienne-Jules Marey über die sich bewegende menschliche Gestalt malte Duchamp das Bild *Akt steigt eine Treppe hinunter*. Auch Picabia, der Duchamp 1911 kennengelernt und sich einer Gruppe angeschlossen hatte, die im Haus von Duchamps Bruder arbeitete, malte einige Bilder, auf denen er sich mit dem Element der Bewegung beschäftigte. Ebenso wie Marinetti war Picabia von schnellfahrenden Automobilen fasziniert. In Formen und Farben versuchte er, das erregende Gefühl zu vermitteln, das die Geschwindigkeit in ihm weckte. Bei ihrer Suche nach dem Geist der Moderne fanden Duchamp und Picabia 1915 bei ihrem Besuch in den Vereinigten Staaten die Bestätigung ihres Bemühens, eine Verbindung zwischen Kunst und Technologie herzustellen. Die Begeisterung, mit der sie sich diesem Problem zuwandten, übertrug sich auf einen kleinen erlesenen Kreis amerikanischer Künstler, die mehr von der positiven als von der skeptischen Haltung übernahmen, welche die beiden Franzosen gegenüber der Technik einnahmen. Als Duchamp und Picabia in die Vereinigten Staaten kamen, feierte die amerikanische Presse sie als weltberühmte Künstler. Beide hatten schon die konventionelle amerikanische Haltung gegenüber der europäischen Kunst mit ihren Arbeiten herausgefordert, die 1913 in der Armory-Ausstellung gezeigt worden waren. Eines dieser Gemälde war Duchamps Akt auf der Treppe gewesen.[82] 1915 gewannen sie die Sympathien der Amerikaner, weil sie anders als die meisten europäischen Intellektuellen und Künstler erklärten, es gebe in der neuen Welt viel für sie zu lernen und zu beobachten. Die New Yorker Zeitung *Tribune* berichtete:

«...Zum ersten Mal interessiert sich Europa für amerikanische Kunst, zum ersten Mal reisen europäische Künstler in unser Land, um jene vitale Kraft zu finden, die eine lebendige und in die Zukunft gerichtete Kunst braucht... Sie wiederum werden uns dafür vielleicht etwas ebenso Notwendiges geben, den Mut, mit der europäischen Tradition zu brechen.»[83]

Duchamp sagte, er freue sich unendlich über die vibrierende Elektrizität dieser auf der Welt gänzlich neuen, jungen und starken Kraft.

1915 waren Duchamp und Picabia Teilnehmer an einer Mini-Invasion französischer Künstler, die der begeisterte Reporter der *Tribune* als «modernistische französische Künstler» bezeichnete. Zu ihnen gehörten der Bildhauer Frederick MacMonnies, der kubistische Maler Albert Gleizes, die Dichterin und Malerin Juliette Roche Gleizes und das Malerehepaar Ivonne und Jean Crotti. Daß sich Europa im Kriege befand, war für sie alle eine große Tragödie, aber sie setzten große Hoffnungen in die Kultur, von der sie glaubten, daß sie in einem freien, friedlichen, vitalen und technisch fortschrittlichen Amerika Gestalt annehmen werde. In Europa war nach ihrem Empfinden die Stimmung schon vor dem Krieg bedrückend gewesen, und während des Krieges hatte sogar Paris die freie und inspirierende Atmosphäre verloren, ohne die das künstlerische Leben nicht blühen konnte. Duchamp erzählte seinen amerikanischen Freunden, die Stimmung im Quartier Latin sei düster. Die ständige Konfrontation mit Tod und Verstümmelung habe selbst die Maler, die nicht an der Front standen, veranlaßt, den Pinsel beiseite zu legen. Duchamp fügte hinzu: «Ich liebe New York. In vieler Hinsicht gleicht es Paris, wie es früher war.»[84]

Duchamp, Picabia und andere entdeckten Amerika zum zweiten Mal als das Land einer technologischen, vom Menschen geschaffenen Welt. Dieses Amerika gab Picabia neuen Lebensmut. Er sagte voraus, die Kunst werde eine neue «großartige Blüte» erleben, wenn sich der kühne, ungestüme und durch nichts einzuengende Geist Amerikas weiter ausbreitete. In der Neuen Welt würden Kunst und Leben eins werden. Sein Aufenthalt in Amerika revolutionierte seine Malweise. Er hatte als Landschaftsmaler angefangen, sich dann dem Kubismus zugewandt, und kurz vor der Abreise aus Europa begann er, mit den Formen, die er schuf, psychologische Einsichten darzustellen. Er berichtete: «Fast unmittelbar nach meinem Eintreffen in Amerika ging mir ein Licht auf, und ich erkannte, daß der Genius der modernen Welt die Maschine ist, und daß die Kunst durch die Maschine die lebendigste Ausdrucksform finden sollte.» Er fuhr fort:

«Ich bin tief beeindruckt von der umfassenden mechanischen Entwicklung in Amerika. Die Maschine ist jetzt mehr als ein bloßes Anhängsel des menschlichen Lebens. Sie ist wirklich ein Teil des menschlichen Lebens – vielleicht sogar seine Seele. Auf der Suche nach den Formen, mit denen ich Ideen interpretieren oder menschliche Eigenschaften darstellen könnte, bin ich schließlich zu der Form gekommen, die mir... plastisch und symbolträchtig erscheint. Ich habe mich der Technik der modernen Welt zugewandt und sie mir in mein Atelier geholt... Ich beabsichtige so lange zu arbeiten, bis ich den Gipfel des mechanischen Symbolismus erreicht habe.»[85]

Picabia sagte voraus, die «modernistische» Kunst habe ihre künftige Heimat in Amerika gefunden.

Francis Picabia, *Ici, c'est ici Stieglitz,
foi et Amour.*

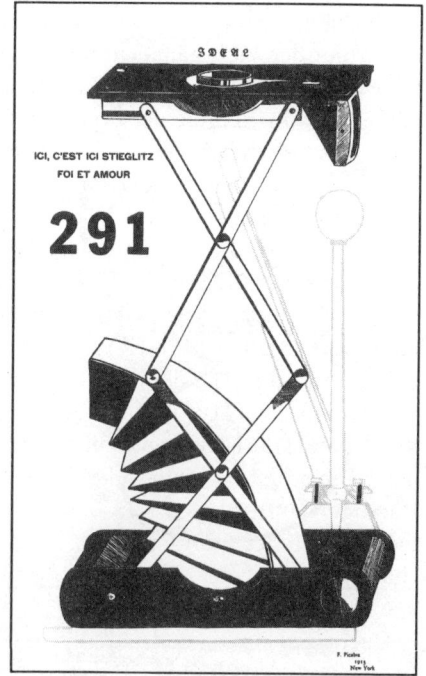

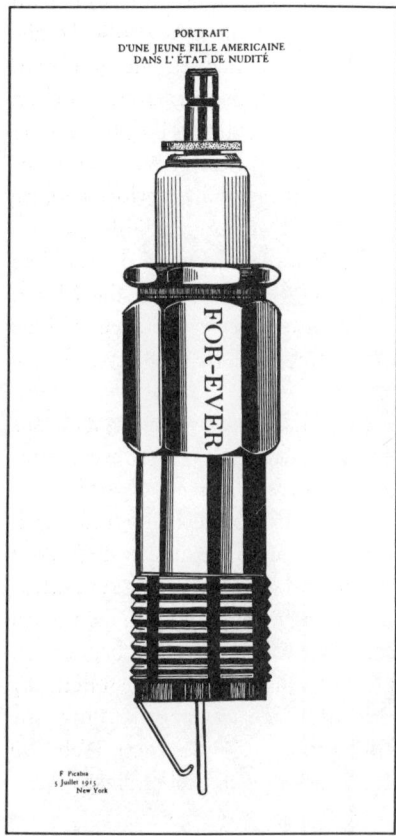

Picabia, *Portrait d'une jeune fille
américaine dans l'état de nudité.*

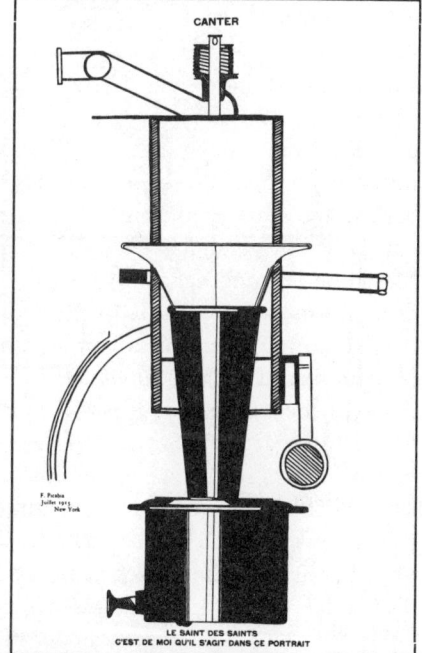

Picabia, *Le saint des saints.*

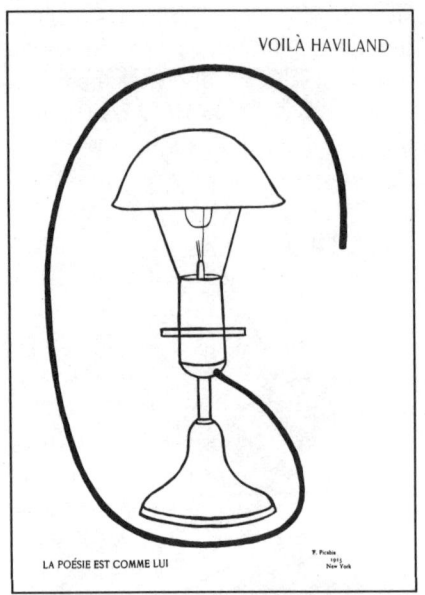

Picabia, *Voilà haviland.*

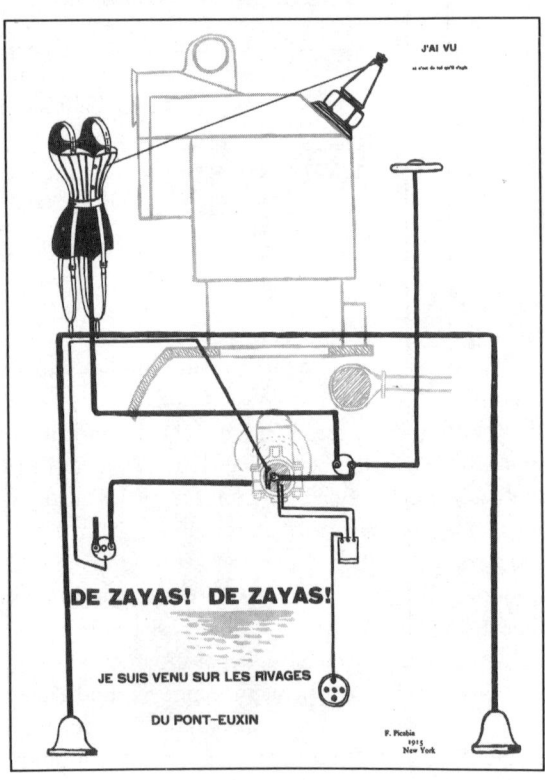

Picabia, *De zayas! de zayas!*

Picabia glaubte, mit der Entdeckung der Maschine habe er Amerika entdeckt, und der Geist Amerikas gleiche dem der modernen Kunst – in seiner Gleichgültigkeit gegenüber der Tradition und Geschichte und in seinem Tätigkeitsdrang. Der mexikanische Karikaturist und Kunstkritiker Marius De Zayas, Mitarbeiter der von Stieglitz herausgegebenen Zeitschrift 291 und Besitzer der Modern Gallery in New York, sagte von Picabia: «Von all denen, die gekommen sind, Amerika zu erobern, ist Picabia der einzige, der das gleiche getan hat wie Cortez: Er hat sein Schiff hinter sich verbrannt.»[86] Nachdem er acht Monate in der französischen Armee gedient hatte, schickten ihn die Franzosen in die Vereinigten Staaten mit dem angeblich geheimen Auftrag, für die Armee kubanische Melasse zu kaufen.[87] Er hat allerdings sein Schiff nicht hinter sich verbrannt, sondern kehrte nach Europa zurück und berichtete den Dadaisten, einer avantgardistischen Kunstrichtung, die 1916 in Zürich entstand, über die von ihm entdeckte und mit Begeisterung aufgenommene Maschinenkultur. Er verlängerte jedoch seinen Aufenthalt in New York City bis ins Jahr 1916, und die Zeitschrift 219 veröffentlichte einige seiner Maschinenzeichnungen. Das technische Zeichnen hat die Kunst von Picabia entscheidend beeinflußt. In diesen und späteren Arbeiten hat er sich von technischen Zeichnungen in von der Industrie herausgegebenen Katalogen anregen lassen und diese Darstellungen von Zündkerzen, Kolben und Zylindern frei modifiziert und seine Schöpfungen nach Männern und Frauen und Zitaten aus Enzyklopädien, besonders lateinischen, betitelt. Damit vereinigte er klassisches Wissen, biologische Erkenntnisse und moderne Technologie miteinander.[88] Maschinen waren für ihn Modelle für sein eigenes Verhalten und Ausdruck der Befreiung von konventionellen Beschränkungen und Verantwortlichkeiten. Maschinen gefielen ihm besonders deshalb, weil sie keine Moral hatten. Wenn er sie malte, brachte er damit seine eigene Skepsis, seine Ironie und seinen Hedonismus zum Ausdruck.[89]

Amerikanische Künstler trafen sich in der New Yorker Wohnung von Walter und Louise Arensberg, um sich mit den Ideen von Duchamp und Picabia vertraut zu machen. Die Arensbergs waren wohlhabende Intellektuelle, Kunstsammler und Mäzene und lebten seit 1914 in New York City. Die 1913 in New York eröffnete Armory-Ausstellung hatte sie zutiefst beeindruckt, und dort kauften sie ihr erstes modernes Gemälde, eine Arbeit von Jacques Villon, dem älteren Bruder von Duchamp. Später ließen sie sich von dem Maler Walter Pach, einem der Organisatoren dieser Ausstellung, beim Kauf avantgardistischer Kunstwerke beraten. Sie schlossen auch Freundschaft mit De Zayas, der den Import modernistischer Kunstwerke in die Vereinigten Staaten und die amerikanischen Künstler förderte, die sich dieser Kunstrichtung anschlossen. Pach stellte den Arensbergs auch Duchamp vor, als dieser 1915 nach New York kam, und es entwickelte sich eine enge Freundschaft zwischen ihnen und dem Maler.[90] Duchamp mietete ein Atelier im gleichen New Yorker Gebäude, in dem die Arensbergs eine sehr geräumige Wohnung

hatten und wo sie regelmäßig einen Kreis avantgardistischer Künstler um
sich versammelten. Die Wohnung der Arensbergs wurde zur Vorhut der
französischen Modernisten und amerikanischen Künstler und Intellektuellen,
die sich der neuen amerikanischen Kultur verschrieben hatten. Zu den Amerikanern gehörten Stella, Marsden Hartley, Isadora Duncan, Katharine
Dreier, Amy Lowell, William Carlos Williams, Sheeler und Demuth. In ihrem Salon an der 67. Straße herrschte ein geniales Durcheinander, es kam
immer wieder zu den verzwicktesten Intrigen, und es wimmelte von Menschen, die die Gastfreundschaft der Arensbergs oft viel zu lange in Anspruch
nahmen. 1922 entfloh das erschöpfte Ehepaar nach Kalifornien.[91]

Duchamp blieb in New York City, wo es ihm gelang, einige amerikanische
Künstler davon zu überzeugen, daß es richtig sei, sich vom europäischen
Vorbild zu lösen und in der eigenen lebendigen technologischen Zivilisation
nach künstlerischen Ausdrucksformen zu suchen. Er zeigte ihnen, wie man
aus gewöhnlichen, maschinell hergestellten Gegenständen Objekte machen
konnte, die einen ästhetischen Wert hatten. Duchamp selbst signierte ein
normales Urinbecken aus Porzellan, gab ihm den Titel *Fountain* und wollte
sich mit diesem «Erzeugnis der Massenproduktion» an einer amerikanischen
Kunstausstellung beteiligen, aber die schockierte Jury lehnte es ab, diesen
Gegenstand als Kunstwerk anzuerkennen. Duchamp vertrat dagegen die Auffassung, daß dieses Urinbecken als Ausdruck des Maschinenzeitalters das
Interesse der Öffentlichkeit verdiene und deshalb als Ausstellungsgegenstand
geeignet sei. Wenn er sich darum bemühte, die Aufmerksamkeit des an der
Kunst interessierten Publikums in New York auf solche Gegenstände zu lenken, dann wollte er den Menschen die Allgegenwart der von Maschinen
gefertigten Objekte bewußt machen und damit zeigen, daß sie Symbole der
modernen amerikanischen Gesellschaft seien. So ermutigte er die amerikanischen Künstler, den Symbolgehalt solcher Artefakte zu erkennen und sie als
Ausdruck der gegenwärtigen Kultur vorzustellen. Dem Beispiel von Duchamp folgend befestigte Schamberg das Knie eines Wasserleitungsrohrs an
einer Gehrungsschneidlade und gab diesem Gegenstand den Titel *Gott*. Man
Ray lötete Reißzwecken an die Unterseite eines Bügeleisens und nannte diesen Gegenstand *Cadeau*.[92] Nach seiner Ankunft in den Vereinigten Staaten
begann Duchamp 1915 die Arbeit an seinem bekanntesten Werk, einem Gemälde auf Glas mit dem Titel *The Bride Stripped Bare by Her Bachelors.
Even* (Die von ihren Junggesellen nackt ausgezogene Braut). Das Bild blieb
bis 1923 unvollendet. Der stets rätselhaft erscheinende Duchamp beantwor-
tete die Frage, ob es eine Skizze für ein Mobile sei, mit «nein». Er sagte, es sei
eher die Kühlerhaube eines Autos. Die einzelnen Elemente des Gemäldes, die
an Maschinenteile und chemische Apparaturen erinnern, sind in einer funktional völlig absurden Weise miteinander verbunden. Duchamp selbst räumte
ein, daß *Das große Glas*, wie es auch genannt wurde, seine Haltung gegenüber der Welt der Maschinen zum Ausdruck brachte. Das Gemälde und sein

Titel waren im Grunde eine unverständliche Mischung aus biologischen, ero-
tischen und technischen Elementen. Picabia hat sich in ähnlichem Sinn geäußert, als er sagte, Maschinen seien von Männern erzeugte, ohne Mütter
geborene Töchter.[93]

Anfang der 1920er Jahre stand Duchamp im Mittelpunkt der dadaistischen
Bewegung in New York, die bis in die Mitte des Jahrzehnts überlebte. Die im
Februar 1916 im Kabarett Voltaire in Zürich von dem in Rumänien geborenen
Dichter Tristan Tzara, dem elsässischen Bildhauer und Maler Hans Arp und
den Deutschen Hugo Ball und Richard Huelsenbeck gegründete Dadabewe-
gung fand ihre Anhänger später auch in Berlin, Hannover, Köln und Paris.
Bevor Picabia 1918 nach Zürich kam und dort über seine Eindrücke in den
Vereinigten Staaten berichtete, hatten sich die Dadaisten nicht besonders für
die Maschinentechnologie interessiert. Die europäischen Dadaisten, die behaupteten, eine Gegenkunst zu vertreten, hatten bereits alle bisher geltenden
Vorstellungen über Motive und Methoden der Malerei abgelehnt – zum Beispiel die der Kubisten. Sie verleugneten bewußt ihr künstlerisches Erbe und
fanden besonderes Vergnügen an allem Absurden und Überraschenden in der
Kunst. Doch nachdem sie erlebt hatten, wie sehr Picabia von der Technologie
fasziniert war, suchten auch einige Dadaisten Anregungen in dem, was sie für
die neue Kultur der Technologie hielten. Da sie festzustellen glaubten, daß
sich die moderne Produktionstechnologie in den Vereinigten Staaten am weitesten entwickelt hatte, meinten sie, dort auch das Rohmaterial für die moderne Kultur finden zu können. Dem Beispiel von Duchamp und Picabia
folgend und nicht dem der Futuristen oder der Konstruktivisten zeichneten
sich die Dadaisten, unter ihnen auch Max Ernst, besonders durch die herbe,
respektlose und surrealistische Ausdrucksweise aus, mit der sie moderne
technologische Formen und Themen behandelten. Besondere Freude hatten
sie an absurden Gegenüberstellungen des Mechanischen und des Organischen, des Lebens und der Maschine. Während die führenden Futuristen und
die sowjetischen Konstruktivisten für die Technologie begeistert waren, verhielten sich die Dadaisten gegenüber der Technologie respektlos, skeptisch
und bilderstürmerisch.[94]

Einige Redakteure und Mitarbeiter an avantgardistischen kleinen Zeitschriften ermutigten die amerikanischen Künstler, sich an der Entwicklung
eines mechanistischen Stils zu beteiligen und technologische Themen zu behandeln. Der Chefredakteur der Zeitschrift *The Soil*, Robert J. Coady, unternahm den außerordentlich schwierigen Versuch, eine amerikanische Kunst-
zeitschrift herauszugeben, deren Aufgabe es sein sollte, das Bewußtsein der
Öffentlichkeit zu schärfen und auf die Möglichkeit hinzuweisen, daß sich eine
spezifisch amerikanische Kunst hoher Qualität und Sensibilität entwickeln
könne. Seine Zeitschrift erschien zum ersten Mal im Dezember 1916 und
erregte beachtliches Aufsehen. Von der ersten Nummer wurden trotz des
hohen Preises von 25 Cent mehr als 5000 Exemplare verkauft. Doch schon nach

Erscheinen der ersten vier Nummern gab es Finanzierungsschwierigkeiten. Coady stellte sich vor, die amerikanische Kunst werde aus «einem Kompost erwachsen, der aus den Pflanzen entstanden ist, die von Angehörigen verschiedener Rassen auf den Abfall geworfen worden sind».[95] Begeistert schrieb er:

«Ein Engländer hat das Bessemerverfahren erfunden, und wir haben unsere Wolkenkratzer gebaut. Ein Däne hat eine spanisch-afrikanische Frau geheiratet, und Bert Williams singt ‹Nobody›. Wir haben die Erde aufgegraben und den Dampfbagger entwickelt. Wir spielen und wir boxen ... Unsere Kunst steht bisher noch außerhalb unserer Kunstwelt. Sie atmet den Geist des Panamakanals. Wir finden sie im East River und im Schlagzeug. Wir finden sie in Pittsburgh und Duluth. Sie kommt vom Baseball-Platz, aus dem Stadion und aus dem Boxring. Hier und dort haben wir bereits einen Anfang gemacht, aber es ist ein Anfang mit ungeheuren Möglichkeiten. Wo wird das hinführen, wer weiß es? Wir leben in der Zeit der beweglichen Bilder, aber auch in der Zeit der sich bewegenden Skulptur ...»[96]

Mit der «sich bewegenden Skulptur» meinte Coady Maschinen wie «Sellers Zehn-Tonnen-Auslegerkran, die Lokomotive Nr. 4000, den 120-Tonnen-Fabrikkran, den Chambersburg-Hammer und den Erie-Hammer», die er 1917 in der Januarausgabe von *The Soil* abbildete.[97] Diese Maschinen, so schrieb ein Bewunderer von Coady, seien für ihn Ausdruck der Größe der amerikanischen Nation, so wie der Parthenon für die Athener Ausdruck des Goldenen Zeitalters Griechenlands gewesen war. Coady glaubte, «diese kolossalen mechanischen Formen müssen» als das Produkt einer «Kette sozial-ökonomischer Phänomene, die durch die assimilierten Einwanderermassen vitalisiert worden sind, ob dies nun von den Akademikern verstanden wird oder nicht, als das repräsentativste Material für unsere nationale Kunst angesehen werden».[98] Der amerikanische Künstler nahm die erregende Herausforderung an, das rationale und elegante Design der Maschinen in künstlerische Bilder umzusetzen. Die Sensibilität des Künstlers konnte es verlangen, daß hier oder dort ein vom Ingenieur angebrachter Griff oder ein Bolzen verändert wurde, daß eine Linie begradigt oder ein Bogen leicht verändert werden mußte und sich die einzelnen Teile ein wenig gegeneinander verschoben, aber die Maschine selbst blieb die Inspiration für ein bedeutendes Kunstwerk. Coady nahm die Werke von Sheeler, Schamberg, Demuth und anderen amerikanischen Künstlern aus der Zeit zwischen den Weltkriegen vorweg, wenn er die Wurzeln der echten amerikanischen Kunst in dem «grimmigen Ernst der Industrie und dem kindlichen Ernst des Sports und des Humors» zu finden glaubte.[99]

Auch Matthew Josephson gehörte zu den Redakteuren und Mitarbeitern kleiner Kunstzeitschriften, welche die amerikanischen Künstler und Schriftsteller anregen wollten, einer spezifisch amerikanischen Kultur zu dienen, die weder europäisch orientiert noch in erster Linie von der noch ungezähmten weiten Landschaft des amerikanischen Kontinents geprägt war. Während sei-

ner Aufenthalte in Frankreich von 1921 bis 1923 und 1927 bis 1928 hatte
Josephson wahrscheinlich den Einfluß der Kunst und der Ideen von Le Corbusier und seines Freundes Ozenfant gespürt, die sich von der klassischen Harmonie und Reinheit eleganter technischer Formen hatten faszinieren lassen.
Er lernte auch den Enthusiasmus der Dadaisten für die Dinge des täglichen
Lebens in Amerika kennen wie die Werbung, die billigen Groschenromane,
das Varieté und das Kino, aber auch für amerikanische Geschäftsmethoden
und neue Materialien und Schöpfungen der modernen Technologie wie die
Wolkenkratzer in den amerikanischen Großstädten. Als Freund von Sheeler
hatte Josephson eine romantische Einstellung zu allem Technischen, die den
Maler und Photographen beeinflußte.[100] Er glaubte, die Vereinigten Staaten
seien im wesentlichen eine von der Maschinentechnologie geprägte Nation.
Er gab einem amerikanischen Dadaismus den Vorzug, der mit Abenteuerlust
die moderne technologische Welt für sich entdeckte. In der Zeitschrift *Broom*
verkündete er den Anbruch des Maschinenzeitalters und den Beginn einer
neuen Kunst und Literatur als Ausdruck der technologischen Zivilisation.
Josephson sprach von der neuen durch die Technologie geschaffenen «amerikanischen Flora und Fauna».[101] In einer Anzeige aus dem Jahr 1923, mit der
die Zeitschrift *Broom* neue Abonnenten werben wollte, heißt es, «das Maschinenzeitalter in Amerika ist ein Zeitalter geistigen Wandels und Wachstums sowie wirtschaftlichen Aufschwungs... Die Maschinenzivilisation verleiht einer neuen Kunst und Literatur kräftige Impulse».[102] In einem Aufsatz
über die französische Literatur nach dem Krieg schrieb Josephson in *Broom*,
er stimme Apollinaire zu, der gesagt hatte, junge Schriftsteller sollten wenigstens so wagemutig sein wie die genialen Techniker unserer Zeit und der
Maschine nicht den Vorwurf machen, sie «zerbreche» uns oder sei schuld an
unserer «Verflachung». Sie sollten in der Maschine vielmehr einen großartigen Sklaven sehen. Josephson fügte hinzu: «Wir sind eine neue und verwege-
nere Generation, befreundet sowohl mit dem Wolkenkratzer als auch mit der
Untergrundbahn.» Nach seiner Ansicht sollten die jungen amerikanischen
Künstler und Schriftsteller ihre besondere Eigenart nicht aufgeben, um dem
Beispiel der Franzosen oder der Europäer zu folgen, «denn die fundamental
aggressive, humorvolle Haltung, mit der ihre Eigenständigkeit zum Ausdruck
kommt, ist für den Amerikaner etwas ganz Natürliches. Das hohe Tempo des
amerikanischen Lebens und die damit verbundenen Anspannungen mögen
heute weitgehend auch nach Europa exportiert worden sein. Aber materiell
sind wir immer noch die reichsten.»[103]

Die Puristen

Zwischen dem Ersten Weltkrieg und dem Beginn der großen Depression in
Amerika hat eine lose verbundene, amerikanische Künstlergruppe, beeinflußt
von der Sachlichkeit und Dynamik der italienischen Futuristen, von der Nei-

gung der Kubisten, die Gegenstände auf ihre geometrischen Grundformen zurückzuführen, von den dadaistischen Neigungen Duchamps, von der Begeisterung der kleinen Kunstzeitschriften für alles Technische und vor allem von der erstaunlichen technologischen Welt, die um sie her entstand, zum Entstehen eines Malstils beigetragen, den man «puristisch», «Maschinenkunst», «kubistischer Realismus» und «die Schule der Puristen» genannt hat. Zu ihren Motiven gehörten technologische Formen, Industrie- und Stadtlandschaften, besonders New York mit seinen Wolkenkratzern und Pittsburgh mit seinen Stahlwerken. Zu den bekanntesten Begründern dieser Stilrichtung gehörten Demuth, Sheeler und Schamberg. Elsie Driggs, bekannt für ihre «präzise Linie» und besonders für ihre 1928 entstandenen Darstellungen der Stahlwerke in Pittsburgh, und O'Keeffe, von deren Kunst man gesagt hat, sie sei so präzise wie eine sorgfältig gebaute Maschine, gehörten ebenfalls zu der Gruppe der Puristen und stellten mit ihr aus.[104]

Sheeler, Demuth und Schamberg hatten an der Kunstakademie von Pennsylvania in Philadelphia studiert, das damals eine der bedeutendsten Industriestädte der Welt war. Sheeler arbeitete dort mit Schamberg im gleichen Atelier zusammen. Alle drei schlossen sich dem Kreis um die Arensbergs an und gerieten dort unter den Einfluß von Duchamp und Picabia.[105] Als Schamberg 1916 acht Ölbilder mit Maschinen als Hauptmotiv malte, stand er wahrscheinlich unter dem Einfluß von Picabias Maschinenzeichnungen für die Zeitschrift *291* und dessen Gemälden, die im gleichen Jahr in der Modern Gallery ausgestellt wurden.[106]

Der in Lancaster, Pennsylvania, geborene Demuth unternahm nach Beendigung des Studiums an der Kunstakademie mehrere Reisen nach Europa. Eine von ihnen in den Jahren 1907 und 1908 dauerte fünf Monate und führte ihn nach Paris, Berlin und London. Nach einem längeren Aufenthalt in Paris von 1912 bis 1914 wurde er mit Duchamp und Picabia bekannt. Ein Jahr vor Kriegsausbruch besuchte er Berlin. Später hat er einmal sein Bedauern darüber zum Ausdruck gebracht, daß er sich als Maler nicht in Paris niedergelassen hatte, aber er gab zu, in den Vereinigten Staaten und New York, «so schrecklich das meiste davon auch sein mag», die Wurzeln all dessen gefunden zu haben, was modern war.[107] Das gleiche Interesse für die moderne technologische Kultur und ein ähnliches Temperament führten Demuth und Duchamp in New York zusammen. Beide waren kosmopolitisch eingestellt und trafen sich häufig in Harlem, um gemeinsam etwas zu trinken. Demuth war begeistert von Duchamps großem Glasgemälde mit seiner diagrammatischen Qualität, das nach seiner Ansicht den Zeitgeist in hervorragender Weise zum Ausdruck brachte. In seiner Einstellung zur Technologie unterschied er sich jedoch insofern von Duchamp, als er ebenso wie Sheeler Motiven aus der industriellen Architektur und der Industriestadt den Vorzug gab und nicht nur einzelne Maschinen malte. Seine Technik war sowohl repräsentativ als auch abstrakt. In dem 1920 entstandenen Gemälde *Machinery*, das er

Demuth, *Machinery,*
1920.

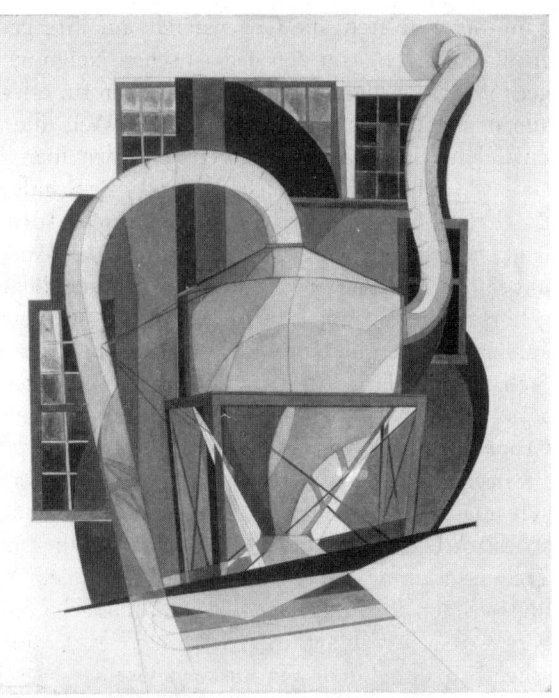

Demuth, *End of the Parade,*
Coatesville, Pa., 1920.

Charles Demuth, *Incense of
a New Church*, 1921.

seinem Freund, dem Dichter William Carlos Williams widmete, spürt man
sehr deutlich den Einfluß von Duchamp und Picabia. Hier stellte Demuth das
Belüftungssystem für eine große Fabrik dar, das mit seinen Röhren, dem
plumpen Tank und seiner Großflächigkeit zugleich phantastisch, erotisch und
geschmeidig wirkte.[108] Mit *My Egypt* (1927) schlug er einen ganz ähnlichen
Ton an wie viele andere moderne Maler und Architekten. Das Gemälde stellte
einen amerikanischen Getreidesilo dar, den gleichen Gegenstand, der die
Phantasie europäischer Architekten wie Gropius und Le Corbusier angeregt
hatte. Der Titel verriet die Absicht, eine Beziehung zu den monumentalen
Gebäuden, die den Geist Ägyptens zum Ausdruck brachten, und den Bauwer-
ken herzustellen, die das Wesentliche an der sich jetzt entwickelnden technologischen Kultur in Amerika zeigten. Gropius und andere avantgardistische
europäische Architekten, die sich über solche Probleme Gedanken gemacht
hatten, behaupteten, Getreidesilos, Bahnhöfe, große Brücken und Fabriken
ließen sich in ihrer Monumentalität und kulturellen Ausdruckskraft, wenn
auch nicht in ihrer Form, mit mittelalterlichen Kathedralen vergleichen.

Auch Sheeler glaubte, zwischen Fabriken und gotischen Kathedralen Ähnlichkeiten zu finden. Er sagte, «in Zeiten wie unseren, in denen sich nur
wenige Menschen mit religiösen Inhalten beschäftigen, muß eine andere

Charles Sheeler, *Installation*, 1939.

Sheeler, *Suspended Power*, 1939.

Sheeler, *American Landscape*, 1930.

Form gefunden werden als die der gotischen Kathedrale, um solche Inhalte
authentisch auszudrücken. Da die Industrie sich in erster Linie für die größten Zahlen interessiert, ist es Sache des Künstlers, dafür eine Ausdrucksmög-
lichkeit zu finden».[109] Er schwankte zwischen dem Repräsentativen und dem
Abstrakten. Viel weniger ironisch als Duchamp und Picabia glaubte er, er
könne in seiner Darstellung der modernen Technologie in deren Strukturen
eine grundsätzliche, umfassende und rationale Weltordnung erkennen. Nach
sorgfältiger und wiederholter Beobachtung komponierte Sheeler vor seinem
geistigen Auge das Bild einer Maschine oder einer Industrielandschaft, bevor
er anfing, es zu malen. Er glaubte, ganz ähnlich wie ein Ingenieur oder
Architekt eine Maschine oder ein Gebäude so entwerfen müßten, daß alle
Teile harmonisch zusammenpaßten und zusammenwirkten, sollte auch ein
Künstler wie er versuchen, alle Teile auf einem Gemälde in Beziehung zuein-
ander zu setzen, um eine integrierte Gesamtwirkung zu erreichen. Besonders
gefielen ihm architektonische und technische Strukturen, die so geschaffen
waren, daß ihre Teile reibungslos und sinnvoll zusammenwirkten. Ähnlich
wie der Systembauer Ford betrachtete er die Produktionstechnologie als ein
aus vielen Komponenten zusammengesetztes System. Das kam sehr deutlich
in seinem 1936 entstandenen Gemälde von der River Rouge-Fabrik mit dem
Titel *City Interior* zum Ausdruck. Sheeler arbeitete auch als Photograph und

Sheeler, *River Rouge Plant*, 1932.

machte häufig photographische Studien von den Motiven, die er später malte. Die Puristen glaubten, in einer Maschinenkultur sei die Photographie ein durchaus angemessenes Ausdrucksmittel. 1927 erhielt Sheeler von Henry Ford den Auftrag, eine Photoserie von seinem Werk am River Rouge herzustellen. Einige dieser Photos verwendete er dann als Grundlage für seine Gemälde von dem Fordkomplex. In den 1930er Jahren wandte er sich in seinen Gemälden und Photographien zunehmend der städtischen und technologischen Landschaft zu. Ebenso wie Demuth kam es ihm auf eine klare und präzise Darstellung des Details an. Beide Maler verzichteten darauf, ihre technologischen Landschaften mit menschlichen Figuren zu beleben.

1927 veranstaltete die Herausgeberin der Zeitschrift *The Little Review*, Jean Heap, eine Ausstellung zu dem Thema «Das Maschinenzeitalter», die im Mai ihre Pforten öffnete. Sie stand unter dem Einfluß des sowjetischen Konstruktivismus und der Begeisterung von Le Corbusier für die Technologie und den Geist des modernen Zeitalters. Die sowjetischen Konstruktivisten, die ihre Blütezeit nach der Revolution von 1917 erlebten, sahen in der Kunst und Architektur Möglichkeiten, eine materielle Umwelt zu schaffen, welche die Werte des neuen Regimes und der modernen Technologie verkörperte. Diese Umwelt würde, wie sie glaubten, den Charakter des neuen Sowjetbürgers zu

Sheeler, *City Interior*, 1936.

prägen helfen. In ihrer Zeitschrift hatte Jean Heap schon vorher den amerikanischen Maler, der nicht erwarten konnte, von seiner Regierung in ähnlicher
Weise unterstützt zu werden wie seine Kollegen in der Sowjetunion, aufgefordert, «sich mit den kreativen Künstlern auf anderen Gebieten und den
schöpferisch tätigen Männern seiner Epoche, den Ingenieuren, Wissenschaftlern und anderen, zusammenzuschließen».[110] Zu ihrer Ausstellung war sie
von Le Corbusiers Pavillon de L'Esprit Nouveau auf der Exposition des Arts
Décoratifs von 1925 in Paris angeregt worden.[111] In der Steinway Hall, einem
Geschäftshaus im Zentrum von Manhattan, stellte Jean Heap echte Maschinen aus, unter anderem einen Absperrschieber der Crane Company, eine
Kurbelwelle von Studebaker, den Motor eines Curtiss-Flugzeugs und einen
Hyde Windlass-Propeller. Auf der Ausstellung zeigte sie auch Photos und
Zeichnungen von Wolkenkratzern, vom Bauhaus in Dessau, von sowjetischen
Industriebauten, architektonische Entwürfe von Gropius und Gemälde,
Zeichnungen, Plastiken und «Erfindungen» moderner Künstler. Der in Ruß-
land geborene amerikanische Maler Louis Lozowick, der auch von den sowje-
tischen Konstruktivisten beeinflußt war, stellte seine Serie amerikanischer
Stadtansichten aus, und Demuth zeigte ein Ölbild mit dem Titel *Business*. In

der Ausstellung nahm die ornamentale Kunst einen besonderen Platz ein. An ihrer Organisation beteiligten sich Sheeler, Demuth, Lozowick und Duchamp. Jean Heap vermied es, die Kreationen von Ingenieuren in einem Raum und die Werke von Künstlern in einem anderen auszustellen, wie das auf der großen Weltausstellung in Paris im Jahr 1900 der Fall gewesen war. Sie bewunderte die Leistungen der Ingenieure, die sie als eine großartige Gruppe von Menschen bezeichnete, es störte sie aber, daß diese Männer isoliert von der übrigen Welt arbeiteten, «praktisch ohne etwas von den Gesetzen der Ästhetik zu wissen», und deshalb stellte sie die Arbeiten der Ingenieure zusammen mit den Werken der Künstler aus. Sie glaubte, die Ingenieure sollten von den führenden Künstlern, die «die Realitäten unserer Zeit organisieren und in eine dynamische Schönheit verwandeln», etwas lernen.[112] Die Ausstellung fand nur ein sehr begrenztes Interesse, und 1929 stellte die Zeitschrift *The Little Review* ihr Erscheinen ein. Jean Heap verlor den Glauben an den Sinn eines gemeinsamen Handelns von Künstlern und Ingenieuren.[113]

Lozowick verfaßte 1927 zur Eröffnung der Ausstellung von Heap eine Erklärung, in der er den Glauben an die technologische Gesellschaft und die sich daraus entwickelnde Kultur begründete, der in dieser Ausstellung zum Ausdruck kam und den er selbst empfand; ebenso wie Heap war Lozowick beeinflußt vom Optimismus der sowjetischen Konstruktivisten und ihrer Überzeugung, daß der Künstler gemeinsam mit dem Ingenieur und dem Wissenschaftler in einer politisch radikalisierten Gesellschaft eine neue Welt schaffen könne. Doch Lozowick sah diese Zukunft in Amerika entstehen. In seinem Aufsatz mit dem Titel «Die Amerikanisierung der Kunst» schrieb er:

«Die Geschichte Amerikas ist eine Geschichte gigantischer technischer Leistungen und eines kolossalen mechanischen Aufbaus.

Die Wolkenkratzer von New York, die Getreidesilos von Minneapolis, die Stahlwerke von Pittsburgh, die Ölquellen von Oklahoma, die Kupferminen von Butte, die Holzlager von Seattle verleihen dem amerikanischen industriellen Epos seinen ganzen Gestaltenreichtum...

Jede Epoche schafft für die Haltung des Künstlers und die Art, in der er sich ausdrückt, in sehr subtiler und schwer erkennbarer Weise die Voraussetzungen. Er beobachtet und absorbiert die in seiner Umwelt erkennbaren Tatsachen, die sozialen Strömungen, die philosophischen Spekulationen und wählt dann die Elemente für seine Arbeit in einer solchen Weise und richtet seine Aufmerksamkeit auf solche Aspekte der Umwelt, wie sie seinen eigenen ästhetischen Vorstellungen und dem Wesen der Umwelt entsprechen, die diese Voraussetzungen geschaffen hat...

Die vorherrschende Tendenz im heutigen Amerika hinter dem ganzen augenscheinlichen Chaos und der scheinbaren Verwirrung richtet sich auf Ordnung und Organisation, deren äußere Anzeichen und Symbole in der strengen Geometrie der amerikanischen Großstadt zu finden sind; in den vertika-

Louis Lozowick, *Corner of a Steel Plant*, 1929.

Lozowick, *High Voltage – Cos Cob*, 1929.

Lozowick, *Tanks No. 1*, 1929.

len Linien ihrer Fabrikschornsteine, in den Parallelen ihrer Straßenbahn-
schienen, in ihren rechtwinklig verlaufenden Straßen, in den würfelförmigen
Gebäuden ihrer Fabriken, in ihren Brückenbögen und in den Zylindern ihrer
Gasbehälter.»[114]

Neue Sachlichkeit

Die Gemälde amerikanischer Künstler, besonders die Maschinen und Industrielandschaften Sheelers, erinnerten an technische Zeichnungen und Architekturmodelle, und zwar ähnlich wie die Arbeiten einer zeitgenössischen
Gruppe deutscher Maler, die in den 1920er Jahren mit dem Begriff der «neuen
Sachlichkeit» in Verbindung gebracht wurden. Wie wir gesehen haben, erwarteten Liberale und Radikale in der Weimarer Republik, daß die amerikani-

sche Technologie der Massenproduktion die neue Regierung stärken werde. Es überrascht daher nicht, daß nicht nur eine Architektur, sondern auch eine Kunst, die sich einer technologischen Kultur verpflichtet fühlte, dort zur Blüte gelangt ist. Es gab jedoch unter den Intellektuellen und Künstlern auch eine ambivalente Haltung, die nicht nur die Begeisterung für die Technologie, sondern auch einen tief verwurzelten Kulturpessimismus spiegelte. Diese Haltung kam sehr deutlich in dem vielgelesenen Buch von Oswald Spengler mit dem Titel *Der Untergang des Abendlandes* (1918–1922) zum Ausdruck. Eine 1925 in Deutschland veranstaltete Ausstellung mit dem Thema «Die neue Sachlichkeit» zeigte, daß deutsche Künstler zu ihren Themen eine «sachliche» Haltung einnahmen, im Gegensatz zu der bisher verbreiteten romantischen oder expressionistischen. Dabei verwendeten sie einen Stil in der Art technischer Zeichnungen. Die von den Künstlern bevorzugten technologischen Formen und die Industrie- und Stadtlandschaften herrschten in dieser Ausstellung vor. Ebenso wie auf den Gemälden von Sheeler fehlten auf den meisten Bildern die Arbeiter und die großstädtische Bevölkerung. In gewisser Weise erinnerten diese Arbeiten an die Werke von Landschaftsmalern, die es vermieden, Spuren menschlicher Tätigkeit zu zeigen. Doch die Künstler der Neuen Sachlichkeit wollten nicht die Werke eines Schöpfergottes darstellen, sondern die des schöpferischen Menschen, des Erfinders, des Ingenieurs, des Systembauers und des Architekten. Franz Radziwill und Carl Grossberg, zwei der einflußreichsten Vertreter der Neuen Sachlichkeit, stellten mit äußerster Präzision die ineinandergreifenden Teile von Maschinen und die einzelnen Bestandteile von Brücken und Gebäuden dar. Ihre Gemälde von Fabriken erinnerten an Architekturzeichnungen. Kein Schmutz, kein Öl, kein Rost und auch keine Arbeiter beeinträchtigten die von ihnen dargestellte Welt der reinen Technologie. Die Kompositionen von Radziwill und Grossberg erinnerten manchmal an die Spielzeuglandschaften für Modelleisenbahnen oder die Architekturmodelle von Industrieanlagen.[115] Der Stil der Neuen Sachlichkeit zeigte ähnlich wie der von den mechanistischen Amerikanern verwendete, über den wir schon gesprochen haben, eine harte, metallische Schärfe der charakteristischen Details und bemühte sich um eine klare Schematisierung, um jede verwirrende Komplexität auszuschließen. Auf den Gemälden war auch die Struktur des Pinselstrichs nicht mehr erkennbar, und anders als bei den Futuristen war die Komposition streng und statisch. Sie war jedoch bei den Malern der Neuen Sachlichkeit nicht nur eine Darstellung der Realität. Diese Künstler gruppierten Maschinen und Strukturen nach ihren Vorstellungen um. In der Auswahl und Betonung der einzelnen Bildelemente wollten sie bestimmte Eindrücke vermitteln, die deutlicher als realistische technische Zeichnungen oder Architekturmodelle das Wesen des technologischen Artefakts zum Ausdruck brachten.

Grossberg, der auch Architektur studiert hatte, verwendete in seinen Werken gelegentlich andeutungsweise surrealistische Phänomene, die eine Abweichung

Carl Grossberg, *Boiler in a Refinery*, 1933.

Grossberg, *Diver*, 1931.

von der Realität darstellten. Auf dem Bild *Kessel in einer Raffinerie* porträtierte er scheinbar einen Apparat, der in der chemischen Industrie verwendet wurde, ließ aber nicht seinen Zweck oder die Art und Weise erkennen, wie er arbeitete. Der riesige Kessel hing drohend über einem anderen Gefäß wie ein übergroßes Heiligenbild über einem Altar. Dieser Eindruck erinnerte an das Gedicht von Brecht, «700 Intellektuelle beten einen Öltank an». Die Gemälde von Grossberg glichen in mancher Weise auch den Lithographien von Lozowick, auf denen Flüssigkeitsbehälter dargestellt waren. Eines der beachtlichsten Bilder von Grossberg mit dem Titel *Der Taucher* (1931) zeigt den Anzug eines Tiefseetauchers, in dem vermutlich eine Person völlig von der Außenwelt abgeschlossen ist. Aber diese Taucherausrüstung befindet sich nicht im Ozean, sondern steht gewissermaßen in einem technologischen Rahmen, einem käfigartigen Gebilde aus Glas und Stahl. Mit kraftlos herabhängenden Armen hängt diese Figur wie eine Marionette an irgendwelchen Drähten, hilflos ihren eigenen Schöpfungen ausgeliefert. Mit diesem Bild zeigt Grossberg seine ambivalente Haltung gegenüber dem technologischen Fortschritt.[116]

Auch Radziwill hatte Architektur studiert.[117] Auf seinen Ölgemälden zeigt er Gegenüberstellungen von technologischen Artefakten wie Flugzeugen und Schiffen mit unnatürlichen kosmischen Ereignissen. Gelegentlich stellt er

Franz Radziwill, *Village Entrance*, 1928.

Radziwill, *The Harbor*, 1930.

auch menschliche Gestalten dar, aber sie bleiben leblos und stehen offenbar in keiner Beziehung zu ihrer technologischen Umwelt. Um den Kontrast besonders zu betonen, zeigt er technische Gegenstände oft in einer ländlichen, von der Technik noch unberührten Umwelt. Auf dem 1928 entstandenen Gemälde mit dem Titel *Dorfeingang* sieht man im Mittelgrund eine Lokomobile oder fahrbare Dampfmaschine, die an dieser Stelle offenbar keine Funktion hat und deren Gegenwart daher völlig sinnlos erscheint. Einige ländliche Häuser mit den typisch deutschen schrägen Dächern umrahmen ein steriles modernes Gebäude mit dem obligatorischen flachen Dach. Die Verwirrung wird noch größer, wenn er hoch über alten Segelschiffen ein modernes Flugzeug fliegen läßt. Das in Kanäle gefaßte Wasser kann nicht frei fließen. An einem drohenden Himmel erkennt man unbegreifliche kosmische Gebilde. Radziwill hat ebenfalls große Dampfschiffe gemalt, sie aber nicht in einen grenzenlosen Ozean versetzt, wo ihre Größe relativiert worden wäre, sondern er zeigt sie in einer Umgebung, wo menschliche Figuren und alle anderen gezeigten Gegenstände neben ihnen zwergenhaft verkleinert erscheinen. Auf dem Gemälde *Hafen mit zwei großen Dampfern* (1930) droht ein Schiff mit aufragendem Bug ohnmächtige Gestalten in einem winzigen Ruderboot zu zermalmen, während das zweite Schiff ihnen den Weg abschneidet. Auch kleine Segelschiffe werden von den monströsen Erzeugnissen der modernen Technologie vollkommen erdrückt.

Grossberg und Radziwill, Sheeler und Lozowick porträtieren technologische Formen und Industrielandschaften in ganz ähnlicher Weise, wenngleich sich in der Haltung gegenüber der Technologie bei den deutschen und amerikanischen Malern subtile Unterschiede zeigen. Radziwill und Grossberg ist es offenbar schwergefallen, sich von den Symbolen und Werten aus der Zeit vor Entstehen des modernen Stils freizumachen, von denen sie zunächst kulturell geprägt waren. Die schönen, beeindruckenden Formen und die damit zum Ausdruck gebrachten Wertmaßstäbe der mittelalterlichen, barocken und neoklassischen deutschen Architektur und Kunst erzeugten, wenn sie mit den Formen des modernen technologischen Zeitalters konfrontiert wurden, bei einigen ästhetisch empfindsamen Deutschen eine oft in ihrer Wirkung kreative Spannung. Andererseits hatten die Amerikaner weniger große Schwierigkeiten, sich von Formen und Wertmaßstäben aus einer ästhetisch weniger reichen amerikanischen Vergangenheit zu lösen, in der sie nicht so stark verwurzelt waren. Die Gemälde von Sheeler und Demuth zeigen, daß sie unvoreingenommener an die technologische Kultur herangingen als Grossberg und Radziwill, die wie viele andere Deutsche und Europäer angesichts des technologischen Wandels gewisse Vorbehalte und Ängste nicht völlig verbergen konnten. Wie wir gesehen haben, ist diese Ablehnung der Moderne und der Technologie später von den Nationalsozialisten propagandistisch ausgenutzt worden.

Achtes Kapitel
Das Projekt zur Erschließung des Tennesseetals und das Manhattan-Projekt

Das überragende Können der selbständigen Erfinder, die bekannten Leistungen der Forschungslaboratorien in den großen Industrieunternehmen und die Organisation und Verwaltung großer Produktionssysteme führten dazu, daß viele Amerikaner glaubten, die Zukunft ihres Landes ließe sich nach bestimmten Vorstellungen und Plänen vorausbestimmen. Im Taylorismus verbanden sich die Kontrolle des Arbeitsvorgangs mit der Planung; Systembauer wie Henry Ford und Samuel Insull setzten der Produktion bestimmte Ziele und entwarfen ein Kontrollsystem, das für die Erfüllung des Produktionssolls sorgte. Im Ersten Weltkrieg wurde die Industrieproduktion von der amerikanischen Bundesregierung, wenn auch nur zögernd und manchmal nicht sehr wirksam, vorausgeplant. Sofort nach dem Krieg wollten Techniker und Industrielle wie Morris Llewellyn Cooke die von der Regierung gelenkte Planung auch im Frieden fortsetzen wie im Fall der Elektrifizierung von Pennsylvania. Aber nachdem sich die Industrie von einer zeitweiligen Absatzkrise nach dem Krieg erholt hatte und die Geschäfte ganz normal zu laufen begannen, dachte kaum noch jemand daran, die Regierung an der Planung für die Fortentwicklung der Industrie zu beteiligen. Bis zum Einsetzen der großen Depression und dem Amtsantritt des Präsidenten Franklin Delano Roosevelt betrachtete man den technologischen Wandel in den Vereinigten Staaten zu Recht als eine in erster Linie der privaten Initiative zu verdankende Entwicklung. Die Reden der Politiker und die Werbung der großen Unternehmen überzeugten die meisten Amerikaner davon, daß die Ausbreitung des Produktionssystems eine Folge des Wirkens des freien Unternehmertums im kapitalistischen System sei. Sie übersahen jedoch die beachtliche Entwicklung der neuen industriellen Technologie in Deutschland, wo viele öffentliche Einrichtungen dem Staat gehörten, und wo es selbstverständlich war, daß sich die Regierung an der Entwicklung der Industrie beteiligte. Wenige liberal gesonnene Ingenieure und Industrielle wie Gerard Swope, der Präsident der General Electric Company, gingen so weit, gemeinsam mit Herbert Hoover, zunächst während dessen Amtszeit als Handelsminister und dann als er 1929 Präsident geworden war, andere Ingenieure und Industrielle im Geist des wissenschaftlichen Managements und des Naturschutzes aufzufordern, freiwillig den Einsatz der menschlichen Reserven und natürlichen Rohstoffe zu planen und zu koordinieren. Als akademisch gebildeter Bergbauingenieur empfand Hoover diese Aufgabe als eine Herausforderung, die seinen Vorstellungen entsprach.

Liberale Sozialwissenschaftler, die sich dafür einsetzten, daß sich die Regierung weitgehend an der Anwendung der neuen Produktionstechnologie beteiligen sollte, blieben bis zum Beginn der großen Wirtschaftsdepression in der Defensive. Dann wagten sie es, deutlicher vom Wert solcher Planungen zu sprechen und zwar insbesondere von der Planung für die Entwicklung ganzer Regionen durch die Regierung. Sie glaubten, eine Planung mit der modernen Technologie könne in einer Demokratie der Verwirklichung einer uralten Vision von Männern und Frauen dienen, die einen idealen Lebensraum schufen – das Neue Jerusalem als Ausgleich für die Vertreibung aus dem Paradies und den Verlust der göttlichen Gnade.[1] Ihre Begeisterung für eine solche Planung fand oft Ausdruck in Plänen für die Erschließung ganzer Regionen durch die Elektrifizierung. Die elektrische Energie sollte das technische Mittel für die neue Gestaltung dieser Regionen sein. Fortschrittliche Politiker sollten die gesetzlichen Grundlagen schaffen, und Sozialwissenschaftler – man sprach hier auch von «Humaningenieuren» – sollten die nach diesen Plänen laufende Entwicklung überwachen. Diese Vorstellungen sind, wie wir gesehen haben, schon 1925 von dem Historiker und Sozialkritiker Lewis Mumford und gleichgesinnten Persönlichkeiten definiert worden.[2] Die Befürworter der Regionalplanung gründeten entsprechende Verbände. Mumford, Benton MacKaye, Clarence Stein und eine Handvoll Architekten und Planer schlossen sich 1923 in der Regional Planning Association of America zusammen. Stein wurde Vorsitzender der New York State Commission on Housing and Regional Planning und Vorsitzender des Committee on Community Planning of the American Institute of Architects. MayKaye plante und förderte den Ausbau des durch die Appalachen führenden Appalachian Trail. 1925 fand in New York der International Town, City, Regional Planning and Garden Cities Congress statt. Die Russell Sage Foundation finanzierte den Druck eines *Regional Plan for New York and Its Environs*, der 1929 veröffentlicht wurde. In Großstädten und bestimmten Regionen arbeitende Soziologen errichteten Forschungszentren und -programme an der Columbia University, der Universität von Chicago und der Universität von North Carolina. Howard Odums Forschungsinstitut für Sozialwissenschaften in Chapel Hill wurde bekannt für seine Studien des Regionalismus in den amerikanischen Südstaaten.[3]

Regionalplaner

Als glühender Befürworter eines solchen Regionalismus verbreitete Mumford seine und die Ideen liberaler Sozialwissenschaftler, Architekten und Planer in einer breiteren Öffentlichkeit. Der schottische Biologe und Soziologe Patrick Geddes, der die einzelnen Regionen als geschlossene ökologische Systeme betrachtete, hat Mumford und andere Regionalplaner mit diesen Ideen entscheidend beeinflußt. Sie alle glaubten an den potentiellen Nutzen der modernen Technologie, wenn sie mit Unterstützung aufgeklärter Politiker von reformorientierten Sozialwissenschaftlern kontrolliert würde und man ihre Anwendung nicht den durch Gewinnstreben motivierten Kapitalisten und Industriellen überließ. Sie behaupteten, der Schaden, der der physischen Umwelt in der ersten industriellen Revolution durch den Mißbrauch der Dampfmaschine, der Eisenbahn und der Fabriken in den Industriegebieten von Pennsylvania, New Jersey und Ohio zugefügt worden sei, könne durch eine vernünftige und umweltfreundliche Anwendung der Technologie, besonders der elektrischen Energie, behoben werden. Das Entstehen dieser übervölkerten, düsteren und schmutzigen Industriegebiete führten sie auf den Mangel an Weitblick und Führerqualitäten der Sozialreformer während der ersten industriellen Revolution zurück. Diese Sozialreformer hatten es nicht verstanden, einen Ausgleich für den Mangel an sozialer Sensibilität auf Seiten der Techniker zu finden, die in den meisten Fällen im Dienst der Industriekapitäne standen, deren einziges Interesse die Vergrößerung des materiellen Reichtums gewesen war. Damals sei der Einsatz sozialer oder «humaner» Ingenieure ebenso notwendig gewesen, wie er es jetzt in der neuen industriellen Revolution sein werde.

Die für Reformen aufgeschlossenen Sozialwissenschaftler, Erzieher, Sozialarbeiter und aufgeklärten Politiker wie zum Beispiel jene, die in den 1920er Jahren Beiträge für die sozialwissenschaftliche Zeitschrift *The Survey* verfaßten, waren die neuen «Humaningenieure». Sie erarbeiteten allmählich bestimmte Normen, an denen sich, wie sie glaubten, der Grad des menschlichen Wohlbefindens ablesen ließ, wie es sich in der Erfüllung der Bedürfnisse des Individuums, in fruchtbaren und harmonischen gesellschaftlichen Beziehungen und in der sozialen Kreativität zeigt. Die neuen Humaningenieure sollten diese Normen und nicht nur die Anhäufung materieller Güter zugrunde legen, um festzustellen, wie gegebene technische Möglichkeiten genutzt werden könnten.[4] Die Reformer meinten, die neuen Humaningenieure sollten umfassende Pläne für die Erschließung einzelner Regionen mit Hilfe von Starkstromnetzen entwickeln. In dem sogenannten Giant Power Plan des Gouverneurs Gifford Pinchot für die Versorgung von Pennsylvania mit elektrischer Energie sahen sie ein solches zukunftsträchtiges Konzept.

Die Vorstellungen derjenigen, die glaubten, daß mit der Regionalplanung und der Nutzung elektrischer Energie, mit dem Automobil, dem Telephon und ähnlichen modernen Technologien ein neues Zeitalter anbrechen werde, kamen in den programmatischen Aussagen der Beiträge zu zwei Ausgaben der Zeitschrift *The Survey* sehr deutlich zum Ausdruck. Die erste erschien 1924 und war dem Programm «Giant Power» gewidmet. Die zweite kam 1925 heraus und beschäftigte sich mit der Regionalplanung.[5] Zu denen, die in ihren Artikeln Projekte wie Giant Power oder ähnliche Vorhaben zur Elektrifizierung ganzer Regionen über Starkstromleitungen befürworteten, gehörte Gouverneur Pinchot, der Mitherausgeber der Zeitschrift *The Survey*, Joseph Hart, der Verbündete von Gouverneur Pinchot und spätere Chef der Rural

Electrification Administration unter Roosevelt, Cooke, der Vorsitzende der Hydro-Electric Power Commission von Ontario, Kanada, eines staatseigenen und vom Staat betriebenen regionalen Stromversorgungssystems, Sir Adam Beck, Gouverneur Alfred E. Smith von New York und der Präsident des Dachverbands der amerikanischen Gewerkschaften, Samuel Gompers. In dieser Ausgabe der Zeitschrift waren auch Interviews mit Ford und dem damaligen Handelsminister Herbert Hoover abgedruckt. Zu den bekannten Persönlichkeiten, die Beiträge zu dem Thema «Regionalplanung» in der ein Jahr später erschienenen Ausgabe der Zeitschrift geliefert hatten, gehörten Mumford, Stein, Stuart Chase, Gouverneur Smith, Hart und Robert Bruère, der Redakteur für den industriellen Teil der Zeitschrift. Die einflußreiche von der amerikanischen Akademie für politische und Gesellschaftswissenschaft herausgegebene sozialwissenschaftliche Zeitschrift *The Annals* unterstützte ebenfalls Projekte wie Giant Power in einer Sonderausgabe unter dem Titel «Die Versorgung mit elektrischer Energie im großen Maßstab als gesellschaftspolitischer Faktor».[6]

Die Logik, die dem in diesen Aufsätzen vertretenen Gedanken zugrunde lag, die regionale Entwicklung mit Hilfe elektrischer Energie voranzutreiben, war durchaus klar: Die Form der von den Menschen verwendeten Energie ist im Verlauf der neueren Geschichte entscheidend an der Gestaltung einzelner Zeitabschnitte beteiligt gewesen. Im Zeitalter der Kohle und der Dampfkraft mußte die Energie über weite Strecken mit der Eisenbahn transportiert und dann über Transmissionen auf Maschinen übertragen werden. Das führte zur Konzentration der Industrie und der Bevölkerung an Eisenbahnknotenpunkten in unmittelbarer Nähe der schmutzigen Kohlebergwerke und düsteren Fabriken. Im neuen Zeitalter der Elektrizität würde der in Kohle- oder Wasserkraftwerken erzeugte elektrische Strom durch Hochspannungsnetze über weite Strecken und durch Niederspannungsnetze über kürzere Strecken weitergeleitet werden. Da, wie wir schon gesagt haben, beim Transport und der Verteilung von Energie über Drahtleitungen geringere Kosten entstehen als bei der Verwendung von Eisenbahnen und Transmissionen, könnten nun die Bevölkerung und die Industrie auf Gegenden verteilt werden, in denen die Voraussetzungen für ein gesundes Leben und die Entstehung einer lebendigen Kultur günstiger sind. Mumford nannte das Abwandern der Bevölkerung aus den Großstädten in die weiten, ländlichen Gebiete «die vierte Wanderbewegung».[7] Mit der ersten Wanderbewegung wurde der Kontinent besiedelt; im Verlauf der zweiten erfolgte die Besiedlung der Industriegebiete; in der dritten strömten die Menschen in New York und anderen Finanzmetropolen zusammen. Nun sollte die vierte Wanderbewegung nach den Vorstellungen von Mumford nicht ohne Vorausplanung vor sich gehen wie die anderen drei. Er sagte voraus, Wachstum ohne Planung werde «zu sehr unangenehmen Erscheinungen führen ... Warum sollten wir daher nicht vorausplanen, um die vierte Wanderbewegung zu einem Erfolg werden zu lassen?»[8]

Eine ausgewogene wirtschaftliche Entwicklung in den einzelnen Regionen ließ sich nach Auffassung von Mumford dadurch erreichen, daß man Farmer und dörfliche Handwerker mit elektrischem Strom versorgte. Die von ihm und Gleichgesinnten mit der Elektrifizierung ländlicher Gebiete verfolgten Ziele gingen jedoch weit über die bloße wirtschaftliche Rationalität hinaus. Angesichts der immer noch herrschenden Landflucht, in deren Verlauf die Bevölkerungszahlen in den Großstädten immer mehr zunahmen, begannen sie den Wert des ländlichen Lebens und der Gesellschaft auf dem Lande zu idealisieren, während sie erleben mußten, daß diese Dinge vor ihren Augen immer mehr verschwanden. In einem nicht mit seinem Namen gekennzeichneten Vorwort zu der Sonderausgabe der Zeitschrift *The Survey* charakterisierte Mumford die Sozialwissenschaftler, Politiker und Akademiker, deren Beiträge hier abgedruckt waren. Ihre Ansichten waren, wie er fand, von Nostalgie gefärbt. Einer von ihnen lebte in einer Wohnung in Brooklyn und schrieb «wehmütig» vom dörflichen Leben in Connecticut; ein anderer war «die Stimme eines Predigers in der Wüste der Großstadt mit dem Herzen in den zerfallenden ländlichen Kleinstädten»; und ein dritter «klammert sich» an ein winziges Fleckchen Grün zwischen den hohen städtischen Wohnblocks.[9] Diese und andere begeisterte Verfechter der neuen Revolution wollten ihre Verzagtheit damit heilen, daß sie zur «grünen Natur» zurückfanden und Gemeinwesen schufen, in denen ein neues kulturelles Leben entstehen konnte. Wie viele andere Amerikaner erlebten sie die Verluste und Veränderungen, die das von Menschen gemachte Amerika verursachte, als es die Wildnis zähmte und sogar in die weiten Präriegebiete vorzudringen begann.[10]

Mumford hatte die Vorstellung, daß die elektrischen Stromnetze, die Verbrennungsmaschine, die Metallegierungen und andere Erfindungen des 20. Jahrhunderts das neotechnische Zeitalter eingeleitet hätten, erwartete aber schon jetzt den Beginn der nächsten biotechnischen Ära. Das war das Zeitalter, in dem die Biologie und die Sozialwissenschaft eine neue Gesellschaft und Kultur im regionalen Rahmen hervorbringen würden. Er glaubte, die geographische Region solle anstelle der großen Industriestadt den Rahmen für die gesellschaftlichen und kulturellen Aktivitäten bilden. Bei seiner Definition des Regionalismus erinnerte er daran, daß vor Einführung der Eisenbahn in den Vereinigten Staaten die industriellen Aktivitäten und die Bevölkerung innerhalb von geographischen Regionen verteilt gewesen waren. Im Nordosten waren damals viele kleine industrielle Gemeinwesen entstanden, in denen die verschiedensten Handwerksbetriebe die Wasserkraft nutzten, indem sie ihre Maschinen von Mühlrädern antreiben ließen. Auf Kanälen konnten Rohmaterial und Fertigwaren transportiert und ausgetauscht werden, und das hatte das Entstehen einer regional begrenzten ökonomischen Struktur ermöglicht. In Neu-England hatte es vor dem amerikanischen Bürgerkrieg in einer «goldenen Blütezeit»[11] eine ausgewogene, reiche regionale Kultur gegeben. Im biotechnischen Zeitalter sollten sich Industrie und Bevöl-

kerung wieder über ganze Regionen verteilen, während zugleich ein ganzes
Netz von Beziehungen zu einer hochentwickelten, aber locker geknüpften
regionalen Wirtschaft und kulturellen Blüte führen würde.[12] Der Ausbau des
Stromnetzes und die Verwendung von Motorfahrzeugen würden nicht nur
das Entstehen der notwendigen Verkehrs- und Transportwege ermöglichen,
sondern auch die wirtschaftliche Entwicklung höher gelegener Gebiete erlauben, die mit der Eisenbahn nicht erreicht werden konnten, weil für die Schienenwege gewöhnlich nur Steigungen bis zu zwei Prozent zu überwinden
sind. Schon in den 1930er Jahren wies Mumford darauf hin, daß das Hügel-
land beiderseits des Tennesseetals mit seinem gesunden Klima bereits an-
finge, die belebenden und kultivierenden Auswirkungen der neuen Technologie zu zeigen, die von der Tennessee Valley Authority angewendet würde.[13]
Er und andere Regionalplaner hofften damals, daß die TVA beweisen werde,
welche günstigen Auswirkungen die Methoden der Regionalplanung im Tennesseetal hätten.

Mumford war in den 1930er Jahren auch deshalb ein so überzeugter Anhänger des Regionalismus, weil er darin die Möglichkeit sah, die mechanistische Einordnung des Individuums in die Gesellschaft, zu der es in der paleotechnischen Periode des Eisens, der Dampfkraft und der Konzentration der
Fabriken in Industriezentren gekommen war, zunächst zu überwinden und
dann durch einen neuen Lebensstil zu ersetzen. Das sei, wie er schrieb, eine
Welt gewesen, «deren kalte mechanische Perfektion von der Physik und der
Astronomie bestimmt wurde».[14] Mumford dachte an einen Organismus, der
nicht wie ein Mechanismus sich ausdehnte, sondern im Rahmen eines Evolu-
tionsprozesses wuchs und dabei komplexe, aber keineswegs starre geometrische Formen annahm, wenn er in eine Wechselbeziehung zu seiner Umwelt
trat und statt einer funktionalen Beziehung zu anderen Maschinen die biologischen Phänomene der Erbfaktoren und des Gedächtnisses wirken ließ.
Wenn er die menschliche Gesellschaft als einen Organismus betrachtete, dann
hatte er die Vorstellung, daß sie ein komplexes soziales Erbe in sich aufnahm,
bewahrte und es durch eigene Beiträge bereicherte. Die Region war für ihn
der geographische Raum, in dem eine menschliche Gesellschaft als Organismus lebt.

Doch für Mumford war die Region nicht nur eine geographische Einheit
mit festen, unveränderbaren und sich nicht verändernden Merkmalen. Nicht
nur der Boden, das Klima, die Flora und Fauna veränderten sich im Lauf der
Zeit, sondern auch die Menschen hatten diese Regionen mit ihrer Technologie
verändert und die Entwicklung zum Teil gehemmt, zum Teil aber auch gefördert. Durch soziale Organisation und Kultur hatten sie den Regionen, die
ursprünglich allein durch geographische Einflüsse gestaltet worden waren,
einen sozialen und kulturellen Charakter verliehen. So gab es in den einzelnen Gegenden zum Beispiel verschiedene Dialekte, Trachten und politische
Praktiken. Die Region war für Mumford daher ein außerordentlich komple-

xer Begriff. Sie war auf keinen Fall ein Gebiet innerhalb unveränderbarer physischer Grenzen und gewiß auch keine politische oder technologische Einheit. Er beklagte die auf unnatürliche Weise entstandenen dicht besiedelten Industriegebiete und die von den Nationalstaaten gezogenen künstlichen politischen Grenzen, welche die organisch gewachsenen Regionen zerstörten.

Als Beispiele nannte Mumford Regionen in den Vereinigten Staaten. Der Staat New York besaß, wenn er durch Teile des nördlichen New Jersey und Connecticuts ergänzt wurde, eine Vielfalt von natürlichen Bodenschätzen und Lebensräumen, die Ausgewogenheit zwischen landwirtschaftlicher und industrieller Aktivität sowie die notwendige Individualität und Kohärenz, die dieses Gebiet zu einer Region werden ließen. Während die Region von New York in erster Linie durch die Geographie, durch natürliche und vom Menschen erzeugte, wirtschaftliche Faktoren bestimmt wurde, war die regionale Identität von Neu-England in erster Linie durch das kulturelle Erbe aus der goldenen Blütezeit dieses Staats geprägt. Nathaniel Hawthorne, Ralph Waldo Emerson und Henry David Thoreau spürten sehr deutlich ihre Verwurzelung in dieser Region und empfanden sich zunächst als Neu-Engländer und erst in zweiter Linie als Amerikaner.

Nach Mumfords Plänen für eine ausgewogene Entwicklung der Regionen sollte die neue Technologie nicht hauptsächlich für die Industrialisierung und die Steigerung privater Gewinne genutzt werden, sondern für die Bewahrung und Intensivierung des Lebens. Er schrieb: «Das Fortleben hat eine ganz klare Bedeutung; man versteht darunter die Geburt und das Aufziehen der Kinder, die Erhaltung der Gesundheit und des Wohlbefindens der Menschen, die Vervollkommnung der menschlichen Persönlichkeit und die Pflege der natürlichen Umwelt und des Gemeinwesens als Bühne für all diese Aktivitäten.»[15] In der künftigen biotechnischen Ära, die sich im Rahmen einer neuen Technologie entwickeln sollte, würden nach Mumfords Vorstellungen der Künstler, der Wissenschaftler, der Architekt, der Lehrer, der Arzt, der Sänger, der Musiker und der Schauspieler einen größeren Prozentsatz der vorhandenen Hilfsmittel für ihre Aktivitäten brauchen als der in der Industrie tätige Ingenieur. Er rechnete auch damit, daß sich die Menschen im Lauf der Zeit von der Marktwirtschaft abwenden würden, und hielt das für wünschenswert, denn sie begünstige das Angebot gewinnbringender Waren und Dienstleistungen, nicht aber die Herstellung von Gütern, die der Gesellschaft etwas nützten, deren Verkauf jedoch keine hohen Gewinne brachte. Eines der wichtigsten Ziele der neuen Regionalplanung war der Bau guter Wohnungen für Personen mit niedrigem Einkommen. Moderne Techniken im Wohnungsbau, die Verteilung der Bevölkerung auf größere Räume, soziale Planung und die Entwicklung neuer Wertvorstellungen waren die Voraussetzungen für einen solchen Wandel. Er schrieb, nachdem wir es gelernt hätten, mit dem Mechanischen und dem Elektrischen in unserem neotechnischen Zeitalter in fruchtbarer und systematischer Weise umzugehen, «müssen wir noch jenes umfassendere Ordnungssystem erfinden, das uns helfen wird, unsere sozialen Beziehungen zu reformieren: Eines seiner Symbole ist der Regionalplan selbst».[16]

Das Tennesseetal

Ford hat sich zwar mit konkreteren Projekten für die Regionalplanung beschäftigt als Mumford, aber auch er hat immerhin an eine Entwicklung des Tennesseetals gedacht. Dieses Flußtal weckte das Interesse von so verschiedenartigen Persönlichkeiten wie Mumford und Ford, ebenso aber auch eines großen Teils der amerikanischen Öffentlichkeit, weil sich in dieser Region die große Armut der Bevölkerung und ein unübersehbares Potential für wirtschaftliches Wachstum gegenüberstanden. Zu einer Zeit, als große Dämme und Wasserkraftwerke die neuesten Errungenschaften der Hochtechnologie darstellten und Starkstromleitungen die Versorgung einer ganzen Region mit hydroelektrischer Energie ermöglichten, boten der Tennessee River und seine Nebenflüsse dem zukunftsorientierten Menschen die Gelegenheit, moderne Technologie und moderne Planung für die regionale Entwicklung gemeinsam einzusetzen. Die am Flußlauf errichteten Dämme lieferten nicht nur die Wasserkraft zur Erzeugung von Elektrizität, sondern dienten auch der Hochwasserregulierung und der Schiffbarmachung des Flußlaufs durch die an den Dämmen gebauten Schleusen.

Dem Systembauer Ford gefiel die Möglichkeit der Energiegewinnung und regionalen Planung im Tennesseetal. In den Jahren 1921–1922 machte er der Bundesregierung das Angebot, den Wilsondamm mit seinen Wasserkraftwerken auf 100 Jahre zu pachten und die größte Talsperre der Welt aus Beton zu bauen. Außerdem erklärte er sich bereit, von der amerikanischen Regierung die beiden in der Nähe gelegenen staatseigenen Stickstoffabriken zu kaufen. Mit dem Bau dieser Anlagen beim Muscle Shoals, Alabama, am Tennessee River war schon während des Ersten Weltkriegs begonnen worden. Hier sollte die Energie gewonnen werden, die man brauchte, um den für Sprengstoffe und Düngemittel benötigten Stickstoff herzustellen. Ford sagte, er beabsichtige nicht nur, einen großen, mit der aus Wasserkraftwerken gewonnenen elektrischen Energie betriebenen Komplex von Industrieanlagen für die Herstellung von Düngemitteln, Aluminium, Stahl und Automobilteilen in der Nähe von Muscle Shoals zu errichten, sondern wolle mit der entlang des Tennessee River in mehreren Wasserkraftwerken gewonnenen Energie die wirtschaftliche Entwicklung der ganzen Region des Tennesseetals vorantreiben. Er versprach, in der Stickstoffabrik preiswerten Kunstdünger für die Farmer dieser Region zu erzeugen und dafür zu sorgen, daß die größere der beiden Fabriken im Fall eines Krieges rasch auf die Herstellung von Sprengstoff umgestellt werden konnte. Eine Zeitung berichtete, er habe vor, eine 75 Meilen lange Stadt zu bauen – wahrscheinlich entlang des Tennessee River –

und diese ganze Anlage zu einem der größten Industriezentren in den Vereinigten Staaten zu machen. Später korrigierte Ford diesen Bericht und erklärte, die 75 Meilen lange «Stadt» werde eine ganze Kette kleinerer Industriestädte sein, mit denen er seine Absicht verwirklichen wolle, für die Arbeiter und ihre Familien das Leben in kleinen Gemeinwesen zu ermöglichen, wo sie die Vorzüge des Lebens auf dem Lande genießen könnten. Er versprach, alles zu tun, um die Gesundheit und die soziale Wohlfahrt der Arbeiter und ihrer Familien zu schützen. Darüber hinaus werde er das ganze Projekt eines Tages den in diesem Gebiet lebenden Menschen oder der amerikanischen Bundesregierung übereignen.

Regionale Planungsorganisationen, die amerikanische Farmervereinigung und die Farm Bureau Federation, mehrere Zeitungen in den Südstaaten, führende Persönlichkeiten aus Landwirtschaft und Industrie, Interessenvertretungen von Grundstückseigentümern, der Dachverband der amerikanischen Gewerkschaften und die meisten Kongreßabgeordneten aus diesem Gebiet sprachen sich für den Vorschlag von Ford aus. Begeisterte Anhänger von Ford im ganzen Land begrüßten seine Initiative und rechneten mit einem neuen industriellen Wunder. Ford selbst behauptete, er habe sich bei diesem Projekt nur vom öffentlichen Interesse leiten lassen. Er sagte: «Wenn Muscle Shoals in uneigennütziger Absicht entwickelt wird, dann wird es so hervorragend und so einfach funktionieren, daß in kürzester Zeit Hunderte anderer Wasserkraftwerke im ganzen Land entstehen werden...» Dann fügte er hinzu: «In gewissem Sinne wird sich das Schicksal des amerikanischen Volkes während der kommenden Jahre hier am Tennessee River entscheiden.»[17]

Das Angebot von Ford stieß aber auch auf Ablehnung, unter anderem bei denen, die der Auffassung waren, daß das Tennesseetal von der Regierung und nicht mit Hilfe privaten Kapitals entwickelt werden sollte. Gouverneur Pinchot kritisierte sehr scharf den Plan von Ford, weil er nicht den Vorstellungen der Naturschützer entsprach und einen Pachtvertrag auf 100 Jahre vorsah zu einer Zeit, als nach den geltenden gesetzlichen Bestimmungen für private Wasserkraftwerke an staatseigenen Gewässern nur Pachtverträge über einen Zeitraum von 50 Jahren geschlossen werden durften. Senator George Norris von Nebraska, ein entschiedener Befürworter der Entwicklung von Energieversorgungssystemen durch die öffentliche Hand, blockierte die Annahme eines Gesetzes im Kongreß, das diese Transaktion erleichtert hätte. Der Verband der Hersteller von Düngemitteln und die Sprecher verschiedener privater Kraftwerke behaupteten, mit der von Ford angebotenen Pachtsumme und den in seinem Vertragsentwurf enthaltenen Bedingungen würden die Regierung und das Volk übervorteilt. Die Regierung lehnte das Angebot Fords ab, aber erst nachdem er erklärt hatte, sein Plan und seine besondere Art der Finanzierung stünden im krassen Gegensatz zu den ausbeuterischen Finanzierungsprojekten der Finanziers von der Wall Street und des «internationalen Judentums». Diesen Kräften warf er vor, seine Bemühungen um die

Verwirklichung einer persönlichen Vision und die Befriedigung eines öffentlichen Bedürfnisses zu blockieren. Zu jener Zeit beschäftigte sich Ford mit einem Programm zur «Aufklärung» der Amerikaner über die Verderbtheit des «internationalen Judentums». Samuel Untermeyer, ein angesehener Wall Street-Anwalt, konterte Fords Antisemitismus damit, daß er erklärte, Ford habe von nichts eine Ahnung außer von Automobilen.[18]

Senator George Norris glaubte ebenso wie Ford, die Zukunft des amerikanischen Volkes könne am Tennessee River liegen. Doch seine Vorstellungen und nicht die von Ford setzten sich 1933 mit dem Beginn von Roosevelts New Deal und der Errichtung der Tennessee Valley Authority durch. Als Vorsitzender des Senatsausschusses für Landwirtschaft war Norris in den 1920er Jahren für die Gesetze verantwortlich, die den Bau des Dammes an den Muscle Shoals und der Stickstoffabriken für die Herstellung von Düngemitteln regelten. Zunächst hatte ihn diese Frage nicht besonders interessiert, aber dann setzte sich Norris energisch dafür ein, daß die Anlagen an den Muscle Shoals Eigentum der amerikanischen Bundesregierung blieben und von ihr betrieben wurden. Er ging sogar noch weiter und schlug vor, das Tennesseetal mit Hilfe der in den Wasserkraftwerken erzeugten elektrischen Energie, der Hochwasserregulierung und Maßnahmen für den Bodenschutz zu entwickeln. Er informierte sich sehr genau über ähnliche erfolgreiche

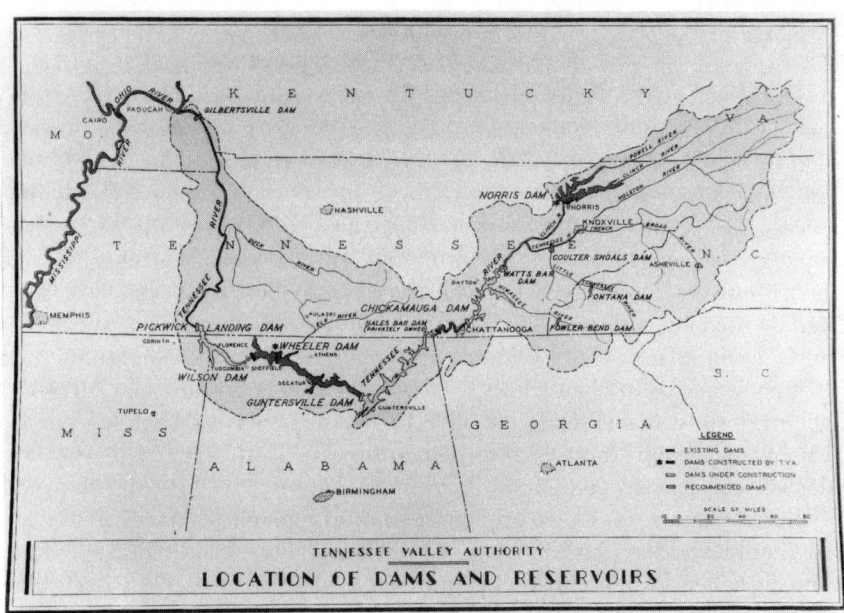

TVA System, C. 1936.
Muscle Shoals (Wilsondamm) liegt westlich des Wheelerdamms.

Präsident Franklin D. Roosevelt, Eleanor Roosevelt und Arthur Morgan
am Norrisdamm, 16. November 1934.

Projekte für die Nutzung elektrischer Energie durch die öffentliche Hand in
Los Angeles und der kanadischen Provinz Ontario.[19] Angesichts zahlreicher
Versuche, das ganze Vorhaben privaten Unternehmern zu überlassen, ma-
növrierte der nun schon mehr als 60 Jahre alte Senator aus Nebraska außerordentlich geschickt 12 Jahre lang während der Amtszeit von drei Präsidenten,
die seine Auffassungen nicht teilten, um eine solche Entwicklung zu verhindern, bis Roosevelt, der die gleichen Ansichten vertrat wie er, ins Weiße Haus
einzog. Der republikanische Senator hatte seinen Sieg im Ringen um die
Errichtung der Tennessee Valley Authority seiner Geduld, seiner Zielstrebigkeit und seinem parlamentarischen Opportunismus zu verdanken, mit dem er
auch, wenn es notwendig war, Bündnisse mit den Demokraten schloß. Am
Beginn seiner politischen Laufbahn hatte er der Republikanischen Partei angehört, löste sich aber dann von allen Parteibindungen und bemühte sich als
Unabhängiger um Unterstützung seiner Projekte durch Kongreßabgeordnete
der verschiedensten politischen Richtungen.

Norris glaubte fest an die großen Entwicklungsmöglichkeiten in der neuen
Ära der Elektrizität. Als Kind hatte er die schwere Arbeit, die heißen Sommer
und die kalten Winter auf einer primitiven Farm in Ohio erlebt und begrüßte
nun die «faszinierenden» Möglichkeiten, die sich aus der Nutzung der Elektrizität ergeben würden, die «Licht in das trübe Dunkel der Farmen und
Stadtwohnungen bringen und die Arbeit in den Fabriken revolutionieren»

würden.[20] Ebenso wie andere fortschrittliche Politiker war er davon überzeugt, daß die von privaten Unternehmern betriebenen Elektrizitätswerke,
besonders wenn es sich bei den Eigentümern um große Holdinggesellschaften
oder Trusts handelte, dafür sorgen würden, daß sich der Traum von einer
Erneuerung der Gesellschaft mit Hilfe der Elektrifizierung nicht werde verwirklichen lassen. Deshalb richtete er in seinen Reden scharfe Angriffe gegen
den von ihm so bezeichneten «Energietrust». Wie Pinchot schrieb Norris
1926, wenn nicht Gegenmaßnahmen getroffen würden, «werden wir in den
Würgegriff des Monopols von im Privatbesitz befindlichen und privat betriebenen Unternehmen geraten, und es wird außerordentlich schwer sein, uns
von den Fesseln zu befreien, die uns alle binden werden».[21] Ganz offensichtlich traf die Behauptung von Insull, er bringe der Nation die Wohltaten des
Zeitalters der Elektrizität, auf taube Ohren. Norris konnte nur begeistert
zustimmen, als Roosevelt im Präsidentschaftswahlkampf behauptete, Insull
sei ein einsamer Wolf, ein unmoralischer Konkurrent und ein rücksichtsloser
Großunternehmer.[22]

Norris war nicht nur entschlossen, ebenso wie Pinchot und andere Naturschützer und Regionalplaner, den privaten Unternehmern die Früchte der
elektrischen Revolution aus der Hand zu schlagen, sondern erwartete auch,
daß die Regierung in zahlreichen großen Flußtälern flächendeckende Systeme
zur Versorgung der Bevölkerung und der Industrie mit elektrischer Energie
schaffen und ihre Nutzung koordinieren werde. Mit der so erzeugten elektrischen Energie ließen sich, wie er behauptete, auch die Kosten für die regionale Entwicklung aufbringen. Besonders freute es den Senator, als Roosevelt
ihn vor seiner Amtseinführung einlud, mit ihm die Region des Tennesseetals
zu besuchen, und es ermutigte Norris, als er hörte, wie der Präsident in
Montgomery, Alabama, sagte:

«Muscle Shoals gibt uns die Gelegenheit, Bedeutendes für die Bewohner
vieler Staaten, ja sogar für die ganze Union zu leisten. Denn dort haben wir
die Möglichkeit, nicht nur für uns, sondern für künftige Generationen vor-
auszuplanen, Industrie, Landwirtschaft, Forstwirtschaft und Hochwasserregulierung in einem gemeinsamen Projekt zu verbinden und alles über eine
Entfernung von 1000 Meilen zu einem Ganzen zu vereinen, um für Millionen heute noch nicht geborener Menschen bessere Lebensbedingungen in
besseren Lebensräumen zu schaffen...»[23]

Für eine Nation, die sich in einer schweren Wirtschaftskrise befand, waren
das ermutigende Worte, mit denen überzeugend dargestellt wurde, daß private Energieversorgungsunternehmen, die sich darauf konzentrierten, auf
diesem Gebiet hohe Gewinne zu machen, nicht in der Lage waren, das gleiche
zu leisten.

Mit der Amtsübernahme durch Roosevelt und dem Beginn des New Deal
im Jahr 1933 begannen fortschrittliche Politiker wie Norris, die sich dafür
einsetzten, die Energieversorgung zu verstaatlichen und mit solchen Vorha-

ben auch die Regionalplanung zu verbinden, neue Hoffnung zu schöpfen. Als Gouverneur hatte Roosevelt im Staat New York die Regionalplanung unterstützt. Zu den Mitgliedern des «Gehirntrusts», der seine ersten Reden verfaßte und ihn politisch beriet, gehörten auch Persönlichkeiten, welche die Regionalplanung auf die bundesstaatliche Ebene zur Regulierung und Koordinierung der Industrieproduktion ausdehnen wollten. Die Administration beabsichtigte, in ihre Planungen die Nutzung des Bodens, die Verteilung der Bevölkerung, die Entwicklung der Energieversorgung, die Steuer- und Finanzpolitik, die Preispolitik und die Steuerung der Produktion aufzunehmen, und schuf zu diesem Zweck eine Anzahl neuer Behörden wie die National Recovery Administration, das Soil Conservation Service, die Resettlement Administration, das National Planning Board, die Rural Electrification Administration und die Tennessee Valley Authority (TVA).

Die von der neuen Regierung beschlossenen Gesetze für die Errichtung der TVA enthielten unter anderem auch die für die Planung geltenden Vorschriften. Zum Vorsitzenden des für die TVA zuständigen Ausschusses hatte Roosevelt bereits Arthur E. Morgan ernannt. Morgan war Ingenieur und brachte für dieses neue Amt eine besondere Begabung für die Lösung technischer und sozialer Probleme mit. Sein Engagement war bezeichnend für die meisten phantasiebegabten Mitglieder seines Berufsstandes, die sich ihrer Verantwortung gegenüber der Öffentlichkeit bewußt waren. In den Jahrzehnten zwischen den beiden Weltkriegen genoß der Ingenieurberuf ein so hohes Ansehen wie zu keiner anderen Zeit. Morgan hatte sich auf die Hochwasserregulierung spezialisiert und mit seiner Firma beim Bau solcher Projekte beachtliche Erfolge erzielt. Zum Beispiel im Jahr 1913 im Tal des Miami Flusses in Ohio. Wie viele seiner Kollegen war er aufgrund seiner Erfahrungen als Ingenieur zu der Überzeugung gekommen, daß sich für alle technischen, wirtschaftlichen und sogar sozialen Probleme die jeweils beste Lösung finden ließe. Als Leiter der TVA mißtraute er jedem, der versuchte, durch Überlegungen, die mit Wertvorstellungen belastet waren, das zu verhindern, was er als eine vernünftige und objektive Problemlösung beschlossen hatte. Mit besonderer Schärfe verurteilte er diejenigen, die ihre Entscheidungen von parteipolitischen Überlegungen abhängig machten. Er neigte dazu, Personen, die seine wohldurchdachten und bis ins einzelne ausgearbeiteten Beschlüsse ablehnten, für unvernünftig zu halten. Deshalb verteidigte er in dem Bewußtsein, recht zu haben, seine Problemlösungen und lehnte alle Gegenvorschläge ab. Wie so viele andere bedeutende Ingenieure und Wissenschaftler in jener Zeit verachtete Morgan die «Politik», wenn sie, wie er meinte, sich, ohne dazu berechtigt zu sein, in Angelegenheiten einmischte, für die nur die zuständigen Fachleute verantwortlich waren. Nach seiner Meinung führte die Politik oft dazu, daß einzelne Persönlichkeiten bevorzugt wurden und man Rücksicht auf wirtschaftliche, regionale und andere Interessengruppen nahm.[24] Die Natur, in der wir leben, hatte er offenbar gründlicher studiert als die Natur des Menschen.

Als asketischer und fast mystischer Utopist nahm Morgan 1920 den Posten des Präsidenten des kleinen Antioch College in Yellow Springs, Ohio, an, weil er glaubte, hier die Gelegenheit zu haben, seine Philosophie und Methodologie zu verkünden. Das Antioch College wurde 1853 von Horace Mann gegründet, war jedoch noch nicht, der Absicht seines Gründers entsprechend, zum Harvard des Mittleren Westens geworden. Mit Unterstützung einfallsreicher und am Wohl der Öffentlichkeit interessierter Ingenieure und Industrieller wie Charles Kettering entwickelte Morgan ein Programm, das den Studenten ermöglichte, ein Gemeinwesen zu gestalten. In diesem Programm vereinigten sich das Lernen mit praktischer Arbeit im Rahmen von Arbeitsgemeinschaften, aus denen sich auf dem Campus des College studentische Industriebetriebe entwickelten. Mit diesem Vorhaben wollte Morgan den unternehmerischen Geist fördern. Unter der Leitung von Morgan erregte das College sehr bald die Aufmerksamkeit interessierter Kreise überall in den Vereinigten Staaten. An diesem College wollte er philosophisch interessierte, fachlich kompetente Ingenieure ausbilden, die sich durch Wahrheitsliebe, eine gute Allgemeinbildung und Kreativität auszeichneten. Dabei legte er Wert auf saubere Arbeit, Selbstvertrauen, Integrität, Tüchtigkeit, Ausgewogenheit, Ebenmaß und die Fähigkeit, die großen Zusammenhänge zu erkennen.[25] Neben seinem persönlichen Stil als Ingenieur brachte er die Begeisterung eines reformfreudigen Erziehers und das Bestreben mit, seine eigenen Charaktereigenschaften auf die jungen Leute zu übertragen.

Als Vertreter der Ganzheitstheorie legte Morgan großen Wert auf eine gute Allgemeinbildung. Ebenso wie Edison und Ford hatte er nichts für Spezialisten übrig. Morgan behandelte die Probleme systematisch so, daß jede Komponente des Systems im Zusammenhang mit den «laufenden Ereignissen und in ihren Beziehungen zu allen anderen Komponenten» berücksichtigt werden konnte.[26] Aufgrund seiner persönlichen Erfahrungen als Wasserbauingenieur, der sich auf kein technologisches Fachgebiet spezialisiert hatte, schätzte er Persönlichkeiten, die beim Bau eines großen Damms die Arbeit der Geologen, Juristen, Tiefbauingenieure und Maschinenbauingenieure ebenso zu koordinieren und zu integrieren wußten wie Sozialwissenschaftler, die sich mit der Lösung sozialer Probleme wie der Umsiedlung von Bevölkerungsteilen und den Beziehungen zwischen Arbeitgebern und Arbeitnehmern beschäftigten. In einem Vortrag vor der American Sociological Society sagte er 1936, eine Erklärung für den Niedergang der menschlichen Kultur sei darin zu suchen, daß es zu viele Spezialisten und zu wenige Menschen mit einer guten Allgemeinbildung gebe. Er fügte hinzu: «Eine menschliche Kultur bleibt nicht lange stabil auf einer Ebene, die viel höher ist als das allgemeine kulturelle Niveau der herrschenden Klasse.»[27]

Morgan glaubte an den Wert des Vorausplanens. Aus seiner Arbeit an den Projekten zur Hochwasserregulierung hatte er gelernt, daß ungezählte regionale Faktoren systematisch berücksichtigt werden mußten, wenn man Entwässerungsgräben zog, Deiche baute, Dämme errichtete, Grund und Boden konfiszierte, Stauseen und Kanäle anlegte und die Bevölkerung, wenn notwendig, umsiedelte. Da er gewohnt war, in großen Zusammenhängen zu denken, glaubte er nicht nur, daß Flüsse und ihre Täler als Systeme behandelt werden müßten, sondern daß auch die Politik auf die natürlichen Gegebenheiten Rücksicht zu nehmen habe.[28] Als Leiter der TVA vertrat er die Auffassung, daß die TVA ihr landwirtschaftliches Programm nicht isoliert, sondern als ein Element im Rahmen einer bestimmten sozialen und wirtschaftlichen Ordnung ansehen müsse.[29] Er sprach auch davon, daß man das Tennesseetal als Laboratorium benutzen solle, in dem Modelle für weitere Planungen im ganzen Bereich der Vereinigten Staaten getestet werden könnten.[30] Er meinte sogar, wer es nicht verstünde, den Boden richtig zu nutzen, sollte enteignet werden, und man sollte sich entschieden gegen Regionalverwaltungen wenden, die wertvolle natürliche Ressourcen verschwendeten. Er sprach auch von Kooperativen und der Einführung einer Art lokaler Währung. Wahrscheinlich weil Rexford Tugwell, ein fortschrittlicher New Deal-Planer, und andere ihm geraten hatten, die von ihm beabsichtigten Versuche nicht vorzeitig bekanntzumachen, um keinen Verdacht und keinen Widerstand dagegen zu erregen, hat Morgan nicht deutlicher gesagt, was er in seinem «Laboratorium» für die Planung zu tun gedachte.[31] Er sprach auch weiterhin oft von «sozialer und wirtschaftlicher Planung», aber ohne genauer auf Einzelheiten einzugehen.[32]

Als die TVA 1933 eingerichtet wurde, war sie, wie Morgan behauptete, nicht in erster Linie als eine Organisation zur Erzeugung elektrischer Energie gedacht. Er wollte nicht, daß das umfassende Projekt der TVA in die Kontroverse um die Frage der Energieversorgung durch die öffentliche Hand hineingezogen wurde.[33] Anfangs schien Roosevelt seine Ansicht zu teilen. In seiner Botschaft an den Kongreß im April 1933 sagte er, seine Pläne für das Tennesseetal gingen über die Entwicklung der Energieversorgung hinaus und beinhalteten außerdem die Hochwasserregulierung, die Verhinderung der Bodenerosion, die Aufforstung, den Verzicht auf die landwirtschaftliche Nutzung von Randgebieten sowie die Verteilung der verschiedensten Industrien auf weitere Gebiete. Wenn solche Vorhaben im Verlauf des Tennesseetals verwirklicht werden könnten, dann werde das logischerweise «zur Planung einer großen Wasserscheide auf nationaler Ebene für zahlreiche amerikanische Flüsse führen, die sich auf viele einzelne Staaten und das künftige Leben und die Wohlfahrt von Millionen auswirken wird». Er fügte hinzu: «Das ist in der Tat die Rückkehr zum alten Pioniergeist. Wenn wir hier Erfolg haben, dann können wir Schritt für Schritt auf dem Weg zu einer ähnlichen Entwicklung anderer großer natürlicher Gebietseinheiten innerhalb unserer Grenzen weiter vorangehen.»[34]

Die Befürworer der TVA sagten zwar nicht genau, was sie mit «Planungen» meinten, aber wie so viele andere damals verwendete Begriffe war

auch dies ein magisches Wort und ein Konzept, das sie faszinierte.[35] Roosevelt
sagte dem Kongreß, die TVA sei mehr

«... als nur ein Projekt zur Erzeugung elektrischer Energie... eine Körperschaft ausgestattet mit den Vollmachten der Regierung, die jedoch die
Flexibilität und Initiative eines Privatunternehmens besitzt... und den weit-
gefaßten Auftrag hat... Planungen für die allgemeine soziale und wirtschaftliche Wohlfahrt der Nation durchzuführen... Es ist Zeit, die Planungen auf ein weiteres Gebiet auszudehnen...»[36]

Innenminister Harold Ickes nannte die TVA ein großartiges Regionalpla-
nungsexperiment. In einer Studie aus dem Jahr 1934 hieß es, es sei das größte
Experiment auf dem Gebiet der Regionalplanung außerhalb der Sowjetunion.[37] 1937 legte Norris einen Gesetzentwurf vor, in dem vorgeschlagen
wurde, nach dem Muster der TVA sieben Regionalplanungs- und Energiever-
sorgungsbehörden für die Entwicklung weiterer Flußtäler zu errichten, der
Vorschlag wurde jedoch im Senat abgelehnt.[38] Morgan betrachtete es als
seine Aufgabe, die sogenannten Planungsbestimmungen in dem Gesetz für
die TVA zu realisieren. Danach sollten amtliche Überprüfungen und Gesamt-
pläne dafür sorgen, daß die für das Projekt zur Verfügung gestellten Geldmittel eine ordnungsgemäße technische, wirtschaftliche und soziale Entwicklung
garantierten. Als Mann der Tat verlangte Morgan, daß diejenigen, die die
Arbeit zu leisten hatten, auch an der Planung beteiligt werden sollten. Auch
hier nahm er die holistische Haltung des Systematikers ein und schrieb 1937,
daß «in jedem wichtigen Unternehmen soziologische Komponenten ebenso
real und wichtig sind und in gleicher Weise einer gründlichen Analyse und
sorgfältigen Durchführung bedürfen wie die technischen, finanziellen oder
juristischen Komponenten, die alle so behandelt werden sollten, daß das Ergebnis ein integriertes Programm wird».[39]

Doch im Lauf der Zeit zwangen die unübersichtliche Komplexität und der
Konservatismus im Tennesseetal Morgan und seine Mitarbeiter, ihre Pläne
für eine soziale Umgestaltung der Region zu modifizieren. Damit enttäusch-
ten sie die progressiveren Regionalplaner in den Vereinigten Staaten, welche
die TVA begeistert als «das Zukunftsbild von Utopia» bezeichnet hatten, wo
eine neue Zivilisation entstehen werde.[40] Anstatt diese großartige Vision
Wirklichkeit werden zu lassen, mußten sich Morgan und seine Mitarbeiter
darauf beschränken, Pläne für das regionale Schul- und Gesundheitswesen
aufzustellen, besonders dort, wo die Bewohner wegen der Dammbauten, der
Überflutung von Land bei der Anlage von Stauseen und wegen anderer Bauprojekte umgesiedelt werden mußten. Wenn Schulen und Krankenhäuser in
den Stauseen überflutet wurden, arbeitete die TVA mit den örtlichen Verwal-
tungen bei der Finanzierung und beim Bau neuer Einrichtungen zusammen,
um dabei technische Verbesserungen anzubringen und entstandene Probleme
nach neuen Erkenntnissen zu lösen. Ein Umsiedlungsdienst der TVA berücksichtigte die verfügbaren finanziellen Mittel, die Größe der Familien, die

Religionszugehörigkeit und die landwirtschaftlichen Sonderwünsche der Menschen, die umgesiedelt werden sollten. Wenn als Folge der Hochwasserregulierung Gesundheitsrisiken entstanden wie etwa die Möglichkeit einer Mückenplage, entwickelte die TVA ein Programm, dessen Durchführung den örtlichen Behörden überlassen wurde. Anstatt für die Tausende von Arbeitern am Norris-Damm Behelfsunterkünfte bauen zu lassen, ließ Morgan eine aus festen Häusern bestehende Stadt mit Namen Norris bauen, die von der TVA entworfen und verwaltet wurde. Sie wurde zum Modell für andere Gemeinwesen.[41] Diese Maßnahmen blieben jedoch weit hinter dem zurück, was viele Sozialwissenschaftler und Sozialkritiker wie Mumford unter dem Begriff Regionalplanung verstanden.

Das konservative Beharrungsvermögen der bestehenden Regierungsämter und Behörden, die konservativen Kongreßabgeordneten und das starre Festhalten an bisher bestehenden Interessen und Vorstellungen auf örtlicher Ebene behinderten die energische Durchsetzung der geplanten Programme. Das Ergebnis war eine komplexe und oft widersprüchliche Mischung von lokalen Teilerfolgen, die weit hinter der von den Planern gewünschten Koordination und Systematisierung zurückblieb.[42] Doch während der Amtszeit von Morgan als Chef der TVA blieben die Hoffnungen der Regionalplaner lebendig. Wenn auch die Planungen der TVA nicht den umfassenden Konzepten entsprachen, die der Präsident zunächst formuliert hatte, bemühte sich die Behörde mutig darum, Funktionen zu übernehmen, die traditionsgemäß von den Regierungs-Ämtern und -Behörden wahrgenommen wurden. Im Tennesseetal übernahm die TVA Aufgaben in der Landwirtschaft, die gewöhnlich Sache des amerikanischen Landwirtschaftsministeriums waren. Sie baute Dämme und sorgte für die Schiffbarmachung des Flußlaufs, was sonst Aufgabe des U.S. Reclamation Service und der Heerespioniere gewesen wäre, und sie ließ die Wälder aufforsten, was in allen anderen Gebieten im Zuständigkeitsbereich des U.S. Forest Service lag. Manchmal war die TVA allerdings klug genug, im Tennesseetal mit anderen Regierungsbehörden zusammenzuarbeiten.[43]

Das Ringen um die Versorgung mit elektrischer Energie durch die öffentliche Hand

Weil Arthur Morgan Ingenieur war, ernannte der Präsident den Rektor einer Universität, Harcourt Morgan, und den Juristen David Lilienthal zu seinen Stellvertretern. Harcourt Morgan war Fachmann auf dem Gebiet der Landwirtschaft in den Südstaaten, ein überzeugter Befürworter der ausgewogenen Nutzung der natürlichen Hilfsquellen und Rektor der Universität von Tennessee. Der 33 Jahre alte Anwalt Lilienthal war bekannt dafür, daß er sich für die Versorgung mit elektrischer Energie durch die öffentliche Hand eingesetzt hatte, als er der Wisconsin Rail Road Commission angehörte, die für die

*Waschtag vor der Zeit
der TVA.*

*Drugstore, Norris,
Tennessee, 1937.*

Norris, Tennessee, 1937.

Harcourt Morgan, Arthur Morgan und David Lilienthal.

Stromversorgung und andere öffentliche Versorgungseinrichtungen zuständig war.

Während der fünf Jahre, in denen Arthur Morgan die TVA leitete, zeigte Lilienthal wenig Begeisterung für das von Morgan geplante umfassende Entwicklungsprojekt. Er sah die Hauptaufgabe darin, einen von der öffentlichen Hand betriebenen Stromverbund zu schaffen und damit die wirtschaftliche Entwicklung der Region zu ermöglichen. Er war sich der politischen Interessen, die hier berührt wurden, sehr deutlich bewußt und erkannte, daß die Unterstützung oder Akzeptanz des Modells der öffentlichen Stromversorgung durch führende Persönlichkeiten in Politik und Wirtschaft und die diese Region vertretenden Kongreßabgeordneten aufs Spiel gesetzt werden könnten, wenn die TVA im Rahmen der Planung radikale wirtschaftliche und soziale Reformen einführen würde. Später hat sich Senator Kenneth McKellar von Tennessee gerühmt, daß es ihm zu verdanken sei, wenn sich die TVA auf das Errichten von Dämmen konzentriert habe, anstatt halbfertige Pläne zur Hebung des Lebensstandards «der unwissenden und rückständigen Bewohner des Tennesseetals» zu verfolgen.[44]

Während sich Arthur Morgan auf die Planung und die Bauarbeiten konzentrierte, setzte Lilienthal seine ganze Energie dafür ein, die Frage der öffentlichen Stromversorgung zu klären. Seine kompromißlose Haltung, mit der er darauf beharrte, daß die öffentliche Stromversorgung Angelegenheit staatlicher Behörden sei, verschärfte die Spannungen zwischen denen, die seine Meinung teilten, und den Eigentümern der privaten Elektrizitätswerke im Tennesseetal. Als Mitglied der Wisconsin Rail Road Commission hatte er mit seiner Haltung schon früher Reibungen und Animositäten zwischen der

Kommission und den privaten Elektrizitätswerken verursacht, aber schließlich war es ihm gelungen, den Einfluß der Kommission zu stärken. Vorher hatte er in Chicago als Sonderberater der Stadt durchgesetzt, daß die Kunden einer Telephongesellschaft Rückvergütungen von $20 Millionen bekamen. Roosevelt und Norris erwarteten, daß er auch im Hinblick auf die dornige Frage der Entwicklung einer von der öffentlichen Hand verwalteten Stromversorgung durch die TVA eine Lösung finden werde. Anders als Arthur Morgan, der es für richtiger hielt, Meinungsverschiedenheiten durch friedliche Verhandlungen zwischen vernünftigen Männern beizulegen, war Lilienthal bereit, sich auf einen unerbittlichen Kampf mit dem «Energietrust» einzulassen. Er hatte ein sehr ausgeprägtes Gefühl für die politischen Machtverhältnisse und für die geeigneten Methoden, das Mögliche zu erreichen. Einer seiner Freunde sagte von Lilienthal, er sei sehr ehrgeizig und wolle seinen Gegnern wahrscheinlich «die Schau stehlen». Er und Roosevelt glaubten feststellen zu können, daß sie einander im Temperament und in den politischen Anschauungen sehr ähnlich waren. Der Präsident zeigte dem sehr viel jüngeren Lilienthal ganz offen seine Zuneigung und unterstützte ihn tatkräftig. Nach dem Zweiten Weltkrieg wurde Lilienthal erster Vorsitzender der Atomenergiekommission (AEC). Der Historiker Tom McCraw schreibt, Lilienthal verlieh «allem, was er tat, kosmische Bedeutung. Manchmal, zum Beispiel in der Atomenergiekommission, war diese Haltung gerechtfertigt.»[45]

Schon wenige Monate nach Errichtung der TVA begann das Problem der öffentlichen Energieversorgung andere Initiativen der TVA zu überschatten. Die Aufmerksamkeit der Öffentlichkeit und des Kongresses konzentrierte sich nun auf den Machtkampf zwischen der TVA und der Commonwealth and Southern Corporation, einer Holdinggesellschaft, die mehrere Kraftwerke betrieb und ein starkes Interesse an der Entwicklung des Tennesseetals hatte. Die gerichtlichen Auseinandersetzungen um die Frage der privaten oder von der öffentlichen Hand verwalteten Energieversorgung dauerten von 1933 bis 1939. Wendell L. Willkie, ein erfahrener Anwalt, der sich auf Fragen des öffentlichen Dienstes spezialisiert hatte und erst kürzlich zum Leiter der Commonwealth and Southern ernannt worden war, stellte sich an die Spitze des Widerstands der privaten Elektrizitätswerke in der ganzen Nation gegen die Übernahme der Stromversorgung durch die Regierung. Willkie gehörte der Demokratischen Partei an und war ein Anhänger des ehemaligen Präsidenten Wilson. Er verfügte über großen persönlichen Charme, argumentierte sehr geschickt gegen die Übernahme der Energieversorgung durch die öffentliche Hand und verhandelte sehr einfallsreich mit der TVA darüber, die Erzeugung und Weiterleitung des TVA-Stroms nach Möglichkeit einzuschränken. Später ließ er sich im Präsidentschaftswahlkampf als Gegenkandidat von Roosevelt aufstellen und wandte sich in seinen Wahlreden grundsätzlich gegen die Überführung von Industrien in das Eigentum der öffentlichen Hand. Progressive und liberale Politiker sahen in Lilienthal den für den Kampf gegen Willkie und den Energietrust, von dem Pinchot, Norris, Roosevelt und andere gesprochen hatten, am besten geeigneten Mann.

In der ersten Phase des Ringens um die Versorgung mit elektrischer Energie bemühte sich die TVA darum, einen Markt für die am Wilsondamm erzeugte Elektrizität zu erschließen. Dazu mußte die TVA städtische und ländliche Kraftwerke in Gebieten, die bisher von der Commonwealth and Southern Corporation mit Strom versorgt wurden, als Kunden in einer Kooperative zusammenfassen. Die TVA wollte erreichen, daß diese kleinen Elektrizitätswerke den ganzen Strom aus den Starkstromleitungen der TVA entnahmen und an die Haushalte, die Industrie und andere Kunden weiterleiteten. Dazu mußten die nach dem Verbrauch gestaffelten Strompreise festgelegt werden, und dafür war Lilienthal zuständig. Die TVA erklärte, sie werde eine Stromleitung vom Wilsondamm in Alabama zu dem in Tennessee projektierten Norrisdamm bauen und die Elektrizität in dem Gebiet verkaufen, durch das diese Leitung führte, vor allem an städtische Einrichtungen und ländliche Genossenschaften. In diesem Gebiet sollte die TVA mit ihren Strompreisen den Maßstab für die von den privaten Kraftwerken verlangten Preise setzen, eine schwierige Aufgabe. 1933 wagte die TVA einen mutigen Schritt, als sie für die Strompreise in Wohngebieten ihre Staffelung von 3-2-1 verkündete (3 Cent pro Kilowattstunde für die ersten 50 Kilowattstunden; 2 Cent für die nächsten 150 kwh; 1 Cent für die nächsten 200 kwh und für alle Verbraucher von mehr als 400 kwh 0,4 Cent pro Kilowattstunde). Der Durchschnittspreis für elektrischen Strom in den Vereinigten Staaten lag damals bei 5,5 Cent pro Kilowattstunde. Lilienthal vertrat die Auffassung, daß man für die Verwendung von elektrischen Haushaltsgeräten werben und den Verbrauchern von elektrischem Strom Kredite einräumen sollte. Er hoffte, auf diese Weise den Auslastungsfaktor und den Stromverbrauch zu erhöhen, um den Strompreis zu senken. Damit folgte er, ohne es zu erwähnen, den Vorstellungen von Insull und anderen für Neuerungen aufgeschlossenen Eigentümern privater Kraftwerke.

Dem Plan der TVA, Elektrizitätswerke auf städtischer und genossenschaftlicher Ebene einzurichten, begegnete Willkie mit dem Vorschlag, daß die Commonwealth and Southern Corporation den gesamten elektrischen Strom von der TVA kaufen sollte, um es ihr zu ersparen, selbst Kunden zu werben und darauf angewiesen zu sein, sich von einem Kongreß finanzieren zu lassen, dessen künftige Entscheidungen man nicht voraussehen könne.[46] Nachdem dieser Vorschlag abgelehnt worden war, machte Willkie das Angebot, der TVA die Tennessee Electric Power Company zu verkaufen, einen Zweigbetrieb der Commonwealth and Southern, dem das Verteilernetz in dem Gebiet beiderseits der vorgeschlagenen Starkstromleitung gehörte. Aber Lilienthal hielt den Preis für zu hoch. Da Willkie befürchtete, Lilienthal werde die Drohung wahr machen, in das Gebiet der Commonwealth and Southern einzudringen, dort ein eigenes Stromnetz zu bauen und die städtischen und ländlichen Kunden abzuwerben, erklärte er sich 1934 bereit, der TVA die Gebiete und Einrichtungen zu verkaufen. Als Teil der Vereinbarung erklärte sich die TVA bereit, in den folgenden fünf Jahren oder bis zur Fertigstellung des Norrisdammes keinen Strom in andere Gebiete der Commonwealth and Southern zu verkaufen. Sobald die am Norrisdamm erzeugte elektrische Energie zur Verfügung stünde, werde die TVA neue Märkte dafür finden. In der Folgezeit kam es zu Meinungsverschiedenheiten über die Einzelheiten des Vertrags, welche die Übereignung von Kapitalwerten an die TVA verzögerten, was die Animositäten zwischen den Befürwortern der öffentlichen und der privaten Stromversorgung steigerte.

1936 machten kompromißbereite Verhandlungspartner den Vorchlag, daß die TVA und die privaten Elektrizitätswerke in der Region des Tennesseetals die von ihnen erzeugte elektrische Energie in einem großen Leitungssystem zusammenführen sollten, um die Elektrizität dann von einer Organisation, die dieses System verwaltete, an verschiedene private und städtische Elektrizitätswerke sowie an ländliche Genossenschaften zur weiteren Verteilung zu verkaufen. Dieser Plan glich in mancher Weise dem Giant Power Plan von Pinchot und dem der Pennsylvania, New Jersey Interconnection, eines Pools, zu dem sich private Kraftwerke zusammengeschlossen hatten.[47] Die Befürworter dieses Plans argumentierten, daß der neue Zusammenschluß die Region zu außerordentlich geringen Kosten mit elektrischer Energie versorgen werde, denn die Einrichtungen der privaten und öffentlichen Stromerzeuger würden harmonisch zusammenarbeiten, anstatt im Rahmen eines Konkurrenzkampfs überbeansprucht zu werden. Arthur Morgan sprach sich für den Zusammenschluß aus. Er suchte, wie er glaubte, nach ganz pragmatischen Problemlösungen, «die sich nicht auf irgendeine abstrakte Theorie der Regierung gründeten», sondern sich jeweils für die private oder die öffentliche Energieversorgung aussprachen und die Entscheidung davon abhängig machten, welche Lösung praktischer und wirtschaftlicher war.[48] Lilienthal zeigte sich verhandlungsbereit, und auch Willkie sprach sich für den Zusammenschluß aus.

Im September 1936 berief Roosevelt eine Konferenz ein, um die Verhandlungen voranzubringen. Die Auswahl der dazu eingeladenen Persönlichkeiten zeigte, daß es sich hier um sehr einflußreiche politische und finanzielle Interessengruppen handelte, die sich mit einem Problem beschäftigen sollten, das nur nach außen hin ein rein technisches und wirtschaftliches zu sein schien. Der Plan zu dieser Konferenz stammte von Alexander Sachs, einem Wirtschaftler und Börsenmakler von der Firma Lehmann Brothers. Später, im Zweiten Weltkrieg, spielte er eine wichtige Rolle, als er seinen Freund Roosevelt auf die Bedrohung durch eine deutsche Atombombe aufmerksam machte. Andere Konferenzteilnehmer waren Frederic Delano vom National Resources Committee, der inoffiziellen Planungsbehörde des New Deal; Cooke, der nicht nur Leiter der Rural Electrification Administration war, sondern auch den Pennsylvania Giant Power Plan entworfen hatte; Owen D. Young, Direktor der General Electric Company; Thomas Lamont von der Anlagefirma J. Pierpont Morgan and Company; Frank McNinch, Vorsitzender der Federal Power Commission; Samuel Ferguson von der Hartford Electric Light Company, ein Fachmann auf dem Gebiet der Firmenzusammenschlüsse; Wendell Willkie, Lilienthal und Arthur Morgan. Harcourt Morgan war erkrankt. Roosevelt leitete die Konferenz.

Die Verhandlungen scheiterten, nachdem 19 Elektrizitätsgesellschaften aus dem Süden im Mai 1936 die Verfassungsmäßigkeit der TVA gerichtlich angefochten hatten. Willkie behauptete, seine Commonwealth and Southern Corporation sei nicht verantwortlich dafür. Die Überzeugung von Lilienthal und Norris, daß private Interessen darauf aus seien, die TVA zu vernichten, schien sich jedoch zu bestätigen. Lilienthal und Norris widersetzten sich jetzt dem Plan mit der Begründung, die TVA werde dann als Verwirklichung und Symbol kühner Projekte der öffentlichen Stromversorgung nicht mehr glaubhaft sein. Die TVA werde, wie sie glaubten, in diesem Fall in ein Bündnis mit privaten Stromversorgungsunternehmen gezwungen werden, denen sie noch weniger vertrauen könnten. Roosevelt gab ihrem Drängen nach und beendete die Gespräche. Das gespannte Verhältnis zwischen Lilienthal und Arthur Morgan hatte sich während der Verhandlungen über den Zusammenschluß noch verschärft, weil Morgan bei der Abfassung einer technischen Denkschrift einen Mann als Berater hinzugezogen hatte, der ein enger Mitarbeiter von Insull gewesen war. Lilienthal sah darin einen Beweis für Morgans Gleichgültigkeit gegenüber dem Problem der öffentlichen Stromversorgung. Morgan wiederum empfand die Reaktion von Lilienthal als Beweis für seine Unfähigkeit, technische Angelegenheiten objektiv zu beurteilen.

Nachdem der Plan für den Zusammenschluß aufgegeben worden war, entschied das Oberste Gericht der Vereinigten Staaten in der Frage der Verfassungsmäßigkeit der TVA gegen die Stromversorgungsunternehmen, die zum Scheitern des Plans für den Zusammenschluß beigetragen hatten. 1939 hatten die privaten Elektrizitätswerke jede Chance verspielt, die TVA mit Hilfe der Gerichte auszuschalten. Nun verkaufte Willkie der TVA die Tennessee Electric Power Company und verschaffte ihr damit einen großen und zusammenhängenden Markt für den von ihr erzeugten elektrischen Strom. Der in den 1930er Jahren mit solcher Leidenschaft geführte Kampf um die Versorgung mit elektrischer Energie durch die öffentliche Hand war vorüber, und die Zukunft der TVA schien gesichert zu sein. Lilienthal empfand eine gewisse Befriedigung darin, daß er während des langen Tauziehens zwischen den Vertretern der öffentlichen und der privaten Stromversorgung «den unverschämtesten Verein im ganzen Land das Fürchten gelehrt hatte. Das war eine aufregende Sache, und sie hat auch auf die Dauer ihre Bedeutung.» Aber Lilienthal hatte nicht nur den Kampf als solchen genossen, sondern glaubte auch, mit seinem sozialen Engagement eine wichtige Aufgabe erfüllt zu haben. Ein niedriger Strompreis und genossenschaftlich organisierte Elektrizitätswerke verbesserten die Lebens- und Arbeitsbedingungen der armen Farmer im «unterentwickelten» Süden, wo die Verhältnisse «sehr viel schlechter waren als man es sich vorstellt». Während der ermüdenden und emotional aufreibenden Kontroversen hatte Lilienthal sich oft damit abgelenkt und viel Freude daran gehabt, auf dem flachen Land Vorträge zu halten und dabei elektrische Geräte vorzuführen, die den kleinen Farmern das Leben erleichtern konnten, wie Schleifmaschinen und Brutapparate. Dabei kam er sich vor «wie ein indianischer Medizinmann».[49] Doch die Nutznießer waren weiße Farmer, denn die TVA gab den Weißen den Vorzug und berücksichtigte im allgemeinen keine Schwarzen in ihren Programmen. Die von Norris erbaute Modellsiedlung wurde nur von Weißen bewohnt.[50]

Die Kontroverse zwischen Morgan und Lilienthal

In den ersten drei Jahren des Bestehens der TVA entwickelte sich eine Kontroverse zwischen den mit der Leitung dieser Behörde Beauftragten. Dabei kam es zu scharfen Gegensätzen zwischen Arthur Morgan und Lilienthal. Harcourt Morgan unterstützte Lilienthal gewöhnlich. Auch durch eine Sondervereinbarung ließ sich der Konflikt nicht beilegen. Danach sollte Arthur Morgan die Verantwortung für die technischen Belange, den Bau der Anlagen, die wirtschaftliche und soziale Planung, forstwirtschaftliche Fragen und die «Integration der einzelnen Teile des Programms zu einem geschlossenen Ganzen» übernehmen. Lilienthal sollte für die rechtlichen Fragen der Versorgung mit elektrischer Energie zuständig sein. Harcourt Morgan übernahm die Verantwortung für die landwirtschaftlichen Belange, und dazu gehörten die Erzeugung von Düngemitteln und die Planungen für die Gestaltung des Arbeitslebens auf den Farmen. Diese Vereinbarung verstieß im Grunde gegen die ursprüngliche Absicht, alle Aspekte des Vorhabens zu koordinieren und dafür zu sorgen, daß es zu einem systematischen Zusammenwirken kam.[51] Arthur Morgan glaubte, Lilienthal lasse mit Unterstützung von Roosevelt den Schwanz der Stromerzeugung mit dem Hund der TVA wedeln. Der Konflikt zwischen Lilienthal und Arthur Morgan war emotional noch aufreibender und zehrte noch mehr an der Energie der mit der Leitung des Projekts Beauftragten als das Ringen um die Entscheidung darüber, ob die Versorgung mit elektrischer Energie privaten Unternehmen überlassen werden solle oder eine Aufgabe der öffentlichen Hand sei. Die Differenzen zwischen beiden Männern erreichten 1937 ihren Höhepunkt, als Morgan in einem Artikel in der Zeitschrift *The Atlantic Monthly* erklärte, er sei, was die Stromversorgung betreffe, anderer Auffassung als die beiden anderen Leiter der TVA, und «Staatsbeamte» angriff, von denen er behauptete, sie wendeten willkürliche Zwangsmaßnahmen an und trieben falsche Propaganda, um ihre Absichten durchzusetzen. Später sprach er von einer Verschwörung der beiden anderen Beauftragten gegen ihn, bei der sie sich gegenseitig die Bälle zuspielten und Lilienthal von Harcourt Morgan bei seinem Energieprogramm als Gegenleistung dafür unterstützt wurde, daß er sich hinter die für die Landwirtschaft vorgesehenen Maßnahmen Morgans stellte.[52] Als Propaganda bezeichnete er die Behauptung von Lilienthal, die gestaffelten Strompreise der TVA eigneten sich als Maßstab für die Beurteilung der von den privaten Stromerzeugern verlangten Preise. Morgan wies darauf hin, daß die Preise der TVA subventioniert seien. Seine Kritik an Lilienthal faßte er in einem Brief an den Abgeordneten Maury Maverick von Texas zusammen, in dem er von Ausflüchten, Intrigen und einer rücksichtslosen Taktik sprach, die «Machiavelli als einen offenherzigen Burschen erscheinen läßt...» Auf der Höhe der Konfrontation, als Morgan, der behauptete, er vertrete die Moral des Neuen Testaments, eine kleine versöhnliche Geste machte, interpretierte der unter Beschuß geratene Lilienthal das als Zeichen der Schwäche. Morgan wiederum erklärte, hinter Lilienthals Haltung kindlicher Offenheit verstecke sich nur eine rücksichtslose, selbstsüchtige Intrige.

Zu Meinungsverschiedenheiten kam es auch, als Lilienthal und Harcourt Morgan sich bereit erklärten, mit einem örtlichen einflußreichen Politiker über zweifelhafte Ersatzansprüche gegen die TVA wegen eines angeblichen Flurschadens zu verhandeln. Außerdem war Arthur Morgan nicht mit dem von seinen Kollegen empfohlenen Programm für die Herstellung von Düngemitteln einverstanden, weil er es für technisch und wirtschaftlich unsolide hielt.[53] Als ehrlichen Ingenieur störten ihn die politischen Überlegungen, von denen die Entscheidungen seiner Kollegen beeinflußt wurden. In einem Gespräch mit Lilienthal sagte Roosevelt von Arthur Morgan, er würde ausgezeichnet in die Planungsabteilung der Behörde für öffentliche Arbeiten passen. Dann fügte er hinzu: «Wissen Sie, er hat keine Ahnung von der Bedeutung politischer Macht... Er ist ein Humaningenieur – er möchte die Menschen aus ihren Höhlen locken und bessere Lebensbedingungen für sie schaffen.» Dann wandte er sich lächelnd an Lilienthal und sagte: «Sie sind kein Humaningenieur.»[54] Lilienthal mit seinem scharfen politischen Instinkt wußte genau, was er meinte.

Lilienthal und Harcourt Morgan interpretierten den Artikel in der Zeitschrift *Atlantic Monthly* als Angriff gegen ihre Integrität. Roosevelt forderte Arthur Morgan auf, seine schweren Vorwürfe zu begründen, aber dieser weigerte sich und behauptete, er werde das nur vor einem Kongreßausschuß tun. Roosevelt, der darin eine Herausforderung seiner Autorität sah, forderte Morgan, nachdem er ihn mehrfach gebeten hatte, seine Vorwürfe zu begründen, auf, von seinem Posten zurückzutreten. Als er es nicht freiwillig tat, zwang ihn Roosevelt im März 1938 dazu. Er sagte, die Öffentlichkeit habe Morgan viel zu verdanken, er habe jedoch bewiesen, daß er seinem Temperament nach nicht fähig sei, gemeinsam mit anderen eine solche Verantwortung zu tragen.[55] Norris reagierte noch heftiger auf das Verhalten von Morgan.

Nach seiner Meinung hatte sich Morgan gegenüber dem Präsidenten beleidigend und respektlos verhalten. Die Vorwürfe Morgans konnte Norris nur damit erklären, «daß dieser Mann in seiner krankhaften Eifersucht auf seine Kollegen den Verstand verloren hat...»[56] 1938 lehnte ein aus Vertretern des Senats und des Repräsentantenhauses bestehender Ausschuß die Vorwürfe Morgans als unbegründet ab. Nach der Entlassung von Morgan wurde Harcourt Morgan Vorsitzender des Direktoriums der TVA, und James Pope, ein ehemaliger Senator aus Idaho, wurde als drittes Mitglied in das Direktorium berufen. 1941 übernahm Lilienthal den Vorsitz und behielt diesen Posten bis 1946, als er Chef der Atomenergie-Kommission wurde.

1940 nach der Entlassung von Morgan und der Einrichtung eines öffentlichen Stromversorgungssystems in der Region übernahm Lilienthal offiziell die Rolle Morgans als Planer und Systembauer. Lilienthal schrieb:

«Zum ersten Mal in der Geschichte der Nation wurde das Potential eines Flusses nicht nur ‹in seiner Gesamtheit erkannt›; es sollte auch in dieser Gesamtheit entwickelt werden, *in der die Natur selbst ihre Möglichkeiten sieht* – das Wasser, der Boden und der Wald gemeinsam als ‹nahtloses Gewebe› – so wie Maitland ‹die Einheit aller Geschichte› gesehen hat, von der kein einzelnes Element berührt werden kann, ohne jedes andere Element im positiven oder negativen Sinn zu beeinflussen.»[57]

Lilienthal beanspruchte die Verantwortung für eine Form der TVA-Planung, die auch die Wünsche der Menschen berücksichtigte. Er schilderte dieses Verfahren in seinem sehr enthusiastischen Buch, *TVA: Democracy on the March* (1944). Er beanspruchte die Verantwortung für eine Planung, die Arthur Morgan hätte zugesprochen werden sollen ebenso wie Harcourt Morgan jene noch unmittelbarere bei der Zusammenarbeit mit der ländlichen Bevölkerung. Harcourt Morgan hatte verlangt, daß die Verantwortlichkeiten der TVA, wo immer das möglich war, den örtlichen Behörden übertragen oder in Zusammenarbeit mit ihnen wahrgenommen werden sollten, und das waren die Landzuteilungs-Behörden und deren Außenstellen. Doch auch hier war es Arthur Morgan, der sich dafür einsetzte, Selbsthilfegenossenschaften zu gründen, gegen den Zugriff von Gläubigern geschützte Heimstätten zu schaffen und das Farmland nach dem Wert des Bodens in Zonen einzuteilen.[58] Obwohl sich das Interesse der Öffentlichkeit in den Vereinigten Staaten auf Lilienthal konzentrierte, war Arthur Morgan in den fünf Jahren, in denen er die Behörde leitete, «für einige der bemerkenswertesten Leistungen der TVA verantwortlich gewesen – für die hervorragende technologische Arbeit, für die guten Beziehungen zu den Arbeitskräften und für fast alle sozialen Experimente».[59] Für die Durchführung des von Arthur Morgan in Gang gesetzten Bauprogramms wurden mehr als drei Viertel des Etats der TVA ausgegeben.

Angesichts seines Konflikts mit dem Ingenieur Arthur Morgan ist es nicht ohne Ironie, daß Lilienthal in seinem Buch *TVA: Democracy on the March* ein so begeistertes Loblied auf die Ingenieure singt. (Der Name Morgans wird allerdings im Personenverzeichnis nicht erwähnt.) Lilienthal schreibt: «Es gibt fast nichts, so phantastisch es auch sein mag, das ein aus Ingenieuren, Wissenschaftlern und Administratoren bestehendes Team heute nicht leisten könnte (wenn ihre Arbeit vernünftig organisiert wird)... Heute sind es die Baumeister und Techniker, an die wir uns wenden; diese Männer sind nicht mit der Axt, dem Gewehr und dem Buschmesser bewaffnet, sondern mit dem Dieselmotor, der Planierraupe, dem elektrischen Schaufelbagger und der Retorte – vor allem aber mit einem besonderen Spezialwissen, Organisationstalent und Tatkraft.» Er räumte ein, daß die Technologie, wenn sie nicht moralisch vertretbaren Zwecken dient, «auch Böses bewirken kann», beeilte sich aber hinzuzufügen, wenn die Moral in der Achtung vor der Einheit der Natur zum Ausdruck käme und das ganze Volk an einer solchen Entwicklung teilnähme, werde die Arbeit der «Erfinder, Ingenieure und Chemiker» der Gesellschaft einen ungeheuren Nutzen bringen.[60] Er sei überzeugt, daß diese Grundsätze in der TVA berücksichtigt würden, dem größten technischen Bauvorhaben, das in der Geschichte einer einzigen Organisation durchgeführt würde.

Viele Ingenieure und Architekten der TVA, und zu ihnen gehörte auch Arthur Morgan, verfügten über hervorragende fachliche Qualitäten. Der leitende Elektroingenieur, Llewellyn Evans, hatte im Nordwesten der Vereinigten Staaten an der Pazifikküste auf dem Gebiet der Stromversorgung seine Erfahrungen gesammelt. Ein Kollege bezeichnete ihn als Propheten und Visionär, der nicht nur die Technik der Stromerzeugung und -verteilung beherrschte, sondern auch die radikal neue Staffelung der Strompreise für die TVA entworfen hatte, um die wirtschaftliche und gesellschaftliche Entwicklung im Tennesseetal anzuregen und zu lenken.[61] Der in Ungarn geborene Chefarchitekt der TVA, Roland A. Wank, hatte Staudämme entworfen, deren Form und Symbolkraft das Vertrauen einer Bevölkerung festigte, die während der Wirtschaftsdepression angefangen hatte, am technischen Fortschritt und an den technischen Möglichkeiten ihres Landes zu zweifeln. Die Dämme trugen eine Inschrift mit den bewegenden Worten: «Gebaut für das Volk der Vereinigten Staaten.»

Der Zweite Weltkrieg brachte dramatische Veränderungen für die TVA. Was von vielen als ein kühnes gesellschaftspolitisches Experiment angesehen worden war, wurde nun zu einer Organisation, deren wichtigste Aufgabe es war, elektrischen Licht- und Kraftstrom zu erzeugen. Während des Krieges stellten die TVA und die Presse diesen Beitrag zu den Kriegsanstrengungen in den Vordergrund. Aluminium für den Flugzeugbau, Sprengstoff für Bomben und Granaten und ungezählte andere energieintensive Produkte wurden im Tennesseetal erzeugt und gingen von hier an die Front. Doch erst nach dem Krieg durfte die Öffentlichkeit davon erfahren, daß das Manhattan Project für die Herstellung von Atombomben in Oak Ridge, wo sich die Anlagen für die

Gewinnung der spaltbaren Isotope aus Uran befanden, die dafür benötigte elektrische Energie von der TVA bezog. Der Bedarf der Rüstungsindustrie und die Senkung der Strompreise lösten das Problem der TVA, einen Markt für ihre preiswerte elektrische Energie zu finden. Ironischerweise führte das aber auch zu einem ernsten neuen Umweltproblem. Nachdem die ersten durch die Errichtung zahlreicher Dämme gewonnenen Wasserkraftreserven erschöpft waren, mußte die TVA Kohlekraftwerke bauen, um die Nachfrage nach elektrischem Strom zu befriedigen. Die einzige Alternative wäre es gewesen, diese Nachfrage zu verringern, was jedoch der bisherigen Politik widersprochen hätte, den Stromverbrauch im Tennesseetal zu erhöhen. Die TVA hatten sich gegenüber ihren politischen Gegnern durchgesetzt und den Tennesseefluß gezähmt, aber nach dem Krieg stieß sie auf die Empörung der Umweltschützer.[62] Während des Kalten Krieges vergrößerte die Atomenergiekommission, die seit ihrer Einsetzung im Jahr 1946 bis 1950 unter dem Vorsitz von Lilienthal arbeitete, ihre Anlagen in dem Flußtal, und die TVA begann, leistungsfähige Kohlekraftwerke zu bauen. Die Kingston Steam Plant bei Oak Ridge, die 1956 fertiggestellt wurde, war das größte Kohlekraftwerk der Welt. In den 1950er Jahren wurden mehr als die Hälfte der riesigen von der TVA erzeugten Energiemengen von zwei Anlagen der Atomenergiekommission verbraucht. Sie befanden sich in Oak Ridge, Tennessee, und in Paducah, Kentucky.[63] Als die TVA dazu überging, für diese Kraftwerke im Tagebau gewonnene Kohle zu verwenden, wurde sie zu der von den Umweltschützern am heftigsten angegriffenen Organisation. So verlor sie ihren guten Ruf als Vorkämpferin des Natur- und Umweltschutzes. Viele, die diesem Unternehmen zunächst begeistert zugestimmt hatten, wurden jetzt verunsichert, wenn sie in den Zeitungen Schlagzeilen wie «TVA verwüstet das Land» und «Energie korrumpiert: Die TVA und die Verwendung von Kohle ruinieren das Bergland von Kentucky» lesen mußten. Die dann folgende massive Umstellung auf Kernkraft komplizierte und vertiefte diese Kontroverse. Man könnte ein Zitat von Lord Acton abwandeln und in einem neuen Sinn auf die TVA anwenden: «Die Macht (die Energie) korrumpiert, und die absolute Macht (Energie) korrumpiert absolut.»[64] Die Befürworter des Projekts argumentierten, daß die Verwendung von im Tagebau gewonnener Kohle und Kernkraft der Politik der TVA entspräche, preiswerte elektrische Energie zu erzeugen. Doch wie das auch gewesen sein mag, die TVA stand vor einem Dilemma; Umweltschutz und preisgünstige elektrische Energie widersprachen einander, aber trotzdem fühlte sich die Behörde verpflichtet, ihren Markt mit billiger Energie zu versorgen. In den 1960er Jahren erhoben Kritiker den Vorwurf, die TVA sei kein Beispiel für den schleichenden Sozialismus, wie Konservative befürchtet hatten, sondern ein Beispiel für den schleichenden Konservatismus. Die TVA hatte eine bürokratische und technologische Dynamik entwickelt; ihr Sendungsbewußtsein war «zum Bemühen um eine gute Buchhaltung verblaßt».[65] Vielleicht ist es typisch für große techno-

Inneres eines Kraftwerks am Fontanadamm. Der Bau begann im Januar 1942. Die Inschrift lautet: «Gebaut für das Volk der Vereinigten Staaten von Amerika».

Der Kentuckydamm. Der Bau begann im Juli 1938.
Ein Entwurf des Architekten Roland Wank.

logische Systeme, daß sie im Verlauf weniger Jahrzehnte ihre Bedeutung als
Organisation, die neue Wege in die Zukunft eröffnet, verlieren und statt
dessen immer mehr bürokratischen Zwängen unterliegen. Doch das Tennesseetal sollte während des Zweiten Weltkriegs die Geburt eines weiteren gewaltigen Projekts erleben, das mit der elektrischen Energie gespeist wurde,
welche die alternde TVA erzeugte.

Das Manhattan-Projekt

Die Beteiligung der Regierung an der Planung und Entwicklung eines bahnbrechenden großen technologischen Systems im Tennesseetal wurde während
des Zweiten Weltkriegs von der Rolle der Regierung bei der Entwicklung des
Manhattan-Projekts in den Schatten gestellt. Der offizielle Deckname dieses
Vorhabens war «Manhattan Engineer District». Große Anlagen dieses Vorhabens lagen in Oak Ridge, Tennessee, und an anderen Orten im ganzen Land.

Das Projekt verwendete von der TVA erzeugte elektrische Energie. Die Geschichte dieses Projekts, das im Zweiten Weltkrieg Atombomben herstellte, ist schon oft erzählt worden. Gewöhnlich konzentrieren sich solche Darstellungen auf die Atomphysiker und Chemiker, die Herstellung der Bomben in Los Alamos, New Mexico, und auf den Abwurf einer dieser Bomben über Hiroshima. Das ist verständlich, denn die handelnden Personen in Los Alamos waren hervorragende und phantasiebegabte Wissenschaftler, die unter dem ungewöhnlich intelligenten, kultivierten und charismatischen J. Robert Oppenheimer arbeiteten. Nach dem Kriege wurde er als Folge von Anhörungen im Rahmen einer Sicherheitsüberprüfung zu einer in der ganzen Welt beachteten, tragischen Figur. Die Atomwissenschaftler haben auch deshalb die Aufmerksamkeit der Öffentlichkeit erregt, weil einige von ihnen nach dem Krieg als Befürworter einer Kontrolle der nuklearen Rüstung oder der nuklearen Abrüstung eine bedeutende Rolle gespielt haben.

Andererseits können wir das Manhattan-Projekt als Fortsetzung des Entstehens großer Produktionssysteme ansehen, einer Entwicklung, die wir seit ihrem Beginn Ende des 19. Jahrhunderts verfolgt haben. Tausende von Arbeitern, Ingenieuren, Managern und Wissenschaftlern haben an dem Manhattan-Projekt mitgewirkt. Es war jedoch mehr als ein wissenschaftliches Unternehmen. Bei dem Manhattan-Projekt ging es um industrielle Entwicklung und Produktion, und die Vorarbeiten mußten wissenschaftliche Laboratorien und Wissenschaftler leisten, um wichtige technische Daten und das theoretische Verständnis für die verschiedensten physikalischen und chemischen Vorgänge zu erarbeiten. Obwohl oft behauptet worden ist, es habe noch nie etwas Vergleichbares gegeben, gleichen die Beziehungen zwischen den Wissenschaftlern, Technikern und Managern bei der Erfindung und Entwicklung der Bombe im Rahmen des Manhattan-Projekt in vieler Hinsicht den Beziehungen, denen wir bei den Fachleuten begegnet sind, die für technisch fortschrittliche Unternehmen gearbeitet haben wie General Electric, American Telegraph and Telephone und Du Pont. Nachdem die Erfindungen gemacht und weiterentwickelt worden waren, wurde das Manhattan-Projekt zu einem zentral kontrollierten und koordinierten Produktionssystem. Darin glich es dem Produktionssystem Fords und dem gewaltigen System Insulls für die Versorgung weiter Gebiete mit elektrischem Licht- und Kraftstrom. Hier gibt es allerdings einen entscheidenden Unterschied insofern, als beim Manhattan-Projekt das Militär die Rolle des Systembauers spielte und die Regierung das Projekt finanzierte. Aber auch das war kein einmaliger Vorgang, denn das Pionierkorps der amerikanischen Armee hat den Bau der umfangreichen Anlagen der TVA geplant und überwacht, und die Regierung hat das Unternehmen finanziert. (Das waren Präzedenzfälle für das Manhattan-Projekt.) Angesichts des ständig wachsenden Umfangs der technologischen Produktionssysteme, der erfolgreichen Mobilisierung des Erfindergeists und der Wissenschaft vor Beginn und während des Ersten Weltkriegs und des Erfolgs der

*Versuchsanordnung für ein Kernspaltungsexperiment von Otto Hahn,
Lise Meitner und Fritz Strassmann auf einem Arbeitstisch.*

Regierung mit der TVA scheint es im Rückblick fast unvermeidlich gewesen
zu sein, daß sich die Regierung und das Militär, zwei der sich am raschesten
vergrößernden und mächtigsten Bürokratien, an der für das 20. Jahrhundert
charakteristischsten Entwicklung aktiv beteiligt haben, der Errichtung technologischer Systeme.

Wir haben auch gesehen, daß selbständige Erfinder wie Nikola Tesla und
Lee de Forest ihre Erfindungen Industrieunternehmen für die Weiterentwicklung zur Verfügung gestellt haben. In ähnlicher Weise haben Industriefir-
men, die von der Regierung unter Vertrag genommen worden waren, wesentlich zur Entwicklung der Entdeckungen und Erfindungen der Atomwissenschaftler beigetragen. Ein geniales Experiment, dessen intelligente Interpretation zur Entwicklung der Atombombe geführt hat, wurde im Dezember
1938 in Berlin durchgeführt, als die deutschen Wissenschaftler Otto Hahn,
Fritz Strassmann und Lise Meitner auf einem Laboratoriumstisch eine Versuchsanordnung aufbauten, mit der, wie sie überzeugt waren, das Uranatom
gespalten werden konnte. Ebenso wie bei den bahnbrechenden Erfindungen
der selbständigen Erfinder hatte es eine lange Reihe von Entdeckungen, Erfindungen und theoretischen Erkenntnissen in der Atomphysik gegeben, die
schließlich zu dem Erfolg von Hahn, Strassmann und Meitner führten. Beiträge dazu wurden von Ernest Rutherford und James Chadwick in Großbritannien, von Irène Curie und Frédéric Joliot in Frankreich, von Enrico Fermi

in Italien, von Niels Bohr in Dänemark, von Lise Meitner in Deutschland und von Ernest O. Lawrence in den Vereinigten Staaten geleistet. Nach 1938 haben Wissenschaftler, die unabhängig voneinander an Universitäten arbeiteten, weitere entscheidende Erfindungen und Entdeckungen gemacht, die es schließlich ermöglichten, die Bombe zu bauen. Ähnlich wie die selbständigen Erfinder Ende des 19. Jahrhunderts waren auch diese Wissenschaftler keinerlei großen Organisationen verpflichtet. Auch nachdem 1942 das Manhattan-Projekt ins Leben gerufen worden war, fanden sich die meisten führenden Atomphysiker und Chemiker in den Vereinigten Staaten einschließlich derer, die aus dem faschistischen Europa nach Amerika gekommen waren, bereit zur Zusammenarbeit in den für das Manhattan-Projekt eingerichteten Laboratorien der Universität von Chicago, der Universität von Kalifornien (Berkeley) und der Columbia Universität. Dort erlebten sie die gleichen Beschränkungen der freien wissenschaftlichen Arbeit wie andere für die Forschung in der Industrie arbeitende Wissenschaftler.

Obwohl das Manhattan-Projekt Teil der noch nicht abgeschlossenen Entstehungsgeschichte großer technologischer Systeme ist, war es einmalig insofern, als bisher noch niemals so viele hervorragende Fachleute dazu eingesetzt wurden, die Herstellung eines einzigen Produkts zu ermöglichen, der Atombombe. Das Fordwerk am River Rouge, einige große regionale Industriekomplexe in der Sowjetunion sowie deutsche und amerikanische Vorkriegsprojekte zur Entwicklung neuer Herstellungsverfahren für Benzin aus Kohle haben zum Entstehen von vergleichbaren komplexen technologischen Systemen geführt, die sich über weite Gebiete ausdehnten und eine sehr große Zahl von Arbeitern, Technikern und Managern beschäftigten. Im Manhattan-Projekt wurde zum ersten Mal eine so große Zahl hervorragend ausgebildeter Physiker und Chemiker eingesetzt, die kreativ mit in der Industrie geschulten Ingenieuren, Metallurgen und technischen Facharbeitern zusammenarbeiteten. Das Projekt unterschied sich von früheren Unternehmungen auch dadurch, daß sich daran keine Systembauer beteiligten, die sich mit Ford oder Insull vergleichen ließen. Brigadegeneral Leslie Groves hätte vielleicht diese Rolle spielen können, aber er war nicht die Führerpersönlichkeit, die ihre technischen Mitarbeiter so hätte inspirieren können wie Ford, und es gelang ihm auch nicht, ihre Kreativität im Rahmen des Manhattan-Projekts so anzuregen, wie Ford das in dem Werk von Highland Park bei der Entwicklung des Fließbandsystems getan hatte. Viele Wissenschaftler, die am Bau der Atombombe beteiligt waren, hielten Groves für streitsüchtig, ehrgeizig, ungeschickt, scharfzüngig, egoistisch und bürokratisch, aber seine nächsten Mitarbeiter achteten sein Urteilsvermögen und seine Fähigkeit, den Kern komplexer Probleme zu erfassen.[66] Die Offiziere unter seinen Untergebenen fürchteten ihn, nur wenige mochten ihn, aber alle erwiesen ihm die Achtung, die er verlangte, denn man kannte ihn als intelligenten und strengen Vorgesetzten, der sich mit ganzer Kraft für die Erfüllung der ihm gestellten Aufgaben einsetzte, zu denen auch die Beaufsichtigung des Baus des Pentagongebäudes bei Washington, D.C., gehört hatte.[67] Beim Manhattan-Projekt waren die Probleme zu komplex, und zu ihrer Lösung waren zu viele Spezialkenntnisse und Fähigkeiten erforderlich, als daß ein einzelner die Rolle des Systembauers hätte übernehmen können. Insull, der jahrelang an der Seite Edisons in dessen Laboratorium gearbeitet hatte und alle Einzelheiten des Managements eines Elektrizitätsverbunds aus seinen ersten Jahren in Chicago beherrschte, konnte in seiner Vorstellung die verschiedenen Funktionen und Entscheidungen innerhalb eines solchen Systems aufeinander abstimmen. Ford beherrschte die Sprache, die in all seinen Betrieben gesprochen wurde, und traf seine Entscheidungen in genauer Kenntnis des ganzen Spektrums des Produktionsablaufs. Wie wir gesehen haben, verzichtete er bewußt auf die Zusammenarbeit mit Spezialisten. Groves ist nie in der Lage gewesen, in die hochspezialisierte Welt der Atomphysik und Chemie einzudringen. Die Wissenschaftler, die sich mit naturwissenschaftlichen Problemen beschäftigten, blieben Fremde für ihn. Das Fachgebiet der Chemotechnik, die bei diesem Projekt im Vordergrund stand, lag außerhalb seiner Erfahrungen auf technischem Gebiet. Hätte er wie Ford die Spezialisten verachtet und auf sie verzichtet, hätte es kein Manhattan-Projekt gegeben. Groves war Vorsitzender der offiziellen und inoffiziellen aus Wissenschaftlern, Ingenieuren und Managern bestehenden Ausschüsse. Er ließ sich von seiner Ausbildung und Erfahrung im militärischen Bereich leiten und von dem Eindruck, den er vom Fachwissen und den Führerqualitäten anderer gewonnen hatte. Als Soldat kannte er zudem die taktischen und strategischen Grundsätze, die für die Führung großer Organisationen galten. Im Manhattan-Projekt war das Entwerfen von Systemen in der Regel Aufgabe von Ausschüssen, eine Verfahrensweise, die sich ein Ford nicht hätte vorstellen können. Deshalb bestand im Manhattan-Projekt ebenso wie in den meisten Ausschüssen die Neigung, auf dem Weg über die verschiedensten Versuche zu Entscheidungen zu kommen. Zuerst wurde eine Lösung vorgeschlagen, dann die nächste oder auch mehrere zugleich, und schließlich erreichte man das Ziel, nachdem alle geeigneten menschlichen und materiellen Ressourcen eingesetzt worden waren und dieses Verfahren damit die notwendige Dynamik erreicht hatte. Taylor, Ford und Insull wären über eine solche Kräftevergeudung entsetzt gewesen.

Im September 1942 wurde der damalige Oberst Groves vom Pionierkorps der amerikanischen Armee zum militärischen Chef des Geheimprojekts für die Entwicklung der Atombombe ernannt. Er verlangte jedoch, noch vor Übernahme seiner neuen Verantwortlichkeit zum Brigadegeneral befördert zu werden. Er glaubte, dieses zusätzliche Prestige und die damit verbundene Autorität für den Umgang mit den hochrangigen Zivilisten zu brauchen, mit denen er würde zusammenarbeiten müssen. Zu dem kleinen Ausschuß, der Groves in Fragen der Lenkung und Beratung auf wissenschaftlichem Gebiet

Vannevar Bush, James Conant, Leslie Groves und ein
nicht identifizierter Offizier (von links nach rechts).

zur Verfügung stand, gehörten Vannevar Bush, ein Elektroingenieur und ehemaliger Dekan am Massachusetts Institute of Technology, und James Conant, Professor für Chemie und Rektor der Harvard Universität. Bush, der über reiche Erfahrungen auf dem Gebiet der industriellen Technik verfügte, leitete im Kriege das Office of Scientific Research and Development (OSRD), und Conant, ein Fachmann auf dem Gebiet der Industriechemie, war Vorsitzender des National Defence Research Council (NDRC). Über diese beiden Behörden lenkten sie die Mobilisierung der Wissenschaft in den Vereinigten Staaten für die Verteidigung und die Kriegsanstrengungen. Bush und Conant waren auch Mitglieder in einem Beratungsausschuß des OSRD, dem S-1, dem Wissenschaftler angehörten, die an den Universitäten von Kalifornien (Berkeley) und Chicago und an der Columbia Universität maßgebend an der Atomforschung beteiligt waren. In den folgenden Monaten wurde die Laboratoriumsarbeit, die in begrenztem Umfang vertragsgemäß dem OSRD übertragen worden war, vom Manhattan-Projekt übernommen und Groves und seinem Beratungsausschuß unterstellt. Bush meinte, die Beziehung von Groves zu diesem Ausschuß ließe sich mit der des Vizepräsidenten eines Industrieunternehmens, der für die Produktion dieses Betriebs verantwortlich ist, zum Direktorium vergleichen.[68]

*Ernest O. Lawrence, Arthur Compton, Bush, Conant, Karl Compton und
Alfred Loomis (von links nach rechts).*

Groves stand vor ernsten organisatorischen und administrativen Problemen. Er mußte die für die Kriegführung zuständigen Regierungsbehörden
dazu bewegen, die Priorität seines Geheimprojekts anzuerkennen und ihm die
für dieses Vorhaben benötigten knappen Ressourcen zur Verfügung zu stellen. Er mußte Verträge mit technischen und industriellen Unternehmen ab-
schließen, die Fabrikationsanlagen bauen und ausrüsten sollten. Es mußten
Möglichkeiten für die Zusammenarbeit zwischen ganz unabhängigen akademischen Wissenschaftlern und hochrangigen Industriemanagern und Ingenieuren geschaffen werden, die ihrerseits eng an die Organisationen gebunden waren, für die sie arbeiteten, und unter Umständen ganz anders dachten
als die Akademiker. Die Spannungen zwischen Wissenschaftlern und Technikern hinsichtlich der zu treffenden Entscheidungen nahmen zu, besonders bei
den eingewanderten Atomphysikern in Chicago und den Industriemanagern
und Technikern von Du Pont. Außerdem mußte Groves die Facharbeiterge-
werkschaften dazu bewegen, zugunsten eines Projekts, über dessen Ziele er
sie nicht vollständig unterrichten konnte, auf einen Teil ihrer schwer er-
kämpften Autonomie zu verzichten. Für ihn und das Militär hatten Geheimhaltung und Sicherheit eine hohe Priorität, doch die Wissenschaftler, auf die
er sich verlassen mußte, waren es schon seit langer Zeit gewohnt, ihre Erkenntnisse freimütig auszutauschen. Vielleicht am schwierigsten war es für

Arthur Holly Compton (1892–1962).

Groves, daß das Entwerfen und der Bau von Produktionsanlagen und die Bewilligung riesiger Summen zu diesem Zweck ungehindert erfolgen mußten, ohne daß ausreichende technische Daten zur Verfügung gestellt werden konnten und obwohl es aller Wahrscheinlichkeit nach zu zahlreichen Fehlschlägen kommen würde. Wenn es ihm nicht gelang, diese Schwierigkeiten zu überwinden, dann würde es nicht möglich sein, das gesteckte Ziel zu erreichen und innerhalb von drei Jahren über einsatzfähige Atombomben zu verfügen. Groves überlegte, wenn auch nicht im Ernst, ein Haus auf dem Capitol Hill in Washington, D.C., in unmittelbarer Nähe des amerikanischen Kongresses zu kaufen, damit er nach dem Kriege keinen zu weiten Weg hätte, wenn er für den Fall, daß das Manhattan-Projekt zu einem gewaltigen Fehlschlag wurde, auf unabsehbare Zeit an den unvermeidlichen Anhörungen vor Kongreßausschüssen würde teilnehmen müssen.

Nachdem er im September 1942 zum General befördert worden war, konnte Groves das Gespräch mit den berühmten Nobelpreisträgern, die die Arbeit in den Laboratorien leiteten, und den hochintelligenten, stolzen, manchmal sogar arroganten unabhängigen Wissenschaftlern beginnen, die zum Teil in die Vereinigten Staaten eingewandert oder auch hier geboren waren und nun mit ihnen zusammenarbeiteten. In Chicago war es Arthur Compton, der 1927 mit dem Nobelpreis ausgezeichnet worden war und Anfang 1942 das «METALLURGISCHE LABORATORIUM» (ein Deckname) für theoretische Studien und Experimente eingerichet hatte, die notwendig waren, um die Bombe zu entwickeln. Später übernahm dieses Laboratorium die Verantwortung für die Erstellung der Theorie und der technischen Daten, die gebraucht wurden, um Plutonium zu erzeugen. Auf dem Höhepunkt der Arbeit in diesem Laboratorium in Chicago waren dort mehr als 2000 Wissenschaftler, Techniker und Verwaltungsangestellte beschäftigt. Compton brachte neben anderen führenden Atomphysikern, Chemikern und Ingenieuren drei bedeutende nach Amerika eingewanderte Physiker nach Chicago, den Nobelpreisträger Fermi, Eugene Wigner und Leo Szilard. Später kam noch der Nobelpreisträger James Franck hinzu, der Europa ebenfalls wegen der faschistischen und rassistischen Unterdrückung verlassen hatte. Vielleicht hat sich Groves in der Gegenwart dieser Kernphysiker und Nobelpreisträger in Chicago nicht sehr wohl gefühlt, aber er versuchte, deren Zweifel an seinen Fähigkeiten zu zerstreuen. Während einer der ersten Besprechungen in Chicago gab er zu, daß er zwar nicht den Doktorgrad erworben habe, wies aber darauf hin, daß er eine vierjährige akademische Ausbildung am College genossen und sechs Jahre an der Universität wissenschaftlich weitergearbeitet habe. «Das wäre etwa das gleiche wie zwei Doktorgrade», behauptete er.[69]

Die aus Europa eingewanderten Physiker fürchteten, die Atomwissenschaftler, die sie in Deutschland gekannt hatten, würden die von Hahn, Strassmann und Meitner geleistete Arbeit weiterführen und eine Bombe bauen. Fermi und Wigner hatten ihre Forschungen weitergeführt, zum Teil an der Columbia Universität, um das Wesen der Uranspaltung zu untersuchen. Sie glaubten, es ließe sich mit Hilfe eines entsprechenden Gitters oder Atomreaktors aus Uran- und Graphitblöcken eine Kettenreaktion auslösen, es fehlte ihnen aber das Uran und das Graphit, um die Richtigkeit ihrer Hypothese in großem Maßstab zu testen. 1939 hatten Wigner und Szilard Einstein gebeten, einen Brief an Roosevelt zu unterschreiben, um ihn vor der Gefahr zu warnen und zu drängen, die Atomwissenschaft und die Herstellung der Bombe großzügig zu unterstützen. Sie gewannen auch Alexander Sachs von der Firma Lehman Brothers, den wir schon als den Mann kennengelernt haben, der bei der TVA den Zusammenschluß der Elektrizitätswerke vorgeschlagen hatte, dafür, den Brief seinem Freund Roosevelt zu überbringen. Als großer Freund von historischen Vergleichen erzählte Sachs zunächst, wie Napoleon den unsinnigen Vorschlag von Robert Fulton abgelehnt hatte, Kriegsschiffe ohne Segel zu bauen. Was er jetzt selbst vorschlagen wollte, verglich er mit dem Projekt des Erfinders des Dampfschiffes.[70] Der Brief Einsteins veranlaßte die amerikanische Regierung, für die Atomforschung bescheidene Geldmittel zu genehmigen. Später hat man behauptet, die Intervention von Szilard, Wigner und Einstein habe Entscheidendes bewirkt. Es war jedoch nicht dieser Brief, sondern der technische Bericht eines britischen Ausschusses mit der Kurzbezeichnung MAUD, der Bush und Conant, die wichtigsten wissenschaftlichen Berater Roosevelts, 1941 davon überzeugt hat, daß es notwendig sei, die Entwicklung der Atombombe energisch voranzutreiben. Der MAUD-Bericht kam zu dem Schluß, beide Seiten könnten eine Uranbombe herstellen, deren Einsatz wahrscheinlich kriegsentscheidend sein würde. Weil die Vereinigten Staaten und nicht Großbritannien über die Mittel für ein so großes Projekt verfügten, folgte Roosevelt den Empfehlungen von Bush und Conant und gab die für die Beschleunigung der Forschung notwendigen Gelder frei.

Aus der europäischen Tradition kommend, nach der Wissenschaftler oft an der Spitze von Industrieunternehmen stehen, fühlten sich Wigner, Szilard und viele ihrer Kollegen im Laboratorium von Chicago angesichts der militärischen – und später der industriellen – Leitung des Manhattan-Projekts nicht wohl. Im Frühjahr 1941 hatte die amerikanische Armee die Firma Stone & Webster zur wichtigsten Vertragsfirma für das Bombenprojekt ernannt. Dieses Unternehmen hatte langjährige Erfahrungen auf dem Gebiet der Konstruktion, der Betriebsführung und der Finanzberatung sowie beim Bau umfangreicher Systeme für die Versorgung mit elektrischem Strom. Als die Chicagoer Wissenschaftler, unter ihnen auch Wigner und Szilard, erfuhren, daß sie mit einer industriellen Vertragsfirma zusammenarbeiten oder für sie arbeiten sollten, weigerten sie sich. Szilard verfaßte eine Denkschrift, in der er es bedauerte, daß eine autoritäre Vertragsfirma die wissenschaftliche Arbeit behindern könnte, die dann zum Erfolg führen werde, wenn die besten Wissenschaftler «demokratisch» zusammenwirkten. Als die Firma Stone & Webster einen ihrer besten Ingenieure nach Chicago schickte, um die Wissenschaftler über ihre Pläne für die Herstellung der Bombe zu unterrichten, löste das unter den Wissenschaftlern im METALLURGISCHEN LABORATORIUM erhebliche Aufregung aus. Sie stellten fest, daß der Ingenieur nichts von Atomphysik verstand. Szilard hatte jetzt das Gefühl, daß nicht nur eine autoritäre Organisation die Aufgaben der demokratisch zusammenarbeitenden Wissenschaftler übernehmen werde, sondern daß diese Organisation auch nicht über die notwendige Fachkompetenz verfüge.[71]

Groves, der darauf angewiesen war, mit Vertragsfirmen aus der Industrie zusammenzuarbeiten, begann seinerseits an der Eignung der Wissenschaftler für die ihnen gestellte Aufgabe zu zweifeln. Ihn beunruhigte das Fehlen technischer Daten, die das Laboratorium in Chicago hätte erarbeiten sollen und die für die Planung der Produktion gebraucht wurden. Außerdem bemängelte er die nach seiner Ansicht deutlich erkennbare Unentschlossenheit der Wissenschaftler bei der Beschaffung solcher Daten. Im Herbst 1942 erfuhr er, daß die Wissenschaftler keinen durch Versuche erhärteten Beweis dafür hatten, daß das Plutonium, der für die Bomben vorgesehene Sprengstoff, in einem Atomreaktor oder Atommeiler hergestellt werden konnte, sondern nur glaubten, das aufgrund theoretischer Erwägungen voraussagen zu können. In krassem Widerspruch zu allem, was bisher in der konservativen technologischen Praxis üblich war, entschied Groves, ohne weitere Verzögerung mit der Herstellung der für die Gewinnung des Plutoniums notwendigen Atommeiler zu beginnen.[72] Da er einen Zeitplan für die Produktion aufstellen und über die Kapazität der Anlage genaue Angaben machen mußte, fragte er die Wissenschaftler in Chicago, welche Menge Plutonium für jede Bombe benötigt werde. Bis dahin war es nur gelungen, ganz geringe Mengen dieses Elements im Laboratorium herzustellen. Chicago nannte ihm eine Zahl, von der er glaubte, es seien «etwa 25 bis 50 Prozent», und er war «entsetzt, als die Wissenschaftler ihm ungerührt erklärten, sie glaubten, man müsse hier mit dem Zehnfachfaktor rechnen». Groves verglich seine Lage mit der «eines Gastwirts, dem man sagt, er solle damit rechnen, zwischen 10 und 1000 Gäste beköstigen zu müssen»,[73] ein makabrer Vergleich, wenn wir daran denken, was in Hiroshima geschah.

Die Diskussionen der Wissenschaftler und Ingenieure in Chicago über das kritische Problem des Kühlens der Atommeiler ließen die Unsicherheiten, Komplexitäten, Widersprüche und Spannungen erkennen, die zwischen Persönlichkeiten entstanden, die aus verschiedenen Kulturkreisen stammten und nicht die gleiche berufliche Ausbildung genossen hatten. Vor allem ging es darum, ob das Kühlsystem mit Gas oder mit einer Flüssigkeit arbeiten sollte. Gas ist bei der Verringerung der Hitze weniger wirksam als Flüssigkeit, aber man glaubte, es werde auf die nukleare Reaktion, die in dem Meiler das Plutonium erzeugte, weniger störend wirken. Für Gase brauchte man einen sehr hohen Druck und komplexe Behälter, Kompressoren und Pumpen. Für Flüssigkeiten brauchte man Rohre, mit denen sich die Konstruktion des Meilers komplizieren würde. Die Verfügbarkeit verschiedener Flüssigkeiten und Gase, die für diese Aufgabe geeignet erschienen, erschwerte diese Entscheidung. Die Ingenieure in Chicago gaben im Sommer 1942 einem Kühlsystem mit Heliumgas den Vorzug. Compton, der von dieser Empfehlung nicht begeistert war, ließ sich mit der Entscheidung Zeit. Darauf behauptete Szilard, in Chicago würde Zeit verschwendet, und das läge an Comptons Wunsch, Kontroversen zu vermeiden, und an den strengen Sicherheitsbestimmungen der Armee, die den freien Informationsaustausch unter den Atomwissenschaftlern in den Vereinigten Staaten verhinderten.[74] Der ideenreiche und mutige Szilard schlug als Kühlmittel die ausgefallene Flüssigkeit Wismut vor. Wigner prüfte die Möglichkeit eines mit Wasser gekühlten Atommeilers. Groves war verärgert über diese Unstimmigkeiten, deutete die Zweifel der Wissenschaftler als Unentschlossenheit und äußerte sich dazu in der für ihn typischen Weise. Er behauptete, eine falsche Entscheidung sei besser als gar keine. Wenn es mehrere mögliche Lösungen gebe, dann sollten die Wissenschaftler alle diese Lösungen gleichzeitig testen, denn eine Lösung zu finden sei wichtiger als Geld zu sparen. Auch wenn es vielleicht nur wenige Daten gebe, von denen man ausgehen könne, hielt er es für dringend notwendig, mit dem Entwurf und dem Bau großer Atommeiler zu beginnen, mit denen sich das Plutonium erzeugen ließ.[75]

Walter Carpenter, Präsident von Du Pont (rechts).

Groves, durch das Verhalten der Wissenschaftler ungeduldig geworden, wandte sich nun an die Industrie, zu der er bei Arbeiten an anderen Projekten für das Militär gute Beziehungen entwickelt hatte. Er verlangte, die Du Pont Company an dem Projekt zu beteiligen, und drängte die Firma so lange, bis sie sich widerwillig bereit erklärte, den riskanten Sprung ins kalte Wasser der Kernwissenschaft zu wagen. Im Herbst 1942 trat er zum ersten Mal an das mächtige Unternehmen heran, das er so sehr bewunderte und das schon an früheren Projekten mit dem Pionierkorps der Armee zusammengearbeitet hatte. Groves wußte, daß er «Du Pont vorschlug, sich an einem riskanten, schwierigen und vielleicht unmöglichen Unternehmen zu beteiligen, und zwar zu einer Zeit, als die Firma ohnedies stark durch Rüstungsaufträge belastet war». Die Tatsache, daß Du Pont auf dem Gebiet der Kernphysik keine Erfahrungen hatte, das Fehlen technischer Daten, die nur im Verlauf umfangreicher Forschungen im Laboratorium und durch Tests im kleinen Maßstab beschafft werden konnten, sprachen ebenso wie die im Umgang mit diesem Material bestehenden Risiken gegen die Teilnahme von Du Pont. Die Firma erinnerte sich außerdem an die sehr unangenehmen Untersuchungen des Senatsausschusses für Fragen der Munitionsherstellung im Jahr 1937, als Extremisten die Familie Du Pont als «Kaufleute des Todes» bezeichnet hatten, weil die Firma im Ersten Weltkrieg mit der Herstellung von Sprengstoff für die Armee hohe Gewinne gemacht habe. Als Groves der Firmenleitung und ihrem Aufsichtsrat jedoch gesagt hatte, daß der Präsident der Vereinigten

Staaten und der Kriegsminister dem Projekt die höchste militärische Bedeutung beimaßen, willigte Du Pont ein.[76] Der elegante, gut aussehende Präsident von Du Pont, Walter Carpenter, blieb während der ganzen Verhandlungen höflich, zuvorkommend, aber fest. Nachdem er betont hatte, daß Du Pont eine amerikanische Firma sei, die es stets als ihre patriotische Pflicht angesehen habe, ihren Beitrag zur nationalen Verteidigung zu leisten, stimmte Carpenter im Namen des Direktoriums dem Vorschlag zu. Im Dezember 1942 übernahm es die Du Pont Company offiziell, die Atommeiler zur Erzeugung von Plutonium und die Separationsanlagen zu entwerfen und zu bauen. Das Projekt wurde einer neuen Abteilung im Bereich der Sprengstoffproduktion zugeteilt. Carpenter machte es zur Bedingung, daß Du Pont bei diesem Geschäft keine Gewinne machen dürfe. Im Vertrag wurde festgelegt, daß das Unternehmen für die Arbeit an diesem Vorhaben ein Honorar in Höhe von $1,00 bekommen sollte, während die Regierung alle Kosten übernahm. Als die führenden Ingenieure von Du Pont erfuhren, daß sie die Verantwortung für dieses Projekt übernehmen sollten, «gingen sie alle in den Brandywine Room (des Hotels Du Pont), um sich mit einem Drink zu trösten».[77] Groves hatte das Verhalten des Direktoriums von Du Pont später «einen wahren Beweis des echten Patriotismus» genannt.[78] Die Firma selbst erklärte, ihre Beteiligung am Manhattan-Projekt sei die Erfüllung einer patriotischen Pflicht und sie habe «keinerlei finanzielle oder andere Interessen am Manhattan-Projekt».[79]

Nachdem Groves beschlossen hatte, die Du Pont Company an dem Plutoniumprojekt zu beteiligen, standen die Ingenieure des Unternehmens ebenso wie die Wissenschaftler in Chicago vor dem schwierigen Problem, ein geeignetes Kühlmittel für die Atommeiler zu finden. Die Ingenieure von Du Pont behaupteten, im Wasser werde das Uran korrodieren, das werde den Fluß des Kühlmittels blockieren und zu einer gewaltigen Explosion des erhitzten Wassers führen. Ehe die endgültige Entscheidung über das Kühlsystem getroffen wurde, bauten die Wissenschaftler in Chicago einen Versuchsmeiler. Damit wollten sie sich die notwendigen Daten verschaffen, um abschätzen zu können, ob sich die Kernreaktion im Atommeiler entweder verlangsamen oder ob sie wegen der neutronenabsorbierenden Eigenschaften des Kühlsystems angehalten werden würde. Im Dezember 1942 ließ Fermi den Atommeiler unter dem Fußballstadion der Universität von Chicago, dem Stagg Field, anlaufen. Aufgrund der daraus gewonnenen Daten kamen die Wissenschaftler in Chicago zu dem Schluß, daß Wasser das bei weitem beste Kühlmittel sei. Die Ingenieure von Du Pont, die in ihrer Haltung von Groves unterstützt wurden, wollten dem Rat der Wissenschaftler zunächst nicht folgen. Du Pont dachte vielmehr daran, bei einer relativ einfachen Versuchsanordnung in Tennessee, mit der Daten für die großen Atommeiler gesammelt werden sollten, für die sie Helium als Kühlmittel benutzen wollten, Luft als Kühlmittel einzusetzen. Später entschloß sich Du Pont jedoch, dem Vorschlag von

Wigner zu folgen und die Atommeiler für die Produktion von Plutonium mit
Wasser zu kühlen. Das war für die Wissenschaftler in Chicago, besonders für
die älteren eingewanderten Physiker und die jüngeren Amerikaner, ein weiterer Beweis dafür, daß Wissenschaftler mit ihren theoretischen Kenntnissen
und ihrem Vorstellungsvermögen die Entwicklung besser voranbringen
konnten als die konservativen Ingenieure, denen es schwerfiel, sich von ihren
bisherigen Praktiken zu lösen.[80]

Es zeigte sich schon bald, daß das Laboratorium in Chicago zu einer Versuchsanlage werden könnte, in der die von Du Pont benötigten Daten gewonnen wurden, um das Unternehmen beim Bau der endgültigen Anlage zu
beraten. Viele Wissenschaftler in Chicago hatten sich inzwischen davon überzeugt, daß sie sehr viel mehr von der Kernphysik verstanden als die Ingenieure von Du Pont, und glaubten deshalb, daß das METALLURGISCHE
LABORATORIUM die Planungen und den Bau der endgültigen Produktionsanlagen überwachen sollte. Einige von ihnen sagten Groves, sie könnten die
Anlage zur Plutoniumerzeugung selbst entwerfen und bauen, wenn er ihnen
50 bis 100 jüngere Ingenieure und technische Zeichner zur Verfügung stelle.
Er hielt diesen Vorschlag für absurd.[81] Die Wissenschaftler waren zu dieser
Überzeugung gekommen, weil sie glaubten, daß angesichts der nur geringen
Menge des vorhandenen spaltbaren Materials nur eine oder zwei Bomben
hergestellt werden würden und nicht eine größere Menge von Atomwaffen,
wie Groves das beabsichtigte. Die amerikanischen Militärs vertraten den
Standpunkt, sie müßten bis zur Sicherstellung des Sieges die Möglichkeit
haben, wiederholt Atombomben einzusetzen. Einige Wissenschaftler wendeten ein, daß sich die Deutschen wahrscheinlich auf ein Projekt geringeren
Ausmaßes beschränken und nur eine oder zwei Bomben herstellen würden,
bevor die Amerikaner mit der Produktion begonnen hatten, um die psychologische Wirkung des unglaublichen Vernichtungspotentials der Atombombe
auszunutzen und die Alliierten zur sofortigen Kapitulation aufzufordern.[82]

Der in Ungarn geborene Szilard war der Wissenschaftler, der sich der
Übernahme des Projekts durch das Militär und die Industrie am energischsten
widersetzte, aber seine Sorge wurde in gewissem Umfang auch von Wigner,
Fermi und den meisten anderen maßgebenden Wissenschaftlern geteilt.[83]
Ihre Zweifel an der Eignung der in der Industrie arbeitenden Ingenieure, die
nichts von der Kernphysik verstanden, vertieften sich durch die von vielen
europäischen Intellektuellen vertretene Überzeugung, daß große Industrieunternehmen und das Militär wesentlich zur Erstarkung des Faschismus in
Europa beigetragen hatten. Wigner hatte in Europa gelernt, daß große industrielle Organisationen wie Du Pont Feinde der Demokratie seien.[84] Aber
auch junge amerikanische Physiker stimmten den eingewanderten Wissenschaftlern zu, weil sie, wie Compton bemerkte, der in jeder bürokratischen
Organisation verkörperten Autorität mißtrauten. Compton löste fast eine
Rebellion aus, als er vor seinen Wissenschaftlern zum ersten Mal die Mei-

Albert Einstein und Leo Szilard.

nung vertrat, ein Industrieunternehmen solle den Bau der Anlagen für die Herstellung von Plutonium für die Bombe und ihre Produktion übernehmen.[85] In Chicago wurde wieder die Rivalität spürbar, die sich während des Ersten Weltkrieges zwischen dem aus Erfindern, Ingenieuren und Industriellen bestehenden Naval Consulting Board und den Physikern des National Research Council entwickelt hatte. Groves verstärkte diese Gefühle noch, als er in Chicago behauptete, die Wissenschaftler hätten keine Disziplin. «Sie können keine Befehle befolgen und keine Befehle geben», beschwerte er sich bei Compton, der erwiderte, die Disziplin der Wissenschaftler sei Selbstdisziplin bei der Erforschung von Tatsachen.[86]

Anfang 1943 glaubten die Wissenschaftler, das metallurgische Laboratorium, an dem sie arbeiteten, leiste zwar seinen Beitrag zu dem Gesamtprojekt, sei jedoch zu einem der Du Pont Company untergeordneten Zweigbetrieb geworden.[87] In dieser neuen Rolle fühlten sich die Physiker, die ihre Experimente unter Fermi durchführten, und die Theoretiker unter Wigner benachteiligt und enttäuscht. Wigner hatte erlebt, wie Du Pont seinen Vorschlag, die Atommeiler für die Erzeugung von Plutonium mit Wasser zu kühlen, zunächst abgelehnt und schließlich nach längerem Zögern doch akzeptiert hatte. Er erklärte, das bedeute, daß die von Du Pont vorgeschlagenen Versuchsanlagen mit Luftkühlung, mit deren Bau schon begonnen worden war, kein gutes Modell für die mit Flüssigkeit gekühlten Produktionsanlagen sein würden. Er war zutiefst enttäuscht, als Du Pont weder ihn noch einen seiner Mitarbeiter aufforderte, mit den Ingenieuren zusammenzuarbeiten, die den Auftrag hatten, dem Unternehmen ihre Entwürfe für die Anlagen vorzulegen. «Im Februar 1943 hatte Wigner jede Hoffnung aufgegeben. Du Pont schien nur sehr mühsam voranzukommen, aber der Verbindungsmann des Unternehmens, Crawford H. Greenewalt, lehnte jedes Hilfsangebot entschieden ab.»[88] Wigner, der glaubte, er selbst sei der Grund für die Verweigerung der Zusammenarbeit, bot seinen Rücktritt an, aber Compton überredete ihn, einen einmonatigen Urlaub zu nehmen und anschließend auf seinen Posten zurückzukehren.

Auch Szilard konnte sich nur schwer damit abfinden, daß das Militär und die Industrie die Führung übernommen hatten, und sprach sich eindeutig dagegen aus. Groves hat später in einem persönlichen Gespräch gesagt, Szilard sei der Typ, den jeder Arbeitgeber als Unruhestifter entlassen würde. Richard Rhodes schreibt in seiner Geschichte des Manhattan-Projekts: «Groves scheint Szilards Dreistigkeit der Tatsache zugeschrieben zu haben, daß er Jude war.»[89] Zwischen Groves und Szilard ist es lange Zeit immer wieder zu Meinungsverschiedenheiten gekommen. Szilard hat es scharf kritisiert, daß Groves den Wissenschaftlern so wenig persönliche Freiheit ließ und den Informationsaustausch aus Sicherheitsgründen stark einschränkte. Szilard behauptete, Phantasie und Ideenreichtum in der Wissenschaft erforderten den freien Meinungsaustausch und die Möglichkeit, unbehindert zu forschen. Er hätte auch die selbständigen Erfinder zitieren können, die Ende des 19. Jahrhunderts die gleiche Haltung eingenommen hatten, um seinen Argumenten größeres Gewicht zu verleihen. Als Szilard gegen die Sicherheitsbestimmungen verstieß und anfing, sich mit den Ingenieuren von Du Pont zu streiten, die den Entwurf für den Bau des Atommeilers liefern sollten, verfaßte Groves einen Brief, in dem er Szilard als feindlichen Ausländer bezeichnete und verlangte, ihn für die Dauer des Krieges zu internieren. Arthur Compton konnte die Absendung dieses Briefes und die darin geforderte Maßnahme gerade noch verhindern.[90] Ende 1942 glaubte Szilard, er habe ein Druckmittel gefunden, seinen Willen durchzusetzen, als er erklärte, er beabsichtige – wahrscheinlich zusammen mit Fermi – den Antrag auf ein Patent für die Erfindungen im Bereich der Kettenreaktion einzureichen, welche die beiden Wissenschaftler gemacht hatten, bevor sie von der Regierung finanziell unterstützt wurden. Szilard hatte bereits Erfahrungen mit Erfindungen und Patenten, denn er hatte zwischen 1924 und 1934 allein oder zusammen mit Albert Einstein in Deutschland Anträge auf 29 Patente eingereicht (die meisten der gemeinsamen Erfindungen betrafen Haushaltskühlschränke).[91] Als Bush davon erfuhr, behauptete er, Szilard habe nicht das Recht, seine Patentanträge zu stellen, weil er der Universität von Chicago zur Zeit seiner Anstellung dort nicht gesagt hatte, welche Erfindungen er bisher schon gemacht habe. 1943 teilte ein Rechtsberater der Regierung Szilard mit, nach seiner Meinung könne Szilard keine patentfähige Erfindung nachweisen. Groves sagte ihm, falls seine Erfindungen patentiert werden sollten, werde die Regierung nur dann über seine Patentrechte verhandeln, wenn er sich bereit erkläre, sie der Regierung zu überlassen. Groves verband dieses Angebot mit der Erklärung, daß die Regierung auch über den Vertrag Szilards mit der Universität von Chicago verhandeln werde, der demnächst erneuert werden sollte. Szilard hat das wahrscheinlich richtig als das Verlangen interpretiert, er solle der Regierung seine etwaigen Patentrechte gegen die Erlaubnis überlassen, die Arbeit an der Bombe fortsetzen zu dürfen. Vor der Konfrontation mit Groves hatte Szilard gesagt, er wolle jeden Erlös aus seinen Patentrechten einer von Wissenschaftlern geleiteten Regierungsbehörde zur Verfügung stellen, die an der Entwicklung der Atomenergie arbeite. Zehn Jahre nach dem Krieg erhielten Szilard und Fermi ein Patent für den von ihnen erfundenen Kernreaktor.[92]

Als Verbindungsmann zwischen Du Pont und dem Laboratorium in Chicago hatte Greenewalt eine Aufgabe übernommen, um die ihn vermutlich kaum jemand beneidete. Er war der Chef der Forschungsgruppe der für das Plutoniumprojekt zuständigen Abteilung von Du Pont. Nach dem Kriege sollte er Präsident des Unternehmens werden. Greenewalt versuchte, die Befürchtungen der Physiker in Chicago zu zerstreuen, ihr Laboratorium könne zu einer Außenstation der Sprengstoffabteilung von Du Pont werden. Er sagte ihnen, das Forscherteam bei Du Pont werde Chicago um Informationen über die Ergebnisse von Experimenten bitten und dem Laboratorium die aufgrund dieser Informationen entstandenen Entwürfe der Ingenieure von Du Pont zur Begutachtung vorlegen. Greenewalt war klug genug, den Vorschlag von Groves abzulehnen, «Boss» der Physiker zu werden, denn Greenewalt war sich sehr wohl der Tatsache bewußt, daß Männer wie Szilard und Wigner nur einen hervorragenden Physiker als Vorgesetzten anerkennen würden. Greenewalt versicherte den Wissenschaftlern, daß Du Pont sich nur an dem Projekt beteiligte, «um eine bestimmte Aufgabe zu erfüllen», aber nicht um «ihre Ideen zu stehlen» und «mit der Atomenergie einen Haufen Geld zu machen».[93] Er erinnerte sie an die Erfolge seiner Firma bei der praktischen Anwendung der Grundlagenforschung im Rahmen der Entwicklung des Nylon.

Als Groves und Roger Williams, der Leiter des Plutoniumprojekts bei Du Pont, aus Sicherheitsgründen entschieden, einen kleinen Plutonium-Versuchsreaktor nicht in Argonne bei Chicago, sondern im dünn besiedelten Tennessee zu bauen, mußte Greenewalt auf «eine peinliche Situation» reagieren, die «auf Ungeschicklichkeit zurückzuführen war», denn Compton und die anderen Wissenschaftler waren nicht konsultiert worden.[94] Greenewalt hatte einen gewissen Erfolg, als es ihm gelang, Compton davon zu überzeugen, daß es notwendig sei, das Management der Forschungsarbeiten in Chicago zu reorganisieren. Er hatte festgestellt, daß die Wissenschaftler nur ungern technische Entwürfe als ungeeignet beiseitelegten und es vorzogen, Veränderungen vorzunehmen, wenn neue Erkenntnisse das nahelegten. Schließlich konnte er einige der Wissenschaftler davon überzeugen, daß die zeitraubenden Komplexitäten eines solchen technischen Vorhabens harte und schnelle Entscheidungen verlangten, damit möglichst bald mit dem Bau begonnen werden könne. Trotz seines Takts und seiner Geduld gelang es Greenewalt nicht, reibungslos mit Wigner zusammenzuarbeiten, der ihm «viel Kummer» bereitete.[95]

Die Produktionsreaktoren in Hanford

Die Unzufriedenheit der Wissenschaftler in Chicago hinderte Groves und Du Pont nicht daran, das Projekt mit aller Energie voranzutreiben. Im Februar 1943 kaufte Groves etwa 200 000 Hektar Grund und Boden bei Hanford im Staat Washington für die zur Herstellung von Plutonium benötigten Reaktoren, die Plutonium-Trennanlagen und die Unterkünfte der dort arbeitenden Personen. Ein so riesiges Gelände ermöglichte es, die ganze Anlage von der übrigen Bevölkerung in dieser Region zu isolieren und die Geheimhaltung zu gewährleisten. In dieser einsamen Gegend standen auch das Kühlwasser aus dem Columbiafluß und der elektrische Strom aus einer Hochspannungsleitung zur Verfügung, welche die Wasserkraftwerke von Grand Coulee und Bonneville miteinander verband. Der Bau der Anlage erfolgte gleichzeitig mit der Beschaffung der Versuchsdaten durch die Wissenschaftler in Chicago und der Herstellung der Entwürfe für die Anlage durch Du Pont, und das war für die Ingenieure eine sehr ungewöhnliche und nervenaufreibende Erfahrung.

Am 13. September 1944 war ein Produktionsreaktor fertiggestellt und konnte Tausende von Uran-Brennstoffblöcken aufnehmen. Beim Bau waren auf dem Höhepunkt der Arbeiten im vergangenen Juni mehr als 42 000 Personen beschäftigt gewesen. Bei der Konstruktion der technischen Anlage hatte man mit Toleranzen arbeiten müssen, wie sie in der Feinmechanik, etwa bei der Herstellung von Präzisionsuhren üblich sind. Die besten Schweißer mit einer Spezialausbildung hatten für das hochradioaktive Material zuverlässig abgedichtete Behälter hergestellt. Modellschreiner, Maschinenschlosser, Rohrformer und Elektrotechniker hatten Probleme gelöst, die ihnen bisher noch nie vorgekommen waren. Nur die geringen Arbeitsleistungen der Facharbeiter an den Rohrleitungen waren ein ständiges Problem in Hanford. Groves versuchte persönlich, den Vorsitzenden des internationalen Gewerkschaftsbundes, den späteren Arbeitsminister M. P. Durkin, zu veranlassen, hier einzugreifen, aber er erinnert sich, daß Durkin «für unsere Bitten offenbar keinerlei Interesse hatte».[96]

Fabrikationsanlage Hanford.

Anfangs gab es in Hanford drei riesige Reaktoren für die Erzeugung von Plutonium und vier Anlagen zur Trennung des Plutoniums von anderen Produkten der Kettenreaktion, die in den Produktionsreaktoren stattfand. Glenn Seaborg, der junge Chemiker aus Berkeley, der im Februar 1941 das Plutonium entdeckt hatte, entwickelte das Trennverfahren. Später entdeckten er und andere, daß «das Plutonium ein geradezu unglaubliches Material» ist. Unter bestimmten Voraussetzungen kann das Plutonium hart und bröcklig sein, dann aber auch weich und leicht verformbar wie Blei. «Es ist teuflisch giftig, selbst in kleinsten Mengen.»[97]

Arthur Compton, Fermi, Williams und Greenewalt waren zugegen, als im September 1944 der erste Reaktor mit Uran-Brennstoffblöcken geladen wurde, und erlebten hier den Höhepunkt des Denkens und der Bemühungen von vielen tausend Mitarbeitern. Zwei Wochen später enthielt der Atommeiler genügend Uran für eine Kettenreaktion, mit der Plutonium erzeugt wurde. Einige Stunden lang erhöhte sich die bei der Kettenreaktion erzeugte Energie wie vorausgesagt, aber dann ging die Energieerzeugung ständig zurück, bis sich der Meiler am Morgen um 6.30 Uhr vollständig abschaltete. Tief enttäuscht und beunruhigt glaubten die Wissenschaftler, Hanford habe sich unter Umständen als gewaltiges Fiasko erwiesen, und sie und die Ingenieure suchten nach Erklärungen für das anscheinend katastrophale Versagen. Doch am folgenden Tag wurde der Reaktor wieder aktiv, und die Nuklearreaktion erreichte das gleiche Niveau wie am Tage zuvor – um sich dann wieder allmählich abzuschalten. Der Physiker John Wheeler bot eine Erklärung an. Er hatte die Möglichkeit untersucht, daß die Reaktion durch ein bei der Erzeugung des Plutoniums entstandenes Nebenprodukt «vergiftet» sein könnte. Er ging von der Voraussetzung aus, daß die giftige Substanz einen Teil der Neutronen absorbierte, die bei der Uranspaltung frei wurden, und damit eine zu geringe Zahl von Neutronen übrigblieb, um die Kettenreaktion in Gang zu halten. Wheeler kannte die charakteristischen Eigenschaften des Meilers sehr gut, denn anders als die meisten Wissenschaftler aus Chicago hatte er sehr gut und eng mit den Ingenieuren von Du Pont zusammengearbeitet. Er war ihr «Lieblingswissenschaftler».[98] Die Zeitspanne, die der Atommeiler brauchte, um nach dem Abschalten wieder aktiv zu werden, führte ihn zu der Annahme, daß es sich bei der giftigen Substanz um Xenon-135 handelte. Greenewalt hatte schon früher die gleiche Vermutung gehabt. Wheeler meinte, die Kettenreaktion setze wieder ein, wenn das Xenon-Isotop mit einer Halbwertzeit von wenigen Stunden seine Wirkung verloren habe. Fermi stimmte dieser Diagnose sofort zu, aber um die Sache noch einmal zu überprüfen, erkundigte man sich nach den Leistungen eines Versuchsmeilers, der von den Wissenschaftlern aus Chicago in Argonne gebaut worden war. Als der dortige Meiler seine volle Kapazität erreicht hatte, stellten die Wissenschaftler eine ganz ähnliche Reaktion fest. Das bestätigte die Annahme von Wheeler, daß es sich um eine Xenonvergiftung handelte. Doch Groves war wütend, als er über den Vorgang unterrichtet wurde, denn er hatte die Wissenschaftler in Chicago schon früher angewiesen, den Versuchsmeiler mit voller Kraft laufen zu lassen. Sie hatten diese Anordnung jedoch nicht befolgt. Wenn das geschehen wäre, dann wäre die Xenonvergiftung schon früher erkannt worden. Compton entschuldigte sich, fügte aber, um Groves zu besänftigen, hinzu, daß die Wissenschaftler in Chicago, anstatt den Meiler mit voller Kraft arbeiten zu lassen, ihn dazu verwendet hatten, eine wichtige neue Entdeckung über nukleare Reaktionen zu machen.

Die Wissenschaftler in Chicago haben die nach ihrer Ansicht viel zu konservativen Entwürfe der Ingenieure von Du Pont oft kritisiert, besonders ihre Kühlsysteme für die Reaktoren. Sie bemängelten vor allem, daß Du Pont zu sehr darauf bedacht sei, Risiken auszuschalten, um den guten Ruf des Unternehmens nicht zu gefährden, was auf Kosten der Regierung geschehe und die Fertigstellung des Projekts verzögere. Doch nun waren es gerade diese konservativen Entwürfe, die das Problem in Hanford lösten. Beunruhigt durch die Ergebnisse der Untersuchungen Wheelers über die Vergiftung der Atommeiler hatte Du Pont die Kapazität der Uranreaktoren über das nach den theoretischen Berechnungen und Versuchen notwendige Maß hinaus vergrößert. (Die Wissenschaftler des METALLURGISCHEN LABORATORIUMS bezeichneten das als typisches Beispiel für einen «extravaganten Konservatismus».) Aber mit dieser erweiterten Kapazität konnte die Menge des Urans im Reaktor erhöht werden, und damit wurde die Wirkung der Vergiftung ausgeschaltet. Andere Reaktoren in Hanford wurden entsprechend modifiziert, und Ende Dezember konnte man in zwei Reaktoren mit der Erzeugung von Plutonium beginnen. Ein dritter Reaktor war etwa sechs Wochen später betriebsbereit.[99]

Oak Ridge und das elektromagnetische Trennverfahren

Die Regierung baute jedoch nicht nur in Hanford Reaktoren für die Erzeugung von Plutonium, sondern schloß auch Verträge für den Bau solcher Anlagen in Oak Ridge, Tennessee, wo ein weiterer Sprengstoff hergestellt werden sollte, das Uran 235. Da in Oak Ridge eine ganze Reihe von Herstellungsverfahren durchgeführt werden sollten und mehrere Firmen, Universitäten, prominente Wissenschaftler und Ingenieure beteiligt waren, müssen wir uns zunächst einen allgemeinen Überblick über die Tätigkeiten dort verschaffen, um dann auf die Einzelheiten der Entwicklung einzugehen. Im Herbst 1942 entschied sich die Armee für den Erwerb eines Geländes in der Nähe von Knoxville, weil dort von der TVA erzeugter elektrischer Strom zur Verfügung stand, genügend Wasser vorhanden war, es gute Eisenbahnverbindungen gab und das Gebiet nur dünn besiedelt war.

Nach Abschluß erfolgreicher Versuche an der Universität von Kalifornien in Berkeley, an der Columbia Universität und anderswo wurden in Oak Ridge die Anlagen für drei leistungsfähige Verfahren für die Herstellung des Uranisotops 235 installiert: für ein elektromagnetisches Trennverfahren, ein Gasdiffusionsverfahren und ein Thermodiffusionsverfahren. Ebenso wie bei der Plutoniumerzeugung in Hanford arbeiteten die akademischen Wissenschaftler auch bei der Herstellung des U-235 mit Industrieunternehmen zusammen. Der Physiker Lawrence von der Universität von Kalifornien und sein Laboratorium in Berkeley entwickelten das elektromagnetische Trennverfahren. Zugleich baute die Firma Stone & Webster eine kleine luftgekühlte Versuchsanlage für die Erzeugung von Plutonium, um die technischen Daten für eine größere Produktionsanlage in Hanford zu beschaffen. Als Groves erkannte, daß die Anlage in Oak Ridge ein so gewaltiges Ausmaß annehmen werde, beeilte er sich, auch noch weitere Industrieunternehmen als Vertragsfirmen heranzuziehen. Er weigerte sich, die Zahl der «Langbärte» zu erhöhen, weil er «schon so viele Akademiker beschäftigte, daß er schon gar nicht mehr mitkommen konnte».[100] Deshalb gewann er die Tennessee Eastman Corporation, eine Zweigfirma von Eastman Kodak, die sich nicht mit Forschung und Entwicklung beschäftigte, sondern ein reiner Produktionsbetrieb

war, für die Leitung der elektromagnetischen Anlage Y-12. Daran anschließend schloß er Verträge mit der Westinghouse Electric and Manufacturing
Company für die Herstellung der Maschinen und Geräte der elektromagnetischen Trennanlage.

Wissenschaftler der Columbia Universität unter Leitung des amerikanischen Chemikers Harold Urey, der 1934 für die Isolierung des schweren
Wasserstoffs mit dem Nobelpreis ausgezeichnet worden war, übernahmen die
vorläufige Untersuchung von Möglichkeiten für das Gasdiffusionsverfahren
zur Erzeugung von Uran 235. Anfang 1943 bat Groves die M.W. Kellogg
Company, eine große und erfahrene Konstruktionsfirma, die Gasdiffusionsanlage in Oak Ridge zu entwerfen und zu bauen. Kellogg gründete eine
Zweigfirma, die Kellex Corporation, die diese Aufgabe übernehmen und auch
die Verantwortung für ein mögliches Scheitern des Vorhabens tragen sollte.
Dann beauftragte Groves eine Zweigfirma der Union Carbide and Carbon
Company, die Carbide and Carbon Chemicals Corporation, sich am Entwurf
und Bau der Anlage zu beteiligen und nach ihrer Fertigstellung den Betrieb zu
übernehmen. Zu den übrigen Vertragsfirmen gehörten die Chrysler Corporation und die Allis-Chalmers Manufacturing Company.

Der Physiker Philip Abelson entwarf die Anlage für das Thermodiffusionsverfahren zur Trennung des Urans 235. Das war das dritte Herstellungsverfahren, das in Oak Ridge angewendet wurde. Abelson, dessen Arbeit von der
amerikanischen Kriegsmarine finanziert wurde, hatte zunächst ganz unabhängig am Manhattan-Projekt mitgearbeitet. Im Juni 1944 übernahm die
H.K. Ferguson Company in Cleveland, Ohio, den Auftrag, die Thermodiffusionsanlage zu bauen, nachdem Groves beschlossen hatte, Abelson und sein
Verfahren in das Manhattan-Projekt aufzunehmen. Mrs. H. K. Ferguson, die
junge Witwe des Präsidenten dieses Unternehmens, leitete jetzt die Firma in
Cleveland und führte auch die Verhandlungen mit Groves.

Die Zusammenarbeit zwischen den Wissenschaftlern und der Industrie in
Oak Ridge gestaltete sich in mancher Hinsicht ganz anders als die zwischen
den Wissenschaftlern in Chicago und Du Pont. Lawrence war in einer kleinen
Präriestadt in South Dakota geboren, hatte an den Universitäten von South
Dakota, Minnesota, Chicago und Yale studiert, war jetzt Professor an der
Universität von Kalifornien (Berkeley) und 1939 mit dem Nobelpreis für
Physik ausgezeichnet worden. Er wurde nun zum Edison des Manhattan-
Projekts. Er war eine ganz andere Persönlichkeit als Wigner und Szilard. In
der Welt des Romans *Main Street* von Sinclair Lewis wäre er ein «Booster»
gewesen, also jemand, der sich mit großer Begeisterung für eine bestimmte
Idee einsetzt, und in diesem Fall war es die Naturwissenschaft. Ebenso wie
Edison hatte er eine gewisse Abneigung gegen das mathematische Denken.
Anders als viele andere Wissenschaftler beim Manhattan-Projekt war er von
Anfang an recht gut mit Groves ausgekommen. Als Erfinder und Konstruk-
teur komplizierter Maschinen, der über ein eigenes Laboratorium verfügte,

war es ihm immer wieder gelungen, das notwendige Geld für die von ihm mit
großer Begeisterung verfolgten Projekte aufzubringen. Als Vorgesetzter verstand er es, seine jungen Mitarbeiter im Laboratorium in der richtigen Weise
anzuleiten, er beeinflußte maßgebend die Arbeitsweise beim Manhattan-Projekt und war entscheidend an der Entwicklung der amerikanischen Naturwissenschaft beteiligt. Ähnlich wie Edison wurde auch er zur Legende mit seiner
einzigartigen Tatkraft und der Fähigkeit, sich, wenn es notwendig war, völlig
zu entspannen und im Laboratorium sitzend ein Nickerchen zu halten. Die
graduierten Studenten, die bei ihm arbeiteten, nannten ihn Maestro. Da er
sein Studium als Ingenieur an der Universität von South Dakota begonnen
hatte, ging Lawrence später als Experimentalphysiker bei seinen Versuchen,
Probleme zu lösen, nach den Methoden eines Maschinenbauingenieurs vor.
Er und seine Assistenten im Laboratorium, die sich zum Teil auf das Doktorexamen vorbereiteten oder nach ihrer Promotion Assistenten an der Universität von Kalifornien in Berkeley wurden, nahmen die künftige Entwicklung
in der Physik schon vorweg, wenn sie gemeinsam mit großen, selbst entworfenen und gebauten Maschinen experimentierten. Dabei bildeten diese Maschinen in gewisser Weise den Mittelpunkt, auf den sich ihre Arbeiten konzentrierten. Später, als der Sprengstoff für die Atombombe hergestellt wurde,
führte die Tatsache, daß Lawrence sich so sehr auf die Maschinen konzentrierte, dazu, daß er schwierige chemische Probleme vernachlässigte.

Sehr bald nachdem er eine Position an der Yale Universität aufgegeben
hatte, um außerordentlicher Professor an der sehr fortschrittlichen physikalischen Fakultät von Berkeley zu werden, erfand Lawrence eine Maschine, die
zur Lösung eines Problems beitrug, an dem europäische und amerikanische
Physiker arbeiteten. Ihr Ziel war es, energiereiche Partikel zu erzeugen, die in
der Lage waren, in einen Atomkern einzudringen und damit die Erforschung
seiner inneren Struktur zu ermöglichen. Beim Durchblättern der deutschen
Zeitschrift *Archiv für Elektrotechnik* fiel sein Blick 1929 auf das Diagramm
eines norwegischen Ingenieurs. Rolf Wideröe hatte ein Gerät entworfen, das
wiederholt geringe Stromstärken benutzte, um die Energie von Ionen schrittweise zu verstärken, anstatt riesige Energiemengen einzusetzen, um diese
Wirkung auf einmal zu erreichen. Die präzise abgestimmten Energiestöße
waren vergleichbar mit den Anstößen, die man einem auf einer Schaukel
sitzenden Kind gibt, um die Schaukel immer höher schwingen zu lassen, und
zwar müssen diese Anstöße genau im richtigen Moment erfolgen.[101] Die
Erfindung von Lawrence war vergleichbar mit einem Elektromotor, in dem
anstelle einer sich um ihre Achse drehenden Armatur Elementarteilchen krei-
sten. Wenn diese Elementarteilchen eine genügend hohe Beschleunigung erreichten, wurden sie in der Form eines aus energiereichen Elementarteilchen
bestehenden Strahls abgezogen.[102] Mit erfinderischem Blick erkannte Lawrence die Möglichkeit, die Energiestöße zu verstärken, indem er die beschleunigten Elementarteilchen auf eine Kreisbahn lenkte anstatt durch die geraden

Szilard (links vorne) und Ernest O. Lawrence, 1935.

Röhren in der Konstruktion des Norwegers. Nach einigen Tagen erzählte er seinen Freunden begeistert: «Ich werde Atome bombardieren und spalten!» und «damit werde ich berühmt werden!»[103]

Mit großer Energie gelang es ihm, vom National Research Council und aus anderen Quellen Geld für sein Projekt zu beschaffen, und nun verbrachte Lawrence den größten Teil seiner Zeit, umgeben von seinen graduierten Studenten, im Laboratorium und experimentierte mit verschiedenen von ihm entworfenen Typen des magnetisch mitschwingenden Zirkularbeschleunigers. Er und M. Stanley Livingston, ein graduierter Student und späterer Assistent, arbeiteten schon 1932 mit einem Teilchenbeschleuniger, der dann den Namen Zyklotron erhielt und Wasserstoffionen oder Protonen erzeugte, die eine Energie von einer Million Volt freisetzten. Als Livingston die Beschleunigung in dem Gerät so weit erhöht hatte, daß er an die Tafel schreiben konnte, «1 000 000 Volt», tanzte Lawrence vor Freude im Zimmer herum.[104] Später kam es zu einer Kontroverse um die Frage, was Livingston und was Lawrence zur Erfindung der elektromagnetischen Strahlenbündelung beigetragen hatten, mit der kritische Probleme auf dem Weg zur Entwicklung eines funktionsfähigen Geräts gelöst wurden. In der Patentanmeldung für das Zy-

Sechzig-Zoll-Zyklotron im Strahlungslaboratorium von Lawrence.

klotron vom 26. Januar 1932 zeichnete Lawrence als einziger Erfinder, ein Verhalten, das an Edison als Chef seines Laboratoriums erinnert. Livingston hat sich später darüber geärgert, daß er nicht erwähnt worden war. Aber Lawrence hat dieses Patent nicht finanziell ausgewertet.[105]

Ermutigt durch seinen Erfolg mit dem Zyklotron erwarb Lawrence ein altes Gebäude, das die Ingenieurschule der University of California nicht mehr brauchte, und nannte es das Strahlenlabor (Radiation Laboratory). Um ein größeres Zyklotron zu bauen, ließ er sich einen nicht mehr benötigten, 84 Tonnen schweren Magneten schenken, der ursprünglich von der Federal Telegraph Company für einen transpazifischen Radiosender verwendet werden sollte. Junge Wissenschaftler, die nach ihrer Promotion von seiner Pionierarbeit erfahren hatten, bemühten sich um Anstellung im Strahlenlabor. Noch bevor das Jahr 1932 zu Ende gegangen war, erzeugte das neue Zyklotron mit dem starken Magneten mehr als 4 Millionen Volt. Am Anfang des gleichen Jahres waren John Cockroft und Ernest Thomas S. Walton am Cavendish Laboratorium der Universität Cambridge mit einem Gerät, das mit nur 125 000 Volt arbeitete, Lawrence zuvorgekommen und hatten mit energiereichen Protonen den Kern des Lithiumatoms gespalten. Lawrence beglückwünschte Cockroft und Walton und setzte dann sein sehr viel leistungsfähigeres Zyklotron ein, um zahlreiche andere Elemente zu bombardieren und umzuwandeln. Um in atomare Strukturen eindringen und sie erforschen zu können, waren die Wissenschaftler nicht mehr auf die geringen Mengen Radium, die es in der Welt gab, und die von ihnen erzeugten Alphastrahlen oder Partikel angewiesen. Schon bald erzeugten die Zyklotrone des Strahlenlabors neue Isotopen chemischer Elemente, was neue Versuche bei der Krebsbehandlung ermöglichte. Lawrence wurde aufgrund seines Einfallsreichtums und seiner großzügigen technischen Versuche bei der Lösung naturwissenschaftlicher Probleme sowie seiner beeindruckenden Erfolge bei der Beschaffung der dazu benötigten Geldmittel international bekannt. Das Strahlenlabor wurde zum Mekka für Kernphysiker und Chemiker. Der Physiker Luis Alvarez, der als graduierter Student in der sehr persönlichen Atmosphäre der physikalischen Fakultät an der Universität von Chicago gearbeitet hatte, berichtete: «In Berkeley hatte niemand einen eigenen Raum, denn das Strahlenlabor war ein großes hölzernes Gebäude ohne Türen zwischen den einzelnen Forschungsabteilungen. Das Zyklotron, mit dem jeder arbeitete . . . stand nicht einer einzelnen Person zur Verfügung.»[106]

Als führender Wissenschaftler in der amerikanischen Kernphysik erkannte Lawrence 1941 die Möglichkeit, eine Bombe auf der Grundlage der Kernspaltung zu bauen, was niemanden überraschen wird. Als er und Conant in Chicago waren, wo ihnen die Ehrendoktorwürde verliehen wurde, warnte Lawrence Arthur Compton und Conant eindringlich davor, daß das nationalsozialistische Deutschland noch vor den Vereinigten Staaten eine Atombombe bauen könnte. Er sagte ihnen, es gebe die Möglichkeit, Plutoniumbomben und Bomben mit dem Uran 235 zu bauen.[107] Nachdem Conant, der damals Vorsitzender des National Defense Research Committee war, sich die Informationen und die überzeugenden Argumente von Lawrence angehört hatte, fragte er: «Ernest, Sie sagen, Sie seien überzeugt von der Bedeutung dieser Atombomben. Sind Sie bereit, die nächsten drei Jahre Ihres Lebens für den Bau dieser Bombe zu opfern?» Lawrence war überrascht. Wie üblich hatte er für die nächste Zeit sehr viel vor. Ein großer Teil der Projekte, an denen er sich mit der für ihn so charakteristischen Begeisterung beteiligen wollte, lagen im Bereich der Rüstungsindustrie. Aber er zögerte nur einen kurzen Augenblick, bevor er antwortete: «Wenn Sie mir sagen, daß dies mein Job ist, dann werde ich es tun.»[108]

Nun ging Lawrence daran, sein Zyklotron für Versuche bei der Herstellung spaltbaren Materials einzurichten. 1940 hatte ihm die Rockefeller Foundation für den Bau eines 4900 Tonnen schweren 184-Zoll-Zyklotrons $1 Million zur Verfügung gestellt. Nun fingen Lawrence und seine Mitarbeiter an, es zu einem Massenspektrographen zur Trennung von Uran 235 für die Atombombe umzubauen. Groves, der sich für das Projekt von Lawrence interessierte, kam nach Berkeley. In einem sportlichen Mantel und grauen Flanellhosen und erfüllt von jugendlicher Begeisterung holte Lawrence ihn am Bahnhof ab. Nach einer abenteuerlichen Autofahrt in halsbrecherischem

Tempo führte er den General in das Laboratorium und zeigte ihm die Zyklotrone und den Massenspektrographen. Zwar war Groves von dem disziplinierten Eifer der Mitarbeiter beeindruckt, aber die geringe Menge des hier erzeugten Urans enttäuschte ihn. Doch Lawrence ließ sich nicht entmutigen und führte ihn zum Radiation Hill, von wo aus man einen herrlichen Blick auf die Bucht von San Francisco und ihre Brücken hatte, um ihm das dort installierte neue 184-Zoll-Gerät zu zeigen. Er sagte dem General, der selbst das größte Gebäude der Welt gebaut hatte, dieses Gerät arbeite mit dem größten Magneten der Welt. Dann erklärte er ihm, wie sich das leichtere U-235-Isotop durch den Magnetismus von dem schwereren U-238-Isotop trennen werde. Als Groves besorgt fragte, wieviel spaltbares U-235 schon erzeugt worden sei, erwiderte Lawrence, bisher seien es keine nennenswerten Mengen. «Wir befinden uns immer noch im Versuchsstadium...»[109] Später haben Kritiker behauptet, Lawrence habe stets versprochen, mit dem nächsten Gerät das zu liefern, was das gegenwärtig arbeitende nicht liefern könne.

Doch Groves gefielen die Experimentierfreudigkeit des für seine Arbeit begeisterten und umgänglichen jungen Nobelpreisträgers und die Art, wie er seine technischen und unternehmerischen Aufgaben bewältigte. Obwohl andere Wissenschaftler an der Möglichkeit zweifelten, große Mengen des Isotops U-235 zu erzeugen, gelang es ihm, alles für das elektromagnetische Verfahren erforderliche Material zu beschaffen und eine entsprechende Anlage zu bauen. Die Ingenieure der Firma Stone & Webster, des Unternehmens, das die Wissenschaftler in Chicago so scharf kritisiert hatten, erhielten den Auftrag, Lawrence bei der Entwicklung seines Verfahrens für die Massenproduktion des U-235 zu helfen. Anders als bei der Zusammenarbeit zwischen dem Laboratorium in Chicago und Du Pont, wo es immer wieder zu Spannungen zwischen Physikern und Ingenieuren gekommen war, lag die Leitung des elektromagnetischen Projeks in der Hand von Lawrence und seinen meist in Amerika geborenen jungen Wissenschaftlern. Obwohl die meisten gut ausgebildeten Physiker und Techniker jetzt in der Rüstungsindustrie arbeiteten, bemühte sich Lawrence unermüdlich und erfolgreich darum, die geeigneten Fachkräfte für sein Laboratorium zu bekommen. Einen mit ihm befreundeten Philosophieprofessor überredete er, die Verwaltung des Laboratoriums zu übernehmen, und ein Astronomieprofessor wurde Personalchef der wissenschaftlichen Mitarbeiter. Lawrence hatte alle an dem Projekt Beteiligten gebeten, ihm bei der Suche nach geeignetem Personal zu helfen, und stellte jeden an, von dem er erwarten konnte, daß er die ihm gestellten Aufgaben gewissenhaft erfüllen werde. Da viele der neueingestellten Mitarbeiter noch keine Erfahrungen auf dem für sie neuen Arbeitsgebiet hatten, sagte er ihnen, sie dürften sich nicht entmutigen lassen, wenn sie Fehler machten, denn auch er habe bei der Erforschung eines bisher unbekannten wissenschaftlichen Bereichs, für den es noch keine Experten gebe, viele Fehler gemacht. Ähnlich wie Elmer Sperry und andere selbständige

Erfinder es früher getan hatten, sagte er den jungen Physikern, sie sollten über das bisher theoretisch Erforschte hinausgehen und ohne auf irgendwelche Schwierigkeiten zu achten etwas Neues erfinden.[110] Sperry hatte seinen Mitarbeitern gesagt, wenn man schwimmen lernen wolle, müsse man ins tiefe Wasser springen.

Mit Zustimmung von Groves und dem Einverständnis der Ingenieure von Stone & Webster schlug Lawrence Ende 1942 vor, man solle jetzt mit dem Bau der elektromagnetischen Produktionsanlage (Y-12) in Oak Ridge, Tennessee, beginnen. Groves hatte die Bezeichnung «Y-12» für die Anlage gewählt. Die in Kalifornien entworfenen und in Tennessee gebauten Massenspektrometer für die Isotopentrennung erhielten den Namen «Calutron». Als sie alle installiert waren, wogen die darin eingebauten Magneten zusammen das Hundertfache des riesigen Magneten des 184-Zoll-Zyklotrons. Diese riesigen Maschinen brauchten ein bisher noch nicht erreichtes Ultrahochvakuum. Das Manhattan-Projekt lieh sich vom amerikanischen Schatzamt Silber im Wert von $400 Millionen für die Magnetspulen. Mit diesem Verfahren sollten täglich etwa 100 Gramm U-235 erzeugt werden.[111]

Als das Verfahren im September 1943 zum ersten Mal mit voller Kapazität erprobt wurde, entsprach das Ergebnis nicht den Erwartungen. Zahllose Kurzschlüsse, undichte Stellen in den Unterdruckbehältern, das Versagen der chemischen Ausrüstung, das Fehlen von Ersatzteilen, die Unerfahrenheit des Bedienungspersonals und die Notwendigkeit, die Arbeit für längere Zeit zu unterbrechen, weil Reparaturen vorgenommen werden mußten, brachten alle Mitarbeiter an den Rand der Verzweiflung, aber Lawrence ließ sich nicht entmutigen. Man verglich ihn mit dem Kapitän eines sinkenden Schiffs, der, um die Moral seiner Besatzung zu stärken, behauptete, alles verliefe wie geplant. Da er überzeugt war, daß die Wissenschaftler im Strahlenlabor ähnlich wie der Erfinder eines neuen Verfahrens über das Wissen und die technischen Fähigkeiten verfügten, die von ihnen entworfenen Apparaturen ordnungsgemäß arbeiten zu lassen, mußten mehr als 100 Physiker, Ingenieure und Techniker ihre anregende Arbeit und das angenehme Leben in der schönen Hügellandschaft von Berkeley im Stich lassen, um nun mit den primitiven Unterkünften in der erst kürzlich industrialisierten und wenig anziehenden ländlichen Gegend von Tennessee vorliebzunehmen. Dort trafen sie auf die völlig verzweifelten, entmutigten Facharbeiter der Tennessee Eastman Corporation, die sich mit den immer wieder versagenden Apparaturen abquälten. Sogar Groves war pessimistisch, schien aber immer noch «unter dem Daumen von Ernest» zu stehen.[112] Als Groves so taktlos war, Lawrence daran zu erinnern, daß sein Ruf als Wissenschaftler auf dem Spiel stünde, meinte dieser ungerührt, den habe er sich bereits gesichert, und hier ginge es wohl eher um das Ansehen des Generals. Doch sogar Lawrence und seine Leute konnten nicht alle Probleme lösen und bei ihren Mitarbeitern den «Geist von Berkeley» wecken. 48 riesige Magneten mußten zum Reinigen und Umbau an die Herstellerfirma Allis-Chalmers nach Milwaukee zurückgeschickt werden. Die schweren stromführenden Bänder waren so eng gewickelt, daß sich Kurzschlüsse nicht vermeiden ließen. Mit viel Phantasie und großem Geschick war es Lawrence und ungezählten Ingenieuren und Wissenschaftlern gelungen, bis zum Februar 1944 die Anlage so weit auszubauen, daß beachtliche Mengen U-235 hergestellt werden konnten. Im November 1944 arbeitete ein wesentlicher Teil der Anlage mit einer Kapazität von etwa 80 Prozent. Im April 1945 wurde partiell angereichertes Uran, das mit Thermo- und Gasdiffusionsverfahren gewonnen worden war, dazu verwendet, in das elektromagnetische Trennverfahren eingespeist zu werden, um den Ausstoß an spaltbarem Material zu erhöhen. Groves, die Ingenieure und Wissenschaftler waren spät auf den Gedanken gekommen, die Produkte eines Verfahrens zur Anreicherung des Endprodukts zu verwenden oder damit den Prozentsatz der U-235-Isotope im Uran zu erhöhen. Natürliches Uran enthielt nur 0,7 Prozent U-235-Isotope. Ein Produkt, das bis auf 80 Prozent angereichert war, hielt man zur Herstellung der Bombe für geeignet.[113] Kuriere in Schutzanzügen brachten damals regelmäßig getarnte Koffer, in denen sich mit U-235 angereichertes Uran befand, nach Los Alamos in New Mexico, wo Wissenschaftler und Ingenieure die Bomben entwarfen und zusammenbauten.

Lawrence gab sich auch weiterhin durchaus optimistisch und arbeitete unermüdlich weiter, wenn auch auf Kosten seiner Gesundheit. Ständig wurde er von Erkältungskrankheiten und heftigen Rückenschmerzen geplagt. Ende 1943 besuchte ihn ein guter Freund im Krankenhaus und stellte fest, daß er so niedergeschlagen war wie noch nie. Fehlschläge, Verzögerungen und das ständige Gerede davon, daß sein Projekt ein gewaltiger «Reinfall» sei, deprimierten ihn.[114] Selbst nachdem die elektromagnetische Anlage das U-235 für die Bombe erzeugte, konnte man sagen, daß das Vorhaben von Lawrence, gemessen an den ursprünglichen Erwartungen, gescheitert war.[115] Er hatte behauptet, sein Verfahren habe gegenüber anderen wesentliche Vorzüge, weil damit das U-235 in einem Arbeitsgang abgespalten werden könne. Doch schließlich wurde es notwendig, zu einem zweistufigen Verfahren überzugehen. Er hatte auch gesagt, seine Methode werde sich als die wichtigste für die Erzeugung des spaltbaren Materials erweisen, was nicht zutraf. Das elektromagnetische Verfahren von Lawrence hat wohl die Herstellung von genügend Sprengstoff für die erste Uranbombe beschleunigt, aber vielleicht nur um einen einzigen Tag. Rückblickend können wir auch erkennen, daß seine Neigung, das gelegentliche Versagen der Anlage zu übersehen, Fehler nicht zu korrigieren und sich statt dessen neuen Methoden zuzuwenden mit der Behauptung, sie würden schließlich zum Erfolg führen, seine Arbeitsmethoden diskreditierte. In der offiziellen Geschichte des Manhattan-Projekts heißt es, «Ende 1945, lange nachdem es sich erwiesen hatte, daß die elektromagnetische Anlage die Erwartungen nicht erfüllte... schlug Lawrence immer noch vor, größere und leistungsfähigere Geräte einzusetzen».[116] Und doch hatte sein Optimismus angesichts all dieser Rückschläge andere ermutigt, an diesem Projekt festzuhalten.

Gasdiffusion und Thermodiffusion

Groves, Bush und Conant trieben aber auch die Entwicklung des Gasdiffusionsverfahrens voran, um über eine weitere Methode zur Erzeugung des U-235 zu verfügen. Bei diesem Verfahren ging es im Grundsatz um die schon bekannte Methode, eine poröse Membran zu verwenden, um die leichteren Isotope eines Elements von den schwereren zu trennen. Um das spaltbare U-235-Isotop von dem schwereren U-238 im Uran im Rahmen einer industriellen Anlage und in größerem Umfang trennen zu können, mußte eine Anlage konstruiert werden, in die eine große Menge von Filtern oder Barrieren eingebaut wurden. Doch die Diffusion mit Hilfe solcher Barrieren war ein Verfahren, das den Chemieingenieuren schon längst bekannt war. Im Fall des in Oak Ridge angewendeten Verfahrens wurde eine gasförmige Uranverbindung wiederholt durch die Filter gepumpt, bis man eine Uranverbindung mit einem höheren Prozentsatz des U-235 erhielt. Ausgehend von den Erfahrungen bei früheren Versuchen in Großbritannien untersuchte eine Gruppe von Wissenschaftlern an der Columbia Universität unter Urey die Möglichkeit einer Trennung des U-235 noch bevor das Manhattan-Projekt in Angriff genommen wurde. Anschließend wurden die Forschungsarbeiten an der Columbia Universität wesentlich erweitert und unter der Leitung von Urey in den «SAM Laboratories» planmäßig fortgesetzt. Verträge für den Bau und den Betrieb einer Gasdiffusionsanlage in Oak Ridge wurden, wie oben gesagt, mit der neuen Tochterfirma von Kellogg, Kellex, abgeschlossen. Carbide and Carbon Chemicals sollten bei Planung und Bau dieser Anlage behilflich und zugleich ihr Betreiber sein.

Der Vizepräsident von Kellogg, Percival C. Keith, ein vielseitiger Chemieingenieur aus Texas, war für die Anwerbung der bei Kellex benötigten Ingenieure verantwortlich. Wie viele andere führende amerikanische Chemieingenieure hatte Keith bei Warren K. Lewis am Massachusetts Institute of Technology studiert. Lewis galt als Vater der Chemotechnik und hatte lange Zeit als Berater führender Erdölraffinerien gearbeitet. In entscheidenden Phasen der Geschichte des Manhattan-Projekts hatte er den Vorsitz in einigen wichtigen Beratungsausschüssen innegehabt. Keith konnte die Ingenieure für die Mitarbeit bei Kellex besonders dadurch gewinnen, daß er ihre künftige Arbeit – die er ihnen aus Geheimhaltungsgründen nicht im einzelnen erläutern durfte – mit der mittelalterlicher Handwerker verglich, die ihr ganzes Leben damit zugebracht hatten, die farbigen Glasfenster an der Kathedrale von Chartres zu schaffen, oder mit dem Werk von Lorenzo Ghiberti, der Jahrzehnte mit der Arbeit an den Reliefs der Bronzeportale des Baptisteriums des

Doms von Florenz zugebracht hatte. Keith hatte nur wenig Geduld mit den Wissenschaftlern an der Columbia Universität, die «ihm wie die meisten Akademiker unberechenbar und unfähig vorkamen, weil sie dazu neigten, vom geraden Weg der praktischen Arbeit abzuweichen, um sich mit interessanten, aber irrelevanten theoretischen Nebensächlichkeiten zu beschäftigen».[117] Groves hat dafür wahrscheinlich viel Verständnis gehabt.

Das für die Filteranlage geeignete Material zu finden, war außerordentlich schwierig. Das Urangas mußte über Hunderte von Kilometern durch eine Kaskade von Barrieren, Pumpen und Röhren fließen. Dabei konnte es dazu kommen, daß das verwendete Material auf das Gas reagierte, die Barrieren korrodierten und der Gasfluß gehemmt wurde. Das Material der Barrieren durfte auch bei extremer Beanspruchung nicht an Festigkeit verlieren. Außerdem mußte es sich in großen Mengen herstellen lassen. Deshalb war es notwendig, die verschiedensten Materialien zu prüfen. Ende 1942 kam man zu der Überzeugung, Nickel sei das für diesen Zweck am besten geeignete Material. 1943 hatte das Forscherteam an der Columbia Universität eine Pilotanlage für die Herstellung einer Nickelbarriere etwa um die gleiche Zeit fertiggestellt, in der der Bau einer Produktionsanlage begonnen hatte, in der diese Barriere verwendet werden sollte. In diesem wie in anderen Fällen war also der Zeitplan soweit durcheinandergeraten, daß eine ordnungsgemäße technische Entwicklung verzögert wurde. Nachdem die Pilotanlage eine genügende Menge des für die Barriere benötigten Materials erzeugt hatte, um sie gründlich zu testen, traten Schwierigkeiten auf. Das Material erwies sich als zu spröde und in seiner Struktur zu schwach. Es korrodierte und blokkierte den Gasfluß. Außerdem war es in der Qualität uneinheitlich.[118]

Im Sommer 1943 begann Urey angesichts der Tatsache, daß trotz großer Anstrengungen keine Fortschritte erkennbar waren, an dem Sinn dieser Bemühungen zu zweifeln. Es kam zu Spannungen zwischen ihm und dem jungen John Dunning, einem Wissenschaftler von der Columbia Universität, der fest an den Erfolg der Gasdiffusion glaubte. Urey, der Erfolg und Mißerfolg in gleicher Weise zu übertreiben pflegte, veranlaßte Groves, Bush und Conant mit seinem Pessimismus jetzt, sich intensiver mit dem elektromagnetischen Verfahren von Lawrence zu beschäftigen. Sie reduzierten die Pläne für die Weiterentwicklung des Gasdiffusionsverfahrens zunächst, weil sie glaubten, das mit diesem Verfahren partiell angereicherte Uran könne in das Lawrence-Verfahren eingespeist werden, und es sei möglich, das dort verwendete Uran doch noch soweit mit dem U-235-Isotop anzureichern, daß es als Sprengstoff in einer Bombe gebraucht werden konnte.

Auch Keith war durch den Test mit der Nickelbarriere entmutigt worden. Dann erfuhr er von den Versuchen des jungen Ingenieurs von Kellex, Clarence Johnson, mit einer alternativen Barriere aus pulverisiertem Nickel, die er mit Hilfe des Teams der Columbia Universität durchgeführt hatte. Das pulverisierte Nickel wurde zu diesem Zweck gesintert und zu einer starken

Metallröhre geformt. Nun wollte Keith die bisherige Arbeit einstellen und sich an die Herstellung der neuen Barriere machen. Urey glaubte jedoch, daß es mit dem neuen Material im Lauf der Zeit ebenfalls Schwierigkeiten geben werde. Darüber hinaus fürchtete er, eine solche Umstellung werde der Arbeitsmoral des Teams an der Columbia Universität schaden, das soviel Mühe und Arbeit in die alte Barriere investiert hatte, die sich, wie er meinte, wahrscheinlich noch verbessern ließ. Deshalb weigerte sich Urey, sein Laboratorium auf die von Keith empfohlene Verwendung des neuen gesinterten pulverisierten Nickels umzustellen. Groves, dem es vor allem darauf ankam, mit der Herstellung spaltbaren Materials voranzukommen, entschied, daß beide Verfahren weiterentwickelt werden sollten. Der verärgerte Urey schrieb Groves einen erregten Brief, in dem er die Meinung vertrat, die wenigen Fachleute und das knappe Material dürften nicht mehr für das Projekt eingesetzt werden, und wenn eine Gasdiffusionsanlage gebaut werden sollte, dann müsse das nach dem britischen Muster geschehen.[119] Groves, der die Meinungsverschiedenheiten über den Wert der Gasdiffusionsanlage nicht mehr übersehen konnte, entband Urey von allen wirklichen Verantwortlichkeiten und ernannte Lauchlin Currie, einen Ingenieur der Firma Union Carbide, zum zweiten Direktor des SAM Laboratoriums. Damit übernahm der diplomatische und umgängliche Südstaatler die technische Leitung. Er war klug genug zu behaupten, er sei nur ein Ingenieur und gekommen, um den weltberühmten Chemiker zu unterstützen.[120] Urey akzeptierte diese Entscheidung, denn er hatte sich nicht um den Posten des Laboratoriumsdirektors beworben. Er verabscheute jede Verwaltungsarbeit und hatte schon seit längerer Zeit den Verdacht, man habe seinen Namen nur dazu benutzt, Wissenschaftler für das Projekt zu interessieren. Außerdem glaubte er, im Falle eines Scheiterns werde man ihn zum Sündenbock machen.[121]

Der Aufbau der Gasdiffusionsanlage war schon zu weit vorangekommen, als daß man dieses Vorhaben hätte aufgeben können. Mehr als 10 000 Arbeiter waren damit beschäftigt, die Gebäude für die Anlage in Oak Ridge zu errichten. Mehr als 900 Mitarbeiter von Kellex und 700 von der Columbia Universität waren an dem Vorhaben beteiligt. Große Unternehmen wie die Chrysler Corporation waren als Zulieferer bereits unter Kontrakt genommen. Keith, der von der Funktionsfähigkeit des neuen Filtersystems überzeugt war, war entschlossen, die Produktion des U-235 bis Anfang 1945 aufzunehmen. In der objektiven und bedächtigen Haltung der Briten, die als Berater hinzugezogen wurden, sah er keinen Ausweg aus dem Wust von Problemen. Anfang 1944 traf Groves die schwierige Entscheidung, die Herstellung der neuen Filteranlage voranzutreiben, während die Funktionsfähigkeit der alten weiter getestet werden sollte. Nach Ablauf eines Jahres sollte der Betrieb der Anlage in Oak Ridge aufgenommen werden. Die britischen Berater hielten das für eine zu leichtsinnige Entscheidung. Groves' Problem war nun, die bisherige Arbeit an der alten Barriere abzubrechen und die

Richtung bei den Vorbereitungen für die Inbetriebnahme der Gasdiffusionsanlage zu ändern, die bereits ungeheure Proportionen angenommen hatten.
Im Frühjahr 1945 befriedigten ihn die Leistungen der Gasdiffusionsanlage
mit dem gesinterten pulverisierten Nickel soweit, daß er auf die geniale Idee
kam, das dabei erzeugte Material als Einspeisematerial zu verwenden. Das
zunächst in der Thermodiffusionsanlage angereicherte Uran wurde nun in die
Gasdiffusionsanlage zur weiteren Anreicherung eingespeist und schließlich in
der elektromagnetischen Trennanlage für die Verwendung in der Bombe noch
einmal angereichert. Andererseits erreichte die Gasdiffusionsanlage sehr bald
eine Kapazität, die es ermöglichte, das hier erzeugte Material sofort zu verwenden, ohne es noch weiter anzureichern.

Die Verzögerungen und Enttäuschungen des Jahres 1944 bei den Arbeiten
mit der magnetischen Trennung und mit der Gasdiffusion, wo es immer
wieder zu Schwierigkeiten mit der Filteranlage gekommen war, führten dazu,
daß sich Groves nun stärker für das Thermodiffusionsverfahren zur Anreicherung des Urans interessierte. Er und seine Berater Bush und Conant
hatten dieses Verfahren lange Zeit vernachlässigt. Der Physiker Philip Abelson leitete die bescheidenen Entwicklungsarbeiten auf diesem Gebiet außerhalb des Manhattan-Projekts. Im Juni 1944 ernannte Groves auf Veranlassung
von Oppenheimer, der von den jüngsten Fortschritten bei der Thermodiffusion erfahren hatte, einen Ausschuß, dem auch Warren K. Lewis angehörte,
und beauftragte ihn, ein Gutachten zu erstellen. Der Ausschuß stellte fest,
daß mit diesem Verfahren das Uran nur in geringem Maß angereichert
wurde, aber die Möglichkeit bestünde, das so entstandene Material in eine
andere Anreicherungsanlage einzuspeisen.

Abelson und das Thermodiffusionsverfahren paßten im Grunde nicht in
das Programm des Manhattan-Projekts. Abelson war an der Entdeckung des
Neptuniums beteiligt gewesen, des ersten Transuranelements. Er war der
erste Wissenschaftler in den Vereinigten Staaten, der mehrere hundert Pfund
Uranhexafluorid erzeugte zu einer Zeit, als es dringend für wissenschaftliche
Versuche benötigt wurde. Er konnte jedoch nicht am Manhattan-Projekt
beteiligt werden, weil er am Naval Research Laboratory für die amerikanische
Marine arbeitete. Dort entwickelte er ein Thermodiffusionsverfahren mit
einer geringen Kapazität zur Trennung von Uranisotopen. Seine Anlage bestand aus einer Reihe heißer Rohre, die in kalte Rohre eingeschoben waren.
Das Uranhexafluorid floß durch den Raum zwischen den kalten und den
heißen Röhren. Die leichteren U-235-Isotope neigten dazu, sich an der Ober-
fläche der heißen Röhre zu sammeln und innerhalb dieses Systems nach oben
zu steigen, wo das so angereicherte Produkt entnommen werden konnte. So
einfach dieser Vorgang auch war, er erforderte die Verwendung sehr großer
Mengen von Wasserdampf. Die Marine wollte mit diesem Verfahren Uran
gewinnen, das als Treibstoff für ein atomgetriebenes Unterseeboot verwendet
werden konnte.

Lee Dubridge und Philip Abelson, 1940.

Groves hatte, kurz nachdem er die Leitung des Manhattan-Projekts übernommen hatte, von diesem Verfahren gehört, aber er wußte auch, daß Roosevelt die Marine nicht an dem Atombombenprojekt beteiligen wollte. Außerdem überzeugten ihn die über die Thermodiffusion vorliegenden Berichte davon, daß bei diesem Verfahren ungeheure Energiemengen für die Erzeugung von Wasserdampf gebraucht wurden und es damit auch in drei bis vier Jahren nicht möglich sein werde, für die Verwendung in Bomben genügend angereichertes Uran zu erzeugen. Die Situation komplizierte sich zudem noch aufgrund der schlechten Beziehungen zwischen Dr. Ross Gunn, dem Leiters dieses Projekts im Naval Research Laboratory auf der einen Seite und Bush und Conant auf der anderen. Bush und Conant hatten ihn nicht an den Beratungen eines der ersten Uranausschüsse beteiligt. Kritiker meinten später, dieser Vorgang sei auch Ausdruck der alten Rivalität zwischen Armee und Flotte, aber Groves erwiderte, wenn auch nicht ganz überzeugend, daß sich diese Rivalität auf das Fußballspiel beschränke. Das Ergebnis dieser und anderer Überlegungen war es jedoch, daß Abelson seine Forschungen unabhängig von den Vorhaben der Armee betrieb.

Als Oppenheimer 1944 Groves' Interesse weckte, hatte Abelson auf dem Philadelphia Navy Yard, wo der notwendige Dampf zur Verfügung stand, mit dem Bau einer Anlage begonnen, die mit 100 Röhrenelementen arbeiten sollte. Nachdem der Lewis-Ausschuß ein positives Gutachten erstellt und er in dem Unternehmen von Mrs. Ferguson die geeignete Vertragsfirma gefunden hatte, gab Groves die Anweisung für den Bau einer großen Produktionsanlage in Oak Ridge. Um Zeit zu sparen, sollte die Versuchsanlage Abelsons genau kopiert werden. In Oak Ridge ließen sich in einem Heizwerk gewaltige Mengen von Dampf erzeugen, mit dem die noch nicht betriebsbereite Gasdiffusionsanlage versorgt werden sollte. Abelson und den Vertragsfirmen gelang es unter größten Anstrengungen, bis zum September 1944 die Anlage schon zum Teil in Betrieb zu nehmen, eine beachtliche Leistung, bei der es jedoch wegen der zu großen Eile zu technischen Fehlern kam, die zwei Menschenleben kosteten.[122]

Los Alamos

Als Anfang 1945 geringe Mengen Plutonium aus Hanford und Uran 235 aus Oak Ridge zur Verfügung standen, waren die frustrierenden Versuche, ohne genügendes Testmaterial Bomben zu entwerfen, vorüber. Im Herbst 1942 hatte Groves, auf Empfehlung von Arthur Compton und anderen, Oppenheimer beauftragt, die Arbeiten am Entwurf der Bombe zu leiten und ihren Zusammenbau zu überwachen. Groves und Oppenheimer entschieden sich dann dafür, das Laboratorium in der abgelegenen, aber atemberaubend grandiosen Gebirgslandschaft der Jemez Mountains, 30 Meilen von Santa Fe entfernt, zu errichten. Oppenheimer konnte einige bedeutende Fachleute auf den Gebieten der theoretischen und Experimentalphysik sowie Chemiker, Metallurgen und Sprengstoffexperten für dieses Unternehmen gewinnen und veranlassen, mit ihren Familien in diese einsame Gegend zu kommen, die später als Geburtsort der Atombombe bekannt wurde.

Während sie auf die Lieferung des spaltbaren Materials warteten, erarbeiteten die Wissenschaftler in Los Alamos eine hochkomplexe Theorie als Grundlage für die Modelle einer Plutonium- und einer U-235-Bombe. Durch die Simulation des Verhaltens des spaltbaren Materials konnten die Physiker die notwendigen Daten über explosive Kernreaktionen sammeln wie zum Beispiel Informationen über das Modell, das am wirksamsten das Explosivpotential des spaltbaren Materials ausnutzen würde. Die Physiker mußten auch die Menge des für die Bomben benötigten spaltbaren Materials berechnen. Metallurgen erforschten die ungewöhnlichen Eigenschaften der im Laboratorium zur Verfügung stehenden Mengen Plutonium und U-235, und Sprengstoffexperten suchten nach Möglichkeiten, die Bombe zu aktivieren oder zu zünden. Zum Teil war diese Arbeit außerordentlich gefährlich. Ein furchtloser 33 Jahre alter Kanadier, Louis Slotin, führte Versuche durch, bei

J. Robert Oppenheimer, Enrico Fermi und Lawrence.

denen er, wie man damals sagte, «den Schwanz des Drachen kitzelte». Bald nach dem Kriege starb er an der Wirkung der Gammastrahlen, denen er ausgesetzt worden war, als er mit bloßen Händen den Strom in einem tödlich gefährlichen Gerät abschaltete, der seine Kollegen im gleichen Zimmer bedrohte, weil er einen Schraubenzieher hatte fallen lassen.[123]

Der junge Physiker Seth Neddermeyer erfand eine Methode für das Auslösen der Kernexplosion des Plutoniums. Diese Erfindung, die zunächst von seinen Kollegen abgelehnt worden war, rettete schließlich das Vorhaben, die Plutoniumbombe zu bauen, nachdem alle konventionellen Methoden versagt hatten. Der Kapitän in der amerikanischen Marine, William S. Parsons, der Chef der artilleristischen Abteilung in Los Alamos, der als hervorragender Artillerist und Ballistiker galt, hatte vorher die «Implosionsmethode» von Neddermeyer abgelehnt. Er hielt sie wegen ihrer Komplexität und enttäuschender Testergebnisse für ungeeignet. Als Neddermeyer auf seiner Meinung beharrte, kam es zu Spannungen zwischen ihm und dem Kapitän. Aber Oppenheimer, der es sehr gut verstand, mit seinen stolzen und selbständigen Mitarbeitern umzugehen, wurde von der Richtigkeit der Implosionsmethode überzeugt, als der brillante ungarische Mathematiker John von Neumann berechnete, daß sie funktionieren werde. Darauf wandte sich Oppenheimer an George Kistiakowsky, einen hervorragenden Wissenschaftler und Sprengstoffexperten, um ihn zu bitten, er möge die Rolle des Prellbocks zwischen

Montage der Bombe auf dem Testgelände von Trinity.

Parsons und Neddermeyer übernehmen und selbst die Implosionsmethode weiterentwickeln.[124]

Wie viele Wissenschaftler, die an anderer Stelle am Manhattan-Projekt beteiligt waren, erwiesen sich die Physiker, Chemiker und Metallurgen in Los Alamos als besonders begabte Erfinder. Der 33jährige Physiker Charles Critchfield erfand eine «Sprengkapsel» («initiator») mit dem Namen Urchin (Igel), an deren Brauchbarkeit Oppenheimer zunächst zweifelte, die jedoch schließlich die für die Zündung des Plutoniums während der Implosion benötigten Neutronen lieferte. Cyril Stanley Smith, ein in Großbritannien geborener amerikanischer Metallurge, fand die Lösung des Problems der Blasenbildung auf den Oberflächen der Plutoniumhalbkugeln, die so stark war, daß sie drohte, die Versuche mit der Bombe zu verzögern. Er feilte die Oberflächen der Halbkugeln ab und fügte eine Goldfolie zwischen den beiden einander gegenüberliegenden Hälften des Plutoniumkerns der Bombe ein, um das genaue Zusammenpassen der Hälften und die erforderliche Glätte der Oberflächen zu erreichen. Robert F. Christy von der Abteilung für theoretische Physik erfand ein «Gerät», das eine unerwartete Eigenschaft des Plutoniums ausnutzte, um eine stärkere Kompression zu ermöglichen, anstatt die Menge des Plutoniums zu erhöhen, die für das Erreichen der kritischen oder explosiven Masse erforderlich war. Chemiker unter der Leitung des jungen Joseph Kennedy entwickelten ganz neue Methoden, mit denen Plutoniumverbindungen von fast unglaublicher Reinheit erzeugt werden konnten, und die Metallurgen unter Smith erfanden Methoden, diese Verbindungen in Metall umzuwandeln und dieses Metall in die gewünschten Formen zu bringen, obwohl in der Dichte des Metalls unvorhergesehene Veränderungen eintraten, wenn es erhitzt wurde.

Nachdem die Bomben mit ihren U-235- und den Plutoniumladungen montiert waren, beschlossen Groves und seine Berater, die U-235-Bombe «Little Boy» sofort zum pazifischen Kriegsschauplatz versenden zu lassen. Sie verfügten zwar nicht über das für eine Testbombe notwendige Material, aber an der Funktionsfähigkeit der neuen Waffe bestand kaum ein Zweifel. Der Zünder der Uranbombe erschien als zuverlässig. Dagegen sollte die Plutoniumbombe «Fat Man», die man nach Winston Churchill so genannt hatte, bei Alamogordo in einem Bombenversuchsgelände in der menschenleeren Wüste, etwa 340 Kilometer südlich von Los Alamos, getestet werden. Die Wahrscheinlichkeit, daß die Plutoniumbombe wie vorgesehen mit ihrem Implosionsmechanismus und anderen Neuerungen detonieren würde, war nicht so hoch, aber das vorhandene Plutonium reichte für eine zweite Bombe aus, die noch gegen Japan eingesetzt werden konnte. Das sogenannte «Project Trinity», die gewaltige Testdetonation der Plutoniumbombe, fand am 16. Juli 1945 statt. Dieses so ausführlich in der Presse und im Film dargestellte Ereignis ist inzwischen zur Legende geworden.

Das B-29-Bombenflugzeug *Enola Gay* warf die Uranbombe «Little Boy» am 6. August 1945 um 8.16 Uhr über Hiroshima ab. Zunächst schätzte man die Zahl der Toten auf mindestens 100 000. In den offiziellen Statistiken wurden bis zum 1. September 70 000 Todesopfer und 130 000 Verwundete angegeben, unter ihnen 43 500 Schwerverwundete. Spätere Schätzungen sprachen von 140 000 Toten bis Ende 1945. Im Lauf der folgenden fünf Jahre erhöhte sich diese Zahl auf vielleicht 200 000. Die Bombe zerstörte über die Hälfte der mehr als 70 000 Gebäude in Hiroshima. Am 9. August warf eine andere B-29 mit dem Namen *Bock's Car* den «Fat Man», die Plutoniumbombe, über Nagasaki ab. Das war ein Alternativziel. Nebel und Rauch verhinderten den Angriff auf das zunächst vorgesehene Ziel, das Kokura-Arsenal an der Nordküste der Insel Kiuschiu. Die um 11.02 Uhr über Nagasaki abgeworfene Bombe forderte bis Ende 1945 70 000 und im Verlauf der folgenden fünf Jahre insgesamt 140 000 Tote.[125] Das japanische Kapitulationsangebot erreichte Washington am 10. August.

Noch bevor die Bomben über Hiroshima und Nagasaki abgeworfen wurden, versuchten einige führende Physiker ihren Einsatz zu verhindern. Da jetzt nicht mehr die Gefahr bestand, daß die Nationalsozialisten vor den Vereinigten Staaten über die Atombombe verfügen würden, versuchte eine am Manhattan-Projekt beteiligte Gruppe von Physikern, das Militär und die Politiker davon zu überzeugen, daß man auf ihren militärischen Einsatz verzichten könne. Franck, Szilard und mehrere andere führende Wissenschaftler beim Manhattan-Projekt entwarfen noch vor Hiroshima im Juni 1945 einen Bericht, in dem sie empfahlen, die Bombe, wenn sie schon zur Detonation gebracht werden sollte, nur zur Demonstration über einem unbewohnten Gebiet abzuwerfen, um die Japaner zur Kapitulation zu bewegen. Außerdem empfahlen sie, sich um eine internationale Vereinbarung zur Verhinderung des Wettrüstens und eines Holocaust zu bemühen. Unmittelbar nach dem Krieg beteiligten sich Hunderte von jungen Naturwissenschaftlern, besonders Physiker und andere, die beim Manhattan-Projekt mitgearbeitet hatten, an einer Initiative zur Aufklärung des Kongresses und der Bevölkerung über die Atomenergie, um sicherzustellen, daß ihre Verwendung von internationalen Zivilbehörden kontrolliert wurde. Ihre Bemühungen trugen dazu bei, daß das militärisch orientierte May-Johnson-Gesetz im Kongreß abgelehnt und das McMahon-Gesetz zur Errichtung der Atomenergiebehörde angenommen wurde. Die aktiveren unter diesen Wissenschaftlern organisierten die Federation of American Scientists, und eine Gruppe in Chicago veröffentlichte das einflußreiche *Bulletin of the Atomic Scientists.*[126] Die Wissenschaftler protestierten gegen die Verwendung der Bombe und eine mögliche Kontrolle der Atomenergie durch das Militär. Sie warnten die Welt vor den Gefahren der Verbreitung der Methoden der Kernspaltung, aber ihre Haltung führte nicht zum Protest gegen die Mitarbeit von Physikern in dem umfangreichen technologischen System, in dessen Rahmen die Bombe gebaut worden war. Mit wenigen beachtenswerten Ausnahmen weigerten sie sich nicht, auch weiterhin am Ausbau des nuklearen Produktionssystems auf militärischem und nichtmilitärischem Gebiet teilzunehmen. Die Atomenergiekommission sollte die Leitung des kerntechnischen Produktionssystems übernehmen.

Die Atomenergiekommission

Nachdem die Bemühungen der Großmächte um eine internationale Kontrolle der Atomenergie fehlgeschlagen waren, suchten die Vereinigten Staaten nach Möglichkeiten, die Herstellung von Kernwaffen fortzusetzen und andere Möglichkeiten zur Nutzung der Kernenergie zu finden. Man sollte aber nicht vergessen, daß einige der in Chicago arbeitenden Wissenschaftler ursprünglich nur wenige Bomben in kleinen Anlagen herstellen wollten und nicht vorhatten, eine Massenproduktion in Gang zu setzen und die riesigen Anlagen zu schaffen, über welche die amerikanische Regierung heute verfügt. Mit dem von Senator Brien McMahon eingebrachten Gesetz sollte zunächst vermieden werden, daß das Militär einen wesentlichen Einfluß bei der Verwendung dieser Anlage und der Weiterentwicklung der Kernenergie nehmen konnte, doch später wurden die Möglichkeiten einer solchen Einflußnahme durch von konservativen Senatoren eingebrachte Zusatzbestimmungen zu diesem Gesetz erweitert. Ein knappes Jahr nach der Bombardierung von Hiroshima unterzeichnete der Präsident das Gesetz und errichtete damit die Atomenergiekommission (AEC).[127]

Ende 1946 wurden die Produktionsanlagen vom Manhattan-Projekt an die AEC übergeben, eine Behörde, deren Umfang sich mit dem der größten amerikanischen Industrieunternehmen vergleichen läßt. Zu den in ihrem Besitz befindlichen Einrichtungen und Organisationen gehörten die Produktionsanlagen in Hanford und Oak Ridge, das Clintonlaboratorium in Oak Ridge und das Argonnelaboratorium bei Chicago, die beide von der Universität von Chicago betrieben wurden, das Laboratorium und die Montageanlage für Atombomben in Los Alamos und die Laboratoriumseinrichtungen in Kalifornien (Berkeley), Chicago und an der Columbia Universität, die alle von der Regierung unter Vertrag genommen waren und in ihrem Auftrag arbeiteten. Während des Krieges waren für die Entwicklung der Kernwaffen mehr als $2,2 Milliarden ausgegeben worden, und in der Folgezeit stellte die Regierung jährlich Hunderte von Millionen dafür zur Verfügung. Die Politiker, die das Atomenergiegesetz entworfen hatten, nachdem die AEC errichtet worden war, bezeichneten es als radikal und erklärten:

«Das Gesetz schafft ein Regierungsmonopol für die Quellen der Atomenergie und untermauert diese Stellung mit einer Vielzahl umfassender Regierungsvollmachten und Verbote für private Aktivitäten. Das Gebiet der Atomenergie wird dadurch zu einer Insel des Sozialismus inmitten einer Wirtschaft des freien Unternehmertums.»[128]

Betrachtet man das Vorgehen der amerikanischen Regierung im Kontext der Geschichte der modernen Technologie, dann war es sogar noch radikaler, als es von den Zeitgenossen wahrgenommen wurde. Die Atomwissenschaftler hatten bereits auf die Möglichkeit hingewiesen, Uran und Plutonium als preiswerten Brennstoff zur Erzeugung von Hitze und Dampf zum Antrieb von Turbinen in Elektrizitätswerken, Schiffen, U-Booten und anderen Fahrzeugen zu verwenden. Begeisterte Anhänger dieser Idee waren überzeugt, daß die Atomenergie technische und soziale Veränderungen bringen könne, die sich mit den durch die britische industrielle Revolution verursachten vergleichen ließen, als die Kohle als Brennstoff an die Stelle des Holzes, des Wassers und des Windes trat, die bis dahin die wichtigsten Energiequellen gewesen waren. Dann übernahm die amerikanische Regierung mit einer bemerkenswerten Entscheidung die Verantwortung für das Ingangsetzen einer zu erwartenden industriellen Revolution, von der viele glaubten, sie werde eine noch größere Bedeutung haben als die britische industrielle Revolution und später einmal als epochales Ereignis in die Geschichte eingehen.

Wer übernahm die Leitung der Atomenergiekommission? Es überraschte niemanden, daß Präsident Truman Lilienthal auf diesen Posten berief, der damals Chef der Tennessee Valley Authority war, mit der ein Präzedenzfall für die Beteiligung der Regierung an der Finanzierung und dem Betrieb eines großen technologischen Systems geschaffen wurde. Von den vier anderen Persönlichkeiten, die der Präsident und die AEC berief, war nur Robert F. Bacher Wissenschaftler. Als Physiker hatte er in Los Alamos eine wichtige Rolle gespielt. Sumner Pike war ein ehemaliges Mitglied der Securities and Exchange Commission, Lewis Strauss war Partner in der Anlagefirma Kuhn, Loeb & Company und William Waymack war Herausgeber einer Zeitung in Des Moines, Iowa, und Direktor der Federal Reserve Bank of Chicago. Die drei letzteren brachten reiche Erfahrungen und einen erheblichen Einfluß in der Finanzwelt mit.

In den anderthalb Jahren zwischen dem Ende des Krieges und der Übernahme der Verantwortung für die Nutzung der Kernenergie durch die AEC war Groves nicht untätig gewesen. Er hoffte, die Möglichkeit einer nichtmilitärischen Nutzung der Kernkraft werde General Electric veranlassen, die Plutoniumwerke in Hanford von Du Pont zu übernehmen, wenn dieses Unternehmen sich entschließen sollte, seine während des Krieges dort übernommenen Verantwortlichkeiten abzugeben. Noch vor Kriegsende hatte die Unternehmensleitung von Du Pont sehr intensiv über die kommerziellen Vorteile nachgedacht, die sich aus der Ausnutzung der im Kriege mit der Kernenergie gemachten Erfahrungen ergeben könnten. Aber die Schwierigkeit, führende Physiker für die industrielle Forschung zu gewinnen, und die Befürchtung, wieder als «Kaufleute des Todes» gebrandmarkt zu werden, trugen im Herbst 1945 zu dem Entschluß von Du Pont bei, auf diesem Gebiet keine größeren Summen mehr zu investieren.[129] General Electric erklärte sich bereit, Hanford zu übernehmen, konnte die Regierung aber auch davon überzeugen, die Einrichtung eines neuen Forschungslaboratoriums von General Electric zu finanzieren. Es wurde später unter dem Namen Knolls Atomic Power Laboratorium in der Nähe eines bereits bestehenden Laboratoriums der GE und einer Fertigungsanlage bei Schenectady, New York, errichtet.[130] Die unbrauchbare Thermodiffusionsanlage und einige der elektromagnetischen Trennanlagen in Oak Ridge wurden geschlossen, während die Gasdiffusionsanlagen weiter ausgebaut wurden. Die Monsanto Chemical Company übernahm den Betrieb des Clintonlaboratoriums bei Oak Ridge von der Universität von Chicago. Auf Anordnung von Groves wurden die Bombenproduktion und die Forschungsarbeit in Los Alamos voneinander getrennt. Die Montage der Bomben übernahm das Sandia Laboratorium bei Albuquerque, New Mexico, unter der Leitung der Armee. Die Armee sollte für die letzten Arbeitsgänge bei der Herstellung der Bomben, die bis dahin in Los Alamos gefertigt wurden, Verträge mit Industrieunternehmen schließen. In Los Alamos sollte der Schwerpunkt jetzt bei der Grundlagenforschung für die Entwicklung von neuen Waffen liegen, und dazu gehörten unter anderem Untersuchungen über die Möglichkeit, eine Wasserstoffbombe zu entwickeln. Der General ernannte einen aus Wissenschaftlern und Ingenieuren bestehenden Ausschuß, dem auch Arthur Compton und Warren K. Lewis angehörten, der ihn in Fragen der Forschung und Entwicklung beraten sollte. Groves stimmte der Empfehlung dieses Ausschusses für die Errichtung nationaler, von der Regierung finanzierter Laboratorien zu. Die ersten entstanden in Argonne und Brookhaven, Long Island, um in erster Linie nicht geheime Grundlagenforschung zu treiben, für die Geräte erforderlich waren, deren Anschaffung für die Universitäten oder die Industrie zu teuer gewesen wäre. Forscherteams der Universitäten sollten bei ihren Arbeiten die großen Versuchsanlagen wie zum Beispiel die Teilchenbeschleuniger und die Atommeiler in den nationalen Laboratorien benutzen. Zudem genehmigte Groves Gelder für die Forschungsarbeiten an der Universität von Washington, der Universität von Rochester, der Iowa State University, der Columbia Universität, dem Massachusetts Institute of Technology und dem Battelle Memorial Institute.[131] So nahm der riesige, von der Regierung, der Industrie und den Universitäten geschaffene Komplex, der bald die Weiterentwicklung der Nutzung der Kernenergie bestimmen sollte, allmählich Gestalt an. Bau und Betrieb der Produktions- und Forschungsanlagen sollten von Vertragsfirmen der Industrie und den Universitäten übernommen werden, wie dies auch beim Manhattan-Projekt geschehen war. Auch die Organisation anderer großer Forschungs-, Entwicklungs- und Produktionsvorhaben nach dem Krieg wie die des Verteidigungsministeriums und der National Aeronautics and Space Administration erfolgte nach dem Vorbild des Manhattan-Projekts und der Atomenergiekommission. Im Gegensatz dazu hatten die Ingenieure und Facharbeiter der TVA als Regierungsangestellte die Dämme, Kraftwerke und anderen Anlagen gebaut und betrieben.

1947 stand die Atomenergiekommission vor einer Reihe einander zum Teil widersprechender komplexer Probleme und Interessen. Beherrscht von einem vom Präsidenten ernannten Ausschuß sollte die AEC die Auswirkungen politischer Richtungskämpfe zu spüren bekommen, die im Kongreß und den verschiedenen Ministerien entstanden waren, zum Beispiel im Kriegsministerium, im Außenministerium und im Handelsministerium. Auch große Unternehmen konnten, weil sie auf dem Weg über das Weiße Haus und den Kongreß über politische Macht verfügten, ihren Einfluß geltend machen. Die Tatsache, daß es ursprünglich bis zum Kriegsende das gemeinsame Ziel aller politischen Kräfte gewesen war, Kernwaffen herzustellen, hatte die bestehenden Interessenkonflikte in den Hintergrund gedrängt, aber diese verdrängten Differenzen wurden nach 1945 wieder deutlich spürbar. Die AEC und das Militär, besonders Groves, interpretierten die Bestimmungen in dem Kernenergiegesetz über die Kontrolle der letzten Phasen der Montage der Bomben und darüber, wer über sie verfügen durfte, in verschiedener Weise. Die Ingenieure wandten sich gegen den beherrschenden Einfluß der Wissenschaftler auf die Forschung und die technischen Entscheidungen in den Laboratorien der AEC, besonders in der Verwaltung des AEC-Laboratoriums in Argonne. Die Laboratorien an den Universitäten stritten sich manchmal untereinander und mit den von den industriellen Vertragsfirmen verwalteten Laboratorien um die Priorität bei den Reaktorprojekten. Zwei AEC-Ausschüsse, ein allgemeiner Beratungsausschuß unter Oppenheimer, der das wissenschaftliche Establishment vertrat und durch seine Erfolge beim Manhattan-Projekt erheblich an Einfluß gewonnen hatte, und ein militärischer Verbindungsausschuß, zu dem auch Groves gehörte und der sich besonders für die militärischen Belange einsetzte, suchten ihre oft einander widersprechenden Interessen bei den leitenden Beauftragten der AEC durchzusetzen. Eine wichtige Frage war es, ob der Herstellung von Bomben gegenüber der Entwicklung von Atomreaktoren zur Energieerzeugung die Priorität eingeräumt werden sollte. Nach einer Quelle mußte der neue Chef der AEC, Lilienthal, dem Präsidenten Truman im April 1947 melden, daß es im nuklearen Arsenal keine einsatzfähigen Bomben gebe.[132] Als der Kongreß und die Administration um 1947 nach Beginn des Kalten Krieges darauf drängten, die nukleare Abschreckung zu verstärken, wurde der Herstellung von Bomben die Priorität eingeräumt, aber die Arbeit an den Reaktoren ging weiter. Die Meinungen bei der AEC darüber, wie weit die Herstellung von Reaktoren für nichtmilitärische und militärische Zwecke vorangetrieben werden sollte, waren geteilt. Führende Wissenschaftler der AEC waren verschiedener Meinung darüber, welchem Reaktortyp bei der Forschung die Priorität eingeräumt werden solle. Einige hielten den Brutreaktor für wichtiger, der sowohl Plutonium als auch Energie erzeugte, einige glaubten an eine bestimmte Art des Kühlverfahrens mit einer bestimmten Bremssubstanz, während ihre Kollegen andere Verfahren empfahlen. Industrielle Vertragsfirmen wie General Electric mußten sich darüber klarwerden, ob ihren kommerziellen Interessen auf längere Sicht besser durch die militärische oder die nichtmilitärische Entwicklung der Atomenergie gedient war. Es gab Differenzen zwischen den Wissenschaftlern und innerhalb der Universitäten über die Frage, wie weit sie sich an den großzügig finanzierten geheimen militärischen Projekten beteiligen sollten. Die Spannungen und Konflikte bei der AEC verstärkten sich, als es sich bei der Erweiterung des Programms herausstellte, daß es zu wenige erfahrene Wissenschaftler und Ingenieure gab und die Arbeiten sich als Folge von Materialknappheit verzögerten, weil zum Beispiel die vorhandenen Uranmengen nicht ausreichten. Es kam auch zu Meinungsverschiedenheiten über die Beschaffung des Urans, weil es die Möglichkeit gab, das notwendige Uranerz im eigenen Lande abzubauen oder aus dem Ausland, zum Beispiel aus Südafrika zu beziehen. Eine Alternative war ein erhöhter finanzieller Aufwand für den Bau von Atommeilern für Trennverfahren, bei denen das vorhandene Uran besser ausgenutzt werden konnte. Lilienthal und andere erkannten jetzt, wie komplex sich die Zusammenarbeit zwischen Regierung, Industrie und Militär gestaltete, welche Ende des 20. Jahrhunderts die Hochtechnologie beherrschte. Die Zeit war längst vorüber, in der amerikanische Systembauer wie Ford und Insull ihre Herrschaftsbereiche praktisch vollkommen gegen die

*Szilard liest, daß die Sowjetunion die Detonation
einer Atombombe ausgelöst hat.*

Einflüsse der Regierung, des Militärs und der Universitäten abschirmen konnten.

Die Rolle von General Electric während der ersten Jahre des Bestehens der AEC zeigt die Unentwirrbarkeit des nach dem Krieg entstandenen technologischen Systems, dessen Kern die AEC darstellte. Nachdem das Unternehmen die Anlage in Hanford von Du Pont übernommen hatte, nahmen die Probleme mit den Plutoniummeilern und den Anlagen für die Trennverfahren ständig zu. Als die drei im Krieg gebauten Atommeiler älter wurden, begann der als Bremssubstanz für die schnellen Neutronen verwendete Graphit sich zu wölben und die Durchlässe für das Laden und Entladen der neuen und der verbrauchten Uranbrennstäbe zu blockieren. Bei dem im Krieg angewandten chemischen Trennverfahren wurde das Plutonium für die Bomben von den Brennstäben entfernt. Dabei blieb jedoch das Uran als Abfallprodukt mit anderen hochradioaktiven Spaltprodukten übrig und wurde in Hanford in riesigen unterirdischen Behältern gelagert.

Nun mußte die AEC entscheiden, ob General Electric die alten Atommeiler durch neue des gleichen Modells ersetzen oder ein neues, verbessertes Modell bauen sollte. Außerdem hatte General Electric die Verantwortung für die Erforschung und Entwicklung eines neuen Verfahrens übernommen, des sogenannten Redoxverfahrens, mit dem aus den verstrahlten Uranstäben sowohl Uran als auch Plutonium abgetrennt und einer neuen Verwendung zugänglich gemacht werden konnten. Die Errichtung der Anlagen für dieses Verfahren würde, wie man glaubte, das größte Bauvorhaben der Regierung in der Geschichte der Vereinigten Staaten sein. 1947 und 1948 stellten verschiedene Ausschüsse und Verwaltungsbeamte der AEC fest, daß die Betriebsleitung von General Electric in Hanford nur sehr langsam und zögernd an die Probleme der Erneuerung der Atommeiler und des Trennverfahrens heranging. Bei Besprechungen mit leitenden Direktoren von General Electric zeigte es sich auch, daß sie keine klaren Vorstellungen davon hatten, welche Aufgaben ihr von der AEC finanziertes Knolls Atomic Power Laboratory übernehmen sollte. Niemand wußte zu sagen, ob General Electric sich nur dafür interessierte, einen Brutreaktor zu entwerfen und zu entwickeln, der Energie für nichtmilitärische Zwecke erzeugte, oder ob ein Reaktor gebaut werden sollte, der sich sowohl für militärische als auch für nichtmilitärische Aufgaben einsetzen ließ.[133]

Als die Beziehungen zwischen der Sowjetunion und den Vereinigten Staaten immer schlechter wurden, intensivierte die AEC unter dem fortgesetzten Druck der Administration und des Militärs die Waffenproduktion auf Kosten der Entwicklung von Reaktoren. Im Juni 1948 kennzeichnete Oppenheimer die Haltung des allgemeinen Beratungsausschusses wie folgt: «Wir verzweifeln am Vorankommen des Reaktorprogramms.»[134] Vor einer Gruppe einflußreicher Wissenschaftler sagte Admiral Earle W. Mills, der Chef des Bureau of Ships, im April, daß vielleicht weniger als 1 Prozent der Vorarbeiten für einen U-Boot-Kernreaktor geleistet sei, und er machte die AEC dafür verantwortlich. Er verlangte eine intensivere technische und industrielle Beteiligung. Lewis Strauss, ein Beauftragter der AEC, soll auf dieser Sitzung zu Mills gesagt haben: «Ich habe nie geglaubt, daß ein alter Freund mir das antun würde.»[135]

Die AEC verlegte einen Teil der Reaktorforschung vom Clinton- in das Argonnelaboratorium, aber die Meinungen über die günstigste Gestaltung des ganzen Programms blieben geteilt, und die Forschungsarbeiten verteilten sich auch weiterhin auf mehrere Projekte in Argonne, wobei es unter anderem um einen schnellen Brüter und einen Hochflußreaktor zum Testen von spaltbarem Material ging. Die Arbeit an einem mittelschnellen Leistungsreaktor im Knollslaboratorium von General Electric und an Planung und Entwurf für einen wassergekühlten Thermoreaktor für den U-Boot-Antrieb in Clinton ging weiter. Der U-Boot-Reaktor war ein konservatives Modell und wurde so weit wie möglich aus bei der Industrie vorhandenen Teilen zusammengesetzt. In diesem unübersichtlichen und komplexen Programm der AEC für den Entwurf und die Entwicklung von Reaktoren sollten Admiral Mills und Captain Hyman G. Rickover, der später als Schöpfer der Nuklearflotte bekanntgeworden ist, jetzt klare Verhältnisse schaffen. Ein Schlüssel zu ihrem Erfolg war ein Vorschlag, der sowohl denen gefiel, die sich auf die

Reaktoren konzentrieren wollten, als auch denen, die in erster Linie daran dachten, die militärischen Bedürfnisse zu befriedigen. Entscheidend waren aber auch der Schwung und die Entschlossenheit von Rickover.

Der Systembauer Rickover

Die amerikanische Marine war nicht am Manhattan-Projekt beteiligt worden. Während des Krieges hatte die Flotte in bescheidenem Umfang an der Verwirklichung des noch in weiter Ferne liegenden Ziels gearbeitet, mit Kernenergie angetriebene Schiffsmotoren zu entwickeln und sich dabei an den Arbeiten von Philip Abelson mit dem Thermodiffusionsverfahren beteiligt. Das war das Verfahren, das Groves erst im Frühjahr 1944 übernommen hatte, als das Gasdiffusionsverfahren und das elektromagnetische Verfahren nicht die erwarteten Leistungen brachten. Die Marine war jedoch entschlossen, sich jetzt auch an der Entwicklung der Kernenergie zu beteiligen, nachdem die AEC die Verantwortung dafür übernommen hatte. Bevor das im Januar 1947 geschah, hatte das Forschungslaboratorium der Flotte 1946 einen Bericht von Abelson und zwei seiner Assistenten in Umlauf gebracht, der die dringende Empfehlung enthielt, innerhalb von zwei Jahren ein mit Kernkraft angetriebenes U-Boot in Dienst zu stellen. Außerdem hatte die Flotte ein kleines Kontingent von Offizieren und zivilen Schiffsingenieuren zum Clintonlaboratorium nach Oak Ridge, Tennessee, versetzt, die dort an den ersten Planungen für einen Versuchsreaktor teilnehmen sollten. Zu ihnen gehörte auch Rickover, ein Ingenieuroffizier, der an der Columbia Universität den Magistergrad in Elektrotechnik erworben, aber noch keine Erfahrungen mit der Kernenergie hatte. Während des Krieges hatte er an führender Stelle am Entwurf und der Beschaffung elektrischer Geräte für die Flotte gearbeitet und sich damit einen Namen gemacht. Rickover galt als ein besonders tüchtiger und einfallsreicher Techniker. Er überließ die Einzelheiten des Entwurfs, der Entwicklung und Prüfung neuer Ausrüstungsgegenstände nicht den Vertragsfirmen der Industrie, sondern beteiligte sich sehr intensiv mit den von ihm angeleiteten, tüchtigen Technikern der Marine an allen Einzelheiten des gesamten Ablaufs der Entwicklung, der Beschaffung und der Installation solcher Geräte. Andere Seeoffiziere gaben sich im allgemeinen damit zufrieden, die Vergabe von Aufträgen an die Vertragsfirmen und ihre Koordinierung zu überwachen, um dann die Rolle von Kunden zu übernehmen, die nicht am Herstellungsprozeß beteiligt sind. Zwar erwarb sich Rickover den Ruf eines hervorragenden und leistungsfähigen Technikers, er wurde auch als grober, außerordentlich kritischer, verheerend freimütiger Vorgesetzter bekannt, dem es seine Untergebenen oft übelnahmen, daß er zuviel von ihnen verlangte. Obwohl er die amerikanische Marineakademie besucht hatte, zeigte er offen seine Abneigung gegenüber der übertriebenen Ordnungsliebe und den gesellschaftlichen Traditionen des Dienstes in der Flotte. Er war auch bekannt dafür, daß er unermüdlich seine besonderen technischen Projekte zu verwirklichen suchte, ohne auf die außerhalb des technischen Bereichs liegenden Probleme Rücksicht zu nehmen, für die sich andere traditionsbewußte Seeoffiziere interessierten. Solange Rickover nicht der ranghöchste Offizier im Flottenkontingent in Oak Ridge war, übertrug man ihm auch nicht dessen Leitung. Einige Vorgesetzte fürchteten, er könnte das Projekt selbst in die Hand nehmen und den Arbeitsablauf bestimmen und keinerlei Rücksichten auf andersartige Ansichten und Interessen nehmen.[136]

Doch in einer für ihn bezeichnenden Weise übernahm er sehr bald die Abfassung der regelmäßig abzugebenden Berichte über die Leistungen der anderen Offiziere, Beurteilungen, die auf ihre Beförderung und Verwendung in der Flotte einen entscheidenden Einfluß hatten. Das verlieh ihm die Autorität, die er brauchte, um den Arbeitsablauf bei dem kleinen Flottenkontingent in Oak Ridge zu bestimmen. Sehr bald folgten die anderen seinen Anweisungen, nahmen gewissenhaft an allen Seminaren in Oak Ridge teil und machten sich Notizen zu den Berichten über Reaktorwissenschaft und Technologie, die sie gelesen hatten. In seiner Begeisterung für die mit Kernkraft angetriebenen Schiffsmotoren wurde das Kontingent unter der Führung von Rickover zur Kernmannschaft bei der Entwicklung der Atomenergie in der Flotte. Unter seinem Einfluß entwickelte sich in der Gruppe eine Disziplin und ein Korpsgeist, die in Oak Ridge zur Legende wurden.[137]

Schon nach kurzer Zeit übernahm Rickover die Führung bei der Suche der amerikanischen Marine nach ihrer Rolle bei der Entwicklung und praktischen Nutzung der Atomenergie. Dabei wollte er die Marine und die AEC für den Gedanken gewinnen, durch Kernenergie angetriebene U-Boote zu bauen. Verbesserte U-Boot-Ortungsgeräte hatten nach dem Krieg gezeigt, daß es notwendig sei, ein in großer Tiefe fahrendes U-Boot zu entwickeln, dessen Motoren unabhängig vom Sauerstoff der Luft betrieben werden konnten. Deshalb wurde Rickovers Idee von einflußreichen U-Bootoffizieren unterstützt. Im Gegensatz dazu lehnte Captain William S. Parsons, der als Munitionsfachmann in Los Alamos eine führende Rolle gespielt und von 1946 bis 1949 dem militärischen Verbindungsausschuß bei der AEC angehört hatte, es ab, den Schwerpunkt auf den Bau von mit Atomkraft angetriebenen U-Booten zu legen, denn er fürchtete, die Marine werde dann ihre Absicht nicht verwirklichen können, Kernwaffen zu entwickeln, die von Kriegsschiffen aus abgefeuert werden könnten. Bei den Physikern, die nicht der Marine angehörten, fand Rickover begeisterte Zustimmung, besonders bei Lawrence. Wie es seiner Art zu denken entsprach, sagte er Rickover, das Projekt müsse in einem so großen Maßstab angelegt sein, daß einflußreiche Leute darauf aufmerksam würden und es unterstützten. Edward Teller, der als Physiker in Los Alamos gearbeitet hatte und bald als Vater der Wasserstoffbombe bekanntwerden sollte, befürwortete ebenfalls den Bau von mit Kernkraft angetriebenen Schiffsmotoren. Teller reagierte gewöhnlich begeistert auf erfolgverspre-

Konteradmiral Rickover an Bord der Nautilius
während einer Probefahrt im Januar 1955.

chende neue Ideen und beurteilte sie intuitiv. Er warnte Rickover jedoch und
sagte, nur wenige Ingenieure könnten sich auf radikale Ideen wie die Kernkraft einstellen, und viele Wissenschaftler neigten dazu, die technische Anwendung außer acht zu lassen. Andererseits räumten die Physiker beim allgemeinen Beratungsausschuß der AEC anderen Projekten der Marine den
Vorrang gegenüber der Entwicklung von mit Atomkraft angetriebenen
Schiffsmotoren ein.[138]
  Angesichts dieser Vielzahl von Meinungen, die sich nicht auf einen Nenner
bringen ließen, griff Rickover zu einer in der Bürokratie oft erfolgreichen
Taktik und legte Vorgesetzten, die sich für den Bau von mit Atomkraft angetriebenen Schiffsturbinen ausgesprochen hatten, Briefe zur Unterzeichnung
vor. Admiral Chester W. Nimitz, der Chef der Operationsabteilung der Flotte,
und der Marineminister John L. Sullivan taten ihm diesen Gefallen. Nachdem er sich die Unterstützung durch Nimitz gesichert hatte, gewann Rickover auch eine Reihe einflußreicher U-Bootoffiziere als Verbündete. In einem
Brief vom Dezember 1947 schrieb Nimitz an Sullivan, man brauche ein mit
Atomkraft angetriebenes U-Boot, von dem sich eine Rakete mit einem Nu-

klearsprengkopf abschießen ließ. Denkschriften von Sullivan an den Verteidigungsminister James V. Forrestal und an Bush, der immer noch als Berater der Regierung für wissenschaftliche und technologische Fragen tätig war, empfahlen, daß die AEC und das für den Schiffsbau zuständige Büro der Flotte ein für beide Seiten akzeptables Verfahren für den Entwurf, die Entwicklung und den Bau des U-Boots ausarbeiten sollten.[139] Nach einiger Zeit ernannte Admiral Mills Rickover, an dessen Führerqualitäten er zunächst wegen seines ungeschliffenen Stils gezweifelt hatte, zum Verbindungsoffizier bei der AEC. Mills hielt es für notwendig, ein mit Atomkraft angetriebenes U-Boot zu bauen, und glaubte, diese Aufgabe verlange einen nüchternen und rücksichtslosen Systembauer, und Rickover sei der geeignete Mann. Die AEC richtete im Argonne-Laboratorium, dem Zentrum der allgemeinen Reaktorforschung, auf Empfehlung von Rickover eine bescheidene Abteilung zur Entwicklung eines Reaktors für die Flotte ein. Nun übernahm Rickover die Leitung der gemeinsamen Arbeit der AEC und der Flotte am Entwurf und der Entwicklung eines mit Atomkraft angetriebenen U-Boots. Dabei übernahm er praktisch zwei Aufgaben nebeneinander: Im Büro der Flotte für den Schiffsbau leitete er die Abteilung für Kernkraft mit der Bezeichnung Code 390. Bei der AEC übernahm er den Posten des Chefs der Abteilung für Reaktoren der Flotte. Anders als weniger energische und im Umgang mit der Bürokratie erfahrene Persönlichkeiten setzte er sich dabei nicht zwischen zwei Stühle. Er benutzte vielmehr jeweils den einen Posten dafür, den Einfluß des anderen zu stärken.

Dann schuf er eine komplexe Organisation, die für eine reibungslose Zusammenarbeit zwischen der AEC, ihrem aus prominenten Wissenschaftlern bestehenden allgemeinen Beratungsausschuß, dem Laboratorium in Argonne, der Flotte und den Vertragsfirmen der Industrie sorgte. Da er wie andere Seeoffiziere glaubte, die Wissenschaftler im Laboratorium von Argonne hätten zuviel Einfluß auf den Bau der Reaktoren, kam es Rickover besonders darauf an, den Zuständigkeitsbereich der Industrie im Rahmen des U-Boot-Projekts zu erweitern.[140] Es war ihm bewußt, daß die Physiker der AEC andere Prioritäten hatten und nicht an die dynamische und auf rein technische Probleme gerichtete Arbeitsweise der Industrie gewöhnt waren, und deshalb übernahm Rickover selbst im Lauf der Zeit einen immer größeren Teil der Verantwortung für das U-Boot-Projekt. Ähnlich wie Groves glaubte er, er könne sich gegenüber den Industriemanagern und Ingenieuren besser durchsetzen als gegenüber den Physikern, die bei ihrer Forschungsarbeit der akademischen Tradition folgten. So wandte sich Rickover, wie es auch Groves vor ihm getan hatte, an die großen industriellen Vertragsfirmen. Er benutzte seine Position als Verbindungsoffizier und seinen zunehmenden Einfluß dazu, die AEC dafür zu gewinnen, der Firma Westinghouse einen Vertrag anzubieten, der die Entwicklung einer mit Atomkraft betriebenen Maschine für U-Boote vorsah, die als Mark I bezeichnet wurde. Die mit

Kernkraft angetriebene Maschine sollte ein mit leichtem Wasser arbeitender Druckwasserreaktor sein. Rickover überzeugte den Projektleiter von Westinghouse davon, daß die Kernenergie in der Industrie zahlreiche Anwendungsgebiete haben werde und es sich daher für das Unternehmen lohnen würde, größere Summen auf diesem Gebiet zu investieren.[141] Die Firma unterzeichnete den Vertrag im Dezember 1948. Die Verantwortung für die Forschung und den Entwurf des Reaktors sollte auch weiterhin von Rickover und dem Laboratorium der AEC in Argonne getragen werden. Außerdem bat Rickover das Unternehmen General Electric, darüber nachzudenken, ob es möglich sei, für den U-Bootantrieb eine Version des mittelschnellen Reaktors zu entwerfen und zu entwickeln, an dem es schon bisher gearbeitet hatte. Nach einiger Zeit schloß die AEC einen Vertrag mit General Electric über den Bau eines mit Natrium gekühlten Reaktors, der sich für den Einsatz auf U-Booten eignete.

Die Tatsache, daß Rickover die Arbeiten der Vertragsfirmen genau überwachte, seine Kenntnisse auf dem Gebiet der Kerntechnik und die Doppelfunktion, die er als Vertreter der Marine und der AEC innehatte, führten dazu, daß zwischen der neuentstandenen Abteilung von Westinghouse für Atomkraft und deren Laboratorium und der von Rickover geleiteten Gruppe für die Entwicklung von Reaktoren für die Flotte engere Beziehungen entstanden als zwischen der Zweigstelle von Westinghouse und der Leitung des Gesamtunternehmens. Die Historiker der AEC, Richard Hewlett und Francis Duncan, schrieben über die Abteilung des Unternehmens, die sich mit der Nutzung der Kernkraft beschäftigte, sie sei «theoretisch ein Teil der Organisation der Vertragsfirma, aber in vieler Hinsicht ein integrierender Bestandteil des Projekts von Rickover... (Damit) ergaben sich neue und unerwartete Möglichkeiten für das Management von technologischen Unternehmen».[142] Zudem gelang es Rickover, dafür zu sorgen, daß sich das Knolls-Laboratorium von General Electric in erster Linie auf das Atom-U-Boot konzentrierte. In seiner Doppelrolle als Beamter der AEC und Leiter des Programms zur Entwicklung von für Schiffe geeigneten atomaren Antriebsaggregaten bei der Marine schuf Rickover ein autonomes Entwicklungsunternehmen, das nur im Hinblick auf die Finanzierung von irgendwelchen Behörden abhängig war.[143] Was hier entstand, war ein hervorragendes Beispiel dafür, wie eine kreative Persönlichkeit ein funktionsfähiges System errichten kann.

Im Verlauf der Arbeiten für den Entwurf und den Bau des Leichtwasser-U-Bootreaktors mußten immer wieder schwierige Probleme gelöst werden. Der Schutz der U-Bootbesatzung vor der Strahlung, die Beschaffung von Material, das beispiellos hohen Anforderungen an Zuverlässigkeit und Dauerhaftigkeit genügen mußte, und der Bau von Einrichtungen zum Wärmeausgleich und zur Wärmeausgleichskontrolle beim Antriebsreaktor waren besonders schwer zu lösende Probleme. In der Reaktorabteilung der Marine erwarb er das wissenschaftliche und technische Wissen, um die Forschung und Entwicklung der seltenen und unbekannten Materialien in den verschiedenen industriellen und akademischen Laboratorien in Gang zu setzen und zu überwachen. Rickover hatte sich entschieden, eines dieser Materialien, das Zirkonium, im Kern des Reaktors zu verwenden. Zunächst übernahm die AEC die Verantwortung für die Entwicklung der Quellen und die Herstellung von Zirkonium in den notwendigen Mengen und der notwendigen Qualität, aber 1950 konnte Rickover, entmutigt durch die dauernden Verzögerungen, die Kommission davon überzeugen, daß es richtiger sei, ihm die Lösung des Zirkoniumproblems zu überlassen. Seine aus Angehörigen der Marine bestehende Arbeitsgruppe konnte nun aufgrund ihrer genauen technischen Kenntnisse rasch handeln und schloß mit der Herstellungsfirma einen Vertrag über die Lieferung des Materials. Das war eine für Rickover typische Episode.

Während der Entwicklung des nuklearen Antriebsaggregats nahm Rickover die Verbindung mit der Electric Boat Company auf – die sehr bald von der General Dynamics Company als Zweigfirma übernommen wurde – und gewann sie zur Zusammenarbeit mit Westinghouse beim Bau des Schiffsrumpfs des U-Boots und des wassergekühlten nuklearen Antriebsaggregats. General Electric und Electric Boat verpflichteten sich außerdem vertraglich, einen natriumgekühlten Antriebsreaktor und einen Schiffsrumpf zu bauen, aber dieses Projekt blieb einige Jahre hinter der Fertigstellung des von Westinghouse und Electric Boat gebauten Druckwasserreaktors zurück. Privat hat Rickover General Electric als industrielle Vertragsfirma scharf kritisiert, während er große Stücke auf Westinghouse hielt.[144] Rickover wollte auch die amerikanische Öffentlichkeit auf den Bau des Atom-U-Boots aufmerksam machen, denn er glaubte, damit eine bessere Unterstützung in der Öffentlichkeit und im Kongreß zu finden. Er sorgte dafür, daß Präsident Truman am 14. Juni 1952 zur Kiellegung des von Westinghouse und Electric Boat gebauten U-Boots nach Groton, Connecticut, zur Werft der Electric Boat Company kam. Um das Projekt zu beschleunigen, hatte sich Rickover während des Baus mit der Geschäftsleitung des Unternehmens in Verbindung gesetzt und sie gebeten, die Struktur des Unternehmens zu reorganisieren. Die Historiker der AEC, Hewlett und Jack Holl, berichten dazu, «Rickover und sein Stab waren ebenso unnachgiebig und nicht bereit, Fehler zu verzeihen, wie die Technologie, die sie zu meistern suchten».[145]

Das U-Boot, das ebenso wie zwei frühere U-Boote der amerikanischen Marine und das berühmte Unterwasserfahrzeug aus dem Roman von Jules Verne *Nautilus* hieß, war im Januar 1955 bereit für die erste Probefahrt. Die *S.S.N. Nautilus* bewährte sich hervorragend. Commander Eugene P. Wilkinson, ihr erster Kommandant, schrieb: «Die Ergebnisse der bisher durchgeführten Tests beweisen eindeutig, daß die Strategie des U-Booteinsatzes und der U-Bootabwehr vollkommen umgestellt werden muß.»[146] Im April fuhr die *Nautilius* auf Tauchfahrt die 1300 Seemeilen nach San Juan, Puerto Rico, und

Die Atom-U-Boote S.S.N. **Seawolf** *und* S.S.N. Nautilius.

diese Entfernung war zehnmal größer als diejenige, die ein Unterseeboot auf Tauchfahrt bisher zurückgelegt hatte. Auch die Geschwindigkeit, mit der diese Strecke bewältigt wurde, übertraf bei weitem alle Erwartungen. Die Leistungen des U-Boots bei einer Übung der atlantischen Flotte erwiesen sich als aufsehenerregend. Die *Nautilus* konnte Überwasserschiffe überholen, sich davor schützen, von feindlichen Schiffen geortet zu werden, und in manchen Fällen Torpedoangriffen ausweichen.

Diese einzigartige Leistung machte Rickover zu einer im ganzen Land bekannten Persönlichkeit und brachte ihm die begeisterte Unterstützung der Mitglieder des amerikanischen Kongresses, denen die nationale Verteidigung und das internationale Ansehen ihres Landes am Herzen lag. Als die Mitglieder des Atomenergieausschusses des Kongresses, die von seinen Leistungen tief beeindruckt waren, erfuhren, daß er zum zweiten Mal bei der Beförderung zum Admiral übergangen worden war und 39 andere Kapitäne vorgeschlagen worden waren, beschlossen sie, alle anderen Beförderungen zu stoppen und mit der Freigabe so lange zu warten, bis das Auswahlverfahren der Marine überprüft worden war. Man sprach sogar davon, Zivilisten an diesem Auswahlverfahren zu beteiligen. Die Beförderung kam trotz des Widerstandes hochrangiger, einflußreicher Seeoffiziere zustande, die behaupteten, es fehlten Rickover die umfassenden Führungsqualitäten, und er verfüge nicht über die gesellschaftliche Qualifikation, die man von einem aktiven Seeoffizier erwarten müsse. Die Zielstrebigkeit, mit der er an der Verwirklichung seiner Projekte gearbeitet hatte, die Tatsache, daß er sich vor allem auf technologische Fragen konzentrierte, und seine sehr kritische Haltung hatten dazu geführt, daß man ihn nicht für einen Mann hielt, der innerhalb eines Teams etwas leisten könne. Einige Befürworter glaubten, daß er als Jude ohnehin diskriminiert sei. Fraglos zeigte er die Charaktereigenschaften eines Außenseiters, durch die sich auch viele selbständige Erfinder ausgezeichnet hatten. Nun wurde aus dem Kapitän Rickover, nachdem er jahrelang vom Personalamt übergangen worden war, der Admiral Rickover. Die ganze amerikanische Presse zeigte sich befriedigt über den Sieg der Leistungen dieses Außenseiters über das Establishment.[147]

Später war Rickover auch maßgeblich am Aufbau einer Flotte beteiligt, die aus mit Kernkraft angetriebenen Schiffen bestand. Das waren U-Boote und Überwasserschiffe einschließlich eines Flugzeugträgers. Nachdem sie mit Fernlenkraketen und Nuklearsprengköpfen ausgerüstet worden waren, wurden die Atom-U-Boote zu einem wesentlichen Bestandteil der nuklearen Abschreckungspolitik der Vereinigten Staaten. Ein Büro der Flotte für besondere Entwicklungen unter Admiral William Raborn leitete die Entwicklung und den Bau der Feststoffraketen vom Typ Polaris, die in den 1960er Jahren auf den Atom-U-Booten installiert wurden. Eine niemals schriftlich festgelegte Anweisung des Chefs der Operationsabteilung der Flotte, des Admirals Arleigh Burke, sorgte dafür, daß Rickover nicht an diesem Projekt beteiligt wurde, solange die U-Boote noch nicht mit der neuen Waffe ausgerüstet worden waren. Man fürchtete, sein Einfluß werde in diesem Fall zu stark werden, und das könnte die enge Zusammenarbeit zwischen den einzelnen Dienststellen der Flotte gefährden, die zu gewährleisten dem diplomatischeren Raborn gelungen war.[148] Doch weil Rickover eine so bekannte Persönlichkeit war, bezeichnete ihn die Presse oft fälschlicherweise als Leiter des ungeheuer erfolgreichen Polarisprogramms.[149]

Shippingport

Rickover leitete auch die Planungen und den Bau des ersten amerikanischen Atomkraftwerks. Das war im Grunde das modifizierte Modell eines als Antriebsaggregat für Überwasserschiffe entwickelten Reaktors. Auch hier sorgte Rickover dafür, daß bei der zivilen Nutzung der Kernkraft in den Vereinigten Staaten Zuverlässigkeit und Dauerhaftigkeit des verwendeten Materials zu den wichtigsten Grundsätzen gehörten. Diese Grundsätze waren ursprünglich mit Blick auf militärische Ansprüche an Atomreaktoren festgelegt worden, mit denen die Armee und die Flotte ausgerüstet wurden. Der Bau des Atomkraftwerks wurde der Öffentlichkeit zwar als Beginn einer neuen Ära der Nutzung der Kernenergie für die Erzeugung von elektrischem Strom angekündigt, aber die Anlage war eher ein Prototyp für künftige Entwicklungen als ein kommerzielles Unternehmen. Beim Bau und Betrieb dieses Kraftwerks hatte die Wirtschaftlichkeit keineswegs den Vorrang. 1953 rief die Administration des Präsidenten Eisenhower die an diesem Vorhaben Beteiligten dazu auf, einen nicht für militärische Zwecke einzusetzenden Kernreaktor zu bauen, der überall auf der Welt für die Erzeugung elektrischer Energie eingesetzt werden könne. Da die Stromkosten in Europa höher waren als in den Vereinigten Staaten, erwarteten einige Befürworter der neuen Entwicklung zunächst, daß dort ein größerer Markt für Kernkraftwerke entstehen werde als in den Vereinigten Staaten. Die Regierung und die Industrie in Amerika wollten die Europäer veranlassen, in den Vereinigten Staaten entwickelte und hergestellte Reaktoren zu verwenden. Die engsten Berater Eisenhowers beim Nationalen Sicherheitsrat fürchteten, die Sowjetunion könnte als erste mit einem elektrischen Strom erzeugenden Reaktor auf dem Weltmarkt erscheinen und sich damit ein Monopol sichern, das ihr von den Vereinigten Staaten schließlich nicht mehr streitig gemacht werden konnte. Die Industrie wußte aus langer Erfahrung, daß ein erster Verkauf zu weiteren Aufträgen für Ersatzteile und Verbesserungen und zur Ausbildung des Bedienungspersonals führen würde, das dem Reaktormodell den Vorzug gab, mit dem es die ersten Erfahrungen gemacht hatte. Sollten sich diese Befürchtungen bewahrheiten, dann würde das nach Meinung der Berater des Präsidenten ein großer Triumph für die Sowjets im Kalten Krieg sein.[150] Deshalb räumte die Eisenhower-Administration dem zivilen Kernreaktor eine besonders hohe Priorität ein, obwohl das Land sich im Koreakrieg befand, die Sowjets im August 1953 ihre erste thermonukleare Anlage eingerichtet hatten und die Vereinigten Staaten über zu geringe Vorräte an Plutonium verfügten. Die Vereinigten Staaten sollten nach den Vorstellungen von Eisenhower die Führung bei der Entwicklung eines Programms «Atome für den Frieden» übernehmen und damit das Zeitalter der friedlichen Nutzung der Kernkraft einleiten.[151]

Einige Interessengruppen, darunter solche, die die Kernkraft kommerziell nutzen wollten, beteiligten sich sofort an diesem Programm. Die Gegner der staatlichen Stromversorgung setzten sich dafür ein, daß private Herstellungsbetriebe und Stromversorgungsunternehmen die Entwicklung der Kernkraft für die nichtmilitärische Nutzung übernehmen sollten, soweit die nationale Sicherheit das zuließ. Einige wandten sich aber auch gegen die Übernahme der Stromversorgung durch Privatfirmen und hielten es für richtiger, daß die Regierung die Kontrolle über die neue Energiequelle übernahm. Wissenschaftler, die von der AEC als Berater beschäftigt wurden, hielten ein umfassendes Forschungsprogramm für notwendig, mit dem sichergestellt werden sollte, daß für die Energieversorgung die modernsten Anlagen entwickelt wurden. Rickover wandte sich dagegen, daß die AEC durch die Planung und den Bau von Kernkraftwerken von der nach seiner Ansicht wichtigen Aufgabe abgelenkt wurde, Reaktoren für die Flotte zu bauen. Der Präsident und seine Administration wollten möglichst bald konkrete Ergebnisse sehen, die mit einem möglichst geringen finanziellen Aufwand erreicht werden sollten. Das Militär und die AEC rechneten damit, daß die nichtmilitärischen Reaktoren Plutonium für militärische Zwecke erzeugen würden. Ein Kompromiß wurde ermöglicht durch die Entscheidung der AEC, Rickover und die für den Reaktorbau zuständige Stelle der Flotte sollten das für den Flugzeugträger vorgesehene Modell eines Reaktors modifizieren und auch die Leitung des Projekts für den Bau ziviler Reaktoren übernehmen. Die Entwicklung des Reaktors für den mit Kernkraft angetriebenen Flugzeugträger wurde zunächst unterbrochen. Rickover sollte durch Westinghouse weitere Modelle entwerfen lassen, und andere Vertragsfirmen sollten ähnlich, wie dies bei dem Projekt für Atom-U-Boote geschehen war, den Bau der Reaktoren übernehmen. Kritiker der AEC und der Politik der Eisenhower-Administration wandten ein, daß der übereilte Entschluß, einen Reaktor für die zivile Nutzung aus einem militärischen zu entwickeln, zu einem weniger leistungsfähigen Modell führen werde.

Private Stromversorgungsunternehmen wurden aufgefordert, Vorschläge für die Modelle und den Bau der stromerzeugenden Aggregate einer solchen Anlage vorzulegen, um dann den Betrieb des Kernkraftwerks zu übernehmen.[152] Die AEC akzeptierte das Angebot der Duquesne Light Company in Pittsburgh, das Gelände zur Verfügung zu stellen, die Turbogeneratorenanlage zu bauen, $5 Millionen der Kosten für Entwicklung und Bau des Reaktors zu übernehmen und die ganze Anlage zu betreiben und instandzuhalten. Die AEC sollte Eigentümerin des Reaktors sein und der Duquesne Company die Energie verkaufen. Sie beauftragte die Firma Stone & Webster als Beraterfirma, die gleichzeitig den architektonischen Entwurf der technischen Bauten übernehmen sollte, und die Dravo Company in Pittsburgh mit der praktischen Durchführung der Bauarbeiten. Ebenso wie bei der Entwicklung des Atom-U-Boots waren die Rickover unterstellten Marineoffiziere und Zivilingenieure unmittelbar an allen Entscheidungen und Bauvorhaben beteiligt. Für sie war die Betriebssicherheit das Wichtigste. Damit wurden die Instrumente für die Überwachung und Kontrolle des Verhaltens, besonders der Temperatur, des Brennstoffs im Reaktorkern und der Temperaturen und des Flusses der Kühlmittel zu den entscheidenden Faktoren bei diesem Projekt. Die Ingenieure der Marine und der Firma Westinghouse sowie der verschiedenen Vertragsfirmen achteten besonders auf die Festigkeit und Zuverlässigkeit der großen Behälter des Reaktors und des Kühlsystems. Die Entwicklung des Modells ging rasch voran, weil viele Einzelteile maßstäbliche Vergrößerungen der für die Marine gebauten Reaktorteile waren, besonders der bei den ersten Arbeiten für die U-Boote entworfenen.

Bei dem Shippingportprojekt erwies sich der Führungsstil von Rickover eher als problematisch, da er nicht zu einem reibungslosen Ablauf der Arbeiten beitrug. Gewöhnt an die Zusammenarbeit mit einzelnen Ingenieuren, Managern und Technikern oder mit kleinen Gruppen von Fachleuten fiel es ihm schwer, mit der Masse der Arbeiter umzugehen, die beim Bau eines großen Kraftwerks beschäftigt waren. Rickover mußte selbst zugeben, daß er nichts von den Arbeitsmethoden in der Bauindustrie verstand und keine Erfahrungen im Umgang mit den Gewerkschaften hatte. Auch Groves hatte beim Manhattan-Projekt gewisse Schwierigkeiten mit den Gewerkschaften gehabt. Rickovers Mitarbeiter «hielten den Atem an, als er die Baustelle besuchte, denn sie fürchteten, er könnte mit einer ungeschickten Frage, die er einem Vorarbeiter stellte, oder dem scharfen Tadel gegenüber einem Arbeiter einen Streik auslösen».[153] Das Projekt war für Rickover darüber hinaus auch insofern eine Belastung, als Schwierigkeiten bei der Materialbeschaffung und Probleme mit den Gewerkschaften die Fertigstellung des Baus über den von der Eisenhower-Administration und der AEC festgelegten Termin im Jahr 1957 hinaus zu verzögern drohten. Zu den Sorgen Rickovers, der den Ehrgeiz hatte, seine Verpflichtungen pünktlich zu erfüllen, kam noch hinzu, daß die veranschlagten Geldmittel nicht ausreichten, zum Teil weil es notwendig wurde, mit Überstunden zu arbeiten, um die einzelnen Bauabschnitte in der vorgesehenen Zeit abzuschließen. Immerhin nahm der Reaktor am 2. Dezember 1957 den Dauerbetrieb auf (erreichte das kritische Potential). Am 23. Dezember 1957 arbeitete der Reaktor mit voller Kapazität, nachdem die Duquesne Company den Betrieb übernommen hatte.

Während der folgenden zwei Jahre wurden Hunderte von Ingenieuren durch Seminare von der Regierung und der Industrie ausführlich über die Konstruktion und den Betrieb des in allen seinen Funktionen genau beschriebenen Reaktors informiert. Obwohl der Bau des Leichtwasser-Druckreaktors höhere Investitionen verursacht hatte und sein Betrieb teurer war als der von mit Kohle oder Öl betriebenen Kraftwerken, wurde seine technische Leistung, wie zahlreiche Tests und die daraus gewonnenen Daten zeigten, hervorragend beurteilt. Zehn der ersten zwölf Kernkraftwerke, die während des folgenden Jahrzehnts in den Vereinigten Staaten in Betrieb genommen wurden, waren ebenso wie der Reaktor in Shippingport Leichtwasserreaktoren. Die meisten von ihnen verwendeten ebenso wie Shippingport leicht angereichertes Uran.

Vermächtnis

Mit dem Erlaß des Atomenergiegesetzes im Jahr 1954 beschleunigten der amerikanische Kongreß und die Administration des Präsidenten Eisenhower ganz wesentlich das Wachstum der Nuklearindustrie. Diese gesetzlichen Bestimmungen stellten einen Kompromiß zwischen den Auffassungen von Angehörigen der Administration, des Kongresses und der Industrie, die der Weiterentwicklung der Nutzung der Kernenergie durch private Unternehmen den Vorzug gaben, und anderen dar, die sich für eine Zusammenarbeit zwischen der Regierung und privaten Unternehmen aussprachen oder sogar diesen Industriezweig verstaatlichen wollten. Das Gesetz erlaubte es privaten Unternehmen, Kernkraftwerke zu bauen und zu besitzen, aber die Regierung blieb Eigentümerin des Kernbrennstoffs und behielt die Verfügungsgewalt darüber. Außerdem wurde die AEC angewiesen, die Ergebnisse der Kernforschung mehr als bisher privaten Unternehmen zugänglich zu machen. Um das Entstehen einer neuen Tennessee Valley Authority zu verhindern, untersagte das Gesetz der AEC den Bau eigener Anlagen für die Erzeugung und Verteilung elektrischen Stroms. Die TVA andererseits sollte Kernkraftwerke bauen. Sie war wesentlich an der Versorgung von Einrichtungen der AEC mit Energie beteiligt. 1955 forderte die AEC amerikanische Kraftwerke und Industriebetriebe auf, Vorschläge für den Bau von Kernkraftwerken vorzulegen, mit denen demonstriert werden sollte, daß sie technisch einwandfrei funktionierten und einen ökonomischen Nutzen hatten. Die Regierung war bereit, die Forschung und Entwicklung zu finanzieren. Dieser Aufforderung folgten die in der Nuclear Power Group zusammengeschlossenen Unternehmen, zu denen einige der größten Elektrizitätswerke in den Vereinigten Staaten und auch die Bechtel Corporation in San Francisco gehörten, eine große Berater- und Baufirma, zu deren Managern Caspar Weinberger und George Shultz gehörten, die später als Kabinettsmitglieder nach Washington gingen.

General Electric, Westinghouse, Babcock and Wilcox und Combustion Engineering errichteten Fabrikationsanlagen für den Bau von Kernreaktoren. Dabei wurden sie mit Subventionen aus öffentlichen Geldern für die inländische Forschung und Entwicklung und durch das Angebot der Eisenhower-Administration unterstützt und gefördert, die Regierung werde den Kauf amerikanischer Versuchsreaktoren durch ausländische Regierungen subventionieren. Kredite der Export-Importbank an ausländische Regierungen, die Reaktoren kauften, zu niedrigen Zinssätzen belebten zusätzlich den Markt. Ein Vorstandsmitglied von General Electric sagte einem jungen Mann, der in das Unternehmen eintrat, nach 10 oder 20 Jahren werde das von dem Unternehmen abgewickelte Geschäft auf dem Gebiet der Kernkraft einen größeren Umfang erreicht haben als das gesamte Geschäftsvolumen von General Electric in den 1950er Jahren.[154] Noch vor dem Ende der Amtszeit der Eisenhower-Administration bauten die Yankee Atomic Electric Company, ein Konsortium aus 13 Elektrizitätswerken in New England, die Consolidated Edison Company in New York City und die Pennsylvania Power and Light Company Druckwasserreaktoren, und die Dresden Nuclear Power Station in Morris, Illinois, begann mit dem Bau eines Siedewasserreaktors. Auch die Rural Co-op Power Association in Elk River, Minnesota, baute einen Siedewasserreaktor. Die Consumers Public Power Company in Columbus, Nebraska, baute einen mit Natrium gekühlten schnellen Reaktor.[155] In den 1960er Jahren erhielt der Inlandsmarkt neue Impulse durch das Angebot von General Electric, Kernkraftwerke zu entwerfen und zu bauen, die sofort (als schlüsselfertige Anlagen) in Betrieb genommen werden konnten, und sie Unternehmen der Elektrizitätswirtschaft zu liefern. Zunächst hatte das Unternehmen den Preis niedrig gehalten, um den Markt zu beleben, Erfahrungen zu sammeln und standardisierte Fertigungsmethoden zu entwickeln, mit denen sich, wie man glaubte, die Herstellungskosten senken würden. Nach damaligen Schätzungen verloren General Electric und Westinghouse Mitte der 1960er Jahre beim Verkauf von 13 schlüsselfertigen Anlagen etwa $1 Milliarde. Nachdem der Widerstand der Elektrizitätswerke gebrochen war, erhöhte sich das Volumen der inländischen Aufträge 1966 auf 20 Anlagen. Dann erhöhten die Hersteller die Preise und kehrten zu der gewohnten Praxis zurück, Kostensteigerungen an ihre Kunden weiterzugeben. Der Absatz litt jedoch nicht unter diesen Maßnahmen, weil die Kunden glaubten, daß die Preise im Lauf der Zeit wieder fallen würden. Das war gewöhnlich der Fall, wenn sich der Umsatz erhöhte. Führende Firmen auf dem Gebiet der technischen Beratung und des Anlagebaus wie die Bechtel Corporation und Stone & Webster waren maßgebend am Entstehen des, wie manche es nannten, «Atomzeitalters» beteiligt. Das waren, wie Philip Sporn, ein führender Elektroingenieur und Manager, sagte, die Jahre des großen wirtschaftlichen Erfolgs.[156] Angesichts der beschleunigten Entwicklung zeichneten sich aber auch schon künftige Probleme ab. Der Chef der AEC, McCone, schreibt in seinen persönlichen Aufzeichnungen:

«Auf Reisen gewinnt man den Eindruck, daß viele Unternehmen blind in dieses Gebiet vorgestoßen sind und soviel Geld in technische Einrichtungen, Anlagen und Ausrüstung investiert haben, daß sie jetzt in ihrer Verzweiflung an ausgefallene und manchmal geschäftlich ungesunde Projekte herangehen in der Hoffnung, Aufträge zu bekommen, die ihre Investitionen rechtfertigen und bei deren Ausführung sie ihre Organisationen einsetzen können.»[157]

Der Verfasser des Buches *Nuclear Inc.*, Mark Hertsgaard, spricht von einer «atomaren Bruderschaft», einem Zusammenschluß und einer Zusammenarbeit von Unternehmen im Kernenergiegeschäft mit den sie fördernden Regierungsbehörden. In den 1980er Jahren war aus dieser «Bruderschaft», zu der 24 große internationale Unternehmen gehörten, ein großer und mächtiger Komplex geworden, vielleicht das größte und mächtigste Unternehmen in der Geschichte. Die Beteiligung der Elektrizitätswirtschaft, von acht der größten Banken des Landes und von sieben der größten Versicherungsgesellschaften erhöhte den Einfluß des aus Regierungsbehörden und Unternehmen der Nuklearindustrie bestehenden Komplexes.[158] Militärische und außenpolitische Interessen stärkten diesen Komplex. Die Du Pont Company war 1950 wieder ganz groß in die Nuklearindustrie eingestiegen, als sie sich bereit erklärte, eine neue Anlage für die Erzeugung von Bombenmaterial in South Carolina am Savannah River zu entwerfen, zu bauen und zu betreiben. Der Beauftragte der AEC, Thomas E. Murray, sagte 1953 auf einer Konferenz von

Vertretern der Elektrizitätswirtschaft in Chicago, daß die Kernkraft für die nationale Sicherheit ebenso wichtig sei wie die Kernwaffen. Am Schluß erklärte Murray: «Jahrelang ist die in einer Waffe verpackte Atomspaltung unser wichtigster Schutzschild gegen die Barbaren gewesen – jetzt wird sie außerdem zu einem uns von Gott geschenkten Instrument werden, mit dem wir die konstruktiven Aufgaben für die Menschheit erfüllen können.»[159] Er kam zu dem Schluß, daß die amerikanische Atomindustrie alle gegenwärtigen und künftigen Verbraucher von Kernenergie durch die Lieferung von Reaktoren zu einem weltweiten Verbund zusammenschließen solle. Die schöpferischen, aufbauenden und systematisierenden geistigen Kräfte Amerikas erreichten den Gipfel ihres Erfolgs in einem kerntechnischen Unternehmen oder technologischen System, das den Höhepunkt einer ganzen Folge von Erfindungen, industrieller Forschungen und der Errichtung von Systemen darstellte, die von Pearl Street bis nach Hanford, Oak Ridge und Los Alamos reichte.

Es ist ironisch, daß Präsident Eisenhower, während dessen Amtszeit das kerntechnische Produktionssystem so stark erweitert wurde, die Nation vor den Folgen dieses Vorgangs warnte – vor dem militärisch-industriellen Komplex, wie er dieses System nannte. Eisenhower kannte den «militärisch-industriellen» aus Regierungsbehörden, Industrie und Universitäten bestehenden Komplex aus eigener Anschauung. Während seiner Amtszeit als Präsident von 1953 bis 1961 hatte seine Administration die umfangreichen Tests und die Herstellung von Wasserstoffbomben, den Bau einer mit Atomkraft angetriebenen Flotte, die Entwicklung der interkontinentalen Fernlenkwaffen und die Errichtung der National Aeronautics and Space Administration (NASA) beaufsichtigt und gelenkt. In seiner Abschiedsrede im Januar 1961 sagte Eisenhower, der im Krieg Oberbefehlshaber der alliierten Expeditionsstreitkräfte gewesen war (1943–1945), dem amerikanischen Volk:

«Dieser Zusammenschluß eines gewaltigen militärischen Establishments und einer großen Rüstungsindustrie ist für Amerika eine ganz neue Erfahrung. Ihr alles umfassender Einfluß – der wirtschaftliche, politische und sogar geistige Einfluß – ist in jeder Stadt, in allen Parlamenten der einzelnen Staaten und in jeder Behörde der Bundesregierung spürbar. Wir erkennen die zwingende Notwendigkeit dieser Entwicklung. Wir dürfen es aber auch nicht versäumen, an ihre schwerwiegenden Auswirkungen zu denken. Hier geht es um unsere Arbeit, um die Reichtümer unseres Landes, um unser Überleben und um die Struktur unserer Gesellschaft.

In den Entscheidungsgremien der Regierung müssen wir dafür sorgen, daß dieser militärisch-industrielle Komplex nicht gewollt oder ungewollt einen ungerechtfertigten Einfluß gewinnt...

Die technologische Revolution während der vergangenen Jahrzehnte hat den weitreichenden Veränderungen in unserer industriellen und militärischen Lage entsprochen und ist weitgehend dafür verantwortlich gewesen.»[160]

Der von Eisenhower geprägte Begriff, «Der militärisch-industrielle Komplex», hat inzwischen historische Bedeutung gewonnen. Er verwendete ihn im weitesten Sinne nicht nur für das Zusammenwirken des Militärs mit den privaten Unternehmen der Rüstungsindustrie, sondern auch mit der wissenschaftlich-technologische Elite an den amerikanischen Universitäten. Er erkannte, daß ein Regierungsvertrag für viele Akademiker an die Stelle der intellektuellen Neugier getreten war.

Trotz der Warnungen des Präsidenten wurde eine Vielzahl militärischer Projekte mit Namen und Akronymen wie Trident, ABM, Minuteman und Starwars (Krieg der Sterne) in Angriff genommen. Im militärischen Bereich entstand daher ein «barockes Arsenal».[161] Das Manhattan-Projekt mit seiner systematischen Verbindung von Rüstungsfinanzierung, Management, Vertragsabschlüssen, industriellen, akademischen und von der Regierung betriebenen Forschungslaboratorien und zahlreichen Herstellungsfirmen wurde zum Modell für diese umfangreichen technologischen Systeme.

Neuntes Kapitel

Gegenkultur und neue Impulse

Vom Ende des 19. Jahrhunderts bis zum Ende des Zweiten Weltkriegs betrachteten die Amerikaner im allgemeinen technische Erfindungen, industrielle Forschung und Produktionssysteme als die Quellen aller Wohltaten zur Sicherung eines hohen Lebensstandards und eines Waffenarsenals für die große Demokratie. Eine nachdenkliche Minderheit beklagte das Entstehen der häßlichen Industriestädte, die Herstellung von Giftgas, die Bombenangriffe aus der Luft, die Eintönigkeit des Fließbandes und die Arbeitslosigkeit, die entstand, weil Arbeiter durch Maschinen ersetzt wurden. Seit Anfang des 19. Jahrhunderts kamen philosophischer und kritischer denkende Menschen zu der Überzeugung, daß die Technik eine Hinwendung zum Materialismus begünstige.[1] Doch im allgemeinen begrüßten die Amerikaner die technische Entwicklung bis nach dem Zweiten Weltkrieg mit großer Begeisterung. Techniker, Manager, Finanziers, Arbeiter, das Militär und andere, die im Rahmen der modernen Technologie der Massenproduktion ihren Lebensunterhalt verdienten und deren Status davon bestimmt wurde, nahmen auch weiterhin eine positive Haltung gegenüber der technischen Entwicklung ein, ja sie sprachen sogar in einer Weise, die an das 19. Jahrhundert erinnerte, vom technischen Fortschritt. Dennoch gab es ungezählte Menschen, die zu fragen begannen, was sie verloren hätten und welche neuen Gefahren dadurch entstanden seien, daß die Menschen unaufhörlich neue Erfindungen machten und ihre materielle Umwelt organisierten und zu beherrschen suchten. Anfang der 1970er Jahre konnte ein aufmerksamer Beobachter schreiben: «Die gegenwärtige Gesellschaft ist gekennzeichnet durch ein zunehmendes Mißtrauen gegenüber der Technologie.»[2]

Einige erkannten, daß das Erfinden, Organisieren und Kontrollieren sich nicht auf die Produktion von Gütern beschränkte, auf die sogenannte materielle Welt, sondern auch Dienstleistungen und Informationen einschloß. Wenige fingen an, sich der Tatsache bewußt zu werden, daß die Technologie ein umfassenderes Konzept und eine umfassendere Tätigkeit war als Industrie oder Wirtschaft und daß die moderne Technologie in zunehmendem Maß in großen Systemen organisiert wurde, an denen technische und organisatorische Komponenten beteiligt waren. In den vorangegangenen Kapiteln haben wir die Entwicklung einer Reihe solcher Systeme verfolgt, etwa auf den Gebieten der Stromversorgung, der Automobilherstellung und der Produktionssysteme für Atombomben. Als sich die Öffentlickeit immer deutlicher der vernichtenden Wirkung der Atombomben und der Bedrohung bewußt wurde, die ihre Verbreitung für die Zukunft der Zivilisation bedeutete, löste das eine Gegenreaktion zur Technologie aus. John Herseys Buch mit dem einfachen Titel *Hiroshima* (1946) und seiner anschaulichen Schilderung der Schrecken dieses Bombenangriffs trug dazu bei, daß dieses Problem der Öffentlickeit allmählich immer deutlicher bewußt wurde. 40 Jahre später hatte Jonathan Schell seinen Lesern in einem bewegenden und tiefgründigen Werk die Tatsache bewußt gemacht, daß mit der Bombe fehlbare Sterbliche mit einem Knopfdruck das *Schicksal der Erde (The Fate of the Earth)* entscheiden können.[3] Rachel Carsons *Der stumme Frühling (Silent Spring, 1962)* macht uns auf das Verschwinden der natürlichen Laute, Düfte und Anblicke aufmerksam, die Folge eines von Menschen erfundenen Produktionssystems, das mit seinen toxischen Substanzen die Natur verdrängt. Barry Commoner schreibt in *Science and Survival* (1966) und *The Closing Circle* (1971) von einer Umweltkrise, verursacht durch das Bestreben des Menschen, die Natur zu beherrschen, um materiellen Wohlstand zu erzeugen. Eine Reihe von Tankerunglücken, die zu Ölverschmutzungen von Küstengewässern mit katastrophalen Folgen geführt haben, und durch besorgniserregende Luftverunreinigung ausgelöste Smogalarme in Großstädten haben uns die Gefährdung der natürlichen und urbanen Umwelt nur allzu deutlich vor Augen geführt. Daß das amerikanische Militär, wie John McDermott sich ausdrückt, kapital- und verwaltungsintensive technologische Systeme geschaffen hat, um Vietnam zu verwüsten, hat die Empörung der Öffentlichkeit und ihre Besorgnisse im Hinblick auf die Auswirkungen der technologischen Entwicklung nur noch erhöht. McDermott schreibt über ein Vernichtungssystem, das aus Flugzeugen, Raketen, Bomben, Granaten, technischen Spezialisten, Piloten, Bombenschützen, Radarspezialisten, Computerprogrammierern, Buchhaltern und Ingenieuren besteht.[4] Verantwortungsbewußte Amerikaner konnten die Technologie nicht mehr leichthin nur mit Glühlampen, Modell T-Automobilen und «besseren Dingen für ein besseres Leben» in Verbindung bringen.

Während sich Hersey, Carson und Commoner auf besondere Fehlleistungen in der technologischen Welt konzentrierten, haben die Verfasser zahlreicher vielgelesener Bücher die Fundamente der technologischen Gesellschaft angegriffen. Sie glaubten, daß die rationalen Wertmaßstäbe der technologischen Gesellschaft eine tödliche Bedrohung der Freiheit des Individuums und des emotionalen und spirituellen Lebens darstellten. Theodore Roszak erläutert in seinem Buch *The Making of a Counter Culture: Reflections on the Technocratic Society and Its Youthful Opposition* (1969) das Denken von Persönlichkeiten wie Jacques Ellul, Herbert Marcuse, Norman Brown, Allen Ginsberg, Alan Watts, Timothy Leary und Paul Goodman, die im Namen einer höheren Kultur das Fundament einer Kultur zu erschüttern suchten, die von einem Produktions- und Destruktionssystem beherrscht wurde. Roszak schreibt, «dieTechnokratie» sei für ihn und gleichgesinnte junge Menschen ein sehr viel gefährlicherer Feind als Katastrophen wie der Vietnamkrieg oder chronische Probleme wie der Rassismus oder die Armut. Nach seiner Ansicht ist die Technokratie ein System, das eine Industriegesellschaft erzeugt hat, die durch Rationalisierung, Planung und Modernisierung entstanden sei. Die Technokratie beinhalte die Koordinierung von Menschen und Material in großem Umfang, um der dringenden Forderung nach höheren Leistungen gerecht zu werden. Die absolute Einbindung des Menschen in die von der Industrie beherrschte Welt werde durch Techniker, Wissenschaftler, Manager und Unternehmer – durch die Experten – bewirkt.[5] Die von Roszak beschriebene Technokratie gleicht den großen technologischen Systemen, von denen wir gesprochen haben. *The Greening of America* (1970) war der Beitrag von Charles Reich zum Thema der Jugend, die gegen die Werte einer technologischen Kultur revoltierte. Reich argumentiert, daß die Technologie in immer stärkerem Maß die Gesellschaftsstrukturen bestimmt. Er schreibt: «Wir erleben, wie die Technologie, die Organisation und die Verwaltung außer Kontrolle geraten und nur noch um ihrer selbst willen da sind... Wir haben es diesem System überlassen, alles zu beherrschen und zu lenken – die natürliche Umwelt, unser Denken und unser Leben.»[6] Er wendet sich gegen das, was er als die Wertmaßstäbe einer technologischen Gesellschaft bezeichnet und ruft zu einem neuen Realitätsbewußtsein auf, das uns von den Zwängen der Termine und rationalen Zusammenhänge befreien soll.[7] Systembauern wie Frederick Taylor, Henry Ford, Samuel Insull und Admiral Hyman Rickover hätte er wahrscheinlich ewige Feindschaft geschworen. In seinem Buch *Small is Beautiful* (1973) hat E. F. Schumacher zum Ausdruck gebracht, wie wir uns nach seiner Auffassung gegen die großen Produktionssysteme wehren sollen.

Marcuse hat in seinem Buch *Der eindimensionale Mensch* (*One-Dimensional Man*, 1964) seinen amerikanischen Lesern die Auffassungen der Frankfurter Schule deutscher Philosophen und Soziologen nahegebracht, die schon seit längerer Zeit eine soziale und politische Welt analysiert hatte, die systematisch auf die Produktion hin organisiert worden war. Er behauptet, die Produktionssysteme in den modernen kapitalistischen und sozialistischen Gesellschaften unterdrückten den Geist und die Freiheit des Individuums. Straff organisierte, hierarchische Produktionssysteme verweigerten den Arbeitern jeden Einfluß auf die Arbeitsmethoden. Facharbeiter könnten ihre Kreativität in den Erzeugnissen ihrer Arbeit nicht mehr zum Ausdruck bringen. Der Arbeiter am Fließband habe wie ein Zahnrad in einer Maschine zu dem, was dort entstünde, keinerlei Beziehung mehr. Man betrachtete Marcuse als einen der intelligentesten Kritiker der subtilen technokratischen Reglementierung und Beherrschung der arbeitenden Menschen in den kapitalistischen und sozialistischen Industrienationen.[8] In ähnlichem Sinn äußert sich Ellul in seinen Büchern *The Technological Society* (1964) und *The Technological System* (1977) zum gleichen Thema, und Lewis Mumford beschäftigt sich in *The Myth of the Machine* (1970) sehr eingehend mit den Problemen der technologischen Gesellschaft. Die Kritiker, die die Grundlagen der technologischen Gesellschaft untersucht haben, glichen den europäischen

Künstlern zu Anfang des Jahrhunderts insofern, als auch sie Amerika zum zweiten Mal entdeckten. Die Philosophen und Schriftsteller der Gegenkultur wandten sich von der sentimentalen Vorstellung ab, die Vereinigten Staaten seien im wesentlichen ein Land der demokratischen Politik und der Wirtschaft des freien Unternehmertums, und beschäftigten sich statt dessen mit der gründlichen Erforschung der Tendenzen der Mechanisierung und Systematisierung in Amerika. Sie versuchten, dem Individuum und der Gesellschaft die tiefere Bedeutung und die Folgen der Ausbreitung großer technologischer Systeme verständlich zu machen. Sie fragten danach, welche Probleme sich aus der durch den Menschen bewirkten Umgestaltung Amerikas ergeben könnten, wo – wie Frederick W. Taylor gesagt hat – nicht mehr der Mensch, sondern das System an erster Stelle steht.

Mumford und die Megamaschine

Mumford hat das Denken derjenigen, die sich um Verständnis für ihre von der Technologie geprägte Gesellschaft bemühten, mit seinen Ideen entscheidend beeinflußt. Wie wir gesehen haben, hatte er den technologischen Enthusiasmus in den Jahren zwischen den Kriegen erlebt und glaubte an das Anbrechen eines neotechnischen Zeitalters der Technologie. In den 1960er und 1970er Jahren war er ebenso wie viele andere zutiefst enttäuscht, weil sich die Erwartungen, die er in die technologische Entwicklung gesetzt hatte, nicht erfüllten. Russell Jacoby hat ihn zutreffend einen «öffentlichen Intellektuellen» genannt, einen Denker und Schriftsteller, der sich an eine breite gebildete Öffentlichkeit wandte, eine Persönlichkeit frei von allen akademischen und institutionellen Bindungen, die ihre Themen danach auswählte, was ihr als sozial bedeutsam erschien, ohne danach zu fragen, ob sie akademisch akzeptabel seien.[9] In seinen ersten Schriften hatte er die materielle, literarische und künstlerische Kultur Amerikas im 19. Jahrhundert behandelt. In den 1920er und 1930er Jahren wandte sich Mumford dem Studium der Technologie und der Regionalplanung zu und berichtete darüber. Damit hat er uns Ausblicke auf charakteristische Probleme dieses Jahrhunderts eröffnet und eine Reihe von interessanten und für ihn charakteristischen Lösungsvorschlägen vorgelegt. Er hat sich darum bemüht, verwertbare Voraussetzungen zu finden und zugleich mit utopischen Visionen zu kritischen Aussagen zu kommen und mit ihnen der modernen Zeit einen angemessenen Maßstab anzulegen. Die Titel seiner fast 30 Bücher zeigen uns, daß es sein wichtigstes Anliegen war, sich über das Leben des Individuums und der Gesellschaft in einer vom Menschen gemachten Welt ein klares Bild zu verschaffen. In diesen Titeln finden wir Hinweise auf technologische Utopien, auf die Zusammenhänge zwischen Technik und Zivilisation, auf die Kultur der Städte, auf die Beziehungen zwischen Kunst und Technik, das Pentagon der Macht und den Mythos der Maschine.

Mumford war als einfacher Matrose in der amerikanischen Flotte zum Funker ausgebildet worden, ohne vorher ein College besucht zu haben, und hat später selbständig seinen literarischen und kulturellen Horizont erweitert. Nachdem er seinen Jugendtraum, Elektroingenieur zu werden, aufgegeben hatte, nahm er voller Begeisterung am literarischen Leben der New Yorker Boheme teil, die sich, wie wir wissen, intensiv darum bemühte, die technologische Kultur zu entdecken und zu definieren. Obwohl er sich in seinen ersten Büchern mit kulturhistorischen und literaturhistorischen Themen beschäftigte, hat ihn seine jugendliche Faszination für technische Dinge nie verlassen, und er kam zu der Überzeugung, daß technologische Dinge und Ideen ein integraler Bestandteil der modernen Kultur sein müßten. Unter dem Einfluß seiner kulturellen und technischen Interessen verlangte er nach einer organischen und nicht mechanistischen Technologie. Er stimmte dem Philosophen Alfred North Whitehead und dessen «romantischer Reaktion» gegen die «mechanische Philosophie» zu.[10] Ebenso wie Samuel Taylor Coleridge glaubte er zu sehen, wie sich organische Formen unter dem Einfluß von Kräften entwickkeln, die sie von innen her gestalten. Von außen her wirkende Kräfte erzeugen im Gegensatz dazu mechanistische Formen. Coleridge glaubte, daß mechanische Formen oft nicht den inneren Bedürfnissen der Dinge ensprechen, denen sie aufgezwungen worden sind.[11]

Neben *Technics and Civilization* (1934) verfaßte Mumford das Buch *The Pentagon of Power* (Band 2 von *The Myth of the Machine*) über die Geschichte der Technologie. In *Technics and Civilization* brachte er seine Überzeugung zum Ausdruck, daß die zweite industrielle Revolution eine organischere Technologie hervorbringen könne. Die gute Gesellschaft würde entstehen, wenn Personen, die ebenso motiviert seien wie reine Wissenschaftler, die Technologie dazu benutzen würden, eine «grüne Republik» zu schaffen.[12] Anfang der 1930er Jahre schrieb er: «Wir müssen dafür sorgen, daß sich die Gesellschaft von ihrer ungesunden Voreingenommenheit für gewinnbringende Erfindungen, materielle Güter, Profite, Geschäftstüchtigkeit und Symbole des Reichtums abwendet und sich bewußt um die Förderung der menschlicheren Funktionen des Lebens bemüht.»[13] Der Leser seines Buches *Technics and Civilization* hätte sich damals kaum den tiefen Pessimismus von Mumford vorstellen können, der 40 Jahre später in *The Pentagon of Power* zum Ausdruck kam. Jetzt dachte er nicht mehr daran, daß die Technologie von Menschen beherrscht werden könnte, die frei von Habsucht und Zorn sind. Während er an *The Pentagon of Power* arbeitete, sah er sich «durch das vollständige Versagen der Großtechnik dazu getrieben, sich mit den kollektiven Zwangsvorstellungen und Zwängen zu beschäftigen, die unsere Energien in die falsche Richtung gelenkt und unsere Fähigkeit, ein volles und geistig befriedigendes Leben zu führen, zerstört haben».[14] 1970 hatte Mumford das Entstehen großer und immer komplexer werdender technologischer Systeme erlebt, besonders des militärisch-industriellen Produktionskomplexes. Die

Tatsache, daß die Physik, die früher als reine Wissenschaft galt, dazu miß-
braucht worden war, die Bomben zu entwickeln, die Hiroshima und Nagasaki
zerstörten, entsetzte ihn. Er verlor die Hoffnung, daß die Vertreter der «reinen» Wissenschaft und andere Personen, deren Wertmaßstäbe nicht an irgendwelche Interessen gebunden waren, die Kontrolle der Technologie übernehmen und die Megamaschine zum Entgleisen bringen würden. Die unmit-
telbare Ursache seines Pessimismus, die Nachricht von den Bombenabwürfen
über Hiroshima und Nagasaki im Jahr 1945, erschütterte ihn so sehr, daß er
noch viele Tage danach zu keinem Gespräch fähig war.[15] Die Mammutorgani-
sation, die man gebraucht hatte, um die Bomben zu bauen, genügte ihm als
Beweis dafür, daß sich die Physiker am Entstehen dieser grausigen Megamaschine beteiligt hatten. Nun erwartete er nicht mehr, daß sie die Technologie
vermenschlichen würden. Er schrieb, «es war der Ehrgeiz jenes geheimen
Bündnisses der Eroberer, der kaufmännischen Abenteurer und Banker, der
Industriellen und der Wissenschaftler, ‹Herren und Eigentümer der Natur› zu
werden, so radikal sie sich anscheinend auch in ihren Berufen und ihren
Absichten voneinander unterschieden».[16] Die Naturwissenschaften wurden
kaum noch für andere menschliche Vorhaben eingesetzt als für die der Großunternehmen oder des militärischen Establishments. Die Wissenschaftler
suchten nicht mehr nur die im Universum herrschende Ordnung zu erforschen und darüber zu berichten, was sie gefunden hatten. Vielmehr wandten
sie sich den Aspekten der Natur zu, die systematisch in eine mechanistische
Weltanschauung eingeordnet werden konnten. Sie verwechselten das, was sie
für einen höheren Grad der Realität hielten, mit einem sterilen höheren Grad
der Abstraktion.[17] Galileo Galilei wurde für Mumford zum Symbol der vielen
Wissenschaftler, die eine komplexe Welt – für Galilei war es eine barocke Welt
gewesen – in eine quantifizierbare, objektive, sterile Einöde verwandelt hatten. In seinem Buch sprach er von dem Verbrechen des Galilei.

Während er an *The Pentagon of Power* arbeitete, wurde der Begriff der
«Megamaschine» für ihn ebenso zur Zwangsvorstellung wie es vorher der
Organizismus gewesen war. Aus seiner Perspektive bestimmten die Megama-
schinen den Verlauf der menschlichen Geschichte, in die sie als todbringendes
Instrument eindrangen, das wahrscheinlich der Zivilisation in einem nuklea-
ren Holocaust ein gewaltsames Ende bereiten würde. Schon in seinem Buch
Technics and Civilization hatte das Wort «Maschine» eine neue Bedeutung
für ihn angenommen, die seine spätere Verwendung des Begriffs «Megamaschine» vorwegnahm. Er begann, zwischen «Maschinen», die bestimmte
Aufgaben übernahmen, wie die Druckerpresse oder der mechanische Web-
stuhl, und der «Maschine» zu unterscheiden. Dieser letzte Begriff war ein
Kürzel für den gesamten technologischen Komplex, und dazu gehörten Werkzeuge, Maschinen und alles technische Wissen und Können. Die Maschine
wurde für ihn wie ein technologisches System. Als diese Idee in Form der
Megamaschine Gestalt angenommen hatte, war aus ihr ein technologisches

System mit austauschbaren, unbelebten und belebten, zentral organisierten und kontrollierten Teilen geworden, die von einem priesterlichen oder wissenschaftlichen Erkenntnismonopol abhängig waren und einer Elite die Macht, das Ansehen und ein angenehmes Leben sicherten. Die Megamaschine zwang jeder Manifestation des Lebens rein mechanische Formen auf und «unterdrückte damit viele der wesentlichsten Merkmale des Organismus, der Individuen und der menschlichen Gemeinwesen».[18] Hier wurde das Leben auf quantitative, mechanische und chemische Komponenten reduziert und den menschlichen Wesen das wirkliche Leben unmöglich gemacht.

Mumford glaubte, die Megamaschine sei im alten Ägypten entstanden, und seither habe es im Verlauf der Geschichte immer wieder solche Maschinen gegeben. Die Ägypter hatten nach seiner Ansicht eine gigantische Maschine beziehungsweise ein System entwickelt, dessen Teile in erster Linie Menschen waren. Der über dem Ganzen stehende Systembauer war der vergöttlichte Herrscher. Ihm ergebene Schreiber, Kuriere, Verwalter und Aufseher beherrschten und dirigierten die arbeitenden Massen. Die Beobachtungen der nach einer festen Gesetzmäßigkeit um die Sonne kreisenden Gestirne durch priesterliche Astronomen wurden zur metaphorischen Rechtfertigung der absoluten Autorität des Herrschers.[19] Heute sind die modernen, bürokratisch verwalteten militärisch-industriellen Projekte wie das Manhattan-Projekt die Megamaschinen, aber sie unterscheiden sich in einem wesentlichen Punkt von den älteren. Bei den früheren Megamaschinen lag die zentrale Autorität beim absoluten Herrscher; bei der modernen Megamaschine liegt das Zentrum der Autorität in dem System selbst. Diejenigen, die die Megamaschinen kontrollieren, und diejenigen, deren Existenz von ihnen beherrscht wird, teilen die mechanistische, machtbezogene Weltanschauung. Der Mythos der Maschine war für Mumford Ausdruck der von vielen geteilten falschen Vorstellung, daß Megamaschinen «‹absolut unwiderstehlich – und doch nützlich› sind, vorausgesetzt, man leistet ihnen keinen Widerstand. ‹Diese magische Faszination zieht sowohl die Beherrscher als auch die Masse der Opfer der heutigen Megamaschine in ihren Bann›.»[20]

Beherrscht von der Idee der Megamaschine näherte sich Mumford in seinen späteren Schriften dem technologischen Determinismus, einer Philosophie, die er bis dahin abgelehnt hatte. Bei der Beschreibung der Gesellschaft seiner Zeit verwendete er als Metapher ein vollbesetztes Automobil ohne Lenkrad, das bergab auf einen Abgrund zuraste. Doch seine Verzweiflung hielt sich durchaus in Grenzen. Gewöhnlich bestritt er, daß die Technologie unausweichlich die Gesellschaftsstrukturen bestimme. Er behauptete vielmehr, die Technologie sei Teil der durch die geltenden Wertmaßstäbe gestalteten Kultur. Die Maschine war, wie er glaubte, gewöhnlich ein Produkt des Bewußtseins und nicht umgekehrt.[21] Auf dieser philosophischen Grundlage glaubte er für die Zukunft der Menschheit einen Hoffnungsschimmer erkennen zu können. Er wehrte sich entschieden dagegen, ein «Prophet des Untergangs» zu sein. Er schrieb, «im Gegenteil, mit meiner ganzen Arbeit bemühe ich mich darum, rechtzeitig die Voraussetzungen zu diagnostizieren, die, wenn sie nicht korrigiert werden, unsere Zivilisation zerstören könnten».[22] Wenn zum Beispiel die Kräfte der Gewalt und der Zerstörung, die im militärisch-industriellen Produktionskomplex verkörpert seien, auf die Dauer menschenfeindliche Wertmaßstäbe erzeugten, dann könne man diesen Kräften trotz ihrer Dynamik entgegenwirken, falls es in einer neotechnischen Ära zu einer Revolution in den Wertbegriffen käme.

Elluls technologische Systeme

Auch der französische Philosoph und Kulturkritiker Jacques Ellul hat sich mit den Auswirkungen der Megamaschinen oder technologischen Systeme beschäftigt.[23] Auch sein Buch *The Technological Society* (1964) hat die Haltung derjenigen beeinflußt, die «das System» ablehnten und eine Gegenkultur ins Leben rufen wollten. Die allesumfassenden technologischen Systeme beherrschten jetzt auch die kapitalistische und die sozialistische Wirtschaft und waren für Ellul eine sehr viel größere Bedrohung unserer Handlungsfreiheit als die autoritäre Politik. Ellul behauptete, die Politik habe ihren Vorrang verloren und der Staat sei bei der Gestaltung des menschlichen Lebens und der Geschichte kein so einflußreicher Faktor mehr wie die technologischen Systeme. Für ihn ist das politische Handeln keine Realität mehr; die Technologie ist die Realität.[24] Er glaubte, die Ordnung, Methode, Neutralität und Organisation und Effizienz der technologischen Systeme hätten die Menschen in eine technisierte Komponente des technologischen Systems verwandelt, eine Komponente ohne eigenen Willen, die sich mit dem Teil einer Maschine oder einer Megamaschine vergleichen läßt.[25] Ellul erklärte, moderne Organisationen ließen sich so gut in technische Systeme integrieren, weil es auch in ihnen das für die moderne Technologie charakteristische Streben nach Effizienz gebe. Dieses Streben habe sie, wie er sagte, in Bürokratien verwandelt, die sich in ihrem Wesen den technischen Entwicklungen und Produktionsmethoden angepaßt hätten, die sie verwalten. Das Streben nach Leistung habe dazu geführt, daß aus Organisationen Bürokratien wurden.[26]

Nach Auffassung von Ellul hat die Technologie die natürliche und die kulturelle Umwelt dadurch verändert, daß sie deren Realitäten zerbrochen und dann die auseinandergerissenen Fragmente so in technologische Systeme zusammengefügt habe, daß sie geeignet sind, Probleme zu lösen. An die Stelle der alten Komplexität der Kultur und der Natur ist eine andere getreten, in der die Technologie zur materiellen Umwelt geworden ist und nun die Kultur gestaltet. Weder die Natur noch die Kultur bestimmen nun die soziale Struktur. Die technologischen Systeme sind selbst zum bestimmenden Faktor geworden.[27] Diese Systeme vermitteln zwischen Mensch und Natur und zwischen Mann und Frau. Die Kontakte zwischen ihnen werden durch die Ver-

bindungsglieder oder Netze der Systeme hergestellt. Er behauptete, die junge
Generation werde nicht mehr liberal erzogen, sondern dazu ausgebildet, im
Rahmen technologischer Systeme zu funktionieren. Da sie keine liberale
Erziehung genossen hätten, fehle ihnen die Grundlage für eine Kritik an den
Systemen, innerhalb derer sie lebten und von denen ihr Verhalten bestimmt
werde.[28] Ellul glaubte, technologische Systeme erzeugten nicht nur einen
neuen menschlichen Lebensraum, sondern veränderten auch den innersten
Kern des Menschen. Die Menschen müßten sich einem Universum anpassen,
für das sie nicht geschaffen seien, als sei eine neue Welt entstanden. Heute
könnten wir ebensowenig davon träumen, das technologische Milieu in Frage
zu stellen, wie der Mensch des 12. Jahrhunderts davon geträumt haben
könnte, die Existenz von Bäumen, Regen oder eines Wasserfalls in Frage zu
stellen. Er fügte hinzu, die Menschen haben «keinen intellektuellen, moralischen oder spirituellen Bezugspunkt, von dem aus es ihnen möglich wäre, die
Technologie zu beurteilen und zu kritisieren».[29]

Ellul ist ein technologischer Determinist und beeinflußt von einer darwinistischen Haltung gegenüber der Umwelt. Charles Darwin glaubte, eine natürliche Umwelt bestimme die äußeren Merkmale natürlicher Organismen
und gestalte sie. Ende des 19. Jahrhunderts behaupteten die Sozialdarwini-
sten, indem sie die Lehren Darwins verallgemeinerten, die Auswahl der Le-
benstüchtigsten werde von der sozialen Umwelt getroffen. Da Ellul zu erkennen glaubte, die technologische Umwelt sei an die Stelle der natürlichen
getreten und beherrsche das politische, wirtschaftliche und gesellschaftliche
Leben, war er der Überzeugung, daß technologische Systeme den Charakter
menschlicher Wesen formen. Er faßte seine Haltung in der Behauptung zusammen, das neue technische Milieu sei künstlich, autonom und selbstbe-
stimmend; sein Wachstum werde bewirkt durch eine Anhäufung von Hilfs-
mitteln und nicht durch das Streben nach einem Ziel. Das Milieu sei ein
System, weil alle seine Teile so sehr voneinander abhängig seien, daß sie
unmöglich voneinander getrennt werden könnten. Auch die technische Komponente sei untrennbar mit den anderen verbunden.[30]

Ellul glaubte, wir sorgten uns heute um in unserer technologischen Gesellschaft entstandene Probleme, die in Wirklichkeit tiefere, weniger leicht wahrgenommene verdecken. Zu ihnen gehören zum Beispiel die Luftverschmutzung und die Übervölkerung der Städte, die, wie er überzeugt war, im Verlauf
der weiteren Entwicklung der technologischen Systeme gelöst werden würden. Es beunruhigte ihn auch nicht, daß die technologischen Systeme unsere
Moral untergraben könnten. Die Systeme würden uns nur daran hindern,
wesentliche moralische Entscheidungen zu treffen. Das eigentliche Problem
für ihn lag darin, ob der Mensch die technologischen Systeme würde beherrschen und die immer schwerer werdende Bürde des technologischen Determinismus würde erleichtern können. Daran zweifelte er. Er meinte, der Mensch
sei bereits «technisiert». Doch die Politiker verstünden die technologischen

Systeme nicht gut genug, um sie zu beherrschen, und Wissenschaftler und Techniker seien so spezialisiert, daß ihr Denken nicht den ganzen Umfang der technologischen Systeme mit ihren einander beeinflussenden technischen, politischen, wirtschaftlichen und sozialen Komponenten erfassen könne. Er erwartete auch nicht, daß die Marxisten das technische Milieu beherrschen würden, weil sie sich unkritisch damit abgefunden hätten.[31]

Ellul meinte, wir verkauften ebenso wie Esau unser Erstgeburtsrecht für ein Linsengericht, und der Preis, den wir für einen Überfluß an Gütern und Dienstleistungen bezahlten, sei unsere persönliche Freiheit. Wir sehen nicht, daß die Technologie, während sie Probleme löst, auch Probleme schafft wie im Fall von Automobilen, die Verkehrsstaus und die Luftverschmutzung. Außerdem ist es nicht möglich, sich für die gute Technologie zu entscheiden und die schlechte abzulehnen, denn beide sind innerhalb der technologischen Systeme untrennbar miteinander verbunden. Er schrieb, Sputniks «verdienen kaum ein enthusiastisches Delirium», und «es ist keine Sache von wirklich großer Bedeutung, ob es den Menschen gelingt, den Mond zu erreichen, Krankheiten mit Antibiotica zu heilen oder die Stahlproduktion zu erhöhen. Die Suche nach Wahrheit und Freiheit führt uns zu höheren Zielen...»[32] Ellul meinte damit nicht die politische Freiheit, sondern die Befreiung von den deterministischen Kräften der Technologie, besonders von denen, die aus der raschen Erweiterung großer technologischer Systeme der Produktion, der Kommunikation und des Verkehrswesens entstanden.

Eine den Bedürfnissen der Menschen angemessene Technologie

Die Ende der 1960er und Anfang der 1970er Jahre verfaßten Bücher und Aufsätze von Ellul, Mumford, Marcuse, Roszak und anderen Kritikern technologischer Systeme, die sich um deren deterministische Tendenzen Sorgen machten, haben die Generation der Aktivisten beeinflußt, die sich Mitte der 1960er Jahre auf die Menschenrechte und die verheerenden Folgen des Vietnamkrieges konzentrierten. Einige dieser Aktivisten begannen in der modernen Technologie, besonders in den großen technologischen Systemen, die Ursache aller kulturellen und gesellschaftlichen Krebsschäden zu sehen, gegen die sie protestierten. Die chemischen Fabriken, die das Napalm und die Unkrautvernichtungsmittel hergestellt hatten, die in Vietnam eingesetzt worden waren, erzeugten zum Beispiel auch die Schädlingsbekämpfungsmittel, Herbizide und andere, die Umwelt belastenden Chemikalien, die im eigenen Land schwere Umweltschäden anrichteten.[33] Die Firmenchefs solcher Unternehmen waren häufig Gäste im Verteidigungsministerium, wo sie sich daran beteiligten, Systeme zur Vernichtung des Lebens zu entwerfen. Beim Militär und in der Industrie wurde viel von Leistung, Ordnung, Zentralisierung und Systematisierung gesprochen. Das unaufhörliche Organisieren und die Propaganda für politische Ziele, die nicht die ihren waren, frustrierte diese Aktivisten, die zudem durch Gegenmaßnahmen der Polizei, der Armee und der Gerichte eingeschüchtert und handlungsunfähig gemacht wurden, so daß sie sich immer entschiedener gegen «das System» selbst wendeten. Sie setzten sich für eine dezentralisierte und den Bedürfnissen der Menschen angemessene Technologie als Alternative zu den umfassenden technologischen Systemen ein.[34]

Ein deutliches Zeichen dafür, mit welcher Begeisterung der Gedanke aufgenommen wurde, unseren Bedürfnissen angepaßte Technologien in kleinem Maßstab zu entwickeln, war der Erfolg von *The Whole Earth Catalog* (1968), der Vorschläge für eine umweltfreundliche Technologie machte, die es erlauben würde, die Umwelt neu zu gestalten.[35] Für Menschen, die bereit waren, in kleinen autarken Gemeinwesen zusammenzuleben, empfahlen die Verfasser des Katalogs hochwertige Werkzeuge und kleine Maschinen, die für wenig Geld im Versandhandel zu beziehen waren, die Umwelt nicht belasteten und von jedermann benutzt, instandgehalten und repariert werden konnten. Viele dieser Gegenstände waren im 19. Jahrhundert von amerikanischen Handwerkern und kleinen Farmern verwendet worden. Langdon Winner schreibt, dieser Katalog vermittle die Vorstellung von «einer schablonenhaft spirituellen und materiellen Kultur, in der die Seinsweise eines Menschen in höheren Bewußtseinszuständen und in der skrupulösen Auswahl seiner Werkzeuge zum Ausdruck kommt».[36] Viele, die sich darum bemühten, die Philosophie des Whole Earth Catalog praktisch zu verwirklichen, versuchten – wie die Amish – ein von der Massenfabrikation und den großen Energieversorgungsunternehmen unabhängiges Leben zu führen. Die Amish und andere, die ebenso leben wollten wie sie, verzichteten auf die Versorgung mit elektrischem Strom und die Erzeugnisse der Massenfabrikation, arbeiteten in der Landwirtschaft mit Zugtieren, beleuchteten ihre Häuser mit Petroleumlampen und verwendeten Wasser- und Windmühlen.[37]

Ein 1976 in der einflußreichen amerikanischen Zeitschrift *Foreign Affairs* veröffentlichter Artikel behandelte im wohlbegründeten, sachlichen Stil des Wissenschaftlers die Vorstellungen und Ziele der Befürworter einer umweltverträglichen Technologie und machte dazu Vorschläge, die den Auffassungen von Philosophen wie Mumford und Marcuse entsprachen. Der Verfasser war Amory B. Lovins, ein britischer Physiker, der in Großbriannien die Friends of the Earth, Inc. vertrat und auf die in diesem Jahrzehnt eingetretene Energiekrise sowie auf langfristige technische, wirtschaftliche, politische und Umweltprobleme einging mit dem Vorschlag, die Industrienationen und besonders die Vereinigten Staaten sollten zur Befriedigung des Energiebedarfs in Zukunft anstelle des «harten» einen «sanften» Weg beschreiten. Der harte Weg wäre es nach Lovins, wenn man sich auf die Pläne von Regierungsbehörden, der Energiewirschaft und der für die Elektroindustrie arbeitenden Forschungsinstitute verlassen wollte. Der harte Weg bedeutete das Festhalten an den großen Stromversorgungssystemen auf unabsehbare Zeit. In den nächsten 50 Jahren würden Erdöl und Erdgas als primäre Energiequellen für die Erzeugung von Elektrizität verbraucht werden, und der gesteigerte «massive» Energiebedarf würde mit elektrischem Strom gedeckt werden, der aus Kernenergie und Kohle erzeugt werden müßte. Der von Lovins empfohlene sanfte Weg sah eine «alternative... Zukunft» vor, in der die großen Stromversorgungssysteme von kleinen, dezentralisierten Quellen für erneuerbare Energie abgelöst würden, indem man dazu überging, «sanfte» Technologien einzusetzen und Wind, Sonne und pflanzliche Stoffe zu nutzen. Diese sanften Technologien erforderten keine besonderen Spezialkenntnisse, und ihre Anwendung würde jedem verständlich sein. Lovins wies ausdrücklich darauf hin, daß die Technologien zur Gewinnung der sanften Energie nicht «vage, verschwommen, spekulativ oder kurzlebig seien, sondern flexibel, elastisch, zuverlässig und umweltfreundlich».[38] Sie bewähren sich, wenn die Menschen sparsam, rücksichtsvoll, bescheiden und handwerklich geschickt sind. Harte Technologien sind Schöpfungen von großen Unternehmen und Regierungsbehörden und auf die Fortsetzung der gegenwärtigen Praxis zugeschnitten. Sie werden von Menschen wie Samuel Insull am Leben erhalten.

Da Lovins als Ingenieur mit den Techniken der Energiegewinnung vertraut war, konnte er seine Argumentation mit sachlichen Hinweisen untermauern und darauf hinweisen, daß große Kraftwerke sehr unwirtschaftlich mit der Primärenergie umgehen, wenn sie drei Einheiten Brennstoff in zwei Einheiten Abwärme und nur eine Einheit Elektrizität verwandeln. Die Stromrechnung besteht zur Hälfte aus den Kosten für die Starkstromleitungen und die Stromverteilung. Die Kraftwerke verbrauchen große Energiemengen, um die Primärenergie des Öls, des Gases oder der Kohle in die höhere Form der Elektrizität zu verwandeln, die dann wieder in niedrigere Energieformen wie Wärme und mechanische Kraft zurückverwandelt wird. Lovins fragte nun, weshalb man nicht diese kostspieligen Umwandlungen, Stromleitungen und Verteilersysteme ausschaltet und es dem Verbraucher erlaubt, die Energie direkt aus kleinen, örtlichen Quellen zu gewinnen wie Wind- und Wassermühlen, Sonnenkraftwerken und Niedrigtemperatur-Verbrennungsverfahren. Als eine noch dramatischere Lösung empfahl er, den Energieverbrauch durch eine ganze Reihe von Sparmaßnahmen und «technischen Kunstgriffen» zu reduzieren. Zu den technischen Kunstgriffen gehörten Wärmepumpen und das effizientere Verbrennen der Kohle im Fließbettverfahren. Er hielt es für möglich, auf alle zentralen Kraftwerke zu verzichten, doch anstelle dieses radikalen Vorgehens empfahl er nur, ihre Anzahl zu verringern und vermehrt dazu überzugehen, die Abwärme, die in den Industrieanlagen entstand, als Energiequelle für die zentralen Kraftwerke zu benutzen.

Das Beschreiten des sanften Weges werde zahlreiche technische, wirtschaftliche, politische und soziale Vorteile bringen. Ingenieure und Facharbeiter würden bei der Entwicklung der neuen Technologien interessante Pro-

bleme zu lösen haben. Die ersparten nationalen Ressourcen ließen sich zur
Lösung anderer sozialer Aufgaben einsetzen. Man bräuchte nicht mehr die
ungeheuren Risiken zu berücksichtigen, die wir bei der Nutzung der Kernenergie auf uns nehmen müssen. Auf diese Weise würde auch etwas gegen
die Weitergabe kerntechnischer Verfahren und die gefährliche Vermehrung
der Kernwaffen unternommen. Auch die Empfehlungen der Umweltschützer
könnten so berücksichtigt werden. Die Übervölkerung der Großstädte und
Industriegebiete würde verringert. Die hierarchisch organisierte Großtechno-
logie, die, wie Ellul, Mumford und Marcuse nachzuweisen suchten, das Individuum unterdrückte und beherrschte, würde verschwinden. Die soziale Vielfalt und die Entscheidungsfreiheit des einzelnen würde zunehmen.

Was Lovins zu sagen hat, ist das genaue Gegenteil dessen, was wir bei Insull
beobachtet haben. Fast ein halbes Jahrhundert zuvor hatte Insull als Direktor
der Elektrizitätswerke in Chicago und einer großen Holdinggesellschaft, die
ein weites Gebiet mit Licht- und Kraftstrom versorgte, noch als Prophet des
technologischen Wachstums und sozialer Verbesserungen gegolten. Er hatte
sich überzeugend für eine zentralisierte Massenproduktion elektrischer Energie ausgesprochen. Im Namen der Leistungsfähigkeit hatten er und seine
Ingenieure immer größere Kraftwerke gebaut. Damit schufen sie Stromverteilungsnetze für ganze Regionen, weil ein verbesserter Belastungsfaktor die
Stromkosten senken würde. In einem erfolgreichen Werbefeldzug veranlaßte
Insull einzelne Industrieunternehmen, ihre eigenen kleinen Kraftwerke still-
zulegen und sich an die Verbundnetze der Elektrizitätswerke seiner Holdinggesellschaft anzuschließen. Nur wenige Zeitgenossen zweifelten an der Richtigkeit der Theorie von Insull, nach der die großen Systeme die richtige technologische Lösung auf dem Gebiet der Stromversorgung darstellten.

Lovins erkannte sehr wohl das Wirken der konservativen Kräfte in den
bestehenden umfassenden Systemen, wie sie etwa von Insull geschaffen worden waren. Anders als den technologischen Deterministen, die erwarteten,
daß eine neue Technologie unbedingt dramatische soziale Veränderungen
bringen werde, war ihm bewußt, daß, auch wenn das Entstehen neuer Technologien denkbar sei, die Haltung und die Wertbegriffe, die zu ihrer praktischen Anwendung in der Weise führen könnten, wie es die Reformer
wünschten und prophezeiten, sich unter Umständen nicht durchsetzen würden. Mit einem Zitat der beliebten Comic-Figur Pogo fragte er: «Warum
stehen wir denn hier vor diesen unüberwindlichen Gelgenheiten?» Die Antwort lautete nach seiner Meinung, die Ursachen seien «außer einem Informa-
tionsmangel und ideologischer Antipathie und Starrheit... eine ganze Reihe
institutioneller Hindernisse», einschließlich überholter Bauverfahren «einer
neuerungsfeindlichen Bauindustrie... Der Widerstand mächtiger Gewerkschaften gegen Pläne, die dazu führen würden, daß weniger spezialisierte
Facharbeiter ihren Mitgliedern die Arbeitsplätze streitig machen könnten...
Die Zersplitterung der Regierungsverantwortlichkeiten und so weiter».[39] Er

sagte: «Jede anspruchsvolle Hochtechnologie neigt dazu, eine einflußreiche und eifrige Anhängerschaft zu erzeugen, die sich aus denen zusammensetzt, die ihren kommerziellen Erfolg mit der eigenen und der öffentlichen Wohlfahrt verbinden.» Wer das technische Wissen und Können erworben hat, um die bestehenden Systeme zu betreiben und zu erweitern, wird kaum bereit sein, sich radikal auf neue technologische Anforderungen umzustellen. Die Tatsache, daß in ein großes technologisches System hohe Geldsummen und erhebliches technisches Fachwissen investiert worden sind, hat «auf die Beratergremien der Regierung einen unverhältnismäßig starken Einfluß, oft auch deshalb, weil das Personal zwischen einzelnen Behörden ausgetauscht wird, die jeweils entweder politisch oder auftragsorientiert sind.»[40]

Trotz des Einflusses der Befürworter des harten Weges begannen eine Reihe von Organisationen, die zum Teil von der Regierung finanziert wurden, Anfang der 1970er Jahre mit der praktischen Anwendung sanfter und den Bedürfnissen der Menschen angepaßter Technologien zu experimentieren. Schon seit längerer Zeit bestehende und neugegründete Organisationen zur Lösung von Umweltproblemen beschäftigten sich nun mit Fragen, die sowohl den Umweltschutz als auch die Bedeutung großer technologischer Systeme betrafen. In seinem Buch *The Closing Circle* (1971) unterstützte Commoner solche Versuche und begründete seine Haltung damit, daß die moderne Technologie augenscheinlich die Hauptursache für Umweltprobleme sei.[41] Unorthodoxe Ingenieure und Wissenschaftler trugen mit ihrem Fachwissen viel zur Entwicklung und Demonstration einer «sanften» Technologie bei, die sie als umweltfreundlich, energiesparend und in ihrem Umfang begrenzt bezeichneten. Diese Technologie sollte nach ihrer Auffassung an die Stelle der kapitalintensiven, umweltbelastenden, zentralisierten Technologie der Massenproduktion treten. Schumachers Buch *Small Is Beautiful* (1973) war für viele Befürworer einer umweltschonenden Technologie eine anregende Lektüre.[42] Um 1970 erschienen auch andere Bücher, die jene ermutigten, die an den Beginn eines neuen Zeitalters glaubten. Vielleicht angeregt durch den Glauben an die Möglichkeit, daß die umweltfreundliche Technologie die weitere Ausbreitung der ökologisch belastenden technologischen Systeme hemmen werde, schrieben einige der Verfasser, die bisher pessimistisch über die Zukunft der technologischen Gesellschaft gedacht hatten, von Hoffnung erfüllte Bücher. Fünf Jahre nach Erscheinen seines Buches *Der eindimensionale Mensch* veröffentlichte Marcuse *An Essay on Liberation* (1969). Roszak schlug in *Where the Wasteland Ends* (1972) vor, eine alternative Gesellschaft zu entwickeln, um den in *The Making of a Counter Culture* beschriebenen sozialen Mißständen zu begegnen.

Alvin Toffler sagte in *The Third Wave* (1980) den Zusammenbruch des technologischen Systems voraus.[43] In dem vielgelesenen und einflußreichen Buch sprach er die Erwartung aus, daß die «zweite Welle» der Geschichte, die etwa der Ära der britischen industriellen Revolution und der zweiten industriellen Revolution in den Vereinigten Staaten und in Deutschland entsprach, nun zu Ende gehen werde. Er begrüßte die «dritte Welle», die um 1955 begonnen habe, als in den Vereinigten Staaten die Zahl der Angestellten zum ersten Mal größer wurde als die der Arbeiter.[44] Die von ihm so genannten Wellen bezeichnete er nach der jeweils vorherrschenden Technologie und brachte zum Beispiel die dritte Welle mit den revolutionierenden Entwicklungen auf den Feldern der Raumfahrt, der elektronischen Kommunikation und der Computer in Verbindung. Jede Welle zeigt die für sie charakteristischen Gesellschaftsstrukturen und Wertmaßstäbe. Bei der zweiten Welle ging es um Standardisierung, Spezialisierung, Synchronisation, Konzentration, Maximierung und Zentralisation.[45] Wie wir gesehen haben, sind dies die Grundsätze, denen die Systembauer im 20. Jahrhundert gefolgt sind. Toffler behauptete, diese Prinzipien hätten sowohl das Verhalten der Gesellschaft als auch das des einzelnen bestimmt. Die Systembauer bezeichnete er als «Integratoren» und schloß in diese Kategorie auch die Manager großer Unternehmen ein. Die dritte Welle werde, wie er glaubte, die Spezialisierung, die Synchronisierung und andere Merkmale der zweiten Welle aufgeben. An ihrer Stelle würden ganzheitliche Methoden für die Problemlösung gefunden werden, zum Beispiel die flexible Arbeitszeit, das Entstehen kleiner Produktionseinheiten, die Herstellung von Gebrauchsgegenständen, die auf das Individuum zugeschnitten sind, und eine Verteilung der Verantwortungsbereiche in den Herstellungsbetrieben auf eine größere Zahl von Personen. Er rechnete mit dem Entstehen des vollelektronischen Hauses, wo der Angestellte durch ein elektronisches Kommunikationssystem mit seinen Kollegen verbunden seine Informationen aus einer zentralen Speicheranlage abrufen und an Telefonkonferenzen teilnehmen konnte. Die physische Arbeit in der Industrie würde dann immer mehr von Robotern übernommen werden. Tofflers Buch trug wesentlich zur Verbreitung dieser Ideen über die Zukunft bei. Seine Voraussagen gleichen denen, die in den 1920er Jahren von Ford, Mumford und anderen begeisterten Förderern der zweiten industriellen Revolution gemacht worden sind. Wie wir gesehen haben, glaubten sie, mit dem Entstehen der großen Stromverbundnetze werde die Übervölkerung der Großstädte aufhören, und Bergwerke und Kraftwerke würden weit außerhalb der kleinen Gemeinwesen liegen, in denen eine dezentralisierte Industrie entstehen könnte. Im Fall der dritten Welle steht uns die Technologie zur Verfügung, wie das auch in der zweiten industriellen Revolution der Fall war. Im Verlauf der Geschichte haben für die Technik begeisterte Menschen immer wieder zu Utopien geneigt und geglaubt, die vorhandene Technologie werde dazu verwendet werden, ihre besonderen Zukunftsvisionen Wirklichkeit werden zu lassen.

Auch in der Architektur kam es zu einer Reaktion gegen einen modernen, technologischen Baustil. Eine Architektur, die sehr bald als postmodern bezeichnet wurde, aber nicht unbedingt als Ausdruck der Ablehnung der Massenproduktion von Verbrauchsgütern und der großen technologischen Systeme, die sie erzeugen, angesehen werden darf, war immerhin eine Reaktion, die sich gegen die Wertvorstellungen richtete, die den modernen oder internationalen Architekturstil bestimmten, gleichzeitig aber auch die moderne Technologie. Der amerikanische Architekt Robert Venturi hat viele seiner Kollegen veranlaßt, ihre Haltung gegenüber dem damals vorherrschenden internationalen Stil zu überdenken. 1966 veröffentlichte er ein einflußreiches Manifest, dessen Titel, *Complexity and Contradiction in Architecture*, seine Haltung erkennen ließ. Er sagte, die Architekten dürften sich nicht durch die reine, schlichte, unkomplizierte Sprache der modernen Architektur und der modernen Technologie einschüchtern lassen. Anders als Behrens, Gropius, Le Corbusier, Mies und andere Vertreter des internationalen Stils bezog er sich nicht auf die Wertmaßstäbe und Grundsätze der Techniker und besonders nicht auf den Taylorismus und Fordismus, er meinte vielmehr die inneren Widersprüche in der Welt, in der er lebte. Dabei führte er die mathematische Beweisführung Gödels, die Analyse der schwierigen Dichtkunst von T. S. Eliot und die paradoxe Qualität der Gemälde von Joseph Albers an. Anders als Mies, der gesagt hatte, weniger sei mehr, verlangte Venturi nach einer formenreichen und vieldeutigen Architektur, denn er glaubte, weniger sei langweilig. Er lehnte den simplizistischen Funktionalismus ab, der bei den phantasielosen Jüngern der Pioniere des modernen internationalen Architekturstils so beliebt war. Venturis Distanzierung vom industriellen Vokabular, den Getreidesilos und Fabriken der ersten modernen Architekturen, wurde noch deutlicher, als er mit Denise Scott Brown und Steven Izenour das Buch *Learning from Las Vegas* (1972) veröffentlichte, in dem die Verfasser dazu aufriefen, andere Zeichen und Symbole zu finden als die der modernen technologischen Kultur. Sie wollten die Wertvorstellungen und Bestrebungen einer volkstümlichen, bodenständigen Kultur berücksichtigt sehen, in der Gefühle in der Architektur und Kunst ihren Ausdruck suchten. Sie glaubten, der Architekt müsse von der ihn umgebenden Landschaft und der gewachsenen Struktur der Städte etwas lernen. Die Italiener der Renaissance hatten zum Beispiel das Volkstümliche und das Vitruvische harmonisch miteinander verbunden. In den 1970er Jahren haben auch andere Architekten wie Michael Graves, James Stirling, Charles Moore und Robert Stern die postmoderne Architektur gefördert. Obwohl sie auf dem Boden der Gegenkultur gewachsen war, konnte sich die postmoderne Architektur deutlicher artikulieren als eine postmoderne Technologie oder der von den Führern der Gegenkultur gewünschte Postindustrialismus.

Beharrungsvermögen

Ein schwerwiegender Denkfehler der begeisterten Befürworter einer radikal neuen Technologie liegt darin, daß sie anders als die Befürworter der postmodernen Architektur nicht berücksichtigen, wie tief Organisationen, Grund-

sätze, Haltungen und Absichten ebenso wie technische Komponenten in technologischen Systemen verankert sind. Architektur und Kunst scheinen nicht
so sehr von der Vergangenheit belastet zu sein. Anders als Lovins haben die
Vertreter eines neuen Stils in der Technologie das Beharrungsvermögen oder
die konservativen Kräfte technologischer Systeme nicht zu erkennen ver-
mocht. Wie wir gesehen haben, gehörten zu den großen technologischen
Systemen wie etwa zu denen, die für die Versorgung weiter Regionen mit
elektrischem Kraft- und Lichtstrom geschaffen worden waren, nicht nur technische und physikalische Dinge wie Generatoren, Transformatoren und
Starkstromleitungen, sondern auch Kraftwerke, Fabriken für elektrische Geräte und Hilfseinrichtungen wie Aufsichtsbehörden und Gesetze. Auch das
Beharrungsvermögen des Systems für die Erzeugung des Sprengstoffs für
Kernwaffen ergibt sich aus der Beteiligung zahlreicher Organisationen wie
des Militärs, der Industrie, der Universitäten und vieler anderer sowie aus
dem Einsatz Hunderttausender von Personen, deren fachliches Können und
deren Mitarbeit die Funktionsfähigkeit des Systems garantieren. Darüber
hinaus erhöhten die Impulse des kalten Krieges die Dauerhaftigkeit des Systems. Die Abrüstung stieß nicht nur wegen der Existenz Zehntausender von
Kernwaffen auf fast unüberwindliche Hindernisse, sondern auch wegen der
im Militär, der Industrie und an den Universitäten bestehenden, komplex wirkenden konservativen Kräfte. Wir haben beobachtet, wie sich das Pearl Street
Versorgungssystem von Edison im Jahrhundert des technologischen Enthusiasmus allmählich über ganze Städte und Regionen ausbreitete; zur gleichen
Zeit haben wir gesehen, wie das Produktionssystem von Ford einen ganzen
Kontinent und auch überseeische Länder mit seinem Netz überspannte; und
dann haben wir erlebt, wie die Kernenergie, deren Nutzungsmöglichkeiten
zunächst nur im Laboratorium erforscht wurden, das Entstehen eines gewaltigen industriellen Komplexes ermöglicht hat. Die Zahl der dabei beschäftigten Personen ist von wenigen Hundert auf Hunderttausende angestiegen und
die Investition von Tausenden auf Milliarden Dollar. Große Systeme zeigen
also ein Verhalten, das sich mit der physikalischen Massenträgheit vergleichen läßt. Die Masse ihrer technischen, organisatorischen Komponenten und
Verhaltensmuster neigt dazu, ihr ständiges Wachsen und die einmal einge-
schlagene Richtung beizubehalten.[46]

Im vorigen Jahrhundert hat Karl Marx gezeigt, in welcher Weise bestimmte Interessen, besonders das Kapital, den Verlauf der Geschichte beeinflussen. Große technologische Systeme repräsentieren mächtige Interessen
anderer Art. Zahlreiche Menschen entwickeln besondere Fähigkeiten und
erwerben ein Fachwissen, um den Anforderungen des Systems zu genügen,
dessen Teil sie sind. Eine wesentliche Veränderung der charakteristischen
Merkmale des Systems oder gar seine Aufgabe würde dazu führen, daß diese
Menschen keine Fachleute mehr sind. Die Maschinen, Geräte und Verfahren
in dem System sind sein Kapital, aber es ist eine besondere Art von Hard-

ware-Kapital mit bestimmten Merkmalen, die man «systemspezifisch» nennen könnte. Systemveränderungen führen dazu, daß dieses Kapital wertlos wird. Angesichts dieser Möglichkeit errichten die in technologischen Systemen Beschäftigten und diejenigen, die ihr Geld in diesen Systemen investiert haben, ein Bollwerk aus organisatorischen Strukturen, ideologischen Verpflichtungen und politischen Machtstrukturen, um sich selbst und die Systeme zu schützen. Nur selten treffen wir auf ein neuentwickeltes System, das Geistesprodukt eines radikalen Erfinders, das in dieser Weise geschützt wird; aber ebenso selten wird es ein ausgereiftes System geben, dessen sich große Geschäftsunternehmen oder Regierungsbehörden bedienen, das einen solchen Schutz entbehrt. Das ist einer der Hauptgründe dafür, daß ausgereifte Systeme neuentstandene zu erdrücken pflegen.

Einige Historiker, Soziologen und Philosophen haben die konservativen Kräfte erkannt, die in der Technologie wirksam werden, aber sie haben verschiedene Namen dafür gefunden. Mumford sprach von der Tyrannei der Megamaschinen; Ellul spricht in seinen Schriften vom Determinismus technologischer Systeme. Der Wirtschaftswissenschaftler John Kenneth Galbraith hat von den gewaltigen «Technostrukturen» gsprochen, in welche die moderne Industriegesellschaft eingebunden ist.[47] Der Historiker William McNeill, dessen Spezialgebiet die neuere Geschichte ist, beschreibt in seinem Buch *Krieg und Macht (The Pursuit of Power*, 1982), wie stark Politiker, Zeitungsherausgeber und ungezählte andere Personen und Interessen mit militärisch-industriellen Systemen verflochten sind. Walter A. McDougall berichtet in *The Heavens and the Earth: A Political History of the Space Age* (1985),[48] wie die Ressourcen und die Autorität des Staats und die physische und organisatorische Macht der Technologie mit weittragenden sozialen Konsequenzen in eine Technokratie eingebunden sind. McDougall glaubt, daß die für die Technologie begeisterten und machthungrigen Politiker die Entwicklung der Technokratie beschleunigen. Das ließe sich deutlich bei dem Wettrennen um die Überlegenheit im Weltraum erkennen.

Abhängigkeiten, Katastrophen und Umdenken

Was könnte angesichts dieses Konservatismus und dieser Dynamik zu einem Verzicht auf große, zentral und hierarchisch gelenkte Produktionssysteme führen? Welche Kräfte könnten der Tendenz großer technologischer Systeme, soziale Veränderungen herbeizuführen und sogar den Verlauf der Geschichte zu beeinflussen, entgegenwirken? Werden unsere Arbeitsplätze einmal so aussehen, wie die von Toffler beschriebenen, mit Elektronik vollgestopften Wohnhäuser? Ist die Förderung der sanften Technologie angesichts der riesigen, mit harter Energie arbeitenden Systeme vernünftig? Was könnte zum Verzicht auf die Nuklearindustrie oder zum Auseinanderbrechen des von der Kernkraft beherrschten militärisch-industriellen Komplexes führen? Um eine wesentliche Veränderung in der Dynamik und der Richtung der massiven Produktionssysteme wie etwa der großen elektrischen Stromnetze herbeizuführen, bräuchte man unbedingt eine Gegenkraft vergleichbarer Stärke. Es müßte zu Veränderungen der äußeren Umstände kommen, die sich mit denen vergleichen lassen, die das Sterben von Organismen verursachen, die sich ihrer Umwelt angepaßt oder sie sogar gestaltet haben. Für den Kampf gegen große technologische Systeme braucht man Kräfte wie jene, die das Aussterben der Dinosaurier veranlaßt haben. Ebenso wie die Dinosaurier sind einige technologische Systeme von Merkmalen gekennzeichnet, die sie in der Vergangenheit angenommen haben und die den damaligen Umweltbedingungen entsprachen, nicht aber den gegenwärtigen. Weil diese Merkmale sich oft besonders in der Hardware eines technologischen Systems finden, sind sie so langlebig. Diese anachronistischen Charakteristiken bestehen weiter, obwohl sich die Umwelt wesentlich verändert hat und diese Veränderungen andere Charakteristiken begünstigen würden. Nur eine gewaltige Veränderung der Umweltbedingungen kann das Aussterben des neuen Dinosauriers bewirken.

Es gibt Beispiele für bedingte Umweltveränderungen, die den Verlauf der Entwicklung großer technologischer Systeme ändern können. Das Ölembargo von 1973 und der folgende Anstieg der Benzinpreise zwang schließlich die amerikanischen Automobilhersteller, ihre Automobilmodelle wesentlich zu verändern, die auf den Verbrauch von billigem Kraftstoff angelegt waren. Es hatte auch schon früher Veränderungen von Modellen und Neuerungen im Herstellungsverfahren gegeben, aber nichts, was sich mit den Veränderungen des Produkts und des Herstellungsverfahrens vergleichen läßt, die als Folge des starken Anstiegs der Benzinpreise vorgenommen werden mußten. Detroit reagierte auf die neuen Marktbedingungen, als die Amerikaner anfingen, japanische oder deutsche Automobile zu kaufen, die als Folge der hohen Benzinpreise in diesen Ländern so konstruiert waren, daß sie nur einen geringen Kraftstoffverbrauch hatten. Da der Markt die entscheidende Umwelt für diese Systeme ist, bringen Veränderungen auf dem Markt auch Veränderungen in der Struktur der Produktionssysteme. Wie wir beobachtet haben, erweiterten sich die militärischen und nichtmilitärischen Massenproduktionssysteme in den Vereinigten Staaten rapide während eines Jahrhunderts, als es einen immer größer werdenden Markt für Verbrauchsgüter gab und die Nachfrage für Rüstungsgüter als Folge kriegerischer Ereignisse und des kalten Krieges anstieg. Wenn sich die Nachfrage verringerte, würden die Umstände, die die Massenproduktion begünstigten und aufrechterhielten, an Einfluß verlieren, und solche veränderten Marktverhältnisse würden unter Umständen zum Entstehen von Produktionssystemen führen, die weniger hierarchisch strukturiert und nicht mehr so groß sein müßten.

In den letzten Jahrzehnten haben vieldiskutierte technologische Katastrophen Reaktionen der Öffentlichkeit ausgelöst, die zeigten, daß sich die Hal-

Gasexplosion bei der Katastrophe mit der Raumfähre Challenger *am 28. Januar 1986.*

Ein Trümmerstück der Challenger.

tung der Menschen gegenüber großen technologischen Systemen verändert
hat, was ihren weiteren Ausbau auf die Dauer verlangsamen könnte. Die
durch Tankerunglücke verursachten Ölpesten an den Küsten und die Smogalarme in den Großstädten beunruhigten die Bevölkerung in den 1960er
Jahren so sehr, daß Umweltschutzgesetze erlassen werden mußten, mit denen
die Industrie gezwungen wurde, ihre Praktiken auf manchen Gebieten umzustellen. Private und öffentliche Einrichtungen für den Umweltschutz gewannen mit der Zunahme von Unfällen auf diesem Gebiet an Bedeutung. Die
Reaktorkatastrophe von 1979 im Kernkraftwerk auf Three-Mile Island erhöhte die Besorgnisse der Öffentlichkeit und veranlaßte die Regierung, Ver-
ordnungen zu erlassen und Kontrollmaßnahmen anzuordnen, welche die
Nutzung der Kernkraft einschränkten. Der tragische Challenger-Unfall von
1986 führte dazu, daß die NASA, ein großes von der Regierung und der
Industrie betriebenes System, an dem auch das Militär beteiligt war, seine
Tätigkeit zeitweilig einschränken, wenn auch nicht ganz aufgeben mußte.

Zum Glück konnte die absolute Katastrophe im Kernkraftwerk auf Three-
Mile Island durch sofort eingeleitete Gegenmaßnahmen und das zufällige
Zusammentreffen günstiger Umstände vermieden werden, aber die Nation
und die Welt wurden so deutlich wie nie zuvor auf die Komplexität und die
Unfallträchtigkeit großer Systeme hingewiesen. Man hat die Kastastrophe
auf Three-Mile Island als einen «normalen Unfall» bezeichnet. Wenn es auch
weiterhin zu solchen normalen Unfällen kommt, dann werden sie vielleicht
die Öffentlichkeit gegen die großen, zentralisierten und hierarchisch kontrollierten Systeme mobilisieren. Der Soziologe Charles Perrow, der als Berater
der Kommission für die Untersuchung des Vorfalls auf Three-Mile Island
tätig war, schreibt:

«Während unser Leben immer stärker von der Technologie beeinflußt
wird, die Zahl der Kriege zunimmt und wir immer stärker in die Natur
eingreifen, schaffen wir Systeme – Organisationen und die Organisation von
Organisationen –, die die Risiken für die Betreiber, die Nutznießer, die unbe-
teiligten Zuschauer und künftige Generationen vermehren . . . Die meisten
dieser riskanten Unternehmen sind potentielle Auslöser von Katastrophen . . . Jedes Jahr nimmt die Zahl solcher Systeme zu.»[49]

Angesichts des Zusammenwirkens eines vielfachen technischen Versagens
auf Three-Mile Island innerhalb weniger Sekunden und angesichts der Un-
verständlichkeit dieses Zusammenwirkens können wir sagen, daß diese Episode bezeichnend für frühere und künftige Fehlleistungen im Rahmen großer, engverzahnter technologischer Systeme ist. Das Auftreten vielfältigen
technischen Versagens wird am ehesten bei engverzahnten Systemen zu erwarten sein, bei denen die Funktionen der einzelnen Komponenten in hohem
Maß voneinander abhängig sind. Zu ihnen gehören Kernkraftwerke, Starkstromnetze, Kernwaffensysteme, Raumfahrtunternehmen, Flugüberwa-
chungssysteme und chemische Fabriken.[50] Die Manager solcher Systeme

Das Kernkraftwerk auf Three-Mile Island während des Unfalls
am Abend des 28. März 1979.

müssen oft zugeben, daß es ihnen unmöglich ist, diese Systeme in ihrer
ganzen Komplexität zu begreifen, einer Komplexität, die mit dem Umfang
der Systeme zuzunehmen pflegt.[51]

Die Berichte über die Vorgänge auf Three-Mile Island sprachen damals von
einem Reaktorunfall, und die Öffentlichkeit glaubt bis heute an diese Darstellung, aber in Wirklichkeit war es ein Schaden im Stromversorgungssystem.
Kernreaktoren übernahmen nach dem Vorbild von Shippingport in den Kraftwerken die Aufgabe der Siedekessel zur Erzeugung von Dampf, die nun nicht
mehr mit Kohle oder Erdöl, sondern mit Uran geheizt wurden. Ein privates
Elektrizitätswerk, Metropolitan Edison, betrieb das Kraftwerk, und ein Hersteller von Kraftwerksausrüstungen, Babcock and Wilcox, hatte den Dampf-
generator entwickelt und gebaut. Der Kernreaktor, der für den Betrieb in
einem elektrischen Kraftwerk entworfen war, hatte technische Eigenschaften,
die den anderen Komponenten des Systems angepaßt waren. Schon vor 100
Jahren hatte Thomas Edison geschrieben, jede Komponente in einem elektrischen System müsse unter Berücksichtigung aller anderen entworfen werden. Das Zusammenwirken des Versagens einer ganzen Reihe von Komponenten auf Three-Mile Island war nicht nur eine Funktionsstörung im Kern-

Block 4 des Atomkraftwerks Tschernobyl
nach der Katastrophe am 26. April 1986.

reaktor. Der Unfall ereignete sich innerhalb eines Systems, das eine der großen technologischen Leistungen des 20. Jahrhunderts darstellte, eines Systems zur Erzeugung elektrischen Licht- und Kraftstroms. Der Katastrophe Three-Mile Island war wenige Jahre zuvor das massive Versagen eines Stromversorgungssystems vorausgegangen: der Stromausfall in New York im Jahr 1965. Die Katastrophe mit der Raumfähre, der Unfall auf Three-Mile Island und der Stromausfall in New York waren alle nach der Terminologie von Perrow «normale Unfälle» in großen technologischen Systemen.

Die Challengertragödie zeigte, ein wie komplexes System von Verantwortlichkeiten und Entscheidungsbefugnissen in der NASA an diesem Unternehmen beteiligt war. Neben den Astronauten waren es ungezählte Ingenieure, Manager, Regierungsbehörden, Industrieunternehmen und die mechanischen Teile der Raumfähre wie etwa Dichtungsringe, die für die Sicherheit des Antriebssystems entscheidend waren.

Auch die Katastrophe von Tschernobyl im Jahr 1986 ließ erkennen, daß die sowjetischen Kernkraftwerke und das Stromversorgungsnetz Teile großer und komplexer technologischer Systeme sind, zu denen auch politische und wirtschaftliche Einrichtungen gehören, deren Aufgabe es ist, die Industrie und andere Abnehmer mit elektrischem Strom zu versorgen. Gesellschaftliche Gesichtspunkte, etwa im Fall der NASA die Unterstützung der Weltraumfahrt durch die Öffentlichkeit über eine häufige, zutreffende und lebendige Berichterstattung zu gewährleisten, und im Fall des sowjetischen Stromversorgungssystems die Maßnahmen für eine möglichst rasche Bereitstellung von kostengünstiger Energie zur Steigerung der Leistungsfähigkeit des nationalen Wirtschaftssystems sind integrierende Bestandteile dieser technologischen Systeme. Wir haben schon an anderer Stelle davon berichtet, wie Traktoren und andere Geräte in der Sowjetunion überbeansprucht wurden, um das Plansoll zu erfüllen. Daß die Sowjets in Tschernobyl die Reaktoren nicht in Sicherheitsbehälter eingebaut haben, ist ein weiteres Beispiel dafür, wie man versucht hat, mit einem System unter möglichst geringem Aufwand die größtmögliche Leistung zu erzielen. Die Katastrophen in Tschernobyl und mit der Raumfähre Challenger spiegeln nationale Wertmaßstäbe und nicht nur technische Unzulänglichkeiten.

Was kann dieser Entwicklung außer den Folgeerscheinungen und Katastrophen oder den «normalen Unfällen» Einhalt gebieten? Mumford hat in *Pentagon of Power* und Roszak in *Where the Wasteland Ends* zu einem Wandel in den Glaubensvorstellungen, der Haltung und den Intentionen aufgerufen, vergleichbar mit einer religiösen Erneuerung oder einer religiösen Bekehrung. Wie wir gesehen haben, hat Mumford behauptet, die Technologie werde von Wertbegriffen gestaltet. Schon in den 1970er Jahren schrieben Mumford und Roszak, sie seien überzeugt, die Gesellschaft und besonders die Jugend könnte den Materialismus überwinden und die Macht der Megamaschinen und technologischen Systeme brechen. Wir haben die Vermutung ausgesprochen, daß Bücher und Aufsätze der Gegenkultur – wie ewa die Schriften von Mumford – solche Veränderungen vorbereitet haben. Auffassungen, aus denen sich eine Technologie entwickeln könnte, die anderen Zielen dient als dem wirtschaftlichen Wachstum und dem nationalen Prestige, können verstärkt zur Geltung kommen, besonders wenn der Massenmarkt für Verbrauchsgüter und Dienstleistungen gesättigt werden sollte. Die Wertmaßstäbe werden sich vielleicht verändern, weil für eine sanfte und alternative Technologie begeisterte Menschen, wie wir schon gesagt haben, aktiv an der Entwicklung von Modellen für eine neue Technologie mitgewirkt haben. Es gibt bereits Hinweise darauf, daß sich Menschen mit Auffassungen und Zielvorstellungen zu Organisationen zusammenschließen, die der Massenproduktion und Massenzerstörung durch große technologische Systeme ein Ende bereiten wollen.

Schon jetzt läßt sich ein entscheidender Wandel in der Haltung von Managern und Systembauern erkennen, die heute an die Stelle von Frederick W. Taylor, Henry Ford und Insull getreten sind. Seit etwa 10 Jahren wird in zahlreichen Büchern von amerikanischen Professoren für Betriebswirt-schaftslehre, von Berufsschriftstellern und Journalisten, die sich für Fragen des Managements interessieren, und von jungen Unternehmern gefordert, die massiven, zentral und hierarchisch kontrollierten, starren Systeme der Betriebsführung und der Produktion aufzugeben. An ihrer Stelle empfehlen die Manager der jungen Generation dezentralisierte (autonome), flexible Be-triebsführungen und Produktionsanlagen in kleinerem Maßstab. Sie begrün-den diese Auffassung damit, daß die Zeit des stetigen und vorhersehbaren Wachstums des Marktes, der für die Ära des technologischen Enthusiasmus kennzeichnend war, hinter uns liegt. Wenn es amerikanische Manager sind, dann weisen sie auf die flexibleren japanischen, schwedischen und italieni-schen Modelle der dezentralisierten Produktion hin, die es erlauben, sensibel auf Veränderungen auf dem Markt zu reagieren. Außerdem erklären sie, seit den 1960er Jahren und dem Enstehen der Gegenkultur suchten und brauch-ten Angestellte und Arbeiter, um ihre volle Leistungsfähigkeit zur Wirkung zu bringen, ein Betriebsklima, in dem nicht mehr der von Taylor vertretene Grundsatz gilt, daß das System an erster Stelle stehen müsse.[52]

Wegen der in einem großen Teil der Bevölkerung herrschenden Ängste im Hinblick auf die Massenvernichtungsmittel wird die Öffentlichkeit eine Aus-weitung der Rüstungsindustrie wahrscheinlich entschiedener ablehnen als die Massenproduktion von Verbrauchsgütern und den weiteren Ausbau der Stromversorgungssysteme. Die autoritären Methoden der großen nichtmili-tärischen Produktionssysteme, von denen Mumford, Ellul und andere spre-chen, sind der Öffentlichkeit im allgemeinen weniger bewußt als die Gefah-ren, die von der Rüstungsindustrie ausgehen. Die letzten Aussagen des Ad-mirals Rickover kurz vor seiner Pensionierung im Januar 1982 vor einem Kongreßausschuß deuten schon den Sinneswandel an, den Roszak und Mum-ford vorausgesehen haben. Der Vater der mit Kernenergie angetriebenen Flotte und des ersten kommerziellen Kernreaktors sagte den Kongreßabge-ordneten, das Land berücksichtige nicht die potentielle Gefahr des Freiwer-dens von Strahlungen aus den Kernkraftwerken. Dann ergänzte er seine Aussage wie folgt:

«Ich glaube nicht, daß sich die Nutzung der Kernkraft lohnt, wenn sie solche Strahlungen erzeugt. Deshalb könnten Sie mich fragen, weshalb ich mit Kernkraft angetriebene Schiffe habe. Das ist ein notwendiges Übel. Ich würde sie alle versenken. Habe ich Ihre Frage damit beantwortet?»

Senator William Proxmire erwiderte darauf:

«Sie haben mir eine wirklich überraschende Antwort gegeben. Ich habe eine solche Antwort nicht erwartet, und sie ist sehr logisch.»

Als der Senator hinzufügte, er sei überrascht, denn er habe nicht damit gerechnet, daß jemand, der so lange mit der Kernkraft gearbeitet habe und ein solcher Fachmann auf diesem Gebiet sei, auf ihre zerstörerische Kraft hinwei-sen werde, sagte der Admiral nur: «Ich bin nicht stolz...»[53]

Man sollte die Sensibilität des Admirals im Zusammenhang mit der Reaktion einer breiten Öffentlichkeit auf die vernichtende Wirkung der modernen Waffen sehen. Die unvergessenen Schrecken von Hiroshima und Nagasaki veranlassen die Menschen bis heute, gegen die Kernwaffen zu protestieren. Der Einsatz der Hochtechnologie durch das amerikanische Militär im Vietnamkrieg hat einen großen Teil der amerikanischen Bevölkerung empört, besonders die jungen Menschen, und sie veranlaßt, alles in ihren Kräften Stehende zu tun, um diesen Krieg zu beenden. Der Gesellschaftskritiker Paul Goodman, der sich als einen jungsteinzeitlichen Konservativen bezeichnet hat,[54] hat einen der schärfsten und leidenschaftlichsten Angriffe gegen die Rolle des Systems der Rüstungsindustrie in Vietnam geführt. Er hat seine Auffassungen in einem Vortrag vor der National Security Industrial Association zum Ausdruck gebracht – nachdem er völlig unerwartet aufgefordert worden war, ausgerechnet vor diesem Gremium zu sprechen, das aus Vertretern amerikanischer Großunternehmen bestand.[55] Die in erschreckendem Ausmaß vernichtende Wirkung der Kernenergie sowie die Argumente von Goodman und anderen haben die Haltung der Öffentlichkeit entscheidend beeinflußt. Wie sich dieser Stimmungswandel letztlich auf die Entwicklung der Kernenergie auswirken wird, läßt sich heute schwer sagen.

Die geschichtliche Entwicklung, die wir hier behandelt haben, unterstützt in gewisser Weise Mumford, Roszak und andere, die behaupten, daß Veränderungen in den Zielsetzungen und Absichten einzelner und der Gesellschaft die Richtung der technologischen Entwicklung verändern oder dieser Entwicklung Einhalt gebieten könnten. Sie weisen darauf hin, daß die Gesellschaft die Technologie entscheidend beeinflussen und ihre Entwicklung so gestalten könne, daß sie sozial verträglich wird und nicht nur von der Technologie beeinflußt und in ihren Strukturen bestimmt werde. Die Geschichte der modernen Technik liefert uns zahlreiche Beispiele für die Gestaltung der Technologie durch gesellschaftliche Kräfte – aus Wirtschaft, Politik und anderen Gebieten. Als wir über die Erfindung technologischer Systeme berichteten, haben wir gezeigt, wie das Engagement für die Massenproduktion von Verbrauchsgütern – zur Hebung des materiellen Wohlstands – an der Gestaltung der äußeren Form dieser Produkte beteiligt war. Das Streben nach nationalem Ansehen und nationaler Macht, das im Rüstungswettlauf vor dem Ersten Weltkrieg seinen Ausdruck fand, hat die erfinderische Tätigkeit und die Erfindungen von Elmer Sperry, den Brüdern Wright und anderen selbständigen Erfindern entscheidend beeinflußt. Eine in der Gesellschaft einflußreiche Gruppe kann die Technologie zur Förderung ihrer Interessen einsetzen.[56] Die mit den Methoden der wissenschaftlichen Betriebsführung des Taylorismus arbeitenden Manager haben sich oft für die Erfindung und Weiterentwicklung von Technologien eingesetzt, die es ihnen erlaubten, ihren Einfluß auf das Geschehen am Arbeitsplatz zu verstärken. Es gibt aber auch Beispiele aus jüngster Zeit.[57] Arbeiter haben für die weitere Verwendung von

Maschinen gekämpft, die einen Arbeitsrhythmus und Arbeitsmethoden bestimmten, an die sie sich gewöhnt hatten.[58] Historiker und Soziologen, die sich mit diesen Einflüssen der Gesellschaft auf die Technologie beschäftigen, sprechen jetzt von «der sozialen Struktur technologischer Systeme».[59] Die Geschichte zeigt eine unendliche Wechselwirkung von Kräften. Zu ihnen gehören die geistige Haltung und die Ziele der Menschen, welche die Technologie mit den technologischen Kräften gestalten, die auch für die Gestaltung der Gesellschaft selbst maßgebend sind. Wenn wir nach den Möglichkeiten für Veränderungen fragen, dann geht es dabei um einen Konflikt zwischen dem technologischen Beharrungsvermögen und der sozialen Gestaltung der Technologie. Dabei dürfen wir nicht vergessen, daß zu den Kräften, welche die Technologie vorantreiben, menschliche Haltungen und Zielvorstellungen gehören, die schon in der Vergangenheit die Technologie gestaltet haben.

Zusammenwachsen und Revolution

Obwohl sich heute Veränderungen abzeichnen, haben wir im Jahrhundert des technologischen Enthusiasmus eine stetige Zunahme der Kräfte erlebt, die das Entstehen großer Produktionssysteme bewirkt haben. Die Systeme reifen, wachsen und erstarren, um dann einer weiteren sozialen Beeinflussung zu widerstehen. Diese militärischen und nichtmilitärischen Produktionssysteme sind, wie wir gesehen haben, zu Merkmalen der modernen Gesellschaft geworden und haben eine moderne Kultur hervorgebracht. Es gibt die verbreitete, aber unbewiesene Annahme, besonders in den Vereinigten Staaten, daß sich die Moderne auf unabsehbare Zeit in die Zukunft fortentwickeln wird, und zwar trotz aller Ungewißheiten, Katastrophen und Veränderungen in den Auffassungen der Menschen. Die Amerikaner haben die technologische Kreativität mit dem wirtschaftlichen Wachstum und der Massenproduktion gekoppelt und glauben, diese Beziehungen müßten auf die Dauer bestehenbleiben. Neue Systeme entstehen in Zentren der Kreativität, in denen Universitäten und Industrie miteinander verbunden sind. Dazu gehören die Route 128 bei Boston und das Silicon Valley in Kalifornien. Aber die neuen Systeme, seien es elektronische, militärische, industrielle oder Computersysteme, zeigen im allgemeinen hinsichtlich ihres Wachstums und der in ihnen wirkenden Kräfte das gleiche Muster. Gelegentlich geschieht es, daß in dieser modernen Ära alte Systeme verschwinden; an ihre Stelle treten sehr oft größere und komplexere.

Man könnte glauben, daß die Ablösung großer, zentral kontrollierter Systeme durch das Zusammenwirken von Zufälligkeiten, Katastrophen und Veränderungen verursacht wird, wobei das technologische Beharrungsvermögen gebrochen wird und aus sozial bedingten Umständen ein neuer technologischer Stil entsteht, der sich nicht mit der Massenproduktion von Verbrauchsgütern und Rüstungsgütern koppeln läßt. Die mit dem Massenkonsum verbundene Technologie ist eine typische Erscheinung im modernen Amerika, das heißt aber nicht, daß diese Erscheinung unbedingt das Jahrhundert des technologischen Enthusiasmus überleben wird. Solange sich in den Vereinigten Staaten die Binnenmärkte ständig ausweiteten, die Bevölkerungszahl zunahm und demokratische Wertmaßstäbe galten, waren technologische Veränderungen und wirtschaftliches Wachstum eng miteinander verbunden. Das wirtschaftliche Wachstum war eine «die Richtung der Politik bestimmende Ideologie».[60] Es läßt sich aber auch eine Technologie entwickeln und anwenden, welche die Lebensqualität verbessert, ohne die Menge der Verbrauchsgüter erhöhen zu müssen. Die Technologie könnte häufiger angewendet werden, um Dienstleistungen und Verbrauchsgüter in kleinerem Umfang zur Verfügung zu stellen, und sie könnte vermehrt darauf eingestellt werden, die örtlichen Verhältnisse und Bedürfnisse zu berücksichtigen. Wenn das geschehen sollte, könnte man unter Umständen auf die massiven, großen Produktionssysteme verzichten. Mit dem Verzicht auf die für das moderne Amerika so charakteristischen großen Systeme würde eine postmoderne Ära beginnen.

Ein Zusammentreffen äußerer Umstände, die ausreichten, der modernen Technologie und der modernen Kultur ihr Beharrungsvermögen zu nehmen und ihre Charakteristiken zu verändern, müßte sich mit den Einflüssen vergleichen lassen, die in ihrem Zusammenwirken die erste industrielle Revolution in Großbritannien und die zweite von uns behandelte industrielle Revolution in den Vereinigten Staaten ausgelöst und ermöglicht haben. Wir dürfen nicht übersehen, daß diese folgenschweren, alles verändernden Vorgänge in verschiedenen Ländern stattgefunden haben. Das Beharrungsvermögen der Moderne mag in den Vereinigten Staaten so stark sein, daß die nächste große technologische und kulturelle Veränderung von anderen Völkern in anderen Ländern bewirkt werden wird.

Andererseits könnte der nächste große Wandel über die nationalen Grenzen hinausgehen und gleichzeitig die Kräfte unwirksam machen, die dazu neigen, Umfang und Einfluß großer technologischer Systeme zu verringern. In den vergangenen Jahren haben wir das ständige Wachstum multinationaler Industrieunternehmen und Konsortien beobachten können. Schwedische Firmen wie ASEA, ein Unternehmen, das Elektrogeräte herstellt, haben sich zum Beispiel mit großen Industrieunternehmen in anderen Ländern zusammengeschlossen oder selbst solche Unternehmen gegründet und multionationale Systeme für die Betriebsführung, die Produktion und das Vermarkten ihrer Erzeugnisse geschaffen. Japanische Regierungsbehörden, Industrieunternehmen und Finanzierungsgesellschaften koordinieren ihre Bemühungen und haben Systeme geschaffen, die in der ganzen Welt tätig sind.[61] Ökonomische Prinzipien, denen Insull, Ford und andere Systembauer zunächst innerhalb von Regionen und im eigenen Land gefolgt sind, werden heute von ihren Nachfolgern auf internationaler Ebene angewandt. Es wird faszinierend sein zu sehen, ob die supranationalen Systeme die gleichen Kontrollmechanismen, die engen Wechselbeziehungen und die hierarchischen Strukturen moderner Systeme entwickeln oder auf geschickte und subtile Art die Wertvorstellungen der Gegenkultur oder postmodernen Kultur der letzten Jahrzehnte berücksichtigen werden.

Anhang

Danksagung

Ich bin zahlreichen Persönlichkeiten und Organisationen zu Dank verpflichtet, die mich angeregt und mir geholfen haben. Dafür, daß sie mich von meinen Lehr- und administrativen Verpflichtungen entbunden haben, um mir die Möglichkeit zu geben, zu forschen und zu schreiben, danke ich der John F. Guggenheim Memorial Foundation und Joel F. Conarroe, der SEL-Foundation und Gerhard Zeidler, Riksbankens Jubiläumsfond und Nils-Eric Svensson, der Universität von Pennsylvania und Michael Aiken, der Technischen Hochschule Darmstadt und Helmut Boehme, dem Wissenschaftskolleg zu Berlin, Wolf Lepenies und Peter Wapnewski, dem Wissenschaftszentrum Berlin, Meinolf Dierkes und Wolfgang Zapf und der Andrew W. Mellon Foundation.

Besonderen Dank schulde ich meinen Freunden Joachim Nettelbeck und Georg Thurn für ihre großzügige Hilfe und immer neuen Anregungen während meiner Forschungsarbeit und schriftstellerischen Tätigkeit in Berlin. Meine Frau Agatha und ich danken Svante Lindqvist, die uns in Stockholm zur Seite stand, als das Schreiben eine ungewöhnliche Belastung für uns bedeutete. In München hat uns Otto Mayr, in Niederpöcking haben uns Charlotte und Johannes Ottow, in Rottach-Egern Irmin Hammelbacher und Silvio Galimberti und in Berlin Gesine und Hans-Werner Schütt in vielfältiger Weise beim Forschen und Schreiben geholfen. Am Wissenschaftskolleg zu Berlin gehörten in den Jahren 1983 bis 1984 Yehuda Elkhana, Timothy Lenoir und Martin Warnke zu denen, die sich lebhaft für meine Arbeit interessierten. In Darmstadt war Evelies Mayr eine hilfsbereite Freundin und Kollegin. Das gleiche gilt für Hanns Seidler zu der Zeit, als ich als Forschungsprofessor der Stiftung an der Technischen Hochschule arbeitete. Mary Anderson und Everett Mendelsohn in Cambridge, Massachusetts, und Grafton, Vermont, haben mir in den Jahren, in denen dieses Buch entstand, wertvolle Anregungen und Ratschläge gegeben. Ihnen schulden wir unseren ganz besonderen Dank.

An der Universität von Pennsylvania haben die Professoren meiner Abteilung und besonders die Dekanin meiner Fakultät, Rosemary Stevens, während der zehn Jahre, in denen dieses Buch entstand, für ein anregendes intellektuelles Klima gesorgt. Das Buch spiegelt, wie ich glaube, den intellektuellen Geist der Fakultät wider. Graduierte und nicht graduierte Studenten in Pennsylvania haben die ersten Entwürfe für dieses Buch mit Interesse aufgenommen und verständnisvoll dazu Stellung genommen. Die in der Administration der Fakultät arbeitenden Persönlichkeiten wie Sylvia Dreyfuss, Patricia

Johnson, Marthinia Perren und Joyce Roselle haben mir in überaus freundlicher Weise ständig zur Seite gestanden. Auch Nancy Bauer hat mich in Pennsylvania stets und in vielfältiger Weise unterstützt. Ich habe viel aus den Gesprächen gelernt, die ich im Laufe mehrerer Jahre mit den Teilnehmern am Mellonseminar für Technologie und Gesellschaftswissenschaften geführt habe. Besonders erwähnen muß ich die fruchtbare Arbeit von Alfred Rieber bei der Organisation und Leitung des Seminars. An der Universität von Pennsylvania haben sich Jane Morley und Karl-Eric Michelson als tüchtige und einfallsreiche Assistenten bewährt. Julie Johnson hat mich nicht nur bei meinen Forschungen unterstützt, sondern hat sich auch an der Auswahl und der Einfügung der Illustrationen beteiligt. An der Technischen Hochschule Darmstadt war Wiltrud Ankenbrand eine besonders einfallsreiche Forschungsassistentin. Elliot Sivowitch, Kurator am National Museum of American History, Smithsonian Institution, und Robert E. Kollar, Cheffotograf der Tennessee Valley Authority, haben sich als sachkundige Mitarbeiter bei der Auswahl der Illustrationen erwiesen.

Am Wissenschaftskolleg in Berlin haben mir Philip Fisher, Agatha Hughes, Timothy Lenoir, Elaine Scarry, Fanny Waldman sowie Elaine und Norton Wise beim Lesen mehrerer Kapitel wertvolle Anregungen gegeben. Die Studenten am Königlichen Institut für Technologie in Stockholm waren ungewöhnlich anregend in den Gesprächen, die ich mit ihnen über einzelne Abschnitte des in der Entstehung befindlichen Buches führte. Auch das Seminar für Geschichte der Wissenschaft in Uppsala unter der Leitung von Tore Frangsmyr, das Seminar für Technologie und Gesellschaftswissenschaften in Lynköping und das SCARSS-Seminar in Uppsala haben mir mit ihrem lebhaften Interesse viel geholfen. Ich hatte die Gelegenheit, Abschnitte aus diesem Buch als Diskussionsgrundlagen an der Schwedischen Königlichen Akademie für Ingenieurwissenschaften und an der Schwedischen Königlichen Akademie für Naturwissenschaften zu verwenden. Stanislaus von Moos hat mir nicht nur die Gelegenheit geboten, meine Ideen in seinem Seminar für die Geschichte der Kunst und Architektur an der Universität Zürich vorzutragen, sondern hat mich während der Arbeiten an diesem Buch wiederholt mit wertvollen Informationen und Ratschlägen unterstützt. In den Vereinigten Staaten haben mich Universitätsseminare in einer Reihe von Lehranstalten aufgefordert, einige meiner Kapitel zur Diskussion zu stellen, und ich bin dankbar für jede dieser Gelegenheiten.

Zu den Archiven und Bibliotheken, die ich bei meiner Forschungsarbeit zu Rate gezogen habe, gehörten unter anderen die Bibliothek der Akademie der Künste in Berlin, die Bibliothek der American Physical Society, die AT&T Archive, das Bauhausarchiv in Berlin, die Burndy Library, die Bibliothek des Deutschen Museums in München, die Bibliothek der Edison National Historic Site, die Bibliothek des Ford-Museums und dessen Archive, die Bibliothek des Hagley-Museums, die Bibliothek des History Office des U.S. Department of Energy, die Bibliothek des Institute of Electrical and Electronics Engineers, die Library of Congress, die Bibliothek der Loyola Universiy of Chicago, die Bibliothek des National Air and Space Museum der Smithsonian Institution, die Bibliothek des National Museum of American Art, die Bibliothek des National Museum of American History, die Bibliothek des Königlichen Instituts für Technologie in Stockholm, die Bibliothek der State Historical Society of North Carolina, die Bibliothek der Tennessee Valley Authority, die Bibliothek des University of Pennsylvania University Museum, die Van Pelt Library and Rare Book and Manuscript Collection der University of Pennsylvania, die Bibliothek des Wissenschaftskollegs zu Berlin und des Wissenschaftszentrums Berlin. Zu den Mitarbeitern dieser Bibliotheken und Archive und anderen Persönlichkeiten, die mich bei der Auswahl von Dokumenten, Büchern und Fotografien beraten haben, gehören Joyce Bedi, Inge Böhm, Margaretha Bond-Fahlberg, Gesine Bottomley, Mary Bowling, Hildegard Bremer, Alice Buck, Harold Dorn, Magdalena Droste, Monika Fenkohl, Sylvia Fries, Michael Grace, Sabine Hartmann, Jane G. Hartje, Sheldon Hochheiser, Agatha Heritage Hughes, Robert Johnston, Robert Kollar, Ann Kottner, Margarete Lehmann-Haslsteiner, Dorothea Nelhybel, Gert Paul, Cynthia Read-Miller, Ursula Reich, Gudrun Rein, Lee D. Saegesser, Wolfgang Schatton, Harmer F. Schoch, Marsha Siefert, George Stephenson, Regine Söhring, Petra Thoms, Achim Wendschuh, Sabine Wieczorek und Jon Williams.

Viele der in diesem Buch entwickelten Ideen haben ihren Ursprung in langen Gesprächen mit Teilnehmern an internationalen Seminaren über die soziale Struktur der Technologie, die Geschichte von Systemen, die postmoderne Architektur und Technologie und die Geschichte der technischen Ausbildung. Diese Seminare haben an der Universität von Edinburgh, Schottland, an der Twente Technischen Universität in den Niederlanden, im Wissenschaftszentrum Berlin, an der Max-Planck-Gesellschaft, Köln, an der ASSI, Tierni, Italien, am Wissenschaftskolleg zu Berlin und an der Cité des Sciences et de l'Industrie, Paris, stattgefunden. Zu den Teilnehmern, die mit konstruktiver Kritik zu der Entwicklung meiner Themen beigetragen haben, gehörten Wiebe Bijker, Tom Burn, Michel Callon, Edward Constant II, Denise Scott Brown, David Edge, Brian Elliott, Eric Forbes, Robert Fox, Louis Galambos, Anna Guagnini, Bernward Joerges, Todd R. La Porte, Bruno Latour, John Law, Maurice Lévy-Leboyer, Harry Lintsen, Donald Mackenzie, Renate Mayntz, Charles Perrow, Trevor Pinch, Julius Posner, Arie Rip und Robert Venturi.

Zu besonderem Dank verpflichtet bin ich Byron Dobell und Fred Allen von der Zeitschrift *American Heritage*, die schon früh die mögliche Bedeutung dieses Buches erkannten, und Hal Bowser, dessen in *American Heritage* veröffentlichtes Interview mit mir Daniel Frank auf meine Arbeit aufmerksam machte. Er ist heute Cheflektor des Verlags Viking Penguin. Wann immer ich meinen Kollegen erzähle, mit welcher Freundlichkeit und Klugheit Dan Frank die Veröffentlichung meines Buches unterstützt hat, reagieren sie mit einer fast an Neid grenzenden Verwunderung. Ich glaube, solche Lektoren sind äußerst selten. Auch anderen Mitarbeitern im Verlag Viking Penguin, unter ihnen Michael Millman, möchte ich für ihre außerordentlich wertvolle Hilfe bei der Veröffentlichung dieses Buches danken.

Zu den Persönlichkeiten, die die einzelnen Kapitel gelesen und zu ihrem Inhalt Stellung genommen haben, gehören Mark Adams, David Brownlee, Bernard Carlson, Richard Hewlett, David Hounshell, Lucian Parke Hughes, Stanislaus von Moos, Alice Kimball und Cyril Stanley Smith, John Staudenmaier, Frank Trommler und Alexander Vucinich.

Während der Vorbereitungen, der Forschungsarbeiten, des Schreibens und des Redigierens dieses Buches hat mir Agatha Chipley Hughes stets hilfreich zur Seite gestanden. Diese enge persönliche und berufliche Zusammenarbeit mit ihr war die erfreulichste und lohnendste Erfahrung, die mir die Arbeit an diesem Buch gebracht hat. So ist es ebensosehr ihr Buch wie meines, und alle unsere Freunde und engen Mitarbeiter wissen das.

T.P.H.
Berlin und Philadelphia, September 1988.

Anmerkungen

Einführung

1 Perry Miller, «The Responsibility of Mind in a Civilization of Machines», *The American Scholar*, XXXI (Winter 1961–1962), S. 51–69.

2 Elaine Scarry von der Universität von Pennsylvania verdanke ich den Begriff der «materiellen Verfassung» der Nation, und Jaroslav Pelikan von der Yale Universität hat mich daran erinnert, daß die Genesis ein «Urmythos» ist, nach dem sich Gott als erster technologisch betätigt hat (Genesis III, 21) und Kain den Fluch der Arbeit und des Schöpferischen auf sich nehmen mußte (Genesis III, 23).

3 Thomas P. Hughes, «The Order of the Technological World», *History of Technology*, V (1980), S. 1–16.

4 Casey Blake, «Lewis Mumford: Values over Technique», *Democracy* (Frühjahr 1983), S. 125–137.

5 Martin Heidegger, «The Question Concerning Technology and Other Essays», übersetzt von W. Lovitt, New York 1977, S. 19. In *American Genesis* habe ich mich auf die Produktionsmittel konzentriert, besonders die mechanischen und elektrischen. Von überragender Bedeutung während des Zeitalters des technologischen Enthusiasmus waren die großen Werke der Baukunst. Siehe zum Beispiel David McCullough, *The Great Bridge*, New York 1972, und McCullough, *The Path Between the Seas: The Creation of the Panama Canal 1870–1914*, New York 1977.

6 Sidney W. Mintz, «Culture: An Anthropological View», *The Yale Review*, 71 (1982), S. 499–512.

7 Alfred North Whitehead, *Science and the Modern World*, London 1985; 1. Auflage 1926, S. 120.

8 Charles A. Beard und Mary R. Beard, *The Rise of American Civilization*, New York 1930, S. 52–121.

9 Lewis Mumford, *Technics and Civilization*, New York 1934, S. 215–221. In neuerer Zeit hat Louis Galambos in einem Aufsatz mit dem Titel «The Emerging Organizational Synthesis in Modern American History» *(Business History Review*, XLIV, 1970, S. 279–290) über Organisationsformen berichtet und dabei drei Hauptmerkmale des modernen Amerika, nämlich die Technologie, die politische Wirtschaft und die Professionalisierung unterschieden und diese als zentrale Themen der organisatorischen Synthese bezeichnet: «Technology, Political Economy, and Professionalization: Central Themes of the Organizational Synthesis» *(Business History Review*, LVII, 1983, S. 471–493).

10 «Soviet power + Prussian railroad administration + American technology and monopolistic industrial organization... = Socialism», *Leninskij Sbornik*, XXXVI, 37; zitiert in Eckhart Gillen, «Die Sachlichkeit der Revolutionäre», in *Wem gehört die Welt: Kunst und Gesellschaft in der Weimarer Republik*, Berlin 1977, S. 214.

11 Marcel Duchamp zitiert in Stanislaus von Moos, «Die Zweite Entdeckung Amerikas», Nachwort zu Sigfried Giedion, *Die Herrschaft der Mechanisierung*, Frankfurt 1982, S. 807.

12 F.T. Marinetti, «The Founding and Manifesto of Futurism 1909», in *Futurist Manifestos*, herausgegeben und mit einer Einführung von Umbro Apollonio, London 1973, S. 22.

13 C. Vann Woodward, *The Burden of Southern History*, Baton Rouge 1968, S. 187–211.

1. Kapitel

1 Edward W. Byrn, «The Progress of Invention During the Past Fifty Years», *Scientific American*, 75 (25. Juli 1986), S. 82–83. Ich habe schon an anderer Stelle über Erfindungen und selbständige Erfinder geschrieben, so in «The Era of Independent Inventors», *Science in Reflection: The Israel Colloquium: Studies in History, Philosophy, and Sociology of Science III*, hrsg. Edna Ullmann-Margalit, Dordrecht 1988, S. 151–168.

2 Daniel J. Boorstin, *The Democratic Experience*, New York 1974, S. 525.

3 W.S. Woytinsky und E.S. Woytinsky, *World Population and Production: Trends and Outlook*, New York 1953, S. 868–869, 1067–1068, 1117–1119, 1188; Thomas P. Hughes, *Networks of Power: Electrification in Western Society, 1880–1930*, Baltimore 1983, S. 227–261. Um die Jahrhundertwende war die führende Stellung der britischen Textilindustrie eine bemerkenswerte Ausnahme gegenüber diesen Entwicklungstendenzen.

4 Thomas Parke Hughes, *Elmer Sperry: Inventor and Engineer*, Baltimore 1971, S. 293–294.

5 Robert V. Bruce, *Bell: Alexander Graham Bell and the Conquest of Solitude*, Boston 1973, S. 120–150; David A. Hounshell. «Bell and Gray, Contrasts in Style, Politics, and Etiquette», *Proceedings of the IEEE*, 64 (September 1976), S. 1305–1314.

6 Fessenden an Hay Walker jr., 21. Januar 1907; Hay Walker jr. an Fessenden, 2. Januar 1907, Fessenden an Hay Walker jr., 17. August 1906; Fessenden an Hay Walker jr., 8. Mai und 19. Mai 1906; Fessenden an Hay Walker jr., 12. Januar 1906; Box P.C. 1140.7, Reginald Fessenden Papers, North Carolina State Archives, Raleigh, N.C.

7 Margaret Cheney, *Tesla: Man Out of Time*, Englewood Cliffs 1981, S. 51.

8 Tesla an einen Reporter der *New York Times*, zitiert 1942 in Gordon D. Friedlander, «Tesla: Eccentric Genius», *IEEE Spectrum*, IX (Juni 1972), S. 29.

9 Frank Lewis Dyer und Thomas Commerford Martin, *Edison: His Life and Inventions*, New York 1910, I, S. 102.

10 Matthew Josephson, *Edison*, New York 1959, S. 64.

11 Thomas A. Edison Papers, (Frederick, Md.: University Publications of America Microfilm). Teil I, Spule 12, Nr. 30. Im Folgenden zitiert als Edison Microfilm.

12 Robert Conot, *A Streak of Luck*, New York 1979, S.41.

13 Josephson, *Edison*, S. 90.

14 Ebenda, S. 87.

15 Ebenda, S. 132.

16 Ebenda, S. 134.

17 Ebenda, S. 133–134.

18 W. Bernard Carlson, «Thomas Edison's Laboratory at West Orange, New Jersey: A Case Study in Using Craft Knowledge for Technological Innovation, 1886–1888», Neufassung eines Aufsatzes, vorgelegt in der Edison National Historic Site, West Orange, N.J., 25. April 1987, S. 7.

19 Ebenda, S. 13.
20 Ebenda, S. 10–11.
21 Ebenda, S. 9.
22 Ebenda, S. 16.
23 Lee de Forest, *Father of Radio: The Autobiography of Lee de Forest*, Chicago 1950, S. 299.
24 «The Research Laboratory of Mr. Edward Weston», *Scientific American*, LVII (5. November 1887), S. 287; David O. Woodbury, *A Measure for Greatness: A Short Biography of Edward Weston*, New York 1949, S. 150–153.
25 Cheney, *Tesla*, S. 96.
26 Ebenda, S. 133–151.
27 Ebenda, S. 77.
28 Hughes, *Sperry*, S. 37.
29 Sperry an Helen Willett, 11. Februar 1919. Sperry Papers, Hagley Museum and Library, Wilmington, Del. Im Folgenden zitiert als Sperry Papers.
30 Hughes, *Sperry* S. 41.
31 Thomas C. Martin, «William Stanley», Kap. VII, S. 6, unveröffentlichtes Buchmanuskript in der Stanley Library of the General Electric Company, Pittsfield, Mass. Ich danke Samuel Sass, dem Bibliothekar von General Electric, dafür, daß er mich auf diese Quelle aufmerksam gemacht hat.
32 Ebenda, Kap. VII, S. 8.
33 W. Bernard Carlson, «Invention, Science, and Business: The Professional Career of Elihu Thomson, 1870–1900», Dissertation, University of Pennsylvania, 1984 (Ann Arbor, Mich.: University Microfilms, 1984), S. 410.
34 Ebenda, S. 369–370.
35 Ebenda, S. 370, 407–410, 425–428, 459.
36 David O. Woodbury, *Elihu Thomson, Beloved Scientist*, Boston 1960, S. 205.
37 Thorstein Veblen, *The Instinct of Workmanship and the State of the Industrial Arts*, New York 1964, S. 25. Teile dieses Abschnittes über Modellbauer und des folgenden über Versuche erschienen zum ersten Mal in Thomas P. Hughes, «Model Builders and Instrument Makers», *Science in Context*, II,1988, S. 59–75.
38 Dyer and Martin, *Edison*, I; S. 276.
39 *Harper's Weekly*, XII (4. April 1868), S. 209–210. Siehe auch William und Marlys Ray, *The Art of Invention: Patent Models and Their Makers*, Princeton 1974; Eugene Ferguson und Christopher Baer, *Little Machines: Patent Models in the Nineteenth Century*, Greenville, Del., 1979.
40 Robert V. Bruce, Verfasser von *Bell: Alexander Graham Bell and the Conquest of Solitude*, Boston 1973, ist insofern eine Ausnahme, als er auch die Rolle von Charles Williams erwähnt.
41 Edison Microfilm, Teil I, Spule 12, Nrn. 34 und 225.
42 Thomas Watson, technischer Assistent von Alexander Bell, zitiert in Lillian Hoddeson, «The Emergence of Basic Research in the Bell Telephone System, 1875–1915», *Technology and Culture*, 22 (Juli 1981), S. 517.
43 Bruce, *Bell*, S. 134.
44 Ebenda, S. 356.
45 «Gyroscope Experiments of Elmer Sperry», zweiseitiger maschinengeschriebener Bericht über Versuche am 18. November 1908, unterzeichnet von EAS als Zeugen, Sperry Papers.
46 Chas. E. Dressler & Bro. brochure. Sperry Papers.

47 Denkschrift Francis Jehl an Francis Upton, 22. April 1913, S. 4. Hammer Collection, Smithsonian Institution.
48 Aktenordner mit der Aufschrift «Biographical – Upton, Francis», Nr. E–6285–11, Edison Archives, Edison National Historic Site, West Orange, N.J.
49 Lawrence Lessing, *Man of High Fidelity: Edwin Howard Armstrong*, New York 1969, S. 162.
50 Ebenda, S. 163.
51 Edwin Howard Armstrong, «Mathematical Theory vs. Physical Concept», *FM and Television*, August 1944.
52 David P. Billington, «The Rational and The Beautiful: Maillart and the Origins of Reinforced Concrete», Aufsatz vorgelegt auf dem New Materials and the Modern World Seminar am Hagley Museum and Library, Wilmington, Del., 4. März 1988.
53 Edison Microfilm, Spule 12, Nr. 120.
54 Francis Jehl, *Menlo Park Reminiscences*, Dearborn, Mich., 1937, I; S. 51.
55 Ebenda. I; S. 115–123.

2. Kapitel

1 John Jewkes, David Sawers und Richard Stillerman, *The Sources of Invention*, New York 1969, S. 79–103.
2 Vortrag von Sperry vor dem YMCA in Brooklyn, 1922, zitiert in Thomas Parke Hughes, *Elmer Sperry: Inventor and Engineer*, Baltimore 1971, S. 63.
3 David Hounshell, «Bell and Gray: Contrasts in Style, Politics, and Etiquette», *Proceedings of the IEEE*, 64 (September 1976), S. 1305–1314.
4 Orville Wright, *How We Invented the Airplane*, Hrsg. Fred C. Kelly, New York 1953, S. 18–57.
5 Ebenda, Neuauflage, S. 5.
6 Fred Howard, *Wilbur and Orville: A Biography of the Wright Brothers*, New York 1987, S. 337–338.
7 *The Papers of Wilbur and Orville Wright*, Hrsg. Marvin W. McFarland, New York 1972, I; S. 142.
8 Ebenda. S. 420–421, 431.
9 Ebenda, S. 235. Das Grundpatent der Brüder Wright war Orville and Wilbur Wright, «Flying Machine», Patentantrag vom 23. März 1903; Patent erteilt am 22. Mai 1906 unter der Nummer 821,393.
10 Lee de Forest, *Father of Radio: The Autobiography of Lee de Forest*, Chicago 1950, S. 105.
11 Sammlung von Aufsätzen über die ersten Radiodetektoren (1900–1909), zusammengestellt von Tony Mount von der Southern Methodist University, 1969, unveröffentlicht.
12 Hugh G.J. Aitken, *The Continuous Wave: Technology and American Radio, 1900–1932*, Princeton 1985, S. 40, 50, 52.
13 Ebenda, S. 180.
14 Frederik K. Vreeland an T.H. Given und Hay Walker, 4. Februar 1904. Box P.C. 1140.5, Reginald A. Fessenden Papers, North Carolina State Archives, Raleigh, N.C.
15 Hay Walker jr. an R.A. Fessenden, 8. Februar 1904; Box P.C. 1140.5, Reginald A. Fessenden Papers, North Carolina State Archives, Raleigh, N.C.
16 De Forest, *Father of Radio*, S. 161.
17 Aitken, *Continuous Wave*, S. 187–191.

Anmerkungen 483

18 Junius Edwards, *The Immortal Woodshed: The Story of the Inventor Who Brought Aluminum to America*, New York 1955, S. 38.
19 Thomas P. Hughes, *Networks of Power: Electrification in Western Society, 1880–1930*, Baltimore 1983, S. 109–117.
20 Ebenda, S. 117–118.
21 Harold C. Passer, *The Electrical Manufacturers, 1875–1900*, Cambridge 1953, S. 277–282.
22 Margaret Cheney, *Tesla: Man Out of Time*, Englewood Cliffs, N.J., 1981, S. 55, 95.
23 Joseph W. Slade, «The Man Behind the Killing Machine», *American Heritage of Invention and Technology*, II (Herbst 1986), S. 18–25.
24 Hughes, *Sperry*, S. 64–70.
25 Sperrys Aussage aus dem Jahr 1886 bei einem Streit um Patentrechte 10,426, *Van Depoele gegen Henry gegen Sperry*, «Electric Railway», U.S. National Archives, Box 1262.
26 Hughes, *Sperry*, S. 67, Anm. 7.
27 Edisons Aussage in der Akte «Electric Light Histories Written by Thomas A. Edison for Henry Ford, 1926», S.3128–3134. Edison Papers, Edison National Laboratory, U.S. National Park Service, West Orange, N.J. Im Folgenden zitiert als Edison Papers.
28 Arthur A. Bright jr., *The Electric-Lamp Industry: Technological Change and Economic Development from 1800 to 1947*, New York 1949, S. 39–40.
29 Hughes, *Networks of Power*, S. 18–46.
30 Telegramm von Edison an Puskas, 22. September 1878, Edison Papers. Siehe auch Frank Lewis Dyer und Thomas Commerford Martin, *Edison: His Life and Inventions*, New York 1910, I; S. 247–249.
31 Edison an Puskas, 13. November 1878, Edison Papers.
32 D.O. Edge, «Technological Metaphor», in *Meaning and Control*, Hrsg. Edge und Wolfe, London 1973, S. 31. Mary Hesse, *Models and Analogies in Science*, Notre Dame 1966.
33 Max Black, *Models and Metaphors: Studies in Language and Philosophy*, Ithaca, N.Y., 1962, S. 33.
34 Silvano Arieti, *Creativity: The Magic Synthesis*, New York 1976, S. 136–137.
35 Ebenda, S. 69–71.
36 Earl R. MacCormac, «Men and Machines: The Computational Metaphor», *Technology in Society*, VI (1984), S. 209–210.
37 Theodore M. Edison, «Diversity Unlimited: The Creative Work of Thomas A. Edison», Zusammenfassung eines Vortrags vor dem MIT Club Nothern New Jersey, 24. Januar 1969, S. 2.
38 Robert Friedel und Paul Israel mit Bernard S. Finn, *Edison's Electric Light: Biography of an Invention*, New Brunswick, N.J., 1986, S. 63–64.
39 Hughes, *Sperry*, S. 173.
40 Ebenda, S. 112.
41 Ebenda, S. 291.
42 Ebenda, S. 64.
43 Ebenda, S. 116.
44 De Forest, *Father of Radio*, S. 114.
45 Ebenda, S. 116.
46 Ebenda, S. 116.
47 Ebenda, S. 116.

48 Aitken, *Continuous Wave*, S. 199.

49 De Forest, *Father of Radio*, S. 469–476.

50 Ebenda, S. 119.

51 Aitken, *Continuous Wave*, S. 194–205.

52 Robert A. Chipman, «De Forest and the Triode Detector», *Scientific American*, 212 (März 1965), S. 92–100.

53 Goethe, *Faust*, Teil 1 in *Goethe, Werke*. Hamburger Ausgabe, Hrsg. Erich Trunz. Band III, S. 40, Vers 1090–1091.

54 Nikola Tesla, «Some Personal Recollections», *Scientific American* (Juni 1915), abgedruckt in *Nikola Tesla: Lectures, Patents, and Articles*, hrsg. v. V. Popović, R. Horvat und N. Nikolić, Belgrad 1956, S. A 198.

55 Aitken, *Continuous Wave*, S. 33–34, 58.

56 Brooke Hindle, *Emulation and Invention*, New York 1982, S. 133–138: Arthur I. Miller, *Imagery in Scientific Thought: Creating 20th-Century Physics*, Boston 1984; Thomas J. Misa, «Visualizing Invention and Development: Henry Bessemer and Alexander Holley», vorgelegt bei der Society for the History of Technology am 24. Oktober 1986; Betty Edwards, *Drawing on the Right Side of the Brain*, Los Angeles 1979.

57 Das «Alphabet» von Polhem ist ausgestellt im Technologischen Museum von Stockholm, Schweden.

58 Zitiert in Hindle, *Emulation and Invention*, S. 135.

59 Eugene Ferguson zitiert dortselbst, S. 133.

60 Edwards, *Right Side of the Brain*.

61 Hughes, *Sperry*, S. 52 (Zitat), 291.

62 Tesla an John Pierpont Morgan, 1. März 1901, und Charles Steele an Tesla, 4. März 1901, Tesla Collection, Library of Congress, Washington, D.C. (Mikrofilm aus dem Tesla Museum in Belgrad, Jugoslawien), Titel 7227, Spule 3.

63 Gordon D. Friedlander, «Tesla: Eccentric Genius», *IEEE Spectrum*, IX (Juni 1972), S. 29.

64 Cheney, *Tesla*, S. 98–100, 133, 139, 157–158, 164–167.

65 Tesla an Andrew W. Robertson, 22. Mai 1941, Tesla Collection, Library of Congress, Washington, D.C. (Mikrofilm aus dem Tesla Museum in Belgrad, Jugoslawien), Titel 7229, Spule 6.

66 Lowrey an Edison, 10. Oktober 1878, Edison Papers.

67 Hughes, *Networks of Power*, S. 43.

68 De Forest, *Father of Radio*, S. 126–128.

69 Ebenda, S. 130.

70 Ebenda, S. 131.

71 Ebenda, S. 184–185.

72 Ebenda, S. 217–218.

73 M. A. Rosanoff, «Edison in His Laboratory», *Harper's Magazine*, 988 (September 1932), S. 409.

74 Denkschrift Francis Jehl an Francis Upton, 22. April 1913, S. 10–11, Hammer Collection, Smithsonian Institution.

75 Susan J. Douglas, *Inventing American Broadcasting, 1899–1922*, Balitmore 1987, S. 165–166.

76 Slade, «Man Behind the Killing Machine», S. 22.

77 Frank L. Dyer und T. C. Martin, *Edison: His Life and Inventions*, New York 1910, II; S. 499.

78 Bernard Carlson, «Edison in the Mountains: The Magnetic Ore Separation Venture, 1879–1900», *History of Technology*, VIII (1983), S. 37–59.
79 Matthew Josephson, *Edison*, New York 1959, S. 309.
80 Ebenda, S. 87.
81 Denkschrift über das «Experimental Laboratory» von dem Sekretär des Beratungs-ausschusses der Flotte, Thomas Robins, Sperry Papers.

3. Kapitel

1 William H. McNeill, *The Pursuit of Power: Technology, Armed Force, and Society since A.D. 1000*, Chicago 1982, S. 89–94, 278–279.
2 Ebenda, S. 262–304.
3 Richard Hough, *A History of the Modern Battleship: Dreadnought*, London 1964, S. 15.
4 Admiral Sir R.A. Bacon zitiert ebenda, S. 21.
5 Admiral Sir R.A. Bacon zitiert in Arthur J. Marder, *From the Dreadnought to Scapa Flow: The Royal Navy in the Fisher Era, 1904–1919*, I: *The Road to War, 1904–1914*, London 1961, S. 43.
6 Elting Morison, *Admiral Sims and the Modern American Navy*, Boston 1942, Kap. 8, 9.
7 Bradley A. Fiske, «Naval Power», *United States Naval Institute Proceedings*, XXXVII (1911), S. 683 ff; William Atherton Du Puy, «Inventors and the Army and Navy», *Scientific American*, CVII (14. September 1912), S. 227.
8 Eltin E. Morison, *Men, Machines, and Modern Times*, Cambridge 1966, S. 27–28.
9 Wilbur Wright an Octave Chanute, 1. Juni 1905 in *The Papers of Wilbur and Orville Wright*, Hrsg. Marvin W. McFarland, New York 1972, I; S. 495.
10 Wilbur Wright an Octave Chanute, 28. Mai 1905, ebenda, I; S. 493.
11 Octave Chanute an Wilbur Wright, 6. Juni 1905, ebenda, I; S. 496–497.
12 Fred C. Kelly, *The Wright Brothers*, New York 1975, S. 95.
13 Ebenda, S. 95–97.
14 Ebenda, S. 139.
15 Joseph W. Slade, «The Man Behind the Killing Machine», *American Heritage of Invention & Technology*, II (Herbst 1986), S. 22.
16 John Ellis, *The Social History of the Machine Gun*, New York 1975, S. 18.
17 Slade, «Man Behind Killing Machine», S. 21.
18 Frederic Manning, *The Life of Sir William White*, New York 1923.
19 Thomas Parke Hughes, *Elmer Sperry: Inventor and Engineer*, Baltimore 1971, S. 123–124.
20 Ebenda, S. 128.
21 Ebenda, S. 190–191.
22 *New York Times*, 17. Juni 1930.
23 Susan J. Douglas, *Inventing American Broadcasting, 1899–1922*, Baltimore 1987, S. 110–112.
24 *Electrical World and Engineer*, 36 (1900), S. 157, zitiert ebenda, S. 119.
25 Lee de Forest, *Father of Radio: The Autobiography of Lee de Forest*, Chigaco 1950, S. 191.
26 Douglas, *Inventing American Broadcasting*, S. 127–131.
27 Fessenden an Cleland Davis, 30. November 1906, zitiert ebenda, S. 131.
28 De Forest an Francis X. Butler, 14. Oktober 1905, zitiert ebenda, S. 133.

29 Raymond Aron, *The Century of Total War*, Garden City, N.Y., 1954.

30 Thomas Parke Hughes, «Technological Momentum in History: Hydrogenation in Germany 1898–1933», *Past & Present*, 44 (August 1969), S. 106–132.

31 Ulrich Trumpener, «The Road to Ypres: The Beginnings of Gas Warfare in World War I», *Journal of Modern History*, 47 (September 1975) S. 467.

32 Fritz Haber, Brief in *Nature*, 109 (1922), S. 40. Siehe auch L.F. Haber, *The Poisonous Cloud: Chemical Warfare in the First World War*, Oxford 1986, S. 22–40.

33 Winston Churchill, *The World Crisis, 1915*, London 1923, S. 22.

34 Alex Roland, *Model Research: The National Advisory Committee for Aeronautics 1915–1958*, Washington, D.C.; NASA 1985, I; S. 51.

35 *The Impact of Air Power*, hrsg. und mit einer Einführung von Eugene M. Emme, Princeton 1959, S. 39.

36 Waldemar Kaempffert, «The Inventors' Board and the Navy», *American Review of Reviews*, LII (1915), S. 298.

37 Hughes, *Sperry*, S. 243–246.

38 *New York World*, 30. Mai 1915.

39 *New York Times*, 16. Oktober 1915, S. 4.

40 Ebenda.

41 Edward Marshall, «Edison's Plan for Preparedness», *New York Times*, 30. Mai 1915, Teil V, S. 6–7.

42 Daniels an Edison, 31. Mai 1915, Josephus Daniels Papers, Library of Congress, Washington, D.C.

43 Edward Marshall, Interview mit Minister Daniels, *New York Times*, 8. August 1915.

44 Hughes, *Sperry*, S. 248–250.

45 *New York Times*, 14. Juli 1915, S. 1.

46 Leitartikel *New York Times*, 13. September 1915, S. 8.

47 Daniel J. Kevles, *The Physicists: The History of a Scientific Community in Modern America*, New York 1979, S. 109.

48 Ebenda.

49 Millikan zitiert in A. Hunter Dupree, *Science in the Federal Government*, Cambridge 1957, S. 308.

50 Kevles, *Physicists*, S. 111.

51 Ebenda, S. 113.

52 Millikan zitiert in Dupree, *Science in the Federal Government*, S. 312.

53 Robert H. Kargon, *The Rise of Robert Millikan: Portrait of a Life in American Science*, Ithaca 1982, S. 86–87.

54 Hughes, *Sperry*, S. 258.

55 Kevles, *Physicists*, S. 120.

56 Dupree, *Science in the Federal Government*, S. 318.

57 Kevles, *Physicists*, S. 121.

58 Lloyd N. Scott, *Naval Consulting Board of the United States*, Washington 1920, S. 125.

59 Hughes, *Sperry*, S. 255.

60 Matthew Josephson, *Edison*, New York 1959, S. 454.

61 Denkschrift über das «Versuchslaboratorium» vom Sekretär des Ausschusses, Thomas Robins, Sperry Papers.

62 Zitate aus Hughes, *Sperry*, S. 252–253.

63 Kevles, *Physicists*, S. 138; Dupree, *Science and the Federal Government*, S. 306–308.

64 Hughes, *Sperry*, S. 250, 256.

65 Ebenda, S. 258.
66 Josephus Daniels, *The Cabinet Diaries*, Lincoln 1963, S. 149.
67 EAS an Admiral Earle, 19. Dezember 1918, Sperry Papers.
68 Hughes, *Sperry*, S. 261.
69 Grover Cleveland Loening, *Our Wings Grew Faster*, Garden City 1935, S. 93.
70 Rear Admiral Delmar S. Fahrney und Robert Strobell, «America's First Pilotless Aircraft», *Aero Digest*, LXIX (1954), S. 28 ff.
71 Hughes, *Sperry*, S. 267.
72 Stuart W. Leslie, *Boss Kettering*, New York 1983, S. 81.
73 Elmer A. Sperry, Erinnerungen an Commander John H. Towers, 1. Oktober 1918, Sperry Papers.
74 Leslie, *Boss Kettering*, S. 83.
75 Colonel William Mitchell, «Lawrence Sperry and the Aerial Torpedo», *U.S. Air Service*, Januar 1926, S. 16.
76 Hughes, *Sperry*, S. 179–189, 272–273, 322-324.
77 Ebenda, S. 231.
78 Ebenda, S. 232–233.
79 Ebenda, S. 233.

4. Kapitel

1 Lawrence Lessing, *Man of High Fidelity: Edwin Howard Armstrong*, New York 1969, S. 45–47. Thomas S.W. Lewis, «Radio Revolutionary», *American Heritage of Invention and Technology*, I (Herbst 1985), S. 36.
2 Ebenda, S. 127.
3 Herbert H. Thompson (Elmer Sperrys Patentanwalt), «A Patent's Value», *Sperryscope*, I (November-Dezember 1919), S. 12–14.
4 Lessing, *Man of High Fidelity*, S. 135.
5 Lee de Forest, *Father of Radio: The Autobiography of Lee de Forest*, Chicago 1950, S. 352.
6 Ebenda, S. 319.
7 Ebenda, S. 377.
8 Ebenda, S. 379.
9 *Radio Corporation of America, American Telephone & Telegraph Company and De Forest Radio Company vs. Radio Engineering Laboratories, Inc., Respondent* (293 U.S. 1–14, 79 L. ED. 164), zitiert in De Forest, *Father of Radio*, S. 380.
10 Lessing, *Man of High Fidelity*, S. 159.
11 Edwin Armstrong, «Mathematical Theory vs. Physical Concept», *FM and Television*, IV (August 1944), S. 11–13, 36.
12 Lessing, *Man of High Fidelity*, S.163–164.
13 Ebenda, S. 213; Lewis, «Radio Revolutionary», S. 40.
14 Lessing, *Man of High Fidelity*, S. 236.
15 Ebenda, S. 248.
16 Ebenda, S. 268.
17 Neil H. Wasserman, *From Invention to Innovation: Long-Distance Telephone Transmission at the Turn of the Century*, Baltimore 1985, S. 91.
18 Lilian Hoddeson, «The Emergence of Basic Research in the Bell Telephone System, 1875–1915», *Technology and Culture*, 22 (Juli 1981), S. 521–522.
19 «Engineering Department Annual Report for 1906» S. 4–5, zitiert in Leonard S.

Reich, *The Making of American Industrial Research: Science and Business at GE and Bell, 1876–1926*, Cambridge 1985, S. 149.

20 A. Michal McMahon, *The Making of a Profession: A Century of Electrical Engineering in America*, New York 1984, S. 53–54; Reich, *American Industrial Research*, S. 149.

21 Reich, *American Industrial Research*, S. 177.

22 Wasserman, *From Invention to Innovation*, S. 98.

23 Ebenda, S. 97.

24 Ebenda, S. 79–88.

25 Über Morgan siehe Vincent P. Carosso, *The Morgans, Private International Bankers. 1854–1913*, Cambridge 1987.

26 Reich, *American Industrial Research*, S. 140.

27 Ebenda, S. 158.

28 *The Autobiography of Robert A. Millikan*, London 1951, S. 134.

29 Reich, *American Industrial Research*, S. 162.

30 *Autobiography of Robert Millikan*, S. 136.

31 Maurice Holland, Verfasser von *Industrial Explorers*, New York 1928, zitiert in George Wise, *Willis R. Whitney: General Electric and the Origins of U.S. Industrial Research*, New York 1985, S. 209.

32 Wise, *Willis R. Whitney*, S. 34–35.

33 Georg Meyer-Thurow, «The Industrialization of Invention: A Case Study from the German Chemical Industry», *ISIS*, 73 (1982), S. 363–381.

34 Wise, *Willis R. Whitney*, S. 58.

35 Ebenda, S. 76.

36 Ebenda, S. 66.

37 Ebenda, S. 77.

38 Ebenda, S. 88.

39 Arthur A. Bright jr., *The Electric-Lamp Industry: Technological Change and Economic Development from 1800 to 1947*, New York 1949, S. 168.

40 Ebenda, S. 172–173; Wise, *Willis R. Whitney*, S. 116.

41 Wise, *Willis R. Whitney*, S. 123.

42 William Coolidge zitiert ebenda, S. 123.

43 Zitiert ebenda, S. 150. Siehe auch Michael Aaron Dennis, «Accounting for Research: New Histories of Corporate Laboratories and the Social History of American Science», *Social Studies of Science*, 17 (1987), S. 490.

44 Wise, *Willis R. Whitney*, S. 135.

45 Ebenda, S. 157.

46 Reich, *American Industrial Research*, S. 86.

47 Wise, *Willis R. Whitney*, S. 147–148.

48 Ebenda, S. 3.

49 Ebenda, S. 141.

50 Spencer R. Weart, «The Rise of ‹Prostituted› Physics», *Nature*, 262 (1. Juli 1976), S. 13–17. Zitate aus S. 13, 14.

51 Wise, *Willis R. Whitney*, S. 91.

52 George Wise, «A New Role for Professional Scientists in Industry: Industrial Research at General Electric, 1900–1916», *Technology and Culture*, 21 (Juli 1980), S. 413.

53 Wise, *Willis R. Whitney*, S. 276.

54 Ebenda, S. 172–177.

55 Thomas P. Hughes, *Networks of Power: Electrification in Western Society, 1880–1903*, Baltimore 1983, S. 379–385.

56 David A. Hounshell und John K. Smith, *Science and Corporate Strategy: Du Pont R&D, 1902–1980*, New York, Cambridge University Press, S. 76.

57 Ebenda, S. 89.

58 David A. Hounshell, «Continuity and Change in the Management of Industrial Research: The Du Pont Company, 1902–1980», Bericht vorgelegt auf der zweiten internationalen Konferenz über die Geschichte der Industrieunternehmen, Terni, Italien, 2. Oktober 1987, S. 11.

59 Hounshell und Smith, *Science and Corporate Strategy*, S. 77, 88–89.

60 Ebenda, S. 92–95.

61 Ebenda, S. 90.

62 Hounshell, «Continuity and Change», S. 14.

63 Stine zitiert in John K. Smith und David A. Hounshell, «Wallace H. Carothers and Fundamental Research at Du Pont», *Science*, 229 (2. August 1985), S. 437.

64 Carothers zitiert ebenda.

65 Carothers zitiert ebenda. S. 438.

66 Ebenda, S. 436, 439.

67 John K. Smith, «The Ten-Year Invention: Neoprence and Du Pont Research, 1930–1939», *Technology and Culture*, 26 (Januar 1985), S. 34.

68 Carothers zitiert in Smith und Hounshell, «Wallace H. Carothers», S. 440.

69 Hounshell, «Continuity and Change», S. 20.

70 Wise, *Willis R. Whitney*, S. 215.

71 C.L. Edgar, «An Appreciation of Mr. Edison Based on Personal Acquaintance»; F.B. Jewett, «Edison's Contributions to Science and Industry»; R.A. Millikan, «Edison as a Scientist», *Science*, 75 (1932), S. 59–71.

72 Thomas P. Hughes, «Edison's Method», in *Technology at the Turning Point*, Hrsg. William B. Pickett, San Francisco 1977, S. 5.

73 Temporary National Economic Committee, *Concentration of Economic Power Hearings, 1938–1939*, Washington, D.C., 1939, Teil I–IV, S. 871–872.

74 Ebenda, Teil I–III, S. 971–976.

75 Henk van den Belt und Arie Rip, «The Nelson-Winter-Dosi Model and Synthetic Chemistry» in *The Social Construction of Technological Systems*, Hrsg. W. Bijker, T. Hughes und T. Pinch, Cambridge 1987, S. 155.

76 John Jewkes, David Sawers und Richard Stillerman, *The Sources of Invention*, New York 1979, S. 73.

5. Kapitel

1 Alan Trachtenberg, *The Incorporation of America: Culture and Society in the Gilded Age*, New York 1982, S. 38. Cecelia Tichi gibt den Begriffen «Getriebe und Tragbalken», der «Maschine» den Vorzug zur Symbolisierung der Technologie des frühen 20. Jahrhunderts (*Shifting Gears: Technology, Literature, Culture in Modernist America*, Chapel Hill 1987, S. XII).

2 *Yankee Enterprise: The Rise of the American System of Manufactures*, Hrsg. Otto Mayr und Robert C. Post, Washington, D.C., 1982.

3 David A. Hounshell, *From the American System to Mass Production: The Development of Manufacturing Technology in the United States*, Baltimore 1984, S. 331–336.

4 Das Konzept des technologischen Systems, das hier verwendet wird, ist nicht sehr elegant, entspricht aber eher den Bedürfnissen des Historikers, der sich mit der ganzen Komplexität dieser Erscheinung auseinandersetzen muß, als die von Ingenieuren und vielen Gesellschaftswissenschaftlern verwendeten Systemkonzepte. Zu den Werken über Systeme wie sie von Technikern, Naturwissenschaftlern und Gesellschaftswissenschaftlern verwendet werden, gehören: Ludwig von Bertalanffy, *General System Theory*, New York 1968; Günter Ropohl, *Eine Systemtheorie der Technik*, München 1979; *The Social Theories of Talcott Parsons: A Critical Examination*, Hrsg. Max Black, Carbondale 1961; C. West Churchman, *The Systems Approach*, New York 1968; Herbert Simon, «The Architecture of Complexity» in *General Systems Yearbook*, X (1965), S. 63–76. Weitere Hinweise auf die umfangreiche Literatur über Systeme findet der Leser in den Literaturverzeichnissen der Bücher von Ropohl und Bertalanffy. Der Historiker Bertrand Gille hat sich ausführlich mit dem Begriff der Systeme beschäftigt und dieses Konzept bei der Behandlung der Geschichte der Technologie verwendet. Siehe zum Beispiel *The History of Techniques*, Hrsg. B. Gille, New York 1986, 2 Bände.

5 John Dos Passos, *U.S.A.*, New York, S. 746.

6 F. W. Taylor, *The Principles of Scientific Management*, New York 1911, S. 7. Diese Schrift ist mit Taylors *Shop Management*, einem Aufsatz aus dem Jahr 1903, und seinen Aussagen in *Hearings Before Special Committee of the House of Representatives to Investigate the Taylor and Other Systems of Shop Management Under Authority of House Resolution 90* (1912) in einem Band zusammengefaßt worden: Frederick Winslow Taylor, *Scientific Management*, New York 1947. Taylor, *Scientific Management* aus dem Jahr 1911 wird im Folgenden als Taylor, *Scientific Management* bezeichnet werden. Die Aussagen von 1912 werden als Taylor, *Testimony* zitiert.

7 Frank Barkley Copley, *Frederick W. Taylor: Father of Scientific Management*, New York 1923, II; S. 372. Neuauflage New York 1969. Im Folgenden zitiert als Copley, *Taylor*. Eine Würdigung der Leistungen von Taylor und eine Kritik an der Biographie von Copley finden sich in Daniel Nelson, *Frederick W. Taylor and the Rise of Scientific Management*, Madison 1980, besonders S. 193–197.

8 Copley, *Taylor*, I; S. 108, 110.

9 Sudhir Kakar, *Frederick Taylor: A Study in Personality and Innovation*, Cambridge 1970, S. 95.

10 Taylor, *Scientific Management*, S. 79.

11 Taylor, *Testimony*, S. 8, 115.

12 Kakar, *Frederick Taylor*, S. 70–71.

13 Nelson, *Taylor*, S. 202.

14 Taylor, *Scientific Management*, S. 44.

15 Ebenda S. 44–46 ff. Charles Wrege und Amedeo Perroni äußern ernste Zweifel an gewissen Einzelheiten in der Darstellung von Schmidt und an der Version Taylors über die Experimente mit Gußeisen. Siehe ihr Artikel mit dem Titel «Taylor's Pig-Tale: A Historical Analysis of Frederick W. Taylor's Pig-Iron Experiments», *Academy of Management, Journal*, XVII (1974), S. 6–27.

16 Taylor, *Scientific Management*, S. 46.

17 Copley, *Taylor*, II; S. 150.

18 Kakar, *Frederick Taylor*, S. 183.

19 Hugh G.J. Aitken, *Scientific Management in Action: Taylorism at Watertown Arsenal, 1908–1915*, Princeton 1985, S. 150.

20 Ebenda, S. 229–235.

21 Copley, *Taylor*, II; S. 407.

22 Ebenda, II; S. 418.

23 Ebenda, II; S. 370.

24 Kenneth Trombley, *The Life and Times of a Happy Liberal*, New York 1954, S. 9.

25 Martha M. Trescott in «Women Engineers in History: Profiles in Holism and Persist-ence» in *Women in Scientific and Engineering Professions*, Hrsg. V. Haas und C. Perrucci, Ann Arbor 1984, S. 192–204. Dieser Aufsatz hat uns auf die Beiträge von Lillian Gilbreth aufmerksam gemacht.

26 Raymond C. Miller, *Kilowatts at Work: A History of the Detroit Edison Company*, Detroit 1957, S. 63–65, 161–162.

27 Henry Ford, «Mass Production» in *Encyclopaedia Britannica*, 13. Aufl. Ergänzungs-band 2 (1926), S. 821–823.

28 Hounshell, *From the American System*, S. 229.

29 Ebenda, S. 222.

30 Allan Nevins und Frank Ernest Hill, *Ford: Expansion and Challenge 1915–1933*, New York 1957, S. 206–207.

31 Grant Hildebrand, *Designing for Industry: The Architecture of Albert Kahn*, Cam-bridge 1974, S. 121.

32 Anne Jardim, *The First Henry Ford: A Study in Personality and Business Leadership*, Cambridge 1970, S. 62.

33 Nevins und Hill, *Ford: Expansion and Challenge*, S. 257.

34 David Halberstam, *The Reckoning*, New York 1986, S. 90 ff.

35 Jardim, *First Henry Ford*, S. 234.

36 Henry Ford mit Samuel Crowther, *My Life and Work*, Garden City 1922, S. 86.

37 Jardim, *First Henry Ford*, S. 227.

38 Ebenda, S. 227–228.

39 Halberstam, *Reckoning*, S. 95–96, 101.

40 Jardim, *First Henry Ford*, S. 217–219. Siehe auch Robert Lacey, *Ford: The Men and the Machine*, New York 1986, S. 309–311.

41 Jardim, *First Henry Ford*, S. 72.

42 Ebenda, S. 35.

43 Halberstam, *Reckoning*; Jardim, *First Henry Ford*, hier und dort.

44 Jardim, *First Henry Ford*, S. 65–68.

45 Ford mit Crowther, *My Life and Work*, S. 43.

46 Ebenda, S. 17.

47 Ebenda, S. 22.

48 Hounshell, *From the American System*, S. 259.

49 Ebenda, S. 296.

50 Jardim, *First Henry Ford*, S. 73.

51 Ford mit Crowther, *My Life and Work*, S. 56.

52 James J. Flink, *America Adopts the Automobile, 1895–1910*, Cambridge 1970, beson-ders die Kapitel 6 und 7.

53 John Lawrence Enos, *Petroleum Progress and Profits: A History of Process Innova-tion*, Cambridge 1962, S. 2.

54 Ebenda, S. 61.

55 Ebenda, S. 61–130.

56 Lynwood Bryant, «The Problem of Knock in Gasoline Engines», Bericht vorgelegt auf der Jahreskonferenz der American Society of Mechanical Engineers am 19. No-vember 1974, S. 1.

57　«How We Found Ethyl Gas», *Motor* (Januar 1925), S. 93.

58　T.A. Boyd, *Professional Amateur: The Biography of Charles Franklin Kettering*, New York 1957, S. 184–185.

59　T.A. Boyd, «Pathfinding in Fuels and Engines: Horning Memorial Lecture», Bericht vorgelegt auf der Jahreskonferenz der Society of Automotive Engineers am 11. Januar 1950.

60　Harold F. Williamson, Ralph L. Andreano, Arnold Daum und Gilbert C. Klose, *The American Petroleum Industry: The Age of Energy, 1899–1959*, Westport 1981, S. 409–415.

61　R.R. Sayers, A.C. Fieldner, W.P. Yant, B.G.H. Thomas und W.J. McConnell, «Exhaus Gases from Engines Using Ethyl Gasoline», *Bureau of Mines Reports of Investigations*, (I 28.23:2661), Dezember 1924.

62　«The Use of Tetraethyl Lead Gasoline in Its Relation to Public Health», *U.S. Public Health Bulletin* Nr. 163, verfaßt im Büro des Surgeon General of the United States, Washington, D.C., 1926, S. 117–123.

63　Enos, *Petroleum Progress and Profits*, S. 133.

64　Ebenda, S. 196.

65　Thomas K. McCraw, *TVA and the Power Fight, 1933–1939*, Philadelphia 1971, S. 12.

66　Forrest McDonald, *Insull*, Chicago 1962, S. 3.

67　Bernard Weisberger, «The Forgotten Four: Chicago's First Millionaires», *American Heritage*, 38 (November 1987), S. 43.

68　Thomas P. Hughes, *Networks of Power: Electrification in Western Society, 1880–1930*, Baltimore 1983, S. 203–204.

69　Samuel Insull, «Memoirs of Samuel Insull», mit der Maschine geschriebenes Manuskript, verfaßt 1934 bis 1935, S. 7. Samuel Insull Papers, Loyola University, Chicago, Illinois.

70　McDonald, *Insull*, S. 53–54.

71　Hughes, *Networks of Power*, S. 250.

72　McDonald, *Insull*, S. 274.

73　Harold L. Arnold, «Ford's Methods and the Ford Shops», *Engineering Magazine*, 47 (1914).

74　Ford, «Mass Production», S.821–823.

75　Samuel Insull, *Central-Station Electric Service: Its Commercial Development and Economic Significance as Set Forth in the Public Addresses (1897–1914) of Samuel Insull*, Hrsg. William E. Keily, Chicago 1915.

76　Hughes, *Networks of Power*, S. 175–200, 227–261.

77　Ebenda.

78　Stephen Kern, *The Culture of Time and Space, 1880–1918*, Cambridge 1983.

79　Mc Donald, *Insull*, S. 279.

80　Ebenda, S. 281.

81　Ebenda, S. 291.

82　Ebenda, S. 296.

83　Ebenda, S. 309.

84　Hughes, *Networks of Power*, S. 175–200, 227–261.

85　McDonald, *Insull*, S. 314.

86　Ebenda, S. 331.

87　Ebenda, S. 337.

88　David F. Noble, *America by Design: Science, Technology, and the Rise of Corporate Capitalism*, New York 1977, S. 24, 39.

89 Ebenda, S. 44.
90 Edwin Layton, *The Revolt of the Engineers*, Cleveland 1971, S. 154, 156, 170, 185.
91 Noble, *America by Design*, S. 44.
92 Ebenda, S. 46.
93 Ebenda, S. 34–35.
94 Ebenda, S. 41.
95 Ebenda, S. 51.
96 Samuel Haber, *Efficiency and Uplift*, Chicago 1964, S. 110–116.
97 Samuel P. Hays, *Conservation and the Gospel of Efficiency: The Progressive Movement. 1890–1920*, Cambridge 1959, S. 3–4.
98 Taylor, *Scientific Management*, S. 8.
99 Daniel Bells Einführung zu Thorstein Veblen, *The Engineers and the Price System*, New York 1963, S. 2–35.
100 Ebenda, S. 13.
101 Joseph Dorfman, *Thorstein Veblen and His America*, New York 1934, S. 423.
102 Veblen, *Engineers and Price System*, Zitate aus den Seiten 72 und 74.
103 Ebenda, S. 77, 88.

6. Kapitel

1 Edward Hallett Carr und R.W. Davies, *History of Soviet Russia: Foundations of a Planned Economy, 1926–1929*, New York 1969, I; S. 433.
2 Harold Dorn, «Hugh Lincoln Cooper and the First Détente», *Technology and Culture*, XX (1979), S. 336.
3 Antony C. Sutton, *Western Technology and Soviet Economic Development, 1917–1930*, Stanford 1968, S. 345–347.
4 A.B. Dibner, «Russia as an Electrical Market», *Electrical World*, 95 (1930), S. 485.
5 John P. McKay, *Pioneers for Profit: Foreign Entrepreneurship and Russian Industrialization, 1885–1913*, Chicago 1970, S. 3–5.
6 Judith A. Merkle, *Management and Ideology: The Legacy of the International Scientific Management Movement*, Berkeley 1980, S. 106–107.
7 V.I. Lenin, *Selected Works*, London 1937, VII; S. 332, zitiert in Merkle, Management and Ideology, S. 113.
8 Merkle, *Management and Ideology*, S. 115–120.
9 Ebenda, S. 122.
10 Ebenda, S. 122–123.
11 Kendall E. Bailes, «Alexei Gastev and the Soviet Controversy over Taylorism», *Soviet Studies*, XXIX (Juli 1977) S. 374.
12 Rainer Traub, «Lenin and Taylor: The Fate of ‹Scientific Management› in the (Early) Soviet Union», *Telos*, XXXVII (Herbst 1978), S. 87.
13 Bailes, «Alexei Gastev», S. 377.
14 Traub, «Lenin and Taylor», S. 88.
15 Bailes, «Alexei Gastev», S. 384.
16 Ebenda, S. 385.
17 Traub, «Lenin and Taylor», S. 86.
18 Gleb M. Krzhizhanovsky, *The Basis of the Technological Economic Plan of Reconstruction of the U.S.S.R.*, Moskau 1931, S. 16, 32 (Zitat). Zu Krzhizhanovsky siehe Raissa L. Berg, *Acquired Traits: Memoirs of a Geneticist from the Soviet Union*, Übersetzung von D. Lowe, New York 1988, S. 92–109; Alexander Vucinich, *Empire*

of Knowledge: The Academy of Sciences of the USSR (1917–1970), Berkeley 1984, S. 130, 180.

19 Jonathan Charles Coopersmith, «The Electrification of Russia, 1880 to 1925», Doktordissertation, Universität Oxford 1985, S. 143.

20 *The Letters of Lenin,* übersetzt und herausgegeben von Elizabeth Hill und Doris Mudie, New York 1937, S. 470.

21 Coopersmith, «Electrification of Russia», S. 144, 145.

22 Anne Dickason Rassweiler, «Dnieprostroy, 1927–1932: A Model of Soviet Socialist Planning and Construction», Doktordissertation, Universität Princeton 1980, S. 59, 61, 67.

23 Coopersmith, «Electrification of Russia», S. 169–170.

24 «An American Engineering Firm in the USSR: Auszüge aus einem Vortrag von Albert Kahn, dem Präsidenten der Firma Albert Kahn Inc., Detroit, vor der Cleveland Engineering Society am 15. Dezember 1930», *Economic Review of the Soviet Union,* VI (15. Januar 1931), S. 41.

25 Carr und Davies, *History of Soviet Russia,* II; S. 898–899.

26 Ebenda, II; S. 908.

27 H.R. Knickebocker, *The Soviet Five-Year Plan and Its Effect on World Trade,* London 1931, S. 161.

28 Margaret Bourke-White, *Eyes on Russia,* New York 1931, S. 80.

29 Carr und Davies, *History of Soviet Russia,* II; S. 908.

30 Ebenda, II; S. 911.

31 K.A. Pohl, «Das neue Wasserkraftwerk am Dnjepr», *Elektrotechnische Zeitschrift,* XXXI (4. August 1932), S. 746.

32 Dorn, «Hugh Lincoln Cooper», S. 337.

33 Carr und Davies, *History of Soviet Russia,* II; S. 900.

34 A. Bonwetsch, «Die Groß-Wasserkraftanlage Dnjeprostroj», *Zeitschrift des Vereins Deutscher Ingenieure,* 76 (20. August 1932), S. 814–815.

35 Dorn, «Hugh Lincoln Cooper», S. 335.

36 Hugh Lincoln Cooper, «Address Prepared for the 6th General Congress of the International Chamber of Commerce, Washington, D.C., 5. Mai 1931», in *Trade with Russia,* New York 1931; «Address Delivered before the Institute of Politics, Williamstown, Mass., 1. August 1930», in *Soviet Russia,* New York 1930.

37 Dorn, «Hugh Lincoln Cooper», S. 341–347.

38 Maurice Hindus zitiert in Mira Wilkins und Frank Ernest Hill, *American Business Abroad: Ford on Six Continents,* Detroit 1964, S. 216.

39 Walter Duranty, «Talk of Ford Favors Thrills Moscow», *New York Times,* 17. Februar 1928, S. 7.

40 Wilkons und Hill, *American Business Abroad,* S. 209.

41 Henry Ford mit Samuel Crowther, *My Life and Work,* Garden City 1922, S. 4–5.

42 Ebenda, S. 5.

43 Allan Nevins und Frank Ernest Hill, *Ford: Expansion and Challenge, 1915–1933,* New York 1957, S. 673.

44 Dana G. Dalrymple, «The American Tractor Comes to Soviet Agriculture: The Transfer of a Technology», *Technology and Culture,* 5 (1964), S. 191.

45 Ebenda, S. 194.

46 Christine White, «Ford in Russia: In Pursuit of the Chimeral Market», *Business History,* XXVII (Oktober 1986), S. 92–93.

47 Ebenda, S. 93.

48 Grant Hildebrand, *Designing for Industry: The Architecture of Albert Kahn*, Cambridge 1974, S. 43–54, 92–100.
49 Dalrymple, «American Tractor», S. 199.
50 Ebenda, S. 201.
51 Ebenda, S. 202.
52 Ebenda, S. 206–207.
53 Wilkins und Hill, *American Business Abroad*, S. 209.
54 Dalrymple, «American Tractor», S. 212–213.
55 White, «Ford in Russia», S. 91.
56 Nevins und Hill, *Ford: Expansion and Challenge*, S. 677.
57 Ebenda, S. 679.
58 Wilkins und Hill, *American Business Abroad*, S. 222–224.
59 N. Ossinsky, «Zwei Giganten der Sowjetindustrie», *Moskauer Rundschau*, 34 (19. Juli 1931), S. 131.
60 «Magnitostroj», *Sowjet-Rußland von Heute*, XI (1932), S. 8–9.
61 «Magnitostroj und Kusnetzkstroj», *Moskauer Rundschau*, 24 (15. Juni 1930).
62 John Scott, *Behind the Urals: An American Worker in Russia's City of Steel*, Bloomington 1973, S. 6.
63 Ebenda, S. 3.
64 Ebenda, S. 65.
65 Ebenda, S. 69–70.
66 *Frankfurter Zeitung*, 30. November 1930, in El Lissitzky, *Russia: An Architecture for World Revolution*, übersetzt von Eric Dluhosch, Cambridge 1984, S. 175–179.
67 Scott, *Behind the Urals*, S. 209.
68 Ebenda, S. 187, 193. Siehe auch Antony C. Sutton, *Western Technology and Soviet Economic Development, 1930 to 1945*, Standford 1971, S. 74–77.
69 Scott, *Behind the Urals*, S. 69–70.
70 Frank Trommler, «The Rise and Fall of Americanism in Germany», in *America and the Germans: The Relationship in the Twentieth Century*, Hrsg. F. Trommler und J. McVeigh, Philadelphia 1985, S. 335.
71 Winfried Nerdinger, *Walter Gropius*, Berlin 1985, S. 11.
72 Gustav Winter, *Der Taylorismus: Handbuch der wissenschaftlichen Betriebs- und Arbeitsweise für die Arbeitenden aller Klassen, Stände und Berufe*, Leipzig 1920, S. VII.
73 Charles S. Maier, «Between Taylorism and Technocracy: European Ideologies and the Vision of Industrial Productivity in the 1920s», *The Journal of Contemporary History*, 5 (1970), S. 27–61.
74 Merkle, *Management and Ideology*, S. 172.
75 Henry Ford, *Mein Leben und Werk*, übersetzt von Curt und Margerite Thesing, Leipzig 1923.
76 Peter Berg, *Deutschland und Amerika, 1918–1929: Über das deutsche Amerikabild der zwanziger Jahre*, Lübeck/Hamburg 1963, S. 101.
77 Übersetzung des Verfassers aus Paul Rieppel, *Ford-Betriebe und Ford-Methoden*, München/Berlin 1926, S. 29.
78 Ebenda, S. 29. Oswald Spengler, «Preußentum und Sozialismus» in *Politische Schriften*, München/Berlin 1934, S. 1–105.
79 Friedrich von Gottl-Ottlilienfeld, *Fordismus: Über Industrie und Technische Vernunft*, Jena 1926.
80 Ebenda, S. 18–20, 23, 45, 55, 62–63.

81 Jost Hermand/Frank Trommler, *Die Kultur der Weimarer Republik*, München 1978, S. 54–55.

82 J. Walcher, *Ford oder Marx: Die praktische Lösung der sozialen Frage*, Berlin 1925.

83 Ebenda, S. 43, 67, 84, 92, 107, 111.

84 Gustav Winter, *Der falsche Messias Henry Ford: Ein Alarmsignal für das gesamte deutsche Volk*, Leipzig 1924.

85 Helmut Lethen, *Neue Sachlichkeit, 1924–1932: Studien zur Literatur des «Weißen Sozialismus»*, Stuttgart 1970, S. 20.

86 Ebenda, S. 21–24.

87 Ebenda, S. 22.

88 Rieppel, *Ford-Betriebe und Ford-Methoden*, S. 41–42.

89 Nevins und Hill, *Ford: Expansion and Challenge*, S. 311–323.

90 Berg, *Deutschland und Amerika*, S. 98.

91 Otto Moog, *Drüben steht Amerika: Gedanken nach einer Ingenieurreise durch die Vereinigten Staaten*, Braunschweig 1927.

92 Ebenda, S. 72.

93 Ebenda, S. 76.

94 Franz Westermann, *Amerika wie ich es sah: Reiseskizzen eines Ingenieurs*, Halberstadt 1926, S. 5.

95 Ebenda, S. 99.

96 Jeffrey Herf, *Reactionary Modernism: Technology, Culture, and Politics in Weimar and the Third Reich*, Cambridge 1984, S. 12, 31.

97 Oswald Spengler, *Decline of the West* (Untergang des Abendlandes), übersetzt von Charles Francis Atkinson, New York 1965, S. 24–27.

98 Trommler, «Americanism in Germany», S. 337.

99 Thomas P. Hughes, «Technology» in *The Holocaust: Ideology, Bureaucracy, and Genocide*, Hrsg. Henry Friedlander und Sybil Milton, Millwood 1980, S. 165–181.

7. Kapitel

1 Lewis Mumford, «Machinery and the Modern Style», *The New Republic*, XXVII (3. August 1921), S. 264–265. Teile des Abschnittes über die zweite industrielle Revolution in diesem Kapitel erschienen vorher in Thomas P. Hughes, «Visions of Electrification and Social Change» in *Histoire de l'électricité: 1880–1980, un siècle d'électricité dans le monde*, Hrsg. Fabienne Cardot, Paris 1987, S. 327–340.

2 Lewis Mumford, «The City», in *Civilization in the United States: an Inquiry by 30 Americans*, Hrsg. Harold E. Stearns, New York 1922, S. 12. Zitiert in Richard G. Wilson, Dianne, H. Pilgrim und Dickran Tashjian, *The Machine Age im America, 1918–1941*, New York 1986, S. 30.

3 Robert Hughes, *The Shock of the New*, New York 1981, S. 9.

4 Alfred D. Chandler Jr., *The Visible Hand: The Managerial Revolution in American Business*, Cambridge 1977.

5 James Beniger, *The Control Revolution: Technological and Economic Origins of the Information Society*, Cambridge 1986.

6 Leslie Hannah, *Electricity Before Nationalisation*, Baltimore 1979, S. 65–66, 82, 85; R. Blanchard, *Les Forces hydroélectriques pendant la guerre*, Paris 1924; Thomas P. Hughes, «Technology as a Force for Change in History: The Effort to Form a Unified Electric Power System in Weimar Germany», in *Industrielles System und politische*

Entwicklung in der Weimarer Republik, Hrsg. H. Mommsen, D. Petzina und B. Weisbrod, Düsseldorf 1974, S. 153–166; Thomas P. Hughes, *Networks of Power: Electrification in Western Society, 1880–1930,* Baltimore 1983, S. 285–323.

7   Vladimir Lenin, *Collected Works,* XXV; 490–491 (russisch), übersetzt und zitiert in U.S.S.R. Committee for International Scientific and Technical Conferences, *Electric Power Development in the U.S.S.R.,* Moskau 1936, S. 11.

8   Großbritannien, Ministry of Reconstruction, Reconstruction Committee, Coal Conservation Sub-Committee, *Interim Report on Electric Power Supply in Great Britain,* London 1918, S. 4, 7, 8.

9   Über verschiedene Pläne, nach dem Ersten Weltkrieg in Deutschland regionale und das ganze Land umfassende Stromverbundsysteme zu schaffen, siehe Georg Boll, *Entstehung und Entwicklung des Verbundbetriebs in der deutschen Elektrizitätswirtschaft bis zum europäischen Verbund,* Frankfurt am Main 1969, S. 56–67.

10   Weitere Angaben über diese nach dem Ersten Weltkrieg geplanten Systeme in Hughes, *Networks of Power,* S. 285–323.

11   Lewis Mumford, *Technics and Civilization,* New York 1934.

12   Lewis Mumford, «Regionalism and Irregionalism», *The Sociology Review,* XIX (1927), S. 288.

13   Mumford, *Technics,* S. 15.

14   Mumford, «Regionalism and Irregionalism», S. 286.

15   Mumford, *Technics,* S. 215–221.

16   Ebenda, S. 223.

17   Lewis Mumford, «The Theory and Practice of Regionalism», *The Sociology Review,* XX (1928), S. 23–24.

18   Gifford Pinchot an Morris K. Cook, 15. Januar 1927, Morris L. Cooke Papers, Franklin D. Roosevelt Library, Hyde Park, N. Y.

19   Weitere Angaben über Giant Power bei Hughes, *Networks of Power,* S. 297–313.

20   Governor Gifford Pinchots Bericht vor der Generalversammlung des Commonwealth of Pennsylvania vom 17. Februar 1925, veröffentlicht als Pinchot, «Introduction» zu «Giant Power: Large Scale Electrical Development as a Social Factor», *The Annals,* CXVIII (März 1925), S. VIII.

21   Pinchot, «Introduction», S. XI–XII.

22   Ebenda, S. XI.

23   Ebenda.

24   Ebenda.

25   Joseph K. Hart, «Power and Culture», *The Survey: Graphic Number,* LI (1. März 1924), S. 625–628, abgedruckt in Thomas Parke Hughes, Hrsg., *Changing Attitudes Toward American Technology,* New York 1975, S. 241–252. Die in den folgenden Zitaten angegebenen Seiten finden sich bei Hughes.

26   Hart, «Power», S. 243–245.

27   Ebenda, S. 246.

28   Ebenda, S. 250.

29   Ebenda, S. 251.

30   Ebenda.

31   Paul Kellogg, «The Play of a Big Man with a Little River», *The Survey: Graphic Number,* LI (1. März 1924), S. 637ff.

32   Henry Ford mit Samuel Crowther, *My Life and Work,* Garden City 1922, zitiert (ohne Seitenangabe) in Kellogg, «Play of a Big Man», S. 640.

33   Kellogg, «Play of a Big Man», S. 641.

34 Ford mit Crowther, *My Life and Work*, zitiert in Kellogg, «Play of a Big Man», S. 641.

35 Allan Nevins und Frank Ernest Hill, *Ford: Expansion and Challenge, 1915–1933*, New York 1957, S. 228.

36 Ebenda, S. 226.

37 Kellogg, «Play of a Big Man», S. 641; Nevins and Hill, *Ford: Expansion and Challenge*, S. 229–230.

38 Le Corbusier, «Architecture, the Expression of the Materials and Methods of Our Times», *The Architectural Record*, LXVI (August 1928), S. 123, 128. Corbusiers Theorie vom nützlichen Gegenstand beinhaltete jedoch eine Art darwinistischer Evolution – auch bei amerikanischen Designern; Reyner Banham, *Theory and Design in the First Machine Age*, Cambridge 1980, S. 211–212. Siehe auch Robert Twombly, *Louis Sullivan: His Life and Work*, New York 1986, S. 130–132, 217–218; Louis H. Sullivan, *The Autobiography of an Idea*, New York 1956, S. 247–250; Carl W. Condit, «Sullivan's Skyscrapers as the Expression of Nineteenth Century Technology», *Technology and Culture*, I (1959), S. 78–93; Colin Rowe, «Chicago Frame: Chicago's Place in the Modern Movement», *The Architectural Review*, 128 (November 1956), S. 285–289; Frank Lloyd Wright, «In the Cause of Architecture», *The Architectural Record*, 61 (Mai und Juni 1927), S. 394–396, 478–480; 62 (Juli und Oktober 1927), S. 163–166, 318–321.

39 Peter Behrens, «Art und Technology», Vortrag auf der 18. Jahresversammlung des Verbandes Deutscher Elektrotechniker, Braunschweig, 26. Mai 1910, abgedruckt in *Industriekultur: Peter Behrens and the AEG, 1907–1914*, Hrsg. Tilmann Buddensieg, übersetzt von Iain Boyd Whyte, Cambridge 1984, S. 212–219.

40 Behrens zitiert von Buddensieg, «Industriekultur», in *Industriekultur*, S. 8.

41 Karin Wilhelm, «Fabrikkunst: The Turbine Hall and What Came of It», in *Industriekultur*, S. 142.

42 Behrens zitiert von Buddensieg, «Industriekultur», in *Industriekultur*, S. 17.

43 Joan Campbell, *The German Werkbund*, Princeton 1978, S. 11–17.

44 Hermann Muthesius, «Handarbeit und Massenerzeugnis», *Technischer Abend im Zentralinstitut für Erziehung und Unterricht*, IV (1917).

45 Zu Gropius siehe Reginald R. Isaacs, *Walter Gropius: Der Mensch und sein Werk*, Berlin 1983.

46 Walter Gropius, «Momumentale Kunst und Industriebau», maschinengeschriebenes Manuskript (37 Seiten) eines Vortrags im Folkwang Museum, Hagen, Westfalen, am 29. Januar 1911, S. 12, Bauhaus Archiv, West-Berlin.

47 Ebenda, S. 9. Gropius berücksichtigte nicht die Tatsache, daß ein Brückenbauer wie Robert Maillart sowohl die neue Ästhetik als auch die neue Technologie angewendet hat. Ich verdanke diese Erkenntnis David Billington von der Princeton University.

48 Ebenda, S. 13.

49 Ebenda.

50 «From Americanism to the New World» in *Walter Gropius*, Hrsg. Winfried Nerdinger, Berlin 1985, S. 9.

51 Thomas P. Hughes, «Gropius, Machine Design, and Mass Production», *Wissenschaftskolleg Jahrbuch 1983–84*, Berlin 1985, S. 172.

52 Die Gropiuspapiere befinden sich im Busch-Reisinger Museum an der Universität Harvard, Cambridge, Mass. Kopien mit zusätzlichem Gropiusmaterial werden im Bauhaus-Archiv in West-Berlin aufbewahrt.

53 Walter Gropius, «Wohnhaus-Industrie», *Berliner Tageblatt*, 24. September 1924;

Gropius, *Scope of Total Architecture*, New York 1955, S. 128–135; Gropius an Schumann Haus- und Küchengeräte, Berlin, 11. Juli 1925, Korrespondenz W. Gropius über Rationalisierung im Bauwesen, Bauhaus-Archiv, Berlin; «Arbeitsprogrammskizze für einige Versuchswohnhäuser», sechsseitiges mit der Maschine geschriebenes Manuskript vom 29. Dezember 1924, Korrespondenz 1924–26, Dewog, Bauhaus-Archiv, West-Berlin.

54 Der Ausdruck wurde geprägt vom Architekturhistoriker Siegfried Giedion (Gilbert Herbert, *The Dream of the Factory-Made House: Walter Gropius and Konrad Wachsmann*, Cambridge 1984, S. 4).

55 Gropius, «Wohnhaus-Industrie».

56 «Arbeitsprogrammskizze für einige Versuchswohnhäuser».

57 Herbert, *Factory-Made House*, S. 60. Siehe auch Hughes, «Gropius, Machine Design, and Mass Production», hier und dort.

58 «Weissenhof, 1927–1987», *Info Bau 83*, X (1983), S. 15–35.

59 Henry-Russell Hitchcock und Philip Johnson, *The International Style*, New York 1932.

60 Le Corbusier-Saugnier, «Trois Rappels à MM. Les Architectes», *L'Esprit nouveau*, I; 2 (November 1920), S. 196.

61 Mary McLeod, «Architecture or Revolution: Taylorism, Technocracy, and Social Change», *Art Journal*, 43 (Sommer 1983), S. 133.

62 Siehe Le Corbusier-Saugnier, «*Les Maisons ‹Voisin›*», *L'Esprit nouveau*, I; 2 (November 1920), S. 214.

63 McLeod, «Architecture», S. 143–145.

64 *L'Esprit nouveau*, I; 1 (Oktober 1920), Titelseite.

65 Thomas P. Hughes, «Appel aux Industriels» in *L'Esprit nouveau: Le Corbusier und die Industrie 1920–25*, Hrsg. Stanislaus von Moos, Berlin 1987, S. 26–31.

66 Le Corbusier-Saugnier, «Trois Rappels», S. 199.

67 Stanislaus von Moos, «Le Corbusier und Gabriel Voison», in *Avant Garde und Industrie*, Hrsg. S. von Moos und C. Smeenk, Delft 1983, S. 88–82.

68 Stanislaus von Moos, «Standard und Elite: Le Corbusier, die Industrie und der Esprit nouveau» in *Die nützlichen Künste*, Hrsg. T. Buddensieg und Henning Rogge, Berlin 1981, S. 311–313. Von Moos, «Im Vorzimmer des ‹Machine Age›» in *L'Esprit nouveau: Le Corbusier und die Industrie 1920–25*, S. 20–22.

69 Le Corbusier-Saugnier, «Esthétique de l'ingénieur: Maison en série», *L'Esprit nouveau*, III; 13 (Dezember 1921), S. 1525–1542.

70 Brian Brace Taylor, *Le Corbusier et Pessac 1914–1928*, Paris 1972.

71 William J. R. Curtis, *Modern Architecture Since 1900*, Oxford 1982, S. 156–157.

72 Barbara Miller Lane, *Architecture and Politics in Germany, 1918–1945*, Cambridge 1985, S. 125–140.

73 *Futurist Manifestos*, Hrsg. Umbro Apollonio, London 1973, S. 19–20.

74 Gerald Silk, «Automobile» in *Futurismo & Futurismi*, Katalog einer Ausstellung von Pontus Hulten, Mailand 1986, S. 421.

75 Ester Coen, «City» in *Futurismo & Futurismi*, S. 452.

76 Enrico Crispolti, «Sant'Elia» in *Futurismo & Futurismi*, S. 563–564.

77 Coen, «City» in *Futurismo & Futurismi*, S. 452.

78 Gail Levin, «Joseph Stella» in *Futurismo & Futurismi*, S. 579.

79 Dorothy Norman, *Alfred Stieglitz: An American Seer*, New York 1973, S. 45.

80 Marius De Zayas zitiert in Dickran Tashjian, *Skyscraper Primitives: Dada and the American Avant-Garde, 1910–25*, Middletown 1975, S. 205.

81　William Innes Homer, *Alfred Stieglitz and the American Avant-Garde*, Boston 1977
　　S. 4, 37–38, 192–194.

82　Association of American Painters and Sculptors, *Catalogue of International Exhibi-
　　tion of Modern Art*, New York 1913, S. 29, 36.

83　*New York Tribune*, 24. Oktober 1915, Teil IV, S. 2 Agatha H. Hughes hat mich
　　freundlicherweise auf diese Quelle aufmerksam gemacht.

84　Ebenda.

85　Ebenda.

86　Tashjian, *Skyscraper Primitives*, S. 42–43.

87　Calvin Tomkins, *The World of Marcel Duchamp*, New York 1966, S. 37.

88　Katia Samaltanos, *Apollinaire: Catalyst for Primitivism, Picabia and Duchamp*, Ann
　　Arbor 1984, S. 70.

89　K.G. Pontus Hultén, *The Machine as Seen at the End of the Mechanical Age*, New
　　York 1968, S. 84.

90　Francis Naumann, «Walter Conrad Arensberg: Poet, Patron, and Participant in the
　　New York Avant-Garde, 1915–20», *PMA Bulletin*, 76 (Frühjahr 1980), S. 4–11.

91　Martin L. Friedman, *The Precisionist View in American Art*, Minneapolis 1960,
　　S. 24, 25 Anm. 16.

92　Wilson, Pilgrim und Tashjian, *Machine Age in America*, S. 213–214. Viele Schüler
　　von Duchamp zweifeln heute daran, daß sein Interesse an Fertighäusern ein ästheti-
　　sches war. Ich verdanke Stanislaus von Moos von der Universität Zürich diesen
　　Hinweis.

93　Pontus Hultén, *Machine*, S. 80–83.

94　Ileana B. Leavens, *From «291» to Zürich: The Birth of Dada*, Ann Arbor 1983,
　　S. 137. Werner Spies, «Die Klischeedrucke – Resultat der Verarbeitung typographi-
　　schen Materials» in *Max Ernst in Köln: Die rheinische Kunstszene bis 1922*, Hrsg.
　　Wulf Herzogenrath, Köln 1980, S. 197–205.

95　Robert Alden Sanborn, «A Champion in the Wilderness» *Broom*, III (Oktober 1922),
　　S. 175.

96　Zitat Coady ebenda.

97　Ebenda.

98　Zitat Coady ebenda, S. 176.

99　Ebenda, S. 177.

100　Susan Fillin Yeh, *The Precisionist Painters 1916–1949: Interpretations of a Mechani-
　　cal Age*, Huntington 1978, S. 12.

101　Wilson, Pilgrim und Tashjian, *Machine Age in America*, S. 225.

102　*Broom*, V (August 1923).

103　Matthew Josephson, «Made in America», *Broom*, II; 3 (Juni 1922), S. 269–270.

104　Yeh, *Precisionist Painters*, S. 9.

105　Wilson, Pilgrim und Tashjian, *Machine Age in America*, S. 213.

106　Tashjian, *Skyscraper Primitives*, S. 204.

107　Ebenda, S. 212.

108　Ebenda, S. 209.

109　Zitat Sheeler ebenda, S. 221.

110　«Comments», *The Little Review*, IX, 2 (Winter 1922), S. 22 wie zitiert in Wilson,
　　Pilgrim und Tashjian, *Machine Age in America*, S. 231.

111　Yeh, *Precisionist Painters*, S. 12.

112　Jean Heap, «Machine-Age Exposition» in *Machine-Age Exposition Catalouge: The
　　Little Review*, XII (1926–29), S. 36.

113 Wilson, Pilgrim und Tashjian, *Machine Age in America*, S. 234.

114 Louis Lozowick, «The Americanization of Art» in *Machine-Age Exposition Catalogue: The Little Review*, XII (1926–29), S. 18.

115 Ingeborg Güssow, «Malerei der Neuen Sachlichkeit» in *Kunst und Technik in den 20er Jahren: Neue Sachlichkeit und gegenständlicher Konstruktivismus*, München 1980, S. 49.

116 «700 Intellektuelle beten einen Öltank an», Bertold Brecht, *Gesammelte Werke*, Frankfurt am Main 1967, VIII; S. 316–317. Zu Grossberg siehe Hessisches Landesmuseum, *Carl Grossberg, Gemälde, Aquarelle, Zeichnungen und Druckgrafik (1914–1940)*, Darmstadt 1976, S. 19.

117 Waldemar Augustiny, *Franz Radziwill*, Göttingen 1964.

8. Kapitel

1 Lewis Mumford, *The Culture of Cities*, New York 1970, S. 378.

2 *The Survey: Graphic Number*, LIV (1. Mai 1925).

3 Professor Howard Segal von der Universität Maine, Allen Tullos von der Emory Universität und John Thomas von der Brown Universität haben mich auf diese regionalen Entwicklungen aufmerksam gemacht. Segal, «Mumford's Alternatives to the Megamachine»; Tullos, «The Politics of Regional Development, Lewis Mumford, and Howard W. Odum»; Thomas, «Lewis Mumford, Benton MacKaye, and the Regional Vision». Berichte vorgelegt auf dem internationalen Symposium über Lewis Mumfort an der Universität von Pennsylvania, Philadelphia, vom 5. bis 7. November 1987. Überarbeitete Fassungen dieser Arbeiten in *Lewis Mumford: Public Intellectual*, Hrsg. Thomas. P. Hughes und Agatha C. Hughes, New York 1990.

4 Robert W. Bruère, «Pandora's Box», *The Survey: Graphic, Number*, LI (1. März 1924), S. 557. Teile des Abschnitts über Regionalplaner erschienen zuerst in Thomas P. Hughes, «Visions of Electrification and Social Change», *Histoire de l'électricité: 1880–1980, un siècle d'électricité dans le monde*, Hrsg. Fabienne Cardot, Paris 1987, S. 327–240.

5 *The Survey: Graphic Number*, LI (1. März 1924) und LIV (1. Mai 1925).

6 «Giant Power», *The Annals*, CXVIII (März 1925). Verantwortlicher Redakteur war Morris Llewellyn Cooke.

7 «The Fourth Migration», *The Survey: Graphic Number*, LIV (1. Mai 1925), S. 129–133.

8 Mumford an Patrick Geddes, 4. Dezember 1924, Papiere Lewis Mumford, Universität von Pennsylvania.

9 «The Regional Community», *The Survey: Graphic Number*, LIV (1. Mai 1925), S. 129. Das Vorwort zu dieser Nummer ist unsigniert, aber ein Brief von Mumford an Patrick Geddes erwähnt Mumford als Verfasser (Mumford an Geddes, 4. Dezember 1924 Lewis Mumford Papers, Universität von Pennsylvania).

10 Am 12. Juli 1893 hielt der amerikanische Historiker Frederick Jackson Turner seinen heute klassischen Vortrag, «The Significance of the Frontier in American History», auf einer Konferenz der American Historical Association in Chicago. Der Text des Vortrages wurde zum ersten Mal veröffentlicht in *Proceedings of the State Historical Society of Wisconsin* (14. Dezember 1893).

11 Lewis Mumford, *The Golden Day: A Study of American Literature and Culture*, Boston 1957, (1. Auflage 1926).

12 Mumford, *The Culture of Cities*, S. 307–308.

13 Ebenda, S. 344.

14 Ebenda, S. 301.

15 Ebenda, S. 463.

16 Ebenda, S. 381.

17 Allan Nevins und Frank Ernest Hill, *Ford: Expansion and Challenge, 1915–1933*, New York 1957, S. 310. Siehe auch Preston J. Hubbard, *Origins of the TVA: The Muscle Shoals Controlversy, 1920–1932*, New York 1968, S. 62–71.

18 Hubbard, *Origins of the TVA*, S. 28–47, 37 (Zitate). Zum Antisemitismus von Ford siehe auch Robert Lacey, *Ford: The Man and the Machine*, New York 1986, S. 215–231.

19 Richard Lowitt, *George W. Norris: The Persistence of a Progressivce, 1913–1933*, Urbana 1971, S. 338.

20 George W. Norris, *Fighting Liberal: The Autobiography of George W. Norris*, New York 1945, S. 248.

21 Thomas K. McCraw, *TVA and the Power Fight, 1933–1939*, Philadephia 1971, S. 5.

22 Ebenda, S. 12.

23 Ebenda, S. 35.

24 Nathan Reingold, «Vannevar Bush's New Deal for Research: Or the Triumpf of the Old Order», *Historical Studies in the Physical Sciences*, 17 (1987), S. 323.

25 Roy Talbert Jr., *FDR's Utopian: Arthur Morgan of the TVA*, Jackson 1987, S. 52.

26 Arthur E. Morgan, «Sociology in the TVA», *American Sociological Review*, II (April 1937), S. 159.

27 Ebenda. S. 158.

28 Talbert, *FDR's Utopian*, S. 24.

29 Thomas K. McCraw, *Morgan vs. Lilienthal: The Feud Within the TVA*, Chicago 1970, S. 33.

30 Talbert, *FDR's Utopian*, S. 129.

31 McCraw, *Morgan vs. Lilienthal*, S. 34.

32 Talbert, *FDR's Utopian*, S. 128.

33 McCraw, *TVA and the Power Fight*, S. 55.

34 Franklin D. Roosevelt, *The Public Papers and Addresses of Franklin D. Roosevelt*, II: *The Year of Crisis*, New York 1938, S. 122–123.

35 C. Herman Pritchett, *The Tennessee Valley Authority: A Study in Public Administration*, New York 1971, S. 116–117.

36 Franklin D. Roosevelt, *On Our Way*, New York 1934, S. 53–56 und zitiert in Talbert, *FDR's Utopian*, S. 128.

37 Talbert, *FDR's Utopian*, S. 128–129.

38 Alfred Lief, *Democracy's Norris: The Biographie of a Lonely Crusade*, New York 1939, S. 415; Norman Zucker, *George W. Norris: Gentle Knight of American Democracy*, Urbana 1966, S. 124.

39 Morgan, «Sociology in the TVA», S. 160.

40 Pritchett, *Tennessee Valley Authority*, S. 122.

41 Ebenda, S. 121–131; Morgan, «Sociology in the TVA», S. 157–165.

42 Otis L. Graham Jr., *Toward a Planned Society: From Roosevelt to Nixon*, New York 1976, S. 1–168.

43 Pritchett, *Tennessee Valley Authority*, S. 131–140.

44 McCraw, *TVA and the Power Fight*, S. 143.

45 McCraw, *Morgan vs. Lilienthal*, S. 18; McCraw, *TVA and the Power Fight*, S. 44.

46 McCraw, *TVA and the Power Fight*, S. 57–63.
47 Thomas P. Hughes, *Networks of Power: Electrification in Western Society, 1880–1930*, Baltimore 1983, S. 224–235.
48 McCraw, *Morgan vs. Lilienthal*, S. 29.
49 David E. Lilienthal, *The Journals of David E. Lilienthal: The TVA Years, 1939–1945*, New York 1964, I; S. 79–80.
50 McCraw, *TVA and the Power Fight*, S. 142.
51 McCraw, *Morgan vs. Lilienthal*, S. 32.
52 Philip Selznick, *TVA and the Grass Roots: A Study in the Sociology of Formal Organization*, New York 1966, S. 92.
53 Pritchett, *Tennessee Valley Authority*, S. 193, 202.
54 Lilienthal, *Journals*, I, S. 66.
55 Pritchett, *Tennessee Valley Authority*, S. 205–206.
56 Richard Lowitt, *George W. Norris: The Triumph of Progressive, 1933–44*, Urbana 1978, S. 210.
57 David E. Lilienthal, *TVA: Democracy on the March*, Chicago 1953, S. 53.
58 Selznick, *TVA and the Grass Roots*, S. 93.
59 McCraw, *Morgan vs. Lilienthal*, S. X.
60 Lilienthal, *TVA: Democracy on the March*, S. 2–5.
61 Thomas K. McCraw, «Triumph and Irony – The TVA», *Proceedings of the IEEE*, (September 1976), S. 1375.
62 Ebenda, S. 1376.
63 McCraw, *TVA and the Power Fight*, S. 159.
64 John Emerich Edward Dalberg, Lord Acton: Brief an Bischof Mandell Creighton, 24. April 1887. John Bartlett, *Familiar Quotations*, Hrsg. E.M. Beck, Boston 1980, S. 615.
65 J.E. Pearce, «The Creeping Conservatism of the TVA», *The Reporter*, 26,4 (Januar 1962), S. 34, zitiert in McCraw, «Triumph and Irony», S. 1378.
66 Richard G. Hewlett und Oscar E. Anderson Jr., *The New World, 1939–1946*, University Park, Pennsylvania State University Press, 1962, S. 81 (Band I in *A History of the United States Atomic Energy Commission*); Richard Hewlett, «Beginnings of Development in Nucelar Technology», *Technology and Culture*, 17 (1976), S. 470.
67 Stéphane Groueff, *Manhattan Project: The Untold Story of the Making of the Atomic Bomb*, Boston 1967, S. 31.
68 Hewlett und Anderson, *New World*, S. 82.
69 Groueff, *Manhattan Project*, S. 34.
70 Richard Rhodes, *The Making of the Atomic Bomb*, New York 1986, S. 313.
71 Ebenda, S. 413, 423.
72 Leslie R. Groves, *Now It Can Be Told: The Story of the Manhattan Project*, New York 1962, S. 39.
73 Ebenda, S. 40.
74 Hewlett und Anderson, *New World*, S. 179.
75 Ebenda, S. 181.
76 Groves, *Now It Can Be Told*, S. 46–51.
77 Crawford Greenewalt Tagebuch zitiert in David A. Hounshell und John K. Smith, «Science and Corporate Strategy: Du Pont R & D, 1902–1980», ungekürztes Manuskript, Hagley Museum and Library, Wilmington, Del., Kapitel 11, S. 30.
78 Groves, *Now It Can Be Told*, S. 51.
79 Hounshell und Smith, «Science and Corporate Strategy», S. 339.

80 Hewlett und Anderson, *New World*, S. 193–198.
81 Groves, *Now It Can Be Told*, S. 44.
82 Groueff, *Manhattan Project*, S. 28–29.
83 Ebenda, S. 29–30.
84 Arthur Holly Compton, *Atomic Quest: A Personal Narrative*, New York 1956, S. 169.
85 Ebenda, S. 109.
86 Ebenda, S. 113–114.
87 Hewlett und Anderson, *New World*, S. 199.
88 Ebenda, S. 201.
89 Rhodes, *Making of the Atomic Bomb*, S. 502.
90 Ebenda, S. 503.
91 Ebenda, S. 20–21.
92 Ebenda, S. 504–508.
93 Greenewalt zitiert in Hounshell und Smith, «Science and Corporate Strategy», S. 340.
94 Greenewalt zitiert in Hounshell und Smith, «Science and Corporate Strategy», ungekürztes Manuskript, Kapitel 11, S. 34.
95 Zitat Greenewalt ebenda, S. 340.
96 Groves, *Now It Can Be Told*, S. 101.
97 Groueff, *Manhattan Project*, S. 152–153.
98 Ebenda, S. 306–307.
99 Ebenda, S. 302–309; Hewlett und Anderson, *New World*, S. 304–308.
100 Hewlett und Anderson, *New World*, S. 148.
101 Herbert Childs, *An American Genius: Ernest Orlando Lawrence*, New York 1968, S. 138.
102 Compton, *Atomic Quest*, S. 5.
103 Childs, *An American Genius*, S. 139–140.
104 Ebenda, S. 168; Daniel J. Kevles, *The Physicists: The History of a Scientific Community in Modern America*, New York 1979, S. 229.
105 Nuel Pharr Davis, *Lawrence and Oppenheimer*, New York 1968, S. 42–44.
106 Luis W. Alvarez, «Berkeley: A Lab Like No Other», *Bulletin of the Atomic Scientists*, 30 (April 1974), S. 18–21, zitiert in Richard Hewlett, «Nuclear Physics in the United States During World War II», unveröffentlichtes Manuskript, S. 4.
107 Compton, *Atomic Quest*, S. 6–7.
108 Ebenda, S. 8.
109 Groueff, *Manhattan Project*, S. 35–39.
110 Childs, *An American Genius*, S. 335.
111 Ebenda, S. 341.
112 Ebenda, S. 345.
113 Rhodes, *Making of the Atomic Bomb*, S. 601.
114 Childs, *An American Genius*, S. 348–349.
115 Richard G. Hewlett, «Beginnings of Development in Nuclear Technology», *Technology and Culture*, 17 (1976), S. 473.
116 Ebenda, S. 474. Richard Hewlett verdanke ich den Hinweis darauf, daß das elektromagnetische Verfahren nur am Rande an der Produktion von U-235 in einer für die Bombe ausreichenden Menge beteiligt war.
117 Hewlett und Anderson, *New World*, S. 122.
118 Ebenda, S. 127.

119 Ebenda, S. 134.
120 Groueff, *Manhattan Project*, S. 267.
121 Ebenda, S. 182.
122 Hewlett und Anderson, *New World*, S. 168–173; Groueff, *Manhattan Project*, S. 313–319.
123 Groueff, *Manhattan Project*, S. 324.
124 Ebenda, S. 320–322.
125 Rhodes, *Making of the Atomic Bomb*, S. 728, 733–734, 741–742.
126 Alice Kimball Smith, *A Peril and A Hope: The Scientist's Movement in America: 1945–1947*, Chicago 1965, S. 128–131, 294–297, 57–63.
127 Ebenda, S. 271–275; Hewlett und Anderson, *New World*, S. 7–8.
128 Hewlett und Anderson, *New World*, S. 4–5.
129 Hounshell und Smith, «Science and Corporate Strategy», S. 341–345.
130 Mark Hertsgaard, *Nuclear Inc.: The Men and Money Behind Nuclear Energy*, New York 1983, S. 22.
131 Hewlett und Anderson, *New World*, S. 624–638.
132 Hertsgaard, *Nuclear Inc.*, S. 20.
133 Richard G. Hewlett und Francis Duncan, *Atomic Shield: A History of the United States Atomic Energy Commission, 1947–1952*, Washington, D.C., 1972, S. 62–63, 76, 85–86, 120, 142–144, 192.
134 Ebenda, S. 197.
135 Ebenda, S. 191.
136 Richard Hewlett und Francis Duncan, *Nuclear Navy, 1946–1962*, Chicago 1974, S. 34–35.
137 Hewlett und Duncan, *Atomic Shield*, S. 75.
138 Hewlett und Duncan, *Nuclear Navy*, S. 48–50.
139 Ebenda, S. 57–78.
140 Richard G. Hewlett, «Beginnings of Development in Nuclear Technology», *Technology and Culture*, 17 (1976) S. 476–477.
141 Hertsgaard, *Nuclear Inc.*, S. 21.
142 Hewlett und Duncan, *Nuclear Navy*, S. 120.
143 Richard G. Hewlett und Jack M. Holl, «Atoms for Peace and War: Eisenhower and the Atomic Energy Commission, 1953–1961», Manuskript (soll 1989 von University of California Press, Berkeley, veröffentlicht werden), VII, S. 6. Die folgenden Angaben für Kapitel und Seitenzahl gelten auch für dieses Manuskript.
144 Rickover im Privatgespräch mit David Lilienthal, Juli 1954, nach *Venturesome Years, 1950–1955: The Journals of David Lilienthal*, New York 1966, S. 532.
145 Hewlett und Holl, «Atoms for Peace and War», VII, S. 8.
146 Hewlett und Duncan, *Nuclear Navy*, S. 220.
147 Ebenda, S. 186–193; Norman Polmar und Thomas B. Allen, *Rickover: Controversy and Genius: A Biography*, New York 1984, S. 183–205.
148 Hewlett und Duncan, *Nuclear Navy*, S. 307–310.
149 Harvey M. Spolski, *The Polaris System Development*, Cambridge 1972, S. 11.
150 Hertsgaard, *Nuclear Inc.*, S. 25–27.
151 Ebenda, S. 34–35.
152 Hewlett und Duncan, *Nuclear Navy*, S. 225–230.
153 Ebenda, S. 250.
154 Hertsgaard, *Nuclear Inc.*, S. 34–36.
155 Hewlett und Holl, «Atoms for Peace and War», XVIII, S. 41.

156　Hertsgaard, *Nuclear Inc.*, S. 44–45.

157　Hewlett und Holl, «Atoms for Peace and War», XVIII, S. 11.

158　Hertsgaard, *Nuclear Inc.*, S. 9.

159　Hewlett und Holl, «Atoms for Peace and War», VII, S. 20.

160　*The Military Industrial Complex*, Hrsg. Carroll W. Pursell Jr., New York 1972, S. 2306–2307.

161　Mary Kaldor, *The Baroque Arsenal*, New York 1981.

9. Kapitel

1　Richard Striner, «The Machine as Symbol: 1920–1939», Doktordissertation, Universität von Maryland, 1982.

2　David Dickson, *Alternative Technology and the Politics of Technical Change*, Glasgow 1974.

3　Jonathan Schell, *The Fate of the Earth*, New York 1982.

4　John McDermott, «Technology: The Opiate of the Intellectuals», *The New York Review of Books*, XIII (31. Juli 1969), S. 25–35.

5　Theodore Roszak, *The Making of a Counter Culture: Reflections on the Technocratic Society and Its Youthful Opposition*, Garden City 1969, S. 4–6.

6　Charles A. Reich, *The Greening of America*, New York 1971; 1. Auflage 1970, S. 92–93.

7　Ebenda, S. 281.

8　Roszak, *Making of a Counter Culture*, S. 110.

9　Russell Jacoby, *The last Intellectuals: American Culture in the Age of Academe*, New York 1987, S. 5.

10　Leo Marx, «Lewis Mumford: Prophet of Organicism», Aufsatz vorgelegt auf dem internationalen Symposium über Lewis Mumford an der Universität von Pennsylvania in Philadelphia, 5. bis 7. November 1987, S. 6–7. Auf diesem Symposium vorgelegte Arbeiten werden im Folgenden unter «Mumford symposium» zitiert. Überarbeitete Fassungen dieser Arbeiten erschienen in *Lewis Mumford: Public Intellectual*, Hrsg. Thomas P. Hughes und Agatha C. Hughes, New York 1990.

11　Ebenda, S. 9.

12　Andreas Schüler, «Fortschrittsglaube und Kulturpessimismus», *Zeitschrift für Politik*, 33 (1986), S. 148–163.

13　Lewis Mumford, «If I Were Dictator», *The Nation*, 133 (9. Dezember 1931), S. 631.

14　Lewis Mumford, *The Pentagon of Power*, Band 2 von *The Myth of the Machine*, New York 1970, S. 1.

15　Gespräch des Verfassers mit Lewis und Sophia Mumford in Amenia, New York, am 28. Dezember 1985. Siehe auch Everett Mendelsohn, «Prophet of Our Discontent: Lewis Mumford Confronts the Bomb», Mumford symposium.

16　Mumford, *Pentagon of Power*, S. 78.

17　Ebenda, S. 74.

18　Ebenda. S. 37.

19　Donald L. Miller, «The Making of *The Myth of the Machine*», Mumford symposium, S. 5–9.

20　Ebenda, S. 9.

21　Rosalind Williams, «Lewis Mumford as a Historian of Technology in *Technics and Civilization*», Mumford symposium, S. 12–16.

22 Howard P. Segal, «Mumford's Alternatives to the Megamachine», Mumford symposium, S. 3.

23 Jacques Ellul, *The Technological System*, übersetzt von Joachim Neugroschel, New York 1980; Jacques Ellul, *The Technological Society*, übersetzt von J. Wilkinson, New York 1964; Jacques Ellul, «The Technological Order» in *The Technological Order*, Hrsg. Carl F. Stover, Detroit 1963, abgedruckt in *Philosophy and Technology: Readings in the Philosophical Problems of Technology*, Hrsg. Carl Mitcham und Robert Mackey, New York 1983, S. 86–105. Teile der Abschnitte über Mumford und Ellul erschienen zuerst in Thomas P. Hughes, «Machines, Megamachines, and Systems» in *In Context: History and the History of Technology – Essays in Honor of Melvin Kranzberg*, Hrsg. Stephen Cutcliffe und Robert Post, Bethlehem 1988, S. 106–119.

24 Ellul, *Technological System*, S. 16.

25 Ebenda, S. 7.

26 Ebenda.

27 Ebenda, S. 56–57, 311.

28 Ebenda, S. 45–46, 48, 312–313.

29 Ebenda, S. 318.

30 Ellul, «Technological Order», S. 83.

31 Ebenda, S. 88–92.

32 Ebenda, S. 96.

33 Langdon Winner, *The Whale and the Reactor: A Search for Limits in an Age of High Technology*, Chicago 1986, S. 64.

34 Ebenda, S. 65.

35 *The Whole Earth Catalog*, Hrsg. Stewart Brand u.a., Menlo Park 1968.

36 Winner, *Whale and Reactor*, S. 65.

37 John Hostetler, *Amish Society*, Baltimore 1980, S. 369–371.

38 Amory B. Lovins, «Energy Strategy: The Road Not Taken», *Foreign Affairs*, 55 (Oktober 1976), S. 77–78.

39 Ebenda, S. 74.

40 Ebenda, S. 93.

41 Barry Commoner, *The Closing Circle: Nature, Man, and Technology*, New York 1971.

42 Winner, *Whale and Reactor*, S. 75.

43 Alvin Toffler, *The Third Wave*, New York 1982; 1. Auflage 1980.

44 Ebenda, S. 14.

45 Ebenda, S. 46–60.

46 Thomas P. Hughes, «A Technological Frontier: The Railway» in *The Railroad and the Space Program: An Exploration in Historical Analogy*, Hrsg. Bruce Mazlish, Cambridge 1965, S. 53–73; Thomas P. Hughes, «Technological Momentum in History: Hydrogenation in Germany, 1898–1933», *Past and Present*, 44 (August 1969), S. 106–132. Zum Problem der Entwicklungsdynamik siehe auch John Staudenmaier, S.J., *Technology's Storytellers*, Cambridge 1985, S. 148–161.

47 John Kenneth Galbraith, *The New Industrial State*, Boston 1971.

48 William H. McNeill, *The Pursuit of Power: Technology, Armed Force, and Society since A.D. 1000*, Chicago 1982; Walter A. McDougall, . . . *The Heavens and the Earth: A Political History of the Space Age*, New York 1985.

49 Charles Perrow, *Normal Accidents: Living with High-Risk Technologies*, New York 1984, S. 3.

50 Ebenda, S. 97.

51 Diese Beobachtung habe ich Todd R. La Porte von der Universität von Kalifornien (Berkeley) zu verdanken. Über große Systeme siehe seinen Aufsatz «The United States Air Traffic System: Increasing Reliability in the Midst of Rapid Growth» in *The Development of Large Technical Systems*, Hrsg. R. Mayntz und T.P. Hughes, Boulder 1988, S. 215–244.

52 Siehe zum Beispiel Shoshana Zuboff, *In the Age of the Smart Machine: The Future of Work and Power*, New York 1984, S. 229–235, 392–414.

53 Center for the Study of Responsive Law. *No Holds Barred: The Final Congressional Testimony of Admiral Hyman Rickover*, Washington, D.C., 1982, S. 70–71.

54 Paul Goodman, *New Reformation: Notes of a Neolithic Conservative*, New York 1970.

55 Paul Goodmann, «A Causerie at the Military-Industrial», *The New York Review of Books*, IX (23. November 1967), S. 14–19.

56 Dickson, *Alternative Technology*, S. 9–10, 183.

57 David F. Noble, *Forces of Production: A Social History of Industrial Automation*, New York 1984; Zuboff, *Age of the Smart Machine*.

58 Merritt Roe Smith, *Harpers Ferry Armory and the New Technology: The Challenge of Change*, Ithaca 1977.

59 *The Social Construction of Technological Systems: New Directions in the Sociology and History of Technology*, Hrsg. W. Bijker, T. Hughes und T. Pinch, Cambridge 1987.

60 Organization for Economic Cooperation and Development, Ad Hoc Committee on New Concepts of Science Policy, *Science, Growth and Society: A New Perspective*, Paris 1971, S. 22. Vorsitzender in diesem Ausschuß war Harvey Brooks.

61 Zum Thema der Ausbreitung großer internationaler Unternehmen in diesem Jahrhundert siehe Alfred D. Chandler, *Scale and Scope: International Comparison of the Dynamics of Managerial Capitalism*, Cambridge, Mass., 1990.

Bildquellenverzeichnis

S. 24: *Scientific American*, 75 (25. Juli 1896); S. 32: mit frdl. Genehm. d. National Museum of American History, Smithsonian Institution; S. 35: mit frdl. Genehm. d. U. S. Department of the Interior, National Park Service, Edison National Historic Site; S. 37/38: mit frdl. Genehm. d. National Museum of American History, Smithsonian Institution; S. 40: *Leslie's Weekly* (1880); S. 41: mit frdl. Genehm. d. U. S. Department of the Interior, National Park Service, Edison National Historic Site; S. 42: mit frdl. Genehm. d. National Museum of American History, Smithsonian Institution; S. 46 unten: mit frdl. Genehm. d. Burndy Library, Norwalk, Conn.; S. 49: mit frdl. Genehm. d. American Philosophical Society; S. 50: mit frdl. Genehm. d. U. S. Department of the Interior, National Park Service, Edison National Historic Site; S. 55: oben und unten mit frdl. Genehm. d. Hagley Museum and Library, mitte Sammlung des Autors; S. 59: mit frdl. Genehm. d. National Museum of American History, Smithsonian Institution; S. 67/68: Collections of the Henry Ford Museum and Greenfield Village, Neg. Nos. P. 18816081 und P. 18822433; S. 69: mit frdl. Genehm. d. Franklin Institute, Philadelphia; S. 70: mit frdl. Genehm. d. AT&T Archives; S. 71: mit frdl. Genehm. d. National Museum of American History, Smithsonian Institution; S. 87: mit frdl. Genehm. d. Hagley Museum and Library; S. 95/97: mit frdl. Genehm. d. National Museum of American History, Smithsonian Institution; S. 100: A. Hickenlooper, *Edison's Incandescant` Electric Lights for Street Illumination* (1886); S. 101: mit frdl. Genehm. d. U. S. Department of the Interior, National Park Service, Edison National Historic Site; S. 110/111: mit frdl. Genehm. d. National Air and Space Museum, Smithsonian Institution; S. 112: mit frdl. Genehm. d. National Museum of American History, Smithsonian Institution; S. 115: mit frdl. Genehm. d. Hagley Museum and Library; S. 117: Sammlung des Autors; S. 126: mit frdl. Genehm. d. National Museum of American History, Smithsonian Institution; S. 134/135/137: mit frdl. Genehm. d. Hagley Museum and Library; S. 139/140: mit frdl. Genehm. d. National Air and Space Museum, Smithsonian Institution; S. 142: mit frdl. Genehm. d. Hagley Museum and Library; S. 149: mit frdl. Genehm. d. U. S. Army Communications Electronic Museum; S. 150/151/155/160: mit frdl. Genehm. d. National Museum of American History, Smithsonian Institution; S. 163/165: mit frdl. Genehm. d. AT&T Archives; S. 168: mit frdl. Genehm. d. General Electric Company; S. 171: mit frdl. Genehm. d. Loyola University of Chicago Archives, Samuel Insull Collection; S. 172/173/175/179/180: mit frdl. Genehm. d. General Electric Company; S. 186: mit frdl. Genehm. d. Hagley Museum and Library; S. 198/200/203/205/208: mit frdl. Genehm. d. Taylor Collection, Stevens Institute of Technology, Hoboken, N. J.; S. 211/213/215/217/218/220/223: mit frdl. Genehm. d. Collections of the Henry Ford Museum and Greenfield Village, Neg. Nos. P. 833697, P. O. 4475, P. 83365387, P. 83368057105, P. O. 331, P. 3417721, P. O. 833979; S. 233: mit frdl. Genehm. d. Commonwealth Edison Company, Chicago; S. 237/238: Insull, *Central Station Electric Service* (Chicago: Privately printed, 1915), S. 461 und

57; S. 239: *Cassiers Magazine*, VIII (1895), S. 358; S. 242: mit frdl. Genehm. d. Consolidated Edison Company of New York; S. 244: mit frdl. Genehm. d. Loyola University of Chicago Archives, Samuel Insull Collection; S. 247: Copyright Chicago Tribune Company, mit frdl. Genehm.; S. 257/259: Lenin Library, Moskau; S. 266: mit frdl. Genehm. d. Burndy Library, Norwalk, Conn.; S. 268: mit frdl. Genehm. d. National Museum of American Art, Smithsonian Institution, Geschenk von Adele Lozowick; S. 270: Tretjakow Galerie, Moskau; S. 271: mit frdl. Genehm. d. Burndy Library, Norwalk, Conn.; S. 272: mit frdl. Genehm. v. Harold Dorn und Elizabeth Hardin; S. 273: mit frdl. Genehm. v. Harold Dorn; S. 274/275: Collections of the Henry Ford Museum and Greenfield Village, Neg. Nos. P. 1891934, P. 1891933; S. 277: Tretjakow Galerie, Moskau; S. 281: Collections of the Henry Ford Museum and Greenfield Village, Neg. No. P. P. 5827; S. 286: mit frdl. Genehm. d. Margaret Bourke-White Papers, George Arents Research Library for Special Collections, Syracuse University; S. 290: Sammlung des Autors; S. 314: mit frdl. Genehm. d. Akademie der Künste, Berlin; S. 317/319/320/322: mit frdl. Genehm. d. Bauhaus-Archiv, Berlin; S. 330: The Alfred Stieglitz Collection, the National Gallery of Art, Washington D. C.; S. 333/334: 291, Nos. 5–6 (Juli-August 1915); S. 341 oben: mit frdl. Genehm. d. Metropolitan Museum of Art, The Alfred Stieglitz Collection, 1949; S. 341 unten: mit frdl. Genehm. d. Regis Collection, Minneapolis, Minn.; S. 342: mit frdl. Genehm. d. Columbus Museum of Art, Columbus, Ohio, Geschenk von Ferdinand Howard; S. 343: oben mit frdl. Genehm. d. Lane Collection, unten mit frdl. Genehm. d. Dallas Museum of Art, Geschenk von Edmund J. Kahn; S. 344: mit frdl. Genehm. d. The Museum of Modern Art, Geschenk von Abby Aldrich Rockefeller; S. 345: mit frdl. Genehm. d. Whitney Museum of American Art, New York; S. 346: mit frdl. Genehm. d. Worcester Art Museum, Worcester, Mass.; S. 348/349: mit frdl. Genehm. d. National Museum of American Art, Smithsonian Institution, Geschenk von Adele Lozowick; S. 351: oben aus privater Sammlung, unten mit frdl. Genehm. v. Tilde Grossberg, private Sammlung; S. 352/353: mit frdl. Genehm. d. Radziwill Foundation und Verwertungsgesellschaft Bild-Kunst, BRD; S. 364/365/372/373/383/384: mit frdl. Genehm. d. Tennessee Valley Authority, Knoxville, Tenn.; S. 386: mit frdl. Genehm. d. Niels Bohr Library, American Institute of Physics; S. 389: mit frdl. Genehm. d. Hagley Museum and Library; S. 390: mit frdl. Genehm. d. Lawrence Radiation Laboratory, Berkeley, Calif.; S. 391: mit frdl. Genehm. d. American Institute of Physics und W. F. Meggers; S. 395: mit frdl. Genehm. d. Hagley Museum and Library; S. 398: mit frdl. Genehm. d. American Institute of Physics und G. W. Szilard; S. 402: mit frdl. Genehm. d. Hagley Museum and Library; S. 407: mit frdl. Genehm. d. Science Service und American Institute of Physics; S. 408: American Institute of Physics und Lawrence Radiation Laboratory; S. 417: mit frdl. Genehm. d. History Office, U. S. Department of Energy; S. 419: mit frdl. Genehm. d. Niels Bohr Library, American Institute of Physics; S. 420: mit frdl. Genehm. d. Los Alamos Scientific Laboratory und American Institute of Physics; S. 427: mit frdl. Genehm. d. Argonne National Laboratory; S. 431: Hewlett und Duncan, *Nuclear Navy*; S. 435: mit frdl. Genehm. d. History Office, U. S. Department of Energy und U. S. Navy; S. 463: mit frdl. Genehm. d. History Office, National Aeronautics and Space Administration; S. 465: Allied Pix Service, Inc.; S. 466: Novosti/Gamma-Liaison.

Sach- und Namenregister

Buchanzeigen

Industriekultur deutscher Städte und Regionen

Herausgegeben von Hermann Glaser

Jochen Boberg/Tilman Fichter
Eckhart Gillen (Hrsg.)
Industriekultur in Berlin im 19. Jahrhundert

Band 1: Exerzierfeld der Moderne
1984. 399 Seiten, 495 Abbildungen davon 14 in Farbe.
Leinen

Band 2: Die Metropole
1986. 400 Seiten, 335 Abbildungen davon 19 in Farbe.
Leinen

Richard van Dülmen (Hrsg.)
Industriekultur an der Saar

Leben und Arbeit in einer Industrieregion 1840–1914
1989. 291 Seiten, 264 Abbildungen davon 7 in Farbe und 9 Karten.
Leinen

Hermann Glaser/Wolfgang Ruppert
Norbert Neudecker (Hrsg.)
Industriekultur in Nürnberg

Eine deutsche Stadt im Maschinenzeitalter
2., durchgesehene Auflage. 1983.
375 Seiten, 328 Abbildungen davon 29 in Farbe auf 15 Tafeln.
Broschierte Sonderausgabe

Volker Plagemann (Hrsg.)
Industriekultur in Hamburg

Des Deutschen Reiches Tor zur Welt
1984. 391 Seiten, 332 Abbildungen davon 16 in Farbe.
Leinen

Außerdem liegt vor:

Wolfgang Ruppert
Die Fabrik

Geschichte von Arbeit und Industrialisierung in Deutschland
1983. 311 Seiten, 284 Abbildungen. Leinen

Verlag C. H. Beck München

Von Meisterwerken
der Naturwissenschaft und Technik

Erik Eckermann
Automobile
1989. 165 Seiten mit 180 Abbildungen, davon 52 in Farbe. Gebunden.
Reihe «Technikgeschichte im Deutschen Museum»

Erik Eckermann lädt ein zum Gang durch die Automobilgeschichte. Ausgehend von den Sammlungen des Deutschen Museums, das weltweit eine der bedeutendsten und vollständigsten Kollektionen zur Kraftfahrzeuggeschichte beherbergt, führt er den Leser vom ersten Motorwagen bis zu den heutigen Hochleistungsfahrzeugen, erzählt die Geschichte vom Volkswagen ebenso wie die der amerikanischen Luxuslimousinen, der Motorräder und Lastwagen. «Eine Anthologie, die eine Augenweide für Genießer darstellt und ein kulinarisches Fest für Connaisseure.» *(E. J. Goertz)*

Ludwig Schletzbaum
Eisenbahn
1990. 179 Seiten mit 180 Abbildungen, davon 52 in Farbe. Gebunden.
Reihe «Technikgeschichte im Deutschen Museum»

Diese Technikgeschichte der Eisenbahn bietet eine abgeschlossene Darstellung des Schienenverkehrs von seinen Anfängen bis heute. Sie gibt den historischen Überblick, liefert eingehende Objektbeschreibungen und dokumentiert die Entwicklung dieses ersten Massenverkehrsmittels und seiner technischen Pionierleistungen in einem reichhaltigen Bildteil: Eisenbahngeschichte wird in diesem Band aus dem historischen wie technischen Blickwinkel entdeckt.

Deutsches Museum
von Meisterwerken der Naturwissenschaft und Technik
Herausgegeben von Otto Mayr
1990. 160 Seiten mit 205 Abbildungen, davon 164 farbig.
Broschiert. (Der Band ist auch in englischer Sprache erhältlich)
Reihe «Museen der Welt»

«Der Band liefert neben einigen Anmerkungen zur Entstehung des imposanten Ausstellungskomplexes vor allem das nötige Hintergrundwissen zu all den Exponaten. Erfahrene Mitarbeiter des Museums beschreiben wichtige Entwicklungen in den verschiedenen naturwissenschaftlichen und technischen Bereichen; zahlreiche Abbildungen von Modellen oder Maschinen veranschaulichen diese Erklärungen und regen an zu einem genaueren Hinsehen bei künftigen Rundgängen.»
Frankfurter Allgemeine Zeitung

Verlag C. H. Beck München